中庸章句 備旨 懸吐 完譯

中庸章句 備旨

中庸章句 備旨 懸吐 完譯

中庸章句 備旨

曉明 金慶國
木仁 朴相澤
譯註

전남대학교출판부

일러두기

❶ 譯註의 底本은 ≪新訂四書補註備旨≫(鄧林 著, 鄧煜 編次, 祁文友 重校, 杜定基 增訂, 上海 天寶書局, 1915), ≪經書: 大學 論語 孟子 中庸≫(庚辰新刊內閣藏板本 影印本, 成均館大 大東文化研究院, 1965), ≪四書章句集注≫(中華書局, 1983) 등이다.

❷ 原文의 懸吐는 ≪四書諺解≫(保景文化社, 1984)와 ≪大學 · 中庸(附諺解)≫(學民文化社)를 기본으로 삼았고, 章句와 備旨는 譯註者가 직접 懸吐하였다.

❸ 번역은 축자식逐字式 번역을 원칙으로 하되, 필요에 따라 일부 현대식 표기법도 병행하여 일반 독자들의 이해를 높이도록 했다.

❹ 본문의 배열은 原文, 한글 飜譯, 註解의 순으로 했고, 독자들의 이해를 위해 어려운 한자들의 訓과 음을 표기했다.

❺ 章句의 내용만 가지고 이해하기 힘든 부분은 〈四書備旨補註〉와 〈大全疏註〉의 일부 내용을 인용하여 설명하고 원문을 함께 실었다.

❻ ≪ ≫는 書名에, 〈 〉는 篇名에 사용하였다.

머리말

宋代의 巨儒 朱熹(1130~1200)는 중국 儒學의 집대성자이자 우리나라 性理學에 가장 큰 영향을 미친 인물이다. 朱熹가 일생동안 정리하고 연구한 儒家經傳들은 주로 五經과 四書 및 北宋의 주돈이周敦頤(1017~1073)·정호程顥(1032~1085)·정이程頤(1033~1107)·소옹邵雍(1011~1077)·장재張載(1020~1077) 등의 著作들이다.

이들 儒家經傳들에 대해 朱子는 "四子는 六經의 입문서이고, ≪近思錄≫은 四子의 입문서이다. 四子, 六經之階梯. ≪近思錄≫, 四子之階梯."(≪朱子語類≫ 卷105)라고 했는데, 여기에서 四子는 '四書'를, 六經은 '五經'을, ≪近思錄≫은 朱子와 여조겸呂祖謙이 북송 諸子들의 학설을 공동으로 편찬한 성리학 해설서를 각각 의미한다. 이 말은 곧 四書의 지위가 북송 諸子들의 저작보다 높고 五經의 지위가 四書보다 높기 때문에, 배우는 자들은 마땅히 ≪近思錄≫에서 시작하여 四子에 이르고, 다시 四子로부터 五經에 이르러야 한다는 말이다.

六經의 입문서인 '四書'는 곧 ≪大學≫·≪論語≫·≪中庸≫·≪孟子≫ 등을 말한다. 이 四書의 중요성에 대해서 朱子는 그의 〈書臨漳所刊四子後〉에서 다음과 같이 강조하고 있다. "河南 程氏는 사람을 가르치는데 반드시 먼저 ≪大學≫·≪論語≫·≪中庸≫·≪孟子≫ 등의 책에 힘을 쓰게 한 다음에 六經에 미치도록 했는데, 그것은 대개 그 난이難易와 원근遠近과 대소大小의 차례가 진실로 이와 같으면 어지럽지 않기 때문이다. 河南程夫子之教人, 必先使之用力乎 ≪大學≫·≪論語≫·≪中庸≫·≪孟子≫ 之書, 然後及乎六經. 蓋其難易, 遠近, 大小之序, 固如此而不可亂也." 이 때문에 朱子는 二程사상을 계승하여 ≪大學≫·≪論語≫·≪孟子≫·≪中庸≫ 등에 심혈을 기울여 註解를 함으로써 ≪四書章句集註≫를 완성한 것이다.

四書를 공부하는 순서에 대해서 程子는 "≪大學≫은 孔氏의 遺書이며 처음 배우는 사람이 德에 들어가는 문이다. 大學, 孔氏之遺書, 而初學入德之門也."라고 했고, 朱子는 이를 계승하여 "≪大學≫을 처음과 끝을 완전히 관통하여 모두 의심나는 바가 없게 된 후에 가히 ≪論語≫와 ≪孟子≫에 미칠 수 있고, 또 의심나는 바가 없게 된 후에 가히 ≪中庸≫에 미칠 수 있다. 大學首尾貫通, 都無所疑然後, 可及語孟, 又無所疑然後, 可及中庸."(大全註疏)라고 했다. 곧 ≪大學≫은 학문의 처음과 끝을 꿰뚫어 말하였기 때문에 ≪大學≫을 먼저 읽고 ≪論語≫와 ≪孟子≫를 읽어야만 학문의 길에 쉽게 들어갈 수 있으며, 나아가 학문의 大體가 갖추어져 나머지 공부가 저절로 된다는 말이다.

저자는 오래전부터 經書硏究와 講讀에 종사하면서 ≪四書集註≫와 ≪四書備旨≫에 대한 註解 작업을 추진해 왔는데, 그 결과 지난 2009년에 처음으로 ≪大學章句 備旨≫를 출간하였고, 이어서 ≪論語集註 備旨(Ⅰ)≫(2010)·≪論語集註 備旨(Ⅱ)≫(2011)·≪論語集註 備旨(Ⅲ)≫(2012)·≪論語集註 備旨(Ⅳ)≫(2013)을 세상에 선보였으며, 이번에 다시 ≪中庸章句 備旨≫를 출간하게 되었다.

譯註의 底本으로 삼은 ≪四書補註備旨≫는 朱子의 ≪四書集註≫에 明代 등림鄧林이 章節마다 要旨를 찬술撰述하고, 등욱鄧煜이 編次하여 ≪四書備旨≫라고 명명한 다음, 다시 淸代 기문우祁文友의 重校와 두정기杜定基의 補註를 거쳐 增訂하여 완성된 것이다. 書名을 〈備旨〉라고 말한 것은 聖賢의 立言에 매 章마다 각각 매 章의 宗旨가 실려 있어서 배우는 자가 潛心硏究해야 한다는 의미이다.

본 書의 출간에 즈음하여 참으로 하늘이 무너지는 안타까운 일이 있었으니, 그것은 바로 지난해 12월 21일(음 11월 19일) 尊師 誠齋 奉奇鍾선생께서 永眠하신 일이다. 誠齋선생께서는 일찍이 한말 艮齋 田愚선생의 제자이신 玄谷선생께 수학하셨고, 道骨仙風과 '不言之敎'의 가르침으로 지난 40여 년 동안 ≪周易≫을 비롯하여 ≪四書≫·≪三經≫·≪天符經≫·≪三一神誥≫·≪佛經≫·≪道德經≫·≪參同契≫ 등을 강의하셨으며, 전국 儒林 大講會를 개최하여 天然性에 근본을 둔 人本思想을 역설하셨다. 저서로는 ≪새 眞理≫(1970), ≪入道要訣≫(1980), ≪檀帝訓≫(1986), ≪八理訓譯解≫(1986), ≪佺學≫(1992), ≪鷄龍精舍誌≫(2005), ≪周易理解≫(2006), ≪民族魂 世界蘖≫(2007), ≪大學講解≫(2008), ≪中庸講解≫(2010) 등을 남기셨다. 이제 誠齋선생께서는 제자들의 곁을 떠나가셨지만, 선생께서 남기신 고귀한 가르침은 수많은 제자들에 의해서 길이 전해질 것이다.

끝으로 본 書의 출간을 위해 그 동안 자상한 가르침을 베풀어주신 弦齋 金永雄 선생님, 본문의 험난한 한자변환 작업을 해준 李鎬俊 선생님, 원고 교정에 힘써준 李恩珍 선생님, 表紙題字를 써주신 翠亭 任春植 선생님께도 진심으로 감사드린다.

아울러 본 書의 출판에 도움을 준 전남대학교 당국과, 편집과 출판을 위해 노고를 다해주신 전남대학교출판부 관계자 분들께도 이 자리를 빌려 깊은 감사의 마음을 전한다.

甲午年 立春節

著者 謹識

목차

부록

《中庸》 解題

1. 四書에 대하여

四書란 ≪論語≫·≪孟子≫·≪大學≫·≪中庸≫의 네 가지 儒學 經傳을 말한다. 唐代 이전의 儒學이 五經을 중심으로 발전되어 왔던 것에 비하여, 宋代 이후의 儒學은 四書를 중심으로 발전되어 왔다.

이 四書는 南宋 性理學의 大家인 주희朱熹가 ≪論語≫·≪孟子≫·≪大學≫·≪中庸≫의 네 가지 책을 모아 유학의 기본 경전으로 정하고, 이것들에 대해 註解를 달아 ≪四書集註≫를 撰함으로써 그 지위가 확립되었다.

이 중에서 ≪大學≫과 ≪中庸≫은 본래 ≪禮記≫ 49篇 중의 한 篇에 불과했는데, 이에 대해 朱熹는 ≪大學≫이 孔子(B.C 552~479)의 제자인 曾子(B.C 505~435)가 지었고, ≪中庸≫은 孔子의 손자인 子思(B.C 483~402)가 지었다고 보고, 이것들을 孔子의 언행을 기록한 ≪論語≫와 孟子(B.C 372~289)의 언행을 기록한 ≪孟子≫ 등과 함께 四書라고 命名하였다.

이들 四書 중에 ≪論語≫는 모두 20篇으로 이루어져 있는데, ≪論語≫의 편찬자에 대하여 漢代의 劉向(B.C 77~6)이 최초로 그의 ≪別錄≫에서 "孔子의 제자들이 훌륭한 말씀들을 기록한 것"이라고 하였고, 後漢의 鄭玄(127~200)은 그의 ≪論語序≫에서 '≪論語≫는 仲弓·子游·子夏 등이 撰定한 것'이라고 주장했다. 반면에 唐代의 柳宗元(773~819)은 ≪論語辨≫에서 孔子와 曾子의 나이 차이 및 ≪論語≫에는 오직 曾子와 有子만이 존칭으로 불려지고 있는 점 등을 근거로 ≪論語≫의 편찬자가 曾子의 문인인 악정자춘樂正子春과 子思의 무리들이라고 하였다.

朱子는 이러한 주장을 이어받아 ≪論語序說≫에서 程子의 말이라 하며 ≪論語≫는 有子와 曾子의 문인들에 의해 이루어진 것이라고 했다. 그러나 淸代의 최술崔述(1740~1816)은 ≪論語餘說≫에서 ≪論語≫ 속의 의심스런 내용들에 대한 고증을 통하여 ≪論語≫ 20篇 중 前 10篇만이 有子와 曾子의 문인들이 기록한 것이고, 後 10篇은 후인들이 續記한 것이라고 주장하였다. 아무튼 ≪論語≫가 한 시기 한 사람에 의해서 이루어진 책이 아니라는 사실만은 분명한 듯하다.

≪孟子≫는 司馬遷의 ≪史記・孟子荀卿列傳≫에 의하면 孟子가 자신의 제자인 萬章의 무리들과 함께 ≪詩經≫과 ≪書經≫을 정리하고, 仲尼의 뜻을 祖述하여 지은 것으로 모두 7篇으로 구성되어 있다고 했다. 하지만 ≪漢書・藝文志・諸子略≫에 ≪孟子≫ 11篇이 실려 있고, 응소應劭의 ≪風俗通義・窮通≫편에 孟子가 ≪中外≫ 11篇의 책을 지었다고 하였다. 한편 ≪孟子≫의 최초의 주해서인 조기趙岐의 ≪孟子題辭≫에는 孟子가 '7편의 책을 지었다'고 했으니, 〈外書〉 4편은 後人들의 僞書임이 확실하다. ≪孟子≫에는 특히 '民本思想'을 중시하여 "백성이 가장 貴하고 사직社稷이 다음이며 人君은 가장 가볍다. 民爲貴, 社稷次之, 君爲輕."라고 주장했다.

≪中庸≫은 본래 ≪禮記≫의 제31篇에 들어있던 것이다. 사마천司馬遷(B.C 145~86?)의 ≪史記・孔子世家≫에는 ≪中庸≫의 작가를 孔子의 손자인 子思라고 했고, 二程子는 ≪中庸≫을 '孔門에 전수되는 心法'이라고 하였다. 朱子는 이를 계승 발전시켜 ≪中庸章句≫와 ≪中庸或問≫을 지어서 ≪中庸≫의 의미를 천명함과 동시에 이를 四書의 범주 안에 포함시켰다.

2. ≪中庸≫의 유래

≪中庸≫은 본래 ≪禮記≫의 第31篇에 들어 있다가 漢代에 들어서 단행본으로 독립된 것이다. ≪漢書・藝文志≫에 ≪中庸說≫ 2篇

이 수록되어 있고, ≪隋書·經籍志≫에 南宋 대옹戴顒(378~441)의 ≪禮記中庸傳≫ 2권(不傳)과 梁 武帝(464~549)의 ≪中庸講疏≫ 1권(不傳)이 수록되어 있다. 그후 唐代이고 이고李翺(?~844?)가 ≪中庸說≫을 지었으며, 宋代에 이르러서는 호원胡瑗(993~1059)의 ≪中庸義≫·진양陳襄·여상余象·사마광司馬光·범조우范祖禹 등이 ≪中庸≫에 대한 ≪講說≫이나 ≪論說≫ 등을 지었다.

그러나 ≪中庸≫이 儒家의 중요한 경전으로 자리잡은 것은 정호程顥(明道)와 정이程頤(伊川)가 처음으로 ≪中庸≫을 孔門의 心法으로 크게 중시했던 사실, 朱熹가 ≪中庸章句≫와 ≪中庸或問≫ 등을 저술하여 '中庸'의 의미를 천명했던 사실, 그리고 ≪中庸≫을 ≪論語≫·≪孟子≫·≪大學≫과 더불어 ≪四書≫로 編定했던 사실 등에서 비롯되었다고 할 수 있다.

朱熹는 젊어서부터 ≪中庸≫을 공부하다가 많은 의문점을 느낀 나머지 다년간 '침잠반복沈潛反復'하여 연구한 끝에 마침내 어느날 황연恍然히 그 요령을 체득하게 되었다. 그런 후에 다시 '衆說을 모아 그 가운데를 절충해서 會衆說而折其中' ≪中庸章句≫를 완성하였고, 다시 역대로 ≪中庸≫을 해석한 여러 학자들의 同異得失에 대해 변석辨析을 가하여 ≪中庸或問≫을 지었으며, 석자중石子重의 저작을 산절刪節하여 ≪中庸輯略≫이라 명명하였다. 그 외에도 講學 중에 제자들과 ≪中庸≫에 대해 토론을 벌인 내용들이 대부분 ≪朱子語類≫에 수록되어 있다.

3. ≪中庸≫의 저자

≪中庸≫은 일반적으로 子思가 지은 것으로 알려지고 있다. 먼저 사마천司馬遷의 ≪史記·孔子世家≫에 "孔子가 리鯉를 낳으니 字가 백

어伯魚이다. 백어伯魚는 향년 50세로 孔子보다 먼저 죽었으며, 伯魚가 급伋을 낳으니 字가 자사子思이며 향년 60세다. 子思가 일찍이 宋나라에서 곤경에 처했을 때, ≪中庸≫을 지었다. 孔子生鯉, 字伯魚. 伯魚年五十, 先孔子死. 伯魚生伋, 字子思, 年六十二. 嘗困於宋, 子思作中庸."라고 했는데, 이에 대해 唐代 공영달孔穎達은 그의 ≪禮記正義≫에서 後漢 정현鄭玄의 ≪三禮目錄≫을 인용하여 "≪中庸≫이라 命名한 것은 中和의 작용을 나타내기 위해서이다. 용庸은 쓰임을 말한다. 孔子의 손자 子思가 ≪中庸≫을 지어서 聖祖의 德을 밝혔다. 名曰中庸者, 以其記中和之爲用也. 庸, 用也. 孔子之孫子思伋作之, 以昭明聖祖之德也."라고 주장했다. 그 후 北宋의 사마광司馬光·범중엄范仲淹·주돈이周敦頤·이정자二程子·주희朱熹 등이 모두 이 說을 천명하여 거의 정설로 되어 왔다.

한편 班固(32~92)의 ≪漢書·藝文志≫에는 儒家의 문헌으로 ≪子思≫ 23편을 기록하고 있는데, 이 ≪子思≫는 대부분 유실되어 그 全篇의 면모를 알 수가 없다. 또한 梁代의 심약沈約은 "(≪禮記≫는) 여러 유학자들의 저술을 모아 편찬한 것인데, 〈중용中庸〉·〈표기表記〉·〈방기坊記〉·〈치의緇衣〉 篇은 모두 ≪子思≫에서 취해온 것이다"라고 했다. 이 말에 의하면 ≪中庸≫은 〈표기表記〉·〈방기坊記〉·〈치의緇衣〉 篇처럼 子思가 지은 것이 아니라 다만 子思가 편찬한 것일 수도 있다. 그후 宋代의 구양수歐陽修와 진선陳善 등이 ≪中庸≫은 子思가 지은 것이 아니라고 주장했으며, 원매袁枚는 ≪論語≫와 ≪孟子≫에 나오는 산이 모두 泰山을 지칭하는데 반해서, ≪中庸≫에서는 유독 '화악華岳'만을 지칭하고 있는 점에 근거해서 ≪中庸≫은 西京의 유생들이 지은 것이라고 의심하였다. 또한 일부 학자들은 ≪中庸≫ 第28章의 "지금 천하의 수레는 궤폭이 같고, 글은 문자가 같으며, 행동은 같은 윤리를 따른다. 今天下, 車同軌, 書同文, 行同倫.”는 내용은 진시황秦始皇이 중국을 통일한 이후의 일이므로 ≪中庸≫은 秦漢時期에 나온 것이라고 주장하였다. 심지어 淸代의 고증학자 최술崔述은 ≪中庸≫의 글이 유독 번잡繁雜하고 은회隱晦해서 필시 子思가 지은 것이 아니라고 단언하기까지 하였다.

이상과 같은 사실에 비추어 보면 ≪中庸≫은 子思가 지은 것이 분명하나, 후대에 유전되는 과정 속에서 여러 사람들의 보충과 수정을 거쳐 오늘날의 모습으로 완성되었을 가능성이 크다. 왜냐하면 古書 중의 일부 내용이 단지 그 시대와 부합되지 않는다고 해서 문헌자료에 명시되어 있는 著者를 일률적으로 부정할 수는 없는 일이기 때문이다.

4. ≪中庸≫의 구성

唐代 공영달孔穎達의 ≪禮記正義≫에는 ≪中庸≫의 全篇을 모두 33節로 나누었는데, 정이程頤는 이를 총 37節로 나누었다. 하지만 朱熹의 ≪中庸章句≫에서는 다시 33章으로 나눈 후 이를 다시 6大節로 구분하여 각 章의 맥락을 긴밀하게 하였다. 이를 좀 더 자세히 살펴보면 다음과 같다.

第1大節은 제1장의 ‘天命’에 해당하는데, 이는 ≪中庸≫의 綱領부분이며 性 · 道 · 敎에 대해 논하고 있다. 第2大節은 제2장 ‘時中’, 제3장 ‘鮮能’, 제4장 ‘行明’, 제5장 ‘不行’, 제6장 ‘大知’, 제7장 ‘予知’, 제8장 ‘服膺’, 제9장 ‘可均’, 제10장 ‘問强’, 제11장 ‘素隱’에 해당하는데, 子思가 孔子의 말을 인용하여 제1장의 뜻을 천술闡述하고 있다. 第3大節은 제12장 ‘費隱’, 제13장 ‘不遠’, 제14장 ‘素位’, 제15장 ‘行遠’, 제16장 ‘鬼神’, 제17장 ‘大德’, 제18장 ‘無憂’, 제19장 ‘達孝’에 해당한다. 第4大

節은 제20장 '問政', 제21장 '誠明', 제22장 '盡性', 제23장 '致曲', 제24장 '前知', 제25장 '自成', 제26장 '無息'에 해당한다. 第5大節은 제27장 '明哲', 제28장 '自用', 제29장 '三重', 제30장 '敦化', 제31장 '至聖', 제32장 '至誠'에 해당한다. 第6大節은 마지막 제33장 '尙絅'에 해당한다.

5. 中庸의 사상

(1) 中庸의 涵意

中庸의 함의涵意는 일반적으로 정이程頤와 주희朱熹의 學說을 기준으로 삼는다. 정이程頤는 '中庸'에 대해서 "치우치지 않는 것을 '중中'이라 이르고, 바뀌지 않는 것을 '용庸'이라 이르니, '中'이란 天下의 바른 道요, '庸'이란 天下의 정해진 이치이다. 不偏之謂中, 不易之謂庸. 中者, 天下之正道. 庸者, 天下之定理."(朱熹의 ≪中庸章句≫에 인용됨)라고 주장하였다. 이에 대해 주희朱熹는 "'중中'이란 치우치지 않고 기울지도 않으며, 지나치거나 미치지 못함이 없는 것을 말한다. '용庸'은 평상平常이다. 中者, 不偏不倚, 無過不及之名. 庸, 平常也."(朱熹의 ≪中庸章句≫)라고 부연하여 설명했다. 朱熹의 주장에 따르면, '中'은 마음의 본체이므로 未發하면 자연히 불편불의不偏不倚하게 되며, 이미 發하면 '中'을 잡고 행하여 지나치거나 미치지 못하는 폐단이 없어서 이치의 당연함에 부합하게 된다. 또한 朱熹는 '庸'을 '平常'이라고 해석했는데, 이는 평상에 행해지는 이치 곧 天命의 당연한 바이므로 폐廢할 수 없다는 뜻이다. 그러므로 程子가 바뀌지 않는 것이 '庸'이요, '庸'이 곧 '천하의 定理'라고 말했던 것이다.

(2) 中庸과 中和

≪中庸≫의 首章에 "기쁘고 성내고 슬프고 즐거워함이 아직 발發

하지 않은 것을 '중中'이라 이르고, 발發하여 모두 절도節度에 들어맞는 것을 '화和'라고 이른다. '중中'은 天下의 큰 근본이요, '화和'는 天下의 통달한 도道이다. 喜怒哀樂之未發, 謂之中. 發而皆中節, 謂之和. 中也者, 天下之大本也. 和也者, 天下之達道也."라고 했고, 이에 대해 朱熹는 ≪中庸章句≫에서 "희노애락喜怒哀樂은 '정情'이요, 그것이 아직 發하지 않은 것이 곧 '성性'이다. 치우치거나 의지하는 바가 없으므로 그것을 '중中'이라 이른다. 發하여 모두 절도節度에 들어맞는 것은 정情의 바름이니, 어긋난 바가 없으므로 그것을 '화和'라고 이른다. '대본大本'이란 天命의 성性이니, 天下의 이치가 모두 이로 말미암아 나오며 道의 체體이다. '달도達道'란 性을 따르는 것을 말하니, 天下와 古今에 함께 말미암은 바이며 道의 용用이다. 喜怒哀樂, 情也. 其未發, 則性也, 無所偏倚, 故謂之中. 發皆中節, 情之正也, 無所乖戾, 故謂之和. 大本者, 天命之性, 天下之理皆由此出, 道之體也. 達道者, 循性之謂, 天下古今之所共由, 道之用也."라고 해석했다.

'中和'에 대한 朱熹의 이러한 해석은 다음 네 가지로 요약할 수 있다. 1) 희노애락喜怒哀樂이 發하기 전은 性의 본체이고, 發하는 때는 情의 작용이다. 2) 性의 본체가 發하기 전의 정지상태에서 편의偏倚가 없는 것을 '中'이라 하고, 發할 때에 情의 바름에 부합하는 것을 '和'라고 한다. 3) 性의 본체가 '天'에서 나오기 때문에 '天命之性'이라고 말할 수 있다. 4) '中'은 道의 體로서 천하의 大本이고, '和'는 道의 用으로서 천하의 達道이다. 결국 '中'은 道의 본체가 되기 때문에 곧 '天命之謂性'을 말하고, '和'는 道의 用이 되기 때문에 곧 '率性之謂道'를 말하며, '中和'란 性情이 道에서 벗어나지 않는 표현인 것이다.

中庸과 中和의 관계를 살펴보면, '中庸'은 德行을 가리켜 말한 것이고 '中和'는 性情을 가리켜 말한 것이라고 할 수 있다. 그러나 中庸의

'中'은 실제로 中和를 뜻을 겸한 것이다. 또한 中和의 '中'은 性情이 發하기 전의 본체이기 때문에 體를 가리켜 말한 것이고, 中庸의 '中'은 천하의 正道로서 天地를 일체로 삼으며 內外의 구분이 없고 體用을 겸하고 있다. 그러므로 中庸의 '中'이 中和의 뜻을 겸하고 있는 것이다.

(3) 誠

≪大學≫은 '誠意'와 '明德'을 중심으로 말하였고, ≪中庸≫은 '誠'字를 주요골간으로 삼고 있다. 朱熹는 ≪中庸≫ 第21章 마지막 부분에서 "右는 第21章이다. 자사子思가 上章의 夫子의 천도天道와 인도人道의 뜻을 이어 말을 세운 것이다. 이로부터 아래 12章은 모두 자사子思의 말이니, 반복하여 이 章의 뜻을 미루어 밝힌 것이다. 右, 第二十一章. 子思承上章夫子天道人道之意而立言也. 自此以下十二章, 皆子思之言, 以反覆推明此章之意."라고 말했는데, 子思가 이처럼 ≪中庸≫ 후반부 12章에서 第21章의 含意, 곧 "성誠으로 말미암아 밝아지는 것을 성性이라 이르고, 밝음으로 말미암아 성誠을 하는 것을 교教라 이르니, 성誠하면 곧 밝아지고 밝으면 곧 성誠하게 된다. 自誠明謂之性, 自明誠謂之教, 誠則明矣, 明則誠矣."는 내용을 반복 설명한데서 알 수 있듯이 ≪中庸≫의 宗旨는 모두 이 '誠'字 하나로 귀결된다.

이 '誠'字는 首章에서 언급되지는 않았으나, 이른바 '치중화致中和'와 '신독愼獨'과 '솔성率性'과 '수도修道'에 이 '지성至誠'이 들어있지 않은 경우가 없으며, 第20章에서는 '誠'字의 작용이 바로 오달도五達道와 지인용智仁勇 삼달덕三達德의 핵심임을 재차 천명하고 있다. 곧 능히 '至誠'을 하면 능히 성기성물成己成物을 할 수 있으며, 외부 유혹의 사사로움을 버리고, 그 본연의 선善을 가득 채울 수가 있는 것이다. 결국 ≪中

庸≫의 體要는 솔성率性에 있고, 이 道를 관철하는 것은 바로 '誠'에 달려있다.

참고문헌

宋 程顥 程頤 撰, ≪二程集≫, 中華書局本, 1983.
宋 朱熹 撰, ≪四書章句集注≫, 中華書局本, 1983.
宋 朱熹 撰, ≪朱子語類≫, 中華書局本, 1983.
明 王守仁 撰, ≪王文正公全集≫, 中華書局本, 1983.
清 阮元 撰, ≪十三經注疏≫, 中華書局本.
鄧林 著, 祁文友 重校, ≪新訂四書補註備旨≫, 上海 天寶書局, 1915.
陳蒲清 譯註, ≪四書≫, 花城出版社, 1998.
來可泓 撰, ≪大學直解, 中庸直解≫, 復旦大學出版社, 1998.
奉奇鍾 著, ≪中庸講解≫, 佺學出版社, 2010.

中庸章句 序

中庸은 何爲而作也오 子思子ㅣ憂道學之失其傳而作也시니라 蓋自上古로 聖神이 繼天立極而道統之傳이 有自來矣라 其見(현)於經則允執厥中者는 堯之所以授舜也요 人心惟危하고 道心惟微하니 惟精惟一이라야 允執厥中者는 舜之所以授禹也시니라 堯之一言이 至矣盡矣어늘 而舜이 復益之以三言者는 則所以明夫堯之一言이 必如是而後에 可庶幾也라

≪중용中庸≫은 무엇을 위하여 지었는가? 子思子께서 도학道學이 그 전함을 잃을까 근심하여 지으신 것이니라. 대개 上古로부터 성신聖神이 하늘의 뜻을 이어 법을 세우니 도통道統의 전함이 유래함이 있었다. 그것이 경전에 나타난 것으로 곧 '진실로 그 중도中道를 잡으라'는 것은 요堯가 순舜에게 전하신 바요, '인심人心은 오직 위태롭고 도심道心은 오직 은미隱微하니, 오직 정밀하고 오직 한결같아야 진실로 그 중도中道를 잡는다."라고 한 것은 순舜이 우禹에게 전하신 바이니라. 요堯의 한마디 말씀이 지극하고 다하였거늘, 순舜이 다시 세 마디 말씀을 더한 것은 곧 대저 요堯의 한마디 말씀을 밝히는 바가 반드시 이와 같은 뒤에 가히 가깝게 되니라.

주해

- 子思子: 공자의 손자인 子思를 높여 부른 말. '子'는 미칭美稱, 또는 존칭의 의미이다.

  朱子가 말했다. "曾子學於孔子而得其傳, 子思又學於曾子而得其所傳於孔子者, 旣而懼夫傳之久遠而或失其眞也. 於是, 作爲此書."(大全註疏)

  懼(두려워할 구)

● 繼天立極: 하늘의 뜻을 이어받아 법을 세우다. 繼(이을 계) 極(극 극)
'繼天'이란 말은 漢나라 양웅揚雄의 ≪法言 · 五百≫ 篇에 나온다. "聖人聰明淵懿, 繼天測靈, 冠乎羣倫." 또한 漢나라 반고班固의 ≪동도부東都賦≫에도 나온다. "體元立制, 繼天而作." 懿(아름다울 의) 冠(갓 관)
'立極'은 최고의 법도法度(준칙準則)을 세운다는 말이다. 唐나라 두보杜甫의 ≪有事於南郊賦≫에 나온다. "所以報本反始, 所以慶長立極." 慶(경사 경) 極(극 극)

● 聖神: 고대의 성인聖人과 신인神人, 또는 성인聖人 이상의 신인神人을 말한다.
≪孟子 · 盡心下≫에 나온다. "充實而有光輝之謂大, 大而化之之謂聖, 聖而不可知之之謂神." 이에 대해 조기趙岐의 註에 "大行其道使天下化之, 是爲聖人."이라 했다.

● 自來: 유래由來. '從來'와 같다.
≪左傳 · 昭公元年≫ 條에 나온다. "叔出季處, 有自來矣." 季(끝 계)

● 允執厥中: '진실로 그 중도中道를 잡다.' 곧 언행이 불편부당不偏不黨한 중정中正의 道에 부합한 것을 말한다. 允(진실로 윤) 執(잡을 집) 厥(그 궐)
≪論語 · 堯曰≫ 篇에 나온다. "咨爾舜, 天之曆數在爾躬, 允執其中." 咨(탄식할 자) 爾(너 이) 曆(책력 력) 躬(몸 궁)

● 人心惟危, 道心惟微, 惟精惟一, 允執厥中: '人心은 오직 위태롭고, 道心은 오직 은미隱微하니, 오직 정밀하고 오직 한결같아야 진실로 그 중도中道를 잡는다.' 微(작을 미)
≪書 · 대우모大禹謨≫ 篇에 나온다. "人心惟危, 道心惟微, 惟精惟一, 允執厥中." 이에 대해 공영달孔穎達의 疏에 "信執其中正之道."라 했다.
朱子가 말했다. "中只是箇恰好底道理. 允是眞箇執得. 堯告舜, 只一句, 舜已曉得, 所以不復更說. 舜告禹, 又添三句, 這三句是允執厥中以前事. 是舜教禹做工夫處, 便是怕禹尚未曉得, 故恁地說."(大全註疏) 恰(마치 흡) 添(더할 첨) 這(이 저) 做(지을 주) 怕(두려워할 파) 恁(이같이 임)

● 庶幾: 가깝다. 별 차이가 없다. 庶(거의 서)
≪易 · 繫辭下≫에 나온다. "顔氏之子, 其殆庶幾乎?" 이에 대해 고형

高亨의 註에 "庶幾, 近也, 古成語, 猶今語所謂'差不多', 贊揚之辭."라고 했다.
또한 ≪孟子·梁惠王下≫ 篇에 "王之好樂甚, 則齊國其庶幾乎!"라고 했고, 朱子의 ≪四書集註≫에 "庶幾, 近辭也."라고 했다.

蓋嘗論之컨댄 心之虛靈知覺은 一而已矣어늘 而以爲有人心道心之異者는 則以其或生於形氣之私하며 或原於性命之正하여 而所以爲知覺者ㅣ不同이라 是以로 或危殆而不安하고 或微妙而難見耳라
然이나 人莫不有是形이라 故로 雖上智나 不能無人心이요 亦莫不有是性이라 故로 雖下愚나 不能無道心이니 二者ㅣ雜於方寸之間하여 而不知所以治之면 則危者ㅣ愈危하며 微者ㅣ愈微하여 而天理之公이 卒無以勝夫人欲之私矣니라

대개 일찍이 논하건대, 마음의 허령虛靈과 지각知覺은 한가지일 따름이거늘, 人心과 道心의 다름이 있는 것은 곧 그것이 혹 형기形氣의 사사로움에서 생겨나며, 혹 성명性命의 바름에서 근원하여, 지각知覺하는 바가 같지 않기 때문이다. 이 때문에 혹 위태하여 편안치 아니하고, 혹 은미隱微하여 보기 어려울 뿐이니라.
그러나 사람에게 이 形이 있지 않음이 없다. 그러므로 비록 상지上智라도 능히 人心이 없지 못하고, 또한 이 성품性稟이 있지 않을 수 없다. 그러므로, 비록 하우下愚라도 능히 도심道心이 없지 않으니 두 가지가 방촌方寸의 사이에 섞여서 다스릴 바를 알지 못하면, 곧 위태로운 것이 더욱 위태하며 은미한 것이 더욱 은미隱微하여 天理의 공변됨이 마침내 人慾의 사사로움을 이길 수 없게 되느니라.

주해

- 虛靈: 마음을 비운 상태에서 우러나오는 신령스러움. 곧 마음의 '體'나 '심령心靈'을 말한다. 虛(빌 허) 靈(신령 령)
  ≪朱子語類≫ 卷102에 나온다. "況羅先生於靜坐觀之, 乃其思慮未萌, 虛靈不昧." 萌(싹 맹) 昧(어두울 매)
  明나라 王守仁의 ≪전습록傳習錄≫ 卷下에도 나온다. "朱本思問, 人有虛靈, 方有良知, 若草木瓦石之類, 亦有良知否." 瓦(기와 와)
- 知覺: 알고 깨닫는 것. 곧 마음의 '用'을 말한다.
  勿齋程氏가 말했다. "虛靈, 心之體. 知覺, 心之用."(大全註疏)
  格庵趙氏가 말했다. "知, 是識其所當然. 覺, 是悟其所以然."(大全註疏) 悟(깨달을 오)
  朱子가 말했다. "只是這一箇心, 知覺從耳目上去, 便是人心. 知覺從義理上去, 便是道心."(大全註疏)
- 形氣: 形과 氣, 또는 形의 氣. '形'은 구체적 物象이고, '氣'는 우주만물을 구성하고 있는 물질이다. 여기서는 이목구비耳目口鼻와 사지四肢에 속한 것을 말한다. 肢(사지 지)
  "問形氣, 是耳目鼻口四肢之屬, 未可便謂之私欲. 朱子曰 但此數件事, 屬自家體段上, 便是私有底物, 不比道便公共."(大全註疏) 肢(사지 지) 底(어조사 저)
  채계통蔡季通이 말했다. "形氣之有善, 皆自道心出, 由道心則形氣善, 不由道心, 一付於形氣則爲惡."(大全註疏) 付(붙을 부)
- 性命: 만물의 천부天賦와 품수稟受. 賦(줄 부) 稟(받을 품)
  ≪易·乾≫ 卦에 나온다. "乾道變化, 各正性命." 이에 대해 孔穎達의 疏에 "性者, 天生之質, 若剛柔遲速之別. 命者, 人所稟受, 若貴賤夭壽之屬也."라고 했고, 朱子의 ≪周易本義≫에 "物所受爲性, 天所賦爲命."이라 풀이했다. 遲(늦을 지) 壽(목숨 수)

新安陳氏가 말했다. "有形氣之私, 方有人心, 故曰生. 自賦命受性之初, 便有道心, 故曰原."(大全註疏)

精則察夫二者之間而不雜也요 一則守其本心之正而不離也니 從事於斯하여 無少間斷하여 必使道心으로 常爲一身之主而人心이 每聽命焉이면 則危者ㅣ安하고 微者ㅣ著하여 而動靜云爲ㅣ自無過不及之差矣리라

夫堯舜禹는 天下之大聖也시고 以天下相傳은 天下之大事也니 以天下之大聖으로 行天下之大事하사되 而其授受之際에 丁寧告戒ㅣ不過如此하시니 則天下之理ㅣ豈有以加於此哉리오

'정精'은 곧 대저 두 가지 사이를 살펴서 섞이지 않는 것이요, '일一'은 곧 그 본심의 바름을 지켜서 떠나지 않는 것이니, 이에 종사하여 조금이라도 간단間斷함이 없어서 반드시 道心으로 하여금 항상 한 몸의 주인이 되게 하여, 人心이 매번 명령을 듣게 하면 곧 위태로운 것이 편안하고 은미한 것이 드러나서, 움직이고 고요하고 이르고 행하는 것이 스스로 지나치거나 미치지 못하는 어긋남이 없게 될 것이니라. 무릇 요堯와 순舜과 우禹는 天下의 큰 聖人이시고, 天下로써 서로 전함은 天下의 큰 일이니, 天下의 큰 聖人으로서 天下의 큰 일을 행하시되 그 주고 받는 즈음에 정녕丁寧코 告하여 경계함이 이와 같음에 지나지 아니하시니, 곧 天下의 이치가 어찌 여기에 더함이 있으리오!

주해

- 精과 一: '유정유일惟精惟一'에 대한 설명이다.
  朱子가 말했다. "精, 是精察分明. 一, 是要守得不離."(大全註疏)
  陳氏가 말했다. "要分別二者界分分明, 不相混雜, 專守道心之正而無以人心二之."(大全註疏) 混(섞일 혼) 專(오로지 전)
- 間斷: 간격이 나거나 끊어지다. '중단中斷', '중지中止'와 같다. 間(간격 날 간)
- 天下之理, 豈有以加於此哉: '天下의 이치가 어찌 이보다 더함이 있으리오!' 豈(어찌 기)
  雲峯胡氏가 말했다. "天下之理 | 豈有以加於此哉? 中之一字, 聖聖相傳之道, 莫加於此也. 精一二字, 聖聖相傳之學, 莫加於此也."(大全註疏)

自是以來로 聖聖相承하시니 若成湯文武之爲君과 皐陶伊傅周召之爲臣이 旣皆以此而接夫道統之傳하시고 若吾夫子則雖不得其位나 而所以繼往聖開來學하시니 其功이 反有賢於堯舜者라
然이나 當是時하여 見而知之者는 惟顔氏 曾氏之傳이 得其宗하시고 及曾氏之再傳하여 而復得夫子之孫子思하니 則去聖이 遠而異端起矣라

이로부터 성인과 성인이 서로 이으시니, 성탕成湯과 문왕文王과 무왕武王과 같은 人君과, 고요皐陶와 이윤伊尹과 부열傅說과 주공周公과 소공召公과 같은 신하가 이미 모두 이것으로써 도통道統의 전함을 이으셨고, 우리 夫子(孔子)와 같은 경우는 곧 비록 그 지위를 얻지 못했으나 지나간 성인을 이으시고 다가오는 배우는 자를 열어주신 바이니, 그 공功

이 도리어 요堯와 순舜 보다 나은 것이 있도다.
그러나 이 때를 당하여 보아서 아는 자는 오직 안씨顔氏(顔子)와 증씨曾氏(曾子)의 전함이 그 종통宗統을 얻으시고, 증씨曾氏의 다시 전함에 미쳐서, 다시 夫子의 손자인 자사子思를 얻었으니, 곧 성인을 떠남이 멀어서 이단異端이 일어남이라.

주해

- 成湯: 상商나라의 시조. 설契의 후예로서 姓은 子, 名은 리履, 또는 '천을天乙'이라고도 부른다. 하夏나라의 걸桀왕이 無道하자 걸왕桀王을 멸하고 상商을 세웠다. 履(신 리) 桀(홰 걸)
  ≪書·중훼지고仲虺之誥≫에 나온다. "成湯放桀於南巢, 惟有慙德." 이에 대해 孔傳에 "湯伐桀, 武功成, 故以爲號."라 했고, 육덕명陸德明의 ≪釋文≫에 "湯伐桀, 武功成, 故號成湯. 一云成, 謚也."라고 했다. 虺(살무사 훼) 巢(집 소) 慙(부끄러울 참) 謚(시호 시)
- 文王: 周나라의 중흥조. 姓은 희姬, 名은 창昌이다. 계력季歷의 아들이며 서백창西伯昌이라고도 부른다.
- 武王: 文王의 아들로서 姓은 희姬, 名은 발發이다. 은殷나라 주왕紂王이 無道하자 주왕紂王을 멸하고 주周나라를 세웠다. 紂(임금이름 주)
- 皐陶: 姓은 언偃, '구요咎陶' 또는 '구요咎繇'라고도 부른다. 순舜과 夏나라 때의 賢臣이다. 皐(언덕 고) 陶(사람이름 요) 偃(쓰러질 언) 咎(허물 구) 繇(노래 요)
- 伊尹: 탕湯의 현상賢相. 名은 '이伊' 또는 '지摯', 윤尹은 官名이다. 湯이 하夏나라의 걸桀왕을 칠 때 큰 공을 세워 '아형阿衡'으로 推尊되었다. 탕湯의 손자인 태갑太甲이 즉위한 후 황음무도荒淫無道에 빠지자, 이윤伊尹이 태갑太甲을 동궁桐宮에 유폐시켰다가 태갑太甲이 잘못을 뉘우치자 삼 년 후에 다시 맞이하여 복위시켰다. 摯(잡을 지) 阿(언덕 아) 衡(저울대 형)
  ≪상서尙書·이훈伊訓≫ 篇에 나온다. "惟元祀十有二月乙醜, 伊尹祠於先王." 醜(추할 추) 祠(사당 사)

또한 ≪左傳 · 襄公二十一年≫ 條에 나온다. "伊尹放大甲而相之, 卒無怨色." 이에 대해 두예杜預의 註에 "大甲, 湯孫也, 荒淫失度. 伊尹放之桐宮三年, 改悔而復之而無恨心."라고 풀이했다. 荒(거칠 황) 淫(음란할 음) 桐(오동나무 동) 悔(뉘우칠 회)

- 傅說: 은殷나라 高宗(武丁)때의 賢臣. 傅(스승 부) 說(기쁠 열)
  ≪史記 · 殷本紀≫에 나온다. "武丁夜夢得聖人, 名曰說. 以夢所見視群臣百吏, 皆非也. 於是乃使百工營求之野, 得說於傅險中. 是時說爲胥靡, 築於傅險. 見於武丁, 武丁曰是也. 得而與之語, 果聖人, 擧以爲相, 殷國大治. 故遂以傅險姓之, 號曰傅說." 夢(꿈 몽) 胥(모두 서) 靡(쓰러질 미) 築(쌓을 축)
- 周公: 姓은 희姬, 名은 '단旦', '희단姬旦' 또는 '숙단叔旦'이라 부른다. 周나라 문왕文王의 넷째 아들이며, 무왕武王의 아우이자 성왕成王의 숙부이다. 周나라의 문물제도를 완비하고 儒學의 기초를 세운 자로서 '원성元聖'으로 추앙된다.
  ≪論語 · 술이述而≫ 篇에 나온다. "子曰 甚矣, 吾衰也. 久矣, 吾不復夢見周公." 甚(심할 심) 衰(쇠할 쇠)
- 召公: 姓은 희姬, 名은 석奭. 周나라 文王의 아들이며, 武王과 周公의 이복동생으로 연燕나라의 시조이다. 周公과 함께 무경武庚의 반란을 진압하는 공을 세웠다. 奭(클 석)
- 見而知之: 보아서 알다. 곧 성인과 동시대에 살면서 가르침을 직접 배워서 안다는 뜻이다.
  ≪孟子 · 盡心下≫에 나온다. "由文王至於孔子, 五百有餘歲, 若太公望散宜生則見而知之. 若孔子則聞而知之." 歲(해 세)
- 顔氏曾氏之傳, 得其宗: '顔氏(顔子)와 曾氏(曾子)의 전함이 그 종통宗統을 얻다.' 宗(마루 종)
  雲峯胡氏가 말했다. "夫子以前傳道統者, 皆得君師之位而斯道以行. 夫子以後傳道統者不得君師之位而斯道以明. 故明堯舜禹湯文武之道者, 夫子六經之功. 而明夫子之道者, 曾子大學子思中庸之功也."(大全註疏) 斯(이 사)

新安陳氏가 말했다. "顔子博文精也, 約禮一也. 曾子格致精也, 誠正一也."(大全註疏)

子思ㅣ懼夫愈久而愈失其眞也하사 於是에 推本堯舜以來相傳之意하시고 質以平日所聞父師之言하사 更(경)互演繹하여 作爲此書하사 以詔後之學者하시니 蓋其憂之也ㅣ深故로 其言之也ㅣ切하고 其慮之也ㅣ遠故로 其說之也ㅣ詳이라

其曰 天命率性則道心之謂也요 其曰 擇善固執則精一之謂也요 其曰 君子時中則執中之謂也니 世之相後ㅣ千有餘年이로되 而其言之不異ㅣ如合符節이라

歷選前聖之書하여 所以提挈綱維하며 開示蘊奧ㅣ未有若是之明且盡者也라

子思께서 더욱 오래될수록 더욱 그 참을 잃을까 두려워하시어, 이에 요堯와 순舜 以來로 서로 전하는 뜻을 미루어 근본으로 삼으시고, 평일에 스승에게 들은 바의 말씀으로 질정質正하셔서, 다시 서로 연역演繹하여 이 책을 지어서 뒷날 배우는 자에게 가르치시니, 대개 그 근심이 깊기 때문에 그 말씀이 간절하고, 그 생각이 심원하기 때문에 그 설명이 자상仔詳하다.

그 '천명天命'과 '솔성率性'이라고 말한 것은 곧 도심道心을 이른 것이요, 그 '군자君子'와 '시중時中'이라고 말한 것은 곧 집중執中을 이른 것이니, 세대가 서로 뒤를 이어 천년하고 또 남음이 있으나 그 말이 다르지

않음이 마치 부절符節을 합한 것과 같도다.

옛 聖人이 글을 낱낱이 가려서 강유綱維를 이끌어내고 온오蘊奧를 열어 보인 바가, 이와 같이 밝고 또한 다한 바가 있지 아니하였다.

주해

- 推本: 미루어 근본으로 삼다. 推(밀 추)
- 父師: 스승. '사부師父', '사장師長'과 같다.
- 演繹: 어떤 가설적인 명제로부터 출발하여 다른 명제를 이끌어내는 과정. 演(통할 연) 繹(풀어낼 역)

  ≪朱子語類≫ 卷六七에 나온다. "漢儒解經, 依經演繹. 晉人則不然, 捨經而自作文." 儒(선비 유) 捨(버릴 사)
- 其曰天命率性, 則道心之謂也: 그 '천명天命'과 '솔성率性'이라고 말한 것은 곧 도심道心을 이른다. 率(거느릴 솔)

  新安陳氏가 말했다. "上文云, 道心原於性命之正, 可見天命謂性, 率性謂道, 卽是道心之謂."(大全註疏)
- 其曰擇善固執, 則精一之謂也: 그 '택선擇善'과 '고집固執'이라고 말한 것은 곧 정일精一을 이른 것이다. 擇(가릴 택) 執(잡을 집)

  朱子가 말했다. "擇善, 卽惟精. 固執, 卽惟一."(大全註疏) 固(굳을 고) 執(잡을 집)
- 其曰君子時中, 則執中之謂也: 그 '君子'와 '時中'이라고 말한 것은 곧 집중執中을 말한다.

  朱子가 말했다. "時中, 是無過不及底中, 執中亦然."(大全註疏) 底(밑 저)
- 提挈: 이끌어내다. 게시揭示하다. 提(끌 제) 挈(이끌 설)
- 綱維: 법도. '강령綱領'과 같다. 綱(벼리 강) 維(벼리 유)
- 蘊奧: 깊은 뜻. 심오한 이치. 蘊(쌓일 온) 奧(깊을 오)
- 懼(두려워할 구) 詔(가르칠 조)

自是而又再傳以得孟氏하여 爲能推明是書하여 以承先聖之統하시고 及其沒而遂失其傳焉하니 則吾道之所寄ㅣ不越乎言語文字之間이요 而異端之說이 日新月盛하여 以至於老佛之徒ㅣ出하여는 則彌近理而大亂眞矣라

然而尚幸此書之不泯故로 程夫子兄弟者ㅣ出하사 得有所考하여 以續夫千載不傳之緖하시고 得有所據하여 以斥夫二家似是之非하시니 蓋子思之功이 於是爲大하여 而微程夫子면 則亦莫能因其語而得其心也리라

惜乎라 其所以爲說者ㅣ不傳이요 而凡石氏之所輯錄은 僅出於其門人之所記라 是以로 大義ㅣ雖明이나 而微言이未析하고 至其門人所自爲說하여는 則雖頗詳盡而多所發明이나 然이나 倍其師說而淫於老佛者ㅣ亦有之矣라

이로부터 또 다시 전하여 맹씨孟氏(孟子)를 얻어 능히 이 글(≪中庸≫)을 미루어 밝혀서 先聖의 도통道統을 이으시고, 그(孟子) 돌아가심에 미쳐서 마침내 그 傳함을 잃으니 곧 우리의 道가 기탁한 바는 言語와 文字의 사이를 넘어서지 못하였다. 또한 이단異端의 學說이 날로 새롭고 달로 盛하여, 노자老子와 불가佛家의 무리가 출현함에 이르러서는 곧 더욱 이치에 가까워서 크게 참된 것을 어지럽혔다.

그러나 오히려 다행히도 이 글이 민멸泯滅되지 않았기 때문에 정부자程夫子(明道, 伊川) 형제가 나와서, 얻어 상고한 바가 있어 천년 동안 전하지 못한 실마리를 이으시고, 얻어 증거證據한 바가 있어 二家(老·佛)의 옳은 것 같으나 그른 것을 배척하셨다. 대개 자사子思의 공이 이에 크게 되어서 정부자程夫子가 아니었다면, 곧 또한 능히 그(子思) 말

로 인하여 그(子思) 마음을 얻지 못하였으리라!

애석하도다! 그(程伊川) 말씀하신 바가 전하지 아니하고, 무릇 석씨石氏가 모아서 기록한 바는 겨우 그 門人이 기록한 데서 나왔다. 이로써 大義는 비록 밝혀졌으나 은미隱微한 말은 아직 분석되지 못하고, 그 門人들이 스스로 말한 바에 이르러서는 곧 비록 자못 상세함을 다하고 발명發明한 바가 많으나, 그러나 그 사설師說에 위배하고 노불老佛에 빠진 자가 또한 있느니라.

주해

- 推明是書, 以承先聖之統: 이 글을 미루어 밝혀서 선성先聖의 도통道統을 잇다. '是書'는 ≪中庸≫을 말한다. '통統'은 '도통道統'이다. 推(밀 추) 承(이을 승)

  格庵趙氏가 말했다. "中庸深處, 多見於孟子. 如道性善, 原於天命之性也. 存心收放心, 致中也. 擴充其仁義之心, 致和也. 誠者天之道, 思誠者人之道一章, 其義悉本於中庸, 尤足以見淵源之所自."(大全註疏) 擴(넓힐 확) 悉(모두 실) 尤(더욱 우) 淵(못 연)
- 老佛之徒: 노자老子와 불가佛家의 학설을 따르는 자.
- 彌近理而大亂眞: 더욱 이치에 가까워서 크게 참된 것을 어지럽히다' 彌(더욱 미)

  陳氏가 말했다. "彌近理而大亂眞, 甚相似而絶不同也. 然非物格知至理明義精者, 不足以識破."(大全註疏) 甚(심할 심) 破(깨뜨릴 파)
- 程夫子兄弟: 정명도程明道(1032~1085)와 정이천程伊川(1033~1107) 형제.
- 微: '未'와 같다. 微(아닐 미)
- 其所以爲說者不傳: 그(程伊川)가 말한 것이 전해지지 못하다. '기其'는 정이천程伊川이다.

  朱子가 말했다. "明道不及爲書, 伊川雖言中庸已成書, 自以不滿其意而火之矣."(大全註疏) 伊(저 이) 滿(찰 만)
- 石氏: 名은 대𡻫, 字는 자중子重, 號는 극제克齊. 정이천程伊川의 제자이

다. ≪중용집해中庸集解≫를 저술하였고, 朱子가 이 책의 서문을 지었다. 懟(원망할 대)

- 微言: 뜻이 깊어 함축적이고 정미精微한 말. 微(숨을 미)
  ≪일주서逸周書·大戒≫에 나온다. "微言入心, 夙喩動衆." 朱右曾의 ≪校釋≫에 "微言, 微眇之言."이라 했다. 夙(일찍 숙) 眇(애꾸눈 묘)
  漢나라 유흠劉歆의 ≪移書讓太常博士≫에도 나온다. "及夫子沒而微言絕, 七十子卒而大義乖." 夙(일찍 숙) 歆(받을 흠) 沒(없을 몰) 乖(어그러질 괴)
- 倍其師說: 그 스승의 학설에 위배되다. '사설師說'은 곧 정자程子의 학설을 말한다. '배倍'는 '배背'와 같다. 倍(배반할 배) 背(배반할 배)
- 沒(죽을 몰) 寄(부칠 기) 泯(없어질 민) 輯(모을 집) 錄(기록할 록) 僅(겨우 근) 頗(자못 파) 析(가를 석) 淫(빠질 음)

熹ㅣ自蚤歲로 卽嘗受讀而竊疑之하여 沈潛反復이 蓋亦有年이러니 一旦에 恍然하여 似有以得其要領者라 然後에 乃敢會衆說而折其衷하고 旣爲定著章句一篇하여 以俟後之君子하며 而一二同志로 復取石氏書하여 刪其繁亂하여 名以輯略하고 且記所嘗論辯取舍之意하여 別爲或問하여 以附其後하니 然後에 此書之旨ㅣ支分節解하고 脈絡貫通하며 詳略相因하고 巨細畢擧하여 而凡諸說之同異得失이 亦得以曲暢旁通而各極其趣니라 雖於道統之傳에 不敢妄議나 然이나 初學之士ㅣ或有取焉이면 則亦庶乎行遠升高之一助云爾라

淳熙己酉春三月戊申에 新安朱熹는 序하노라

내(朱熹)가 젊어서부터 곧 일찍이 이 글을 받아 읽고 그윽이 의심하여, 침잠沈潛하고 반복함이 대개 또한 여러 해가 되었더니, 하루 아침에 황연恍然히 마치 그 요령要領을 얻게 되었다.

그런 후에 이에 감히 여러 학설을 모아 그 가운데를 절충折衷하고, 이미 ≪中庸章句≫ 一篇을 정해 지어서 훗날의 君子를 기다리며, 한 두 同志와 다시 石氏의 書를 취하여 그 번란繁亂함을 산정刪定해서 ≪중용집략中庸輯略≫으로 이름짓고, 또 일찍이 논변論辯하고 취사取捨한 뜻을 기록하여 따로 ≪중용혹문中庸或問≫을 만들어 그 뒤에 붙였다. 그런 후에 이 책의 뜻이 지체肢體가 분석되고 관절關節이 해체되어 맥락脈絡이 관통貫通하며, 자상仔詳하고 소략疏略함이 서로 인하고, 큰 것과 작은 것이 다 거론되어 모든 여러 학설의 동이同異와 득실得失이 또한 굽이굽이 펼쳐지고 두루 통하여 각각 그 취지趣旨를 다함이라.

비록 道統을 전하는데 감히 망령되이 의논議論하지 못하나, 그러나 처음 배우는 선비가 혹 취한 것이 있으면 곧 또한 거의 먼 곳을 행하고 높은 곳에 오르는데 한 가지 도움이 된다고 이를 뿐이로다.

순희淳熙 기유년己酉年(1189년) 春三月 무신戊申에 新安의 주희朱熹는 序하노라.

주해

- 蚤歲: 젊은 나이. 어린 나이. ‘조蚤’는 ‘조早’와 같다. 蚤(일찍 조)
- 竊疑: 남몰래 의심하다. 적이 의심하다. 竊(몰래 절) 疑(의심할 의)
- 沈潛: 마음을 깊이 가라앉힘. 곧 깊이 연구하는 것을 말한다. 沈(가라앉을 침) 潛(잠길 잠)

  唐나라 한유韓愈의 〈上兵部李侍郎書〉에 나온다. “愈遂得究窮於經傳史記百家之說, 沈潛乎訓義, 反復乎句讀, 礱磨乎事業, 而奮發乎文章.”

沈(잠길 침) 潛(잠길 잠) 礱(갈 롱) 磨(갈 마) 奮(떨칠 분)

● 有年: 여러 해가 지나다.

진晉나라 도잠陶潛의 〈移居〉 詩에 나온다. "懷此頗有年, 今日從茲役." 또한 唐나라 원진元稹의 〈有唐贈太子少保崔公墓志銘〉에도 나온다, "予與公更相知善有年矣." 頗(자못 파) 茲(이 자) 役(부릴 역)

● 恍然: 어슴푸레한 모양. 또는 갑자기 깨닫는 모양. '홀연忽然'과 같다. 恍(어슴푸레할 황) 忽(갑자기 홀)

위魏나라 완적阮籍의 〈達莊論〉에 나온다. "恍然而止, 忽然而休."

● 折衷: 正道를 취하여 사물을 판단하는 준칙準則으로 삼다. '절중折中'과 같다. 折(쪼갤 절) 衷(가운데 충)

朱子의 ≪四書集註≫에 나온다. "折中, 謂事理有不同者, 執其兩端而折其中, 若 ≪史記≫ 所謂六藝折中於夫子, 是也." 執(잡을 집)

● 支分節解: 지체肢體와 관절關節이 하나하나 나뉘다. 곧 '사물의 義理를 낱낱이 분석하여 해득解得하다'는 뜻이다. '지支'는 '지肢'와 같다. '절節'은 '관절關節' 또는 '골절骨節'이다. '지분족해支分族解'와 같다. 肢(사지 지) 族(골절 족)

東陽許氏가 말했다. "章句輯略或問三書, 旣備然後, 中庸之書, 如支體之分骨節之解, 而脈絡却相貫穿通透."(大全註疏) 脈(맥 맥) 絡(맥 락) 穿(뚫을 천) 透(통할 투)

淸나라 유대괴劉大櫆의 〈烏程閔君墓志銘〉에 나온다. "又善於誘掖, 其言披豁暢朗, 支分族解, 騃童鈍夫聞之, 咸如夢寐驚覺." 櫆(북두칠성 괴) 誘(꾈 유) 掖(길 액) 披(나눌 피) 豁(열릴 활) 暢(펼 창) 騃(어리석을 애) 鈍(둔할 둔)

또한 청淸나라 증국번曾國藩의 〈經史百家簡編序〉에도 나온다. "自六籍燔於秦火, 漢世掇拾殘遺, 徵諸能通其讀者, 支分節解, 於是有章句之學." 籍(서적 적) 燔(구울 번) 掇(주울 철) 拾(주울 습)

● 曲暢: 만물을 두루 알고 그 이치를 창달暢達하다. '곡창曲鬯'과 같다. 曲(굽을 곡) 暢(펼 창) 鬯(펼 창)

唐나라 위처후韋處厚의 〈상재상천황보식서上宰相薦皇甫湜書〉에 나온다. "徵會理軸, 遺訓詞波, 無不蹈正超常, 曲暢精旨." 湜(물맑을 식) 軸(굴대 축)

遣(보낼 견) 蹈(밟을 도)

- 旁通: 두루 통하다. 널리 알고 깨우치다. 旁(두루 방) 通(통할 통)
  ≪易 · 乾≫ 卦에 나온다. "六爻發揮, 旁通情也." 이에 대해 공영달孔穎達의 疏에 "言六爻發越揮散, 旁通萬物之情也."라고 했다. 爻(효 효) 揮(떨칠 휘) 越(넘을 월)
- 行遠升高: 먼 곳을 행하고 높은 곳에 오르다. 곧 학문하는 방법을 말한다. 升(오를 승)
  ≪書 · 太甲≫에 나온다. "若升高, 必自下. 若陟遐, 必自邇." 陟(오를 척) 遐(멀 하) 邇(가까울 이)
  또한 ≪禮記 · 中庸≫에도 나온다. "君子之道, 辟(譬)如行遠必自邇, 辟如登高必自卑." 辟(비유할 비) 譬(비유할 비) 卑(낮을 비)
- 淳熙: 宋나라 효종孝宗의 연호. 淳(순박할 순)
- 繁(번거로울 번) 刪(깎을 산)

讀中庸法

朱子曰 中庸一篇을 某ㅣ妄以己意로 分其章句하니 是書를 豈可以章句求哉리오 然이나 學者之於經에 未有不得於辭而能通其意者니라

又曰 中庸은 初學者ㅣ未當理會니라

中庸之書는 難看이라 中間에 說鬼說神은 都無理會하니 學者ㅣ須是見得箇道理了라야 方可看此書將來印證이니라

朱子 가로되 "≪중용中庸≫ 한 편을 내 망령되이 나의 뜻으로 그 장구章句를 나누었으니, 이 글을 어찌 가히 章句로써 구하리오? 그러나 배우는 자가 경문經文에서 말을 얻지 못하고, 능히 그 뜻을 통달한 자는 있지 아니하니라."

또 가로되 "≪중용中庸≫은 초학자初學者가 마땅히 이해하지 못하니라."

≪중용中庸≫의 글은 보기가 어렵다. 중간에 귀鬼를 말하고 신神을 말한 곳은 도무지 이해할 수 없으니, 배우는 자가 모름지기 하나의 도리道理를 보고 깨우쳐야만 바야흐로 가히 이 글을 보고 장차 인증印證할 수 있을 것이다.

주해

- 中庸一篇, 某妄以己意, 分其章句: "≪중용中庸≫ 한 편을 내 망령되이 나의 뜻으로 그 장구章句를 나누다." 某(아무 모) 妄(망령될 망)

  勉齋黃氏가 말했다. "中庸之書, 章句或問, 言之悉矣. 學者未有不曉其文而能通其義者也. 然此書之作, 脈絡相通, 首尾相應, 子思子之所述, 非若語孟問答之言, 章殊而指異也. 苟徒章分句析, 而不得一篇之大旨, 則亦無以得子思著書之意矣. 程子以爲始言一理, 中散爲萬事, 末復合爲一理. 朱子以誠之一字, 爲此篇之樞紐, 示人切矣."(大全註疏) 悉(다 실) 樞(지도리 추) 紐(끈 뉴)

● 理會: 깨닫다. '이해理解'와 같다.
● 須是: 반드시, 꼭. '필수必須' 또는 '정요定要'와 같다. 須(모름지기 수)
≪선화유사宣和遺事≫ 後集에 나온다. "須是忍耐强行, 勿思佗事." 忍(참을 인) 耐(견딜 내) 佗(다를 타)
● 印證: 대조와 비교를 통하여 사실과 부합됨을 증명하다. '인정印正' 또는 '인정印政'과 같다. 印(찍을 인) 證(증명할 증)
明나라 호응린胡應麟의 ≪少室山房筆叢·莊嶽委談下≫에 나온다. "復數十年, 無原本印證, 此書 ≪水滸傳≫ 將永廢矣." 麟(기린 린) 叢(모일 총) 莊(풀성할 장) 嶽(큰산 악) 滸(물가 호)
또한 明나라 왕수인王守仁의 ≪傳習錄≫ 卷中에도 나온다. "堯舜子之之禪讓, 湯武楚項之放伐, 周公莽操之攝輔, 謾無印正, 又焉適從." 堯(요임금 요) 舜(순임금 순) 禪(선위할 선) 讓(사양할 양) 莽(우거질 망) 攝(당길 섭) 謾(속일 만) 焉(어찌 언)

讀書之序는 須是且著力去看大學하고 又著力去看論語하고 又著力去看孟子하여 看得三書了면 這中庸은 半截都了라 不用問人하고 只略略恁看過요 不可掉了易(이)底하여 却先去攻那難底니라 中庸이 多說無形影하여 說下學處ㅣ少하고 說上達處ㅣ多하니 若且理會文義則可矣니라

글을 읽는 차례는 모름지기 장차 힘을 붙여 ≪대학大學≫을 보고, 또 힘을 붙여 가서 ≪논어論語≫를 보고, 또 힘을 붙여 가서 ≪맹자孟子≫를 보고서 이 세 책을 보고 깨닫게 되면, 이 ≪중용中庸≫은 반절半截은 모두 마친 것이다.
남에게 물을 필요가 없고 다만 대강대강 이같이 보고 지나갈 것이요,

가히 쉬운 것을 버리고 도리어 먼저 가서 저 어려운 것을 다스려서는 안될 것이다.
≪中庸≫은 대부분 형체와 그림자가 없는 것을 말하여, 하학下學을 말한 곳이 적고, 상달上達을 말한 곳이 많으니, 만약 장차 글의 뜻을 이해한다면 곧 可할 것이다.

주해

- 著力: 힘을 붙이다. 힘을 쓰다. '착력着力'과 같다. 著(붙일 착)
- 攻: 다스리다. 힘써 연구하다. 攻(다스릴 공)
  唐나라 한유韓愈의 ≪師說≫에 나온다. "聞道有先後, 術業有專攻, 如是而已."
- 下學: 인간의 事理를 배우는 일.
  ≪論語 · 憲問≫ 篇에 나온다. "子曰 不怨天, 不尤人, 下學而下達." 이에 대해 하안何晏의 ≪論語集解≫에 "孔安國曰 下學人事, 上知天命." 라고 했고, 宋나라 진량陳亮의 ≪經書發題 · 論語≫에 "≪論語≫ 一書, 無非下學之事也."라고 했다. 尤(허물 우)
- 上達: 君子가 덕성德性을 수양하고 인의仁義를 통달하는데 힘쓰는 일을 말한다.
  ≪論語 · 憲問≫ 篇에 나온다. "君子上達, 小人下達." 이에 대해 형병邢昺의 疏에 "言君子小人所曉達不同也. 本爲上, 謂德義也. 末爲下, 謂財利也. 言君子達於德義, 小人達於財利."라고 했다. 曉(깨달을 효)
- 了(마칠 료) 這(이 저) 截(끊을 절) 恁(이같이 임) 掉(흔들 도)

讀書는 先須看大綱하고 又看幾多間架니 如天命之謂性과 率性之謂道와 修道之謂敎는 此是大綱이요 夫婦所知所能과 與聖人不知不能處는 此類ㅣ是間架니 譬人看屋

에 先看他大綱하고 次看幾多間하며 間內又有小間然後에야 方得貫通이니라

책을 읽는 것은 먼저 모름지기 대강大綱을 보고, 또 간가間架가 얼마나 많은지를 보아야 하니, 예를 들어 '하늘이 命한 것을 性이라 이른다'와 '性을 따르는 것을 道라 이른다'와 '道를 닦는 것을 敎라 이른다' 등은 이것이 바로 대강大綱이요, '夫婦가 아는 바와 능하는 바'와 '聖人이 알지 못하고 能하지 못한 곳' 등은 이런 것들이 간가間架이다. 비유컨대 사람들이 집을 살피는데 먼저 그 대강大綱을 보고, 다음으로 칸이 얼마나 되는지를 보고, 칸 안에 또 작은 칸이 있음을 본 연후에야 바야흐로 관통貫通할 수 있느니라.

주해

- 幾多: 얼마간. 약간. '幾許', '多少'와 같다. 幾(몇 기)
- 間架: 시렁. 칸. 칸막이. 대들보와 대들보 사이를 '간間'이라 하고, 서까래와 서까래 사이를 '가架'라고 한다. 架(시렁 가)

  勉齋黃氏가 말했다. "中庸, 自是難看, 石氏所集諸家說, 尤亂雜, 未易曉. 須是胸中, 有權衡尺度, 方始看得分明. 今驟取而讀之, 精神已先爲所亂, 却不若子細將章句硏究, 令十分通曉, 俟首尾該貫後, 却取而觀之, 可也."(大全註疏) 尤(더욱 우) 權(저울추 권) 衡(저울대 형) 驟(빠를 취) 却(도리어 각) 俟(기다릴 사)

又曰 中庸은 自首章以下로 多對說將來하되 直是整齊라 某ㅣ 舊讀中庸할새 以爲子思做러니 又時復有箇子曰字하니 讀得熟後에야 方見得是子思ㅣ 參夫子之說하사 著爲

此書로라 自是로 沈潛反覆하여 遂漸得其旨趣하고 定得今章句擺布得來하여 直恁麼細密이니라
近看中庸이라가 於章句文義間에 窺見聖賢述作傳授之意ㅣ極有條理하여 如繩貫棊局之不可亂이로다

또 가로되 "≪중용中庸≫은 수장首章으로부터 아래로는 대부분 상대적으로 말해나간 것이 많으나 다만 가지런하다. 내(朱子)가 지난날 ≪중용中庸≫을 읽을 적에 자사子思가 지으신 것이라 여겼는데, 또 때로 다시 '자왈子曰'이라는 글자가 있으니, 읽기를 익숙하게(숙독熟讀) 한 뒤에야 바야흐로 이는 자사子思가 夫子의 말씀을 참고해서 이 글(≪中庸≫)을 지었다는 것을 알게 되었다. 이로부터 침잠沈潛하고 반복하여 마침내 점차 그 지취旨趣를 얻게 되었고, 이제 장구章句를 정해서 하나하나 펼쳐 보여, 곧바로 이같이 세밀하게 되었노라."
근래 ≪중용中庸≫을 보다가 장구章句와 글 뜻 사이에서 성현聖賢이 술작述作하고 전수傳受한 뜻이 지극히 조리條理가 있어, 마치 먹줄이 바둑판을 꿰뚫는 것처럼 어지럽지 않음을 엿보았노라.

주해

- 將來: ～해나가다. '下來' 또는 '起來'와 같다.
≪金瓶梅詞話≫ 第八六回에 나온다. "他家大娘子分付將來, 不教閑雜人來看." 娘(어머니 낭) 付(줄 부) 教(하여금 교)
≪四遊記 · 鍾離合破白虎陣≫에도 나온다. "衆兵圍合將來, 把令婆等困在垓心." 圍(둘러쌀 위) 婆(할미 파) 困(괴로울 곤) 垓(지경 해)
- 整齊: 가지런하다. 가지런히 정돈되다. 整(가지런할 정) 齊(가지런할 제)
- 擺布: 펼쳐 보이다, 배치하다, 안배하다. '파포擺佈'와 같다. 擺(벌여놓을 파) 佈(펼 포)

● 恁麽: 이처럼, 이같이. '如此'와 같다. 恁(이같이 임) 麽(어조사 마) ≪景德傳燈錄 · 道林禪師≫ 篇에 나온다. "白日 三歲孩兒也解恁麽道."

● 棊局: 바둑판. 棊(바둑 기) 局(판 국)

● 直(다만 직) 做(지을 주) 窺(엿볼 규) 繩(줄 승)

中庸은 當作六大節看이니 首章이 是一節이니 說中和요 自君子中庸以下十章이 是一節이니 說中庸이요 君子之道 費而隱以下八章이 是一節이니 說費隱이요 哀公問政以下七章이 是一節이니 說誠이요 大哉聖人之道以下六章이 是一節이니 說大德小德이요 末章이 是一節이니 復申首章之意니라

≪중용中庸≫은 마땅히 여섯 개의 큰 절節로 삼아야 하니, 首章이 1節이니 중화中和를 말한 것이요, '군자중용君子中庸'으로부터 이하 10章이 1節이니 중용中庸을 말한 것이요, '군자지도비이은君子之道費而隱'이하 8章이 1節이니 비은費隱을 말한 것이요, '애공문정哀公問政'이하 7장이 1節이니 성誠을 말한 것이요, '대재성인지도大哉聖人之道' 이하 6章이 1節이니 대덕소덕大德小德을 말한 것이요, 末章이 1節이니 다시 首章의 뜻을 편 것이다.

주해

● 三山陳氏가 말했다. "中庸三十三章, 其血脈貫通之處, 朱子旣爲之章句, 又提其宏綱. 如言某章是援引先聖之言, 某章是子思發明之說, 具有次序."(大全註疏) 脈(맥 맥) 貫(꿸 관) 宏(클 굉) 援(잡을 원) 綱(벼리 강)

● 費(클 비) 隱(은미할 은) 申(말할 신)

問大學中庸之別한대
曰 如讀中庸하여 求義理는 只是致知工夫요 如謹獨修省은 亦只是誠意니라
問只是中庸은 直說到聖而不可知處아
曰 如大學裏에 也有如前王不忘은 便是篤恭而天下平底事니라

≪중용中庸≫과 ≪대학大學≫의 구별을 묻건대,
가로되 "예를 들어 ≪중용中庸≫을 읽고 義理를 구하는 것은 다만 (≪大學≫의) 치지공부致知工夫이며, 예를 들어 홀로를 삼가며 몸을 닦고 살피는 것은 또한 다만 뜻을 정성스럽게 하는 것이니라."
묻건대 "다만 이 ≪중용中庸≫은 곧장 聖人으로서 가히 알 수 없는 곳을 말하는 것입니까?"
가로되 "예를 들어 ≪대학大學≫에 또한 '前王을 잊지 못한다'와 같은 말은 곧 (≪中庸≫의) '공손함을 두텁게 해서 天下가 화평해진다'는 일이니라."

주해

- 大學中庸之別: ≪中庸≫과 ≪大學≫의 구별.
  雙峯饒氏가 말했다. "大學是說學, 中庸是說道. 理會得大學透徹, 則學不差. 理會得中庸透徹, 則道不差."(大全註疏) 透(통할 투) 徹(통할 철)
- 篤恭: 공손함을 두텁게하다. 篤(두터울 독)

中庸章句

中者는 不偏不倚하며 無過不及之名이요 庸은 平常也라

'중中'이란 것은 치우치지 않고 기울지 아니하며, 지나치거나 미치지 못함이 없는 이름이요, '용庸'은 평상平常이니라.

子程子曰 不偏之謂中이요 不易之謂庸이니 中者는 天下之正道요 庸者는 天下之定理라 此篇은 乃孔門傳授心法이니 子思ㅣ恐其久而差也라 故로 筆之於書하여 以授孟子하시니 其書ㅣ始言一理하고 中散爲萬事하며 末復合爲一理하여 放之則彌六合이요 卷之則退藏於密하여 其味無窮하니 皆實學也라 善讀者ㅣ玩索而有得焉이면 則終身用之라도 有不能盡者矣리라

子程子가 가로되 "치우치지 아니함을 중中이라 이르고, 바뀌지 않음을 용庸이라 이르니, 中이란 것은 天下의 바른 道요, 庸이란 것은 天下의 정해진 이치이다.

이 篇은 곧 孔門에서 전수傳授한 心法이니, 자사子思께서 그 오래되어 어긋날까 두려워했다. 그러므로 이를 책에 써서 맹자孟子에게 전수하시니, 그 글이 처음에 한 가지 이치를 말하고, 가운데에 흩어져 만사萬事가 되며, 끝에 다시 합하여 한 가지 이치가 되어, 펼치면 곧 육합六合에 가득차고, 거두면 곧 물러나 은밀한 데 감추어져 그 맛이 다함이 없으니, 모두 실학實學이다. 잘 읽는 자가 완미玩味하고 탐색探索하여

얻은 것이 있으면 곧 몸을 마치도록 써도 능히 다하지 못함이 있을 것이니라."

주해

- 中者, 不偏不倚, 無過不及之名: "중中이란 것은 치우치지 않고 기울지 아니하며, 지나치거나 미치지 못한다는 말이다." 偏(치우칠 편) 倚(기울 의)
  朱子가 말했다. "名篇, 本是取時中之中. 然所以能時中者, 蓋有那未發之中在, 所以先說未發之中然後, 說君子之時中."(大全註疏) 那(저 나)
  雙峯胡氏가 말했다. "朱子於語孟, 釋中字, 但曰無過不及, 蓋以用言. 中庸, 有所謂未發之中與時中, 故添不偏不倚四字, 兼體用言, 以釋名篇之義."(大全註疏) 釋(풀 석)
  新安陳氏가 말했다. "不偏不倚, 未發之中, 以心論者也, 中之體也. 無過不及, 時中之中, 以事論者也, 中之用也."(大全註疏)
- 庸, 平常也: '용庸은 平常이다.' 庸(쓸 용)
  朱子가 말했다. "庸是依本分, 不爲怪異之事. 堯舜孔子, 只是庸. 夷齊所爲, 都不是庸了."(大全註疏) 怪(기이할 괴) 夷(온화할 이) 都(모두 도)
- 六合: '前後左右上下' 또는 '東西南北上下'. 곧 우주宇宙를 말함.
- 始言一理, 末復合爲一理: 처음에 한 가지 이치를 말하고, 끝에 다시 합하여 한 가지 이치가 되다.
  朱子가 말했다. "始言一理, 指天命之謂性. 末復合爲一理, 指上天之載. 始合而開, 其開也, 有漸. 末開而合, 其合也亦有漸."(大全註疏) 漸(점차 점)
- 中散爲萬事: 중간에 흩어져 萬事가 되다.
  朱子가 말했다. "中散爲萬事, 便是中庸所說許多事. 如知仁勇許多爲學底道理, 與爲天下國家有九經, 及祭祀鬼神許多事, 中間無些子罅隙, 句句是實."(大全註疏) 底(어조사 저) 些(적을 사) 底(어조사 저) 些(적을 사) 罅(틈 하) 隙(틈 극)
- 卷: 거두어 들이다. '권捲'과 같다. 捲(말 권)
- 退藏於密: 물러나 은밀한 데 감추다. 곧 이치가 정미精微하고 심원해

서 만물을 포용한다는 말이다. 藏(감출 장) 密(고요할 밀)

≪易 · 繫辭上≫에 나온다. "聖人以此洗心, 退藏於密, 吉凶與民同患, 神以知來, 知以藏往." 이에 대해 한강백韓康伯의 註에 "言其道深微, 萬物日用而不能知其原, 故曰退藏於密, 猶藏諸用也."라고 했다. 凶(흉할 흉) 洗(씻을 세)

- 玩索: 완미玩味하고 탐색探索하다. 玩(놀 완) 索(찾을 색)
- 彌(가득찰 미)

第一章　天命

天命之謂性이요 率性之謂道요 修道之謂敎니라

하늘이 명命하신 것을 성性이라 이르고, 성性을 따르는 것을 도道라 이르고, 도道를 닦게 하는 것을 교敎라 이르니라.

命은 猶令也요 性은 卽理也라 天以陰陽五行으로 化生萬物하여 氣以成形而理亦賦焉이니 猶命令也라 於是에 人物之生이 因各得其所賦之理하여 以爲健順五常之德하니 所謂性也라

率은 循也요 道는 猶路也라 人物이 各循其性之自然이면 則其日用事物之間에 莫不各有當行之路하니 是則所謂道也라

修는 品節之也라 性道雖同이나 而氣稟이 或異라 故로 不能無過不及之差하나니 聖人이 因人物之所當行者而品節之하사 以爲法於天下하시니 則謂之敎니 若禮樂刑政之屬이 是也라

蓋人이 知己之有性而不知其出於天하고 知事之有道而不知其由於性하고 知聖人之有敎而不知其因吾之所固有者裁之也라 故로 子思於此에 首發明之하시니 而董子ㅣ所謂道之大原이 出於天이 亦此意也니라

'명命'은 명령과 같고, '성性'은 곧 이치이다. 하늘이 음양陰陽과 오행五行으로 만물萬物을 화생化生하여 기氣로써 형상을 이루고, 이치 또한 부여하니 명령命令과 같다. 이에 사람과 만물의 生함이 각각 그 품부稟賦한 바의 이치를 얻음으로 인하여, 건순健順과 오상五常의 德이 되니 이른바 성性이다.

'솔率'은 따름이요, '도道'는 길과 같다. 사람과 만물이 각각 그 성품性稟의 自然을 따르면 곧 그 날로 쓰는 만물事物의 사이에 각각 마땅히 행할 길이 있지 않음이 없으니, 이것이 곧 이른바 '道'이다.

'수修'는 품절品節하는 것이다. '성性'과 '도道'가 비록 같으나, 기품氣稟이 혹 다르기 때문에 능히 지나치거나 미치지 못하는 차이가 없지 아니하니, 聖人이 사람과 만물이 마땅히 행해야 할 바로 인하여 품절品節하게 하여 天下에 법을 삼으시니 곧 그것을 '교敎'라 이르시니, 예악형정禮樂刑政과 같은 등속等屬이 이것이다.

대개 사람이 자신에게 성性이 있는 줄은 알되 그것이 하늘에서 나옴을 알지 못하고, 일에 도道가 있는 줄은 알되 그것이 성性에서 말미암음을 알지 못하고, 聖人의 가르침이 있는 줄은 알되 그것이 내게 본디 있는 것으로 인하여 제재制裁함을 알지 못한다. 그러므로 자사子思께서 이에 첫머리에 발명하시니, 동자董子(동중서董仲舒)가 이른바 '道의 큰 근원이 하늘에서 나왔다'는 것이 또한 이 뜻이다.

주해

- 命, 猶令也: '명命'은 명령과 같다.

  朱子가 말했다. "命, 如朝廷差除. 又曰命猶誥勅."(大全註疏) 差(부릴 차) 誥(직첩 고) 勅(조서 칙)

  北溪陳氏가 말했다. "命, 如分付命令他一般."(大全註疏) 付(줄 부)
- 性, 卽理也: '성性'은 곧 이치이다.

朱子가 말했다. "有是性, 便有許多道理總在里許, 在心喚做性, 在事喚做理."(大全註疏) 總(모두 총) 喚(부를 환) 做(지을 주)

朱子가 말했다. "伊川云, 天所賦爲命, 物所賦爲性, 理一也. 自天所賦予萬物言之, 謂之命. 以人物所稟受於天言之, 謂之性."(大全註疏) 賦(줄 부) 稟(받을 품)

● 健順: 건健은 양이요, 順은 음에 속한다. 健(튼튼할 건)

朱子가 말했다. "五行, 乃五常也. 健順, 乃陰陽二字, 旣有陰陽, 須添此二字, 始得."(大全註疏) 添(더할 첨)

● 五常: '仁·義·禮·智·信', 곧 부의父義·모자母慈·형우兄友·제공弟恭·자효子孝를 말한다. 慈(사랑할 자)

≪書·泰誓下≫에 나온다. "今商王受, 狎侮五常." 이에 대해 공영달孔穎達의 疏에 "五常卽五典, 謂父義母慈兄友弟恭子孝, 五者人之常行."이라 했다. 狎(친압할 압) 侮(업신여길 모)

朱子가 말했다. "健順之體, 卽性也. 合而言之, 則曰健順. 分而言之, 則曰仁義禮智. 仁義健, 而義智順也."(大全註疏)

● 率, 循也: '솔率'은 따르는 것이다. 率(따를 솔) 循(좇을 순)

北溪陳氏가 말했다. "循, 猶隨也."(大全註疏) 隨(따를 수)

朱子가 말했다. "率性, 非人率之也. 率, 只訓循. 循萬物自然之性之謂道, 此率字, 不是用力字."(大全註疏)

潛室陳氏가 말했다. "率性, 不要作工夫看. 人率循其人之性, 物率循其物之性, 此卽人物各各當行道理. 故謂之道."(大全註疏)

● 道, 猶路也: '道'는 길과 같다.

"孟子曰 夫道, 若大路然. 本此, 以釋道字."(大全註疏)

● 品節: 등급等級과 층차層此에 따라 알맞게 조절하다. 層(층 층)

≪禮記·단궁하檀弓下≫ 篇에 나온다. "品節斯, 斯之謂禮." 이에 대해 공영달孔穎達의 疏에 "品, 階格也. 節, 制斷也."라고 했다. 斯(이 사)

≪朱子語類≫ 卷62에도 나온다. "道亦是自然之理, 聖人於中爲之品節以敎人耳."

雙峯饒氏가 말했다. "修, 裁制之也. 聖人因人所當行者而裁制之, 以爲

品節也."(大全註疏) 裁(마름질할 재)

- 氣稟: 사람이 타고난 기질. 稟(받을 품)

  ≪韓非子·解老≫ 篇에 나온다. "稽萬物之理, 故不得不化. 不得不化, 故無常操. 無常操, 是以死生氣稟焉, 萬智斟酌焉, 萬事廢興焉." 稽(상고할 계) 斟(짐작할 짐) 酌(술따를 작)

- 禮樂刑政: 예절禮節, 음악音樂, 형벌刑罰, 정사政事를 말함. 刑(형벌 형) 罰(죄 벌)

  新安陳氏가 말했다. "禮樂, 正是中和之教. 刑, 所以弼教. 政, 亦教之寓."(大全註疏) 弼(도울 필) 寓(머무를 우)

- 朱子가 말했다. "子思此三句, 乃天地萬物之大本大根, 萬化皆從此出. 人若能體察, 方見聖賢所說道理, 皆從自己胸中流出, 不假他求."(大全註疏) 胸(가슴 흉) 假(겨를 가)

- 三山陳氏가 말했다. "此章, 乃中庸之綱領. 此三句, 又一章之綱領也. 聖賢教人, 必先使之知道所自來, 而後有用力之地, 此三句, 蓋與孟子道性善, 同意."(大全註疏)

- 董子: 漢나라 유학자인 동중서董仲舒(BC179~104경)를 말함. 董(견고할 동)

【備旨】

子思子ㅣ憂道學之失傳이라 故로 述所傳之意以立言曰 天下之人이 莫不知己之有性하고 事之有道하며 聖人之有教矣나 亦知性道教ㅣ所由名乎아

自天以陰陽五行之理로 錫予於人而人得之하여 爲健順五常之德하니 是之謂性이요 自人各率其性之自然하여 以爲日用當行之路하니 是之謂道요 自聖人이 因人所當行之道而品節之하여 使過者俯而就하고 不及者仰而企하니

是之謂敎라

夫天命謂性이니 則外鑠者는 非性矣요 率性謂道니 則强爲者는 非道矣요 修道謂敎니 則過不及乎道者는 非敎矣니라

子思께서 도학道學의 傳함을 잃을까 근심하셨기 때문에 전할 바의 뜻을 記述하고 立言하여 가라사대 "天下의 사람들이 자신에게 性이 있고, 일에 道가 있으며, 성인에게 가르침이 있음을 알지 못하는 자가 없으나, 또한 性과 道와 敎가 말미암아 命名된 바를 알리오?
하늘이 음양오행陰陽五行의 이치를 사람에게 내려주어 사람이 그것을 얻어 健順과 五常의 德으로 삼으니 이것을 '性'이라 이르고, 사람이 각각 그 性의 자연스러움을 따라서 일상생활에 마땅히 행해야 할 길로 삼으니 이것을 '道'라고 이르며, 聖人이 사람이 마땅히 행해야 할 道로 인하여 品節해서 지나친 자로 하여금 자신을 낮추어 상대방에게 나아가게 하고, 미치지 못한 자로 하여금 우러러 간절히 바라게 하니 이것을 '敎'라 이른다.
무릇 하늘이 命한 것을 性이라 이르니 곧 외부에서 녹이는 것은 性이 아니요, 性을 따르는 것을 道라 이르니 곧 억지로 하는 것은 道가 아니요, 道를 닦는 것을 敎라 이르니 곧 지나치거나 미치지 못한 것은 敎가 아니니라."

주해

- 立言: 저술하여 학설을 세우다.
  ≪左傳・襄公二十四年≫ 條에 나온다. "太上有立德, 其次有立功, 其次有立言, 雖久不廢, 此之謂不朽." 이에 대해 공영달孔穎達의 疏에 "立

言, 謂言得其要, 理足可傳, 其身旣沒, 其言尙存."이라 했다. 雖(비록 수) 廢(폐할 폐) 朽(썩을 후) 沒(죽을 몰)

- 錫與: 주다. 하사하다. '석여錫予'와 같다. 錫(줄 석) 與(줄 여) 予(줄 여)
≪詩 · 小雅 · 채숙采菽≫ 篇에 나온다. "君子來朝, 何錫予之."

- 俯就: 자신의 신분을 낮추고 상대방에게 나아가다. 俯(숙일 부) 就(나아갈 취)
漢나라 응소應劭의 ≪風俗通 · 건례愆禮≫ 篇에 나온다. "夫聖人之制禮也, 事有其制, 曲有其防……賢者俯就, 不肖跂及." 劭(힘쓸 소) 愆(허물 건) 跂(발돋움할 기)

- 仰企: 우러러 간절히 바라다. '앙모기망仰慕企望'의 뜻이다. 仰(우러를 앙) 慕(그리워할 모) 企(바랄 기)
唐나라 맹교孟郊의 ≪貧女詞寄從叔先輩簡≫ 詩에 나온다. "仰企碧霞仙, 高控滄海雲." 淸나라 왕선겸王先謙의 ≪續古文辭類纂序≫에도 나온다. "愚柔者仰企而不及, 賢智者則務爲浩侈, 不肯自抑其才." 碧(푸를 벽) 霞(노을 하) 控(당길 공) 滄(푸를 창) 纂(모을 찬) 侈(사치할 치) 抑(누를 억)

- 外鑠: 외부에서 녹이다. 곧 '外力'을 뜻한다. 鑠(녹일 삭)
≪孟子 · 告子上≫ 篇에 나온다. "仁義禮智, 非由外鑠我也, 我固有之也, 弗思耳矣." 朱熹의 ≪集註≫에 "鑠, 以火銷金之名, 自外以至內也."라고 했다. 銷(녹일 소)
淸나라 당견唐甄의 ≪잠서潛書 · 항열恒悅≫ 篇에도 나온다. "心之本體, 無憂無樂者也, 不受物加, 不懼外鑠." 甄(질그릇 견) 鑠(녹일 삭)

道也者는 不可須臾離也니 可離면 非道也라 是故로 君子는 戒愼乎其所不睹하며 恐懼乎其所不聞이니라

도道라는 것은 가히 잠시라도 떠나지 못하니, 가히 떠나면 도道가 아니니라. 이런 까닭에 君子는 그 보지 않는 바에 경계하고 삼가며, 그 듣지 않는 바에 두려워하고 두려워하니라.

道者는 日用事物當行之理니 皆性之德而具於心하여 無物不有하고 無時不然하니 所以不可須臾離也라 若其可離면 則豈率性之謂哉아
是以로 君子之心이 常存敬畏하여 雖不見聞이나 亦不敢忽하니 所以存天理之本然하여 而不使離於須臾之頃也니라

'道'라는 것은 日用의 사물이 마땅히 행할 이치이니, 모두 성품의 德으로 마음에 갖추어져 사물마다 있지 않음이 없고, 때로 그렇지 않음이 없으니, 가히 잠시라도 떠나지 못하는 바이다. 만약 그것을 가히 떠난다면 곧 어찌 성품을 따른다고 이르리오!
이로써 君子의 마음이 항상 경외敬畏를 보존하여, 비록 보고 듣지 않을지라도 또한 감히 소홀하지 않으니, 天理의 본연本然을 보존하여 하여금 잠깐의 사이라도 떠나게 하지 않는 바이다.

주해

● 道也者, 不可須臾離也: '道'는 가히 잠시라도 떠나지 못한다. 여기에서 '道'는 위로 '성性'字를 포함하고, 아래로 '교敎'字를 포함한다. '수유須臾'는 '잠시' 또는 '매우 짧은 시간'을 말하며, '사수斯須'와 같다.
須(모름지기 수) 臾(잠깐 유)
朱子가 말했다. "此道, 無時無之, 然體之則合, 背之則離也. 一有離之則當此之時, 失此之道矣. 故曰不可須臾離. 君子所以戒愼不睹, 恐懼不聞, 則不敢以須臾離也."(大全註疏) 睹(볼 도) 戒(경계할 계) 愼(삼갈 신) 恐(두려울 공) 懼(두려워할 구) 離(떨어질 리)

● 敬畏: 공경하고 두려워하다. 畏(두려워할 외)
"敬謂戒愼, 畏謂恐懼."(大全註疏)

【備旨】

道旣原於天而率於性이면 則是道也者는 散見於日用事物하고 而具於方寸之間하여 無物不有하고 無時不然하니 不可少有須臾離也라 若其可離則是는 身外之物而非道矣라 是故로 由敎入道之君子는 知道之不可離하여 而戒愼之心을 常存乎其所不睹之時니 則有睹者는 可知矣요 恐懼之心를 常存乎其所不聞之時니 則有聞者는 可知矣라 此는 平時存養之功也라

道가 이미 하늘에서 근원하여 성품을 따르면, 곧 이 道라는 것은 日用의 사물에 흩어져 나타나고, 방촌方寸의 사이에 갖추어져 사물마다 있지 않음이 없고, 때로 그러하지 않음이 없으니 가히 잠시라도 떠날 수 없다. 만약 그것이 가히 떠날 수 있다면 곧 이는 몸 밖의 사물이지

道가 아닌 것이다.

이런 까닭에 가르침으로 말미암아 道에 들어가는 君子는 道를 가히 떠날 수 없음을 알아서, 경계하고 삼가는 마음을 그 보이지 않는 바의 때에도 항상 보존하니 곧 보는 경우는 가히 미루어 알 수가 있고, 두려워하고 두려워하는 마음을 그 듣지 못하는 바의 때에도 항상 보존하니 곧 듣는 경우는 가히 미루어 알 수가 있다. 이는 평상시 存養의 공부이다.

주해

● 存養: 본마음을 보존하고 성품을 기르다. 곧 '존심양성存心養性'의 뜻이다.
朱子의 ≪答何叔京≫에 나온다. "二先生拈出敬之一字, 眞聖學之綱領, 存養之要法." 拈(집을 념)

莫見(현)乎隱이며 莫顯乎微니 故로 君子는 愼其獨也니라

숨은 것보다 나타남이 없으며, 작은 것보다 드러남이 없으니, 그러므로 君子는 그 홀로에 삼가니라.

隱은 暗處也요 微는 細事也라 獨者는 人所不知而己所獨知之地也니 言幽暗之中 細微之事ㅣ跡雖未形이나 而幾則已動하고 人雖不知나 而己獨知之니 則是天下之事ㅣ

無有著見(현)明顯而過於此者라

是以로 君子ㅣ旣常戒懼하고 而於此에 尤加謹焉하니 所以遏人欲於將萌하여 而不使其潛滋暗長於隱微之中하여 以至離道之遠也니라

'은隱'은 어두운 곳이요, '미微'는 세미細微한 일이다. '독獨'은 남이 알지 못하고 나만 홀로 아는 자리이니, 그윽하고 어두운 가운데와 미세한 일이 자취는 비록 나타나지 않으나 기미幾微는 곧 이미 움직이고, 남이 비록 알지 못하나 내가 홀로 아니, 곧 이 天下의 일이 나타나고 나타나며 밝게 드러나서 이 보다 지나친 것이 없다는 말이다.
이로써 君子가 이미 항상 경계하여 두려워하고 이에 더욱더 삼가니, 인욕人欲을 장차 싹트려 하는데서 막아, 하여금 그것이 은미隱微한 가운데에서 잠겨서 불어나고 남몰래 자라나서 道를 떠나 먼 곳에 이르지 않게 하는 바이다.

주해

- 見: 드러나 나타나다. '저현著現'의 뜻이다. 著(나타날 저)
- 顯: 밝게 나타나다. '명현明顯'의 뜻이다. 顯(나타날 현)
- 愼其獨: 그 홀로를 삼가다. '독獨'은 '隱微獨知處'를 말한다. 愼(삼갈 신)
  朱子가 말했다. "這獨也, 不只是獨自時, 如與衆人對坐, 自心中發念, 或正或不正, 此亦是獨處, 如一片止水中間, 有一點動處. 此最緊要著工夫處."(大全註疏) 這(이 저) 著(붙일 착)
  蛟峯方氏가 말했다. "戒懼, 是保守天理. 愼獨, 是檢防人欲."(大全註疏)
  勿軒熊氏가 말했다. "按大學, 誠意章言愼獨, 子思傳授, 蓋本於此."(大全註疏)
- 隱, 微: 隱(숨길 은) 顯(나타날 현)
  三山陳氏가 말했다. "曰隱曰微, 則此念已萌矣, 特人所未知, 隱而未見(현),

微而未顯耳. 然人雖未知, 而我已知之, 則固已甚見(현)而甚顯矣. 此正善惡之幾也."(大全註疏) 萌(싹 맹)

- 遏人欲於將萌: 인욕人欲이 장차 싹트려 하는데서 막다. 遏(막을 알) 新安陳氏가 말했다. "未發之前, 私欲不萌, 只是存天理而已. 幾動之初, 天理人欲由此而分, 此處加謹, 則人欲將萌動, 便從而遏絶之矣."(大全註疏)
- 潛滋暗長: '잠겨서 불어나고 남몰래 자라나다.' 곧 어둠속에서 부지불식간不知不息間에 자라나는 것을 말한다. 潛(잠길 잠) 暗(어두울 암) 滋(불을 자)
- 尤(더욱 우) 幽(그윽할 유)

【備旨】

夫功이 旣密於存養이나 而幾尤貴於省察이라
一心之萌은 地雖至隱이나 然이나 至隱之中은 吾心所覺이니 是天下之至見이 莫有見於隱者요 一念之動은 事雖至微나 然이나 至微之內에 吾心自呈은 是天下之至顯이 莫有顯於微者라
夫曰隱曰微는 卽所謂獨也라 故로 君子ㅣ旣常戒懼로되 而於此獨知之地에 尤加謹焉하여 以爲之防也라 此는 發念時省察之功也라

무릇 工夫가 이미 존양存養에 엄밀嚴密하다 하나, 기미幾微는 성찰省察을 더욱 귀하게 여긴다.
한 마음의 맹동萌動은 자리가 비록 지극히 은미하나, 그러나 지극히 은미한 가운데는 내 마음이 깨달은 바이니, 이는 天下에 지극한 나타남이 은미한 것 보다 더 나타난 것이 없으며,

한 생각의 움직임은 일이 비록 지극히 미세하나, 그러나 지극히 미세한 속에 내 마음이 스스로 드러남은 天下에 지극히 드러남이 미세한 것 보다 더 드러난 것이 없다.
무릇 '은隱'이라 말하고 '미微'라 말한 것은 곧 이른바 '독獨'의 경우이다. 그러므로 君子가 이미 항상 경계하고 삼가되, 이 홀로 아는 자리에서 더욱 삼가서 방비防備로 삼아야 한다. 이는 생각이 發하는 때에 성찰省察하는 공부이다.

주해

- 尤(더욱 우) 呈(드러날 정) 謹(삼갈 근)

喜怒哀樂之未發을 謂之中이요 發而皆中節을 謂之和니 中也者는 天下之大本也요 和也者는 天下之達道也니라

기쁘고 성내고 슬프고 즐거워함이 아직 발發하지 아니한 것을 '중中'이라 이르고, 발發하여 모두 절도節度에 맞는 것을 '화和'라고 이르니, 중中이란 것은 天下의 큰 근본이요, 화和라는 것은 天下의 통달한 도道이니라

喜怒哀樂은 情也요 其未發은 則性也니 無所偏倚라 故로 謂之中이요 發皆中節은 情之正也니 無所乖戾라 故로 謂之和라

大本者는 天命之性이니 天下之理ㅣ皆由此出하니 道之體也요 達道者는 循性之謂니 天下古今之所共由니 道之用也라

此는 言性情之德하여 以明道不可離之意하니라

희노애락喜怒哀樂은 '정情'이요, 그 아직 發하지 않음은 곧 '성性'이니, 치우치고 의지한 바가 없다. 그러므로 그것을 '중中'이라 이른다. 發하여 모두 절도節度에 맞음은 정情의 바름이니, 어긋난 바가 없다. 그러므로 그것을 '화和'라 이른다.

'대본大本'이란 것은 天命의 성性이니, 天下의 이치가 모두 이로 말미암아 나오니, 道의 체體요, '달도達道'라는 것은 性을 따르는 것을 말하니, 天下와 古今에 함께 말미암은 바이니, 道의 용用이다.

이는 성性과 정情의 德을 말하여 道를 가히 떠날 수 없다는 뜻을 밝힌 것이다.

주해

- 喜怒哀樂: 기쁘고 성내고 슬프고 즐거워함.
  "喜是歡喜, 怒是忿怒, 哀是悲哀, 樂是喜之甚, 未發是未發見(현)時."(四書備旨補註) 忿(성낼 분) 甚(심할 심)
  朱子가 말했다. "喜怒哀樂, 渾然在中, 未感於物, 未有倚著一偏之患, 亦未有過與不及之差. 故特以中名之, 而又以爲天下之大本."(大全註疏) 渾(완전할 혼) 著(붙일 착)
  雙峯饒氏가 말했다. "四者皆中節, 方謂之和. 譬之四時, 三時得宜, 一時失宜, 亦不得謂之和矣."(大全註疏) 宜(마땅할 의)
- 中節: '절도節度에 맞다'. 곧 '예의禮義'와 '법도法度'에 부합하다는 뜻이다.

"中節, 是合於當然之節度."(四書備旨補註)

延平李氏가 말했다. "方其未發, 是所謂中也, 性也. 及其發而中節也, 則謂之和, 其不中節也, 則有不和矣. 和不和之異, 皆既發焉而後, 見(현)之, 是情也, 非性也. 孟子故曰性善, 又曰情可以爲善, 其說, 蓋出於子思."(大全註疏)

- 大本: 큰 근본.

"大是無所不統. 本是根源."(四書備旨補註) 統(큰줄기 통)

- 達道: 통달한 도.

"達是無所不通. 道是人所共由之路."(四書備旨補註)

- 偏(치우칠 편) 倚(의지할 의) 乖(어그러질 괴) 戾(어그러질 려) 循(좇을 순)

【備旨】

夫道之所以不可離者는 匪獨君子於道에 有不可離之功이요 而道之在人性情間者는 亦自有不可離之實也라 彼喜怒哀樂은 人之情也나 方其未發엔 渾然在中하니 何有偏倚리오 斯謂之中이며 及已發而無過不及하여 皆中節焉이면 粹然至正하여 不相乖戾하니 斯謂之和라

是中也者는 卽天命之性이니 萬理備具하여 千變萬化ㅣ 皆由此出하니 乃天下之大本而爲道之體也요 是和也者는 卽率性之謂니 四達不悖하여 天下古今이 共由乎此니 乃天下之達道而爲道之用也라

夫道之體用이 不外吾心之性情이 如此하니 而謂道其可須臾離哉아

무릇 道를 가히 떠나지 못하는 이유는 다만 君子에게 道를 가히 떠날

수 없는 공부가 있어서만이 아니요, 사람의 性과 情의 사이에 있는 道에 또한 스스로 가히 떠날 수 없는 실제가 있기 때문이다.
저 희노애락喜怒哀樂은 사람의 情이나, 바야흐로 그것이 아직 發하지 않을 때에는 혼연渾然히 가운데에 있으니, 어찌 치우치고 의지함이 있으리오? 이에 그것을 '中'이라 이른다. 이미 發하여 지나치거나 미치지 못함이 없어서 모두 節度에 맞게 되면, 곧 수연粹然히 지극히 바르게 되어 서로 어긋나지 않으니, 이에 그것을 '和'라 이른다.
이 '中'이란 것은 곧 하늘이 命한 性이니, 모든 이치가 다 갖추어져 천만 가지의 변화가 모두 이로 말미암아 나오니, 곧 天下의 큰 근본이요 도의 체體가 된다. 이 '和'라는 것은 곧 性을 따르는 것을 말하니, 사방四方으로 통해도 거스르지 아니하여 天下古今이 모두 여기에서 말미암으니, 곧 天下의 달도達道요 道의 용用이 된다.
무릇 道의 체體와 용用이 내 마음의 성性과 정情에서 벗어나지 않음이 이와 같으니, 道를 그 가히 잠시라도 떠날 수 있다고 말하리오?

주해

● 性情: 사람의 품성稟性과 기질.
《易·乾》 卦에 나온다. "利貞者, 性情也." 이에 대해 공영달孔穎達의 疏에 "性者, 天生之質, 正而不邪. 情者, 性之欲也."라고 했다. 邪(간사할 사)
《莊子·선성繕性》 篇에도 나온다. "然後民始惑亂, 無以反其性情而復其初." 繕(기울 선) 惑(미혹할 혹)

● 粹然: 순정純正한 모양. 粹(순수할 수)
宋나라 나대경羅大經의 《학림옥로鶴林玉露》 卷二에 나온다. "歐陽公所以爲一代文章冠冕者, 固以其溫純雅正, 藹然爲仁人之言, 粹然爲治世之音, 然亦以其事事合體故也." 冠(갓 관) 冕(면류관 면) 藹(우거질 애)
明나라 왕수인王守仁의 《大學問》에도 나온다. "天命之性, 粹然至善, 其靈昭不昧者, 此其至善之發見, 是乃明德之本體." 靈(신령 령) 昭(밝을

소) 昧(어두울 매)

- 四達不悖: '사방四方으로 통해도 거스르지 않다.' 悖(어그러질 패)
≪禮記 · 樂禮≫ 篇에 나온다. "周道四達, 禮樂交通." 이에 대해 공영달孔穎達의 疏에 "周之道德, 四方通達."이라 했다.
明나라 장거정張居正의 ≪禮樂記≫에도 나온다. "愛敬之施, 必始於家邦, 然後擧而措之天下, 能四達而不悖也." 悖(어그러질 패)
- 匪(아닐 비) 乖(어그러질 괴) 戾(어그러질 려)

致中和면 天地ㅣ位焉하며 萬物이 育焉이니라

'중中'과 '화和'를 극진極盡히 하면, 天地가 제자리 하며 만물萬物이 길러지니라.

致는 推而極之也라 位者는 安其所也요 育者는 遂其生也니 自戒懼而約之하여 以至於至靜之中에 無少偏倚而其守不失이면 則極其中而天地位矣요 自謹獨而精之하여 以至於應物之處에 無少差謬而無適不然이면 則極其和而萬物이 育矣라

蓋天地萬物이 本吾一體라 吾之心이 正則天地之心이 亦正矣요 吾之氣ㅣ順則天地之氣ㅣ亦順矣라 故로 其效驗이 至於如此하니 此는 學問之極功이며 聖人之能事로되 初非有待於外요 而修道之敎ㅣ亦在其中矣라

是其一體一用이 雖有動靜之殊나 然이나 必其體立而後

에 用有以行하나니 則其實은 亦非有兩事也라 故로 於此에 合而言之하사 以結上文之意하니라

'치致'는 미루어 지극히 하는 것이다. '위位'는 그 있는 곳에 편안함이요, '육育'은 그 삶을 이루는 것이니, 경계하고 두려워함으로부터 요약하여 지극히 고요한 가운데에 이름에, 조금이라도 치우치거나 의지함이 없이 그 지킴을 잃지 아니하면, 곧 그 '중中'을 지극히 하여 천지가 자리할 것이요,

홀로에 삼감으로부터 정밀히 해서 사물에 응하는 곳에 이름에 조금이라도 어긋나고 그릇됨이 없이 가서 그렇지 않음이 없으면 곧 그 '화和'를 지극히 하여 만물萬物이 길러지니라.

대개 천지의 만물이 본디 나와 한 몸이라. 나의 마음이 바르면 곧 天地의 마음이 또한 바르고, 나의 기운이 순順하면 곧 천지의 기운도 또한 순順하게 된다. 그러므로 그 효험效驗이 이와 같음에 이르니, 이는 學問의 지극한 공功이며 聖人의 능사能事로되 애초에 밖에서 기다리는 것이 아니요, 道를 닦는 가르침이 또한 그 가운데 있다.

이는 그 하나의 '체體'와 하나의 '용用'이 비록 동動과 정靜의 다름이 있으나, 그러나 반드시 그 체體가 선 후에 용用이 행해질 수 있으니, 곧 그 실제는 또한 두 일이 있지 아니하다. 그러므로 여기에서 합하여 말씀하여 上文의 뜻을 맺으시니라.

주해

● 致中和: '中'과 '和'를 극진히 하다.
"致是克盡. 此本然之中和, 非中和之外, 又加推致也."(四書備旨補註)
東陽許氏가 말했다. "致中和, 是戒懼愼獨, 推行積累至乎極處, 則有天地位萬物育之效驗."(大全註疏) 積(쌓을 적) 累(쌓을 루) 效(본받을 효) 驗(증험

할 험)

陳氏가 말했다. "致中, 卽天命之性. 致和, 卽率性之道. 及天地位萬物育, 則修道之敎, 亦在其中矣."(大全註疏)

● 謹獨: 홀로에 삼가다. '신독慎獨'과 같다. 愼(삼갈 신) 謹(삼갈 근)

● 差謬: 어긋나고 그릇됨. 差(어긋날 차) 謬(그릇될 류)

● 一體一用: 하나의 體와 하나의 用.

三山陳氏가 말했다. "體之立, 所以爲用之行之地. 用之行, 所以爲體之立之驗."(大全註疏)

新安陳氏가 말했다. "體靜用動, 分言也. 體立而後用行, 合言也. 致中和則能致和, 中和一理. 天地位則必萬物育, 位育一機, 非兩事也."(大全註疏)

【備旨】

然이나 使靜而不知所以存이면 則天理昧而大本不立이요 動而不知所以節이면 則人欲肆而達道不行하나니 惟君子ㅣ約其戒懼之功하여 自睹聞으로 而至於不睹不聞히 無一毫偏倚而守之不失이면 則極其中而大本之立이 日以固矣요 精其謹幾之學하여 自隱微로 以至於應事接物히 無一毫差謬而無適不然이면 則極其和而達道之行이 日以廣矣라

夫吾心之中和는 卽天地萬物同有之中和也니 中和旣致하여 吾之心이 正則天地之心이 亦正而天地ㅣ位焉이요 吾之氣ㅣ順則天地之氣ㅣ亦順而萬物이 育焉이니 此則道ㅣ無須臾之離而性自我盡하고 道ㅣ自我全하여 敎ㅣ亦自我

立矣니 體道之功이 孰有加於此哉아

그러나 가사 고요하되 보존할 바를 알지 못하면 곧 天理가 어두워져서 큰 근본이 서지 못할 것이요, 움직이되 절제할 바를 알지 못하면 곧 人欲이 방자해져서 통달한 道가 행해지지 못하나니,
오직 君子가 그 경계하고 두려워하는 功을 요약해서, 보고 듣는 것으로부터 보지도 못하고 듣지도 못하는 데에 이르기까지, 터럭 하나라도 치우치거나 의지함이 없이 지킴을 잃지 아니하면, 곧 그 '中'을 다하여 큰 근본의 세워짐이 날로 견고해질 것이요,
기미幾微에 삼가는 학문을 정밀히 하여, 은미隱微함으로부터 일에 응하고 사물에 접함에 이르기까지, 터럭 하나라도 어긋나거나 그릇됨이 없이 가서 그렇지 아니함이 없으면, 곧 그 '和'를 다하여 통달한 道의 행해짐이 날로 넓어질 것이다.
무릇 내 마음의 中和는 곧 천지의 만물이 함께 지니고 있는 중화中和이니, 중화中和가 이미 극진하여 나의 마음이 바르면, 곧 천지의 마음이 또한 바르게 되어 천지가 제자리할 것이요, 나의 기운이 순順하면 곧 천지의 기운이 또한 순順하여 만물이 길러지니, 이는 곧 道를 잠시라도 떠나지 못하여 性이 나로부터 다하게 되고, 道가 나로부터 온전해져서, 가르침이 또한 나로부터 서게 되니, 道를 체득體得하는 공부가 무엇을 여기에 더함이 있으리오?

주해

- 睹聞: 보고 듣다. 睹(볼 도)
- 應事接物: 人事를 처리하고, 외부 사물과 접촉하다. 남과 交往하다. 應(응할 응)

  ≪열자列子 · 설부說符≫ 篇에 나온다. "投隙抵時, 應事無方, 屬乎智."

隙(틈 극) 抵(거스를 저) 屬(속할 속)

明나라 왕수인王守仁의 ≪전습록傳習錄≫ 卷下에도 나온다. "那三更時分空空靜靜的只是存天理, 卽是如今應事接物的心."

● 肆(방자할 사) 適(갈 적) 毫(가는털 호)

右는 第一章이라

右는 第1章이다.

子思ㅣ述所傳之意以立言하사 首明道之本原이 出於天而不可易하며 其實은 體ㅣ備於己而不可離하시고 次言存養省察之要하시고 終言聖神功化之極하시니 蓋欲學者ㅣ於此에 反求諸身而自得之하여 以去夫外誘之私而充其本然之善이니 楊氏所謂一篇之體要ㅣ是也라

其下十章은 蓋子思ㅣ引夫子之言하사 以終此章之義하시니라

자사子思께서 전傳한 바의 뜻을 기술記述하여 말씀을 세워, 첫머리에 道의 본원本源은 하늘에서 나와 가히 바꿀 수 없으며, 그 실제는 체體가 나에게 갖추어져서 가히 떠나지 못함을 밝히셨고, 다음으로 존양存養과 성찰省察의 요체要諦를 말씀하셨고, 마지막에 성신聖神의 공功과 화化의 극치를 말씀하시니,

대개 배우는 자가 이에 몸에 돌이켜 구하여 스스로 얻어서, 외부 유

혹의 사사로움을 버리고 그 본연의 선善을 충만하게 하고자 한 것이니, 양씨楊氏가 이른바 '한 편의 체요體要'라는 것이 이것이다.
그 아래 10章은 대개 자사子思가 夫子의 말씀을 인용하여 이 章의 뜻을 맺으신 것이다.

주해

- 聖神: 고대의 성인聖人과 신인神人, 또는 성인聖人 이상의 신인神人을 말한다.
  朱子의 ≪中庸章句序≫에 나온다. "蓋自上古聖神, 繼天立極, 而道統之傳, 有自來矣."
- 功化: 공업功業과 교화敎化.
  ≪漢書 · 가의전찬賈誼傳贊≫에 나온다. "使時見用, 功化必盛."
- 楊氏: 北宋의 학자 양구산楊龜山을 말함. 名은 時, 字는 中立, 號는 구산선생龜山先生이다. 정명도程明道, 정이천程伊川의 제자이다.
  陳氏가 말했다. "此章, 乃子思總括一篇之義."(大全註疏) 括(묶을 괄)
- 雙峯饒氏가 말했다. "首章論聖人傳道立教之原, 君子涵養性情之要, 以爲一篇之綱領, 當爲第一大節."(大全註疏) 涵(젖을 함) 養(기를 양)

第二章　時中

仲尼ㅣ曰 君子는 中庸이요 小人은 反中庸이니라

중니仲尼 가라사대 "君子는 중용中庸이요, 小人은 중용中庸에 反하니라."

中庸者는 不偏不倚하며 無過不及而平常之理니 乃天命所當然이요 精微之極致也라 惟君子라야 爲能體之요 小人은 反是라

'중용中庸'이란 것은 치우치지도 않고 의지하지도 아니하며, 지나치거나 미치지 못함이 없는 平常의 이치이니, 이에 天命의 마땅히 그러한 바요 정미精微의 극치니라. 오직 君子라야 능히 이를 체험體驗하고, 小人은 이에 反하니라.

주해

- 仲尼: 孔子의 字. 名은 구丘이다. 尼(산이름 니) 丘(언덕 구)
  ≪史記 · 孔子世家≫에 나온다. "紇與顔氏女野合而生 孔子, 禱於尼丘得孔子. 魯襄公二十二年而孔子生. 生而首上圩頂, 故因名曰丘云, 字仲尼." 紇(사람이름 흘) 禱(빌 도) 圩(오목할 우)
  朱子가 말했다. "若曰孔子則外之之辭, 若曰夫子則當時衆人相呼之通稱. 古人不諱字, 儀禮祭祀, 皆稱其祖爲伯某甫."(大全註疏) 諱(꺼릴 휘) 伯(맏 백) 甫(아무개 보)
- 天命所當然, 精微之極致: 天命의 마땅히 그러한 바이고, 정미精微의 극치이다.

新安陳氏가 말했다. "提掇篇首一句, 以爲綱領, 乃天命所賦當然之理, 所謂極至之德也."(大全註疏) 掇(주울 철)

● 惟君子爲能體之: 오직 君子만이 능히 이를 체험할 수 있다.
新安陳氏가 말했다. "體之, 謂以身當而力行之, 如仁以爲己任之意."(大全註疏)

【備旨】

此는 子思ㅣ引夫子之言하사 以釋首章之義也시니라
仲尼ㅣ有曰 中庸之道는 命於天率於性하여 本人所同得者也라 然이나 惟君子라야 爲能軆此中庸하여 所存所發이 一依乎中庸之理요 若小人則反此中庸하여 而所存所發이 皆違其本然之理焉이라

이는 자사子思가 夫子의 말씀을 인용하여 首章의 뜻을 해석하신 것이다.
仲尼께서 두어 가라사대 "중용中庸의 道는 하늘에서 명命을 받고 성性을 따라서, 본디 사람이 다함께 얻은 바이다. 그러나 오직 君子라야 능히 이 중용中庸을 체험하여 보존한 바와 발發한 바가 한결 같이 중용中庸의 이치에 의지하고, 小人과 같은 경우는 곧 이 중용中庸에 反하여 보존한 바와 발發한 바가 모두 그 본연本然의 이치에 위배違背되느니라."

주해

● 依(의지할 의) 違(어길 위) 背(배반할 배)

君子之中庸也는 君子而時中이요 小人之(反)中庸也는 小人而無忌憚也니라

君子의 중용中庸은 君子이면서 때에 맞음이요, 小人의 중용中庸에 反함은 小人이면서 기탄忌憚함이 없느니라.

王肅本에 作小人之反中庸也어늘 程子ㅣ 亦以爲然하시니 今從之라
君子之所以爲中庸者는 以其有君子之德하고 而又能隨時以處中也요 小人之所以反中庸者는 以其有小人之心하고 而又無所忌憚也라
蓋中無定體하고 隨時而在하니 是乃平常之理也라 君子는 知其在我라 故로 能戒謹不睹하며 恐懼不聞하여 而無時不中하고 小人은 不知有此라 則肆欲妄行 而無所忌憚矣니라

왕숙본王肅本에는 '小人之反中庸也'라고 지었거늘, 정자程子 또한 그렇다고 하셨으니 이제 이를 따른다.
君子가 중용中庸을 하는 바는 그 君子의 德이 있고 또 능히 때에 따라서 중中에 처할 수 있기 때문이요, 小人이 중용中庸에 反하는 바는 그 소인의 마음이 있고 또 기탄忌憚하는 바가 없기 때문이다.
대개 '중中'은 정한 체體가 없고 때를 따라서 있으니, 이것이 이에 평상平常의 이치이다. 君子는 그것(中庸)이 나에게 있음을 알기 때문에

능히 보지 않음에 경계하고 삼가며, 듣지 않음에 두려워하고 두려워하여 때로 맞지 아니함이 없고, 소인은 이것이 있음을 알지 못하니 곧 방자하게 하고자 하고 망령되이 행하고도 기탄忌憚하는 바가 없다.

주해

- 君子之中庸也, 君子而時中: 君子의 중용中庸은 君子이면서 때에 맞게 한다. 앞의 君子는 사람을 두고 한 말이고, 뒤의 君子는 德을 두고 한 말이다.
  "此君子以人言.", "此君子以德言. 時中在事上講, 只是做得恰好."(四書備旨補註) 做(지을 주) 恰(마치 흡)
  程子가 말했다. "可以仕則仕, 可以止則止, 可以久則久, 可以速則速, 此皆時也, 未嘗不合中. 故曰君子而時中."(大全註疏)
  朱子가 말했다. "君子, 只是說箇好人. 時中, 只是說箇做得恰好底事."(大全註疏) 底(어조사 저)
- 小人之(反)中庸也, 小人而無忌憚: 小人이 중용中庸에 反하는 것은 小人이면서 기탄忌憚함이 없다. 앞의 小人은 사람을 두고 한 말이고, 뒤의 小人은 마음을 두고 한 말이다. 忌(꺼릴 기) 憚(꺼릴 탄)
  "此小人以人言.", "此小人以心言. 無忌憚便與時中相反."(四書備旨補註)
- 王肅本: 魏나라 사람인 왕숙王肅의 ≪禮記註解≫ 本에 실린 ≪中庸≫을 말함.
- 肆欲: 방자하게 하고자 하다. 멋대로 하다. 肆(방자할 사)
  북제北齊 안지추顔之推의 ≪顔氏家訓 · 序致≫에 나온다. "雖讀禮傳, 微愛屬文, 頗爲凡人之所陶染, 肆欲輕言, 不備邊幅." 頗(자못 파) 染(물들일 염) 幅(폭 폭)
  三山潘氏가 말했다. "君子致存養省察之功. 是以無時而不中. 小人放肆而無忌憚. 是以與中庸相反."(大全註疏)

【備旨】

夫中庸之獨歸君子而反於小人者는 何也오 蓋君子之所以爲中庸者는 以其靜而存養하고 動而省察하여 旣有君子之爲善之德하고 而凡應事接物之間에 又能隨時以處中하니 此其所以中庸也요
小人之所以反中庸者는 以其靜不能存하고 動不能察하여 旣有小人爲惡之心하고 而凡應事接物之間에 罔顧其時之所安하여 而無所忌憚也니 此其所以反中庸也라 君子小人은 只在敬肆之分而已라

무릇 중용中庸이 유독 君子에게만 귀결되고 小人에게는 反하는 것은 무엇 때문인가? 대개 君子가 중용中庸을 하는 바는 그 고요할 때 존양存養을 하고 움직일 때 살피고 살펴서, 이미 군자가 善을 행하는 덕이 있고 무릇 人事에 대처하고 남과 교제하는 사이에 또 능히 때에 따라서 '中'에 처할 수 있기 때문이니, 이것이 그가 중용中庸을 행하는 이유이다.
小人이 중용中庸에 反하는 바는 그 고요할 때 능히 존양存養하지 못하고 움직일 때 능히 살피고 살피지 못해서, 이미 小人이 惡을 행하는 마음이 있고 무릇 人事에 대처하고 남과 교제하는 사이에 그 때(時)가 편안한 바를 돌아보지 못하고 기탄忌憚하는 바가 없기 때문이니, 이것이 그가 중용中庸에 反하는 이유이다. 君子와 小人은 다만 공경함과 방자함의 구분에 달려있을 따름이다.

주해

- 應事: 世務를 처리하다. 人事에 대처하다.
  ≪列子 · 설부說符≫ 篇에 나온다. "投隙抵時, 應事無方, 屬乎智." 隙(틈 극) 抵(막을 저)
- 接物: 외부사물과 접촉하다. 또는 남과 교제하다. 交往하다.
  ≪淮南子 · 範論訓≫에 "目無以接物也."라고 했고, ≪漢書 · 司馬遷傳≫에 "教以愼於接物, 推賢進士爲務."라고 했다. 愼(삼갈 신)
  위魏나라 혜강嵇康의 ≪聲無哀樂論≫에도 나온다. "夫喜怒哀樂愛憎慚懼, 凡此八者, 生民所以接物傳情, 區別有屬, 而不可溢者也." 嵇(산이름 혜) 慚(부끄러울 참) 懼(두려워할 구) 溢(넘칠 일)
- 罔(없을 망) 顧(돌아볼 고)

右는 第二章이라

右는 제2장이다.

此下十章은 皆論中庸하여 以釋首章之義니 文雖不屬(촉)이나 而意實相承也라 變和言庸者는 游氏曰 以性情言之면 則曰中和요 以德行言之면 則曰中庸이라하니 是也라 然이나 中庸之中에 實兼中和之義하니라

이 아래 10장은 모두 중용中庸을 논하여 首章의 뜻을 해석하니, 글이 비록 이어지지 않으나 뜻은 실제로 서로 이어진다.
'화和'를 바꾸어 '용庸'이라 말한 것은, 游氏가 가로되 "성정性情으로 말하자면 곧 '中和'라고 말하고, 德行으로 말하자면 곧 '중용中庸'이라고 말한다'라고 했으니 옳은 말이다. 그러나 '중용中庸'의 '中'은 실제로 '중화中和'의 뜻을 겸한 것이다.

주해

- 游氏: 정문사제자程門四弟子 중의 한사람인 유초游酢를 말함. 酢(초 초)
- 中庸之中, 實兼中和之義: '中庸'의 '中'은 실제로 '中和'의 뜻을 겸한다.
  朱子가 말했다. "中庸之中, 兼已發未發二義."(大全註疏)
  陳氏가 말했다. "中和, 是分體用動靜. 中庸, 是兼德性行事, 相合說."(大全註疏)
- 屬(이을 촉)

第三章 鮮能

子曰 中庸은 其至矣乎인저 民鮮能이 久矣니라

孔子께서 가라사대 "중용中庸은 그 지극함인 저! 백성이 능한 이가 드문지가 오래되었느니라."

過則失中이요 不及則未至라 故로 惟中庸之德이 爲至라 然이나 亦人所同得이라 初無難事로되 但世教衰하여 民不興行이라 故로 鮮能之ㅣ今已久矣라 論語엔 無能字니라

지나치면 곧 '中'을 잃고, 미치지 못하면 곧 이르지 못한다. 그러므로 오직 중용中庸의 德이 지극하게 된다. 그러나 또한 사람마다 함께 얻은 바이다. 처음에 어려운 일이 없되 다만 세상의 가르침이 쇠衰하여 백성들이 흥기興起하여 행하지 아니한다. 그러므로 能한 이가 드문 것이 지금에 이미 오래되었다. ≪논어論語≫에는 '능能'字가 없다.

주해

- 其至矣乎: "그 지극하도다!" 이는 찬탄하는 말이다. '至'는 지극히 쉽고 지극히 간단하다는 뜻이다.
  "其至矣乎作贊辭, 至者至易至簡也."(大全註疏)
  北溪陳氏가 말했다. "至者, 天下之理, 無以加之謂."(大全註疏)
- 民鮮能久: "백성 중에 能한 이가 드문 것이 오래되었다." 鮮(드물 선)
  "民指在下之人說. 鮮少也. 能指知行言. 久則非一日有慽然醒人意."(大全註疏) 慽(근심할 척) 醒(깰 성)
- 興行: 흥기興起하여 행하다.

● 論語, 無能字: '≪論語≫에는 「능能」字가 없다.' ≪論語·옹야雍也≫篇에는 "中庸之爲德也, 其至矣乎, 民鮮久矣."로 되어 있다. 鮮(드물 선) 格庵趙氏가 말했다. "此章, 無之爲德也四字. 故下句有能字, 意論語是夫子本文, 此是子思檃括."(大全註疏) 檃(바로잡을 은) 括(묶을 괄)

● 衰(쇠할 쇠)

【備旨】

此는 承上章하여 言中庸之道는 不特小人反之而民亦鮮能之也라

夫子有曰 天下之理ㅣ可增可損者는 皆非其至也라 惟中庸道理는 無過不及하니 其至極而無以復(부)加矣乎인저 然이나 此理는 人所同得이로되 但修道之教ㅣ旣衰하여 民不興行하여 鮮能知行中庸之道ㅣ亦已久矣니 不亦深可慨哉아

이는 上章을 이어 중용中庸의 道는 특히 小人만이 이에 反할 뿐만 아니라, 백성 또한 능한 이가 드물다는 것을 말한 것이다.

夫子께서 두어 가라사대 "천하의 이치가 가히 더하거나 덜 수 있는 것은 모두 그 지극한 것이 아니니라. 오직 중용中庸의 道理는 지나치거나 미치지 못함이 없으니 그 지극해서 다시 더할 수가 없도다! 그러나 이 이치는 사람마다 함께 얻은 바이지만, 다만 道를 닦는 가르침이 이미 衰하여 백성들이 흥기興起하여 행하지 않아 능히 중용中庸의 道를 알고 행하는 이가 드문 것이 또한 이미 오래되었으니, 또한 심히 가히 개탄慨嘆스럽지 않으리오!"

주해

- 不特: '다만 ~뿐만이 아니다.' 特(다만 특)
- 不亦~哉: '또한 ~이 아니리오?'

右는 第三章이라

右는 제3장이다.

第四章　行明

子曰 道之不行也를 我知之矣로다 知者는 過之하고 愚者는 不及也니라 道之不明也를 我知之矣로다 賢者는 過之하고 不肖者는 不及也니라

孔子 가라사대 "道가 행해지지 않음을 내 알겠노라. 지혜로운 자는 지나치고, 어리석은 자는 미치지 못하기 때문이니라. 道가 밝지 못함을 내 알겠노라. 어진 자는 지나치고, 불초不肖한 자는 미치지 못하기 때문이니라."

道者는 天理之當然이니 中而已矣라 知愚賢不肖之過不及은 則生稟之異而失其中也니 知者는 知之過하여 旣以道爲不足行하고 愚者는 不及知하여 又不知所以行하니 此道之所以常不行也요 賢者는 行之過하여 旣以道爲不足知하고 不肖者는 不及行하여 又不求所以知하니 此道之所以常不明也니라

'道'는 天理의 당연함이니 中일 따름이다. 지혜롭고 어리석으며 어질고 불초함의 지나치거나 미치지 못함은 곧 태어나면서 품부稟賦받은 것이 달라서 그 中을 잃은 것이니, 지혜로운 자는 앎이 지나쳐서 이미 道를 족히 행하지 못할 것이라 하고, 어리석은 자는 앎에 미치지 못하여 또한 행할 바를 알지 못하니, 이는 道가 항상 행해지지 못하는 바요, 어진 자는 행함이 지나쳐서 이미 道를 족히 알지 못할 것이

라 하고, 불초不肖한 자는 행함에 미치지 못하여 또 알 바를 구하지 못하니, 이는 道가 항상 밝지 못한 바이다.

주해

- 道之不行: 道가 행해지지 않다. '道'는 중용中庸의 道이다. '不行'은 道가 천하여 널리 유행하지 못한 것이다.
  "道卽中庸之道. 不行是道不流行於天下."(大全註疏)
- 新安王氏가 말했다. "自世俗觀之, 過疑勝於不及, 自道言之, 其不合於中庸則一也."(大全註疏)

【備旨】

此은 承上章하여 言民之所以鮮能中庸者는 由於氣稟之偏而不察也라

夫子ㅣ有曰 中庸之道之不行也를 我知其故矣로다 蓋行由於明이어늘 今則知者는 探深索微而知過乎中하여 旣以道爲不足行矣요 愚者는 昏昧淺陋而知不及乎中하고 又不知所以行也하니 此道之所以常不行歟인저

中庸之道之不明也를 我知其故矣로다 蓋明由於行이어늘 今則賢者는 矜奇炫異而行過乎中하여 旣以道爲不足知矣요 不肖者은 卑汚苟賤而行不及乎中하고 又不求所以知也하니 此道之所以常不明歟인저

이는 上章을 이어 백성들이 능히 중용中庸을 하는 자가 드문 것은 기품氣稟이 치우쳐서 살피지 못하기 때문임을 말한 것이다.

夫子께서 두어 가라사대 "중용中庸의 道가 행해지지 못한 것을 내 그 까닭을 알겠노라. 대개 행함은 밝음에서 말미암거늘 지금 지혜로운 자는 심오深奧함을 찾고 은미隱微함을 찾아 앎이 中에 지나쳐 이미 道를 족히 행하지 못할 것이라 하고, 어리석은 자는 혼매昏昧하고 천루淺陋하여 앎이 中에 미치지 못하고 또한 행할 바를 알지 못하니, 이것이 道가 항상 행해지지 못한 바로다!

중용中庸의 道가 밝지 못한 것을 내 그 까닭을 알겠노라. 대개 밝음은 행함에서 말미암거늘 지금 어진 자는 신기新奇함에 현혹되고 怪異함을 자랑하여 행함이 中에 지나쳐서 이미 道를 족히 알지 못할 것이라 하고, 불초不肖한 자는 비루鄙陋하고 구차苟且하여 행함이 中에 미치지 못하고 또한 알아야 할 바를 구하지 않으니, 이것이 道가 항상 밝지 못한 바로다!"

주해

- 氣稟: 사람이 태어나면서 품수稟受받은 기氣. '품기稟氣'와 같다. 稟(받을 품)

  ≪韓非子 · 解老≫ 篇에 나온다. "稽萬物之理, 故不得不化. 不得不化, 故無常操. 無常操, 是以死生氣稟焉, 萬智斟酌焉, 萬事廢興焉." 稽(상고할 계) 斟(헤아릴 짐) 酌(술따를 작)

  또한 왕충王充의 ≪論衡 · 命義≫에도 나온다. "人稟氣而生, 含氣而長, 得貴則貴, 得賤則賤."

  韓非子와 王充은 모두 사람의 生死와 貴賤이 태어나면서부터 부여받은 氣에 의해 결정된다고 보았다. 그후 宋代 理學家들은 모두 '氣稟'說을 중시했는데, 정호程頤는 "才稟於氣. 氣有淸濁, 稟其淸者爲賢, 稟其濁者爲愚."(二程語錄)라고 했고, 朱子는 "稟氣之淸者, 爲聖爲賢", "稟氣之濁者, 爲愚爲不肖"(朱子語類)라고 했다.
- 探深索微: 심오한 것을 찾고 은미한 것을 구하다. 探(찾을 탐) 深(깊을

심) 索(찾을 색) 微(작을 미)

- 矜奇: 신기新奇함에 현혹되다. 矜(자랑할 긍) 奇(기이할 기)
  淸나라 왕사정王士禎의 ≪池北偶談・談藝三・唐書≫에 나온다. "予嘗論 ≪新唐書≫ 不及 ≪舊書≫, 蓋矜奇字句, 全失本色."
- 炫異: 괴이함을 자랑하다. 炫(자랑할 현) 異(다를 이)
  淸나라 채주采疇의 ≪사역효시집서謝亦囂詩集序≫에 나온다. "一切觸景懷人, 因時寄興之作, 不矜奇, 不炫異, 祇自率其性情之眞, 以寫其性情之適." 囂(들렐 효) 觸(닿을 촉) 祇(편안할 기)
- 卑汚: 비루鄙陋하고 더럽다. 疇(밭두둑 주) 卑(낮을 비) 汚(더러울 오)
  ≪史記・日者列傳≫에 나온다. "矯言鬼神, 以盡人財, 厚求拜謝, 以私於己, 此吾之所恥, 故謂之卑汙也." 矯(바로잡을 교)
- 苟賤: 구차苟且하고 천하다. 苟(구차할 구) 賤(천할 천)
- 昏(어두울 혼) 昧(어두울 매) 淺(얕을 천) 陋(좁을 루)

人莫不飮食也언마는 鮮能知味也니라

사람이 마시고 먹지 않는 이가 없건마는 能히 맛을 아는 이가 드무니라.

道不可離로되 人自不察이라 是以로 有過不及之弊니라

道는 가히 떠나지 못하되 사람이 스스로 살피지 못한다. 이로써 지나치거나 미치지 못하는 폐단弊端이 있는 것이다.

주해

- 道不可離, 人自不察: "道는 가히 떠나지 못하되 사람이 스스로 살피지 못한다." '人'은 知愚賢不肖를 포함한 말이다.
  朱子가 말했다. "以飮食譬日用, 味譬理."(大全註疏) 譬(비유할 비)
  三山陳氏가 말했다. "道曷嘗離人哉? 特百姓日用而不知耳."(大全註疏) 曷(어찌 갈) 特(다만 특)
- 察(살필 찰) 弊(나쁠 폐)

【備旨】

然이나 道之所謂中者는 當然不易(역)之理니 固不外人生日用之間이로되 特以習而不察而失之耳라 今夫人이 莫不飮食也언마는 鮮有能知其飮食之味也니 知味之正이면 則必嗜之而不厭矣요 知道之中이면 則必守之而不失矣리니 其如此면 知愚賢不肖는 何哉오

그러나 道의 이른 바 中이라는 것은 당연하여 바꿀 수 없는 이치니, 진실로 사람이 살아가는 日用의 사이를 벗어날 수 없되, 다만 습習에 젖어서 살피지 못하여 잃었을 뿐이다.
이제 무릇 사람이 마시고 먹지 않는 이가 없건마는 능히 그 마시고 먹는 맛을 아는 이가 드무니, 맛의 바름을 안다면 곧 반드시 즐겨서 싫어하지 않을 것이요, 道의 中을 안다면 곧 반드시 지켜서 잃지 않을 것이니, 그것이 이와 같다면 지혜롭고 어리석음과 어질고 不肖함이 어떠하리오?

주해

- 不易之理: 바꿀 수 없는 이치. 易(바꿀 역)
  ≪易·乾≫ 卦에 나온다. "不易乎世, 不成乎名." 이에 대해 왕필王弼의 註에 "不爲世俗所移易."라고 했다.
  ≪漢書·哀帝紀≫에도 나온다. "制節謹度以防奢淫, 爲政所先, 百王不易之道也." 이에 대해 안사고顔師古의 註에 "言爲常法, 不可改易."이라 했다. 奢(사치할 사) 淫(음란할 음)
- 特(다만 특) 嗜(즐길 기) 厭(싫을 염)

右는 第四章이라

右는 第4章이다.

第五章　不行

子曰 道其不行矣夫인저

孔子 가라사대 "道가 그 행해지지 못할 것인 저!"

由不明故로 不行이라

밝지 않음으로 말미암기 때문에 행해지지 못한 것이다.

주해

● 道其不行矣夫: '道'는 중용中庸의 道이다. '의부矣夫'는 개탄하는 말이다. 雙峯饒氏가 말했다. "此章承上章鮮能知味之知, 而言道由不明, 所以不行."(大全註疏) 鮮(드물 선)

【備旨】

道之不行은 由於智者過하고 愚者不及이라
夫子ㅣ有曰 道者는 固人之當行이며 亦人之所能行이로되 但人之體道者ㅣ不失之過면 則失之不及하여 道其不行於天下矣夫인저하시니 然則夫子ㅣ所謂道之不行者ㅣ豈非由於不明之故哉리오

道가 행해지지 못한 것은 지혜로운 자는 지나치고 어리석은 자는 미치지 못함으로 말미암는다.
夫子께서 두어 가라사대 "道라는 것은 진실로 사람이 마땅히 행해야

하며 또한 사람이 능히 행할 수 있는 바로되, 다만 사람이 몸소 道를 행하는 자가 지나침에 실수하지 않으면 곧 미치지 못함에 실수를 하여, 道가 그 天下에 행해지지 못하는 것인 저!"라고 하시니, 그러한즉 夫子께서 이른바 道가 행해지지 못하는 것이 어찌 밝지 못한데서 말미암은 까닭이 아니리오?

주해

- 體道: 몸소 정도正道를 행하다.
  ≪韓非子 · 解老≫ 篇에 나온다. "夫能有其國保其身者, 必且體道." 이에 애해 진기유陳奇猷(1917~2006)의 ≪韓非子集釋≫에 "體亦履也."라고 풀이했다. 猷(꾀 유) 履(밟을 리)

右는 第五章이라

右는 제5장이다.

此章은 承上章而擧其不行之端하여 以起下章之意라

이 章은 上章을 이어 그 행해지지 못하는 실마리를 들어서 下章의 뜻을 일으킨 것이다.

주해

- 雲峰胡氏가 말했다. "前章, 民鮮能是兼知行言, 鮮能知味是指知而言. 此章, 道其不行, 又指行而言."(大全註疏)

第六章　大知

子曰 舜은 其大知也與이신뎌 舜이 好問而好察邇言하사되 隱惡而揚善하시며 執其兩端하사 用其中於民하시니 其斯以爲舜乎신뎌

孔子 가라사대 "순舜은 그 크게 지혜로우신저! 순舜이 묻기를 좋게 여기시고 가까운 말을 살피는 것을 좋게 여기시되, 악惡을 숨기고 선善을 드러내시며, 그 양단兩端을 잡으셔서 그 中을 백성에게 쓰시니, 그 이렇게 해서 순舜이 되셨도다!"

舜之所以爲大知者는 以其不自用而取諸人也라 邇言者는 淺近之言이어늘 猶必察焉하시니 其無遺善을 可知라 然이나 於其言之未善者엔 則隱而不宣하시고 其善者엔 則播而不匿하시니 其廣大光明이 又如此하시니 則人孰不樂告以善哉아

兩端은 謂衆論不同之極致니 蓋凡物이 皆有兩端하니 如小大厚薄之類라 於善之中에 又執其兩端而量度(탁)以取中 然後에 用之하시니 則其擇之審而行之至矣라 然이나 非在我之權度ㅣ精切不差면 何以與此리오 此는 知之所以無過不及이요 而道之所以行也니라

순舜의 큰 지혜가 되신 바는 그 스스로 쓰지 않고 남에게서 취하셨기 때문이다. '이언邇言'은 천근淺近한 말이거늘 오히려 반드시 살피시니, 그 善을 버리지 않았음을 가히 알 수 있다.

그러나 그 말이 善하지 아니한 것에는 곧 숨겨서 베풀지 않으시고, 그 善한 것에는 곧 퍼뜨려서 숨기지 아니하시니, 그 넓고 크고 빛나고 밝음이 또한 이와 같으시니, 곧 사람이 누가 善으로써 고告하기를 즐겨하지 않으리오!

'양단兩端'은 중론衆論이 같지 않음의 극치極致를 말한 것이니, 대개 모든 사물이 모두 양단兩端이 있으니, 마치 크고 작고 두텁고 얇음의 종류이다. 善의 가운데에 또한 그 양단兩端을 잡아서 헤아리고 헤아려서 그 中을 취한 연후에 시행하시니, 곧 그 가림을 살피고 행함이 지극하다.

그러나 내게 있는 권도權度가 정밀하고 간절해서 어긋나지 않는 것이 아니라면 어찌 이에 참여하리오? 이는 지혜로움이 지나치거나 미치지 못함이 없는 바요, 道가 행해지는 바이다.

주해

- 其斯以爲舜乎: '그(舜)가 이렇게 해서 순舜이 되신 것이다.' '기其'는 '순舜'이다. '사斯'는 '好問以下'를 말한다. 斯(이 사)
- 邇言: 淺近한 말, 또는 보통사람들의 말. 邇(가까울 이)
  鄭玄의 註에 "邇, 近也. 近言而善, 易以進人."(≪十三經註疏 · 中庸解≫)이라 했다.
- 執其兩端: '그 양단兩端을 잡다.' 이미 악惡을 숨기고 선善을 드러냈기 때문에 善의 양단兩端을 잡는다는 뜻이다.
  "彼亦一善言, 此亦一善言, 便是兩端."(大全註疏) 彼(저 피) 此(이 차)
  朱子가 말했다. "執其兩端而用其中, 如天下事, 一箇人說東, 一箇說西, 自家便把東西來, 斟酌看中在那裏."(大全註疏) 把(잡을 파) 斟(짐작할 짐) 酌(술따를 작) 那(어찌 나)
- 用其中於民: "그것을 백성들에게 시행하다." '용用'은 '시행施行하다'는 뜻이다.

● 權度: 사물의 경중輕重을 달고 장단長短을 재는 도구. '권權'은 輕重을 다는 것이고, '도度'는 長短을 재는 것이다. 權(저울 권)
≪周禮 · 地官 · 掌葛≫에 나온다. "掌葛掌以時徵絺綌之材於山農……以權度受之." 이에 대해 가공언賈公彦의 疏에 "使知斤兩長短故也."라고 풀이했다. 絺(칡베 치) 綌(칡베 격)

● 遺(버릴 유) 宣(베풀 선) 播(뿌릴 파) 匿(감출 닉) 孰(누구 숙) 薄(엷을 박) 審(살필 심)

【備旨】

承上章하여 言道旣不行하니 必知如大舜而後에 可望斯道之行也라

夫子ㅣ有曰 人非知면 無以見道나 然이나 知有大小하니 稽古컨댄 帝舜은 其爲大知也與이신저 何以見之오 天下之理ㅣ無窮하고 一人之識은 有盡하니 自用이면 非大知也라 舜則凡事를 必孜孜然訪問於人하시고 而於問所得之言에 卽極淺近者라도 亦必孜孜然 審察其言中之理하사 其言之不當於理而惡者는 則隱之하시고 而其言之當於理而善者는 則揚之시니라

然이나 言皆爲善而或過或不及하여 不同之極致有兩端焉이면 則執其兩端而寬弘博大하여 兼總衆善而無遺하시며 至於一致之歸ㅣ確不可易하여 有其中焉이면 則用之於民而精密詳審하여 極於至當而無偏하시니 所謂合天下之知하여 以爲知며 而舜之所以爲舜者니 其眞不可及乎이신저 吁라 天下有大知如舜이면 而道其行矣리라

上章을 이어 道가 이미 행해지지 못하니, 반드시 지혜가 대순大舜과 같은 이후에 가히 이 道가 행해짐을 바랄 수 있음을 말한 것이다. 夫子께서 두어 가라사대 "사람이 지혜가 아니면 道를 알지 못한다. 그러나 지혜에는 크고 작음이 있으니, 옛날을 上考하건대 제순帝舜은 그 큰 지혜이신 저! 무엇으로 알 수 있으리오? 天下의 이치가 다함이 없고 한 사람의 식견은 다함이 있으니, 스스로 쓰기만 하면 큰 지혜가 아니다.
순舜은 곧 모든 일을 반드시 부지런히 사람들에게 찾아가 물으시고, 물어서 얻은 말에 대해 곧 지극히 천근淺近한 말일지라도 또한 반드시 부지런히 그 말 가운데의 이치를 자세히 살펴서, 그 말이 이치에 합당하지 않아서 惡한 것은 곧 숨기시고, 그 말이 이치에 합당하여 善한 것은 곧 널리 드러내셨다.
그러나 말이 모두 善하나 혹은 지나치고 혹은 미치지 못하여, 서로 다른 극치極致에 양단兩端이 있으면 곧 그 양단兩端을 잡아 너그럽게 포용하고 넓고 크게 하여, 모든 善을 겸하고 총괄해서 빠뜨림이 없게 하시며, 일치一致되는 귀착점이 확연確然하여 가히 바꿀 수 없게 되어 그 中에 있으면, 곧 그것을 백성에게 써서 정밀하고 자세하게 살펴서 지극히 합당함을 다하여 치우침이 없으시니, 이른바 천하의 지혜를 합하여 지혜로 삼으신 것이며 순舜이 바로 순舜이 되신 바이니, 그 진실로 가히 미칠 수 없도다! 오호라! 천하에 순舜과 같은 큰 지혜가 있다면 道가 그 행해질 것이니라."

주해

- 稽(상고할 계)
- 孜孜然: 부지런히 힘쓰는 모양. 孜(부지런할 자)
  ≪書 · 익직益稷≫ 篇에 나온다. "予何言. 予思日孜孜." 이에 대해 공영

달孔穎達의 疏에 "孜孜者, 勉功不怠之意."라고 했다.

≪史記 · 골계열전滑稽列傳≫에도 나온다. "苟能修身, 何患不榮. 太公躬行仁義七十二年, 逢文王, 得行其說, 封於齊, 七百歲而不絶. 此士之所以日夜孜孜, 修學行道, 不敢止也." 怠(게으를 태) 躬(몸 궁) 逢(만날 봉)

- 審察: 자세히 살피다. '명찰明察'과 같다. 審(살필 심) 察(살필 찰)
- 寬弘: 마음이 넓고 도량이 큼. 寬(너그러울 관) 弘(넓을 홍)

右는 第六章이라

右는 제6장이다.

第七章　予知

子曰 人皆曰予知로되 驅而納諸罟擭陷阱之中 而莫之知辟也하며 人皆曰予知로되 擇乎中庸而不能期月守也니라

孔子 가라사대 "사람들이 모두 내가 지혜롭다고 말하되, 내몰아서 그물과 덫과 함정 가운데에 들어가되 피할 줄을 알지 못하며, 사람들이 모두 내가 지혜롭다고 말하되 중용中庸을 가려서 능히 기월期月도 지키지 못하느니라."

罟는 網也요 擭은 機檻也요 陷阱은 坑坎也니 皆所以掩取禽獸者也라 擇乎中庸은 辨別衆理하여 以求所謂中庸이니 卽上章好問用中之事也라 期月은 匝一月也라 言知禍而不知辟하여 以況能擇而不能守하니 皆不得爲知也라

'고罟'는 그물이요, '확擭'은 기함機檻이요, '함정陷阱'은 '갱감坑坎'이니 모두 날짐승과 길짐승을 잡아 죽이는 것이다. '택호중용擇乎中庸'은 모든 이치를 변별辨別하여 이른바 중용中庸을 구하는 것이니, 곧 上章의 묻기를 좋아하고 中을 쓰는 일이다. '기월期月'은 만 한 달이다.
화禍를 알되 피할 줄 알지 못하거늘, 하물며 능히 가렸으되 능히 지키지를 못하니, 모두 지혜롭지 못하다는 말이다.

주해

- 期月: 한 달. '기期'는 '기朞'와 같다. 朞(돌 기)
  孔穎達의 疏에 "假令偶有中庸, 亦不能期帀一月而守之."(≪十三經註疏 · 中庸解≫)라고 했다. 偶(우연 우) 帀(두를 잡)
  新安陳氏가 말했다. "匝, 周也. 期年是周一年. 期月是周一月."(大全註疏) 匝(돌 잡)
- 機檻: 기구機具를 설치하여 짐승을 잡는 덫이나 함정. 檻(감옥 함)
  ≪書 · 費誓≫에 나온다. "杜乃擭." 이에 대해 공영달孔穎達의 疏에 "擭, 所以捕禽獸機檻之屬."이라 했다. 擭(잡을 획) 捕(잡을 포)
  또한 ≪後漢書 · 文苑傳下 · 趙壹≫ 篇에 나온다. "罼網加上, 機穽在下." 이에 대해 이현李賢의 註에 "機, 捕獸機檻也."라고 했다. 罼(족대 필) 網(그물 망) 穽(함정 정)
- 坑坎: 구덩이. 坑(구덩이 갱) 坎(구덩이 감)
- 掩取: 모두 잡아 죽이다. 掩(가릴 엄)
  ≪禮記 · 曲禮下≫에 나온다. "大夫不掩羣." 이에 대해 공영달孔穎達의 疏에 "大夫不掩羣者, 羣謂禽獸共聚也. 羣聚則多, 不可掩取之."라고 했다.
- 驅(몰 구) 納(들일 납) 罟(그물 고) 擭(덫 확) 陷(빠질 함) 阱(함정 정)

【備旨】

道ㅣ固由智而行이나 而道之不明은 又由於賢者過하고 不肖者不及이라

夫子ㅣ有曰 今人이 皆曰予知는 蓋自以爲能知禍機之伏也로되 乃爭驅逐而納諸罟擭陷阱中하여 而莫知所避하니 行險取敗라 是其心有所蔽也니 安得爲知乎리오

亦猶今人이 皆曰予知는 蓋自以爲能擇中庸之所在也나 然이나 擇乎中庸而不能期月守하니 擇非己有라 是其

知有未至也니 又安得爲知乎리오 此道之所以不明也라하시니라

道는 본디 지혜로 말미암아 행해지나, 道가 밝혀지지 않음은 또한 어진 자는 지나치고 불초不肖한 자는 미치지 못하는데서 말미암는다. 夫子께서 두어 가라사대 "지금 사람들이 모두 내가 지혜롭다고 말한 것은 대개 스스로 능히 화기禍機가 잠복潛伏된 것을 안다고 여기기 때문이로되, 이에 다투어 몰고 쫓아서 그물과 덫과 함정 가운데에 들어가되 피할 줄을 알지 못하니 위험한 길을 가다가 패망을 당한 것이다. 이는 그 마음에 가린 바가 있는 것이니 어찌 지혜롭다고 할 수 있으리오?
또한 오히려 지금 사람들이 내가 지혜롭다고 말한 것은 대개 스스로 능히 중용中庸이 있는 곳을 가릴 수 있다고 여기기 때문이다. 그러나 중용中庸을 가려서 능히 한 달을 지키지 못하니 가린 것이 자기의 것이 아니다. 이는 그 지혜에 아직 이르지 못한 것이 있는 것이니, 또 어찌 지혜롭다고 할 수 있으리오? 이는 道가 밝혀지지 않는 이유니라."

주해

- 禍機: 재앙의 기미幾微, 또는 잠복하고 있는 화근禍根. 禍(재앙 화) ≪文選 · 포조鮑照〈苦熱行〉≫에 나온다. "生軀蹈死地, 昌志登禍機." 이에 대해 이선李善의 註에 "≪莊子≫ 曰 其發若機栝, 其司是非之謂也. 司馬彪曰 言生以是非臧否交接, 則禍敗之來若機栝之發. 班固 ≪漢書≫ 述曰 禍如發機."라고 했다. 鮑(절인어물 포) 軀(몸 구) 蹈(밟을 도) 栝(도지개 괄)
- 驅逐: 말을 채찍질하여 내몰다. 몰아서 쫓아내다. 驅(몰 구) 逐(쫓을 축)
- 行險: 위험한 길. 險(험할 험)

≪禮記 · 中庸≫에 나온다. "故君子居易以俟命, 小人行險以儌幸." 이에 대해 정현鄭玄의 註에 "險, 謂傾危之道."(≪十三經註疏 · 中庸解≫)라고 했고, 공영달孔穎達의 疏에 "小人以惡自居, 恒行險難傾危之事, 以儌求榮幸之道"(≪十三經註疏 · 中庸解≫)라고 했다. 俟(기다릴 사) 儌(구할 요) 傾(기울 경) 險(험할 험)

右는 第七章이라

右는 제7장이다.

承上章 大知而言하여 又擧不明之端하여 以起下章也라

上章의 '대지大知'를 이어서 말하여, 또 밝지 않은 실마리를 들어서 下章을 일으킨 것이다.

주해

- 雲峰胡氏가 말했다. "此章兩人字, 蓋借知禍而不知辟之人, 以況能擇而不能守之人也. 上章言舜聖人, 下章言回賢人, 此章兩人字衆人也."(大全註疏) 借(빌 차) 辟(피할 피)

第八章　服膺

子曰 回之爲人也ㅣ擇乎中庸하여 得一善則拳拳服膺而弗失之矣니라

孔子 가라사대 "안회顔回의 사람됨이 중용中庸을 가려서 한 가지 善을 얻으면 권권拳拳히 가슴에 새겨서 잃지 아니하였느니라."

回는 孔子弟子顔淵名이라 拳拳은 奉持之貌라 服은 猶著(착)也요 膺은 胸也니 奉持而著之心胸之間이니 言能守也라

顔子ㅣ蓋眞知之라 故로 能擇能守ㅣ如此하시니 此는 行之所以無過不及 而道之所以明也라

'회回'는 孔子의 제자 안연顔淵의 이름이다. '권권拳拳'은 받들어 잡는 모양이다. '복服'은 '착著'과 같다. '응膺'은 가슴이니, 받들고 잡아서 마음과 가슴 사이에 붙이는 것이니 능히 지킴을 말한 것이다.

안자顔子는 대개 진실로 안 것이다. 그러므로 능히 가리고 능히 지킴이 이와 같으니, 이는 행함에 지나치거나 미치지 못함이 없는 바요, 道가 밝은 바이다.

주해

- 得一善: 한가지 善을 얻다. '善'은 中庸의 이치를 말한다.
  "善卽中庸之理. 一善者, 隨擇隨得, 非止於一也."(大全註疏)
- 拳拳: 받들어 정성스럽게 간직하는 모양. 拳(주먹 권)
  漢나라 사마천司馬遷의 ≪보임안서報任安書≫에 나온다. "拳拳之忠, 終

不能自列."

● 服膺: 가슴에 새기다. 가슴에 간직하다. 膺(가슴 응)

● 著(붙일 착) 胸(가슴 흉)

【備旨】

承上章하여 言道旣不明하니 必仁如顏子而後에 可望斯道之明也라

夫子ㅣ有曰 天下當然之理ㅣ具在人心하니 若回之爲人也는 凡遇事物之來면 必於天理同源異派處에 分別精詳하여 以求其所謂中庸者하고 及隨所擇而得一中庸之善이면 則躬行實踐하여 拳拳然服膺而不復失之矣라하시니 回之擇而能守ㅣ如此라 吁라 天下에 有能行如回면 而道其明矣리라

上章을 이어 道가 이미 밝지 아니하니 반드시 안자顏子와 같이 仁을 행한 이후에 가히 이 道의 밝힘을 바랄 수 있다고 말씀하신 것이다.

夫子께서 두어 가라사대 "천하의 當然한 이치가 사람의 마음에 갖추어져 있으니, 안회顏回와 같은 사람됨은 무릇 事物이 오는 것을 만나면 반드시 天理가 근원은 같으나 갈래가 다른 자리에서 정밀하게 자상하게 분별해서 그 이른바 中庸이란 것을 구하고, 가린 바를 따라서 중용中庸의 한 가지 善을 얻게 되면 곧 몸소 행하고 실천實踐하여 받들고 잡아서 가슴에 새겨서 다시는 잃지 아니했느니라!"

안회顏回가 가려서 능히 지킴이 이와 같았다. 오호라! 천하에 능히 안회顏回와 같이 행하는 사람이 있다면 道가 밝혀질 것이다.

주해

- 同源異派: 근원은 같으나 추향趨向이나 종결점이 다르다. '동원이류同源異流'와 같다.

  明나라 하경명何景明의 ≪기수부寄粹夫≫ 詩에 나온다. "君就河內棲, 予從關西役. 同源異流止, 撫事乖心跡." 棲(살 서) 撫(어루만질 무) 乖(어그러질 괴) 跡(자취 적)

右는 第八章이라

右는 第8章이다.

第九章　可均

子曰 天下國家도 可均也며 爵祿도 可辭也며 白刃도 可蹈也로되 中庸은 不可能也니라

孔子 가라사대 "천하국가天下國家도 가히 고르게 다스릴 수 있으며, 벼슬과 녹祿도 가히 사양할 수 있으며, 흰 칼날도 가히 밟을 수 있되, 중용中庸은 가히 능하지 못하니라."

均은 平治也라 三者는 亦知仁勇之事니 天下之至難也라 然이나 皆倚於一偏이라 故로 資之近而力能勉者는 皆足以能之어니와 至於中庸하여는 雖若易能이나 然이나 非義精仁熟而無一毫人欲之私者면 不能及也라 三者는 難而易하고 中庸은 易而難하니 此ㅣ民之所以鮮能也니라

'균均'은 고르게 다스림이다. 세 가지는 또한 지知와 인仁과 용勇의 일이니 천하에 지극히 어려운 것이다. 그러나 모두 한쪽에 의지한 것이다. 그러므로 자질資質에 가까워 힘으로 능히 힘쓰는 자는 모두 족히 능할 수 있거니와, 중용中庸에 이르러서는 비록 쉽게 능할 것 같으나 그러나 의리義理가 정밀하고 인仁이 익숙하여 한 터럭이라도 인욕人欲의 사사로움이 없는 자가 아니라면 능히 미치지 못한다.
세 가지는 어려운 것 같으나 쉽고 중용中庸은 쉬운 것 같으나 어려우니, 이는 백성이 능한 이가 드문 바이다.

주해

- 可均: 가히 고르게 다스릴 수 있다. 이는 관중管仲이나 소하蕭何 같은

경우를 말한다. 均(다스릴 균)

"可均, 如管仲蕭何."(大全註疏) 蕭(삼갈 소)

陳氏가 말했다. "可均似知, 可辭似仁, 可蹈似勇."(大全註疏) 蹈(밟을 도)

朱子가 말했다. "中庸便是三者之間, 非是別有一箇道理. 只於三者, 做得恰好處, 便是中庸."(大全註疏) 做(지을 주) 恰(마치 흡)

- 爵祿: 관작과 봉록. 爵(벼슬 작) 祿(녹 록)
- 可辭: 가히 사양할 수 있다. 곧 '신문晨門'(성문지기)이나 '장인丈人'(노인) 같은 경우를 말한다. 晨(새벽 신)

  "可辭, 如晨門丈人."(大全註疏)
- 白刃: 예리한 칼날. 刃(칼날 인)

  ≪史記·日者列傳≫에 나온다. "以官爲威, 以法爲機, 求利逆暴. 譬無異於操白刃劫人者也." 操(부릴 조) 劫(위협할 겁)
- 可蹈: 가히 밟을 수 있다. 곧 '소홀召忽'이나 '자로子路'와 같은 경우를 말한다. 蹈(밟을 도)

  "可蹈, 如召忽子路."(大全註疏)

  雲峯胡氏가 말했다. "卽論語中, 如管仲一匡天下, 是天下國家可均也. 如晨門荷蓧之徒, 是爵祿可辭也. 如召忽死子糾之難, 是白刃可蹈也. 然夫子則以爲民鮮能於中庸, 久矣. 蓋深嘆夫中庸之不可能也."(大全註疏) 匡(바로잡을 광) 荷(멜 하) 蓧(삼태기 조) 徒(무리 도) 糾(꼴 규) 嘆(탄식할 탄)
- 倚(의지할 의) 偏(치우칠 편) 毫(가는털 호)

【備旨】

承上章하여 言知必如舜而後에 道可行이요 仁必如回而後에 道可明이니 可見中庸之難能矣라

夫子ㅣ有曰 至難均者는 天下國家나 然이나 資之近乎知者는 可勉力而均也요 至難辭者는 爵祿이나 然이나 資之近乎仁者는 可勉力而辭也요 至難蹈者는 白刃이나 然이

나 資之近乎勇者는 可勉力而蹈也로되 至於中庸之理하야 無或過無或不及하니 苟一毫之私意ㅣ有所未盡이면 則雖欲擇而守之라도 而擬議之間에 忽已失於過與不及而不自知矣리니 此其所以不可勉力而能也라 然則欲能中庸者ㅣ信不可無自强之學也니라

上章을 이어 지혜가 반드시 순舜과 같은 이후에 道가 가히 행해지고, 인仁이 반드시 안회顔回와 같은 이후에 道가 가히 밝혀짐을 말한 것이니, 중용中庸에 能하기가 어려움을 가히 알 수 있다.
夫子께서 두어 가라사대 "지극히 다스리기 어려운 것은 천하국가天下國家이나, 그러나 자질이 지혜에 가까운 자는 가히 힘을 써서 다스릴 수 있으며, 지극히 사양하기 어려운 것은 벼슬과 녹祿이나 그러나 자질이 인仁에 가까운 자는 가히 힘을 써서 사양할 수 있으며, 지극히 밟기 어려운 것은 예리한 칼날이나 그러나 자질이 용勇에 가까운 자는 가히 힘을 써서 밟을 수 있다.
그러나 중용中庸의 이치에 이르러서는 혹은 지나침도 없고 혹은 미치지 못함도 없으니, 만일 한 터럭의 사사로운 생각이라도 다하지 못한 바가 있다면, 곧 비록 가려서 지키고자 할지라도 헤아리고 의논하는 사이에 홀연히 이미 지나치거나 미치지 못함에 빠져 스스로 알지 못하게 되니, 이는 그 가히 힘을 써서 능할 수가 없는 바이다. 그러므로 곧 능히 중용中庸을 하고자 하는 자는 진실로 가히 스스로 굳세게 노력하는 배움이 없어서는 안되느니라."

주해

- 擬議: 미리 헤아리고 논의하다. 擬(헤아릴 의)

≪易 · 繫辭上≫에 나온다. "擬之而後言, 議之而後動, 擬議以成其變化."
≪朱子語類≫ 59卷에도 나온다. "只今眼下便是用功處, 何待擬議思量與辨論是非, 講究道理不同."

- 自强: 스스로 굳세게 노력함. '자강불식自彊不息'과 같다. 彊(굳셀 강)
  ≪易 · 乾≫ 卦에 나온다. "天行健, 君子以自强不息."
  ≪孔子家語 · 오의해五儀解≫에도 나온다. "篤行信道, 自强不息." 健(굳셀 건) 篤(도타울 독)

右는 第九章이라

右는 第9章이다.

亦承上章以起下章이라

또한 上章을 이어 下章을 일으킨 것이다.

第十章　問强

子路ㅣ問强한대

자로子路가 군셈을 묻선대,

子路는 孔子弟子 仲由也라 子路好勇이라 故로 問强이라

'자로子路'는 孔子의 弟子 중유仲由이다. 자로子路는 용맹을 좋아했다. 그러므로 '강强'을 물은 것이다.

주해

- 强: 강함, 굳셈. '강용强勇'의 뜻이다.

【備旨】

承上章하여 言中庸不可能이니 必如夫子告子路之勇而後에 可能也라
昔에 子路好勇이라 故로 問强於夫子하니 蓋徒知有血氣之剛이요 而未知德義之勇也라

上章을 이어 中庸은 가히 능할 수 없으니, 반드시 夫子께서 子路에게 告한 용맹과 같은 이후에야 가히 능할 수 있음을 말한 것이다.
옛날 子路가 용맹을 좋아하였다. 그러므로 夫子께 굳셈을 물은 것이니, 대개 한갓 血氣의 굳셈이 있는 것만 알되, 德義의 용맹은 알지 못한 것이다.

주해

- 血氣: 여기서는 기질氣質이나 감정感情을 말한다.
  ≪순자荀子 · 비상非相≫ 篇에 나온다. "今世俗之亂君, 鄉曲之儇子, 莫不美麗姚冶, 奇衣婦飾, 血氣態度, 擬於女子." 儇(총명할 현) 姚(예쁠 요)

子曰 南方之强與아 北方之强與아 抑而强與아

孔子 가라사대 "남방의 굳셈인가? 북방의 굳셈인가? 아니면 그대의 굳셈인가?"

抑은 語辭라 而는 汝也라

'억抑'은 어조사라, '이而'는 너(여汝)이다.

주해

- 而强: 너의 굳셈. '이而'는 '여汝'와 같다. 而(너 이) 汝(너 여)
  新安陳氏가 말했다. "汝之强, 謂學者之强也. 下文, 四强哉矯, 照應結束此句."(大全註疏) 矯(바로잡을 교)
- 抑(어조사 억)

【備旨】

夫子ㅣ答之曰 强有不同하니 不可不先致審也라 汝有志

於强은 猶是風氣所囿니 爲南方之强與아 爲北方之强與아 抑不囿於南하고 不囿於北하여 爲而自有之强與아

夫子께서 답하여 가라사대 "굳셈은 같지 않음이 있으니, 가히 먼저 지극히 살피지 않을 수 없다. 그대가 굳셈에 뜻을 둔 것은 오히려 이는 풍기風氣에 얽매인 것이니, 남방의 굳셈이 되는가? 북방의 굳셈이 되는가? 아니면 남방에도 얽매이지 않고 북방에도 얽매이지 않고서 그대 자신에게 있는 굳셈이 되는가?"

주해

- 風氣: 풍상風尙과 습속習俗. 곧 풍속과 기질.
- 而自: 그대 자신. 그대 스스로. 而(너 이)
- 審(살필 심) 囿(얽매일 유)

寬柔以敎요 不報無道는 南方之强也니 君子ㅣ居之니라

"너그럽고 부드러움으로써 가르치고, 무도無道함을 갚지 아니함은 남방의 굳셈이니, 君子가 거기에 거居하느니라."

寬柔以敎는 謂含容巽順하여 以誨人之不及也요 不報無道는 謂橫逆之來에 直受之而不報也라 南方은 風氣柔弱이라 故로 以含忍之力勝人으로 爲强하니 君子之道也라

'너그럽고 부드러움으로 가르친다'는 것은 포용하고 용납하고 공손하고 순종하여 남이 미치지 못함을 가르친다는 말이요, '무도無道함을 갚지 않는다'는 말은 횡포橫暴하고 이치에 어긋나게 오는데 다만 받기만 하고 보복하지 않는다는 말이다. 南方은 풍속과 기질이 부드럽고 약하다. 그러므로 용인容忍하는 힘으로 남을 이기는 것을 굳셈으로 삼으니 君子의 道이다.

주해

- 寬柔: 너그럽고 부드러움. 寬(너그러울 관) 柔(부드러울 유)

  "便有不當敎, 亦敎意."(大全註疏)

  朱子가 말했다. "此雖未是義理之强, 然近理也. 人能寬柔以敎, 不報無道, 亦是箇好人. 故爲君子之事."(大全註疏)

  三山陳氏가 말했다. "旣曰寬柔, 何强之云? 蓋守其氣質而不變, 是亦强也."(大全註疏)

- 不報無道: 무도無道(無禮)에 대해 갚지 않다. '불보不報'는 '따지지 않다', '보복하지 않다'는 뜻이다. 報(갚을 보)

  "便有當報, 亦不報意."(大全註疏)

- 君子居之: 君子에 거기에 居한다. '居'는 그 道에 머무르다.

  "居是居其道, 非居其地也."(大全註疏)

- 含容: 포용하고 용인容忍하다. '용인容忍', '관서寬恕'와 같다. 含(포용할 함) 容(용납할 용) 恕(용서할 서)

  唐나라 백거이白居易의 ≪與昭義軍將士詔≫에 나온다. "而乃外示恭順, 內懷姦邪, 刻削軍中, 暴殄境內. 朕以君臣之道, 未忍發明, 爲之含容, 頗有年月." 削(깎을 삭) 殄(죽을 진) 朕(나 짐) 頗(자못 파)

- 巽順: 공손하고 순종하다. '손순遜順'과 같다. 巽(공손할 손) 順(순할 순) 遜(겸손할 손)

  ≪明史·증감전曾鑒傳≫에 나온다. "孝宗末, 閣部大臣皆極一時選, 鑑亦持正. 及與韓文等請誅宦官不勝, 諸大臣留者率巽順避禍, 鑑獨守故

操.” 誅(벨 주) 鑑(거울 감) 操(잡을 조)

淸나라 관동管同의 ≪與友人論文書≫에도 나온다. “聖賢論人, 重剛而不重柔, 取宏毅而不取巽順.” 宏(클 굉) 毅(굳셀 의)

● 橫逆: 횡포橫暴하고 이치에 어긋난 행위. 橫(가로 횡) 逆(거스를 역)
≪孟子 · 離婁下≫ 篇에 나온다. “有人於此, 其待我以橫逆, 則君子必自反也.” 이에 대해 조기趙岐의 註에 “橫逆者, 以暴虐之道來加我也.”라고 풀이했다. 暴(사나울 포) 虐(잔인할 학)
漢나라 왕충王充의 ≪論衡 · 書解≫ 篇에도 나온다. “呂氏橫逆, 劉氏將傾.” 傾(기울 경)

● 含忍: 용인容忍하다. 관용을 베풀다. 含(품을 함)

● 誨(가르칠 회) 直(다만 직)

【備旨】

以南方之强言之컨대 如人有不及處어든 亦不過於刻責하고 只寬容柔順하여 以誨人之不及하며 甚至人有橫逆之加我라도 直受之而不報復其無道하니 此는 南方之風氣柔弱하여 以含忍之力勝人爲强也니 猶近乎忠厚之道라 故로 君子ㅣ居之나 此强之不及乎中이니 非汝所當强者也라

南方의 굳셈으로 말하건대, 만약 남이 미치지 못한 곳이 있거든 또한 엄격하게 꾸짖는데 지나치지 않게 하고, 다만 관용寬容과 유순柔順으로 남이 미치지 못함을 가르치며, 심지어 남이 횡포橫暴와 이치에 어긋난 행위로 나를 대할지라도 다만 받기만 하고 다시 그 無道함에 보복하지 않으니, 이는 남방은 풍속과 기질이 유약柔弱하여 포용하고 容忍하는 힘으로 남을 이기는 것을 굳셈으로 삼는 것이니,

오히려 충후忠厚의 道에 가깝다. 그러므로 군자가 거기에 머무르나 이는 굳셈이 中에 미치지 못함이니, 그대가 마땅히 해야 할 굳셈이 아니니라.

주해

● 刻責: 엄격하게 꾸짖다. 刻(각박할 각) 責(꾸짖을 책)
≪한서漢書 · 한연수전韓延壽傳≫에 나온다. "或欺負之者, 延壽痛自刻責." 壽(목숨 수) 欺(속일 기)
≪구당서舊唐書 · 덕종기상德宗紀上≫에도 나온다. "憂心如焚, 深自刻責." 焚(태울 분)

衽金革하여 死而不厭은 北方之强也니 而强者ㅣ居之니라

"쇠와 가죽을 자리삼아 죽어도 싫어하지 않음은 北方의 굳셈이니, 굳센 자가 거기에 居하느니라."

衽은 席也라 金은 戈兵之屬이요 革은 甲冑之屬이라 北方은 風氣剛勁이라 故로 以果敢之力勝人으로 爲强하니 强者之事也라

'임衽'은 자리로 삼는 것이다. '금金'은 창과 무기의 등속이요, '혁革'은 갑옷과 투구의 등속이다.

北方은 풍속과 기질이 굳세고 강하다, 그러므로 과감한 힘으로 남을 이기는 것을 굳셈으로 삼으니 굳센 자의 일이다.

주해

- 衽金革: 쇠와 가죽을 자리로 삼다. '衽'은 '와석臥席'의 뜻이다. 衽(자리누을 임) 臥(누을 와) 席(자리 석)
  "臥席曰衽. 此借作安之之意."(大全註疏)
- 强者: 굳센 자. 곧 武夫의 일을 말한다.
- 戈兵: 창과 무기 戈(창 과) 兵(무기 병)
- 甲冑: 갑옷과 투구. 冑(투구 주)
- 剛勁: 굳세고 강함. 剛(굳셀 강) 勁(굳셀 경)
  晉나라 최표崔豹의 ≪古今注 · 輿服≫에 나온다. "貂蟬, 胡服也. 貂者, 取其有文采而不炳煥, 外柔易而內剛勁也. 蟬, 取其淸虛識變也." 貂(담비 초) 蟬(매미 선)
  雲峯胡氏가 말했다. "南北之强, 固皆非中. 然以含忍勝人, 猶不失爲君子之道, 以果敢勝人, 不過爲强者之事, 道與事二字, 下得有輕重. 然南方豈無果敢者, 北方豈無含忍者? 亦不過擧其風氣之大槪而言耳."(大全註疏) 豈(어찌 기)

【備旨】

以北方之强言之컨대 金革은 凶器也어늘 彼則恬然安之하여 衽席乎金革焉하며 雖戰鬪以死於金革이라도 而不厭悔하니 此北方風氣剛勁하여 以果敢之力勝人爲强也니 是純任乎血氣之勇이요 而惟强者ㅣ居之라 此는 强之過乎中이니 非汝所當强者也니라

北方의 굳셈으로 말하건대, 쇠와 가죽은 흉기凶器이거늘 저들은 곧 염연恬然히 편안하게 여겨 쇠와 가죽을 자리삼아 누으며, 비록 전투하여 쇠와 가죽에서 죽을지라도 싫어하거나 후회하지 않으니, 이는 북방의 풍속과 기질이 굳세고 강하여 과감한 힘으로 남을 이기는 것을 굳셈으로 삼는 것이니, 이는 순전히 혈기血氣의 용맹에 맡기는 것이요, 오직 굳센 자가 여기에 거居한다. 이는 굳셈이 中에 지나친 것이니, 그대가 마땅히 해야 할 굳셈이 아니니라.

주해

- 恬然: 편안한 모양. '안연安然', '태연泰然'과 같다. 恬(편안할 념) ≪荀子·强國≫에 나온다. "觀其朝廷, 其朝閑, 聽決百事不留, 恬然如無治者, 古之朝也." 閑(한가할 한)
- 任席: 자리에 눕다. '임석衽席'과 같다. 衽(자리 임)

故로 君子는 和而不流하나니 强哉矯여 中立而不倚하나니 强哉矯여 國有道에 不變塞焉하나니 强哉矯여 國無道에 至死不變하나니 强哉矯여

그러므로 君子는 화和하되 흐르지 않나니 굳세도다, 교矯함이여!
가운데 서서 의지하지 않나니 굳세도다, 교矯함이여!
나라에 道가 있음에 막혀도 변치 않나니 굳세도다, 교矯함이여!
나라에 도가 없음에 죽음에 이르러도 변치 않나니 굳세도다! 교矯

함이여!

此四者는 汝之所當强也라 矯는 强貌니 詩曰 矯矯虎臣이 是也라 倚는 偏著(착)也요 塞은 未達也라 國有道에 不變未達之所守하고 國無道에 不變平生之所守也니 此則所謂中庸之不可能者라

非有以自勝其人欲之私면 不能擇而守也니 君子之强이 孰大於是리오 夫子ㅣ以是告子路者는 所以抑其血氣之剛하고 而進之以德義之勇也라

이 네 가지는 그대가 마땅히 굳세어야 할 바이다. '교矯'는 굳센 모양이니, ≪詩經≫에 "교교矯矯한 호신虎臣이여!"라고 한 것이 이것이다. '의倚'는 치우치고 접촉하는 것이다. '색塞'은 영달榮達하지 못함이다. 나라에 道가 있어도 영달榮達하지 못했을 때 지켜온 바를 변치 않고, 나라에 道가 없어도 평생 동안 지켜온 바를 변치 않으니, 이는 곧 이른바 중용中庸은 가히 능하기가 어렵다고 하는 것이다.

스스로 그 인욕人欲의 사사로움을 이기는 것이 있지 아니하면 능히 가려서 지킬 수 없으니, 君子의 굳셈이 무엇이 이 보다 크리오? 夫子께서 이 말씀으로 子路에게 告하신 것은 그 血氣의 굳셈을 누르고 덕의德義의 용맹에 나아가게 하신 바이다.

주해

- 君子, 和而不流: 君子는 和하되 흐르지 않는다. '君子'는 '成德之人'이다. '和'는 '處衆平易'의 뜻이다.

  "君子, 成德之人. 和是處衆平易."(大全註疏)

● 强哉矯: 찬탄하는 말이다. 哉(어조사 재) 矯(바로잡을 교)
朱子가 말했다. "强哉矯, 贊嘆之辭."(大全註疏) 嘆(탄식할 탄)
● 中立: 혈연孑然히 우뚝 선 것이다. 孑(외로울 혈)
● 不變塞: 영달榮達을 해도 道에서 벗어나지 않다. 塞(막힐 색)
● 至死不變: 곤궁困窮해도 義를 잃지 않다.
● 矯矯虎臣: 용맹하고 위무威武가 있는 신하. '교교矯矯'는 위무威武가 있는 모습이다. '호신虎臣'은 용맹한 위무威武가 있는 신하이다. 矯(바로잡을 교)
≪詩·노송魯頌·반수泮水≫ 篇에 나온다. "矯矯虎臣, 在泮獻馘." 이에 대해 鄭玄의 箋에 "矯矯, 武貌."라고 풀이했다. 泮(학교 반) 獻(바칠 헌) 馘(벨 괵)

【備旨】

故로 君子ㅣ自有義理之强焉하되 如處衆貴和라 然이나 和者는 易至於流하니 君子ㅣ和而處衆하되 卻能自守以正하여 必不違理以徇人而至於流라 是能擇乎處衆之理而守以自勝也니 不亦强哉아 其矯乎여
處己는 貴乎中立이라 然이나 中立은 易至於倚하니 君子ㅣ中立以自處하되 卻能貞以有恒하여 必不易方以隨俗而至於倚라 是能擇乎處己之理而守以自勝也니 不亦强哉아 其矯乎여
達而得志면 每易喪其所守어늘 君子ㅣ當國有道에 必行道濟時하되 而不至驕盈以變其未達時之所守라 是能擇乎處達之理而守以自勝也니 不亦强哉아 其矯乎여

窮而處困이면 每不終其所守어늘 君子ㅣ當國無道에 必守義安命하되 雖艱苦至死라도 而不變其平生之所守라 是能擇乎處窮之理而守以自勝也니 不亦强哉아 其矯乎여 此四者는 皆君子之强이니 汝之所當强也라 夫子之告子路者ㅣ如此하니 學者ㅣ體之以自强이면 又何中庸之不可能哉리오

그러므로 君子는 스스로 義理의 굳셈이 있되, 만일 무리에 처하면 '和'를 귀하게 여긴다. 그러나 '和'라는 것은 흐르는데 이르기 쉬우니, 君子는 和하여 무리속에 처해 있되 도리어 능히 스스로 바름으로 지켜서, 반드시 이치를 어기면서 남을 따라 흘러가는데 이르지 않는다. 이는 능히 무리에 처하는 이치를 가려서 지키고 스스로를 이긴 것이니, 또한 굳세지 아니한가, 그 교矯함이여!
처기處己는 中에 서는 것을 귀하게 여긴다. 그러나 中에 서는 것은 치우침에 이르기 쉬우니, 君子는 中立하여 自處하되 도리어 능히 곧음으로 떳떳함을 가지고, 반드시 방도를 바꾸면서 세속을 따라 치우침에 이르지 않는다. 이는 능히 처기處己의 이치를 가려서 지키고 스스로를 이긴 것이니, 또한 굳세지 아니한가, 그 교矯함이여!
영달하여 뜻을 얻으면 매번 그 지켜온 바를 잃기가 쉽거늘, 君子는 나라에 道가 있을 때를 당하여 반드시 道를 행하고 시대를 구제하되, 교만하고 자만하여 그 영달하지 않았을 때 지키던 바를 바꾸지는 않는다. 이는 능히 영달에 처하는 이치를 가려서 지키고 스스로를 이긴 것이니, 또한 굳세지 아니한가, 그 교驕함이여!
궁窮하여 곤란에 처하면 매번 그 지켜온 바를 마치지 못하거늘, 君子는 나라에 道가 없을 때를 당하여 반드시 義를 지키고 운명에 편안해

하되, 비록 간고艱苦하여 죽음에 이를지라도 그 평생토록 지켜온 바를 바꾸지 않는다. 이는 능히 곤궁困窮에 처하는 이치를 가려서 지키고 스스로를 이긴 것이니 또한 굳세지 아니한가, 그 교驕함이여!
이 네 가지는 모두 君子의 굳셈이니 그대가 마땅히 굳세어야 할 바이다. 夫子께서 자로子路에게 告하신 것이 이와 같으니, 배우는 자가 이를 체득하여 스스로를 굳세게 하면, 또한 어찌 중용中庸을 가히 능할 수 없다고 하리오!

주해

● 驕盈: 교만하고 자만하다. 驕(교만할 교) 盈(찰 영)
≪순자荀子 · 중니仲尼≫ 編에 나온다. "抑有功而擠有罪, 志驕盈而輕舊怨." 抑(누를 억) 擠(밀 제) 舊(옛 구) 怨(원망할 원)
● 安命: 운명에 편안해 하다.
≪장자莊子 · 덕충부德充符≫에 나온다. "知不可奈何而安之若命, 唯有德者能之." 奈(어찌 내)

右는 第十章이라

右는 第10章이다.

第十一章　素隱

子曰 素隱行怪를 後世에 有述焉하나니 吾弗爲之矣로라

孔子 가라사대 "은벽隱僻함을 구하고 괴이怪異함을 행하는 짓을 후세에 칭술稱述하는 이가 있나니, 내 하지 않겠노라."

素는 按漢書컨대 當作索이니 蓋字之誤也라 索隱行怪는 言深求隱僻之理 而過爲詭異之行也라 然이나 以其足以欺世而盜名이라 故로 後世에 或有稱述之者하니 此는 知之過而不擇乎善하며 行之過而不用其中이니 不當强而强者也라 聖人이 豈爲之哉리오

'소素'는 ≪한서漢書≫를 살피건대 마땅히 '색索'이어야 하니, 대개 글자의 오류이다. '색은행괴索隱行怪'는 깊이 은벽隱僻한 이치를 구하여 지나치게 궤이詭異한 행동을 하는 것을 말한다. 그러나 그 족히 세상을 속이고 이름을 도적질할 수 있다. 그러므로 후세에 혹 그것을 칭찬하여 말하는 자가 있으니, 이는 지혜가 지나쳐 善을 가리지 못한 것이며, 행동이 지나쳐 그 中을 쓰지 못한 것이니, 마땅히 강하게 아니해야 하거늘 강하게 한 자이다. 聖人께서 어찌 그런 일을 하시리오?

주해

- 素隱行怪: 은벽隱僻한 이치를 구하고 괴이怪異한 행동을 하다. 隱(숨길 은) 僻(치우칠 벽)

"隱對顯言, 如後漢讖緯之書, 是也. 怪對常言, 如齊陳仲子之廉, 是也."

(大全註疏) 讖(참서 참) 緯(씨 위) 廉(청렴할 렴)

≪漢書 · 藝文志≫에 나온다. "孔子曰 索隱行怪, 後世有述焉, 吾不爲之矣." 이에 대해 안사고顔師古의 註에 "≪禮記≫ 載孔子之言. 索隱, 求索隱暗之事, 而行怪迂之道."라고 했다. 暗(어두울 암) 迂(멀 우)

- 深求隱僻: 깊이 은벽隱僻함을 구하다.

  朱子가 말했다. "深求隱僻, 如戰國鄒衍推五德之事, 後漢讖緯之書, 是也."(大全註疏) 鄒(나라이름 추) 衍(넘칠 연)

- 詭異之行: 궤이詭異한 행동. 詭(속일 궤)

  三山陳氏가 말했다. "詭異之行, 如荀子所謂苟難者於(오)陵仲子, 申屠狄尾生之徒, 是也."(大全註疏) 屠(잡을 도) 狄(북방민족 적) 尾(꼬리 미)

  格庵趙氏가 말했다. "深求隱僻之理, 是求知乎人之所不能知. 過爲詭異之行, 是求行乎人之所不能行."(大全註疏)

  朱子가 말했다. "索隱, 是知者過之. 行怪, 是賢者過之."(大全註疏)

- 稱述: 칭찬하여 말함. '칭설稱說'과 같다. 稱(일컬을 칭) 述(지을 술)

  ≪史記 · 陳杞世家≫에 나온다. "杞小微, 其事不足稱述." 杞(나라이름 기)

【備旨】

子思ㅣ引夫子之言하여 以結上數章曰 天下之理ㅣ易知而易能也어늘 今有人焉하여 知必索求隱僻而知人之所不能知하고 行必過爲詭異而行人之所不能行하니 蓋欲以其術로 欺世盜名也라

人情은 厭常喜新이라 故로 後世에 或有稱述之者焉하니 此失之太過 而爲所不當爲者也니 吾寧無述於後世이언정 而弗爲索隱行怪之事矣로라

子思께서 夫子의 말씀을 인용하여 위의 여러 章을 맺어 가라사대 "천

하의 이치는 알기도 쉽고 능하기도 쉽거늘, 이제 어떤 사람이 있어 지혜는 반드시 은벽隱僻함을 구하여 남이 능히 알지 못할 바를 알고, 행실은 반드시 궤이詭異함에 지나쳐 남이 능히 행하지 못할 바를 행하니, 대개 그 재주로써 세상 사람들을 속이고 명예를 훔치고자 한 것이다.
사람의 마음은 평범한 것을 싫어하고 새로운 것을 좋아한다. 그러므로 후세에 혹 그런 것을 칭찬하여 말하는 자가 있으니, 이는 너무 지나침에 빠져서 마땅히 하지 말아야 할 바를 한 것이니, 내 차라리 후세에 칭찬을 받는 일이 없을지언정 차라리 은벽隱僻함을 구하고 괴이怪異함을 행하는 일을 하지 않겠노라!"

주해

- 欺世盜名: 세상 사람들을 속이고 명예를 훔치다. 欺(속일 기) 盜(훔칠 도) ≪荀子·不苟≫ 篇에 나온다. "夫富貴者則類傲之. 夫貧賤者則求柔之, 是非仁人之情也, 是姦人將以盜名於晻世者也, 險莫大焉." 傲(거만할 오) 姦(간사할 간) 晻(햇빛침침할 엄)
- 厭(싫을 염) 寧(차라리 녕) 弗(아니 불)

君子ㅣ遵道而行하다가 半塗而廢하나니 吾弗能已矣로라

君子가 道를 따라 행하다가 중도中途에 폐廢하나니, 나는 능히 그치지 못하노라.

遵道而行 則能擇乎善矣요 半塗而廢 則力之不足也니 此ㅣ其知雖足以及之 而行有不逮니 當强而不强者也라 已는 止也라 聖人於此에 非勉焉而不敢廢라 蓋至誠無息하니 自有所不能止也시니라

'道를 따라 행함'은 곧 능히 善을 택한 것이요, '중도中途에 폐廢함'은 곧 힘이 不足한 것이니, 이는 그 지혜가 비록 족히 미칠지라도 행함이 미치지 못함이 있으니, 마땅히 굳세야 하거늘 굳세지 못한 것이다. '이已'는 그침이다. 聖人이 이에 힘써 감히 폐하지 않은 것이 아니라, 대개 지극한 정성이 그침이 없으니 스스로 능히 그치지 못하는 바가 있으시니라.

주해

- 君子遵道: 君子가 道를 따르다. '君子'는 일반적으로 학문하는 자이나, 색은행괴索隱行怪하는 사람보다는 나은 자를 말한다. '준遵'은 '순循'과 같다. '道'는 중용中庸의 道이다. 遵(좇을 준) 循(좇을 순)
  雲峯胡氏가 말했다. "此君子, 亦是泛說. 下文君子依乎中庸, 方是說成德."(大全註疏) 泛(뜰 범)
- 塗(길 도) 廢(폐할 폐) 逮(미칠 체)

【備旨】

中庸之道는 恒久而不息也로되 若勉然之君子ㅣ能擇乎中庸之道 而遵行之라가 但其力有不足이면 行至半途而廢焉하나니 此ㅣ又失之不及 하여 而已所不當已者也니 吾則行必有終 而弗能已於半塗矣로라

중용中庸의 道는 항구恒久토록 쉬지 않되, 만약 학문에 힘쓰는 君子가 능히 중용中庸의 道를 택하여 따라 행하다가, 다만 그 힘에 부족함이 있으면 중도中途까지 행하다 폐하게 되니, 이는 또 미치지 못함에 빠져서 마땅히 그치지 말아야 할 바에 그친 것이니, 나는 곧 행함에 반드시 마침이 있게 하여 능히 중도中途에서 그치지 않겠노라!

주해

● 恒(변치않을 항) 勉(힘쓸 면)

君子는 依乎中庸하여 遯世不見知而不悔하나니 唯聖者야 能之니라

君子는 중용中庸에 의지하여 세상에 숨어 살며, 남이 알아주지 않아도 후회하지 아니하나니, 오직 성자聖者라야 이에 能하니라.

不爲索隱行怪하니 則依乎中庸而已요 不能半塗而廢하니 是以로 遯世不見知而不悔也라 此中庸之成德이 知之盡仁之至에 不賴勇而裕如者는 正吾夫子之事 而猶不自居也라 故로 曰唯聖者야 能之而已라하시니라

'색은행괴索隱行怪'를 하지 아니하니 곧 中庸에 의지할 따름이요, 능히 중도中途에 폐廢하지 아니하니, 이로써 세상에 숨어 살며 남이 알아주지 않아도 후회하지 않는다.

이는 중용中庸의 성덕成德이 지혜가 다하고 仁이 지극함에, 용맹에 자뢰資賴하지 않고도 넉넉한 자는 바로 우리 夫子의 일이로되, 오히려 스스로 자처하지 않으셨다. 그러므로 "오직 성자聖者라야 능히 할 따름이다."라고 말씀하신 것이다.

주해

- 君子: 여기에서 君子는 '成德之人'을 말한다.
- 遯世: 세상에 숨어 살다. 곧 '둔세은거遁世隱居'의 뜻이다. 또는 '둔세遁世'를 '종신終身'의 뜻으로 보는 경우도 있다. 遯(달아날 둔)
  "遁世卽終身意, 不是遁於世. 不見知, 不是無人擧用, 只是不甚彰顯意."(四書備旨補註) 甚(심할 심) 彰(밝을 창) 顯(나타날 현)
- 不見知而不悔: 남이 알아주지 않아도 후회하지 않다. 悔(뉘우칠 회)
  程子가 말했다. "索隱行怪, 是過者也. 半塗而廢, 是不及者也. 不見知不悔, 是中者也."(大全註疏) 索(찾을 색) 塗(길 도)
  陳氏가 말했다. "不見知而或悔, 則將半塗而廢矣."(大全註疏)
- 裕如: 넉넉한 모양. 裕(넉넉할 유)
  新安陳氏가 말했다. "依乎中庸, 知仁兼盡. 不見知而不悔, 不待勇而自裕如也."(大全註疏)

【備旨】

夫太過不及은 皆非中庸也니 至若體道不息之君子하여는 不爲素隱行怪하니 其所知所行이 一依乎中庸之理하고 又不能半塗而廢하니 雖遯世不見知於人이나 而其依乎中庸者ㅣ自如하여 初無悔於心焉이라 此蓋無過不及하여 純乎天而盡乎人이니 君子也與哉인저 唯德造其極之聖者야 能之耳요 吾ㅣ亦弗爲弗已而勉以幾之焉矣로라

然則夫子丨所謂民鮮能 不可能者를 必歸諸是人也니 此中庸之極則也라

"무릇 너무 지나치거나 미치지 못함은 모두 중용中庸이 아니니, 道를 체득하고 쉬지 않는 君子와 같은 경우는 색은행괴索隱行怪를 하지 않으니, 그 아는 바와 행하는 바가 한결같이 중용中庸의 이치에 의지하고, 또한 능히 중도中途에 폐廢하지 아니하니, 비록 세상에 숨어 살며 남이 알아주지 않더라도, 그 중용中庸에 의지함이 자연스럽고 편안하여 애초부터 마음에 후회가 없다.
이는 대개 지나치거나 미치지 못함이 없이 天理에 순수하고 人道를 다한 것이니, 君子로다! 오직 德이 그 지극함에 나아간 성자聖者라야 능히 할 수 있을 뿐이요, 나 또한 색은행괴索隱行怪를 행하지 않고 중용中庸의 道를 폐廢하지 아니하며 힘써 거기에 가깝게 하겠노라!"
그러한 즉 夫子께서 이른바 '백성 가운데 능한 이가 드물다'는 것과 '중용中庸은 가히 능하지 못한다'는 것을 반드시 이런 사람에게 돌리실 것이니, 이는 중용中庸의 지극한 법칙이다.

주해

- 自如: 마음이 안정되고 자연스러운 모습. '자약自若'과 같다.
  ≪史記 · 張丞相列傳≫에 나온다. "通(鄧通)至丞相府, 免冠, 徒跣, 頓首謝. 嘉(申屠嘉)坐自如, 故不爲禮." 丞(도울 승) 跣(맨발 선) 頓(조아릴 돈) 屠(잡을 도) 嘉(아름다울 가)
- 幾: 가깝다, 근사近似하다. '기급幾及', '서기庶幾'와 같다. 幾(가까울 기) 庶(거의 서)
  ≪史記 · 留侯世家≫에 나온다. "漢王輟食吐哺, 罵曰 豎儒! 幾敗而公事!" 輟(그칠 철) 吐(토할 토) 哺(먹일 포) 罵(욕할 매) 豎(더벅머리 수)

右는 第十一章이라

右는 第11章이다.

子思ㅣ所引夫子之言하여 以明首章之義者ㅣ止此하니 蓋此篇大旨ㅣ以知仁勇三達德으로 爲入道之門이라 故로 於篇首에 卽以大舜顔淵子路之事로 明之하시니 舜은 知也요 顔淵은 仁也요 子路는 勇也라 三者에 廢其一이면 則無以造道而成德矣니라
餘見(현)第二十章하니라

자사子思께서 夫子의 말씀을 인용하여 首章의 뜻을 밝힌 바가 여기에서 그쳤으니, 대개 이 篇의 대지大旨가 지智 · 인仁 · 용勇의 세 가지 달덕達德으로 入道의 門을 삼았다. 그러므로 篇의 머리에 곧 대순大舜 · 안연顔淵 · 자로子路의 일로써 밝히시니, 순舜은 지혜롭고 안연顔淵은 어질고 자로子路는 용맹하다. 세 가지에 그 하나라도 폐廢하면 곧 道에 나아가 德을 이룰 수 없느니라.
나머지는 제20장에 나타난다.

주해

- 大旨: 큰 뜻. '大意'와 같다. 旨(뜻 지)
- 三達德: 널리 통하며 변치 않는 세 가지의 道德. 곧 智 · 仁 · 勇을 말한다.
  鄭玄의 註에 "達者, 常行, 百王所不變也."라고 풀이했다.
- 造(나아갈 조)

第十二章 費隱

君子之道는 費而隱이니라

君子의 道는 비費하되 은隱하니라.

費는 用之廣也요 隱은 體之微也라

'비費'는 용用의 넓음이요, '은隱'은 체體의 현미玄微함이다.

주해

- 費: 끝없이 광대한 모양. 곧 '率性之道'를 말한다. 費(클 비)
  雲峯胡氏가 말했다. "費字, 當讀作費用之費, 芳味反. 說文, 散財用也."(大全註疏) 芳(향기 방)
- 隱: 현미玄微한 모양. 곧 '天命之性'을 말한다. 隱(은미할 은)
  朱子가 말했다. "道者, 兼體用該費隱而言也. 費, 是道之用. 隱, 是道之所以然而不見處."(大全註疏) 該(갖출 해)
  新安陳氏가 말했다. "斯道廣大之用, 昭著於可見, 而其體藏於用之中者, 則隱微而不可見."(大全註疏) 昭(밝을 소) 藏(감출 장)
  정현鄭玄의 註에 "言可隱之節也. 費猶佹也, 道不費則仕."(≪十三經註疏·中庸解≫)라고 했고, 공영달孔穎達의 疏에 "言君子之人, 遭值亂世, 道德違費, 則隱而不仕. 若道之不費, 則當仕也."(≪十三經註疏·中庸解≫)라고 풀이했다. 佹(속일 궤) 遭(만날 조) 値(만날 치)

【備旨】

子思ㅣ 自立言曰 道原於天 而盡於君子라 故로 爲君子之道요 是道也ㅣ 其當然之用은 則充周不窮하니 固若是其

費矣로되 而就其費之所以原於天命者면 則又隱焉이라

자사子思께서 스스로 말을 세워 가라사대 "道는 하늘에서 근원하여 君子에게서 다하므로 君子의 道가 된다. 이 道는 그 당연當然의 用이 곧 두루 채워져 다함이 없으니 진실로 이와 같이 광대하되, 그 광대함이 天命에서 근원한 바에 나아가면 곧 또한 현미玄微하니라."

주해

- 充周不窮: 두루 채워 다함이 없다. 充(찰 충) 周(두루 주)

夫婦之愚로도 可以與知焉이로되 及其至也하여는 雖聖人이라도 亦有所不知焉하며 夫婦之不肖로도 可以能行焉이로되 及其至也하여는 雖聖人이라도 亦有所不能焉하며 天地之大也에도 人猶有所憾이니 故로 君子ㅣ語大인댄 天下ㅣ莫能載焉이요 語小인댄 天下ㅣ莫能破焉이니라

夫婦의 어리석음으로도 가히 더불어 알 수 있되, 그 지극함에 미쳐서는 비록 聖人이라도 또한 알지 못하는 바가 있으며, 夫婦의 어질지 못함으로도 가히 능히 행할 수 있되, 그 지극함에 미쳐서

는 비록 聖人이라도 또한 능하지 못한 바가 있으며, 天地의 큼에도 사람이 오히려 유감遺憾한 바가 있으니, 그러므로 君子가 큼을 말할진댄 천하가 능히 싣지 못하고, 작음을 말할진댄 천하가 능히 깨뜨리지 못하니라.

君子之道는 近自夫婦居室之間으로 遠而至於聖人天地之所不能盡하여 其大無外하고 其小無內하니 可謂費矣라 然이나 其道之所以然은 則隱而莫之見也라
蓋可知可能者는 道中之一事요 及其至而聖人不知不能은 則擧全體而言이니 聖人이 固有所不能盡也라
侯氏曰 聖人所不知는 如孔子問禮問官之類요 所不能은 如孔子ㅣ不得位며 堯舜病博施之類라
愚謂 人所憾於天地는 如覆(부)載生成之偏과 及寒暑災祥之不得其正者라

君子의 道는 가깝게는 夫婦가 집에 거처하는 사이로부터, 멀게는 聖人과 天地가 능히 다할 수 없는 데까지 이르러, 그 큼은 바깥이 없고 그 작음은 안이 없으니 가히 비費하다고 말할 수 있다. 그러나 그 道가 그렇게 되는 바는 곧 은미隱微해서 볼 수가 없다.
대개 가히 알 수 있고 가히 능할 수 있는 것은 道 중의 한 일이요, 그 지극하여 聖人도 알지 못하고 능하지 못함에 미침은 곧 전체를 들어서 말한 것이니, 聖人이 진실로 능히 다하지 못한 바가 있는 것이다.
후씨侯氏 가로되 "聖人이 알지 못하는 바는 孔子께서 예禮를 묻고 관

제官制를 물은 것과 같은 것이요, 능하지 못한 바는 孔子께서 지위를 얻지 못했으며 요순堯舜이 박시博施를 병으로 여긴 것과 같은 것이다." 내 이르건대, 사람이 天地에 유감遺憾으로 여기는 바는 하늘이 덮어주고 땅이 실어주고 낳고 이루어주는 것이 치우침과 추위와 더위와 재앙과 상서로움이 그 바름을 얻지 못한 것과 같다.

주해

- 與知: 더불어 알다, 참여해서 알다.
  "與字作能字看. 與知就良知上說."(四書備旨補註)
- 憾: 유감, 원한. 憾(한할 감)
- 其道之所以然: '그 道가 그렇게 되는 바'. 경진庚辰 新刊의 內閣藏板에는 '其理之所以然'으로 되어 있으나, 다른 판본에는 '其道之所以然'으로 되어 있다.
- 其大無外, 其小無內: "그 큼은 바깥이 없고 그 작음은 안이 없다." 大와 小 모두가 '비費'에 속한다.
  勿軒熊氏가 말했다. "此章, 有大小費隱四字, 大處有費隱, 小處亦有費隱."(大全註疏)
  新安陳氏가 말했다. "全段, 皆是說費, 在不言之表而不可見者, 爲隱." (大全註疏)
- 可知可能: 가히 알 수 있고, 가히 능할 수 있다.
  陳氏가 말했다. "可知可能, 道中之一事, 是就日用間一事上論, 如事親事長之類."(大全註疏)
- 孔子問禮問官: "孔子가 예禮를 묻고 관제官制를 묻다."
  '문례問禮'에 대한 기록은 ≪史記 · 老子韓非列傳≫에 나온다. "孔子適周, 將問禮於老子, 旣反而弟子益進." 適(갈 적)
  또한 ≪大全註疏≫에 "家語觀周篇, 孔子謂南宮敬叔曰, 吾聞老聃, 博古知今, 則吾師也. 今將往矣. 敬叔與俱至周, 問禮於老聃."라고 했다. 聃(귓바퀴없을 담)

'문관問官'에 대한 기록은 ≪左傳·昭公十七年≫ 條에 나온다. "仲尼聞之, 見於郯子而學之. 旣而告人曰 吾聞之, 天子失官, 學在四夷, 猶信." 郯(나라이름 담)

● 堯舜病博施: "요堯와 순舜도 은혜를 널리 베풀어 많은 사람들을 구제하는 일을 병으로 여기셨다." '病'은 '부족하게 생각하다', '잘하지 못한다'의 뜻이다.'
≪論語·옹야雍也≫ 篇에 나온다. "子貢曰 如有博施於民而能濟衆, 何如, 可謂仁乎. 子曰: 何事於人. 必也聖乎. 堯舜其猶病諸."

● 覆載: 덮어주고 실어줌. 覆(덮을 부) 載(실을 재)
원래 ≪禮記·中庸≫에 나오지만, ≪莊子·天地≫ 篇에도 나온다. "夫道覆載萬物者也, 洋洋乎大哉." 霜(서리 상) 露(이슬 로) 隊(줄설 대)
朱子가 말했다. "道, 無所不在, 無窮無盡, 聖人亦做不盡. 天地亦做不盡. 此是此章緊要意思."(大全註疏) 做(지을 주)

【備旨】

何以見其費也오 彼夫婦中之愚者ㅣ於道에 宜若無所知矣나 然이나 良知는 不以其愚而遺之也니 卽日用居室之一端이면 可以與知焉어니와 及其道之全體而至也는 則雖生知之聖人이라도 宜無所不知而或時與地隔하고 耳目有限하여 亦有所不盡知焉이요

夫婦中之不肖者ㅣ於道에 宜若無所能矣나 然이나 良能은 不以不肖而遺之也니 卽日用居室之一端이면 可以能行焉이어니와 及其道之全體 而至也는 則雖安行之聖人이라도 宜無所不能而或數與勢阻하고 心力不逮하여 亦有所不盡能焉이라

豈惟聖人이리오 卽以天地如此其大也나 然이나 或覆載不相兼하고 運化不能齊하여 人猶有所憾이라 夫道無可憾而天地有可憾이니 是天地ㅣ亦未足以盡道矣라 故로 君子之道ㅣ語其大인댄 至聖人天地ㅣ所不能盡이나 而道無不包하여 天下ㅣ莫能有出其外而載之者焉이요 語其小인댄 至愚不肖夫婦ㅣ與知與能이나 而道無不體하여 天下ㅣ莫能有入其內而破之者焉이라

道之極於小大ㅣ如此하니 可謂費矣로되 而隱이 不卽在其中哉아

어찌 그 비費를 알리오? 저 夫婦 중에 어리석은 자는 道에 대해 마땅히 아는 바가 없을 듯 하나, 그러나 양지良知는 그 어리석다고 잃지 않으니, 날마다 사용하는 거실居室의 일단一端에 나아가면 가히 더불어 알 수 있거니와, 그 道의 全體에 미쳐서 지극한 것은 곧 비록 생지生知의 聖人일지라도 마땅히 알지 못하는 바가 없어야 하나, 혹 때와 장소가 떨어지고 耳目이 한계가 있어 또한 다 알지 못하는 바가 있고, 夫婦 중에 어질지 못한 자는 道에 대해 마땅히 능한 바가 없을 듯하나, 그러나 양능良能은 그 어질지 못하다고 해서 잃지 않으니, 날마다 사용하는 거실居室의 일단一端에 나아가면 가히 능히 행할 수 있거니와, 그 道의 全體에 미쳐서 지극한 것은 곧 비록 안행安行의 聖人일지라도 마땅히 능하지 못한 바가 없어야 하나, 혹 운수와 형세가 막히고 心力이 미치지 못하여 또한 다 능하지 못한 바가 있다.

어찌 오직 聖人뿐이리오? 곧 天地가 이와 같이 크나 그러나 혹 덮어주고 실어주는 것을 서로 겸하지 못하고, 운행運行과 변화變化가 능히

가지런하지 못하여, 사람들이 오히려 유감遺憾한 바가 있다.

무릇 道는 유감遺憾이 없으나 天地에는 가히 유감遺憾이 있으니, 이는 天地 또한 족히 道를 다하지 못한 것이다. 그러므로 君子의 道가 그 큰 것을 말하자면 聖人과 天地가 능히 다하지 못하나 道는 포용하지 못함이 없어, 天下가 능히 그 밖으로 나와 실을 수 있는 것이 없으며, 그 작은 것을 말하자면 어리석고 불초不肖한 夫婦가 더불어 알고 더불어 참여하나, 道는 체현體現하지 않음이 없어, 天下가 능히 그 안에 들어와 쪼갤 수 있는 것이 없다.

道가 작고 큰 것에 지극함이 이와 같으니, 가히 비費하다고 이를 수 있되 은미隱微함이 곧 그 가운데 있지 않으리오?

주해

- 運化: 운행運行과 변화變化.
  ≪易 · 復≫ 卦에 나온다. "復, 其見天地之心乎" 이에 대해 왕필王弼의 註에 "然則天地雖大, 富有萬物, 雷動風行, 運化萬變, 寂然至無, 是其本矣."라고 했다. 雷(우뢰 뢰) 寂(고요할 적)
- 遺(버릴 유) 阻(막힐 조) 逮(미칠 체) 載(실을 재)

詩云 鳶飛戾天이어늘 魚躍于淵이라 하니 言其上下察也니라

≪詩經≫에 이르되 "솔개가 날아 하늘에 이르거늘, 물고기가 연못에서 뛰논다." 고 하였으니, 그것(道)이 위 아래에 밝게 드러남을 말한 것이다.

詩는 大雅旱麓之篇이라 鳶은 鴟類요 戾는 至也라 察은 著也라

子思ㅣ引此詩하사 以明化育流行 上下昭著ㅣ莫非此理之用이니 所謂費也라 然이나 其所以然者는 則非見聞所及이니 所謂隱也라

故로 程子曰 此一節은 子思喫緊爲人處니 活潑潑地라하시니 讀者其致思焉이라

詩는 ≪대아大雅 · 한록旱麓≫의 篇이다. '연鳶'은 솔개의 종류요. '려戾'는 이르는 것이다. '찰察'은 나타남이다.

子思께서 이 詩를 인용하여 천지가 만물을 화육化育함이 위 아래에 밝게 드러난 것이 이 이치의 用이 아님이 없음을 밝히시니, 이른바 '비費'이다. 그러나 그것이 그렇게 되는 바는, 곧 보고 들어서 미치는 바가 아니니 이른바 '은隱'이다.

그러므로 程子께서 가로되 "이 일절一節은 子思께서 긴요緊要한 것을 씹어 사람을 위한 곳이니 生氣가 충만한 자리이다." 라고 하셨으니, 읽는 자가 그 생각을 다해야 할 것이다.

주해

● 其上下察: "道가 위 아래에 밝게 드러나다." '其'는 道를 말한다. 察(드러날 찰)

新安陳氏가 말했다. "鳶飛魚躍, 天機自動. 鳶飛天, 見此理之著於上. 魚躍淵, 見此理之著於下. 詩人借二句, 興體也, 本以興君子之作成人才也. 子思引之, 借以言此理之昭著, 非興也, 亦非比喻也. 理無形體, 於有形體之物上, 見得無形體之理偶, 引詩以鳶魚二物, 指言之耳, 捨

鳶魚而言, 固不可, 泥鳶魚而言, 亦不可."(大全註疏) 偶(짝 우) 捨(버릴 사) 泥(빠질 니)

● 昭著: 밝게 드러남. 昭(밝을 소) 著(나타날 저)
雙峯饒氏가 말했다. "察, 是自然昭著, 便是誠之不可掩."(大全註疏) 掩(가릴 엄)

● 此理之用: 이 이치의 작용. '此'는 '화육化育'과 '유행流行'을 말하고, '理'는 '조리條理' 또는 '조목條目'을 말한다.

● 喫緊: '긴요緊要한 것을 씹다'. 곧 '요긴要緊하고 중요하다'는 뜻이다. '요긴要緊' 또는 '흘긴吃緊'과 같다. 喫(먹을 끽) 緊(긴요할 긴) 吃(먹을 흘)
宋나라 유극장劉克莊의 ≪賀新郎≫ 詞에 나온다. "生不逢場閒則劇, 年似龔生猶夭. 喫緊處, 無人曾道." 龔(바칠 공)
明나라 심덕부沉德符의 ≪野獲編補遺·曆法·算學≫에도 나온다. "算學亦書數中要事, 而於勾稽錢穀, 尤爲吃緊." 勾(갈고리 구) 稽(머무를 계) 穀(곡식 곡) 尤(더욱 우)
朱子가 말했다. "喫緊爲人處, 是要人就此瞥地, 便見箇天理全體. 活, 只是不滞於一隅."(大全註疏) 瞥(언뜻볼 별) 滞(빠질 체) 隅(모퉁이 우)

● 活潑潑: 生氣가 충만하다, 생동감이 있고 자연스럽다. 潑(발랄할 발)
宋나라 갈천민葛天民의 ≪기양성재寄楊誠齋≫ 詩에 나온다. "參禪學詩無兩法, 死蛇解弄活潑潑." 禪(고요할 선) 蛇(뱀 사)
宋나라 사채백謝采伯의 ≪밀재필기密齋筆記≫ 3卷에도 나온다. "結尾活潑潑地, 把捉不得, 爲不可及." 把(잡을 파) 捉(잡을 착)
雲峯胡氏가 말했다. "道體, 每於動處見, 本自活潑潑地. 聖賢教人, 每欲人於動處用功, 亦是活潑潑地."(大全註疏)

● 鳶(솔개 연) 戾(이를 려) 躍(뛸 약) 旱(가물 한) 麓(산기슭 록) 鴟(솔개 치)

【備旨】

道ㅣ固無不在矣니 其流行活潑之機는 則何如오
大雅旱麓之詩에 有云 鳶飛則戾於天이어늘 魚躍則在於

淵이라하니 詩非徒爲鳶魚咏也라 蓋言天地間에 何物이 非道리오 鳶이 率飛之性而戾天은 是其道之上察也니 而凡親乎上者를 可知矣요 魚ㅣ 率躍之性而于淵은 是其道之下察也니 而凡親乎下者를 可知矣라

道誠大莫載하고 小莫破也니 不亦費而隱乎아

道가 진실로 있지 아니함이 없으니, 그 流行하는 生氣가 발랄潑剌한 기미機微는 곧 어떠한가?

≪大雅 · 한록旱麓≫의 詩에 두어 이르되 "솔개가 날아서 곧 하늘에 이르거늘, 물고기가 뛰노니 곧 연못에 있도다." 라고 했으니, 詩는 한갓 솔개와 물고기를 위해 읊은 것이 아니다.

대개 天地 사이에 어떤 사물이 道가 아니라고 말하리오? 솔개가 나는 성품을 따라서 하늘에 이른 것은, 이는 그 道가 위에서 나타난 것이니 무릇 위에서 친한 것들을 가히 알 수 있으며, 물고기가 뛰어오르는 성품을 따라서 연못에서 헤엄쳐 다니는 것은, 이는 그 道가 아래에서 나타난 것이니 무릇 아래에서 친한 것들을 가히 알 수 있다.

道가 진실로 커서 싣지를 못하고, 작아서 쪼갤 수가 없으니, 또한 비費하되 은미隱微하지 아니한가?

주해

- 非徒: '한갓(다만) ~만이 아니다.' 徒(한갓 도)
- 于淵: 연못속에 헤엄쳐 다니다. '于'는 '가다'이다. 于(갈 우) 淵(못 연) ≪詩 · 周南 · 도요桃夭≫ 篇에 나온다. "之子於歸, 宜其室家." 이에 대해 ≪毛傳≫에 "於, 往也."라고 했다. 之(이 지)

君子之道는 造端乎夫婦니 及其至也하여는 察乎天地니라

君子의 道는 실마리가 夫婦에게서 지어지니, 그 지극함에 미쳐서는 天地에 나타나느니라.

結上文이라

上文을 맺은 것이다.

주해

● 造端: 실마리를 만들다. 곧 '시작하다'의 뜻이다. '탁시託始'와 같다. 造(지을 조) 端(실마리 단)
朱子가 말했다. "君臣父子人倫日用間, 無所不該, 特擧夫婦而言, 以見其尤切近處."(大全註疏) 該(갖출 해) 尤(더욱 우)

【備旨】

合而言之컨대 君子之道는 語其一節이면 則託始乎夫婦居室之間하여 而愚不肖ㅣ可以與知與能어니와 及其全體至極也하여는 則昭著乎天地之大하여 而天地聖人도 有所不能盡이라 道之費而隱이 如此하니 此道之所以不可須臾離也라 是以로 君子ㅣ貴存養省察하여 而無須臾之間焉이라

종합하여 말하건대, 君子의 道는 그 일절一節을 말하면 곧 夫婦가 거처하는 집안에서 시작하여, 어리석고 어질지 못한 자가 가히 더불어 알고 더불어 능할 수 있거니와, 그 全體의 지극함에 이르러서는 곧 天地의 광대함에 밝게 드러나 天地와 聖人도 능히 다하지 못한 바가 있다.
道가 비費하되 은미隱微함이 이와 같으니, 이는 道가 가히 수유須臾라도 떠나지 않는 바이다. 이 때문에 君子가 존양存養과 성찰省察을 귀하게 여겨 수유須臾의 간단間斷도 없게 한 것이다.

주해

- 託始: 시작하다, 기원하다. '조단造端'과 같다. 託(맡길 탁)
  ≪전등여화剪燈餘話 · 만정우선록幔亭遇仙錄≫ 篇에 나온다. "然而托始立法, 拳拳 宗周." 剪(자를 전) 幔(휘장 만) 拳(주먹 권)
- 須臾: 아주 짧은 시간. '사수斯須'와 같다. 須(잠깐 수) 臾(잠깐 유)
- 存養: 存心과 養性.
  朱子의 ≪答何叔京≫에 나온다. "二先生拈出敬之一字, 眞聖學之綱領, 存養之要法." 拈(집을 념)
  宋나라 육유陸遊의 ≪存養堂爲汪叔潛作≫ 詩에도 나온다. "三旌五鼎俱妄想, 致一工夫在存養." 旌(기 정) 鼎(솥 정)

右는 第十二章이라

右는 第12章이다.

子思之言이니 蓋以申明首章道不可離之意也요 其下八章

은 雜引孔子之言以明之니라

子思의 말씀이니, 대개 첫 章의 "도는 가히 떠나지 못한다"는 뜻을 거듭 밝힌 것이다. 그 아래 8章은 孔子의 말씀을 섞어 인용하여 밝힌 것이다.

주해

- 雙峯饒氏가 말했다. "始言中和, 以見此道管攝於吾心. 次言中庸, 以見此道著見(현)於事物. 此言費隱, 以見此道充塞乎天地. 知道之管攝於吾心, 則存養省察之功, 不可以不盡, 故以戒懼謹獨言之. 知道之著見於事物, 則致知力行之功, 不可以不加, 故以知仁勇言之. 知道之充塞乎天地, 則致知力行之功, 不可以周, 故自違道不遠以極於達孝."(大全註疏)
  攝(당길 섭) 塞(막힐 색) 懼(두려워할 구) 違(어길 위)
- 雜(섞일 잡) 申(거듭 신)

第十三章 不遠

子曰 道不遠人하니 人之爲道而遠人이면 不可以爲道니라

孔子 가라사대 "道가 사람에게 멀지 않으니, 사람이 道를 행하되 사람에게 멀게 하면 가히 道라 할 수 없느니라."

道者는 率性而已니 固衆人之所能知能行者也라 故로 常不遠於人하나니 若爲道者ㅣ厭其卑近하여 以爲不足爲하고 而反務爲高遠難行之事면 則非所以爲道矣라

'도道'란 것은 솔성率性일 뿐이니, 진실로 모든 사람들이 능히 알고 능히 행하는 바이다. 그러므로 항상 사람에게 멀지 아니하나니, 만약 道를 행하는 자가 그 비근卑近함을 싫어하여 족히 道를 행할 수 없다고 여기고, 도리어 높고 멀어서 행하기 어려운 일에만 힘쓰면 곧 道를 행하는 바가 아니다.

주해

- 道不遠人: 道가 사람에게 멀지 않다. '人'은 '일반사람'을 말한다. "道以率性言. 人指衆人. 不遠是不遠於人之身."(大全註疏) 率(거느릴 솔) 朱子가 말했다. "此三句, 是一章之綱. 下面三節, 只是解此三句. 然緊要處, 又在道不遠人一句. 人之爲道之爲, 如爲仁由己之爲. 不可以爲道, 如克己復禮爲仁之爲."(大全註疏)
- 人之爲道而遠人: "사람이 道를 행하되 사람에게 멀게 하다." '人' 은 '어질고 지혜로운 사람'을 말한다. '爲'는 '행하다'이며, 지행知行을 겸한 말이다. '원인遠人'은 '색은행괴索隱行怪'를 말한다.

"此人字是賢智之人. 爲字兼知行. 遠人則索隱行怪."(大全註疏)
雙峯饒氏가 말했다. "道不遠人, 以道言也. 人之爲道而遠人, 不可以爲道, 以學道者言也. 遠人之人, 是指衆人. 人之爲道之人, 是指爲道之人."(大全註疏)

- 卑近: 낮고 가까움. 곧 '천근淺近'과 같다. 卑(낮을 비)
  宋나라 증공曾鞏의 ≪筠州學記≫에 나온다. "言道德者, 矜高遠而遺世用. 語政理者, 務卑近而非師古." 矜(자랑할 긍)
- 高遠: 고상高尙하고 원대遠大함.
  ≪三國志 · 위지魏志 · 이원전邴原傳≫에 나온다. "(邴原)秉德純懿, 志行忠方" 이에 대해 배송지裴松之가 晉나라 두독杜篤의 ≪이원별전邴原別傳≫의 註에서 "原亦自以高遠淸白, 頤志澹泊, 口無擇言, 身無擇行, 故英偉之士向焉."이라고 했다. 邴(기뻐할 이) 懿(아름다울 의) 頤(기를 이) 澹(담박할 담)

【備旨】

子思ㅣ引夫子之言하사 以明費之小也라
夫子ㅣ有曰 道ㅣ昭著於人倫日用之間하여 初無難知難行之事하니 何嘗遠人이리오 若人之爲道者ㅣ厭其卑近而求諸高遠이면 則知行이 皆失於過리니 豈所謂道哉리오

子思께서 夫子의 말씀을 인용하여 비費의 작음을 밝히신 것이다.
夫子께서 두어 가라사대 "道가 人倫의 날로 쓰는 사이에서 밝게 나타나서 애초에 알기 어렵고 행하기 어려운 일이 없으니, 어찌 일찍이 사람에게 멀리오? 만약 사람 중에 道를 행하는 자가 그 비근卑近함을 싫어하여 고원高遠한데서 구한다면 곧 앎과 행함이 모두 지나침에 빠질 것이니, 어찌 이른바 道이리오?"

詩云 伐柯伐柯여 其則(칙)不遠이라하니 執柯以伐柯하되 睨而視之하고 猶以爲遠하나니 故로 君子는 以人治人하다가 改而止니라

≪詩經≫에 이르되 "도끼자루를 벰이여! 도끼자루를 벰이여! 그 법칙이 멀지 않도다." 라고 하니, 도끼자루를 잡고 도끼자루를 베되 눈을 비스듬히 보면서 오히려 멀다고 하나니, 그러므로 君子는 사람(道)으로 사람을 다스리다가 고치면 그치니라.

詩는 豳風伐柯之篇이라 柯는 斧柄이요 則은 法也라 睨는 邪視也라 言人執柯伐木하여 以爲柯者ㅣ彼柯長短之法이 在此柯耳나 然이나 猶有彼此之別이라 故로 伐者視之하고 猶以爲遠也어니와 若以人治人이면 則所以爲人之道ㅣ各在當人之身하여 初無彼此之別이라
故로 君子之治人也에 卽以其人之道로 還治其人之身이라가 其人能改면 卽止不治하나니 蓋責之以其所能知能行이요 非欲其遠人以爲道也니 張子所謂 以衆人望人則易從이 是也라

詩는 ≪빈풍豳風 · 벌가伐柯≫의 篇이다. '가柯'는 도끼자루요, '칙則'은 法이다. '예睨'는 음사淫邪하게 바라보는 것이다. 사람이 도끼자루를 잡고 나무를 베어 도끼자루를 만드는 자가 저 도끼자루의 길고 짧은 법이, 이 도끼자루에 있을 뿐이나, 그러나 오히려 저것과 이것의 구

별이 있다. 그러므로 (도끼자루를) 베는 자가 보고는 오히려 멀다고 하거니와, 만약 사람으로 사람을 다스리면 곧 사람이 되는 바의 道가 각각 그 사람의 몸에 있어 애초에 저것과 이것의 구별이 없다. 그러므로 君子가 사람을 다스리는데 곧 그 사람의 道로써 도로 그 사람의 몸을 다스리다가, 그 사람이 능히 고치면 곧 그쳐서 다스리지 아니하나니, 대개 그 능히 알고 능히 행하는 바로써 꾸짖는 것이요 그 사람에게 먼 것으로 道를 행하고자 한 것이 아니다.

張子(장횡거張橫渠)가 이른바 "모든 사람으로써 사람에게 바라면 곧 쉽게 따른다"는 것이 이것이다.

주해

- 伐柯: 도끼자루를 베다. '벌伐'은 '감벌砍伐'의 뜻이다. 伐(칠 벌) 柯(도끼자루 가) 砍(벨 감)
- 則: '나무를 베는 법'을 말한다. 則(법칙 칙)
- 以人治人: "사람(道)으로 사람을 다스리다." '以'는 '用'이다. 앞의 '人'字는 '道'를 말하고, 뒤의 '人'字는 '人身'을 말한다. '治'는 '지나친 자를 억제하고 미치지 못한 자를 이끌어준다'는 뜻이다.

  "以, 是用. 此人字, 指道言. 治, 兼抑其太過引其不及意. 此人字, 指人身言."(大全註疏) 抑(누를 억)

  蒙齋袁氏가 말했다. "不曰我治人, 而曰以人治人, 我亦人耳, 道不離吾身, 亦不離各人之身. 吾有此則, 人亦有此則, 以則取則, 天則自然, 非彼柯假此柯之比也."(大全註疏)
- 邪視: 눈을 비스듬히 하고 보다. 곧 '음사淫邪한 눈으로 바라본다'는 뜻이다. '사邪'는 '사斜'와 통한다. 邪(간사할 사) 斜(기울 사)

  ≪後漢書 · 列女傳 · 조세숙처曹世叔妻≫에 나온다. "耳無塗聽, 目無邪視." 塗(길 도)

  북제北齊 안지추顔之推의 ≪顔氏家訓 · 教子≫ 篇에도 나온다. "目不邪

視, 耳不妄聽." 妄(거짓 망)

- 當人: 그 사람. 當(대할 당)
- 張子: 北宋의 학자 장재張載(1020~1077)를 말함. 字는 자후子厚, 시호諡號는 明, 세상에서 횡거선생橫渠先生이라 부른다.
- 豳(나라이름 빈) 斧(도끼 부) 柄(자루 병) 睨(흘겨볼 예)

【備旨】

何以見 道之不遠人也오

以治人言之컨대 豳風伐柯之詩에 有云 人之伐柯也여 人之伐柯也여 其尺度長短之則(칙)이 取之當前하니 固不遠矣라 然이나 卽詩言思之댄 執已成之柯하여 以伐未成之柯하니 自伐柯者로 邪目而視之면 不免有彼此之別하여 猶以爲遠이어니와 若道則(칙)은 各在當人之身에 取之己而自足하니 與伐柯之則(칙)이 在彼不在此者로 不同矣라 故로 君子之立教以治人也에 卽以其人良知良能之道로 還治其人之身하여 而責其知且能焉이라가 其人이 能率吾教而改圖면 則君子ㅣ必止而不治하고 不復以難知難能責之矣니 是道ㅣ不遠於人身이요 而不欲遠人以爲道也니라

무엇으로써 道가 사람에게 멀지 않음을 알 수 있으리오?

사람을 다스리는 것으로 말하건대, ≪빈풍豳風・벌가伐柯≫의 詩에 두어 이르되 "사람이 도끼자루를 벰이여! 사람이 도끼자루를 벰이여! 그 척도尺度와 장단長短의 법칙이 그 앞에서 취해지니 진실로 멀지 않

도다."

그러나 詩의 말로 나아가 생각건대, 이미 만들어진 도끼자루를 잡고 아직 만들어지지 않은 도끼자루를 베니, 도끼자루를 베는 자로부터 눈을 비스듬히 하여 바라보면 피차彼此의 구별이 있음을 면하지 못하여 오히려 멀다고 하니, 도칙道則과 같은 경우는 각각 그 사람의 몸에 있어 그것을 자신에게서 취하여 스스로 만족하니, 도끼자루를 베는 법칙이 저기에 있고 여기에 있지 않는 것과는 같지 않다.

그러므로 君子가 가르침을 세워 사람을 다스리는데 곧 그 사람의 양지良知와 양능良能의 道로써 도로(돌이켜) 그 사람의 몸을 다스려서 그 앎과 能함을 꾸짖다가, 그 사람이 능히 내 가르침을 따라서 생각을 고치게 되면 곧 君子가 반드시 그치고 다스리지 아니하며, 다시 알기 어렵고 능하기 어려운 것으로 꾸짖지 않는다. 이는 道가 사람의 몸에 멀지 않은 것이요, 사람에게 멀리 하여 道를 행하고자 한 것이 아니다.

주해

- 改圖: 계획을 바꾸다, 마음을 고쳐먹다. 圖(꾀할 도)
  ≪左傳 · 哀公二年≫ 條에 나온다. "郢不足以辱社稷, 君其改圖." 郢(땅 이름 영) 稷(오곡신 직)
  ≪舊唐書 · 王重榮傳≫에도 나온다. "今軍府積實, 苦被徵求, 復來收兵, 是賊危我也, 倘不改圖, 危亡必矣." 倘(혹시 당)

忠恕ㅣ違道不遠하니 施諸己而不願을 亦勿施於人이니라

충忠과 서恕가 道에서 떨어짐이 멀지 않으니, 자기에게 베풀어 원하지 않는 것을 또한 남에게 베풀지 말지니라.

盡己之心爲忠이요 推己及人爲恕라 違는 去也니 如春秋傳에 齊師違穀七里之違니 言自此至彼 相去不遠이요 非背而去之之謂也라 道는 卽其不遠人者ㅣ是也라
施諸己而不願을 亦勿施於人은 忠恕之事也니 以己之心으로 度(탁)人之心이면 未嘗不同이니 則道之不遠於人者를 可見이라 故로 己之所不欲을 則勿以施之於人하나니 亦不遠人以爲道之事라 張子所謂以愛己之心으로 愛人則盡仁이 是也라

자기를 다하는 마음이 '충忠'이 되고, 자기를 미루어 남에게 미치는 것이 '서恕'가 된다. '위違'는 거리이니, 가령 ≪춘추전春秋傳≫에 "제齊나라 군대가 곡穀땅에서의 거리가 七里이다."라는 '위違'와 같으니, 이로부터 저기에 이르기까지 서로 거리가 멀지 않다는 말이요, 배반하여 제거했다는 말이 아니다. 道는 곧 그 사람에게서 멀지 않다는 것이 이것이다.
"자기에게 베풀어 원하지 않는 것을 또한 남에게 베풀지 말라"는 것은 충忠과 서恕의 일이니, 자기의 마음으로 남의 마음을 헤아리면 일

찍이 같지 아니함이 없으니, 곧 道가 사람에게서 멀지 않음을 가히 알 수 있다.
그러므로 자기가 하고자 하지 아니한 바를 곧 남에게 베풀지 말아야 하니, 또한 사람에게 멀지 않고 道를 행하는 일이다.
張子가 이른바 "자기를 사랑하는 마음으로 남을 사랑하면 곧 仁을 다한다."라고 한 것이 이것이다.

주해

- 忠恕: 충忠과 서恕. '충忠'은 남을 위해 자신의 마음을 다하는 것이고(盡心爲人), '서恕'는 자기를 미루어 남에게 미치는 것이다(推己及人). 恕(용서할 서)
  "忠以立其體, 恕以達其用."(大全註疏)
  ≪論語 · 里仁≫ 篇에 나온다. "夫子之道, 忠恕而已矣." 이에 대해 朱子의 ≪論語集註≫에 "盡己之謂忠, 推己之謂恕."라고 했다.
  ≪後漢書 · 章帝紀≫에도 나온다. "體之以忠恕, 文之以禮樂."
  北溪陳氏가 말했다. "忠是就心說, 是盡己之心, 無不眞實者. 恕是就待人接物處說, 只是推己心之眞實者, 以及人物而已."(大全註疏)
  雙峯饒氏가 말했다. "道是天理, 忠恕是人事. 天理不遠於人事. 故曰道不遠人. 人事盡則可以至天理. 故曰忠恕違道不遠, 其理甚明."(大全註疏)
  甚(심할 심)
- 違(거리 위) 穀(곡식 곡) 背(배반할 배) 度(헤아릴 탁)

【備旨】

以施人言之컨대 道本根於人心이로되 但人爲私意所間하여 惟知有己하고 不知有人이라 故로 施之於人者ㅣ多不得其當하여 而去道日遠이라 若本乎忠而行之以恕면 雖

曰 出於勉强하여 未能與道爲一이나 然이나 由此而行이면 心公理得하여 其去道也ㅣ不遠矣리라

忠恕之事ㅣ如何오 不過推己之心하여 以及人耳니 如人以無道施諸己는 此己所不願也니 則以己之心으로 度(탁)人之心하여 亦勿以施於人焉이라 可見忠恕之事ㅣ亦我之所能知能行이니 道ㅣ豈遠於人哉아

사람에게 베푸는 것으로써 말하건대, 道는 사람의 마음에 근본하되 다만 사람이 사사로운 뜻으로 간단間斷하는 바가 되어, 오직 자기만 있는 줄 알고 남이 있는 줄은 알지 못한다. 그러므로 남에게 베푸는 것이 대부분 그 마땅함을 얻지 못하여, 道와의 거리가 날로 멀어지게 된다.

만약 충忠에 근본하여 서恕로써 행한다면, 비록 "억지로 힘써 행하는 데서 나와 능히 道와 더불어 하나가 되지 못한다"고 말할지라도, 그러나 이로 말미암아 행하면 마음이 공변되고 이치가 얻어져서, 그 道와의 거리가 멀지 않을 것이다.

충忠과 서恕의 일은 어떠한가? 자기의 마음을 미루어 남에게 미치는 데 지나지 않을 뿐이니, 예를 들어 남이 무도無道함으로 자기에게 베푸는 것은 이는 내가 원하지 아니한 바이니, 곧 나의 마음으로 남의 마음을 헤아려서 또한 남에게 베풀지 말지니라. 충忠과 서恕의 일이 또한 내가 능히 알고 능히 행할 수 있는 것임을 가히 알 수 있으니, 道가 어찌 사람에서 멀다 하리오?

주해

- 勉强: 힘을 다해 행하다. '면강勉彊'과 같다. 勉(힘쓸 면) 彊(굳셀 강)

원래 ≪禮記 · 中庸≫에 나오지만, 漢나라 유향劉向의 ≪上災異封事≫에도 나온다. "君子獨處守正, 不撓衆枉, 勉彊以從王事, 則反見憎毒讒愬." 撓(어지러울 뇨) 枉(굽을 왕) 讒(참소할 참)

君子之道ㅣ四에 丘未能一焉이로니 所求乎子로 以事父를 未能也하며 所求乎臣으로 以事君을 未能也하며 所求乎弟로 以事兄을 未能也하며 所求乎朋友로 先施之를 未能也로니 庸德之行하며 庸言之謹하여 有所不足이어든 不敢不勉하며 有餘어든 不敢盡하여 言顧行하며 行顧言이니 君子ㅣ胡不慥慥爾리오

君子의 道가 네 가지에 모(구丘)는 하나도 능하지 못하노니, 자식에게 구하는 바로써 아버지 섬김을 능히 하지 못하며, 신하에게 구하는 바로써 人君 섬김을 능히 하지 못하며, 아우에게 구하는 바로써 兄 섬김을 능히 하지 못하며, 벗에게 구하는 바로써 먼저 베푸는 것을 능히 하지 못하노니, 상덕常德을 행하며 상언常言을 삼가서 不足한 바가 있거든 감히 힘쓰지 아니함이 없으며, 말이 남음이 있거든 감히 다하지 아니하여, 말이 행함을 돌아보며 행함은 말을 돌아보니, 君子가 어찌 독실하지 않으리오!

求는 猶責也라 道不遠人하니 凡己之所以責人者ㅣ皆道之所當然也라 故로 反之以自責而自修焉이라 庸은 平常也라 行者는 踐其實이요 謹者는 擇其可라

德不足而勉 則行益力이요 言有餘而訒 則謹益至니 謹之至則言顧行矣요 行之力則行顧言矣라 慥慥는 篤實貌니 言君子之言行 如此하니 豈不慥慥乎리오는 贊美之也라 凡此皆不遠人以爲道之事이니 張子所謂 以責人之心責己則盡道가 是也라

'구求'는 책責과 같다. 道가 사람에게 멀지 아니하니 무릇 자기가 남에게 꾸짖는 바가 모두 道의 當然한 바이다. 그러므로 그것을 돌이켜 스스로를 꾸짖어 스스로 닦는 것이다. '용庸'은 平常이다. '行'은 그 실제를 실천하는 것이요, '근謹'은 옳은 것을 가리는 것이다.

德이 넉넉하지 못하여 힘쓰면 곧 행함이 더욱 힘이 있고, 말이 남음이 있어 어눌하면 곧 삼감이 더욱 지극해지니, 삼감이 지극하면 곧 말이 행함을 돌아볼 것이요, 행함이 힘이 있으면 곧 행함이 말을 돌아볼 것이다. '조조慥慥'는 독실한 모양이니, "君子의 言行이 이와 같으니 어찌 조조慥慥하지 않으리오!"라고 말한 것은, 찬미한 것이다. 무릇 이는 모두 사람에게 멀리하지 않고 道를 행하는 일이니, 張子가 이른바 "남을 꾸짖는 마음으로 자기를 꾸짖으면 곧 道를 다한다."고 한 것이 이것이다.

주해

- 君子之道, 四: 君子의 道가 네 가지이다. 곧 '所求乎子', '所求乎臣', '所求乎弟', '所求乎朋友'를 말한다.

● 庸德之行: 용덕庸德'을 행하다. '용덕庸德'은 평상의 德. 곧 일반적인 도덕규범을 말한다. 여기서는 '子臣弟友의 道'를 의미한다. 庸(평상 용)

● 庸言之謹: 용언庸言'을 삼가다. '용언庸言'은 곧 평상의 말이다. ≪周易·乾≫ 卦에 나온다. "庸言之信, 庸行之謹." 謹(삼갈 근)

● 有所不足: 부족한 바가 있다. 곧 '행함이 미치지 못하다'는 말이다.

● 有餘: 말에 남음이 있다. 곧 '말이 많다'는 뜻이다.
三山陳氏가 말했다. "人之言, 常有餘. 行, 常不足. 言顧行則言之有餘者, 將自損. 行顧言則行之不足者, 將自勉."(大全註疏) 損(덜 손)

● 慥慥: 부지런하고 독실한 모양. 慥(독실할 조)
明나라 고반룡高攀龍의 ≪浦震宇先生七十序≫에 나온다. "先生熙熙怡怡, 與世委蛇. 慥慥肫肫, 與物皆春." 怡(기쁠 이) 肫(정성스러울 순)

● 顧(돌아볼 고) 胡(어찌 호) 訒(말더듬을 인)

【備旨】

且以責己言之컨대 丘ㅣ固學爲君子者也라 君子ㅣ盡倫之道有四에 丘尚未能一焉이로니 四者ㅣ維何如오

吾ㅣ所責乎子者孝나 然이나 反求我所以事父者인댄 未能盡孝也하며 吾ㅣ所責乎臣者忠이나 然이나 反求我所以事君者인댄 未能盡忠也하며 吾ㅣ所責乎弟者恭이나 然이나 反求我所以事兄者인댄 未能盡恭也하며 吾ㅣ所責乎朋友者信이나 然이나 反求我所以先施於友者인댄 未能盡信也니 君子之道를 吾所未能이 如此라

然이나 丘所未能者는 皆君子所已能也라 君子ㅣ以子臣弟友之道로 軆於身은 庸德也니 則行之而踐其實하고 以子臣弟友之道로 宣於口는 庸言也니 則謹之而擇其可라

行은 易至於不足이니 則不敢不勉以自力이요 謹은 猶恐其有餘니 則不敢不盡以自嚴이라 如是면 則所言이 皆必其所行而顧行하고 所行이 必逮其所言而顧言이니 君子ㅣ胡不德皆實踐하고 言皆篤論而慥慥矣乎리오 吾當以是爲則하여 而自勉矣리라 夫此子臣弟友之道는 我與人之所共知共能者니 道不遠人이 不益明哉아

또한 자기를 꾸짖는 것으로 말하건대, 모(丘)는 진실로 배워서 君子가 되려는 자이다. 君子가 인륜을 다하는 道에 네 가지가 있는데, 모(丘)는 아직 하나도 능하지 못하니, 네 가지는 무엇인가?
내가 자식에게 바라는 바가 孝이나, 그러나 내가 부모를 섬기는 바를 돌이켜 구하건대 능히 孝를 다하지 못하며, 내가 신하에게 바라는 바가 忠이나, 그러나 내가 人君을 섬기는 바를 돌이켜 구하건대 능히 忠을 다하지 못하며, 내가 아우에게 바라는 바가 공손함이나 그러나 내가 형을 섬기는 바를 돌이켜 구하건대 능히 공경을 다하지 못하며, 내가 붕우에게 바라는 바가 信이나 그러나 내가 벗에게 먼저 베푼 바를 돌이켜 구하건대 능히 信을 다하지 못했으니, 君子의 道를 내가 능하지 못함이 이와 같다.
그러나 내가 능하지 못한 바는 모두 君子가 이미 능한 바이다. 君子가 자식·신하·아우·벗의 道를 몸에 체행體行한 것은 용덕庸德이니, 곧 행하여 그 실제를 실천하고, 자식·신하·아우·벗의 道를 입으로 말한 것은 용언庸言이니, 곧 삼가서 그 옳은 것을 가린다.
행함은 넉넉하지 못하는데 이르기 쉬우니 감히 스스로의 用力를 힘쓰지 않을 수 없으며, 삼감은 오히려 그 남음이 있을까 두려우니 곧 감히 스스로 엄격히 하는 것을 다하지 않을 수 없다.

이와 같이 하면 곧 말한 바가 모두 반드시 그 행한 바를 기필期必하여 행함을 돌아보게 되고, 행한 바가 반드시 그 말한 바에 미쳐서 말을 돌아보게 되니, 君子가 어찌 德을 모두 실천하고 말을 모두 확실하게 논하는데 독실篤實하게 하지 않으리오?

내가 마땅히 이것으로 법칙을 삼아 스스로 힘쓰리라. 무릇 이 자식·신하·아우·벗의 道는 나와 남들이 함께 알고 함께 능할 수 있는 바이니, 道가 사람에게 멀지 않음이 더욱 분명하지 않으리오?

주해

- 反求: 돌이켜 구하다. '反'은 '반返'과 같다. 返(돌아올 반)
- 篤論: 확실하게 논하다. '확론確論'과 같다. 篤(도타울 독)
  ≪漢書·董仲舒傳贊≫에 나온다. "至向曾孫龔, 篤論君子也, 以歆之言爲然." 龔(공손할 공) 歆(받을 흠)
  梁나라 유협劉勰의 ≪文心雕龍·才略≫ 篇에도 나온다. "但俗情抑揚, 雷同一響, 遂令文帝 以位尊減才, 思王以勢窘益價, 未爲篤論也." 勰(뜻 맞을 협) 響(울릴 향) 窘(막힐 군)

右는 第十三章이라

右는 第13章이다.

道不遠人者는 夫婦所能이요 丘未能一者는 聖人所不能이니 皆費也로되 而其所以然者는 則至隱存焉하니 下章放此하니라

'道가 사람에게 멀지 않다'는 것은 夫婦가 능한 바요, '모(丘)가 하나도 능하지 못하다'는 것은 聖人도 능하지 못한 바이니, 모두 비費로되, 그것이 그렇게 된 바는 곧 지극한 은미隱微함이 있으니, 下章도 이와 비슷하다.

주해

- 放此: 이와 같다, 이와 비슷하다. '放'은 '방倣'과 같다. 倣(본뜰 방)
- 新安陳氏가 말했다. "丘未能一, 固聖人謙辭. 然實足以見聖人愈至而愈不自至之誠. 如朱子所謂必如舜之事父周公之事君, 方爲盡道. 語其極誠, 聖人所不敢自以爲能也."(大全註疏) 愈(더욱 유)

第十四章　素位

君子는 素其位而行이요 不願乎其外니라

君子는 그 자리에 있는 대로 행하며, 그 밖에 있는 것을 바라지 않느니라.

素는 猶見(현)在也라 言君子ㅣ但因見(현)在所居之位 而爲其所當爲요 無慕乎其外之心也라

'소素'는 현재見在와 같다. 君子가 다만 현재 거처居處한 자리로 인하여 그 마땅히 해야 할 바를 할 뿐이요, 그 밖의 것을 사모하는 마음이 없다는 말이다.

주해

- 君子, 素其位而行: 君子는 그 자리에 있는 대로 행한다. 곧 자신이 처한 위치와 지위에 따라 행한다는 말이다. '君子'는 中庸의 道를 체득體得한 자이다. '소素'는 '평소平素 또는 소래素來와 같이 행한다'는 뜻이다. 素(평소 소)

  "如今人言素來之意."(大全註疏)

  "君子體中庸者. 位在卽道在. 行只是盡位中之道."(四書備旨補註)
- 見(나타날 현) 慕(바랄 모)

【備旨】

子思ㅣ自立言以明費之小也曰 凡人所處之位不同에 莫不各有當盡之道라 君子ㅣ但因見(현)在所居之位而行이요

未嘗於位之外에 別有所願慕니 蓋本分內는 其道ㅣ不可不盡이요 而本分外는 皆非道之當然也라

子思께서 스스로 말을 세워 비費의 작음을 밝혀 가라사대 "무릇 사람이 처한 바의 지위가 같지 않아서 각각 마땅히 다해야 할 道가 있지 아니함이 없다. 君子는 다만 현재 처한 바의 지위에 따라서 행하며, 일찍이 지위 밖에 따로 원모願慕하는 바를 두지 않으니, 대개 본분本分 안에서는 그 道가 가히 다하지 않음이 없고, 본분本分 밖은 모두 道의 당연當然함이 아니니라."

주해

● 願慕: 원하고 바라다. 願(원할 원) 慕(바랄 모)

素富貴하얀 行乎富貴하며 素貧賤하얀 行乎貧賤하며 素夷狄하얀 行乎夷狄하며 素患難하얀 行乎患難이니 君子는 無入而不自得焉이니라

부귀富貴에 소素해서는 부귀富貴에 행하며, 빈천貧賤에 소素해서는 빈천貧賤에 행하며, 이적夷狄에 소素해서는 이적夷狄에 행하며, 환난患難에 素해서는 환난患難에 행하니, 君子는 들어가 스스로 얻지 아니함이 없느니라.

此는 言素其位而行也라

이는 그 자리에 소素하여 행하는 것을 말함이다.

주해

- 素富貴, 行乎富貴: 부귀富貴에 소素해서는 富貴에 행하다.
  "兼善天下, 是也."(四書備旨補註)
- 素貧賤, 行乎貧賤: 빈천貧賤에 소素해서는 貧賤에 행하다.
  "獨善其身, 是也."(四書備旨補註)
- 素夷狄, 行乎夷狄: 이적夷狄에 소素해서는 夷狄에 행하다. 夷(동족민족 이) 狄(북쪽민족 적)
  "言忠信行篤敬, 是也."(四書備旨補註) 篤(도타울 독) 敬(공경할 경)
- 素患難, 行乎患難: 환난患難에 素해서는 患難에 행하다.
  "內文明, 外柔順, 是也."(四書備旨補註)
- 北溪陳氏가 말했다. "素富貴行乎富貴, 如舜之被袗衣鼓琴, 若固有之, 是也. 素貧賤行乎貧賤, 如舜之飯糗茹草, 若將終身, 是也. 素夷狄, 行乎夷狄, 如孔子欲居九夷, 曰何陋之有, 是也. 素患難, 行乎患難, 如孔子曰 天未喪斯文, 匡人其如予何, 是也."(大全註疏) 糗(볶은쌀 구) 茹(먹을 여) 匡(바로잡을 광)

【備旨】

素位而行를 何以見之오

如見在富貴之位하얀 則行乎富貴所當行之道하며 見在貧賤之位하얀 則行乎貧賤所當行之道하며 見在夷狄之位하얀 則行乎夷狄所當行之道하며 見在患難之位하얀 則行乎患難所當行之道하여 道隨往而在하고 心隨往而樂하니

君子ㅣ蓋無入而不自得焉이라 所謂素位而行이 如此라

자리에 소素하여 行함을 어떻게 알리오?
예를 들어 현재 부귀富貴의 자리에 있으면 곧 부귀富貴가 마땅히 행해야 할 道를 행하며, 현재 빈천貧賤의 자리에 있으면 곧 빈천貧賤이 마땅히 행해야 할 道를 행하며, 현재 이적夷狄의 자리에 있으면 곧 이적夷狄이 마땅히 행해야 할 道를 행하며, 현재 환난患難의 자리에 있으면 곧 환난患難이 마땅히 행해야 할 道를 행하여, 道는 가는 곳을 따라서 있고 마음은 가는 곳을 따라서 즐거우니, 君子가 대개 들어가 스스로 얻지 아니함이 없다. 이른바 '자리에 소素하여 행한다'는 것이 이와 같으니라.

주해

- 見在: 현재. 또는 현재 ~에 있다. '現在', '現時'와 같다. 見(나타날 현)
  ≪史記 · 齊悼惠王世家≫에 나온다. "且代王又親高帝子, 於今見在, 且最爲長." 悼(슬퍼할 도)
  唐나라 이덕유李德裕의 ≪次柳氏舊聞≫에도 나온다. "明皇因於此地造寺, 而名荷澤焉. 寺今見在." 荷(연 하)

在上位하여 不陵下하며 在下位하여 不援上이요 正己而不求於人이면 則無怨이니 上不怨天하며 下不尤人이니라

윗자리에 있으면서 아랫사람을 능멸하지 아니하며, 아랫자리에 있

으면서 윗사람을 잡아당기지 아니하며,
몸을 바르게 하여 남에게 구하지 아니하면 곧 원망이 없으니, 위로 하늘을 원망하지 아니하며 아래로 사람을 허물하지 아니하니라.

此는 言不願乎其外也라

이는 그 밖에 있는 것을 원하지 않는다는 말이다.

주해

- 陵: 속이고 능멸하다. 곧 '기학欺虐'의 뜻이다. '능陵'은 '능凌'과 같다. 凌(범할 능) 欺(속일 기) 虐(모질 학)
- 援: 잡아당기다. 끌어당기다. 곧 '반원攀援'의 뜻이다. 援(당길 원) 攀(매달릴 반)

  陳氏가 말했다. "吾居上位則不陵忽乎下, 吾居下位則不攀援於上. 惟反自責於己, 初無求取於人之心, 自然無怨."(大全註疏)

【備旨】

不願乎外를 何以見之오
吾居上位면 則下爲其外니 而不作威以陵下하며 吾居下位면 則上爲其外니 而不附勢以援上이라 夫陵下하여 不得申己之勢면 必怨其下하고 援上하여 不得遂己之欲이면 必怨其上이어늘 今惟正其在上在下之己하여 而初無求乎人이니 則自然無怨하여 其中心泰然이라 上無責望於天之意하니 雖不得於天而不怨天하며 下無求取於人之

意하니 雖不合夫人而不尤人이라
所謂不願乎外ㅣ如此라

밖에 있는 것을 바라지 않는다는 것을 어떻게 알리오?
내가 윗자리에 처하면 곧 아래는 그 밖이 되니 위엄을 지어 아랫사람을 능멸하지 아니하며, 내가 아랫자리에 처하면 곧 위는 그 밖이 되니 권세에 붙어 윗사람을 잡아당기지 않는다.
무릇 아랫사람을 능멸하다가 자신의 권세를 펴지 못하면 반드시 그 아랫사람을 원망하게 되고, 윗사람을 잡아당기다가 자신의 욕망을 이루지 못하게 되면 반드시 그 윗사람을 원망하게 되거늘, 이제 오직 그 윗자리에 있거나 아랫자리에 있는 자신을 바르게 하여, 애초에 남에게 구하는 것이 없으니, 자연히 원망함이 없고 그 마음이 태연하게 된다.
위로 하늘을 책망責望하는 뜻이 없으니 비록 하늘을 얻지 못해도 하늘을 원망하지 아니하며, 아래로 사람에게 구취求取하는 뜻이 없으니 사람들과 부합되지 못해도 사람을 허물하지 아니하니라. 이른바 밖에 있는 것을 바라지 않음이 이와 같으니라.

주해

- 責望: 남을 탓하며 원망을 품다.
  ≪韓非子・外儲說左上≫에 나온다. "挾夫相爲則責望, 自爲則事行."
  儲(쌓을 저) 挾(낄 협)
- 求取: 구하여 취하다. '색요索要', '색취索取'와 같다. 索(찾을 색)
  晉나라 갈홍葛洪의 ≪抱樸子・漢過≫ 篇에 나온다. "求取不廉、好奪無足者, 謂之淹曠達節." 廉(청렴할 렴) 奪(빼앗을 탈) 淹(담글 엄) 曠(밝을 광)
- 附(붙을 부) 遂(이룰 수) 尤(허물 우)

故로 君子는 居易以俟命하고 小人은 行險以徼幸이니라

그러므로 君子는 평이平易한 데에 居하여 명命을 기다리고, 小人은 험한 길을 행하며 요행僥倖을 구하느니라.

易이 平地也라 居易는 素位而行也요 俟命은 不願乎外也라 徼는 求也라 幸는 謂所不當得而得者라

'이易'는 平地이다. '평이한 데 거居함'은 자리에 소素하여 행하는 것이요, '사명俟命'은 밖에 있는 것을 바라지 않음이다. '요徼'는 구함이다. '행幸'은 마땅히 얻지 말아야 할 바에 얻는 것을 말한다.

주해

- 俟命: 命을 기다리다. '命'은 운명運命을 말한다. 俟(기다릴 사)
  潛室陳氏가 말했다. "居易俟命, 學者事. 樂天知命, 聖人事."(大全註疏)
- 徼幸: 요행僥倖을 구하다. '幸'은 '행倖'과 통한다. 徼(구할 요) 倖(요행 행)
  朱子가 말했다. "言强生意智, 取所不當得."(大全註疏)

【備旨】

惟素其位而不願外라 故로 君子는 心中平易하여 所處而安하며 至於窮通得喪하여는 唯聽天之所命也라 若小人은 則騁私智하여 行乎傾險之塗하여 以徼求苟得之幸而已라

오직 그 자리에 素하여 밖에 있는 것을 바라지 않는다. 그러므로 君子는 심중이 평이平易하여 처한 바에 편안하며, 곤궁과 현달, 명리의 득실에 이르러서는 오직 하늘이 명한 바를 듣는다.
小人과 같은 경우는 곧 사사로운 지혜에 내맡겨 기울고 험한 길을 행하여 구차하게 얻는 요행僥倖을 구할 뿐이다.

주해

- 窮通: 궁하고 통하다. 곧 곤액困厄에 처하거나 현달顯達함을 말한다. ≪莊子 · 讓王≫ 篇에 나온다. "古之得道者, 窮亦樂, 通亦樂, 所樂非窮通也. 道德於此, 則窮通爲寒暑風雨之序矣."
- 得喪: 얻고 잃다. 곧 '명리名利의 득실得失'을 말한다. 喪(잃을 상)
 ≪莊子 · 田子方≫에 나온다. "而況得喪禍福之所介乎!"
 ≪韓詩外傳≫ 卷四에도 나온다. "天子不言多少, 諸侯不言利害, 大夫不言得喪, 士不言通財貨, 不賈於道." 賈(장사 고)
- 傾險: 마음 씀씀이가 사벽邪僻하고 험악險惡함. 傾(기울 경) 險(험할 험)
 ≪漢書 · 식부궁전息夫躬傳≫에 나온다. "夫議政者, 苦其諂諛傾險辯慧深刻也. 諂諛則主德毁, 傾險則下怨恨." 諂(아첨할 첨) 諛(아첨할 유) 毁(헐 훼)
- 騁(내키는대로할 빙) 途(길 도) 徼(구할 요)

子曰 射ㅣ有似乎君子하니 失諸正鵠이요 反求諸其身이니라

孔子 가라사대 "활쏘기에 君子와 같음이 있으니, 정正과 곡鵠을 맞추지 못하면 돌이켜 그 몸에서 구하느니라."

畫布曰正이요 棲皮曰鵠이니 皆侯之中이요 射之的也라
子思ㅣ引此孔子之言하여 以結上文之意하시니라

베에 표적을 그린 것을 '정正'이라 하고, 가죽을 붙여 놓은 것을 '곡鵠'이라 하니, 모두 과녁의 가운데요 활을 쏘는 표적이다.
子思께서 이 孔子의 말씀을 인용하여 上文의 뜻을 맺으셨다.

주해

- 失諸正鵠: 정正과 곡鵠을 맞추지 못하다. '실失'은 적중하지 못한 것이다. 正(과녁 정) 鵠(과녁 곡)
  "失是不中. 諸語助辭. 正與鵠, 皆鳥之黠捷者. 賓射張布侯而設正, 大射張皮侯而設鵠."(四書備旨補註) 黠(교활할 힐) 捷(이길 첩) 侯(과녁 후)
  "詩傳, 侯, 張布而射之者也. 正, 設的於侯中而射之者也. 大射則張皮侯而設鵠, 賓射則張布侯而設正."(大全註疏)
  雙峯饒氏가 말했다. "正, 乃是鴊字, 小而飛最疾, 最難射, 所以取爲的. 鵠, 取革置於中, 正則畫於布以爲的."(大全註疏) 鴊(매 정) 疾(빠를 질) 置(둘 치)
- 畫(그림 화) 棲(깃들 서)

【備旨】

孔子ㅣ有言曰 凡人之射ㅣ有似乎君子之道하니 何則고 射而失諸正與鵠이면 則反求於吾身이니 以爲內志未正하여 外體未直이요 而初無尤人之心也라하시니
觀於此言이면 而君子之素位而行이요 不願乎外ㅣ何以異哉아

孔子께서 두어 가라사대 "무릇 사람이 활을 쏘는데 君子의 道와 같음이 있으니 무엇인고? 활을 쏘아서 정正과 곡鵠을 맞추지 못하면 곧 돌이켜 내 몸에서 구하여, 마음속의 생각이 바르지 못해서 바깥 몸이 곧지 못한 것이라고 하고, 애초에 남을 탓하는 마음이 없느니라." 이 말씀을 살피건대, 君子가 자리에 소素하여 행하고 밖에 있는 것을 바라지 않음이 어찌 괴이怪異하다 하리오!

주해

● 內志: 마음속의 생각.
≪禮記 · 射義≫ 篇에 나온다. "內志正, 外體直, 然後持弓矢審固." 이에 대해 손희단孫希旦의 ≪禮記集解≫에 "志正則於心無所偏, 而持弓矢也審."이라 했다. 持(잡을 지) 弓(활 궁) 矢(화살 시) 審(살필 심)

右는 第十四章이라

右는 第14章이다.

子思之言也라 凡章首에 無子曰字者는 放此라

子思의 말씀이다. 무릇 章 머리에 '子曰'의 글자가 없는 것은 이와 같다.

주해

● 放: 같다. '방倣'과 같다. 倣(같을 방)

第十五章　行遠

君子之道는 辟如行遠必自邇하며 辟如登高必自卑니라

君子의 道는 비유컨대 먼 곳을 가려면 반드시 가까운 곳으로부터 하는 것과 같으며,
비유컨대 높은 곳을 오르려면 반드시 낮은 곳으로부터 하는 것과 같으니라.

辟는 譬同이라

'비辟'는 '비譬'와 같다.

주해

- 新安陳氏가 말했다. "承上章, 言道無不在而進道則有序, 以君子之道提起, 言凡君子之道, 皆當如此也."(大全註疏)
- 邇(가까울 이) 卑(낮을 비) 辟(비유할 비) 譬(비유할 비)

【備旨】

子思ㅣ自立言以明費之小也하사 曰君子之道ㅣ雖無所不在나 而其進爲則有序하니 盡性至命은 必本於人倫日用之常하고 精義入神은 必基於灑掃應對之末이라 辟如行遠者ㅣ不自遠始而必自邇하며 辟如登高者ㅣ不自高始而必自卑니 求道者ㅣ可不知所從事哉아

子思께서 스스로 말을 세워 비費의 작음을 밝혀 가라사대 "君子의 道가 비록 있지 않은 곳이 없으나, 그 나아가 행함에는 곧 차례가 있으니, 성품性稟을 다하여 天命에 이르는 것은 반드시 人倫과 日用의 日常에 근본하고, 義理를 정밀하게 연구하여 神妙한 경계에 들어가는 것은 반드시 쇄소灑掃와 응대應對의 말단末端에 기본을 둔다.
비유컨대 먼 곳을 가려는 자가 먼 곳에서 시작하지 않고 반드시 가까운 곳으로부터 하는 것과 같으며, 비유컨대 높은 곳을 오르려는 자가 높은 곳에서 시작하지 않고 반드시 낮은 곳으로부터 하는 것과 같으니, 道를 구하는 자가 가히 종사從事할 바를 알지 못하리오!"

주해

- 盡性至命: 지극한 정성으로 품부稟賦받은 성품을 다하여 천명天命에 이르다.
  ≪易・說≫ 卦에 나온다. "窮理盡性, 以至於命." 이에 대해 孔穎達의 疏에 "窮極萬物深妙之理, 究盡生靈所稟之性."이라 했다. 靈(신령 령)
- 精義入神: 의리義理를 정밀하게 연구하여 신묘神妙한 경계境界에 들어가다.
  ≪易・繫辭下≫에 나온다. "精義入神, 以致用也."
  宋나라 장재張載의 ≪正蒙・神化≫에도 나온다. "精義入神, 事豫吾內, 求利吾外也."
- 灑掃應對: 물 뿌리고 비로 쓸고, 손님에게 응대하는 일. 灑(물뿌릴 쇄) 掃(쓸 소)
  朱子의 ≪大學章句序≫에 나온다. "人生八歲, 則自王公以下, 至於庶人之子弟, 皆入小學, 而敎之以灑掃應對進退之節, 禮樂射御書數之文." 射(쏠 사) 御(다스릴 어)

詩曰 妻子好合이 如鼓瑟琴하며 兄弟旣翕하여 和樂且耽이로다 宜爾室家하며 樂爾妻帑라하여늘

≪詩經≫에 가로되 "처자妻子가 좋아하고 和合함이 비파와 거문고를 타는 것과 같으며, 兄弟가 이미 合하여 화락和樂하고 또 즐기도다! 네 실가室家를 마땅히 하며, 네 처와 자식을 즐겁게 하도다!" 라고 하였거늘,

詩는 小雅常棣之篇이라 鼓瑟琴은 和也라 翕은 亦合也요 耽은 亦樂也라 帑는 子孫也라

'詩'는 ≪소아小雅 · 상체常棣≫의 篇이다. '비파와 거문고를 탄다'는 것은 화합和合한다는 것이다. '흡翕'은 또한 合함이요, '탐耽'은 또한 즐거움이다. '노帑'는 子孫이다.

주해

- 帑: 처자. '노孥'와 통한다. 帑(처자 노) 孥(처자 노)
- 鼓(두드릴 고) 瑟(비파 슬) 琴(거문고 금) 翕(합할 흡) 耽(즐길 탐) 宜(마땅할 의) 棣(산앵두나무 체)

【備旨】

且擧倫常之中一事言之컨대 詩小雅棠棣之篇曰 妻子ㅣ情

好契合이 如鼓瑟琴하니 和之至也요 兄弟ㅣ友愛旣翕이 和樂且耽하니 樂之極也라 如是則有以宜爾之室家하여 而胥浹洽矣요 如是則有以樂爾之妻帑하여 而卜悠長矣라 하여늘 詩之所言이 如此라

또 윤상倫常 가운데 한 가지 일을 들어 말하건대, ≪詩經·小雅·당체棠棣≫ 篇에 가로되 "妻子가 좋아하는 바가 부합符合함이 비파와 거문고를 타는 것과 같으니 화합이 지극하며, 兄弟가 우애友愛하여 이미 合함이 和樂하고 또 즐기니 즐거움이 지극하도다! 이와 같으면 곧 네 집안을 마땅히 하여 서로 협흡浹洽하고, 이와 같으면 곧 네 처자를 즐겁게 하여 유구悠長함을 바랄 수 있도다!"라고 했으니, 詩에서 말한 바가 이와 같다.

주해

- 情好: 마음으로 좋아하는 바, 곧 '友情' 또는 '交誼'를 말함.
  ≪史記·禮書≫에 나온다. "口甘五味, 爲之庶羞酸鹹以致其美. 情好珍善, 爲之琢磨圭璧以通其意." 羞(바칠 수) 酸(실 산) 鹹(짤 함) 琢(쪼을 탁) 磨(갈 마) 圭(홀 규) 璧(둥근옥 벽)
- 浹洽: 두루 적시다. 곧 '화해和諧' 또는 '융흡融洽'과 같다. 浹(두루미칠 협) 洽(윤택하게할 흡)
  양梁나라 구지丘遲의 ≪爲王博士謝表≫에 나온다. "疎達謝於穀杜, 浹洽乖夫劉楊." 疎(성길 소) 乖(어그러질 괴)
- 悠長: 아득히 멀다. '만장漫長'과 같다. 悠(멀 유) 漫(넘쳐흐를 만)
  ≪漢書·敘傳上≫에 나온다. "道悠長而世短兮, 敻冥默而不周." 敻(멀 형) 冥(어두울 명) 默(잠잠할 묵)
- 棠(팥배나무 당) 契(맺을 계)

子曰 父母는 其順矣乎신뎌

孔子 가라사대 "부모는 그 순順하게 여기실 저!"

夫子ㅣ誦此詩而贊之曰 人能和於妻子하고 宜於兄弟如此면 則父母는 其安樂之矣라하야시늘 子思ㅣ引詩及此語하사 以明行遠自邇登高自卑之意니라

夫子께서 이 詩를 외우고 칭찬하여 가라사대 "사람이 능히 妻子에게 和合하고, 형제에게 마땅히 함이 이와 같으면 곧 父母는 그 편안하고 즐거워하리라!" 라고 하시니, 子思가 詩와 이 말씀을 인용하여 '먼 곳을 가려면 가까운 곳으로부터 하며, 높은 곳을 오르려면 낮은 곳으로부터 한다'는 뜻을 밝힌 것이다.

주해

- 順: 안락安樂하고 서창舒暢한 모양. 舒(펼 서) 暢(펼 창)
- 三山陳氏가 말했다. "行遠自邇, 登高自卑, 凡君子之道, 其推行之序, 皆然. 引詩以明之, 特擧一事而言耳."(大全註疏) 特(다만 특)

【備旨】

孔子ㅣ讀此詩而慨然曰 妻子不和하고 兄弟不宜는 皆貽父母之憂니 人能和妻子宜兄弟ㅣ如此면 則父母는 其安樂而無不順矣乎신뎌하시니

由詩及聖言으로 觀之컨대 必能和妻子宜兄弟而後에 父母順이니 是亦行遠自邇登高自卑之一事也라 然則學者之於道에 忽意卑邇而馳心高遠이면 其能至乎哉아

孔子께서 이 詩를 읽으시고 개연慨然히 가라사대 "妻子가 화합하지 못하고, 兄弟가 마땅하지 않음은 모두 父母에게 근심을 끼치게 되니, 사람이 능히 妻子에게 화합하고 형제에게 마땅히 함이 이와 같으면 곧 父母는 그 편안하고 즐거워하여 順하지 않음이 없겠도다!"라고 하시니,

詩와 聖人의 말씀으로 말미암아 살피건대, 반드시 능히 妻子에게 화합하고 형제에게 마땅히 한 이후에 부모가 順하게 되니, 이는 또한 '먼 곳을 가려면 가까운 곳으로부터 하며, 높은 곳을 오르려면 낮은 곳으로부터 한다'의 한 가지 일이다. 그러므로 곧 배우는 자가 道에 대해 비근卑近한 것에 뜻을 소홀히 하고, 높고 먼 곳으로 마음을 내달리면, 그가 능히 이를 수 있으리오?

주해

- 慨然: 슬퍼하는 모양. 탄식하는 모양. 慨(탄식할 개)
  ≪荀子 · 유좌宥坐≫ 篇에 나온다. "孔子慨然歎曰 嗚呼. 上失之, 下殺之, 其可乎." 宥(용서할 유) 嗚(탄식소리 오) 呼(부를 호)
- 貽(끼칠 이) 馳(달릴 치)

右는 第十五章이라

右는 第15章이다.

주해

● 雙峯饒氏가 말했다. "自道不遠人而下, 至此凡三章, 皆近裏就實, 學者所當用功."(大全註疏) 裏(속 리)

第十六章　鬼神

子曰 鬼神之爲德이 其盛矣乎인저

孔子 가라사대 "귀신鬼神의 덕德됨이 그 성盛하도다!"

程子曰 鬼神은 天地之功用 而造化之迹也니라
張子曰 鬼神者는 二氣之良能也니라
愚謂 以二氣言 則鬼者는 陰之靈也요 神者는 陽之靈也라 以一氣言 則至而伸者爲神이오 反而歸者爲鬼니 其實은 一物而已라 爲德은 猶言性情功效라

程子 가로되 "귀신鬼神은 천지의 공용功用이요 조화造化의 자취이다."
張子 가로되 "귀신鬼神이란 것은 二氣의 양능良能이다."
내 생각건대 二氣로써 말하면 곧 '귀鬼'라는 것은 음陰의 신령함이요, '신神'이란 것은 양陽의 신령함이다. 一氣로써 말하면 곧 이르러 펴지는 것이 '신神'이 되고, 돌이켜 돌아가는 것이 '귀鬼'가 되니, 그 실지는 한 가지 물건일 따름이다. '위덕爲德'은 성정性情과 공효功效라고 말함과 같다.

주해

- 鬼神: 천지간에 일종의 精氣가 모으고 흩어지며 변화하는 것. 곧 음양陰陽의 신령스러움이 굴신왕래屈伸往來를 하는 것을 말한다. 鬼(귀신 귀) 神(귀신 신) 屈(굽힐 굴) 伸(펼 신)
  "鬼神是陰陽之靈以屈伸往來言."(四書備旨補註) 靈(신령 령)
  ≪易 · 繫辭上≫에 나온다. "精氣爲物, 遊魂爲變, 是故知鬼神之情狀." 한강백韓康伯의 註에 "盡聚散之理, 則能知變化之道."라고 했고, 孔穎達

의 疏에 "物旣以聚而生, 以散而死, 皆是鬼神所爲, 但極聚散之理, 則知鬼神之情狀也."라고 풀이했다. 또한 漢나라 王充의 ≪論衡·論死≫에 "鬼神, 陰陽之名也. 陰氣逆物而歸, 故謂之鬼. 陽氣導物而生, 故謂之神."이라 했다. 聚(모일 취) 逆(거스를 역) 導(이끌 도)

張子가 말했다. "物之初生, 氣日至而滋息. 物生旣盈, 氣日反而遊散. 至之謂神, 以其伸也. 反之謂鬼, 以其歸也. 天地不窮, 寒暑耳. 衆動不窮, 屈伸耳. 鬼神之實, 不越乎二端而已矣."(大全註疏) 滋(불을 자) 盈(찰 영) 窮(다할 궁) 越(넘을 월)

- 盛矣乎: 성盛하도다! '성盛'은 두루 채워져 사이가 없다는 말이다. '의호矣乎'는 찬탄하는 말이다. 矣(어조사 의) 乎(어조사 호)

"盛是充周無間意. 矣乎二字是贊辭."(四書備旨補註) 充(채울 충) 周(두루 주)

- 天地之功用: 하늘과 땅의 작용. '功用'은 '공효功效' 또는 '효용效用'과 같다.

朱子가 말했다. "功用, 只是論發見者, 如寒來暑往, 日往月來, 春生夏長, 皆是."(大全註疏) 寒(찰 한) 暑(더위 서)

- 造化之迹: 조화의 자취. '조화造化'는 '창조화육創造化育'의 뜻이다. 迹(자취 적)

≪漢書·董仲舒傳≫에 나온다. "今子大夫明於陰陽所以造化, 習於先聖之道業, 然而文采未極, 豈惑虖當世之務哉?" 豈(어찌 기) 惑(의혹될 혹) 虖(탄식할 호)

北溪陳氏가 말했다. "造化之迹, 以陰陽流行著見於天地間者言之."(大全註疏) 見(나타날 현)

- 二氣: 음陰과 양陽을 말함.

朱子가 말했다. "二氣, 謂陰陽對待, 各有所屬. 如氣之呼吸者爲魂, 魂則神也而屬乎陽, 耳目口鼻之類爲魄, 魄卽鬼也而屬乎陰."(大全註疏) 魂(넋 혼) 魄(넋 백)

新安陳氏가 말했다. "二氣, 以陰陽之對待者言. 一氣, 以陰陽之流行者言."(大全註疏)

- 良能: 사람이 배우지 않아도 저절로 알게 되는 것을 말한다.

≪孟子·盡心上≫에 나온다. "人之所不學而能者, 其良能也. 所不慮而知者, 其良知也. 孩提之童, 無不知愛其親者, 及其長也, 無不知敬其兄也. 親親, 仁也. 敬長, 義也. 無他, 達之天下也."

朱子가 말했다. "良能, 是說往來屈伸, 乃理之自然, 非有安排措置. 二氣則陰陽, 良能, 是其靈處."(大全註疏) 排(밀칠 배) 措(둘 조) 置(둘 치)

雙峯饒氏가 말했다. "造化之迹, 指其屈伸者而言. 二氣良能, 指其能屈能伸者而言. 程子只說他屈伸之迹, 不說他靈處, 張子說得精."(大全註疏)

- 性情: 사람의 품성稟性과 기질. 여기서는 '二氣의 양능良能'을 말한다. ≪易·乾≫ 卦에 나온다. "利貞者, 性情也." 이에 대해 공영달孔穎達의 疏에 "性者, 天生之質, 正而不邪. 情者, 性之欲也."라고 했다.

  ≪莊子·繕性≫에도 나온다. "然後民始惑亂, 無以反其性情而復其初." 邪(간사할 사) 繕(다스릴 선)

  朱子가 말했다. "性情, 乃鬼神之情狀, 能使天下之人, 齊明盛服, 以承祭祀, 便是功效."(大全註疏) 齊(가지런할 제)
- 功效: 천지의 功用을 말함.

【備旨】

子思ㅣ引夫子之論鬼神하여 以明道之兼費隱包小大也라 夫子ㅣ有曰 天地間에 屈伸往來는 總是陰陽之氣요 而氣之靈者는 則謂之鬼神이라 其爲德也ㅣ流行乎天地하여 至無而含至有하고 至虛而統至實하니 其盛而不可加矣乎인저

子思가 夫子께서 귀신鬼神을 논한 것을 인용하여 道가 비費와 은隱을 겸하고, 크고 작음을 포괄한 것을 밝힌 것이다.

夫子께서 두어 가라사대 "天地의 사이에 굽히고 펴고 가고 오는 것은 모두 陰陽의 기운이요, 氣의 신령스러운 것은 곧 鬼神이라 이른다. 그 德됨이 天地에 流行하여 지극히 없으면서 지극히 있음을 포함하고, 지극히 비어 있으면서 지극히 實한 것을 거느리고 있으니, 그것이 성대盛大하여 가히 더할 수 없도다!"

視之而弗見하며 聽之而弗聞이로되 體物而不可遺니라

보아도 보지 못하며 들어도 듣지 못하되, 사물에 주간主幹하여 가히 빠뜨리지 못하니라.

鬼神은 無形與聲이나 然이나 物之終始ㅣ莫非陰陽合散之所爲니 是其爲物之體 而物之所不能遺也라 其言體物은 猶易所謂幹事라

귀신鬼神은 형체와 소리가 없으나, 그러나 사물의 마침과 시작이 음양陰陽의 合함과 흩어짐이 하는 바 아님이 없으니, 이는 그 사물의 체體가 되어서 사물이 능히 빠뜨리지 못하는 이유이다.

그 '사물에 주간主幹한다'고 말한 것은 ≪易≫에 이른바 '일을 주간主幹한다'와 같다.

주해

- 體物: 사물을 주간主幹하다.

"體物以鬼神言. 不可遺以物言."(四書備旨補註) 遺(버릴 유)

朱氏伸이 말했다. "視弗見聽弗聞, 德之微也. 體物不可遺, 德之顯也."(大全註疏)

新安陳氏가 말했다. "鬼神, 爲物之體. 故曰體物, 猶貞爲事之幹."(大全註疏)

● 幹事: 일을 主幹하다.

≪易 · 乾≫ 卦에 나온다. "文言曰, 元者, 善之長也. 亨者, 嘉之會也. 利者, 義之和也. 貞者, 事之幹也." 亨(형통할 형) 貞(곧을 정) 嘉(아름다울 가)

● 弗(아닐 불) 莫(없을 막) 散(흩을 산)

【備旨】

何以見其德之盛也오

蓋凡物之有形者는 視之可見也로되 鬼神은 無形하여 視之而弗見焉이며 凡物之有聲者는 聽之可聞也로되 鬼神은 無聲하여 聽之而弗聞焉이라 然이나 鬼神이 雖無形聲而實遍體乎形聲之中하여 陰陽一合而物以之始하고 陰陽一散而物以之終하여 物自不可得而遺焉하니 其德之盛也ㅣ爲何如哉아

어찌 그 德이 성盛함을 알 수 있으리오?

대개 모든 사물의 형체가 있는 것은 보면 가히 볼 수가 있되, 귀신鬼神은 형체가 없어 보아도 보지를 못하며, 모든 사물의 소리가 있는 것은 들으면 가히 들을 수가 있되, 귀신鬼神은 소리가 없어 들어도 듣지를 못한다.

그러나 귀신鬼神은 비록 형체와 소리가 없으나, 실제로는 형체와 소리 가운데 두루 주간主幹하여, 음양陰陽이 한번 합하여 사물이 시작되고

음양陰陽이 한번 흩어져서 사물이 마치게 되어, 사물이 스스로 가히 빠뜨릴 수 없으니, 그 德의 盛함이 어떠하리오?

使天下之人으로 齊(재)明盛服하여 以承祭祀하고 洋洋乎 如在其上하며 如在其左右니라

천하의 사람으로 하여금 재계齋戒하며, 밝으며, 服을 盛하게 하여 제사祭祀를 받들게 하고, 양양洋洋히 그 위에 있는 듯 하며, 그 左右에 있는 듯하니라.

齊(재)之爲言은 齊也니 所以齊不齊 而致其齊(재)也라 明은 猶潔也라 洋洋은 流動充滿之意라 能使人으로 畏敬奉承 而發見(현)昭著如此하니 乃其體物而不可遺之驗也라 孔子曰 其氣發揚于上하여 爲昭明焄蒿悽愴이니 此는 百物之精也며 神之著也라하시니 正謂此爾라

'재齊'라는 말은 가지런함이니, 가지런하지 않은 것을 가지런히 하여 재계齋戒를 다하는 것이다. '明'은 결潔과 같다. '양양洋洋'은 흘러 움직이고 충만하다는 뜻이다. 능히 사람들로 하여금 두렵고 공경하며 받들고 이어서 발현하여 밝게 드러나게 함이 이와 같으니, 이에 그 사물에 주간主幹하여 가히 빠뜨리지 못한다는 징험徵驗이다.

孔子께서 가라사대 "그 기운이 위에서 발양發揚하여 밝게 비추고 김들이고 슬프고 슬프니, 이는 백물百物의 정精이며, 신神의 나타남이다."라고 하시니, 바로 이 점을 말했을 뿐이다.

주해

- 齊明盛服: 재계齋戒하고 명결明潔하게 하고, 제복祭服을 성대하게 하다. '재齊'는 '재계齋戒하다'는 뜻이다. '服'은 제사지낼 때 입는 옷이다. 齊(가지런할 재) 齋(재계할 재) 潔(깨끗할 결) 祭(제사 제)

  鄭玄의 註에 "明猶潔也."라고 했고, 孔穎達의 疏에 "言鬼神能生養萬物, 故天下之人齊戒明絜, 盛飾衣服, 以承祭祀."라고 풀이했다.

  "齊是齊戒. 明是明潔. 盛服是美盛之祭服."(四書備旨補註)

  承祭祀: '제사를 지내다, 제사를 잇다.' '承'은 '奉承'의 뜻이다. 承(받들 승) 奉(받들 봉)

  陳氏가 말했다. "齊明, 是肅於內. 盛服是肅於外, 內外交致之功也."(大全註疏) 肅(엄숙할 숙) 致(다할 치)
- 昭明: 밝게 나타남. 곧 제사 때 귀신이 나타나는 것을 말한다. 昭(밝을 소)
- 焄蒿: 제사 때 제품祭品에서 나오는 기미氣味. 焄(연기그을릴 훈) 蒿(향기서릴 호)

  ≪禮記·祭義≫ 編에 나온다. "其氣發揚於上, 爲昭明, 焄蒿, 悽愴, 此百物之精也, 神之著也." 이에 대해 鄭玄의 註에 "焄謂香臭也, 蒿謂氣蒸出貌也."라고 했고, 공영달孔穎達의 疏에 "焄謂香臭也, 言百物之氣, 或香或臭. 蒿謂烝出貌. 言此香臭烝而上出, 其氣蒿然也."라고 했다. 悽(슬퍼할 처) 愴(슬퍼할 창) 臭(냄새 취) 蒸(찔 증)
- 悽愴: 슬프다. 곧 제사 때 귀신이 느껴져서 몸이 오싹해지는 것을 말한다. 悽(슬퍼할 처) 愴(슬퍼할 창)

  朱子가 말했다. "鬼神之露光景, 是昭明. 其氣蒸上, 感觸人者, 是焄蒿. 使人精神凜然然後, 如漢書所謂神君至, 其風颯然之意, 是凄愴."(大全註疏) 蒸(찔 증) 觸(부딪칠 촉) 凜(찰 늠) 颯(바람소리 삽)

【備旨】

何以驗其體物而不可遺也오

且以顯然易見者言之컨대 鬼神之靈이 能使天下之人으로 各隨所當祭者하여 內齊明以潔其心하고 外盛服以潔其體하여 以奉承祭祀焉하니 斯時也에 吾見洋洋乎流動充滿하여 如在其上而上皆鬼神也며 如在其左右而左右皆鬼神也라 其發見(현)昭著ㅣ如此하니 所謂體物不可遺者를 於此에 驗矣라

어찌 그 사물에 主幹하여 가히 빠뜨릴 수 없음을 징험徵驗하리오? 또한 현연顯然히 알기 쉬운 것으로 말하건대, 鬼神의 신령靈妙스러움이 능히 천하의 사람들로 하여금 각각 마땅히 제사지낼 바를 따라서, 안으로 재계齋戒하고 명결明潔히 하여 그 마음을 깨끗이 하고, 밖으로 제복祭服을 盛하게 하여 그 몸을 깨끗이 해서 祭祀를 받들어 모시니, 이 때에 내가 양양洋洋히 흘러 움직이고 충만充滿함을 보니, 위에 있으면 위가 모두 鬼神인 것 같고, 그 左右에 있으면 左右가 모두 鬼神인 것 같이 된다. 그 발현發見되어 밝게 드러남이 이와 같으니, 이른바 사물에 主幹하여 가히 빠뜨릴 수 없다는 것을 여기에서 징험徵驗할 것이다.

주해

● 顯然: 밝게 드러나는 모양. 顯(나타날 현)
≪國語·吳語≫에 나온다. "寡君勾踐, 使下臣郢, 不敢顯然布幣行禮." 이에 대해 위소韋昭의 註에 "顯, 猶公露也."라고 풀이했다. 寡(人君 과) 勾(갈고리 구) 郢(땅이름 영) 幣(비단 폐)

詩曰 神之格思를 不可度(탁)思온 矧可射(역)思아

≪詩經≫에 가로되 "신神이 이르는 것을 가히 헤아리지 못하거늘, 하물며 가히 싫어하리오!"

詩는 大雅抑之篇이라 格은 來也라 矧은 況也라 射은 厭也니 言厭怠而不敬也라 思는 語辭라

詩는 〈대아大雅 · 억抑〉 篇이다. '격格'은 오는 것이다. '신矧'은 '하물며'이다. '역射'은 싫어함이니, 싫어하고 게을리 해서 공경하지 않는다는 말이다. '사思'는 어조사이다.

주해

- 神之格思: '神'이 이르다. '神'은 '옥루屋漏'의 神을 말하는데, '옥루屋漏'는 집안의 서북쪽 귀퉁이에 작은 휘장을 두르고 신주神主를 모시는 곳을 말한다. '격格'은 '이르다'이다. '사思'는 어조사이다. 格(이를 격) 思(어조사 사) 屋(집 옥) 漏(샐 루)
  ≪詩 · 大雅 · 억抑≫ 篇에 나온다. "相在爾室, 尙不愧於屋漏." 이에 대해 ≪毛傳≫에 "西北隅謂之屋漏."라고 했고, 鄭玄의 箋에 "屋, 小帳也. 漏, 隱也."라고 풀이했다. 愧(부끄러워할 괴) 隅(모퉁이 우) 帳(휘장 장)
- 度: 헤아리다. 度(헤아릴 탁)
- 射: 싫어하다. 등한시等閑視하다. ≪詩經≫에는 '역斁'으로 되어 있다. 射(싫어할 역,) 斁(싫어할 역)
  陳氏가 말했다. "言神明之來, 視不見聽不聞, 皆不可得而測度. 矧可厭

斁而不敬乎."(大全註疏) 測(헤아릴 측)

● 矧(하물며 신) 怠(게으를 태)

【備旨】

大雅抑之詩에 有言曰 神之來格思ㅣ在彼在此하여 不可得而測度思니 是雖極其誠敬이라도 猶懼有失이온 矧可厭射思而不敬乎아

夫此屋漏之地도 且曰不可度(탁)이니 則信乎洋洋如在者ㅣ無定迹矣요 曰不可射이니 則信乎必齊明盛服하여 以承祭祀矣라 鬼神體物不遺之驗이 夫豈誣也哉아

≪大雅·억抑≫ 篇의 詩에 말하여 가로되 "神이 오는 것이 저기에도 있고 여기에도 있어 가히 헤아리지 못하니, 이는 비록 그 정성과 공경을 지극히 할지라도 오히려 잃을까 두려워 하거늘, 하물며 가히 싫어하며 공경하지 않으리오!"라고 했으니,

대개 이러한 옥루屋漏의 자리일지라도 또한 가히 헤아릴 수 없다고 말했으니 곧 진실로 洋洋히 있는 듯한 것은 정해진 자취가 없으며, 가히 싫어할 수 없다고 말했으니 곧 진실로 반드시 재계齋戒하고 명결明潔하고 제복祭服을 성대하게 하여 제사祭祀를 받들어야 한다. 鬼神이 사물에 주간主幹하여 빠뜨릴 수 없다는 징험徵驗이 어찌 속이는 것이리오!

주해

● 懼(두려워할 구) 度(헤아릴 탁) 誣(속일 무)

夫微之顯이니 誠之不可揜이 如此夫인저

무릇 은미隱微함이 나타난 것이니, 誠을 가히 가릴 수 없음이 이와 같도다!

誠者는 眞實無妄之謂라 陰陽合散이 無非實者라 故로 其發見(현)之不可揜이 如此라

'성誠'이란 것은 진실하여 망령됨이 없음을 이른다. 음양陰陽의 합하고 흩어짐이 실지가 아님이 없다. 그러므로 그것이 발현함을 가히 가릴 수 없음이 이와 같다.

주해

- 微之顯: 은미隱微함이 나타나다. 微(작을 미) 顯(나타날 현)
  "微是隱, 指不見不聞. 隱是費, 指體物不遺."(四書備旨補註)
- 誠之不可揜: '성誠을 가히 가릴 수 없다.' '誠'은 귀신鬼神의 실리實理를 말한다. 揜(가릴 엄)
  朱子가 말했다. "鬼神, 只是氣之屈伸. 其德則天命之實理, 所謂誠也."(大全註疏)

【備旨】

夫鬼神은 不見不聞則微矣로되 而乃體物不遺하여 若是其顯而不可揜은 何哉아

蓋鬼神은 是氣之屈伸이요 而其爲德은 天命之實理니 所謂誠也라 一誠之始하고 一誠之終故로 發見流行於萬物之間 而不可揜이 有如此하니 夫鬼神之德이 爲何如哉아 知此면 則知道之所以費而隱矣니 人其可須臾離道乎哉리오

무릇 귀신은 보지도 못하고 듣지도 못하니 곧 은미隱微하되, 이에 사물에 主幹하여 가히 빠뜨릴 수 없으니, 이처럼 그것이 드러나 가히 가릴 수 없음은 무엇 때문이리오?
대개 귀신은 이 氣가 굽히고 펴지는 것이며, 그 德은 天命의 진실된 이치니 이른바 성誠이다. 한결같은 誠으로 시작되고 한결같은 誠으로 마치기 때문에, 만물의 사이에 發現되고 두루 행하여 가히 가릴 수 없음이 이와 같으니, 무릇 귀신의 德이 어떠하리오? 이를 알면 곧 道가 비費하되 隱微한 바를 알 것이니, 사람이 그 가히 수유須臾라도 道를 떠날 수 있으리오?

주해

● 須臾: 짧은 시간. '편각片刻'과 같다. 須(잠깐 수) 臾(잠깐 유)
≪荀子 · 勸學≫ 篇에 나온다. "吾嘗終日而思矣, 不如須臾之所學也."

右는 第十六章이라

右는 第16章이다.

不見不聞은 隱也요 體物如在 則亦費矣라 此前三章은 以其費之小者而言이요 此後三章은 以其費之大者而言이요 此一章은 兼費隱包大小而言이라

보지 못하고 듣지 못함은 은隱이요, 사물에 主幹하고 있는 듯함은 또한 비費이다. 이 앞의 3章은 그 비費의 작은 것으로써 말한 것이요, 이 뒤의 3章은 비費의 큰 것으로써 말한 것이요, 이 1章은 비費와 은隱을 겸하고 大와 小를 포괄하여 말한 것이다.

第十七章　大德

子曰 舜은 其大孝也與신저 德爲聖人이시고 尊爲天子시고 富有四海之內하사 宗廟饗之하시며 子孫保之하시니라

孔子 가라사대 "순舜은 그 대효大孝이신저! 德은 聖人이 되시고, 존귀함은 天子가 되시고, 부富는 四海의 안을 두시어, 종묘宗廟를 흠향歆饗하시며 자손을 보우保佑하시니라."

子孫은 謂虞思陳胡公之屬이라

'자손子孫'은 우사虞思와 진호공陳胡公 등을 말한다.

주해

- 大孝: 큰 孝. 곧 보통 사람들의 孝가 아니라는 말이다.
  西山陳氏가 말했다. "舜以聖德居尊位, 其福綠, 上及宗廟, 下延子孫, 所以爲大孝. 舜所知, 孝而已, 祿位名壽, 天實命之, 非舜有心得之也." (大全註疏) 祿(복 녹) 延(이끌 연) 壽(목숨 수)
- 宗廟饗之: 이에 대한 해석은 두 가지가 있다. 하나는 '(순舜이) 종묘宗廟에서 제사를 받다'는 것이고, 다른 하나는 '(순舜이) 종묘宗廟에 제사를 지낸다'는 것인데, 여기서는 前者의 해석을 따랐다. '향饗'은 곧 '흠향歆饗'이며, '흠향歆饗'은 신령이 제품祭品을 받아들인다는 말이다. '흠향歆享'과 같다. 歆(받을 흠) 饗(흠향할 향)
  ≪晉書 · 樂志下≫에 나온다. "奠樽俎, 實玉觴. 神歆饗, 鹹悅康. 宴孫子, 祐無疆." 奠(제사지낼 전) 樽(술단지 준) 俎(도마 조) 觴(술잔 상) 鹹(짤 함) 康(편안할 강) 宴(잔치 연) 祐(도울 우) 疆(지경 강)
- 廟(사당 묘) 虞(헤아릴 우)

【備旨】

子思ㅣ引夫子之稱舜하사 以明費之大也라

夫子ㅣ有曰 凡事親者는 皆當孝나 然이나 惟古帝舜은 其誠大孝也與신저 夫爲人子者ㅣ非德이면 不足以顯親이어늘 舜則生知安行하여 德爲聖人이시고 非貴면 不足以榮親이어늘 舜則受堯之禪하여 尊爲天子이시고 非富면 不足以養親이어늘 舜則富有四海之內하사 又且上而宗廟享其祀하여 而爲親光榮於前하시고 下而子孫保其業하여 而爲親垂裕於後하시니 此其孝ㅣ實出人情願望之外者니 大何如哉아

자사子思가 夫子께서 순舜을 칭찬하심을 인용하여 비費의 큰 것을 밝힌 것이다.

夫子께서 두어 가라사대 "무릇 어버이를 섬기는 자는 모두 마땅히 孝를 해야 하나, 그러나 오직 옛날 제순帝舜만이 그 진실로 대효大孝이신저! 무릇 자식된 자가 德이 아니면 족히 어버이를 드러낼 수 없거늘, 순舜은 곧 나면서부터 아시고 편안히 행하여 德이 聖人이 되셨고, 존귀함이 아니면 족히 어버이를 영화롭게 할 수 없거늘, 순舜은 곧 요堯의 선양禪讓을 받아 존귀함이 天子가 되셨고, 富가 아니면 족히 어버이를 봉양할 수 없거늘, 순舜은 곧 富가 四海의 안을 두어서 또한 위로 종묘宗廟에서 그 祭祀를 흠향歆饗하여 친히 前代에 광영光榮이 되셨고, 아래로 자손이 그 業을 보존하여 친히 後代에 넉넉함을 남겨주셨으니, 이는 그 孝가 진실로 人情이 원하고 바라는 것 밖에서 나온 것이니, 大孝가 어떠하리오!"

주해

- 垂裕: 넉넉함을 물려주다. 곧 후손들에게 업적과 명성을 남겨준다는 말이다. 垂(드리울 수) 裕(넉넉할 유)
  ≪書 · 중훼지고仲虺之誥≫에 나온다. "王懋昭大德, 建中於民, 以義制事, 以禮制心, 垂裕後昆." 이에 대해 孔傳에 "垂優足之道示後世."라고 했다. 虺(살무사 훼) 懋(힘쓸 무) 昆(맏 곤)

故로 大德은 必得其位하며 必得其祿하며 必得其名하며 必得其壽니라

그러므로 大德은 반드시 그 자리를 얻으며, 반드시 그 녹祿을 얻으며, 반드시 그 명성名聲을 얻으며, 반드시 그 장수長壽를 얻는다.

舜은 年百有十歲라

'순舜'은 나이가 백百이요 또 십세十歲였다.

주해

- 大德: 承德하여 聖人이 되다. 여기서는 '大孝'를 말한다.
  "大德, 固是承德爲聖人. 然亦卽指大孝言."(四書備旨補註)
- 舜, 年百有十歲: '순舜'은 나이가 백百하고, 또 십세十歲였다. 有(또 유)
  ≪書 · 舜典≫에 나온다. "舜生三十, 徵庸三十, 在位五十載, 陟方乃死." 徵(부를 징) 庸(쓸 용) 陟(나아갈 척)

【備旨】

舜之德福兼隆하니 固所以爲大孝나 然이나 德爲福之本이요 福乃德之驗이라 故로 有是聖人之大德 而德極其至면 必然貴爲天子而得其位하고 必然富有四海而得其祿하며 且必然人人稱頌而得其名하고 必然多歷年所而得其壽니 乃本分當然이요 不求而自應者라

순舜의 덕德과 복福이 함께 융성하니 진실로 大孝가 되는 바이다. 그러나 德은 福의 근본이 되고 福은 이에 德의 징험徵驗이다. 그러므로 이 聖人의 大德이 있어 德이 그 지극함을 다하면, 반드시 존귀함은 天子가 되어 그 자리를 얻고, 반드시 富는 四海를 두어 그 녹祿을 얻으며, 또한 반드시 사람마다 칭송하여 그 명성을 얻고, 반드시 년수年數를 많이 지내서 그 장수長壽함을 얻게 되니, 곧 本分의 당연當然한 것이며 구하지 않아도 스스로 응應하게 되는 것들이다.

주해

- 年所: 년수年數, 세월. '所'는 '數'와 같다. 所(얼마 소)
  ≪書 · 君奭≫ 篇에 나온다. "故殷禮陟配天, 多歷年所." 陟(오를 척)
  ≪文選 · 주부朱浮 〈爲幽州牧與彭寵書〉≫에도 나온다. "六國之時, 其勢各盛, 廓土數千里, 勝兵將百萬, 故能據國相持, 多歷年所." 이에 대해 유량劉良의 註에 "所, 數也."라고 했다. 廓(성곽 곽) 據(의거할 거)

故로 天之生物이 必因其材而篤焉하나니 故로 栽者를 培之하고 傾者를 覆之니라

그러므로 하늘이 사물을 내는데 반드시 그 자질資質로 인하여 돈독敦篤하게 하나니, 그러므로 심은 것을 북돋우고 기울어진 것을 뒤엎느니라.

材는 質也라 篤은 厚也라 栽는 植也라 氣至而滋息은 爲培요 氣反而游散則覆이라

'재材'는 자질資質이라. '독篤'은 두텁게 함이다. '재栽'는 심음이다. 기운이 이르러 불어나고 생식生息하는 것은 북돋움이 되고, 기운이 돌아가서 벗어나 흩어지면 곧 뒤엎어진다.

주해

- 天之生物: 하늘이 식물을 내다. '물物'은 식물植物을 말한다.
- 傾者覆之: 기울어진 것을 엎어버리다. 傾(기울 경) 覆(뒤집힐 복)
  "傾是傾頹, 覆是摧敗."(四書備旨補註) 頹(무너질 퇴) 摧(꺾을 최) 敗(무너질 패)
  朱子가 말했다. "因其材而篤焉, 是因其材而加厚."(大全註疏)
- 滋息: 불어나다, 번식하다. 滋(불을 자) 息(살 식)
  ≪孔叢子 · 陳士義≫에 나온다. "於是乃適西河, 大畜牛羊於猗氏之南, 十年之間, 其滋息不可計." 適(갈 적) 畜(가축 축) 猗(아름다울 의)
- 游散: 벗어나서 흩어지다. '유游'는 '유리游離'의 뜻이다.
  ≪朱子語類≫ 68卷에 나온다. "其生也, 氣日至而滋息, 物生旣盈, 氣日反而游散."

明나라 왕수인王守仁의 ≪傳習錄≫ 下卷에도 나온다. "今看死的人, 他這些精靈游散了, 他的天地萬物尙在何處." 盈(찰 영)

● 栽(심을 재) 培(북돋을 배) 篤(도타울 독)

【備旨】

德至而福自應하니 凡此는 皆天意所在也라 故로 天之生物也ㅣ必因其本然之材質 而加篤焉하나니 故로 物之栽者ㅣ根本純固하니 便從而培養之하고 物之傾者ㅣ根本搖動하니 便從而覆敗之니 天非有私意於其間이요 因其物之自取耳라

德이 지극하면 福이 자연히 應하니, 무릇 이는 모두 하늘의 뜻이 있는 바이다. 그러므로 하늘이 사물을 내는 것은 반드시 그 本然의 자질資質로 인하여 두터움을 더해준다. 그러므로 식물 중에 잘 심어진 것은 근본이 순수하고 견고하니 곧 따라서 배양해 주고, 식물 중에 잘못 기울어진 것은 근본이 흔들리고 움직이니 곧 따라서 뒤엎어 무너지게 하나니, 하늘이 그 사이에 사사로운 뜻을 둔 것이 아니라, 그 사물이 스스로 취한 것을 따랐을 뿐이다.

주해

● 純固: 순수하고 견고하다. 固(굳을 고)
≪國語·周語上≫에 나온다. "吾聞夫犬戎樹惇, 帥舊德而守終純固." 이에 대해 위소韋昭의 註에 "純, 專也. 固, 一也."라고 했다. 惇(도타울 돈) 帥(장수 수)

● 覆敗: 기울고 무너져서 패망하다. 覆(뒤집힐 복) 敗(깨뜨릴 패)

≪後漢書 · 鄧禹傳≫에 나온다. "是時三輔連覆敗." 輔(도울 보) ≪宋書 · 天文志一≫에도 나온다. "衡所造渾儀, 傳至魏晉, 中華覆敗, 沉沒戎虜." 衡(저울대 형) 渾(흐릴 혼) 戎(이민족 융) 虜(포로 로)

詩曰 嘉樂君子의 憲憲(현현)令德이 宜民宜人이라 受祿于天이어늘 保佑命之하시고 自天申之라하니라

≪詩經≫에 가로되 "아름답고 즐거운 君子의 나타난 영덕令德이 백성에게 마땅하며 사람에게 마땅하도다! 녹祿을 하늘에서 받았거늘 보우保佑하고 命하시며, 하늘로부터 거듭하도다!"라고 하니라.

詩는 大雅假樂之篇이라 假는 當依此作嘉이요 憲은 當依詩作顯이라 申은 重也라

詩는 ≪大雅 · 가락假樂≫의 篇이다. '가假'는 마땅히 이(≪中庸≫)에 의거하여 '가嘉'라고 지어야 하며, '헌憲'은 마땅히 ≪詩經≫에 의거하여 '현顯'이라 지어야 한다. '신申'은 거듭함이다.

주해

- 憲憲: 盛하게 밝은 모양. '憲'은 '현顯'의 뜻이다. 憲(성할 헌) ≪詩 · 大雅 · 假樂≫ 篇에는 "假樂君子, 顯顯令德."으로 되어 있고, 鄭玄의 箋에 "顯, 光也. 天嘉樂成王有光光之善德."으로 풀이하고 있다.

假(거짓 가) 嘉(아름다울 가)

- 令德: 선한 德. 아름다운 德. 令(착할 영)

  雙峯饒氏가 말했다. "栽培傾覆, 只將天之生物, 喩天之眷聖人, 嘉樂君子憲憲令德, 便是栽. 受祿保佑申之, 便是培."(大全註疏) 眷(돌아볼 권)

- 申: 거듭하다. 곧 하늘이 보우保佑하고 복록福祿을 내려준다는 말이다.

  申(거듭 신)

  "申卽保佑命不已意."(四書備旨補註)

【備旨】

不觀之詩乎아

詩有曰 可嘉可樂之君子ㅣ有是顯顯之令德하여 旣宜於在下之民하고 又宜於在位之人이라 以此能受祿于天이어늘 而保其身佑其行하여 命爲天子하시고 又自天申之하여 而保佑命之不已焉하여 使長享福祿於無窮也라하니라

詩에서 보지 않았는가?

詩에 두어 가로되 "가히 아름답고 가히 즐거운 君子가 밝게 드러나는 아름다운 德이 있어, 이미 아래에 있는 백성들에게 마땅하고, 또한 官位에 있는 사람에게 마땅하니라. 이로써 능히 祿을 하늘에서 받았거늘 그 몸을 보전하고 그 행함을 도와서 天子가 되게 命하시고, 또 하늘로부터 거듭하여 보우保佑하고 命하심을 그치지 않아, 길이 福祿을 무궁無窮하게 누리게 하셨도다!"라고 하니라.

주해

- 在位: '君主의 자리', 또는 '관위官位'에 있다. 곧 '벼슬하다'는 뜻이다.

≪書 · 요전堯典≫에 나온다. "朕在位七十載." 또한 ≪書 · 대우모大禹謨≫에도 나온다. "君子在野, 小人在位." 載(해 재)

故로 大德者는 必受命이니라

그러므로 대덕大德인 자는 반드시 命을 받느니라.

受命者는 受天命爲天子也라

'명命을 받는다'는 것은 천명天命을 받아 天子가 되는 것이다.

주해

- 受命: 하늘의 명命을 받아 天子가 되다. 受(받을 수)
  ≪書 · 소고召誥≫에 나온다. "惟王受命, 無疆惟休, 亦無疆惟恤." 疆(지경 강) 休(아름다울 휴) 恤(구휼할 휼)
  ≪史記 · 일자열전日者列傳≫에도 나온다. "自古受命而王, 王者之興何嘗不以蔔筮決於天命哉." 蔔(무 복) 筮(점대 서)

【備旨】

由天意觀之라 故로 有大德者는 必然受上天申重之命而爲天子하고 以示篤厚之意而享位祿名壽之全하니 固理之必然而無疑者라 然則舜以聖人之德으로 而合尊富饗保以成大孝하시니 非古今所不可及與아

하늘의 뜻으로 말미암아 살펴보았다. 그러므로 大德이 있는 자는 반드시 上天의 重한 命을 거듭 받아 天子가 되고, 돈독敦篤하고 인후仁厚한 뜻을 보여 지위와 녹祿과 명성과 장수長壽의 온전함을 누리게 되니, 진실로 이치가 반드시 그러해서 의심할 것이 없다.

그러하니 곧 순舜은 聖人의 德으로써 존귀와 부유와 흠향歆饗과 보우保佑에 합당하여 대효大孝를 이루었으니, 고금古今에 가히 미치지 못할 바가 아니리오!

주해

- 篤厚: 충실하고 인후仁厚함. 篤(도타울 독) 厚(두터울 후)
  ≪管子 · 유관幼官≫ 篇에 나온다. "藏薄純, 行篤厚, 坦氣修通." 藏(감출 장) 薄(엷을 박) 坦(너그러울 탄)

右는 第十七章이라

右는 第17章이다.

此는 由庸行之常으로 推之하여 以極其至하여 見道之用이 廣也니 而其所以然者는 則爲體ㅣ微矣라 後二章이 亦此意라

이는 용행庸行의 떳떳함을 말미암아 그것을 미루어서 그 지극함을 다하여 道의 用이 넓음을 볼 수 있으니, 그것이 그렇게 된 바는 곧 體가 은미隱微하다. 뒤의 두 章도 또한 이 뜻이다.

주해

- 庸行之常: '용덕庸德을 행하는 떳떳함'. 곧 '용덕지행庸德之行'과 '용언지근庸言之謹'을 합해서 한 말이다.

第十八章　無憂

子曰 無憂者는 其惟文王乎신저 以王季爲父하시고 以武王爲子하시니 父ㅣ作之어시늘 子ㅣ述之하시니라

孔子 가라사대 "근심이 없는 자는 그 오직 문왕文王이신저! 왕계王季로 아버지를 삼으시고 무왕武王으로 자식을 삼으시니, 아버지가 지으셨거늘 자식이 이으셨노라."

此는 言文王之事라 書에 言王季其勤王家라하니 蓋其所作이 亦積功累仁之事也라

이는 文王의 일을 말한 것이다. ≪書經≫에 "왕계王季가 그 왕가王家에 부지런히 했다."라고 말했으니, 대개 그 지은 바가 또한 공功을 쌓고 인仁을 쌓은 일이다.

주해

- 文王: 周나라 文王(B.C.1152-B.C.1056)을 말함. 姓은 희姬, 名은 창昌, 계력季歷의 아들이다. 부친이 죽자 서백西伯의 지위를 계승하여 '서백창西伯昌'이 되었다. B.C.1046년 그의 아들 周 武王이 상商을 멸하고 周를 세우자 文王으로 추존追尊되었다.
  "舜禹, 父則瞽鯤. 堯舜, 子則朱均. 所以惟文王, 爲無憂."(大全註疏) 瞽(소경 고) 鯤(곤이 곤) 憂(근심할 우)
  雲峯胡氏가 말했다. "文王父作子述, 人倫之常也. 舜之父子, 人倫之變也. 舜惟順於父母, 可以解憂. 此所以曰 無憂者, 其惟文王也."(大全註疏)
- 王季: 太王(고공단보古公亶父)의 셋째 아들이며, 文王의 아버지. 名은 계

력季歷. 季(끝 계) 亶(믿음 단)

● 武王: 文王의 둘째 아들. 名은 발發.
● 父作之: 아버지가 시작하다. 곧 帝王의 기업基業을 개창開創했다는 말이다. '작作'은 '창시創始'의 뜻이다.
● 述(이을 술) 勤(부지런할 근) 積(쌓을 적) 累(쌓을 루)

【備旨】

子思ㅣ引夫子之美文武周公者하여 以明費之大也라

夫子ㅣ有曰 自古帝王이 際天倫之極盛而無憂者는 其惟文王乎이신저 文王은 以王季之賢而爲之父하시고 以武王之聖而爲之子하시니 父焉克勤王家而作於前하시고 子焉丕承厥志而述於後하사 前後ㅣ皆得其人하시고 作述이 皆有所賴어시늘 夫何憂也리오

子思가 夫子께서 문왕文王과 무왕武王과 주공周公을 찬미하신 것을 인용하여 비費의 큼을 밝힌 것이다.

夫子께서 두어 가라사대 "예로부터 帝王 중에 天倫이 극히 盛한 때를 만나 근심이 없는 자는 그 오직 文王이신 저! 文王은 왕계王季 같이 어진 이를 그 아버지로 삼고, 무왕武王 같이 성스러운 자를 자식으로 삼았으니, 아버지가 능히 왕가王家에 부지런히 하여 앞에서 지으셨고, 아들이 그 뜻을 받들어 계승하여 뒤에서 계승하여, 前後가 모두 그 마땅한 사람을 얻으시고, 시작하고 계승한 일이 모두 자뢰資賴한 바가 있거늘 무엇을 근심하리오!"

주해

- 丕承: 받들어 계승하다. 곧 제왕帝王이 천명天命을 이어받은 것을 말한다. 丕(받들 비) 承(이을 승)
  ≪書 · 군석君奭≫에 나온다. "惟文王德丕承無疆之恤." 疆(지경 강) 恤(구휼할 휼)
  漢나라 揚雄의 ≪法言 · 問明≫에도 나온다. "成湯, 丕承也. 文王, 淵懿也. 或問丕承曰 由小致大, 不亦丕乎? 革夏以天, 不亦承乎?" 懿(아름다울 의) 革(바꿀 혁)
- 際(만날 제) 資(재물 자) 賴(힘입을 뢰) 厥(그 궐)

武王이 纘大(태)王王季文王之緖하사 壹戎衣而有天下하사되 身不失天下之顯名하사 尊爲天子시고 富有四海之內하사 宗廟饗之하시며 子孫保之하시니라

무왕武王이 태왕大王과 왕계王季와 문왕文王의 실마리를 이어서 한 번 융의戎衣하여 천하를 두시되, 몸이 천하에 드러난 명성을 잃지 아니하여 존귀함은 天子가 되시고, 부富는 사해四海의 內를 두어 종묘宗廟에 흠향歆饗하시며, 자손子孫을 보존하시니라.

此는 言武王之事라 纘은 繼也라 大(태)王은 王季之父也라 書云 大王이 肇基王迹이라하고 詩云 至于大王하여 實始翦商이라하니라 緖는 業也라 戎衣는 甲冑之屬이라 壹戎

衣는 武成文이니 言一著(착)戎衣以伐紂也라

이는 武王의 일을 말한 것이다. '찬纘'은 '잇는다'이다. 태왕太王은 왕계王季의 아버지다.

≪書經≫에 이르되 "太王이 비로소 제왕의 기틀을 닦았다."고 했고, ≪詩經≫에 이르되 "太王에 이르러 실제로 비로소 상商나라를 잠식蠶食하기 시작했다."고 하였다.

'서緖'는 업業이다. '융의戎衣'는 갑옷과 투구의 등속等屬이다. '한번 융의戎衣를 입었다'는 것은 ≪書經 · 무성武成≫ 篇의 글이니, '한번 융의戎衣를 입고 주紂를 정벌했다'는 말이다.

주해

- 大王: 태왕太王, 곧 文王의 祖父이며 王季의 부친인 '고공단보古公亶父'를 말한다. '大'는 '太'와 같다. 亶(믿음 단)
  蔡氏가 말했다. "大王雖未有翦商之志, 然大王始得民心, 王業之成, 實基於此."(大全註疏) 翦(자를 전)
- 壹戎衣而有天下: '한번 융의戎衣를 입어 천하를 두다', 곧 '상商나라를 치자 제후諸侯들이 모두 조회했다'는 뜻이다. 壹(한 일) 戎(병기 융)
  "是伐商而諸侯皆朝意."(四書備旨補註)
- 王迹: 帝王의 功業 또는 제왕의 기틀. '왕적王跡'과 같다. 迹(자취 적) 跡(자취 적)
  ≪書 · 武成≫ 篇에 나온다. "至於大王, 肇基王跡, 王季其勤王家." 이에 대해 孔傳에 "大王修德, 以翦齊商人, 始王業之肇跡."이라 풀이했다. 肇(비롯할 조) 翦(자를 전)
- 甲冑: 갑옷과 투구. 甲(갑옷 갑) 冑(투구 주)
- 纘(이을 찬) 緖(실마리 서) 著(입을 착)

【備旨】

以武王子述之事言之컨대 太王이 肇基王迹하시고 王季 其勤王家하시며 文王이 三分有二하시니 我周世業也라 惟武王이 克纘之하시니 其纘緖也ㅣ本不期於有天下요 到後來하여 紂惡不悛일새 不得已 一著戎衣하여 以伐紂而奄有天下라

夫以臣伐君이면 宜失其名이라 然이나 天下ㅣ諒其順天應人之擧하여 咸稱頌之 而其身이 不失忠孝之顯名이라 於是에 變侯爲王而尊爲天子하시고 化國爲天下而富有四海之內하사 宗廟享之而七廟巍然하고 子孫保之而卜年方永하니 此ㅣ皆武王之纘緖而述文王者也니 文何憂哉리오

武王이 자식으로서 계승한 일로 말하건대, 太王이 처음으로 王業의 기틀을 닦으시고, 왕계王季가 그 王家에 부지런히 하시며, 文王이 천하의 삼분지 이를 두시니, 우리 周나라의 세업世業이다. 오직 武王이 능히 이를 이으셨으니, 그 실마리를 이은 것이 본디 천하를 차지하려고 기약하지 않았으나, 뒤에 이르러 주紂가 악행惡行을 고치지 아니하여 부득이 한번 융의戎衣를 입고 주紂를 쳐서 문득 천하를 두신 것이다.

무릇 신하로서 人君을 쳤다면 의당 그 명분을 잃은 것이다. 그러나 천하가 그 天命을 따르고 人心에 부합하는 거사擧事임을 믿고 모두 칭송하여, 그 몸이 충효忠孝의 드러난 명성을 잃지 아니하셨다. 이에 제후諸侯에서 변하여 왕이 되니 존귀함이 天子가 되셨고, 나라가 변하여 천하가 되니 부富는 四海의 안을 두시어, 종묘宗廟에 흠향歆饗하

니 칠묘七廟가 높고 웅대하고, 자손을 保佑하니 복년卜年이 바야흐로 영원하니, 이는 모두 武王이 실마리를 이어서 文王을 계승한 것이니, 文王이 무엇을 근심하리오!

주해

- 世業: 대대로 이어서 내려오는 직업.
- 順天應人: 위로 天命을 따르고 아래로 人心에 응應하다.
  ≪易 · 革≫ 卦에 나온다. "天地革而四時成, 湯武革命, 順乎天而應乎人, 革之事大矣哉." 이에 대해 공영달孔穎達의 疏에 "殷湯周武, 聰明睿智, 上順天命, 下應人心."라고 풀이했다. 革(바꿀 혁) 睿(밝을 예)
- 七廟: 왕조王朝의 대칭代稱. 곧 제왕이 조상을 모시는 종묘宗廟이다. '칠묘七廟'는 父廟 · 祖廟 · 曾祖廟 · 高祖廟와 원조遠祖를 모시는 두 개의 조묘祧廟 및 시조묘始祖廟를 말한다. 廟(사당 묘)
  ≪禮記 · 王制≫ 篇에 나온다. "天子七廟, 三昭三穆, 與太祖之廟而七." 昭(밝을 소) 穆(공경할 목)
- 巍然: 높고 웅대한 모습. 巍(높을 외)
  북위北魏 역도원酈道元의 ≪水經注 · 河水四≫에 나온다. "關之直北, 隔河有層阜, 巍然獨秀, 孤峙河陽." 層(층 층) 阜(언덕 부) 峙(우뚝솟을 치)
- 卜年: 王朝를 통치할 년수年數를 예측하다'. 곧 국운國運의 년수年數를 말한다. 卜(점 복)
  ≪左傳 · 宣公三年≫ 條에 나온다. "成王定鼎於郟鄏, 蔔世三十, 蔔年七百, 天所命也." 鼎(솥 정) 郟(땅이름 겹) 鄏(땅이름 욕) 蔔(무 복)
- 悛(고칠 전) 奄(문득 엄) 諒(믿을 량)

武王이 末受命이어시늘 周公이 成文武之德하사 追王大王王季하시고 上祀先公以天子之禮하시니 斯禮也ㅣ達乎諸侯大夫 及士庶人하니

父爲大夫요 子爲士어든 葬以大夫요 祭以士하며 父爲士요 子爲大夫어든 葬以士요 祭以大夫하며 期之喪은 達乎大夫하고 三年之喪은 達乎天子하니 父母之喪은 無貴賤一也니라

무왕武王이 말년에 命을 받으시거늘, 주공周公이 문왕文王과 무왕武王의 德을 이루시어, 태왕太王과 왕계王季를 王으로 추존追尊하시고, 위로 先公을 天子의 禮로써 제사하시니, 이 禮가 제후諸侯와 대부大夫 및 士와 서인庶人에게 이르니,

아버지가 大夫가 되고 자식이 士가 되면 大夫로서 장사葬事하고 士로서 제사祭祀하며, 아버지가 士가 되고 자식이 大夫가 되면 士로서 장사葬事하고 大夫로서 제사祭祀하며, 기년상期年喪은 大夫에게 이르고, 삼년상三年喪은 天子에게 이르니, 父母의 상喪은 귀천貴賤이 없이 한가지니라.

此는 言周公之事라 末은 猶老也라 追王은 蓋推文武之意

하여 以及乎王迹之所起也라 先公은 組紺以上至后稷也라 上祀先公以天子之禮는 又推大王王季之意하여 以及於無窮也라

制爲禮法하여 以及天下하여 使葬用死者之爵하고 祭用生者之祿하며 喪服은 自期以下는 諸侯絶하고 大夫降하고 而父母之喪은 上下同之하니 推己以及人也라

이는 周公의 일을 말한 것이다. '말末'은 老年과 같다. '추왕追王'은 대개 문왕文王과 무왕武王의 뜻을 미루어 왕업王業의 기틀이 일어날 바에 미치는 것이다. '선공先公'은 조감組紺이상으로 후직后稷까지의 조선祖先이다. 위로 先公을 천자의 禮로써 제사祭祀지낸 것은 또한 太王과 왕계王季의 뜻을 미루어 무궁無窮한 先代까지 미친 것이다.

예법禮法을 제정하여 天下에 미쳐서, 장사葬事에는 죽은 자의 벼슬을 쓰게 하고, 제사祭祀에는 산 자의 녹祿을 쓰게 하며, 상복喪服은 기년상期年喪으로부터 이하는 제후諸侯는 없애고 大夫는 줄였으며, 부모의 상喪은 上下가 똑같이 하니, 자기를 미루어 남에게 미친 것이다.

주해

- 受命: 天命을 받아 天子가 되다.
- 周公: 名은 단旦 또는 숙단叔旦. 文王의 넷째 아들이자 武王의 아우이며 成王의 숙부. 禮樂을 제정한 儒學의 선구자로서 '원성元聖'으로 추앙받음.

  陳氏가 말했다. "周公推文武大王王季之意, 追尊其先王先公, 又設爲禮法, 通行此意於天下, 所謂推己以及人也. 此章, 言文武周公, 能盡中庸之道."(大全註疏) 推(받들 추) 追(따를 추)

● 先公: 太王의 父인 조감組紺으로부터 거슬러서 시조인 후직后稷까지의 역대 祖先들을 말함. 組(끈 조) 紺(감색 감)
新安陳氏가 말했다. "無窮, 謂自大王以下, 及乎前無窮盡, 直至於后稷也."(大全註疏)
● 期年喪: 만 일년이 되는 喪. 期(기년복 기)

【備旨】

武王이 當此受命爲天子時하여 蓋已末年矣라 凡所以述文王者ㅣ尙未及備러니 周公이 乃成文武之德하사 展其欲展之孝思하시고 廣其未廣之恩意하사 近而追古公爲太王하시고 公季爲王季하사 不王其身而王其號焉하시고 遠而自組紺以上至后稷히 皆祀以天子之禮하사 不王其封而王其享焉하시니라 斯禮也는 乃人情之至니 豈獨爲天子設已哉리오
下而達乎諸侯與大夫及士與庶人하여 使皆得緣分以自盡하시니 如父爲大夫요 子爲士어든 葬則以大夫而祭則以士는 非貶也며 如父爲士요 子爲大夫어든 葬則以士而祭則以大夫는 非僭也니 葬從死者하고 祭從生者는 天下之達禮也라 乃更有喪服之制하여 期之喪은 自庶人으로 上達乎大夫하여 止耳니 親不敵貴也요 三年之喪은 自庶人으로 上達乎天子하니 蓋以子於父母喪服엔 無貴賤之分하여 一而已니 貴不敵親也라
祭禮는 殺(쇄)於下而上致其隆하고 喪禮는 詳於下而上有

所略이라 此皆周公之成德而述武之未盡述者也니 文又何憂哉리오 觀此면 而道之費隱을 可見矣리라

武王이 이에 天命을 받아 天子가 되실 때를 당하여 대개 이미 말년이 되었다. 무릇 文王을 계승한 바가 아직 다 갖춰지지 못하였는데, 周公이 이에 文王과 武王의 德을 이루어 그 펴고자 하신 효도의 마음을 펴시고, 그 넓히지 못한 은혜로운 마음을 넓혀서, 가깝게는 古公(古公亶父)을 太王으로 추존하시고 공계公季를 왕계王季로 추존하셔서, 그 신분은 王이 아니었으나 그 칭호는 王으로 높이셨고, 멀게는 조감組紺으로부터 위로 후직后稷에 이르기까지 모두 天子의 禮로써 祭祀하여, 그 왕으로 봉封해지지는 않았으나 그 흠향歆饗을 왕으로 하셨도다. 이러한 禮는 곧 人情의 지극함이니, 어찌 유독 天子만을 위해서 베풀었으리오?

아래로 제후諸侯와 大夫 및 士와 서인庶人에 이르기까지 모두 분수에 따라 스스로 다하게 하셨다. 예를 들어 아버지가 大夫가 되고 자식이 士가 되면, 장사葬事는 곧 大夫로 하되 제사祭祀는 곧 士로 하는 것은 폄하貶下함이 아니며, 예를 들어 아버지가 士가 되고 자식이 大夫가 되면, 장사葬事는 곧 士로 하되 제사祭祀는 곧 大夫로 하는 것은 참람僭濫함이 아니니, 葬事에는 죽은 자를 따르고 祭祀에는 산 자를 따르는 것은 天下의 널리 통하는 禮이다.

이에 다시 상복喪服의 제도가 있어서 기년상期年喪은 서인庶人으로부터 위로 大夫에 이르러서 그치니, 친족 간의 親함이 벼슬의 貴함을 대적하지 못하는 것이다. 三年의 상喪은 서인庶人으로부터 위로 天子에게 이르니, 대개 자식이 父母의 喪服에 있어서 貴賤의 구분이 없이 한가지일 따름이니, 벼슬의 귀함이 친족 간의 親함을 대적하지 못하는 것

이다.

제례祭禮는 아래로는 감쇄減殺하고 위로는 그 융성함을 다하며, 상례喪禮는 아래로는 상세하고 위로는 간략한 바가 있다. 이는 모두 周公이 德을 이루어 武王이 다 계승하지 못한 것을 계승하신 것이니, 文王이 또한 무엇을 근심하시리오! 이를 살피면 道의 비費와 은隱을 가히 알지니라.

주해

- 孝思: 어버이에게 효도하려는 마음(생각).
  ≪詩 · 大雅 · 下武≫ 篇에 나온다. "永言孝思, 孝思維則." 이에 대해 毛傳에 "則其先人也."라고 했고, 鄭玄의 箋에 "長我孝心之所思. 所思者其維則三後之所行. 子孫以順祖考爲孝."라고 풀이했다. 則(법칙 칙)
- 恩意: 은정恩情 또는 감정.
  ≪儀禮 · 빙례聘禮≫ 篇에 나온다. "燕與羞, 俶獻無常數," 이에 대해 鄭玄의 註에 "≪聘義≫ 所謂時賜無常數, 由恩意也."라고 했다. 羞(부끄러울 수) 俶(비롯할 숙) 賜(줄 사)
- 貶(떨어뜨릴 폄) 僭(참람할 참) 殺(줄일 쇄) 隆(클 융)

右는 第十八章이라

右는 第18章이다.

第十九章　達孝

子曰 武王周公은 其達孝矣乎신저

孔子 가라사대 "무왕武王과 주공周公은 그 달효達孝이신지!"

達은 通也라 承上章而言武王 周公之孝는 乃天下之人이 通謂之孝니 猶孟子之言達尊也라

'달達'은 통함이다. 上章을 이어 武王과 周公의 孝는 이에 천하의 사람들이 통칭通稱하여 효孝라고 이르니, 孟子가 달존達尊이라고 말한 것과 같다.

주해

- 達尊: 모든 사람들이 함께 존중하는 것. 곧 관작官爵, 나이, 德 세 가지를 말한다.
  ≪孟子 · 公孫丑下≫에 나온다. "天下有達尊三, 爵一, 齒一, 德一. 朝廷莫如爵, 鄕黨莫如齒, 輔世長民莫如德, 惡得有其, 以慢其二哉" 이에 대해 조기趙岐의 註에 "三者, 天下之所通尊也."라고 했다. 爵(벼슬 작) 齒(나이 치) 惡(어찌 오) 慢(거만할 만)
  西山眞氏가 말했다. "人君, 以光祖宗遺後嗣爲孝. 舜孝如天之不可名, 故曰大. 武王周公之孝, 天下稱之無異辭, 故曰達."(大全註疏) 嗣(이을 사)

【備旨】

子思ㅣ引夫子稱武周之孝하사 以明費之大也라
夫子ㅣ有曰 人君은 以光祖宗貽後嗣爲孝하나니 惟我武

王周公之孝는 其天下稱之에 無有異辭者乎이신저

子思가 夫子께서 무왕武王과 주공周公의 孝를 칭찬하신 것을 인용하여 비費가 큰 것을 밝힌 것이다.

夫子께서 두어 가라사대 "人君은 조종祖宗을 빛내고 후사後嗣를 남기는 것으로써 孝를 삼는 법이니, 오직 우리 무왕武王과 주공周公의 孝는 그 천하가 칭송하여 다른 말을 하는 자가 없을 것인 저!

주해

- 祖宗: '조상祖上' 또는 '조선祖先'. 특히 帝王의 조선祖先을 말한다.
  ≪禮記 · 祭法≫에 나온다. "(殷人)祖契而宗湯, (周人)祖文王而宗武王."
  契(사람이름 설)
  ≪漢書 · 張湯傳≫에도 나온다. "國家承祖宗之業, 制諸侯之重, 新失大將軍, 宜宣章盛德以示天下, 顯明功臣以塡藩國." 塡(메울 전) 藩(지킬 번)
- 嗣(이을 사) 貽(남길 이)

夫孝者는 善繼人之志하며 善述人之事者也니라

무릇 효孝라는 것은 사람의 뜻을 잘 계승繼承하며, 사람의 일을 잘 전술傳述하는 것이니라.

上章言 武王이 纘大王王季文王之緖하여 以有天下하시

고 而周公이 成文武之德하여 以追崇其先祖하시니 此ㅣ 繼志述事之大者也라

下文은 又以其所制祭祀之禮ㅣ通於上下者로 言之라

上章에서 무왕武王이 태왕太王과 왕계王季와 문왕文王의 실마리를 이어서 천하를 두시고, 주공周公이 문왕文王과 무왕武王의 德을 이루어 그 선조를 추숭追崇하시니, 이것이 뜻을 계승繼承하고 일을 전술傳述하는 큰 것이다.

下文은 또 그 제정한 제사祭祀의 禮가 上下에 통한 것으로 말했다.

주해

- 善繼人之志: '前人들의 뜻을 잘 계승繼承하다.' '繼'는 '승계承繼'의 뜻이다. '人'은 '前人'이다. 善(잘할 선) 繼(이을 계) 承(이을 승)
  "善有委曲變通意. 繼是承繼. 人指前人. 志是存諸心."(四書備旨補註) 委(맡길 위) 曲(굽을 곡)
  西山眞氏가 말했다. "當持守而持守, 固繼述也. 當變通而變通, 亦繼述也."(大全註疏)
- 善述人之事: '前人들의 일을 잘 전술傳述하다.' '述'은 '전술傳述'의 뜻이다.
  "述是傳述. 事是發於外."(四書備旨補註)
- 追崇: 죽은 자에게 봉호封號를 추존追尊함. 追(쫓을 추) 崇(높일 숭)
  ≪梁書·侯景傳≫에 나온다. "景又矯蕭棟詔, 追崇其祖爲大將軍, 考爲丞相." 矯(바로잡을 교) 蕭(맑은대쑥 소) 棟(용마루 조) 詔(고할 조) 丞(도울 승)
  唐나라 유지기劉知幾의 ≪史通·稱謂≫에도 나온다. "至如元氏起於邊朔, 其君乃一部之酋長耳, 道武追崇所及, 凡二十八君." 朔(초하루 삭) 酋(두목 추) 崇(높일 숭)

【備旨】

夫所謂孝者ㅣ何哉오
凡前人有志未逮而成就之爲繼니 不必前人在日有此志로되 而吾之所存이 合天則隔世相感이니 是爲善繼人之志요
前人有事可法而遵行之爲述니 不必前人在日有此事로되 而吾之所爲ㅣ當可則易地皆然이니 是爲善述人之事也라
武周ㅣ非達孝而何오

무릇 이른바 孝라는 것이 무엇인가?
대범 前人에게 이루지 못한 뜻이 있어 그것을 성취하면 '繼承'이 되니, 반드시 前人이 살아생전에 이 뜻을 둔 것이 아니지만 내가 보존한 바가 하늘의 뜻과 부합되면 곧 동시대에 살지 않아도 서로 감응이 되니, 이것이 前人의 뜻을 잘 계승繼承하는 것이다.
前人에게 가히 法으로 삼을 만한 일이 있어 그것을 좇아 행하면 '전술傳述'이 되니, 반드시 前人이 살아생전에 이 일을 둔 것이 아니지만 내가 행한 바가 可함에 합당하면 곧 처지를 바꾸어도 모두 그렇게 하니, 이것이 前人의 일을 잘 전술傳述하는 것이다. 그러므로 武王과 周公이 달효達孝가 아니고 무엇이리오?

주해

- 未逮: 미치지 못하다. 이루지 못하다. '불급不及'과 같다. 逮(미칠 체) 明나라 심덕부沈德符의 ≪야획편野獲編 · 과장科場 · 조달早達≫에 나온다. "鈗以紈袴起家, 被遇三朝, 富貴安樂, 優遊林下, 則二公所未逮也." 鈗(병기 윤) 紈(흰비단 환) 袴(바지 고)
- 隔世: 동시대에 살지 않음. 隔(떨어질 격)

● 遵行: 그대로 좇아서 행함. 遵(좇을 준)
≪梁書 · 徐勉傳≫에 나온다. "主者其按以遵行, 勿有失墜." 墜(떨어질 추)

春秋에 修其祖廟하며 陳其宗器하며 設其裳衣하며 薦其時食이니라

봄과 가을에 그 조묘祖廟를 청소하며, 그 종기宗器를 진열하며, 그 의상衣裳을 펴놓으며, 그 시식時食을 바치느니라.

祖廟는 天子七이요 諸侯五요 大夫三이요 適士二요 官師一이라 宗器는 先世所藏之重器니 若周之赤刀 大訓 天球 河圖之屬也라 裳衣은 先祖之遺衣服이니 祭則設之以授尸也라 時食은 四時之食이 各有其物하니 如春行羔豚膳膏香之類ㅣ是也라

'조묘祖廟'는 천자天子가 일곱이요, 제후諸侯가 다섯이요, 대부大夫가 셋이요, 적사適士가 둘이요, 관사官師가 하나이다. '종기宗器'는 先世에 간직한 중요한 그릇이니, 주周나라의 적도赤刀 · 대훈大訓 · 천구天球 · 하도河圖와 같은 등속이다. '상의裳衣'은 선조가 남긴 衣服이니, 제사지내면 곧 펼쳐서 시동尸童에게 준다. '시식時食'은 四時에 먹는 것이 각각 그 물건이 있으니, 예를 들어 봄에 양과 돼지를 쓰되 쇠기름으로 요리를 한다는 類가 이것이다.

주해

- 修其祖廟: 그 조묘祖廟를 청소하다. '수修'는 '물뿌리고 쓸고 닦는다'는 뜻이다. '조묘祖廟'는 조상에게 제사지내는 사당이다. 廟(사당 묘)
新安陳氏가 말했다. "先王先公, 有廟有祧, 廟則有司修除, 祧則守祧黝堊, 此修其祖廟也."(大全註疏) 祧(조묘 조) 黝(검푸를 유) 堊(백토 악)
- 陳其宗器: 그 종기宗器를 진열하다. '진陳'은 '진열陳列'이다. '종기宗器'는 제기祭器이다. 陳(늘어놓을 진)
- 設: 펴놓다, 배열하다. '파설擺設'의 뜻이다. 擺(배열할 파)
- 薦: 올리다. 바치다. '공헌供獻' 또는 '진헌進獻'의 뜻이다. 薦(올릴 천) 獻(바칠 헌)
- 時食: 제철에 맞는 신선한 음식.
- 適士: 上士. 곧 大夫 보다 낮고 中士보다 높은 벼슬. 適(맏아들 적)
≪禮記·祭法≫에 나온다. "適士二廟一壇." 이에 대해 鄭玄의 註에 "適士, 上士也."라고 했고, 손희단孫希旦의 ≪禮記集解≫에 "愚謂適士, 謂大宗世適爲士者也."라고 했다. 壇(단 단)
- 官師: 하급 관리. '백관百官'과 같다.
≪禮記·祭法≫에 나온다. "官師一廟." 이에 대해 鄭玄의 註에 "官師, 中士下士庶士府史之屬."이라 했다.
≪國語·吳語≫에도 나온다. "陳士卒百人, 以爲徹行百行, 行頭皆官師, 擁鐸拱稽." 이에 대해 위소韋昭의 註에 "下言十行一嬖大夫, 此一行宜爲士. ≪周禮≫ 百人爲卒, 卒長皆上士."라고 했다. 擁(안을 옹) 鐸(방울 탁) 拱(두손맞잡을 공) 稽(상고할 계) 嬖(사랑할 폐)
- 赤刀: 武王이 주紂를 정벌할 때 쓰던 붉은 칼. 赤(붉을 적)
≪書·고명顧命≫ 篇에 나온다. "越玉五重, 陳寶, 赤刀 大訓 弘璧 琬琰在西序." 이에 대해 공영달孔穎達의 疏에 "上言陳寶, 非寶則不得陳之, 故知赤刀爲寶刀也."라고 했다. 璧(둥근옥 벽) 琬(홀 완) 琰(옥갈 염)
- 大訓: 선왕先王과 성철聖哲의 교훈. 곧 삼황오제三皇五帝의 書나 文武의 훈고訓誥를 말한다.
≪書·고명顧命≫ 篇에 나온다. "嗣守文武大訓, 無敢昏逾." 이에 대해

孔傳에 "言奉順繼守文武大教, 無敢昏亂逾越."이라 했다. 嗣(이을 사) 逾(넘을 유)

● 天球: 하늘색이 나는 玉의 이름. 곧 '선기옥형璿璣玉衡'을 말한다. 璿(아름다운 옥 선) 璣(구슬 기) 衡(저울대 형)
≪書 · 고명顧命≫ 篇에 나온다. "大玉 夷玉 天球 河圖, 在東序." 이에 대해 손성연孫星衍이 鄭玄의 說을 인용하여 "天球, 雍州所貢之玉, 色如天者."라고 했고, 또 마융馬融의 說을 인용하여 "球, 玉磬."이라고 풀이했다. 雍(온화할 옹) 貢(바칠 공) 磬(경쇠 경)

● 河圖: 하도河圖의 이름을 따서 만든 종기宗器. '河圖'는 복희씨伏羲氏때 황하에서 나온 용마龍馬의 등에 그려진 도형으로 伏羲氏가 이를 보고 周易의 八卦를 그렸다고 함. 伏(엎드릴 복) 羲(숨 희)
≪書 · 고명顧命≫ 篇에 나온다. "大玉 夷玉 天球 河圖, 在東序." 이에 대해 孔傳에 "伏犧王天下, 龍馬出河, 遂則其文以畫八卦, 謂之河圖."라고 했다.

● 尸童: 옛날 제사를 지낼 때 신위(神位) 대신 그 자리에 앉히던 어린아이. 尸(주검 시) 童(아이 동)

● 行羔豚膳膏香: '양과 돼지고기를 쓰되 쇠기름으로 요리한다.' '行'은 '用'과 같다. '고향膏香'은 고대 八代 조미료의 하나인 쇠기름을 말하며, '고향膏薌'과 같다. 羔(흑양 고) 豚(돼지 돈) 膳(요리할 선) 膏(기름 고) 香(향기 향) 薌(향기 향)
≪周禮 · 天官 · 포인庖人≫ 篇에 나온다. "凡用禽獻, 春行羔豚, 膳膏香." 이에 대해 鄭玄이 정사농鄭司農의 說을 인용하여 "膏香, 牛脂也."라고 했다. 庖(부엌 포) 禽(날짐승 금) 獸(짐승 수) 脂(기름 지)
≪禮記 · 내칙內則≫ 篇에도 나온다. "春宜羔豚, 膳膏薌." 이에 대해 鄭玄의 註에 "牛膏薌."이라 했고, 공영달孔穎達의 疏에 "膏薌, 牛膏也."라고 했다. 薌(향기 향)
格庵趙氏가 말했다. "四時之食, 各有其勿, 以奉人者薦神, 蓋以生事之也. 羔稚羊. 豚稚豕, 嫩而肥. 故春用之. 香, 謂牛膏也, 調膳之物, 各以物之所便而和之."(大全註疏) 稚(어릴 치) 嫩(어릴 눈)

【備旨】

然이나 繼述之善이 豈徒纘先緖成先德已哉리오 以其祀典之通於上者로 言之컨대 時維春秋에 祀事肇擧하니 於是에 修飭其所祭之祖廟는 致嚴潔也요 陳列其先世所藏之宗器는 示能守也요 至若先祖所遺有裳與衣는 則設其裳衣以授尸는 不惟使神有所依라 亦以繫如在之思也요 四時之食이 各有物하니 則薦其時食하여 以告虔은 不惟使神有所享이라 亦以告時序之變也라

武周之因時盡禮ㅣ何莫非體先王之志事而繼述之哉아

그러나 계승繼承과 전술傳述을 잘하는 것이 어찌 다만 선조의 실마리를 잇고 선조의 德을 이루는 것일 뿐이리오?

그 제사지내는 의례儀禮가 위에까지 통용되는 것으로 말하건대, 때가 봄과 가을이 되면 제사지내는 일이 비로소 거행되니, 이에 그 제사지낼 조묘祖廟를 보수하고 단정히 하는 것은 엄숙하고 청결함을 지극히 함이요, 그 先世가 소장所藏한 종기宗器를 진열陳列하는 것은 능히 지킴을 보임이요, 先祖가 남기신 의상衣裳과 같은 경우는 곧 그 衣裳들을 펼쳐서 시동尸童에게 주니, 오직 神으로 하여금 의지한 바가 있게 할 뿐만 아니라 또한 살아 계신 듯한 생각을 하게 함이요, 四時에 먹는 것이 각각 물건이 있으니, 곧 제철에 맞는 음식을 올려서 경건히 告하는 것은 오직 神으로 하여금 흠향歆饗할 바가 있게 할 뿐만 아니라 또한 시서時序의 변화를 告하는 것이다.

무왕武王과 주공周公이 때로 인하여 禮를 다함이, 어찌 先王의 뜻과 일을 체현體現하여 그것을 계승하고 전술傳述한 것이 아니리오!

주해

- 繼述: 前人(조상, 선조)의 실마리를 계승繼承하고 일을 傳述함.
- 祀典: 제사祭祀지내는 의례儀禮, 또는 祭祀의 儀禮를 기록한 전적典籍. 여기서는 前者의 뜻으로 쓰였다.
  南朝의 宋나라 안연지顔延之의 ≪皇太子釋奠會作詩≫에 나온다. "敬躬祀典, 告奠聖靈." 奠(제사지낼 전) 躬(몸 궁)
  ≪國語 · 魯語上≫에 나온다. "凡禘郊祖宗報, 此五者國之典祀也…… 非是, 不在祀典." 禘(종묘제사이름 체)
- 修飭: 언행을 삼가서 禮義에 어긋나지 않게 하다. 또는 보수하고 단정하게 하다. 여기서는 後者의 뜻으로 쓰였다. 飭(신칙할 칙)
  宋나라 증민행曾敏行의 ≪독성잡지獨醒雜志≫ 八卷에 나온다. "師道因得於城上修飭備禦之具, 敵屢進攻皆卻." 醒(깰 성) 禦(막을 어) 屢(자주 루) 卻(물리칠 각)
- 莫非: '~아님이 없다', '혹시 ~이 아니리오?' '난도難道'와 같다. 莫(없을 막)
- 時序: 사시四時 변화의 차례.
- 肇(비로소 조) 繫(맬 계) 虔(정성 건)

宗廟之禮는 所以序昭穆也요 序爵은 所以辨貴賤也요 序事는 所以辨賢也요 旅酬에 下爲上은 所以逮賤也요 燕毛는 所以序齒也니라

종묘宗廟의 禮는 소昭와 목穆을 차례로 하는 바요, 관작官爵을 차례로 하는 것은 귀貴와 천賤을 분변分辨하는 바요, 일을 차례로 하는 것은 어진 이를 분변分辨하는 바요, 여럿이 술을 권할 때 아랫사람이 윗사람을 위하는 것은 천賤한 자까지 미치는 바요, 잔치에 모발毛

髮로 하는 것은 나이를 차례로 하는 바이니라.

宗廟之次는 左爲昭요 右爲穆 而子孫이 亦以爲序하여 有事於太廟면 則子姓兄弟 羣昭羣穆이 咸在而不失其倫焉이라 爵은 公侯卿大夫也라 事는 宗祝有司之職事也라 旅는 衆也라 酬는 導飮也라 旅酬之禮에 賓弟子 兄弟之子ㅣ各擧觶於其長 而衆相酬하니 蓋宗廟之中에 以有事爲榮이라 故로 逮及賤者하여 使亦得以申其敬也라 燕毛는 祭畢而燕 則以毛髮之色으로 別長幼 爲坐次也라 齒는 年數也라

종묘宗廟의 차례는 左는 소昭가 되고 右는 목穆이 되어, 子孫이 또한 차례로 삼아 태묘太廟에 제사지내는 일이 있으면 곧 자손과 兄弟의 여러 소昭와 여러 목穆이 모두 있어 그 차례를 잃지 않는다. '작爵'은 공公·후侯·경卿·대부大夫이다. '사事'는 종축宗祝과 유사有司가 맡은 일이다.

'여旅'는 모두이다. '수酬'는 이끌어 마시는 것이다. '여수旅酬'의 禮에 빈객賓客의 弟子와 형제의 아들들이 각각 그 어른께 술잔을 올려 모두가 서로 술을 권하니, 대개 종묘宗廟의 가운데에서는 일이 있는 것을 영화로 삼는다. 그러므로 천賤한 자까지 미쳐 또한 그 공경함을 펴게 하는 것이다. '연모燕毛'는 제사가 끝나고 잔치를 하면 곧 모발毛髮의 色으로 長幼를 분별해서 앉는 차례를 삼는 것이다. '치齒'는 年數(나이)이다.

주해

- 昭穆: 종묘宗廟나 조묘祖廟에서 위패를 모시는 자리. 좌측은 소昭가 되고, 우측은 목穆이 된다. 昭(신주차례 소) 穆(사당차례 목)
  "昭穆是祖考位次. 左爲昭, 取陽明之義. 右爲穆, 取陰幽之義. 此是因死者之位次而序生者之昭穆."(四書備旨補註) 幽(그윽할 유)
- 旅酬: 제사가 끝난 후 여럿이 서로 술을 권함. 旅(모두 여) 酬(수작할 수)
- 下爲上: 아랫사람이 윗사람을 위하다. '下'는 형제의 子弟와 빈객의 子弟이다. '上'은 형제와 빈객賓客 중의 어른이다.
- 逮賤: 천賤한 자에까지 미치다. '천賤'은 나이가 어린 자이다. 逮(미칠 체) 賤(천할 천)
- 燕毛: 잔치에 모발의 색깔로 자리를 정하다. '연燕'은 '연宴'과 같다. 燕(잔치 연) 宴(잔치 연)
- 序齒: 나이를 차례로 하다. 齒(나이 치)
  新安陳氏가 말했다. "辨貴賤, 以爵序也. 辨賢, 以德序也. 序齒, 以齒序也. 達尊三, 亦見於祭禮中者 l 如此."(大全註疏)
- 子姓: 자손.
- 宗祝: 제사를 주관하는 '종백宗伯'과 '태축太祝'을 말한다. '종宗'은 宗伯과 宗人으로 나뉘고, '축祝'은 大祝과 小祝으로 나뉜다.
  ≪일주서逸周書 · 극은克殷≫ 篇에 나온다. "(武王)乃命宗祝崇賓饗禱之於軍, 乃班." 이에 대해 공조孔晁의 註에 "宗祝, 主祀."라고 했고, 주우증朱右曾의 ≪교석校釋≫에 "宗祝, 主祭祀之官."이라 했다.
  ≪國語 · 周語中≫에도 나온다. "敵國賓至……門尹除門, 宗祝執祀, 司裏授館." 이에 대해 위소韋昭의 註에 "宗, 宗伯. 祝, 太祝也."라고 했다. 崇(높일 숭) 饗(잔치할 향) 禱(빌 도)
  新安陳氏가 말했다. "宗, 宗伯宗人之屬. 祝, 大祝小祝也. 並見周禮. 祭祀, 以任職事爲賢, 次序與祭之職事, 所以辨其人之賢也."(大全註疏)
- 賓弟子, 兄弟之子: 빈객賓客의 아우와 자식들, 그리고 자기 형제의 자식들. 곧 '빈객賓客'은 지손支孫의 손님들을 말하고, '兄弟之子'는 자신의 조카들을 말한다.
- 群(무리 군) 侯(제후 후) 卿(벼슬 경) 導(이끌 도) 觶(술잔 치)

【備旨】

又以其祀典之通於下者로 言之컨대 祭於宗廟에 同姓畢集하여 其班次之禮는 乃所以序其孰爲昭孰爲穆이니 親親使不紊也요 至於異姓助祭에 外服公侯伯子男과 內服卿大夫士를 序之以爵은 乃所以辨其孰爲貴孰爲賤이니 貴貴使不越也요 同姓異姓이 各有職事하여 序以所司는 乃所以辨其德行威儀與駿奔之能이니 賢賢使不掩也요
迨祭將畢飮福酒하여는 同姓兄弟ㅣ獻異姓賓하고 賓酢兄弟하며 又復酬衆人하여 交錯以徧이 是爲旅酬니 則賓兄弟在下之子弟ㅣ各爲在上者擧觶은 乃所以逮及賤者니 幼幼使伸敬也요 祭已畢에 異姓賓退어든 獨燕同姓於私寢하여 以示恩惠하니 此時에 不論爵之崇卑하고 但以毛髮辨位次는 所以於昭穆中에 各序年齒니 老老以加敬也라 武周之因禮盡制ㅣ又何莫非禮先王之志事而繼述之哉아

또 그 제사지내는 의례儀禮가 아래에 통용되는 것으로 말하건대, 종묘宗廟에 제사지낼 때 同姓의 친척들이 모두 모여 그 반차班次하는 禮는 이에 그 누가 소昭가 되고 누가 목穆이 되는가를 차례하는 바이니, 친척을 친하게 대해서 문란紊亂하지 않게 함이요,
이성異姓의 친척들이 제사를 도와주는데, 왕기王畿 밖의 공후백자남公侯伯子男과 왕기王畿 내의 경卿·대부大夫·사士를 관작官爵으로 차례하는 것은 이에 그 누가 귀하고 누가 천한가를 분별하는 바이니, 귀한 이를 귀하게 여겨 넘보지 못하게 함이요,

동성同姓과 이성異姓의 친척들이 각각 맡은 일이 있어 맡은 바로써 차례하는 것은 이에 그 덕행德行과 위의威儀와 준분駿奔의 능력을 분별하는 바이니, 어진 자를 어질게 대하여 가리지 않게 함이요,

제사를 장차 마치고 복주福酒를 마실 때에는 同姓의 兄弟가 異姓의 빈객賓客에게 술을 드리고, 賓客이 형제에게 술을 따르며, 또 다시 모든 사람들에게 술을 권하여 두루 서로 섞어가며 권하는 것이 이 여수旅酬가 되니, 곧 빈객賓客과 형제들의 손아래 자식과 아우들이 각각 윗사람을 위해 잔을 올리는 것은 곧 천賤한 자까지 미치게 하는 바이니, 어린애를 어린애답게 대하여 공경을 펴게 함이요,

제사를 이미 마치고 異姓의 賓客들이 물러가면, 다만 사사로운 자리에서 同姓의 친척에게 잔치를 베풀어 은혜를 나타내니, 이 때에 관작官爵의 높고 낮음을 논하지 않고 다만 모발毛髮로써 자리를 변별하는 것은 소昭와 목穆의 가운데에 각각 나이를 차례하는 바이니, 노인을 노인으로 대하여 공경을 더하는 것이다.

武王과 周公이 禮로 인하여 제도를 다함이, 어찌 先王의 뜻과 일을 체현體現하여 그것을 계승하고 전술傳述한 것이 아니리오!

주해

- 班次: 관원官員의 품계에 따라 배열하는 차례. '반열班列'과 같다. 班(나눌 반)
  ≪後漢書 · 정홍전鄭弘傳≫에 나온다. "時擧將 第五倫 爲司空, 班次在下, 每正朔朝見, 弘曲躬而自卑." 朔(초하루 삭) 躬(몸 궁)
- 外服: 고대에 왕기王畿 밖의 지역. 곧 경도京都 이외의 지역이나 변방 지역을 말한다. 畿(경기 기)
  ≪書 · 주고酒誥≫ 篇에 나온다. "越在外服, 侯甸男衛邦伯. 越在內服, 百僚庶尹, 惟亞惟服, 宗工, 越百姓裏居, 罔敢湎於酒." 이에 대해 孔傳에 "於在外國侯服, 甸服, 男服, 衛服, 國伯諸侯之長."이라 했다. 甸(경

기 전) 越(넘을 월) 僚(벼슬아치 료) 湎(빠질 면)

- 內服: 고대에 왕기王畿 이내의 지역.
  앞의 ≪書 · 주고酒誥≫ 篇의 내용에 대해 孔傳에 "於在內服治事百官衆正及次大夫, 服事尊官亦不自逸."이라 했다.
- 駿奔: 급하고 분주하게 달림. 곧 일을 빨리 처리하는 능력을 말한다. '준분駿犇'와 같다. 駿(준마 준) 犇(달아날 분)
  ≪後漢書 · 章帝紀≫에 나온다. "駿奔郊畤, 咸來助祭." 畤(재터 치) 咸(모두 함)
- 紊(어지러울 문) 掩(가릴 엄) 迨(미칠 태) 酢(잔돌릴 작) 徧(두루 편) 伸(펼 신)

踐其位하여 行其禮하며 奏其樂하며 敬其所尊하며 愛其所親하며 事死如事生하며 事亡如事存이 孝之至也니라

그(先王) 지위地位를 밟아 그(先王) 禮를 행하며, 그 풍악風樂을 연주하며, 그 높이시던 바를 공경恭敬하며, 그 친하시던 바를 사랑하며, 죽은 이 섬기기를 살아있는 이 섬기듯이 하며, 亡한 이 섬기기를 있는 이 섬기듯이 하는 것이 孝의 지극함이니라.

踐은 猶履也라 其는 指先王也라 所尊所親은 先王之祖考子孫臣庶也라 始死를 謂之死요 旣葬則曰 反而亡焉이니 皆指先王也라

此는 結上文兩節이니 皆繼志述事之意也라

'천踐'은 밟음과 같다. '기其'는 先王을 가리킨다. '소존所尊'과 '소친所親'은 先王의 조고祖考와 자손子孫과 여러 신하들이다. 비로소 죽은 것을 '사死'라 이르며, 이미 장사지내면 곧 '돌아가시고 안계시다'라고 말하니, 모두 先王을 가리킨다.
이는 上文의 兩節을 맺은 것이니, 모두 先王의 뜻을 계승繼承하고 일을 전술傳述하는 뜻이다.

주해

● 踐其位, 行其禮: 그(先王) 地位를 밟아 그(先王) 禮를 행하다. '천기위踐其位'는 '先王의 자리에 오르다'는 뜻이다. '其'는 先王이다. 踐(밟을 천)
雙峯饒氏가 말했다. "踐其位三句, 是善述事. 敬所尊二句, 是善繼志."(大全註疏)
新安陳氏가 말했다. "善繼志述事, 至於如此, 所以爲孝之至也."(大全註疏)
● 祖考: 할아버지와 아버지. 祖(할아비 조) 考(아비 고)
● 奏(연주할 주) 亡(죽을 망) 履(밟을 리) 葬(장사지낼 장)

【備旨】

由此而觀컨대 可以知其繼述之善矣라
蓋先王이 對越祖考에 必有位하니 至武周之時하여 侯王不同位矣라 然이나 踐其所當踐하니 是는 卽踐先王之位요 先王이 祼獻祖考에 必有禮하니 至武周之時하여 侯王不同禮矣라 然이나 行其所當行하니 是는 卽行先王之禮요 先王이 殷薦祖考에 必有樂하니 至武周之時하여 侯王不同樂矣라 然이나 奏其所當奏하니 是는 卽奏先王之樂

이라

先王之所尊者는 祖考也니 武周則春秋備擧하여 用致誠恪하여 以敬先王之所尊하며 先王之所親者는 子孫臣庶也니 武周則宗廟大享하고 合展歡心하여 以愛先王之所親하니 是先王雖死로되 而武周ㅣ事之如生焉이며 先王雖亡이나 而武周ㅣ事之如存焉이니 眞可謂善繼善述而爲孝之至者也니 非達孝而何오

이로 말미암아 살피건대 가히 그 계승繼承과 전술傳述의 일을 잘했다는 것을 알 수 있다.

대개 先王이 祖考를 대함에 반드시 位가 있으니, 무왕武王과 주공周公의 때에 이르러 제후諸侯와 王의 지위가 같지 않게 되었다. 그러나 그 마땅히 밟아야 할 곳을 밟으니 이는 곧 先王의 地位에 오르는 것이요, 先王이 할아버지와 아버지에게 관헌祼獻을 드리는데 반드시 禮가 있으니, 武王과 周公의 때에 이르러 제후諸侯와 왕의 禮가 같지 않았다. 그러나 그 마땅히 행할 바를 행하니 이는 곧 先王의 禮를 행한 것이요, 先王이 할아버지와 아버지에게 성대히 제사를 올리는데 반드시 음악이 있으니, 武王과 周公의 때에 이르러 제후諸侯와 王의 음악이 같지 않았다. 그러나 그 마땅히 연주할 바를 연주하니 이는 곧 선왕의 음악을 연주한 것이다.

先王이 높이신 바는 할아버지와 아버지이니, 武王과 周公은 곧 봄과 가을에 빠짐없이 제사를 거행하여 정성과 삼감을 다하여 先王이 높이신 바를 공경하며, 先王이 親하시던 바는 子孫과 많은 신하이니, 武王과 周公은 곧 종묘宗廟에 크게 제사지내고 합하여 환심歡心을 펴

서 先王이 親하시던 바를 사랑하니, 이는 先王이 비록 죽었으나 武王과 周公이 살아 있는 것과 같이 섬긴 것이며, 先王이 비록 없으나 武王과 周公이 계시는 것 같이 섬긴 것이니, 진실로 가히 계승을 잘하고 전술傳述을 잘하여 孝의 지극함이 되었다고 이를 만하니, 달효達孝가 아니고 무엇이리오?

주해

- 對越: 신하가 人君의 하사下賜에 대해 사례謝禮하고 찬미讚美하다. '대양對揚'과 같다. 越(선양할 월) 揚(칭송할 양)
  ≪詩 · 周頌 · 淸廟≫에 나온다. "濟濟多士, 秉文之德. 對越在天, 駿奔走在廟." 이에 대해 王引之의 ≪經義述聞 · 毛詩下≫에 "'對越在天'與'駿奔走在廟'相對爲文. '對越'猶對揚, 言對揚文武在天之神也……揚, 越一聲之轉."이라 풀이했다.
  '대양對揚'이란 말은 ≪書 · 說命下≫에 나온다. "敢對揚天子之休命." 이에 대해 孔傳에 "對, 答也. 答受美命而稱揚之."라고 풀이했다. 秉(잡을 병) 駿(준마 준) 奔(달릴 분)
- 祼獻: 고대 제왕이 제사를 지낼 때 땅에 울창주鬱鬯酒를 따르고 희생犧牲을 신에게 바치는 의례儀禮. '관례祼禮'와 같다. 祼(강신제 관) 獻(바칠 헌) 鬱(성할 울) 鬯(울창주 창) 犧(희생 희) 牲(희생 생)
  ≪周禮 · 天官 · 內宰≫에 나온다. "大祭祀, 後祼獻則瓚, 瑤爵亦如之." 이에 대해 鄭玄의 註에 "謂祭宗廟. 王旣祼而出迎牲, 後乃從後祼也……獻, 謂王薦腥薦孰, 後亦從後獻也."라고 했고, 손이랑孫詒讓의 ≪正義≫에 "凡祼亦通謂之獻. 故 ≪祭統≫ 以祼爲獻之屬. ≪內宰≫ 亦云祼獻是也……此經於饗不云祼者, 亦以祼獻通言不別也."라고 했다. 瓚(제기 찬) 瑤(아름다운옥 요) 詒(보낼 이)
  ≪書 · 낙고洛誥≫에도 나온다. "王入太室祼." 이에 대해 공영달孔穎達의 疏에 "淸廟, 神之所在. 故王入太室祼獻鬯酒以告神也."라고 풀이했다. 獻(바칠 헌)

● 殷薦: 성대히 상제上帝께 제사지내다. 殷(성할 은) 薦(올릴 천)
≪易·豫·象≫에 나온다. "先王以作樂崇德, 殷薦之上帝, 以配祖考." 崇(높일 숭)

● 誠愨: 정성스럽고 엄숙하다. 愨(삼갈 각)

● 大享: 先王들을 함께 제사지내는 제례祭禮. 享(제사지낼 향)
≪書·반경상盤庚上≫에 나온다. "玆予大享於先王, 爾祖其從與享之." 이에 대해 손성연孫星衍의 疏에 "大享, 卽 ≪禮記≫ 大饗也."라고 풀이했다. 玆(이 자) 爾(너 이) 饗(잔치할 향)

郊社之禮는 所以事上帝也요 宗廟之禮는 所以祀乎其先也니 明乎郊社之禮와 禘嘗之義면 治國은 其如示諸掌乎인저

교郊와 사社의 禮는 上帝를 섬기는 바요, 종묘宗廟의 禮는 그 선조에게 제사하는 바니, 교郊와 사社의 禮와 체禘와 상嘗의 義에 밝으면, 나라를 다스림은 그 손바닥을 보는 것과 같을 것인 저!

郊는 祀天이요 社는 祭地라 不言后土者는 省文也라 禘는 天子宗廟之大祭니 追祭太祖之所自出於太廟 而以太祖配之也라 嘗은 秋祭也니 四時皆祭어늘 擧其一耳라 禮必有義니 對擧之하여 互文也라 示는 與視同이니 視諸掌은 言易見也라
此ㅣ與論語文意로 大同小異하니 記有詳略耳라

'교郊'는 하늘에 제사함이요, '사社'는 땅에 제사함이다. 후토后土를 말하지 않은 것은 글을 생략한 것이다. '체禘'는 天子가 종묘宗廟에 지내는 큰 제사이니, 太祖가 부터 난 바를 태묘太廟에 추존하여 제사하고 太祖로서 배향配享한 것이다. '상嘗'은 가을 제사이니, 四時에 모두 제사하거늘 그 하나만 들었을 뿐이다. 禮에 반드시 義가 있으니, 對로 들어서 글을 보완한 것이다. '시示'는 '視'와 더불어 같으니, '손바닥을 본다'는 것은 쉽게 본다는 말이다.

이는 ≪論語≫의 글 뜻과 더불어 대동소이大同小異하니, 기록에 자상仔詳하고 소략疏略함이 있을 뿐이다.

주해

- 郊社: 하늘에 지내는 제사와 땅에 지내는 제사. '교郊'는 동지冬至에 하늘에 지내는 제사이고, '사社'는 하지夏至에 땅에 지내는 제사를 말한다. 郊(하늘제사 교) 社(땅제사 사)
- 禘嘗: 종묘宗廟제사와 가을제사. 禘(종묘제사이름 체) 嘗(가을제사 상)
  "禘是五年一擧之大祭. 嘗是四時中之秋祭."(四書備旨補註)
  朱子가 말했다. "游氏說, 郊社之禮, 所謂惟聖人爲能饗帝. 禘嘗之義, 所謂惟孝子爲能饗親, 意思甚周密."(大全註疏) 饗(잔치할 향) 甚(심할 심) 周(두루 주) 密(빽빽할 밀)
  張氏存中이 말했다. "禮記王制, 天子諸侯宗廟之祭, 春曰礿 夏曰禘 秋曰嘗 同曰烝, 此蓋夏殷之祭名. 周則改之, 春曰祀 夏曰礿 秋冬同, 詩小雅 曰禴祀烝嘗于先王, 此乃周四時祭宗廟之名也."(大全註疏) 礿(봄제사 약) 烝(겨울제사 증) 禴(종묘제사이름 약)
- 后土: 토지신, 또는 토지신에게 제사지내는 사단社壇.
  ≪周禮 · 春官 · 大宗伯≫ 篇에 나온다. "王大封, 則先告後土." 이에 대해 鄭玄의 註에 "後土, 土神也."라고 했다. ≪禮記 · 檀弓上≫에도 나온다. "君擧而哭於後土." 이에 대해 鄭玄의 註에 "後土, 社也."라고 했다. 封(봉할 봉) 哭(울 곡)

● 太祖之所自出: 太祖가 부터 난 바. '自出'은 '出自於'의 뜻으로 시조始祖를 말한다.
≪禮記 · 大傳≫에 나온다. "王者禘其祖之所自出."

● 掌(손바닥 장) 易(쉬울 이)

【備旨】

然이나 武周所制祭祀之禮는 不但此也라 統而言之컨대 有郊社之禮焉하여 冬至에 祀於圜丘하고 夏至에 祀於方澤은 果何爲哉아 蓋所以事上帝與后土 而答其生成之恩也며 有宗廟之禮焉하여 五年尊遠而禘하고 三月分薦而嘗은 果何爲哉아 蓋所以祀乎其先 而報其功德之隆也라 斯禮也與義也는 惟聖人制之며 亦惟聖人明之니 苟能明於郊社所以事上帝之禮와 與禘嘗所以祀先之義면 則理無不明하고 誠無不格하여 治國은 其如示諸掌乎인저
蓋幽明一理나 而幽爲難知하고 神人一道나 而神爲難格이니 旣能通於幽而感於神이면 則明而治人에 又何難之有리오 此ㅣ武周制作之精이니 所以益見其善繼善述而爲孝之達也라 道之費也ㅣ何如오

그러나 武王과 周公이 제정한 제사祭祀의 禮는 다만 이뿐만이 아니다. 통괄하여 말하건대, 교郊와 사社의 禮가 있어 동지冬至에 환구圜丘에서 제사하고 하지夏至에 방택方澤에서 제사하는 것은 과연 무엇 때문인가? 대개 상제上帝와 후토后土를 섬겨 그 낳고 이루어주는 은혜에 보

답하려는 바이다.

종묘宗廟의 禮가 있어 五年마다 먼 조상을 추존하여 체禘제사를 지내고, 석 달 마다 나누어 천신薦神하여 상嘗제사를 지내는 것은 과연 무엇 때문인가? 대개 그 先祖에게 제사하여 그 공덕功德의 융성함에 보답하려는 바이다.

이 禮와 義는 오직 성인聖人만이 제정하시며, 또한 오직 성인聖人만이 밝히시니, 진실로 능히 교郊와 사社에서 上帝를 섬기는 禮와 체禘와 상嘗에서 先祖께 제사하는 義에 밝으면, 곧 이치가 밝혀지지 않음이 없고, 정성이 이르지 않음이 없어서, 나라를 다스리는 일은 그 마치 손바닥을 보는 것과 같을 것인 저!

대개 어둡고 밝음은 한 가지 이치이나 유幽는 알기 어렵고, 神과 사람은 한 가지 道이나 神은 이르게 하기 어렵다. 이미 능히 유幽에 통달하고 神을 감응시킬 수 있으면 곧 밝아져서 사람을 다스리는데 또한 무슨 어려움이 있으리오!

이는 武王과 周公이 예악禮樂을 제정함이 정밀한 것이니, 그 계승을 잘하고 전술傳述을 잘하여 달효達孝를 이루었음을 더욱 잘 알 수 있다. 道의 비費함이 어떠하리오!

주해

- 圜丘: 고대 제왕이 冬至에 하늘에 제사지내던 곳. 圜(두를 환) 丘(언덕 구) ≪周禮 · 春官 · 大司樂≫에 나온다. "冬日至, 於地上之圜丘奏之." 이에 대해 가공언賈公彦의 疏에 "土之高者曰丘, 取自然之丘. 圜者, 象天圜也."라고 했다. 奏(아뢸 주)
- 方澤: 고대 제왕이 하지夏至에 땅귀신에게 제사지내던 방정方正한 단壇. 연못 가운데 위치하므로 '방택方澤'이라 했다. '방구方丘'와 같다. 澤(못 택)

  ≪광아廣雅 · 석천釋天≫에 나온다. "圓丘大壇, 祭天也. 方澤大折, 祭地也."

右는 第十九章이라

右는 第19章이다.

주해

- 雙峯饒氏가 말했다. "以上八章, 自第十二章至此, 皆以道之費隱言, 當爲第三大節."(大全註疏)

第二十章　問政

哀公이 問政한대

애공哀公이 정사政事를 문자온대,

哀公은 魯君이니 名蔣이라

'애공哀公'은 노魯나라 人君이니, 이름이 장蔣이다.

주해

- 蔣(풀이름 장)

【備旨】

子思ㅣ引夫子告哀公之言하니 蓋包費隱 兼小大也라 昔에 魯哀公이 問政於夫子라

子思가 夫子께서 애공哀公에게 告하신 말씀을 인용한 것이니, 대개 비은費隱을 포괄하고 작고 큰 것을 겸했기 때문이다. 옛날에 노魯나라 애공哀公이 夫子께 政事에 대해서 물었다.

子曰 文武之政이 布在方策하니 其人이 存則其政이 擧하고 其人이 亡則其政이 息이니라

孔子 가라사대 "文王과 武王의 政事가 방책方策에 펼쳐 있으니,

그 사람이 있으면 곧 그 정사政事가 거행되고, 그 사람이 없으면 곧 그 정사政事가 없어지느니라."

方은 版也요 策은 簡也라 息은 猶滅也라 有是君 有是臣則有是政矣라

'방方'은 목판木版이요, '책策'은 죽간竹簡이다. '식息'은 '없어짐'과 같다. 이 人君이 있고 이 신하가 있으면, 곧 이 政事가 있는 법이다.

주해

- 方策: 목판木版과 죽간竹簡. 版(널 판) 簡(대쪽 간)
  "布是陳列. 方是木版. 策是竹簡."(四書備旨補註)
  葉氏少蘊이 말했다. "木曰方, 竹曰策, 策大而方小. 聘禮, 束帛加書, 百名以上, 書於策. 不及百名, 書於方. 旣夕禮, 書賵於方, 書遣於策, 蓋策以衆聯. 方, 一而已."(大全註疏) 聘(부를 빙) 束(묶을 속) 帛(비단 백) 賵(보낼 봉) 遣(보낼 견)
- 息: 없어지다. '不行'의 뜻이다.

【備旨】

夫子ㅣ告之曰 政莫備於文武하니 文武之政은 布列在方策之間하여 迄今昭然可考也라 但政必待人而行하니 苟世有文武之君臣하여 而其人이 存則其政因之而擧矣요 若無文武之君臣하여 而其人이 亡則其政亦因之而息矣라 夫政之擧息이 係於人之存亡이 如此하니 公有志於政인

댄 尙其法文武焉이 可也라하시니라

夫子께서 고하여 가라사대 "政事가 文王과 武王보다 갖추어진 것이 없으니, 文王과 武王의 政事는 방책方策의 사이에 펼쳐져 있어, 지금에 이르러서도 소연昭然히 가히 상고할 수 있다. 그러나 다만 政事는 반드시 사람을 기다려 행해지니, 진실로 세상에 文王·武王과 같은 君臣이 있어 그 사람이 있으면 곧 그 政事가 인하여 거행되며, 만약 文王·武王과 같은 君臣이 없어 그 사람이 없으면 곧 그 政事가 또한 그로 인하여 없어질 것이다.
무릇 政事가 거행되고 없어지는 것이 사람이 있고 없는 것에 달려있음이 이와 같으니, 公께서 政事에 뜻을 두었다면 오히려 그 文王과 武王을 법으로 삼는 것이 可하니라."라고 하시니라.

주해

- 迄(이를 흘) 係(이을 계)

人道는 敏政하고 地道는 敏樹하니 夫政也者는 蒲盧也니라

사람의 道는 정사政事에 빠르고 땅의 道는 나무에 빠르니, 무릇 정사政事란 포로蒲盧와 같으니라.

敏은 速也라 蒲盧는 沈括以爲蒲葦라하니 是也라 以人立

政이 猶以地種樹하여 其成速矣요 而蒲葦는 又易生之物이니 其成이 尤速也라 言人存政擧ㅣ其易如此라

'민敏'은 빠름이다. '포로蒲盧'는 심괄沈括이 '포위蒲葦'라고 하니 이것이다. 사람으로서 정사政事를 세움이 땅으로써 나무를 심는 것과 같아서 그 이루어짐이 빠르며, 갈대는 또 쉽게 자라는 물건이니 그 이루어짐이 더욱 빠르다.

사람이 있으면 정사政事가 거행되는 것이 그 쉬움이 이와 같음을 말한 것이다.

주해

- 蒲盧: 갈대. '로盧'는 '로蘆'와 같다. 蒲(부들 포) 蘆(갈대 로)
  顧氏가 말했다. "以蒲葦喩政之敏, 猶孟子以置郵喩德之速."(大全註疏)
  置(놓을 치) 郵(역참 우)
- 沈括(1031~1093): 북송의 학자이며 정치가. 字는 존중存中, 號는 몽계옹夢溪翁이다. 沈(가라앉을 심) 括(묶을 괄)
- 葦(갈대 위) 尤(더욱 우) 敏(재빠를 민)

【備旨】

夫人存이면 何以政擧哉아 蓋以人爲道는 主於有爲하여 最能敏政하니 君臣一德이면 則百度振飭矣요 如地之爲道는 主於發生하여 最能敏樹하니 土脉滋息이면 卽百昌培植矣라

然이나 非泛猶夫樹已也라 夫文武之政也者는 合人情 宜

土俗하여 一得其人이면 卽俄頃而奏治平하여 其易擧ㅣ 猶蒲盧之易生也니 其敏이 更當何如아

무릇 사람이 있으면 어떻게 政事가 거행되는가? 대개 사람의 道는 성과를 거두는 것을 주장하여 능히 政事에 가장 빠르게 나타나니, 君臣이 德을 한결 같이 하면 곧 온갖 제도가 갖추어지며, 땅의 道는 發生을 주장하여 능히 나무에 가장 빠르게 나타나니, 토맥土脈이 번식하여 불어나면 곧 온갖 식물이 심어지고 길러질 것이다.
그러나 오히려 나무만 그럴 뿐만이 아니다. 무릇 文王과 武王의 政事는 人情에 부합되고 풍속에 마땅하여, 한번 그 사람을 얻으면 곧 잠깐 사이에 치평治平을 이루어, 그 쉽게 거행됨이 포로蒲蘆가 쉽게 자라는 것과 같으니, 그 빠름이 또한 마땅히 어떠하리오!

주해

- 有爲: 성과를 거두다. 성적을 내다.
  ≪易 · 繫辭上≫에 나온다. "是以君子將有爲也."
  宋나라 소식蘇軾의 ≪學士院試孔子先進論≫에도 나온다. "君子之欲有爲於天下, 莫重乎其始進也." 莫(없을 막)
- 一德: 德을 한결같이 하다. 곧 시종여일始終如一하게 그 德을 간직한다는 뜻이다.
  ≪易 · 繫辭下≫에 나온다. "恒以一德." 이에 대해 孔穎達의 疏에 "恒能始終不移, 是純一其德也."라고 했다. 恒(항상 항)
- 百度: 각종 제도. '백사百事'와 같다.
  ≪書 · 여오旅獒≫ 篇에 나온다. "不役耳目, 百度惟貞." 獒(개 오) 役(부릴 역)
- 振飭: 가지런히 정리되다. 잘 구비되다. '정돈整頓', '정제整齊'와 같다.
  振(떨칠 진) 飭(신칙할 칙)
- 滋息: 번식하다, 증식하다. 滋(불을 자) 息(불을 식)

≪孔叢子·陳士義≫에 나온다. "於是乃適西河, 大畜牛羊於猗氏之南, 十年之間, 其滋息不可計." 適(갈 적) 猗(아름다울 의)

- 百昌: 온갖 생물. '百物'과 같다.
≪莊子·在宥≫ 篇에 나온다. "今夫百昌, 皆生於土而反於土." 이에 대해 육덕명陸德明의 ≪釋文≫에 "猶百物也."라고 했다. 宥(도울 유)
- 培植: 심고 기르다. 배양하다. 培(북돋울 배) 植(심을 식)
≪宋史·盧秉傳≫에 나온다. "亭沼如爵位, 時來或有之. 林木非培植根株弗成, 大似士大夫立名節也." 沼(늪 소) 株(그루 주)
- 非泛: 일반적이 아니다. 특수하다. 泛(보통 범)
宋나라 陳襄의 ≪州縣提綱·禁擾役人≫에 나온다. "爭役之訟, 多起於縣家非泛科需." 爭(다툴 쟁) 訟(송사할 송)
- 土俗: 풍속風俗, 습속習俗.
- 俄頃: 잠깐 사이. 짧은 시간 俄(갑자기 아) 頃(잠깐 경)
- 奏治平: 치국治國과 평천하平天下를 이루다. 곧 정치가 맑아지고 사회가 안정된다는 말이다. 奏(이룰 주)
≪禮記·大學≫에 나온다. "身修而後家齊, 家齊而後國治, 國治而後天下平."

故로 爲政이 在人하니 取人以身이요 修身以道요 修道以仁이니라

그러므로 정사政事를 함이 사람에게 있으니, 사람을 취하되 몸으로써 하고, 몸을 닦되 道로써 하고, 道를 닦되 인仁으로써 할지니라.

此는 承上文人道敏政而言也라 爲政在人은 家語에 作爲

政이 在於得人하니 語意尤備라 人은 謂賢臣이요 身은 指君身이라 道者는 天下之達道요 仁者는 天地生物之心而人得以生者니 所謂元者는 善之長也라

言人君爲政이 在於得人이요 而取人之則(칙)은 又在修身하니 能仁其身이면 則有君有臣 而政無不擧矣라

이는 上文의 '人道는 政事에 빠르다'는 것을 이어 말한 것이다. '政事를 함이 사람에게 있다'는 것은 ≪孔子家語≫에 '爲政在於得人'으로 되어 있으니, 말의 뜻이 더욱 갖추어졌다. '人'은 '현신賢臣'을 이름이요, '신身'은 人君의 몸을 가리킨다. '도道'라는 것은 天下의 달도達道요, '인仁'이란 것은 天地가 물건을 낳는 마음으로 사람이 그것을 얻어 태어난 것이니, 이른바 '元은 善의 우두머리이다'라는 것이다.

人君이 政事를 함이 사람을 얻는데 있고, 사람을 얻는 법칙은 또한 몸을 닦는데 있으니, 능히 그 몸을 어질게 하면 곧 人君이 있고 신하가 있어서 政事가 거행되지 않음이 없다는 말이다.

주해

- 元者, 善之長: '元은 善의 우두머리이다.'

  ≪易・乾・文言傳≫에 나온다. "元者, 善之長也. 亨者, 嘉之會也. 利者, 義之和也. 貞者, 事之幹也." 亨(형통할 형) 嘉(아름다울 가) 幹(줄기 간) 朱子가 말했다. "元亨利貞, 皆是善而元則爲善之長. 亨利貞, 皆是那裏來. 仁義禮智, 亦皆善也而仁則爲萬善之首. 義禮智, 皆從這裏出爾."(大全註疏) 那(저 나) 這(이 저)

【備旨】

惟人道는 敏政이라 故로 人君爲政이 在於得人하니 蓋賢臣爲輔而後에 紀綱共理也라 然이나 人不自致로니 其取人則以君身이니 蓋標準旣立而後에 賢人이 樂附也라 然이나 身何由端고 其修身則以道니 蓋此身이 納諸日用彝倫之中而後에 各當乎則(칙)也라 然이나 道ㅣ又豈無所藉以修哉아 其修道則以仁이니 蓋日用彝倫間에 必惻怛慈愛之心이 周流無間이라야 乃成其道也라

是以仁修道는 皆所以修身取人 而爲立政之本者也라

오직 사람의 道는 政事에 빠르다. 그러므로 人君이 政事를 하는 것이 사람을 얻는데 있으니, 대개 어진 신하가 보필輔弼을 한 후에 기강紀綱이 함께 다스려지기 때문이다.

그러나 사람은 스스로 자신의 心力을 다하지 않으며, 그 사람을 얻는 것은 곧 人君이 몸으로써 해야 하니, 대개 표준標準이 이미 선 이후에 어진 사람이 즐겨 의탁하기 때문이다.

그러나 몸을 무엇으로 말미암아 단정히 할 것인가? 그 몸을 닦는 것은 곧 道로써 해야 하니, 대개 이 몸이 날로 쓰는 이륜彝倫의 가운데 들어간 이후에 각각 법칙에 마땅하기 때문이다.

그러나 道가 또한 어찌 자뢰藉賴하여 닦을 바가 없으리오? 그 道를 닦는 것은 곧 仁으로써 해야 하니, 대개 날로 쓰는 이륜彝倫의 사이에 반드시 측은惻隱하고 자애慈愛로운 마음이 두루 흘러 간단間斷함이 없어야 이에 그 道를 이루기 때문이다.

이는 仁으로써 道를 닦는 것이 모두 몸을 닦고 사람을 얻어 政事를

세우는 근본이 되는 바이다.

주해

- 自致: 자신이 心力을 다하다. 致(다할 치)
  ≪論語 · 子張≫ 篇에 나온다. "曾子曰 吾聞諸夫子, 人未有自致者也, 必也親喪乎."
- 彛倫: 떳떳한 인륜. 곧 '常理'나 '常道'를 말한다. 彛(떳떳할 이)
  ≪書 · 洪範≫ 篇에 나온다. "王乃言曰 嗚呼, 箕子. 惟天陰騭下民, 相協厥居, 我不知其彝倫攸敘.'" 이에 대해 채침蔡沈의 ≪集傳≫에 "彝, 常也. 倫, 理也."라고 풀이했다. 騭(오를 즐) 厥(그 궐) 攸(바 유) 敘(차례 서)
- 輔(도울 보) 弼(도울 필) 紀(벼리 기) 綱(벼리 강) 藉(바탕 자) 惻(슬퍼할 측) 怛(슬플 달) 慈(사랑할 자)

仁者는 人也니 親親이 爲大하고 義者는 宜也니 尊賢이 爲大하니 親親之殺와 尊賢之等이 禮所生也니라

'인仁'이란 것은 사람이니 어버이를 친하게 함이 큰 것이 되고, '의義'란 것은 마땅함이니 어진 이를 높임이 큰 것이 되니, 친親한 이를 친하게 하는 융쇄隆殺와 어진 이를 높이는 등급이 예禮가 나오는 바이니라.

人은 指人身而言이니 具此生理하여 自然便有惻怛慈愛之意하니 深體味之면 可見이라 宜者는 分別事理하여 各

有所宜也요 禮則節文斯二者而已라

'인人'은 사람의 몸을 가리켜 말한 것이니, 이 生理를 갖추어 자연히 문득 측달惻怛하고 자애慈愛하는 뜻이 있으니, 깊이 체득하여 음미하면 가히 볼 수 있다.
'의宜'라는 것은 사리를 분별하여 각각 마땅한 바가 있는 것이요, '예禮'는 곧 이 두 가지를 절문節文할 뿐이다.

주해

- 仁者, 人也: 仁이란 사람이다.
  東陽許氏가 말했다. "仁者, 人也. 此是古來第一箇訓字, 言渾成而意深密. 深體味之, 則具人之形, 必須盡乎仁. 其所以盡仁, 則不過盡人道而已."(大全註疏) 渾(흐릴 혼)
- 親親: 어버이를 친하게 하다. 어버이를 親愛하다. 앞의 '親'字는 '親愛'의 뜻이고, 뒤의 '親'字는 '父母'이다.
- 親親之殺: 친한 이를 친하게 하는 융쇄隆殺. 隆(클 융) 殺(강등할 쇄)
  "殺是隆殺. 親有一本九族, 親親則不能無殺."(四書備旨補註)
- 惻怛: 불쌍히 여기고 슬퍼함. '측은惻隱'과 같다. 惻(슬퍼할 측) 怛(슬플 달)
  ≪禮記·問喪≫ 篇에 나온다. "惻怛之心, 痛疾之意, 悲哀志懣氣盛, 故袒而踴之." 懣(번민할 만) 袒(웃옷벗을 단) 踴(뛸 용)
- 節文斯二者: 이 두가지를 절문節文하다. '절문節文'은 '예절禮節'이나 '의식儀式', 또는 禮儀를 제정하여 법도 있게 행하도록 하는 것을 말한다. '二者'는 '친친親親'과 '존현尊賢'을 말한다. 斯(이 사)
  '節文'이란 말은 ≪禮記·檀弓下≫ 編에 나온다. "辟踴, 哀之至也. 有筭, 爲之節文也." 이에 대해 孔穎達의 疏에 "男踴女辟是哀痛之至極也, 若不裁限, 恐傷其性, 故辟踴有筭爲準節文章."이라고 풀이했다. 辟(가슴칠 벽, 擗也) 踴(뛸 용) 筭(산가지 산)
  朱子가 말했다. "宜, 指事物當然之理, 道理宜如此. 節者, 等級也. 文

者, 不直截而回互之貌, 是裝裹得好, 如升降揖遜."(大全註疏) 截(끊을 절) 升(오를 승) 降(내릴 강) 揖(읍 읍) 遜(겸손할 손)

雙峯饒氏가 말했다. "等殺, 是人事. 禮, 是天理人事之輕重高下, 皆天理有以節文之."(大全註疏)

【備旨】

夫修道는 固以仁矣나 然이나 仁者는 非他라 卽具此生理而有惻怛慈愛之人也니 仁雖無所不愛而惟親親이 爲仁之大라 蓋親者는 身之所自出이니 罔極之恩也요 良心之發이 於此에 最爲眞切하니 凡道中倫族이 皆自此而推之也라 有仁이면 必有義니 義者는 非他라 卽分別事理而使各得其宜之謂也니 義雖無所不宜而惟尊賢이 爲義之大라 蓋賢者는 親親之理ㅣ所由藉以講明也요 仁心之發이 於此에 賴其輔益하니 凡道中施用이 皆自此而通之也라

至於因父母而及諸父母하여는 親親之有隆殺하고 由師事而遞以友處히 尊賢之有等級하며 有節有文하여 無過不及하니 此又禮之自然發生於其間而非私意之爲也라 夫有仁必有義하고 亦必有禮ㅣ如此하니 是皆修身者之所當務矣라

무릇 道를 닦는 일은 본디 仁으로써 해야 하나, 그러나 仁이란 다른 것이 아니다. 곧 이 生理를 갖추어 측달惻怛하고 자애慈愛하는 사람이 있으니, 仁이 비록 사랑하지 아니한 바가 없으나 오직 어버이를 친애

함이 仁의 큰 것이 된다. 대개 어버이란 내 몸이 부터 나온 곳이니 다함이 없는 은혜요, 良心의 발현이 여기에서 가장 진실되고 간절하니, 무릇 道 가운데 친족이 모두 이로부터 미루어진다.

仁이 있으면 반드시 義가 있으니, 義란 다른 것이 아니다. 곧 事理를 분별하여 하여금 각각 그 마땅함을 얻게 하는 것을 말하니, 義가 비록 마땅하지 아니한 바가 없으나 오직 어진 이를 높이는 것이 義의 큰 것이 된다. 대개 어진 이는 어버이를 친애하는 이치가 말미암아 힘입어 강명講明하는 바요, 仁心의 발현이 여기에서 그 보익輔益에 힘입으니, 무릇 道 가운데 시용施用이 모두 이로부터 통하게 된다.

부모로 인하여 여러 부모에게 미치게 되면, 친한 이를 친하게 하는 융쇄隆殺가 있고, 스승으로 섬기는 것으로 말미암아 벗으로 처우하는데 이르기까지 어진 이를 존중하는데 등급이 있으며, 절節이 있고 문文이 있어 지나치거나 미치지 못함이 없으니, 이 또한 禮가 자연히 그 사이에서 발생하여 사사로운 뜻으로 되는 것이 아니다.

무릇 仁이 있으면 반드시 義가 있고, 또한 반드시 禮가 있음이 이와 같으니, 이는 모두 몸을 닦는 자가 마땅히 힘쓸 바이다.

주해

- 倫族: 천륜으로 맺어진 친족. 倫(인륜 륜) 族(무리 족)
  清나라 위원魏源의 ≪皇朝經世文編五例≫에 나온다. "至於同類之中, 各有倫族."
- 講明: 講解하여 發明함.
  宋나라 한원길韓元吉의 ≪高郵軍曾使君墓志銘≫에 나온다. "而天隱獨欲探性命之理, 從上蔡謝先生, 龜山楊先生遊, 以講明聖人之道, 善類至今稱之." 郵(역참 우) 龜(거북 구)
- 施用: 시행하다, 실행하다.

≪史記 · 봉선서封禪書≫에 나온다. "始皇聞此議各乖異, 難施用, 由此絀儒生." 乖(어그러질 괴) 絀(물리칠 출)

● 亡(없을 망) 藉(힘입을 자) 遞(갈마들 체)

在下位하여 不獲乎上이면 民不可得而治矣리라

아랫자리에 있으면서 윗사람에게 신임을 얻지 못하면, 백성을 가히 얻어 다스리지 못하니라.

鄭氏曰 此句는 在下하니 誤重在此라

鄭氏 가로되 "이 구절은 아래에 있으니, 그릇되어 거듭 여기에 있다.

故로 君子ㅣ不可以不修身이니 思修身인댄 不可以不事親이요 思事親인댄 不可以不知人이요 思知人인댄 不可以不知天이니라

그러므로 君子는 가히 몸을 닦지 않을 수 없으니, 修身을 생각할진대 가히 어버이를 섬기지 않을 수 없으며, 어버이 섬김을 생각할진대 가히 사람을 알지 않을 수 없으며, 사람을 알 것을 생각할 진대 가히 하늘을 알지 않을 수 없느니라.

爲政在人하고 取人以身이라 故로 不可以不修身이요 修身以道하고 修道以仁이라 故로 思修身인댄 不可以不事親이요 欲盡親親之仁인댄 必由尊賢之義라 故로 又當知人이요 親親之殺(쇄)와 尊賢之等이 皆天理也라 故로 又當知天이라

政事를 함이 사람에게 있고 사람을 얻되 몸으로써 한다. 그러므로 가히 몸을 닦지 않을 수 없다.
몸을 닦되 道로써 하고 道를 닦되 仁으로써 한다. 그러므로 修身을 생각할진대 가히 어버이를 섬기지 않을 수 없다.
어버이를 친하게 하는 仁을 다하고자 할진대 반드시 어진 이를 높이는 義로 말미암아야 한다. 그러므로 또한 마땅히 사람을 알아야 한다.
친한 이를 친하게 하는 융쇄隆殺와 어진 이를 높이는 등급이 모두 天理이다. 그러므로 또한 마땅히 하늘을 알아야 한다.

주해

- 親親之殺, 尊賢之等: 친한 이를 친애하는 융쇄隆殺와 어진 이를 높이는 등급. 殺(줄일 쇄)
  陳氏가 말했다. "知人有賢否之别, 賢者近之, 不肖者遠之. 有師友之賢, 則親親之道益明. 與不肖處, 則必辱其身, 以及其親矣."(大全註疏) 益(더할 익) 辱(욕될 욕)
  程子가 말했다. "不知天則於人之愚智賢否, 有所不能知. 雖知之, 有所

不盡. 故思知人, 不可以不知天. 不知人則所親者或非其人, 所由者或非其道, 而辱身危親者, 有之. 故思事親, 不可以不知人. 故曰 不信乎友, 不悅乎親矣."(大全註疏) 愚(어리석을 우) 悅(기쁠 열)

【備旨】

夫爲政在人하고 取人以身하니 是身者는 取人之則이요 立政之本也라 故로 爲政君子ㅣ不可以不修身이라 然이나 修身以道하고 修道以仁이니 而仁之實事親이 是也라 故로 思修身인댄 不可以不事親이요 欲盡親親之仁인댄 必由尊賢之義라 故로 思事親인댄 不可以不知人이요 親親之殺와 尊賢之等은 皆天序天秩之禮也라 思知人하여 以爲事親之助者는 不可以不知天이라 由知天以知人事親이면 則仁自親始하고 道以仁行하여 而修身之事를 可得而全矣리라

무릇 政事를 함은 사람에게 있고, 사람을 얻음은 몸으로써 하니, 이 몸은 사람을 얻는 법도요, 政事를 세우는 근본이다. 그러므로 政事를 하는 君子가 가히 修身하지 않을 수 없다.
그러나 修身은 道로써 하고 修道는 仁으로써 하니, 仁의 실제가 어버이를 섬긴다는 것이 이것이다. 그러므로 修身을 생각할진대 가히 어버이를 섬기지 않을 수 없다.
어버이를 친하게 하는 仁을 다하고자 할진대 반드시 어진 이를 높이는 義로 말미암아야 한다. 그러므로 어버이 섬김을 생각할진대 가히 사람을 알지 않을 수 없다.

친한 이를 친하게 하는 융쇄隆殺와 어진 이를 높이는 등급은 모두 하늘이 정한 질서이며 하늘의 정한 禮法이다. 사람을 알아서 어버이 섬기는데 도움이 되기를 생각하는 자는 가히 하늘을 알지 않을 수 없다. 하늘을 아는 것으로 말미암아 사람을 알고 어버이를 섬기면, 곧 仁이 어버이로부터 시작되고 道가 仁으로 행해져서, 몸을 닦는 일을 가히 얻어 온전히 할 수 있을 것이다.

주해

- 天敍: 하늘이 정한 질서. 곧 자연의 질서를 말한다. '천서天序'와 같다. 敍(차례 서)
  魏나라 완적阮籍의 ≪通易論≫에 나온다. "黃帝 堯 舜, 應時當務, 各有攸取. 窮神知化, 逑則天序." 攸(바 유) 逑(짝 구)
  宋나라 장재張載의 ≪正蒙 · 動物≫ 篇에도 나온다. "生有先後, 所以爲天序."
- 天秩: 하늘이 규정한 차례와 등급. 곧 예법제도를 말한다. 秩(차례 질)
  ≪書 · 皐陶謨≫ 篇에 나온다. "天秩有禮." 이에 대해 孔穎達의 疏에 "天又次敍爵命, 使有禮法."이라 했다. 爵(벼슬 작)

天下之達道ㅣ五에 所以行之者는 三이니 曰 君臣也와 父子也와 夫婦也와 昆弟也와 朋友之交也 五者는 天下之達道也요 知仁勇三者는 天下之達德也니 所以行之者는 一也니라

天下의 달達한 道가 다섯에 그것을 행하는 바는 셋이니, 가로되 군신君臣과 부자父子와 부부夫婦와 곤제昆弟와 붕우朋友의 사귐 다섯 가지는 天下의 달達한 道요, 지知와 인仁과 용勇의 세 가지는 天下의 달達한 德이니, 그것을 행하는 바는 하나이니라.

達道者는 天下古今所共由之路니 卽書所謂五典이요 孟子所謂 父子有親 君臣有義 夫婦有別 長幼有序 朋友有信이 是也라
知는 所以知此也요 仁은 所以體此也요 勇은 所以强此也니 謂之達德者는 天下古今所同得之理也라
一은 則誠而已矣니 達道는 雖人所共由나 然이나 無是三德이면 則無以行之요 達德은 雖人所同得이나 然이나 一有不誠이면 則人欲間之而德非其德矣라
程子曰 所謂誠者는 止是誠實此三者니 三者之外에 更別無誠이니라

'달도達道'는 天下 古今에 함께 말미암은 바의 길이니, 곧 ≪書經·堯典≫에 이른바 오전五典이요, ≪孟子·藤文公上≫에 이른바 '부자父子에 친함이 있으며, 군신君臣에 義가 있으며, 부부夫婦에 분별이 있으며, 장유長幼에 차례가 있으며, 붕우朋友에 믿음이 있다는 것이 이것이다.
'지知'는 이것을 아는 바요, '인仁'은 이것을 본받는 바요, '용勇'은 이것을 굳세게 하는 바니, 이것을 달덕達德이라고 이른 것은 天下 古今에 함께 얻은 바의 이치이다.
'일一'은 곧 성誠일 따름이니, '달도達道'는 비록 사람이 함께 말미암는

바이나, 그러나 이 三德이 없으면 곧 그것을 행할 수 없으며, 달덕達德은 비록 사람이 함께 얻은 바이나, 그러나 하나라도 정성스럽지 못함이 있으면 곧 인욕人欲이 이간離間하여 德이 그 德이 아니다.
程子 가로되 "이른바 誠이라는 것은 다만 이는 이 세 가지를 성실히 하는 것이니, 세 가지의 밖에 다시 별도로 誠이 없다.

주해

- 昆弟: '兄弟'와 같다. 昆(형 곤)
- 達道: 천하에 통용되는 道. 곧 '五常'을 말한다.
  蔡氏가 말했다. "達道, 本於達德. 達德, 又本於誠. 誠者, 達道達德之本而一貫乎達道達德者也."(大全註疏) 貫(꿸 관)
- 達德: 널리 통용되며 불변하는 德. 곧 '知仁勇'을 말한다.
  鄭玄의 註에 "達者, 常行, 百王所不變也."라고 했다.
  朱子가 말했다. "智仁勇, 是做的事. 誠, 是行此三者眞實的心."(大全註疏)
- 五典: 다섯 가지의 윤리도덕. 곧 '五倫'을 말한다.
  ≪書·舜典≫에 나온다. "愼徽五典, 五典克從." 이에 대해 孔傳에 "五典, 五常之敎. 父義 母慈 兄友 弟恭 子孝."라고 했고, 채침蔡沈의 ≪集傳≫에 "五典, 五常也. 父子有親, 君臣有義, 夫婦有別, 長幼有序, 朋友有信是也."라고 풀이했다. 愼(삼갈 신) 徽(아름다울 휘)
- 止(다만 지) 間(이간할 간)

【備旨】

試擧修身修道者하여 詳言之컨대
修身은 固在以道나 然이나 其道非一端也니 天下所共由之達道ㅣ蓋有五焉이요 修道는 固在以仁及知天이나 然이나 亦非一端也니 所以行此達道者ㅣ有三焉이라

五者는 維何오 曰朝而君臣也와 家而父子也와 夫婦也와 昆弟也와 外而朋友之交也니 此五者는 人倫大常이며 天下之達道니 所以修身者也라 三者는 維何오 曰心之明爲知요 心之公爲仁이요 心之强爲勇이니 此三者는 人性同得이며 乃天下行達道之達德이니 所以修道者也라
然이나 要之컨대 三達德之所以行乎五達道者ㅣ一也니 理惟一實이면 則私欲不間하여 知是實知니 道自此知며 仁是實仁니 道自此體며 勇是實勇이니 道自此强하여 而不徒三與五之名已也라

시험삼아 수신修身과 수도修道를 들어 자상하게 말하건대, 修身은 진실로 道로써 하는데 있으나 그러나 그 道는 한 가지 실마리가 아니니, 天下가 함께 말미암은 바의 달도達道에 대개 다섯 가지가 있으며, 修道는 진실로 仁과 知天으로 하는데 있으나, 그러나 또한 한 가지 실마리가 아니니, 이 達道를 행하는 바에 세 가지가 있다.
다섯 가지는 오직 무엇인가? 가로되 조정朝廷에서는 군신君臣과, 집안에서는 부자父子와 부부夫婦와 형제兄弟요, 밖에서는 붕우朋友의 사귐이니, 이 다섯 가지는 人倫의 큰 떳떳함이며 天下의 達道이니 몸을 닦는 바이다.
세 가지는 오직 무엇인가? 가로되 마음의 밝음은 지知가 되고, 마음의 공정함은 인仁이 되고, 마음의 굳셈은 용勇이 되니, 이 세 가지는 사람의 성품에 함께 얻은 것이며 이에 天下에 달도達道를 행하는 달덕達德이니 道를 닦는 바이다.
그러나 요약컨대, 세 가지 달덕達德이 다섯 가지 달도達道에서 행해지

는 바는 하나이니, 이치가 오직 한가지로 성실하면 곧 사욕私欲이 이간하지 못하여, 知가 이 진실한 知이니 道를 이로부터 알게 되며, 仁이 이 진실한 仁이니 道를 이로부터 본받으며, 勇이 이 진실한 勇이니 道를 이로부터 굳세게 행하여, 한갓 세 가지와 다섯 가지의 이름에 그칠 뿐이 아니다.

주해

- 端(실마리 단) 徒(한갓 도)

或生而知之하며 或學而知之하며 或困而知之하나니 及其知之하여는 一也니라 或安而行之하며 或利而行之하며 或勉强而行之하나니 及其成功하여는 一也니라

혹 나면서 알며, 혹 배워서 알며, 혹 곤困하여 아나니 그 앎에 미쳐서는 한가지니라. 혹 편안히 행하며, 혹 이롭게 행하며, 혹 힘쓰고 힘써서 행하나니 그 功을 이룸에 미쳐서는 한가지니라.

知之者之所知와 行之者之所行은 謂達道也니 以其分而言 則所以知者는 知也요 所以行者는 仁也요 所以至於知之成功而一者는 勇也라 以其等而言 則生知安行者는 知也요 學知利行者는 仁也요 困知勉行者는 勇也라

蓋人性이 雖無不善이나 而氣稟이 有不同者라 故로 聞道는 有蚤莫(모)하며 行道는 有難易라 然이나 能自强不息則其至는 一也라
呂氏曰 所入之塗ㅣ雖異 而所至之域則同하니 此所以爲中庸이라 若乃企生知安行之資하여 爲不可幾及이라 하고 輕困知勉行하여 謂不能有成이라 하니 此道之所以不明不行也니라

'知之'의 아는 바와 '行之'의 행하는 바는 달도達道를 이르니, 그 구분으로 말하면 곧 아는 바는 知(智)요, 행하는 바는 仁이요, 그것을 알고 功을 이루는데 한결같은 바는 勇이다. 그 등급으로 말하면 곧 나서 알고 편안히 행하는 것은 知(智)요, 배워서 알고 이롭게 행하는 것은 仁이요, 곤困하게 알고 힘써 행하는 것은 勇이다.
대개 사람의 성품이 비록 善하지 않음이 없으나 기품氣稟이 같지 않은 것이 있다. 그러므로 道를 들어서 아는데 빠르고 늦음이 있고, 道를 행하는데 어렵고 쉬움이 있다. 그러나 능히 스스로 힘써 쉬지 않으면 곧 그 이르는 것은 한 가지이다.
呂氏 가로되 "들어가는 길이 비록 다르나 이르는 지경은 곧 같으니, 이는 중용中庸이 되는 바이다. 만약 이에 나서 알고 편안히 행하는 자품資稟을 바라면서 가히 거의 미치지 못한다고 하고, 곤困하게 알고 힘써 행하는 것을 가볍게 여겨 능히 이룸이 있지 못하다고 말하니, 이것이 道가 써 밝지 못하고 行해지지 못하는 이유이다."

주해

- 或生而知之: '혹 나면서부터 알다.' '지之'字는 달도達道이다.

"生是天性聰明不待思慮意. 七之字, 俱指達道."(四書備旨補註) 俱(함께 구)

朱子가 말했다. "生知安行, 主於知而言, 不知, 如何行. 安行者, 只是安而行之, 不用著力. 然須是知得, 乃能行得也. 學知利行, 主行而言, 雖是學而知得. 然須著意去力行, 則所學而知得者, 不爲徒知也."(大全註疏) 徒(한갓 도)

雙峯饒氏가 말했다. "生知安行, 隱然之勇. 學知利行, 非勇不可到. 困知勉行, 全是勇做出來."(大全註疏) 做(지을 주)

- 或勉强而行之: '혹 힘써 행하다.' '면강勉强'은 힘이 부족해서 분발하는 모습이다. 勉(힘쓸 면) 强(힘쓸 강)
  "勉强是力不能而奮發求能意."(四書備旨補註) 奮(떨칠 분)
- 蚤莫: 빠르고 늦음. '조蚤'는 '조早'와 같고, '모莫'은 '모暮'와 같다. 蚤(일찍 조) 莫(저물 모) 暮(저물 모)
- 稟(받을 품) 塗(길 도) 企(바랄 기)

【備旨】

然이나 以達德行達道는 其事ㅣ何如오 自其知言之컨대 或有生而知此達道者하며 或有學而知此達道者하며 或有困而後에 知此達道者하니 此其聞道ㅣ雖先後不一이나 及其知之旣至 而明此達道 則一也요

自其行言之컨대 或有安而行此達道者하며 或有利而行此達道者하며 或有勉强而後에 行此達道者하니 此其行道ㅣ雖難易不一이나 及其行之成功 而體達道 則一也니 是三達德之行乎五達道者ㅣ如此라

그러나 달덕達德으로 달도達道를 행하는데 그 일은 어떠한가?

그 知로부터 말하건대, 혹 나서 이 달도達道를 아는 자가 있으며, 혹 배워서 이 달도達道를 아는 자가 있으며, 혹 애를 곤困한 이후에 이 달도達道를 아는 자가 있으니, 이는 그 道를 듣고 깨달음이 비록 先後가 같지 않으나, 그 知가 이미 이르러서 이 달도達道를 밝힘에 미쳐서는 곧 한가지이다.

그 行으로부터 말하건대, 혹 편안히 이 달도達道를 행하는 자가 있으며, 혹 이롭게 이 달도達道를 행하는 자가 있으며, 혹 곤困한 이후에 이 달도達道를 행하는 자가 있으니, 이 그 道를 행함이 비록 난이難易가 같지 않으나 그 행함이 공功을 이루어 이 달도達道를 본받는데 미쳐서는 곧 한 가지이다. 이 세 가지 달덕達德이 다섯 가지의 달도達道에 행해지는 것이 이와 같으니라.

子曰 好學은 近乎知하고 力行은 近乎仁하고 知恥는 近乎勇이니라

孔子 가라사대 "배우기를 좋아함은 지知(智)에 가깝고, 힘써 행함은 인仁에 가깝고, 부끄러움을 앎은 용勇에 가까우니라."

子曰 二字는 衍文이라
此는 言未及乎達德而求以入德之事니 通上文 三知爲知하며 三行爲仁 則此三近者는 勇之次也라
呂氏曰 愚者는 自是而不求하고 自私者는 殉人欲而忘返

하고 懦者는 甘爲人下而不辭라 故로 好學이 非知나 然이나 足以破愚요 力行이 非仁이나 然이나 足以忘私요 知恥ㅣ非勇이나 然이나 足以起懦니라

'子曰' 두 글자는 연문衍文이다.
이는 달덕達德에 미치지 못하여 德에 들어감을 구하는 일을 말한 것이니, 上文의 '三知'가 지知(智)가 되고 '三行'이 인仁이 됨을 통하면 곧이 '三近'은 용勇의 다음이다.
呂氏 가로되 "어리석은 자는 스스로 옳다 하여 구하지 아니하고, 스스로 사사로운 자는 인욕人欲을 따라 돌아올 줄 모르고, 나약懦弱한 자는 남의 아래가 됨을 달게 여겨 사양하지 않는다. 그러므로 배우기를 좋아함이 지知(智)가 아니나 그러나 족히 어리석음을 깨뜨릴 수 있으며, 힘써 행함이 인仁이 아니나 그러나 족히 사사로움을 잊을 수 있으며, 부끄러움을 앎이 용勇이 아니나 그러나 족히 나약懦弱함을 일으킬 수 있다."

주해

- 衍文: 쓸데없이 덧붙여진 글. 군더더기의 글. 衍(넘칠 연)
- 三知: 生而知之, 學而知之, 困而知之를 말한다.
- 三行: 安而行之, 利而行之, 勉强而行之를 말한다.
- 三近: 近乎知, 近乎仁, 近乎勇을 말한다.
  朱子가 말했다. "仁則力行工夫多, 知則致知工夫多, 好學近乎知, 力行近乎仁, 意自可見."(大全註疏)
  三山陳氏가 말했다. "所謂力行足以忘私者, 蓋世之怠惰不爲者, 皆所以自便其所欲, 故曰私."(大全註疏) 怠(게으를 태) 惰(게으를 타)
- 徇(따를 순) 返(돌아올 반) 懦(나약할 나) 破(깨뜨릴 파)

【備旨】

達道之行이 固同이나 而其拘於氣稟하니 求及乎達德者ㅣ工夫何如오

學은 所以明理니 苟能好學不倦則明理하여 足以破愚니 雖未是上知나 而亦近乎知요 力行은 所以去私니 苟能力行不已則去私하여 足以忘私니 雖未是至仁이나 而亦近乎仁이요 知恥는 所以立志니 苟能以知行不若人으로 爲恥則立志하여 足以起懦니 雖未是大勇이나 而亦近乎勇이라

此三者는 乃求以入德之事也라

달도達道의 행함이 진실로 같으나 그 기품氣稟에 구애되니, 달덕達德에 미치기를 구하는 자는 工夫를 어떻게 할 것인가?

배움은 이치를 밝히는 바이니, 진실로 능히 배우기를 좋아하여 게으르지 아니하면 곧 이치를 밝혀 족히 어리석음을 깨뜨릴 수 있으니, 비록 이것이 '상지上知'는 아닐지라도 또한 지知(智)에 가까우며, 힘써 행함은 사사로움을 제거하는 바이니, 진실로 능히 힘써 행하여 그치지 아니하면 곧 사사로움을 제거하여 족히 사사로움을 잊을 수 있으니, 비록 이것이 '지인至仁'은 아닐지라도 또한 仁에 가까우며, 부끄러움을 앎은 뜻을 세우는 바이니, 진실로 능히 지知(智)와 행行이 남만 같지 못함을 부끄러움으로 삼으면 곧 뜻을 세워 족히 나약함을 일으킬 수 있으니, 비록 이것이 '대용大勇'은 아닐지라도 또한 勇에 가까울 것이다.

이 세 가지는 곧 德에 들어감을 구하는 일이다.

주해

● 拘(구애받을 구) 稟(받을 품) 倦(게으를 권) 懦(나약할 나)

知斯三者 則知所以修身이요 知所以修身 則知所以治人이요 知所以治人 則知所以治天下國家矣리라

이 세 가지를 알면 곧 몸을 닦을 바를 알고, 몸을 닦을 바를 알면 곧 사람을 다스릴 바를 알고, 사람을 다스릴 바를 알면 곧 天下國家를 다스릴 바를 알 것이니라.

斯三者는 指三近而言이라 人者는 對己之稱이요 天下國家는 則盡乎人矣니 言此하여 以結上文修身之意하여 起下文九經之端也라

'사삼자斯三者'는 '삼근三近'을 가리켜 한 말이다. '인人'은 몸(자기)에 대해 일컬은 것이요, '천하국가天下國家'는 남에게 다하는 것이니, 이것을 말하여 上文의 '수신修身'의 뜻을 맺어서 下文의 '구경九經'의 실마리를 일으킨 것이다.

주해

● 斯三者: 이 세 가지. 곧 '好學近乎知, 力行近乎仁, 知恥近乎勇'을 말한

다. 斯(이 사)

鄭玄의 疏에 "言有知 有仁 有勇, 乃知修身, 則修身以此三者爲基."라고 했다.(十三經註疏·中庸)

● 雲峯胡氏가 말했다. "黃氏云 此章當一部大學, 大學以修身爲本, 此章自首至此, 皆以修身爲要. 上文言修身 而曰不可不知天者, 卽大學逆推修身之工夫, 至於格物致知者也. 此言修身 而曰治人治天下國家者, 卽大學順推修身之功效, 至於家齊國治天下平者也."(大全註疏) 推(밀 추)

【備旨】

故로 人君이 誠能知斯三近者면 則以達德行達道 而知所以修身矣요 旣知所以修身이면 則人者는 身之推也니 自知所以治人 而進斯人於道德之內矣요 旣知所以治人이면 則天下國家는 亦人之積也니 自知所以治天下國家 而範斯世於道德之中矣라

夫始於三近之知 而終於天下國家之治하니 可見爲政은 當修身이요 而修身은 宜先入德也라

그러므로 人君이 진실로 능히 이 '三近'을 알면 곧 달덕達德으로 달도達道를 행하여 몸을 닦을 바를 알 것이며,

이미 몸을 닦을 바를 알면 곧 사람이란 몸(자신)에서 미루는 것이니, 스스로 남을 다스릴 바를 알아서 이 사람을 도덕道德의 안으로 나아가게 할 것이며,

이미 남을 다스릴 바를 알면 곧 天下 國家는 또한 사람이 모인 것이니, 스스로 天下 國家를 다스릴 바를 알아서 이 세상을 도덕道德의 가

운데로 나아가게 할 것이다.

무릇 이 '三近'의 앎에서 시작하여 天下 國家의 다스림에서 마치니, 가히 政事를 함은 마땅히 몸을 닦아야 하고 몸을 닦음은 마땅히 먼저 덕德에 들어가야 함을 알 수 있다.

주해

- 範: 한계 짓다. 나아가다. 範(나아갈 범)
  "範, 進也."(≪廣雅≫)
- 積(쌓을 적) 宜(마땅할 의)

凡爲天下國家有九經하니 曰修身也와 尊賢也와 親親也와 敬大臣也와 體群臣也와 子庶民也와 來百工也와 柔遠人也와 懷諸侯也니라

무릇 천하 국가를 다스림에 구경九經이 있으니, 가로되 몸을 닦음과 어진 이를 높임과 친한 이를 친히 함과 대신大臣을 공경함과 군신群臣을 내 몸으로 여김과 모든 백성들을 내 자식으로 여김과 백공百工을 오게 함과 먼 곳의 사람을 부드럽게 함과 제후諸侯를 안아 품는 것이니라.

經은 常也라 體는 謂設以身處其地 而察其心也라 子는

如父母之愛其子也라 柔遠人은 所謂無忘賓旅者也라 此는 列九經之目也라

呂氏曰 天下國家之本이 在身이라 故로 修身이 爲九經之本이라 然이나 必親師取友 然後에 修身之道ㅣ進이라 故로 尊賢이 次之하고 道之所進이 莫先其家라 故로 親親이 次之하고 由家以及朝廷이라 故로 敬大臣 體群臣이 次之하고 由朝廷以及其國이라 故로 子庶民 來百工이 次之하고 由其國以及天下라 故로 柔遠人 懷諸侯ㅣ次之하니 此ㅣ九經之序也라 視群臣을 猶吾四體하고 視百姓을 猶吾子하니 此ㅣ視臣視民之別也라

'경經'은 떳떳함이다. '체體'는 몸이 그 처지에 처한 것을 가설假說하여 그 마음을 살피는 것을 말한다. '자子'는 父母가 그 자식을 사랑함과 같다. '유원인柔遠人'은 이른바 빈려賓旅를 잊음이 없는 것이다. 이는 구경九經의 조목條目을 나열한 것이다.

呂氏 가로되 "天下 國家의 근본이 몸에 있다. 그러므로 몸을 닦는 것이 구경九經의 근본이 된다. 그러나 반드시 스승을 친히 하고 벗을 취한 연후에 몸을 닦는 道가 나아가므로 어진 이를 높이는 것이 다음이 되고, 道가 나아간 바가 그 집 보다 앞선 것이 없으므로 친한 이를 친히 함이 다음이 되고, 집으로 말미암아 조정朝廷에 미치므로 대신大臣을 공경하고 군신群臣을 내 몸으로 여김이 다음이 되고, 조정朝廷으로 말미암아 그 나라에 미치므로 서민庶民을 자식처럼 여기고 백공百工을 오게 함이 다음이 되고, 그 나라로 말미암아 천하에 미치므로 먼 곳에 있는 신하를 부드럽게 하고 제후諸侯를 안아 품어주는 것이 다음

이 되니, 이것이 구경九經의 차례이다. 군신群臣 보기를 내 사체四體와 같이 하고, 백성百姓 보기를 내 자식과 같이 하니, 이는 신하를 보고 백성을 보는 분별이다."

주해

- 親親: 친한 이를 친히 하다. 앞의 '친親'字는 '친애하다'이고, 뒤의 '친親'字는 '친족親族'을 말한다.

  "上親字是親愛. 下親字凡諸父昆弟親族皆是."(四書備旨補註)

- 柔遠人: 먼 곳에서 온 사람들을 부드럽게 대하다. '유柔'는 '안무按撫'의 뜻이다. '원인遠人'은 먼 지역에서 온 빈려賓旅와 상인들을 말한다. 柔(부드러울 유)

  "柔是寬恤不拂所欲意. 遠人是商賈賓旅離家邦而來者."(四書備旨補註) 寬(너그러울 관) 恤(구휼할 휼) 拂(떨 불) 賈(장사 고)

  三山陳氏가 말했다. "遠人非四夷, 乃商賈賓旅, 皆是離家鄉而來, 須寬恤之. 若謂四夷, 不應在諸侯之上."(大全註疏) 夷(이민족 이) 須(모름지기 수)

- 賓旅: 먼 지역에서 온 신하. '빈려賔旅' 또는 '객경客卿'과 같다. 賓(손 빈) 賔(손 빈)

  ≪左傳·定公九年≫ 條에 나온다. "公賞東郭書, 辭曰 彼, 賓旅也." 이에 대해 양백준楊伯峻의 註에 "賓旅, 猶言羈旅之臣."이라 했다. 郭(성곽 곽)

- 體群臣: 군신群臣들을 내 몸으로 여기다. '체體'는 '체휼體恤'의 뜻이다. 恤(구휼할 휼)

  鄭玄의 疏에 "體, 猶接納也. 子, 猶愛也. 遠人, 藩國之諸侯也."(≪十三經註疏·中庸≫)라고 했다. 納(바칠 납) 藩(지킬 번)

  "體是撫之以情有相對一體意. 群臣是分理庶事之臣."(四書備旨補註) 撫(어루만질 무) 庶(여러 서)

  朱子가 말했다. "體群臣, 章句與呂說, 體字雖小不同, 然呂說大意自好, 不欲廢也."(大全註疏)

- 懷(품을 회) 假(가령 가)

【備旨】

然이나 治天下國家는 非可以易而爲也라 凡人君이 爲政而治天下國家에 皆有九件經常不易之道焉하니 九者는 維何오
曰身爲天下國家之本이니 首在修身也요 次則尊賢以師有德也요 次則親九族之親於家也요 次則隆敬大臣 體恤群臣於朝也요 次則愛民如子 招來百工於國也요 終則柔恤遠方賓旅之人 懷服五等之諸候於天下也니 此ㅣ九經之目이요 而有自然之序ㅣ如此라

그러나 天下 國家를 다스리는 것은 가히 쉽게 할 수 있는 일이 아니다. 무릇 人君이 政事를 펴서 天下 國家를 다스리는데 모두 아홉 가지의 변치않는 떳떳한 道가 있으니, 아홉 가지란 무엇인가?
가로되 몸은 天下 國家의 근본이 되니, 첫 번째는 몸을 닦는데 있고, 다음은 곧 어진 이를 높여 德있는 자를 스승으로 삼는 것이요, 다음은 곧 집안에서 구족九族의 친족들을 친히 하는 것이요, 다음은 곧 조정朝廷에서 大臣을 공경하고 군신群臣을 체휼體恤하는 것이요, 다음은 곧 나라에서 백성을 자식과 같이 사랑하고 백공百工을 불러 오게 하는 것이요, 마지막은 곧 천하에 먼 곳에서 온 빈려賓旅를 유휼柔恤하고 오등五等의 제후諸侯들을 가슴으로 품어주는 것이니, 이것이 九經의 조목이요 자연스러운 차례가 있음이 이와 같다.

주해

● 經常: 변하기 않는 떳떳한 법. '상도常道', '상법常法'과 같다.

≪管子 · 問≫ 篇에 나온다. "令守法之官曰 行度必明, 無失經常."

- 九族: 자신을 기준으로 위로 四世의 고조高祖까지 미치고, 아래로 四世의 현손玄孫까지를 포함한 동종同宗 친족親族을 말함.
  ≪書 · 요전堯典≫에 나온다. "克明俊德, 以親九族." 이에 대해 孔傳에 "以睦高祖 玄孫之親."이라 했다. 一說에는 '九族'을 '父族四, 母族三, 妻族二'로 삼기도 한다.
- 體恤: 남의 처지를 이해하고 내 몸같이 대하다. 恤(구휼할 휼)
- 五等: 다섯 등급의 관작官爵. 곧 '공후백자남公侯伯子男'을 말함.
  ≪禮記 · 王制≫ 篇에 나온다. "王者之制祿爵, 公侯伯子男五等."
  ≪孟子 · 萬章下≫에도 나온다. "天子一位 公一位 侯一位 伯一位 子男同一位, 凡五等也." 이에 대해 손석孫奭의 疏에 "≪孟子≫ 所言周制, ≪王制≫ 所言夏商之制也."라고 했다. 奭(클 석)
- 隆(클 융) 招(부를 초)

修身則道立하고 尊賢則不惑하고 親親則諸父昆弟ㅣ不怨하고 敬大臣則不眩하고 體群臣則士之報禮ㅣ重하고 子庶民則百姓이 勸하고 來百工則財用이 足하고 柔遠人則四方이 歸之하고 懷諸侯則天下ㅣ畏之니라

몸을 닦으면 곧 道가 서고, 어진 이를 높이면 곧 의혹疑惑되지 아니하고, 親한 이를 親히 하면 곧 제부諸父와 곤제昆弟가 원망하지 아니하고, 대신大臣을 공경하면 곧 현혹眩惑되지 아니하고, 군신群臣을 내몸으로 여기면 곧 선비가 禮를 보답함이 후중厚重하고, 서민庶

民을 자식처럼 여기면 곧 百姓들이 권면勸勉하고, 백공百工을 오게 하면 곧 재용財用이 넉넉하고, 원인遠人을 부드럽게 대하면 곧 四方이 돌아오고, 제후諸侯를 안아 품으면 곧 天下가 두려워하니라.

此는 言九經之效也라 道立은 謂道成於己 而可爲民表니 所謂皇建其有極이 是也라 不惑은 謂不疑於理요 不眩은 謂不迷於事라
敬大臣이면 則信任專 而小臣不得以間之라 故로 臨事而不眩也라 來百工이면 則通功易事하여 農末相資라 故로 財用足이라 柔遠人이면 則天下之旅ㅣ皆悅而願出於其塗라 故로 四方歸라 懷諸侯면 則德之所施者ㅣ博而威之所制者ㅣ廣矣라 故로 曰天下畏之라

이는 구경九經의 효험을 말한 것이다. '도립道立'은 道가 자기에게 이루어져서 가히 백성의 표범表範이 되는 것을 이르니, 이른바 황건皇建이 그 극極에 있음이 이것이다. '불혹不惑'은 이치에 의심하지 않음을 이르고, '불현不眩'은 일에 미혹迷惑하지 않음을 이른다.
대신大臣을 공경하면 곧 信任이 專一하여 소신小臣이 이간離間하지 못한다. 그러므로 일에 임하여 현혹眩惑되지 않는다. 백공百工을 오게 하면 곧 통공역사通功易事를 하여 농업과 말업末業이 서로 바탕하므로 재용財用이 넉넉해진다. 원인遠人을 부드럽게 대하면 곧 천하의 나그네가 모두 기뻐해서 그 길에 나오기를 원하므로 四方이 돌아오게 된다. 제후諸侯를 안아 품으면 곧 덕德이 베풀어진 바가 넓고, 위엄威嚴이 제재制裁한 바가 넓어지므로 '天下가 두려워한다'고 말한 것이다.

주해

- 諸父: 백부伯父와 숙부叔父를 말한다. 諸(모두 제) 伯(맏 백) 叔(아재비 숙)
- 民表: 백성의 표범表範 또는 '의표儀表'. 表(밝힐 표) 儀(거동 의)
  ≪禮記·緇衣≫ 篇에 나온다. "故上之好惡, 不可不愼也, 是民之表也." 緇(검은비단 치) 愼(삼갈 신)
  新安陳氏가 말했다. "表, 儀也, 如書所謂表正萬邦之表."(大全註疏)
- 皇建其有極: 황건皇建이 그 극極에 있다. '황건皇建'은 제왕이 천하를 통치하는 준칙準則으로, '대중지정大中至正'한 道를 말한다. 황(임금 황)
  ≪書·홍범洪範≫ 篇에 나온다. "五, 皇極, 皇建其有極." 이에 대해 孔穎達의 疏에 "皇, 大也. 極, 中也. 施政教, 治下民, 當使大得其中, 無有邪僻."이라 풀이했다. 邪(간사할 사) 僻(치우칠 벽)
- 通功易事: 백성들에게 각기 業이 있어 서로 있고 없는 것을 통하게 하는 일. 易(바꿀 역)
  ≪孟子·滕文公下≫에 나온다. "子不通功易事, 以羨補不足, 則農有餘粟, 女有餘布." 羨(부러워할 선) 餘(남을 여) 粟(조 속)
  朱子가 말했다. "若百工聚則事事皆有, 豈不足以足財用乎. 如織紝, 可以足布帛. 工匠可以足器皿之類."(大全註疏) 織(베짤 직) 紝(베짤 임) 帛(비단 백) 匠(장인 장) 皿(그릇 명)
  雙峯饒氏가 말했다. "財用是兩字, 財是財貨, 用是器用. 一人之身, 豈能百工之所爲備. 如農夫之耕, 農器缺一不可, 農得用以生財, 工得財以贍用. 推此, 可見其餘, 蓋農工相資則上下俱足."(大全註疏) 耕(밭갈 경) 缺(부족할 결) 贍(넉넉할 섬) 資(도울 자) 俱(함께 구)
- 農末: 농업農業과 말업末業. '말업末業'은 '天下之大本'인 농업을 제외한 상업과 공업을 말한다.
  ≪史記·화식열전貨殖列傳≫에 나온다. "夫糶, 二十病農, 九十病末…… 上不過八十, 下不減三十, 則農末俱利." 糶(쌀내어팔 조) 減(덜 감)
- 眩(현혹할 현) 惑(미혹할 혹)

【備旨】

夫九經之序ㅣ 固有其目이니 而行之ㅣ 豈無其效乎아
誠能修身이면 則道自我立 而爲民之表率矣요 能尊賢이면 則啓沃有資하여 聰明日擴 而不惑於理矣요 能親親이면 則上而諸父와 下而昆弟ㅣ 皆得其歡心 而不怨矣요 能敬大臣이면 則臨事建功하여 不奪異議 而不眩於事矣요 能體群臣이면 則感恩者ㅣ 思以效忠 而士之報禮於我者ㅣ 重矣요 能子庶民이면 則懷惠者ㅣ 思以報德 而百姓이 自勸矣요 能來百工이면 則作成器具라 是以로 財資於用 而皆足矣요 能柔遠人이면 則四方賓旅ㅣ 皆願出於其途 而歸之矣요 能懷諸侯면 則天下一家하여 四隅海表ㅣ 莫不慴服 而畏之矣니 九經之效ㅣ 如此라

무릇 구경九經의 차례가 진실로 그 조목條目이 있으니, 그것을 행하는데 어찌 그 효험이 없으리오?
진실로 능히 몸을 닦으면 곧 道가 나로부터 세워져 백성의 표범表範이 될 것이요, 능히 어진 이를 높이면 곧 人君을 계도啓導하는데 자뢰資賴함이 있고 총명聰明이 날로 넓어져서 이치에 의혹疑惑하지 않을 것이요, 능히 親한 이를 親히 하면 곧 위로 제부諸父와 아래로 곤제昆弟가 모두 그 환심歡心을 얻어 원망하지 않을 것이요, 능히 大臣을 공경하면 곧 일에 임하여 공을 세우고 이의異議에 마음을 빼앗기지 않아 일에 현혹眩惑되지 않을 것이요, 능히 군신群臣을 체휼體恤하면 곧 은혜에 감응한 자가 충성을 다할 것을 생각하여 선비가 나에게 禮를 보답

함이 후중厚重할 것이요, 능히 서민庶民을 자식으로 여기면 곧 은혜를 간직한 자가 德에 보답할 것을 생각하여 백성들이 스스로 권면하며, 능히 백공百工을 오게 하면 곧 기구器具를 만들어 日用에 재화財貨와 자용資用이 모두 풍족할 것이요, 능히 원인遠人을 회유하면 곧 四方의 빈려賓旅들이 모두 그 길에서 나와 돌아오기를 바랄 것이요, 능히 제후諸侯를 안아 품으면 곧 天下가 한 집이 되어 사방의 천하가 섭복懾服하여 두려워하지 않을 이가 없으니, 구경九經의 효험이 이와 같다.

주해

- 啓沃: 정성을 다해 人君을 계도啓導하고 보좌함. 啓(인도할 계) 沃(물댈 옥)
  ≪書 · 說命上≫에 나온다. "啓乃心, 沃朕心." 이에 대해 孔穎達의 疏에 "當開汝心所有, 以灌沃我心, 欲令以彼所見, 教己未知故也."라고 했다. 乃(너 내) 朕(나 짐) 汝(너 여) 灌(물댈 관)
- 四隅: 사방四方, 천하天下. '사주四周'와 같다. 隅(모퉁이 우)
  ≪淮南子 · 原道訓≫에 나온다. "經營四隅, 還返於樞." 이에 대해 고유高誘의 註에 "隅, 猶方也."라고 했다. 樞(지도리 추)
- 海表: 해외. 곧 고대 중국의 변경 밖 지역을 말한다.
  ≪書 · 立政≫에 나온다. "方行天下, 至於海表, 罔有不服." 이에 대해 손성연孫星衍의 疏에 "溥行天下至於海外, 無有不服."라고 했다. 罔(없을 망) 溥(넓을 부)
  漢나라 반고班固의 ≪典引≫에도 나온다. "仁風翔乎海表, 威靈行乎鬼區." 翔(날 상) 區(지경 구)
- 懾服: 두려워서 굴복함. '섭복懾伏'과 같다. 懾(두려워할 섭) 伏(굴복할 복)
  ≪戰國策 · 秦策三≫에 나온다. "趙楚懾服不敢攻秦者, 白起之勢也."
  ≪三國志 · 魏志 · 王脩傳≫에도 나온다. "孫氏懼, 乃出賊. 由是豪强懾伏." 懼(두려워할 구) 賊(도적 적) 豪(호걸 호)
- 擴(넓힐 확) 奪(빼앗을 탈) 途(길 도) 畏(두려워할 외)

齊明盛服하여 非禮不動은 所以修身也요 去讒遠色하며 賤貨而貴德은 所以勸賢也요 尊其位하며 重其祿하며 同其好惡(오)는 所以勸親親也요 官盛任使는 所以勸大臣也요 忠信重祿은 所以勸士也요 時使薄斂은 所以勸百姓也요 日省月試하여 旣(희)稟稱事는 所以勸百工也요 送往迎來하며 嘉善而矜不能은 所以柔遠人也요 繼絶世하며 擧廢國하며 治亂持危하며 朝聘以時하며 厚往而薄來는 所以懷諸侯也니라

재계齋戒하며 깨끗이 하며 복服을 盛하게 하여 예禮가 아니면 움직이지 않음은 몸을 닦는 바요, 참소讒訴를 버리고 색色을 멀리하며 재물을 천賤히 여기고 덕德을 귀하게 여김은 어진 이를 권면勸勉하는 바요, 그 지위를 높이며 그 녹祿을 중하게 하며 그 좋아하고 미워함을 함께 함은 親한 이를 친애함을 권면勸勉하는 바요, 관속官屬을 성盛하게 하여 사령使令을 맡기는 것은 대신大臣을 권면勸勉하는 바요,

충신忠信으로 하고 녹祿을 중히 함은 선비를 권면勸勉하는 바요, 때로 부리고 세금을 적게 거둠은 백성을 권면勸勉하는 바요, 날로 살피고 달로 시험해서 희름旣稟이 일에 걸맞게 함은 백공百工을 권

면勸勉하는 바요, 가는 이를 보내고 오는 이를 맞이하며 善한 이를 아름답게 여기고 능하지 못한 이를 가엾게 여김은 원인遠人을 부드럽게 하는 바요, 끊어진 세대를 이으며 폐廢한 나라를 일으키며 어지러움을 다스리고 위태로움을 부축하며 조빙朝聘을 때로써 하며 가는 것을 두텁게 하고 오는 것을 엷게 함은 제후諸侯를 안아 품는 바이니라.

此는 言九經之事也라 官盛任使는 謂官屬衆盛하여 足任使令也라 蓋大臣은 不當親細事라 故로 所以優之者 如此라 忠信重祿은 謂待之誠而養之厚니 蓋以身體之 而知其所賴乎上者 如此也라
旣는 讀曰餼니 餼廩은 稍食也라 稱事는 如周禮稾人職에 曰考其弓弩하여 以上下其食이 是也라 往則爲之授節以送之하고 來則豐其委積以迎之라 朝는 謂諸侯見(현)於天子요 聘은 謂諸侯使大夫來獻이니 王制에 比年一小聘하고 三年一大聘하고 五年一朝라 厚往薄來는 謂燕賜厚而納貢薄이라

이는 구경九經의 일을 말한 것이다. '관성임사官盛任使'는 관속官屬을 많고 盛하게 하여 족히 사령使令을 맡길 수 있게 한다는 말이다. 대개 大臣이 친히 작은 일을 맡지 못한다. 그러므로 넉넉하게 하는 바가 이와 같다. '충신중록忠信重祿'은 대함이 정성스럽고 기름이 두텁다는 말이니, 대개 몸으로 체험體驗하여 그 윗사람에게 자뢰할 바를 알게 함이 이와 같다.

'기既'는 '희餼'라고 읽으니, 희름餼稟은 초식稍食이다. '일에 걸맞게 한다'는 것은 ≪주례周禮 · 고인직槀人職≫에 가로되 '그 궁노弓弩를 상고하여 그 노임을 올리고 내린다'는 것이 이것이다. 가는 이는 곧 그를 위해 부절符節을 주어서 보내고, 오는 이는 곧 위자委積를 풍부히 하여 맞이한다. '조朝'는 제후諸侯가 天子를 알현謁見한다는 말이요, '빙聘'은 제후諸侯가 大夫로 하여금 와서 예물을 바치게 한다는 말이다. ≪禮記 · 王制≫ 篇에 '매년 한 번 소빙小聘을 하고, 三年에 한 번 대빙大聘하고, 五年에 한 번 조회朝會한다.'고 하였다. '후왕박래厚往薄來'는 잔치에 하사下賜하는 것을 두텁게 하고 조공朝貢 바치는 것을 엷게 함이다.

주해

- 時使薄斂: 부역賦役을 때로 부리고, 세금을 적게 거두다. 薄(엷을 박) 斂(거둘 렴)

  "時使是惜民力. 薄斂是阜民財."(四書備旨補註) 惜(아낄 석) 阜(클 부)

- 旣稟稱事: 희름旣稟이 일에 걸맞게 하다. '희름旣稟'은 관아에서 지급하는 녹미祿米를 말하는데, '초식稍食'과 같다. 旣(녹봉 희) 餼(녹봉 희) 稟(곳집 름) 稱(일컬을 칭) 稍(녹먹을 초)

  "旣是牲肉. 稟是稟米. 稱事是因其事之煩簡, 以給其餼稟多寡."(四書備旨補註) 牲(희생 생) 煩(번거로울 번) 簡(간략할 간) 寡(적을 과)

  朱子가 말했다. "餼, 牲餼也. 如今官員請受有生羊肉. 稟, 卽稟給折送錢之類, 是也."(大全註疏) 折(꺾을 절)

  "周禮 天官 宮正, 幾其出入, 均其稍食."(大全註疏) 均(고를 균)

- 朝聘: '조朝'는 제후諸侯가 직접 와서 天子를 보는 것. '빙聘'은 諸侯 밑의 大夫들이 天子에게 조공朝貢을 바치는 일. 聘(찾아갈 빙) 貢(바칠 공)

  "朝是諸侯自來. 大聘使卿, 小聘使大夫. 時是有常期."(四書備旨補註) 卿(벼슬 경)

- 委積: 군량미와 秣草를 저축하다. 委(쌓을 위) 積(쌓을 자) 秣(꼴 말)

  ≪周禮 · 地官 · 大司徒≫에 나온다. "大賓客, 令野脩道委積." 이에 대

해 손이랑孫詒讓의 ≪正義≫에 "≪說文 · 禾部≫ 云 積, 聚也.……凡儲聚禾米薪芻之屬, 通謂之委積."라고 했다. 禾(벼 화) 薪(땔나무 신) 芻(꼴 추)
新安陳氏가 말했다. "委積, 畜聚也. 周禮, 遺人掌牢禮委積. 註雲 委積謂牢米薪芻, 給賓客. 又司徒註, 少曰委, 多曰積."(大全註疏) 畜(쌓을 축) 聚(모일 취) 掌(관장할 장) 牢(우리 뢰)

● 比年: 매년. '連年'과 같다.
≪禮記 · 王制≫ 篇에 나온다. "諸侯之於天子也, 比年一小聘." 이에 대해 鄭玄의 註에 "比年, 每歲也."라고 했다.
≪漢書 · 穀永傳≫에도 나온다. "比年喪稼, 時過無宿麥." 이에 대해 안사고顔師古의 註에 "比, 頻也."라고 했다. 穀(곡식 곡) 喪(죽을 상) 稼(심을 가) 麥(보리 맥)

● 讖(참소할 참) 嘉(아름다울 가) 矜(불쌍히여길 긍) 槀(마를 고) 弩(쇠뇌 노)

【備旨】

夫九經이 固有其效矣니 而九經之事 則何如오
方其靜而未應接之時엔 齊明以一其內하고 盛服以肅其外하며 及動而已應接之時엔 一循諸節文之禮하여 若非禮則勿妄動이니 此則動靜交養이니 所以修吾之身也요 而道立之效ㅣ此其基矣라 屛去讒邪하고 踈遠美色하며 輕賤貨財而專於貴重有德이면 此純心任賢 而賢者ㅣ樂爲我用이니 所以勸賢也요 而不惑之效를 可致矣라 尊其位以貴之하고 重其祿以富之하며 同其好惡以公之면 此則恩意周 而情誼篤이니 所以勸親之我親也요 而不怨之效를 可致矣라
多設官屬하여 以任使令이면 則養其居尊之體 而得以從

容論道니 所以勸大臣也요 不眩者를 胥此矣라 待以忠信之誠하고 養以重祿之厚면 則使無俯仰之累 而益以効其股肱이니 所以勸士也요 而報禮重者를 胥此矣라 以時役使而不窮其力하고 薄其稅斂而不盡其財면 則安富之情以遂 而愛戴自切이니 所以盡子庶民之道요 而勸百姓者ㅣ此也라

日有所省하고 月有所試以程其能하며 旣廩之頒을 因功授食以稱其事면 則激勵之典以行 而勤惰胥奮이니 所以勸百工之道요 而足財用者ㅣ此也라

授符節以送其往하고 豊委積以迎其來하며 有願留於國者는 因能授任以嘉其善 而不强所短以矜不能이면 則往來各獲其安하고 賢愚咸遂其願이니 所以柔遠人也요 而致四方之歸者ㅣ不以此哉아 諸侯世已絶者는 取旁支續之하며 諸侯國已滅者는 以土地封之하며 政事不修者는 則治其亂하여 使本國上下相安하며 强大倂呑者는 則持其危하여 使鄰國大小相恤하며 五年一朝와 比年小聘과 三年大聘을 各以其時는 不欲勞其力也라 我之燕賜於彼者ㅣ厚其往하고 而彼之納貢於我者ㅣ薄其來하여 不欲匱其財也는 則俾享茅土之安하고 得受優渥之賜니 所以懷諸侯也요 而致天下之畏者ㅣ不以此哉아 九經之事ㅣ如此라

구경九經이 진실로 그 효험이 있으니 구경九經의 일은 곧 어떤 것인가? 바야흐로 그 고요하여 응접應接하지 않을 때에는 재계齋戒하고 깨끗이

하여 그 안을 가지런히 하고, 옷을 성盛하게 하여 그 밖을 엄숙하게 하며, 움직여서 이미 응접應接할 때에 미쳐서는 한결 같이 절문節文의 禮를 따르고, 만약 禮가 아니면 곧 망령되이 움직이지 말아야 한다. 이는 곧 동정動靜이 서로 기르는 것이니 나의 몸을 닦는 바요, 道가 서는 효험이 여기에서 기인한다.

참언讒言과 사설邪說을 물리치고 미색美色을 멀리하며, 재화財貨를 가볍게 여겨 오로지 德이 있는 자를 귀중하게 여기면, 이는 순수한 마음으로 어진 이를 거용擧用하여 어진 이가 나의 거용擧用에 즐겨하게 되니 어진 이를 권면勸勉하는 바요, 의혹疑惑되지 않는 효험을 가히 이룰 수 있다.

그 지위를 높여 귀하게 대하고 그 녹祿을 많이 주어 부유하게 하며, 그 좋아하고 미워함을 함께 하여 공정하게 하면, 이는 곧 은의恩意가 두루 미치고 정의情誼가 두터워지니, 내 친족을 친애하도록 권면勸勉하는 바요, 원망하지 않는 효험을 가히 이룰 수 있다.

관속官屬을 많이 두어 사령使令을 맡기면 곧 그 존귀함에 처하는 몸을 길러서 종용從容히 道를 논할 수 있으니 大臣을 권면하는 바요, 현혹되지 않음을 여기에서 볼 수 있다.

충신忠信하는 정성으로 대하고 후중厚重한 녹봉祿俸으로 기르면 곧 집안의 식구들을 부양하는 부담이 없어져서 더욱 그 고굉股肱의 역할을 다하도록 할 것이니 선비를 권면하는 바요, 禮를 보답함이 중함을 여기에서 볼 수 있다.

때에 맞게 백성을 부려서 그 힘을 궁핍하지 않게 하고, 그 거두는 세금을 엷게 하여 그 재물을 소진消盡하지 않게 하면, 곧 편안하고 넉넉한 정을 이루어 사랑하고 추대함이 저절로 간절해지니, 庶民을 자식으로 여기는 道요, 百姓을 권면하는 것이 이것이다.

날로 살피는 바가 있고 달로 시험하는 바가 있어 그 능력을 헤아리며, 희름餼廩의 하사下賜가 功을 따라 녹봉祿俸을 분배하여 그 일에 걸맞게 하면, 곧 격려激勵하는 법이 행해져서 부지런하고 게으른 자가 모두 분발하게 되니 百工을 권면하는 道요, 재용財用을 넉넉히 하는 것이 이것이다.

부절符節을 주어 그 가는 자를 보내고, 위자委積를 넉넉히 하여 그 오는 이를 맞이하며, 나라에 머물기를 원하는 자는 능력에 따라 소임을 주어 그 잘함을 가상히 여기고, 잘못하는 바를 부드럽게 대하여 능력이 없음을 불쌍히 여기면, 곧 가고 오는 자들이 각각 그 편함을 얻고, 어진 자와 어리석은 자가 모두 그 소원을 이룰 수 있으니 원인遠人을 부드럽게 대하는 바요, 四方에서 돌아오도록 만드는 것이 이 때문이 아니리오!

제후諸侯 중에 代가 이미 끊어진 자는 방계傍系를 취해서 이어주며, 제후諸侯 중에 나라가 이미 망한 자는 토지로써 봉封해 주며, 政事가 닦이지 아니한 자는 곧 그 어지러움을 다스려 본국의 上下가 서로 편안하게 하며, 강대국에 병탄倂呑당한 자는 곧 그 위기를 부축하여 하여금 인국隣國의 크고 작은 나라가 서로 구휼救恤하게 하며, 5년에 한번 조회朝會하고 해마다 소빙小聘하고 3년에 대빙大聘을 하여 각각 그 때에 맞게 함은 그 힘을 수고롭지 않게 하고자 함이다.

내가 저들에게 잔치하여 베풀어주는 것은 그 가는 것을 두텁게 하고, 저들의 나에게 조공朝貢을 바치는 것은 그 오는 것을 엷게 하여, 그 재물을 소진消盡하지 않도록 하려는 것은 곧 제후국諸侯國의 편안함을 누리고 후중厚重한 하사下賜를 받게 함이니 제후諸侯를 품어 안아주는 바요, 천하가 외경畏敬하도록 만드는 것이 이 때문이 아니리오! 구경九經의 일이 이와 같다.

주해

● 應接: '응수접대應酬接待'하다. 酬(갚을 수)
● 節文: 예절禮節 또는 의식儀式.
漢나라 채옹蔡邕의 ≪玄文先生李子材銘≫에 나온다. "凡其親昭朋徒, 臭味相與, 大會而葬之. 鼎俎之禮, 節文曲備." 昭(밝을 소) 徒(무리 도) 臭(냄새 취) 葬(장사지낼 장) 鼎(솥 정) 俎(적대 조)
● 讒邪: 참언讒言과 사설邪說, 또는 참언讒言을 일삼는 간사한 사람. 讒(참소할 참) 邪(간사할 사)
漢나라 동중서董仲舒의 ≪春秋繁露·五行相勝≫에 나온다. "火者, 司馬也. 司馬爲讒, 反言易辭以譖愬人, 內離骨肉之親, 外疏忠臣, 賢聖旋亡, 讒邪日昌, 魯上大夫 季孫 是也." 愬(하소연할 소) 旋(돌 선)
● 俯仰之累: 집안 식구를 부양하고 돌보는 큰 부담負擔. '루累' '누중累重'의 뜻으로 가족을 부양하는 부담이 큰 것을 말한다. 俯(숙일 부) 仰(우러를 앙) 累(짐 루)
≪孟子·梁惠王上≫에 나온다. "是故明君制民之產, 必使仰足以事父母, 俯足以畜妻子." 畜(기를 휵)
● 股肱: 人君을 좌우에서 보필하는 일, 또는 보필하는 신하. 股(넓적다리 고) 肱(팔뚝 굉)
≪左傳·僖公二十六年≫ 條에 나온다. "昔周公大公股肱周室, 夾輔成王." 夾(낄 협) 輔(도울 보)
● 愛戴: 사랑하고 받들다. 戴(일 대)
≪舊唐書·懿宗紀≫에 나온다. "(王景崇)洽三軍愛戴之情, 荷千里折衝之寄." 洽(윤택할 흡) 荷(책망할 하) 折(꺾을 절) 衝(부딪칠 충)
● 符節: 고대에 부신符信으로 삼던 물건. 주로 금옥金玉이나 죽목竹木에 문자를 새긴 후 두 쪽으로 나눈 것을 사용할 때 두 개를 합쳐서 징표로 삼았다.
≪周禮·地官·掌節≫에 나온다. "門關用符節, 貨賄用璽節, 道路用旌節, 皆有期以反節." 賄(뇌물 회) 璽(도장 새) 旌(기 정)
● 旁支: 嫡親 이외의 친족. 旁(곁 방) 嫡(정실 적)

≪左傳 · 隱公八年≫ 條에 나온다. "胙之土而命之氏" 이에 대해 唐나라 공영달孔穎達의 疏에 "族者, 屬也, 與其子孫共相連屬. 其旁支別屬則各自立氏."라고 했다. 胙(제사지낸고기 조)

- 燕賜: 잔치를 베풀고 상을 하사下賜함. 燕(잔치 연) 賜(줄 사)

  ≪詩 · 小雅 · 六月≫에 나온다. "吉甫燕喜, 旣多受祉" 이에 대해 唐나라 공영달孔穎達의 疏에 "我吉甫之行, 日月長久矣, 故今王飮之酒, 進其宿, 在家諸同志之友與俱飮, 以盡其歡. 又加之以炰鱉膾鯉珍美之饌, 燕賜厚矣."라고 했다. 祉(복 지) 炰(구울 포) 鱉(금계 별) 膾(회 회) 鯉(잉어 리) 饌(반찬 찬)

- 茅土: 고대 天子가 제후諸侯를 봉封할 때 방위를 대표하는 五色土의 제단에서 봉지封地의 방향에 맞는 色土를 취하여 흰 띠로 싸서 수여하던 일. 茅(띠 모)

  ≪文選 · 이릉李陵 〈답소무서答蘇武書〉≫에 나온다. "陵謂足下當享茅土之薦, 受千乘之賞." 이에 대해 李善의 註에 "≪상서위尙書緯≫ 曰 天子社, 東方靑, 南方赤, 西方白, 北方黑, 上冒以黃土, 將封諸侯, 各取方土, 苴以白茅, 以爲社."라고 했다. 薦(천거할 천) 乘(수레 승) 冒(덮을 모) 苴(삼 저)

- 優渥: 넉넉하고 두텁게 대우하다. 優(넉넉할 우) 渥(두터울 악)

  晉나라 이밀李密의 ≪陳情表≫에 나온다. "過蒙拔擢, 寵命優渥." 蒙(입을 몽) 拔(뽑을 발) 擢(뽑을 탁) 寵(은혜 총)

- 肅(엄숙할 숙) 屛(물리칠 병) 胥(볼 서) 斂(거둘 렴) 激(물부딪쳐흐를 격) 勵(힘쓸 려) 程(헤아릴 정) 頒(하사할 반) 惰(게으를 타) 倂(아우를 병) 呑(삼킬 탄) 匱(다할 궤) 俾(하여금 비)

凡爲天下國家ㅣ有九經하니 所以行之者는 一也니라

무릇 天下 國家를 다스리는데 구경九經이 있으니, 그것을 실행하는 바는 하나니라.

一者는 誠也니 一有不誠이면 則是九經ㅣ皆爲虛文矣라 此는 九經之實也라

'일一'이라는 것은 '성誠'이니, 하나라도 정성스럽지 못함이 있으면 곧 구경九經이 모두 허문虛文이 된다. 이는 구경九經의 실지實地이다.

주해

- 所以行之者, 一也: 그것을 실행하는 바는 하나이다. '之'는 '구경九經'이다.
  "行是推行而施爲意. 之指九經. 一指誠, 以誠對九經言. 故曰一."(四書備旨補註) 推(밀 추) 施(베풀 시)
  三山潘氏가 말했다. "三德, 行之者一, 所以實其德. 九經, 行之者一, 所以實其事."(大全註疏)

【備旨】

然이나 是九經也ㅣ豈無所以行之者哉아 凡爲天下國家ㅣ固有九經하니 而所以行是九經者는 一也라 蓋本之以一이면 則所行者ㅣ皆實事요 所獲者ㅣ皆實效니 斯天下國家를 可得而治矣라

그러나 이 구경九經이 어찌 그것을 행하는 바가 없으리오? 무릇 天下國家를 다스리는데 진실로 구경九經이 있으니, 이 구경九經을 실행하

는 바는 하나이다.

대개 하나로 근본을 삼으면 곧 행하는 바가 모두 실사實事요, 얻은 바가 모두 실효實效이니, 이에 天下 國家를 가히 얻어 다스릴 수 있다.

주해

● 虛(빌 허) 獲(얻을 획) 效(본받을 효) 斯(이 사)

凡事ㅣ豫則立하고 不豫則廢하나니 言前定則不跲하고 事前定則不困하고 行前定則不疚하고 道前定則不窮이니라

무릇 일이란 미리하면 곧 성립成立하고, 미리하지 아니하면 곧 폐廢하나니, 말이 미리 정해지면 곧 넘어지지 아니하고, 일이 미리 정해지면 곧 곤란하지 아니하고, 행동이 미리 정해지면 곧 병통病痛이 생기지 아니하고, 道가 미리 정해지면 곧 궁窮하지 아니하니라.

凡事는 指達道 達德 九經之屬이라 豫는 素定也라 跲은 躓也요 疚는 病也라 此는 承上文하여 言 凡事를 皆欲先立乎誠이니 如下文所推ㅣ是也라

'범사凡事'는 달도達道와 달덕達德과 구경九經 등을 가리킨다. '예豫'는 본디 사리에 맞게 정함이다. '겁跲'은 넘어짐이요, '구疚'는 병病이다. 이는 上文을 이어 무릇 일을 다 먼저 정성精誠에 세우고자 함이니, 下文에 미룬 바와 같음이 이것이다.

주해

- 言前定: 말이 미리 정해지다. '언言'은 '발호시령發號施令'을 말한다.
  號(호령할 호) 令(명령할 령)
  "言是發號施令之類. 前定卽上豫字之意."(四書備旨補註)
  新安陳氏가 말했다. "四前定字, 所以申明上豫字也, 非以豫與前定爲誠. 乃是所當豫所當前定者, 謂先立乎誠也."(大全註疏)
- 道前定: 道가 미리 정해지다. '道'는 '率性之謂道'의 '人道'를 말한다.
  "道是性中之用言. 事行皆道中之一耳."(四書備旨補註)
- 豫(미리 예) 廢(폐할 폐) 跲(넘어질 겁) 疚(오랜병 구) 躓(넘어질 지)

【備旨】

然이나 所謂一者는 固非一朝一夕之所能得也라 凡達道達德 九經之事ㅣ其所以行之者는 必須豫先做工夫라야 臨時始能成立이니 若平日不豫做工夫면 則至於廢하니라 如言也而前定乎所爲言이면 則言爲有物而不跲하고 事也而前定乎所爲事면 則事爲有實而不困하고 行而前定乎所爲行이면 則行有常自慊於心而不疚하고 道而前定乎所爲道면 則道有本自泛應曲當而不窮이니 所謂凡事ㅣ豫則立이 如此라

그러나 이른바 '하나이다'라는 것은 진실로 하루아침과 하루저녁에 능히 얻어지는 바가 아니다.
무릇 달도達道와 달덕達德과 구경九經의 일이 그 행해지는 바는 반드시 모름지기 미리 앞서 工夫를 해야 만이 때에 임하여 비로소 능히 成立할 수 있으니, 만약 평일에 미리 工夫하지 아니하면 곧 폐廢하게 된다.
예를 들어 말하되 말할 바를 미리 定하면 곧 말에 내용이 있게 되어 차질이 생기지 아니하고, 일을 하되 일할 바를 미리 定하면 곧 일에 실지實地가 있게 되어 곤란하지 아니하고, 行하되 行할 바를 미리 정하면 곧 행함에 떳떳함이 있어 스스로 마음에 흡족하여 병통病痛이 생기지 아니하고, 道를 행하되 道를 행할 바를 미리 정하면 곧 道에 근본이 있어 저절로 두루 적응하고 굽이굽이 합당하여 궁窮하지 않을 것이니, 이른바 '무릇 일이 미리하면 곧 成立한다'는 것이 이와 같다.

주해

- 言爲有物: 말에 내용이 있게 되다. 곧 말에 실제적인 내용이 있어 공허하지 않다는 말이다. '言之有物'과 같다.
  ≪易·家人≫ 卦에 나온다. "君子以言有物, 而行有恒." 恒(항상 항)
- 泛應曲當: 두루 적응되고 굽이굽이 합당함. 泛(두루 범) 應(응할 응) 曲(굽을 곡)
  ≪朱子語類≫ 卷13에 나온다. "若得胸中義理明, 從此去量度事物, 自然泛應曲當." 度(헤아릴 탁)
- 做(지을 주) 慊(흡족할 겸)

在下位하여 不獲乎上이면 民不可得而治矣리라 獲乎上이 有道하니 不信乎朋友면 不獲乎上矣리라 信乎朋友ㅣ有道하니 不順乎親이면 不信乎朋友矣리라 順乎親이 有道하니 反諸身不誠이면 不順乎親矣리라 誠身이 有道하니 不明乎善이면 不誠乎身矣리라

아랫자리에 있으면서 윗사람에게 신임을 얻지 못하면, 백성을 가히 얻어 다스리지 못하리라. 윗사람의 신임을 얻는데 道가 있으니, 붕우朋友에게 미덥지 못하면 윗사람에게 신임을 얻지 못하리라. 붕우朋友에게 미덥게 하는데 道가 있으니, 어버이께 순順하지 아니하면 붕우朋友에게 미덥지 못하리라. 어버이께 順하는데 道가 있으니, 몸에 돌이켜서 정성스럽지 못하면 어버이께 順하지 못하리라. 몸을 정성스럽게 하는데 道가 있으니, 선善에 밝지 못하면 몸에 정성스럽지 못하리라.

此는 又以在下位者로 推言素定之意라 反諸身不誠은 謂反求諸身而所存所發이 未能眞實而無妄也요 不明乎善은 謂不能察於人心天命之本然 而眞知至善之所在也라

이는 또 아랫자리에 있는 자로써 '본디 정한다'는 뜻을 미루어 말한 것이다. '몸에 돌이켜서 정성스럽지 못하다'는 것은 몸에 돌이켜 구해

서 있는 바와 발發하는 바가 능히 진실되어 망령됨이 없지 못함을 이른다. '선善에 밝지 못하다'는 것은 능히 人心과 天命의 본연本然을 살펴서 지극한 선善이 있는 바를 진실로 알지 못함을 이른다.

주해

- 反諸身不誠, 不順乎親矣: 몸에 돌이켜 정성스럽지 못하면 어버이께 順하지 못한다. '반反'은 '반返'과 같다. 反(돌아올 반) 返(돌아올 반) 諸(어조사 저)
  朱子가 말했다. "反諸身, 是反求於心. 不誠, 是不曾實有此心. 如事親孝, 須實有這孝之心. 若外面假爲孝之事, 裏面却無孝之心, 便是不誠矣."(大全註疏)
  曾(일찍이 증) 這(이 저) 却(도리어 각)
- 不明乎善: 선善에 밝지 못하다. '明善'은 곧 격물치지格物致知를 말한다. "明善, 卽格物致知之事"(四書備旨補註)
- 所存所發: 내 몸 안에 있는 바와 몸 밖으로 발發해진 바. 곧 '소존所存'은 내 몸에 修養이 된 것이고, '소발所發'은 몸 밖으로 드러난 말이나 행동을 말한다.
  新安陳氏가 말했다. "所存所發, 指心而言. 所存, 靜而涵養時也. 所發, 動而應接時也."(大全註疏) 涵(젖을 함) 養(기를 양)
- 獲(얻을 획) 妄(망령될 망) 察(살필 찰)

【備旨】

又以在下位者로 推之면 亦可以見素定之意焉이라 彼爲人臣而在下位하여 欲治乎民이면 其道在豫獲乎上이니 苟不獲乎上이면 則無以安其位而行其志하여 民不可得而治矣리라 然이나 獲乎上이 有道하니 在豫信乎友也라 苟

不信乎朋友면 則志行不孚하고 名譽不著하여 不獲乎上矣리라 然이나 信乎朋友丨有道하니 在豫順乎親也라 苟不順乎親이면 則所厚者丨薄하여 無所不薄하여 不信乎朋友矣리라

然이나 順乎親이 有道하니 在豫誠乎身也라 苟反諸身不誠이면 則外有事親之文이나 內無愛親之實하여 不順乎親矣리라 然이나 誠身有道하니 在豫明乎善也라 苟不明乎善이면 則善惡이 不免於混淆하고 好惡(오)丨多失於自欺하여 不誠乎身矣리라 是可見 由明善以誠身은 誠之所以豫也요 由順親而信友獲上治民은 事之所以立也니 在下位者丨且然矣온 況人君이 在上位하여 以達德而行達道하고 施九經而事文武之事者丨其可不豫立乎誠哉아

또 아랫자리에 있는 자로 미루면 또한 가히 '소정素定'의 뜻을 알 수 있다. 저 인신人臣이 되어 아랫자리에 있으면서 백성을 다스리고자 하면 그 道가 미리 윗사람에게 신임을 얻는데 있으니, 만일 윗사람에게 신임을 얻지 못하면 곧 그 자리에 편안하고 그 뜻을 행할 수가 없어서 백성들을 가히 얻어 다스리지 못하리라.

그러나 윗사람에게 신임을 얻는데 道가 있으니, 미리 벗들에게 미덥게 하는데 있다. 만일 벗들에게 미덥지 못하면 곧 뜻과 행실이 미쁘지 못하고 명예가 드러나지 아니하여 윗사람에게 신임을 얻지 못하리라.

그러나 벗들에게 미덥게 하는데 道가 있으니, 미리 어버이께 순順하

는데 있다. 만일 어버이께 순順하지 아니하면 곧 두텁게 할 바가 엷어져서 엷지 않은 바가 없게 되어 벗들에게 미쁘지 못하리라.
그러나 어버이께 순順하는데 道가 있으니, 미리 몸에 정성스럽게 하는데 있다. 만일 몸에 돌이켜 정성스럽지 못하면 곧 밖으로 어버이를 섬기는 모양새는 있으나, 안으로 어버이를 사랑하는 진실이 없어 어버이께 順하지 못하리라.
그러나 몸을 정성스럽게 하는데 道가 있으니, 미리 선善을 밝히는데 있다. 만일 善에 밝지 못하면 곧 선善과 악惡이 뒤섞임을 면치 못하고, 좋아하고 미워함이 대부분 자기를 속이는데 빠져서 몸을 정성스럽게 하지 못하리라.
이는 가히 善을 밝히는 것으로 말미암아 몸을 정성스럽게 하는 것은 정성을 미리하는 바요, 어버이께 順함으로 말미암아 벗에게 미덥게 되고 윗사람에게 신임을 얻고 백성을 다스리는 것은 일이 성립된 것임을 알 수 있다. 아랫자리에 있는 자가 또한 그러하거늘, 하물며 人君이 윗자리에 있으면서 달덕達德으로써 달도達道를 행하고, 구경九經을 시행하여 문왕文王과 무왕武王의 일을 일삼는 자가 그 가히 미리 誠을 세우지 않으리오!

주해

- 混淆: 뒤섞여서 모호함. 混(섞일 혼) 淆(뒤섞일 효)
  晉나라 갈홍葛洪의 ≪抱朴子·尙博≫에 나온다. "眞僞顚倒, 玉石混淆." 顚(엎어질 전) 倒(넘어질 도)
  ≪周書·藝術傳·姚僧垣≫에도 나온다. "其時雖剋平大亂, 而任用非才, 朝政混淆, 無復綱紀." 垣(담 원) 剋(이길 극)
- 孚(미쁠 부) 譽(기릴 예) 著(드러날 저) 欺(속일 기) 文(무늬 문)

誠者는 天之道也요 誠之者는 人之道也니 誠者는 不勉而中하며 不思而得하여 從容中道하나니 聖人也요 誠之者는 擇善而固執之者也니라

성誠한 것은 하늘의 道요, 성誠을 하려는 것은 사람의 道이니, 성誠이란 것은 힘쓰지 아니해도 적중하며, 생각하지 아니해도 얻어서, 종용從容히 道에 맞으니 聖人이요, 성誠을 하려는 것은 선善을 가려서 굳게 잡는 것이니라.

此는 承上文誠身而言이라 誠者는 眞實無妄之謂니 天理之本然也요 誠之者는 未能眞實無妄 而欲其眞實無妄之謂니 人事之當然也라

聖人之德이 渾然天理라 眞實無妄하여 不待思勉而從容中道하니 則亦天之道也라 未至於聖이면 則不能無人欲之私 而其爲德이 不能皆實이라 故로 未能不思而得이니 則必擇善 然後에 可以明善이요 未能不勉而中이니 則必固執而後에 可以誠身이니 此則所謂人之道也라

不思而得은 生知也요 不勉而中은 安行也요 擇善은 學知以下之事요 固執은 利行以下之事也라

이는 上文의 '성신誠身'을 이어서 말한 것이다. '성誠이란 것'은 진실하

여 망령됨이 없음을 이르니, 천리天理의 본연本然이요, '성誠을 하려는 것'은 능히 진실하여 망령됨이 없지 않되 그 진실하여 망령됨이 없고자 함을 이르니, 인사人事의 당연當然함이다.

聖人의 德이 혼연渾然히 천리天理이다. 진실하여 망령됨이 없어 생각하고 힘씀을 기다리지 아니해도 종용從容히 道에 맞으니 곧 또한 하늘의 道이다. 聖人에 이르지 못하면 곧 능히 인욕人欲의 사사로움이 없지 않아, 그 덕德됨이 능히 모두 진실하지 못한다.

그러므로 능히 생각하지 않고도 얻지 못하니 곧 반드시 善을 가린 연후에 가히 善을 밝힐 수 있으며, 능히 힘쓰지 않고도 적중하지 못하니 곧 반드시 굳게 잡은 뒤에 가히 몸을 정성스럽게 할 수 있으니, 이것이 곧 이른바 사람의 道이다.

생각하지 아니해도 얻는 것은 '생지生知'요, 힘쓰지 아니해도 적중한 것은 안행安行이요, 선善을 가리는 것은 '학지學知' 以下의 일이요, 굳게 잡는 것은 '이행利行' 以下의 일이다.

주해

- 誠者: 성誠한 것. '誠'은 하늘이 인간에게 부여한 도리道理, 곧 천도天道를 말한다.

  漢나라 鄭玄의 疏에 "誠者, 天性也. 誠之者, 學而誠之者也. 因誠身說, 有大至誠."(≪十三經註疏·中庸≫)라고 했고, 唐나라 孔穎達의 疏에 "至誠之道, 天之性也. 則人當學其至誠之性, 是上天之道不爲而誠, 不思而得, 若天之性有殺, 信著四時, 是天之道. 誠之者, 人之道也, 人能勉力學此至誠, 是人之道也, 不學則不得, 故云人之道."(≪十三經註疏·中庸≫)라고 했다.

  "誠者以自然之實理言. 天道正就人身上指出本然者說."(四書備旨補註)

- 誠之者: 성誠을 하려는 것. 곧 人道를 말한다.

  "誠之者是未誠而用力以. 誠之正本分內事, 故曰人道也."(四書備旨補註)

朱子가 말했다. "誠者天之道, 誠是實理, 自然不假修爲者也. 誠之者人之道, 是實其實理, 則是勉而爲之者也. 孟子言, 萬物皆備於我, 便是誠. 反身而誠, 便是誠之. 反身, 只是反求諸己. 誠, 只是萬物俱足, 無所虧欠."(大全註疏) 假(겨를 가) 俱(함께 구) 虧(이지러질 휴) 欠(부족할 흠)

- 從容: 행동거지가 차분하고 조용한 모습. 황망慌忙하지 않는 모양.
  ≪書 · 君陳≫ 篇에 나온다. "寬而有制, 從容以和."
  ≪莊子 · 秋水≫ 篇에도 나온다. "儵魚出遊從容, 是魚之樂也." 儵(빠를 숙)
- 擇善而固執者: 善을 가려서 굳게 잡는 것. 擇(가릴 택) 固(굳을 고) 執(잡을 집)
  "擇是審擇. 固執是堅守之, 即指善言. 者字指賢人對上聖人看."(四書備旨補註) 審(살필 심) 堅(굳을 견)
  東陽許氏가 말했다. "擇善然後, 可以明善. 擇者, 謂致察事物之理. 明者, 謂洞明吾心之理, 合外內而言. 擇善是格物, 明善是知至."(大全註疏) 洞(꿰뚫을 통)
  三山陳氏가 말했다. "善不擇則有誤認人欲爲天理者矣. 執不固則天理有時奪於人欲矣."(大全註疏) 誤(그릇할 오) 奪(빼앗을 탈)
- 渾然天理: 天理와 완전히 부합符合하다. 천리와 하나가 되다. '혼연渾然'은 完整하여 둘로 나눌 수 없는 모습이다. 渾(온전할 혼)
  宋나라 주밀周密의 ≪齊東野語 · 針砭≫에 나온다. "凡背面二器相合, 則渾然全身." 砭(돌침 폄)

【備旨】

然이나 身之所以當誠者는 何也오 亦以其出於天 而切於人耳라 彼其理之在我也ㅣ眞實無妄이 所謂誠者라 是其理ㅣ雖已屬於人이나 猶未離於天하여 乃天之與我니 其道ㅣ本如是也라 然이나 天理本無不實 而人心容有未眞하니 或不能誠 而欲求其誠이 所謂誠之者라 是ㅣ乃盡吾

之性이며 畢吾之事니 人之道ㅣ當如是也라
惟誠者之人은 其行安行이니 不待勉而自中하며 其知生知니 不待思而自得이라 此乃從容中道之聖人也니 亦天之道也라 若夫誠之者之人은 未能不思而得이니 必擇衆理以明善하며 未能不勉而中이니 必卽其善而固執하여 以誠身者也니 此所謂人之道也라
夫天下不皆誠者之人이니 則欲盡人合天인댄 其可不以誠之之功으로 自勉哉아

그러나 몸이 마땅히 정성스러워야 하는 이유는 무엇인가? 또한 그것이 하늘에서 나와 사람에게 부합符合되기 때문이다.
저 그 이치가 나에게 있는 것이 진실眞實하여 망령됨이 없는 것이 이른바 '성誠한 것'이다. 이는 그 이치가 비록 이미 사람에게 속해 있으나 오히려 하늘에서 떠나지 아니하여 이에 하늘이 나에게 부여한 것이니, 그 道가 본디 이와 같다.
그러나 天理가 본디 진실하지 않음이 없으나 人心은 혹 진실하지 못함이 있으니, 혹 능히 정성스럽지 못하되 그 정성스러움을 구하고자 하는 것이 이른바 '誠하려는 것'이다. 이는 곧 나의 성품性稟을 다하는 것이며 나의 일을 마치는 것이니, 사람의 道가 마땅히 이와 같다.
오직 '誠한 것'과 같은 사람은 그 行이 '안행安行'이니, 힘씀을 기다리지 않고도 저절로 들어맞으며, 그 知가 '생지生知'이니 생각을 기다리지 않고도 저절로 얻어진다. 이는 곧 종용從容히 道에 들어맞는 聖人이니, 또한 하늘의 道이다.
'誠을 하려는 것'과 같은 사람은 능히 생각하지 않고도 얻지 못하니

반드시 여러 이치를 가려서 善을 밝혀야 하며, 능히 힘쓰지 않고도 들어맞지 못하니 반드시 그 善에 나아가 굳게 잡아서 몸을 정성스럽게 해야 하는 자이니, 이것이 이른바 사람의 道이다.
무릇 天下가 모두 '誠한 자'와 같은 사람이 아니니, 곧 사람의 道를 다하여 天道에 부합하고자 하면 그 가히 誠을 하려는 工夫로써 스스로 힘쓰지 않으리오!

주해

- 折: 부합하다. 합당하다. '절당切當', '절합折合'의 뜻이다. 折(맞을 절)
  生知(生而知之) 安行(安而行之) 學知(學而知之) 利行(利而行之)
- 容: 혹시, 아마도. '용혹容許', '혹허或許'의 뜻이다. 容(혹 용)
  ≪後漢書·朱浮傳≫에 나온다. "臣恐自今以往, 將有所失. 求之密邇, 容或未盡, 而四方之學, 無所勸樂." 恐(두려울 공) 邇(가까울 이)
- 盡人合天: 사람의 道를 다하여 하늘의 道에 부합하다.
- 屬(속할 속) 離(떨어질 리) 衆(무리 중)

博學之하며 審問之하며 愼思之하며 明辨之하며 篤行之니라

널리 배우며, 살펴 물으며, 삼가 생각하며, 밝게 분변分辨하며, 독실篤實히 행할지니라.

此는 誠之之目也라 學問思辨은 所以擇善而爲知니 學而知也요 篤行은 所以固執而爲仁이니 利而行也라

程子曰 五者에 廢其一이면 非學也라

이는 성誠을 하려고 하는 조목條目이다. 학學 · 문問 · 사思 · 변辨은 善을 가려서 知(智)가 되는 바이니, 배워서 아는 것이요, '독행篤行'은 굳게 잡아서 인仁을 행하는 바이니, 이롭게 행하는 것이다.
程子 가로되 "다섯 가지에 그 하나를 폐廢하면 學이 아니다.

주해

- 博學之: 널리 배우다. 博(넓을 박)
  "博是廣博. 學兼聞見. 五之字, 俱指善言而達道九經在其中."(四書備旨補註) 廣(넓을 광) 俱(함께 구)
  ≪論語 · 자한子罕≫ 篇에도 나온다. "大哉, 孔子! 博學而無所成名." 罕(그물 한)
- 審問之: 살펴서 자세하게 묻다. 審(살필 심)
  "審是詳審. 問兼師友."(四書備旨補註) 詳(자세할 상)
- 愼思之: 삼가 생각하다. 愼(삼갈 신)
  "愼是謹愼, 恐失之高遠."(四書備旨補註) 謹(삼갈 근)
- 明辨之: 밝게 분변分辨하다. 辨(분별할 변)
  "明是明白, 恐失之微茫."(四書備旨補註)
- 篤行之: 독실篤實히 행하다. 篤(도타울 독)
  "篤實也, 加工夫之意. 行以踐乎善."(四書備旨補註) 踐(밟을 천)
- 朱子가 말했다. "五者, 無先後有緩急, 不可謂博學時未暇審問, 審問時未暇謹思, 謹思時未暇明辨, 明辯時未暇篤行. 五者從頭做將去, 初無先後也."(大全註疏) 緩(느릴 완) 暇(겨를 가) 做(지을 주)
  陳氏가 말했다. "擇善有博學審問愼思明辯工夫, 儘用功多, 固執只有篤行一件工夫. 是擇善處, 眞能知之則行處功, 自易也."(大全註疏) 儘(다할 진) 易(쉬울 이)

【備旨】

然이나 是誠之之功은 其目有五하고 誠之之人은 其等有二하니 以學知利行으로 言之컨대 非敢以生知安行者로 爲不可及也라

彼天下之善이 散於萬殊하니 必稽古考今하여 博而學之하여 以窮其理焉이라 旣學而不問이면 則學無由考也니 又審而問之하여 以決其疑焉이라 旣學且問이로되 寧無不通於心而當思者乎아 必愼以思之라야 不失之泛하고 亦不失之鑿也라

旣問而思로되 寧無未決於心而當辨者乎아 必明以辨之라야 不惑於眞하고 亦不淆於似也라 如是면 則能擇乎善 而可行矣라 又必篤而行之라야 使學問思辨之所得者로 皆有以踐其實焉이라 此學知利行者ㅣ所以求誠也라

그러나 이 성誠을 하려는 공부는 그 조목이 다섯 가지가 있고, 성誠을 하려는 사람은 그 등급이 두 가지가 있으니, '학지學知'와 '이행利行'으로 말했다고 해서, 감히 '생지生知'와 '안행安行'하는 자에게 가히 미칠 수 없다고 한 것은 아니다.

저 천하의 선善이 만 가지 다름으로 흩어져 있으니, 반드시 옛 일을 고찰하고 현재를 상고하여 널리 배워서 그 이치를 궁구窮究해야 한다. 이미 배웠으나 묻지 아니하면 곧 배움을 말미암아 상고할 수 없으니, 또 살펴 물어서 그 의심나는 것을 해결해야 한다.

이미 배우고 또 물었으되 어찌 마음에 통하지 못하여 마땅히 생각할 것이 없으리오? 반드시 삼가해서 생각해야 넘치는데 빠지지 않고, 또한 한 곳에만 천착穿鑿하는데 빠지지 않을 것이다.

이미 묻고 생각하였으되 어찌 마음에 해결되지 못하여 마땅히 분변分辨할 것이 없으리오? 반드시 밝게 분변分辨해야 진실에 의혹하지 않고, 또한 유사類似한데 뒤섞이지 않을 것이다. 이와 같이 하면 곧 능히 善을 가려서 가히 행할 수 있을 것이다.

또 반드시 독실篤實하게 행해야만 배우고 묻고 생각하고 분변分辨해서 얻은 것들로 하여금 모두 그 실지實地를 실천하도록 할 수 있다. 이것이 '학지學知'와 '이행利行'을 하는 자가 성誠을 구하는 이유이다.

주해

- 稽古考今: 옛 일을 고찰하고 현재를 상고함. 稽(살필 계) 考(상고할 고)
  ≪書 · 堯典≫에 나온다. "曰若稽古. 帝堯曰 放勳." 勳(공 훈)
  ≪漢書 · 武帝紀贊≫에도 나온다. "高祖撥亂反正, 文景務在養民, 至於稽古禮文之事, 猶多闕焉." 撥(가스릴 발) 闕(빠질 궐)
- 穿鑿: 파다, 뚫다. 여기서는 견강부회牽强附會한 해석으로 억지 주장을 펴는 것을 말한다. 穿(뚫을 천) 鑿(뚫을 착) 牽(강요할 견) 附(기댈 부)
  ≪漢書 · 禮樂志≫에 나온다. "以意穿鑿, 各取一切."
  ≪後漢書 · 徐防傳≫에도 나온다. "孔子稱述而不作,今不依章句,妄生穿鑿,輕侮道術." 稱(일컬을 칭) 侮(업신여길 모)
- 殊(다를 수) 泛(넘칠 범) 寧(어찌 녕) 惑(미혹할 혹) 淆(뒤섞일 효)

有弗學이언정 學之인댄 弗能을 弗措也하며
有弗問이언정 問之인댄 弗知를 弗措也하며
有弗思언정 思之인댄 弗得을 弗措也하며
有弗辨이언정 辨之인댄 弗明을 弗措也하며
有弗行이언정 行之인댄 弗篤을 弗措也하여
人一能之어든 己百之하며 人十能之어든 己千之니라

배우지 않음이 있을지언정 배울진댄 능能하지 못함을 놓지 아니하며, 묻지 않음이 있을지언정 물을진댄 알지 못함을 놓지 아니하며, 생각하지 않음이 있을지언정 생각할진댄 얻지 못함을 놓지 아니하며, 분변分辨하지 않음이 있을지언정 분변分辨할진댄 밝지 못함을 놓지 아니하며, 행하지 않음이 있을지언정 행할진댄 독실篤實하지 못함을 놓지 아니하여, 사람이 한 번에 능能하거든 나는 백 번을 하며, 남이 열 번에 능能하거든 나는 천 번을 할지니라.

君子之學은 不爲則已어니와 爲則必要其成이라 故로 常百倍其功이니 此는 困而知 勉而行者也니 勇之事也라

君子의 배움은 하지 않으면 곧 말거니와, 하면 곧 반드시 그 이룸을 요要해야 한다. 그러므로 항상 그 공功을 백 배로 하니, 이는 곤困하여 알고 힘써 행하는 자이니, 용勇의 일이다.

주해

- 有弗: '설사 ~하지 않을지라도'. '설약設若'과 같다. 弗(아닐 불)
- 學之弗能, 弗措: 배워서 능能하지 못한 것을 놓지 않다. '조措'는 '지止'의 뜻이다. 措(놓을 조)

  "措字, 解作止字. 弗措有必求其能意."(四書備旨補註)

  朱子가 말했다. "此一段, 是應上面博學之五句, 反說起. 如云弗學則已, 學之弗能而定不休. 如云有不戰, 戰必勝矣之類也."(大全註疏)

  陳氏가 말했다. "學問思辨, 智之事. 篤行, 仁之事. 弗措, 勇之事."(大全註疏)
- 人一能之, 己百之: 남이 한 번에 능能하면 나는 백 번을 한다. '인人'은 '학지이행學知利行'하는 자이다. '기己'는 '곤지면행困知勉行'하는 자이다.

  "人是學知利行之人. 一是一倍工夫. 之指學問思辨行說."(四書備旨補註)

  倍(곱 배)

  "己是困知勉行之人. 百是百倍工夫."(四書備旨補註)

【備旨】

以困知勉行으로 言之컨대 非敢以學知利行者로 爲不可及也라

有弗學則已어니와 學之인댄 必要其能이니 苟弗至於能이어든 弗措其學之功也하며 有弗問則已어니와 問之인댄 必要其知니 苟弗至於知어든 弗措其問之功也하며 有弗思則已어니와 思之인댄 必要其得이니 苟弗至於得이어든 弗措其思之功也하며 有弗辨則已어니와 辨之인댄 必要其明이니 苟弗至於明이어든 弗措其辨之功也하며 有不行則已어니와 行之인댄 必要其篤이니 苟弗至於篤이

어든 弗措其行之功也라

在學知利行之人이 以其一倍其功而能之어든 己則倍其功하여 而至於百之니 蓋必有是百而後에 可以當其一也요 在學知利行之人이 以十倍其功而能之어든 己則倍其功하여 而至於千之니 蓋必有是千而後에 可以當其十也라

是는 擇之務精하여 而學問思辨者ㅣ 無遺力이요 執之務固하여 而篤行者ㅣ 無遺功이니 此困知勉行者ㅣ 所以求誠也라

'곤지困知'와 '면행勉行'으로 말하건대, 감히 '학지學知'와 '이행利行'하는 자에게 가히 미칠 수 없다고 한 것이 아니다.

배우지 않음이 있으면 곧 그만이거니와 배울진댄 반드시 그 能함을 요要하니, 만일 능能함에 이르지 못하거든 그 배우는 工夫를 놓지 아니하며, 묻지 않음이 있으면 곧 그만이거니와 물을진댄 반드시 그 앎을 요要하니, 만일 앎에 이르지 못하거든 그 묻는 工夫를 놓지 아니하며, 생각하지 않음이 있으면 곧 그만이거니와 생각할진댄 반드시 그 얻음을 요要하니, 만일 얻음에 이르지 못하거든 그 생각하는 工夫를 놓지 아니하며, 분변分辨하지 않음이 있으면 곧 그만이거니와 분별할진댄 반드시 그 밝음을 요要하니, 만일 밝음에 이르지 못하거든 그 분변分辨하는 工夫를 놓지 아니하며, 행하지 않음이 있으면 곧 그만이거니와 행할진댄 반드시 그 독실篤實함을 요要하니, 만일 독실篤實함에 이르지 못하거든 그 행하는 工夫를 놓지 말아야 한다.

'학지學知'와 '이행利行'을 하는 사람이 그 工夫를 한 배로 하여 能하거든, 나는 곧 그 工夫를 배가倍加하여 백 번에 이르러야 하니, 대개 반드시

이 백 번이 있은 후에야 가히 그 한 번을 감당할 수 있는 것이요, '학지學知'와 '이행利行'을 하는 사람이 그 工夫를 열 배로 하여 能하거든, 나는 곧 그 工夫를 배가倍加하여 천 번에 이르러야 하니, 대개 반드시 이 천 번이 있은 후에야 가히 그 열 번을 감당할 수 있는 것이다. 이는 善을 가리는데 정밀함에 힘써 배우고 묻고 생각하고 분변分辨하는 자가 남겨둔 힘이 없는 것이요, 잡는데 견고함에 힘써 독실篤實히 행하는 자가 남겨둔 工夫가 없는 것이니, 이것이 '곤지困知'하고 '면행勉行'하는 자가 誠을 구하는 이유이다.

주해

● 苟(만일 구) 倍(곱 배) 務(힘쓸 무) 遺(남길 유)

果能此道矣면 雖愚나 必明하며 雖柔나 必强이니라

과연 이 道를 능能히 하면 비록 어리석으나 반드시 밝아지며, 비록 유약柔弱하나 반드시 강强해지니라.

明者는 擇善之功이요 强者는 固執之效라
呂氏曰 君子所以學者는 爲能變化氣質而已라 德勝氣質이면 則愚者ㅣ可進於明이요 柔者ㅣ可進於强이니 不能勝之면 則雖有志於學이나 亦愚不能明하며 柔不能立而

已矣라

蓋均善而無惡者는 性也니 人所同也요 昏明强弱之稟이 不齊者는 才也니 人所異也라 誠之者는 所以反其同 而變其異也니 夫以不美之質로 求變而美인댄 非百倍其功이면 不足以致之어늘 今以鹵莽滅裂之學으로 或作或輟하여 以變其不美之質이라가 及不能變 則曰 天質不美는 非學所能變이라하니 是는 果於自棄니 其爲不仁이 甚矣로다

'명明'은 善을 가린 功이요, '강强'은 굳게 잡은 효험이다.

呂氏 가로되 "君子가 배우는 바는 능히 기질氣質을 변화하기 위할 뿐이다. 德이 기질氣質을 이기면 곧 어리석은 자가 가히 밝음에 나아갈 수 있고, 유약柔弱한 자가 가히 강함에 나아갈 수 있으니, 能히 이기지 못하면 곧 비록 학문에 뜻을 두었으나 또한 어리석어서 능히 밝지 못하며, 유약柔弱하여 能히 서지 못할 따름이다.

대개 고르게 선善하여 악惡이 없는 것은 성품性稟이니 사람이 같은 바요, 어둡고 밝고 강하고 약한 자품資稟이 가지런하지 않은 것은 재질才質이니 사람이 다른 바이다.

성誠하려고 하는 것은 그 같음으로 돌이켜서 그 다른 것(氣質)을 변화시키는 바이니, 무릇 아름답지 못한 자질資質로써 변화를 구하여 아름답게 되려면 그 功을 백 배로 하지 아니하면 족히 이룰 수가 없거늘, 이제 노무鹵莽하고 멸렬滅裂한 學으로 혹 짓거나 혹 거두어서, 그 아름답지 못한 자질을 변화시키다가 능히 변하지 못함에 미쳐서는, 곧 가로되 '타고난 바탕이 아름답지 못함은 배워서 능히 변화할 바가 아니다.'라고 하니, 이는 스스로 버리는데 조급한 것이니 그 불인不仁함이

심하도다!"

주해

● 果能此道: 과연 이 道를 能히 하다. '此道'는 앞의 '기백己百'과 '기천己千' 하는 道를 말한다.

"果能是眞能意. 此道卽己百己千之道."(四書備旨補註)

程子가 말했다. "善不擇, 道不精. 執不固, 德將去. 學問思辨, 所以求之也. 行所以至之也. 至之, 非人一己百, 人十己千, 不足以化氣質."(≪二程集·中庸解≫)

● 鹵莽滅裂: 일 처리나 언행이 거칠고 소략疏略함. 鹵(황폐할 로) 莽(황폐할 무) 滅(멸망할 멸) 裂(찢을 렬)

≪장자莊子·칙양則陽≫ 篇에 나온다. "君爲政焉勿鹵莽, 治民焉勿滅裂. 昔予爲禾, 耕而鹵莽之, 則其實亦鹵莽而報予. 芸而滅裂之, 其實亦滅裂而報予." 이에 대해 육덕명陸德明의 ≪釋文≫에 "郭云 '鹵莽滅裂, 輕脫末略, 不盡其分也.' 司馬云 '鹵莽, 猶麤粗也, 謂淺耕稀種也. 滅裂, 斷其草也.'"라고 했고, 성현영成玄英의 疏에 "耕地不深, 鉏治不熟, 至秋收時, 嘉實不多, 皆由疏略, 故致斯報也."라고 했다. 禾(벼 화) 耕(밭갈 경) 芸(김맬 운) 麤(거칠 추) 粗(거칠 조) 鉏(호미 서)

● 果於自棄: 스스로를 버리는데 조급하다. '果'는 '과조果躁', '폭조暴躁'의 뜻이다. 果(조급할 과) 棄(버릴 기) 躁(성급할 조)

≪三國志·吳志·孫堅傳論≫에 나온다. "然皆輕佻果躁, 隕身致敗." 佻(방정맞을 조) 隕(떨어질 운)

新安陳氏가 말했다. "成己, 仁也. 進學不勇, 卒也不能成己. 是自棄其身於不肖之歸, 非不仁而何?"(大全註疏) 肖(닮을 초)

● 愚(어리석을 우) 均(고를 균) 稟(받을 품) 輟(그칠 철)

【備旨】

人特恐不能百培其功耳라 若果能於此五者에 盡百培乎人

之功이면 則學力之旣至에 自可變化氣質이니 雖愚昧者라도 必致知而進於明이요 雖柔弱者라도 必力行而進於强이라

至是면 則人道已盡 而誠無不豫하여 道德九經之事을 皆以身而會其全하며 天下國家之事를 皆自身而善其推하리니 又何人之不存而政之不擧哉리오

사람들이 다만 능히 그 工夫를 백 배로 하지 못할까 염려할 뿐이다. 만약에 과연 능히 이 다섯 가지에 대해 남의 工夫보다 백 배를 다할 수 있다면 곧 배우는 힘이 이미 지극하여 스스로 가히 기질氣質을 변화할 수 있으니, 비록 우매愚昧한 자일지라도 반드시 앎을 이루어 밝음에 나아갈 것이요, 비록 유약柔弱한 자일지라도 반드시 힘써 행하여 강함에 나아갈 것이다.

여기에 이르면 곧 사람의 道가 이미 다하고 성誠을 미리하지 않음이 없게 되어, 달도達道와 달덕達德과 구경九經의 일을 모두 몸으로써 그 온전함을 체회體會하며, 天下 國家의 일을 모두 몸으로부터 잘 미루어 갈 것이니, 또한 어찌 사람에게 있지 않으며 政事가 거행되지 않으리오!

주해

● 特(다만 특) 恐(염려할 공) 愚(어리석을 우) 昧(어두울 매) 豫(미리 예)

右는 第二十章이라

右는 第20章이다.

此는 引孔子之言하여 以繼大舜文武周公之緖하여 明其所傳之一致니 擧而措之ㅣ亦猶是耳라 蓋包費隱 兼小大하여 以終十二章之意라 章內에 語誠始詳 而所謂誠者는 實此篇之樞紐也라
又按 孔子家語에 亦載此章 而其文尤詳하니 成功一也之下에 有 公曰 子之言이 美矣至矣나 寡人이 實固하여 不足以成之也라 故로 其下에 復以 子曰로 起答辭어늘 今無此問辭 而猶有 子曰 二字하니 蓋子思ㅣ刪其繁文하여 以附于篇 而所刪이 有不盡者니 今當爲衍文也라 博學之以下는 家語에 無之하니 意彼有闕文이어나 抑此或子思所補也歟인저

이는 孔子의 말씀을 인용하여 대순大舜과 문왕文王과 무왕武王과 주공周公의 서업緖業을 이어서, 그 전한 바가 일치함을 밝힌 것이니, 들어서 놓음이 또한 이와 같을 뿐이다. 대개 비費와 은隱을 포함하고 小와 大를 겸하여, 십이장의 뜻을 마친 것이다. 장章 안에 성誠을 말함이 비로소 자상仔詳하니, 이른바 '誠'이란 것은 실제로 이 편篇(≪中庸≫)의 추뉴樞紐이다.
또 안찰按察컨대, ≪공자가어孔子家語≫에 또한 이 章이 실려 있되 그

글이 더욱 자상仔詳하니, '성공일야成功一也'의 아래에 公(哀公)이 가로되 "그대의 말이 아름답고 지극하나 과인寡人이 진실로 고루固陋하여 족히 이룰 수 없다."고 하였다.

그러므로 그 아래에 다시 '子曰'로 답사答辭를 일으켰는데, 이제 이 묻는 말이 없는데 오히려 '子曰' 두 글자가 있으니, 대개 子思가 그 번문繁文을 삭제하여 篇(≪中庸≫)에 붙이고, 삭제한 바가 다하지 못한 것이 있으니, 이제 마땅히 연문衍文으로 삼아야 한다. '박학지博學之' 이하는 ≪家語≫에 없으니, 생각컨대 저기(≪家語≫)에 궐문闕文이 있거나, 아니면 여기(≪中庸≫)에 혹 子思가 보충한 것인 저!

주해

- 緖業: 유업遺業. 緖(실마리 서)
  ≪管子·주합宙合≫ 篇에 나온다. "是以人之緖業不得不多端, 名位不得不殊方." 殊(다를 수)
  ≪史記·周本紀≫에도 나온다. "武王卽位, 太公望爲師, 周公旦爲輔, 召公畢公之徒左右王, 師脩文王緖業." 輔(도울 보) 畢(마칠 필)
  陳氏가 말했다. "此, 說孔子能盡中庸之道, 子思引此, 以明道統之傳也."(大全註疏)
- 樞紐: 문의 개합開合을 다스리는 지도리(추樞)와 기물器物을 연결하는 끈(뉴紐). 곧 사물의 관건이나 중심부위를 말한다. 樞(지도리 추) 紐(끈 뉴)
  ≪南齊書·崔祖思傳≫에 나온다. "是以有恥且格, 敬讓之樞紐. 令行禁止, 爲國之關楗." 恥(부끄러워할 치) 關(빗장 관) 鍵(열쇠 건)
  黃氏가 말했다. "中庸, 著一誠字, 鎖盡."(大全註疏) 鎖(자물쇠 쇄)
- 固陋: 식견이 부족하고 견문이 넓지 못함. 固(굳을 고) 陋(좁을 루)
- 載(실을 재) 尤(더욱 우) 寡(적을 과) 刪(깎을 산) 繁(번잡할 번) 附(붙을 부) 闕(빠질 궐) 抑(혹 억)

第二十一章　誠明

自誠明을 謂之性이요 自明誠을 謂之敎니 誠則明矣요 明則誠矣니라

성誠으로 말미암아 밝아짐을 성性이라 이르고, 밝음으로 말미암아 성誠을 하는 것을 교敎라 이르니, 성誠하면 곧 밝아지고, 밝으면 곧 성誠하니라.

自는 由也라 德無不實 而明無不照者는 聖人之德이 所性而有者也니 天道也요 先明乎善而後에 能實其善者는 賢人之學이 由敎而入者也니 人道也라 誠則無不明矣요 明則可以至於誠矣라

'자自'는 말미암음이다. '덕德'이 실지實地대로 하지 않음이 없고, 밝음이 비추지 않음이 없는 것은 성인聖人의 덕德이 성품性稟대로 있는 바이니 천도天道요, 먼저 선善에 밝은 이후에 능히 그 선善을 실지實地대로 하는 것은 현인賢人의 學이 가르침으로 말미암아 誠에 들어가는 것이니 인도人道이다. 성誠하면 곧 밝지 않음이 없고, 밝으면 곧 가히 성誠에 이르게 된다.

주해

- 自誠明, 謂之性: '성誠으로 말미암아 밝아지는 것을 성품性稟이라 말한다.' '自'는 '由'와 같다. '성誠'은 '誠者, 天道也'의 '誠'을 말한다. "誠是心之眞實無妄. 明是心之照徹無蔽. 誠先而明後, 故曰性."(四書備旨補註) 妄(망령될 망) 照(비칠 조) 徹(통할 철) 蔽(가릴 폐)

漢나라 鄭玄의 疏에 "自, 由也. 有至誠而有明德, 是聖人之性者也. 有明德而有至誠, 是賢人學以知之也. 有至誠則必有明德, 有明德則必有至誠."(≪十三經註疏 · 中庸≫)라고 했다.
朱子가 말했다. "此性字, 是性之也. 此教字, 是學知也, 與首章天命謂性修道謂教二字, 義不同."(大全註疏)

● 自明誠: 밝음으로 말미암아 誠을 하다. '誠'은 '誠之者, 人道也'의 '誠'을 말한다.
雙峯饒氏가 말했다. "自誠明謂之性, 指誠者而言. 自明誠謂之教, 指誠之者而言."(大全註疏)

【備旨】

子思ㅣ承上章하여 發明天道人道之意하여 勉人由教以復性也曰 吾ㅣ因夫子誠者誠之者之分 而愈知性教矣라 天下에 有自誠而明者하니 德無不實 而明無不照라 此는 聖人之德이 不勉而中하고 不思而得이니 則謂之性 而爲天道者也요 亦有自明而誠者하니 先明乎善而後에 實其善이라 此는 賢人之學이 以擇而精하고 以執而固니 則謂之教 而爲人道者也라
夫曰性曰教는 天人異矣 而要其歸인댄 豈終不相及哉아 蓋自誠明者는 非誠而後可明也니 眞實之理ㅣ旣全하여 神明이 自能兼照니 誠則無不明矣요 自明誠者는 非明猶未能誠也니 眞僞之幾ㅣ旣辨無妄하여 因以漸復이니 明則可以至於誠矣라 此ㅣ盡人合天之功이니 不可以不勉也라

자사子思가 上章을 이어 천도天道와 인도人道의 뜻을 발명發明하여 사람이 교教로 말미암아 성품性稟을 회복할 것을 권면하여 가라사대 "내가 夫子의 '誠者'와 '誠之者'의 분변分辨으로 인하여 더욱 성性과 교教를 알게 되었다.

천하에 성誠으로 말미암아 밝아진 경우가 있으니, 덕德이 실지實地대로 하지 않음이 없고 밝음이 비추지 않음이 없다. 이는 聖人의 德이 힘쓰지 않아도 적중하고, 생각하지 않아도 얻어지는 것이니, 곧 性이라 이르며 천도天道가 되는 것이요,

또한 밝음으로 말미암아 성誠을 하는 경우가 있으니, 먼저 성誠에 밝은 후에 그 善을 실지實地대로 한다. 이는 賢人의 學이 가려서 정밀하게 하고 잡아서 굳게 하는 것이니, 곧 교教라 이르며 인도人道가 되는 것이다.

무릇 '성性'이라 말하고 '교教'라 말하는 것은 하늘과 사람이 다르나, 그 귀착歸着을 요약컨대 어찌 끝내 서로 미치지 못하리오?

대개 성誠으로 말미암아 밝아진 것은 誠을 한 후에 가히 밝아진다는 것이 아니니, 진실한 이치가 이미 온전하여 신명神明이 저절로 능히 겸하여 비추니, 誠을 하면 곧 밝지 않음이 없는 것이요, 밝음으로 말미암아 誠을 하는 것은 밝되 오히려 능히 誠을 하지 못한다는 것이 아니니, 진위眞僞의 기미가 이미 분변分辨되고 망령됨이 없어 인하여 점차 회복하니, 밝으면 곧 가히 誠에 이르게 되는 것이다.

이는 인도人道를 다하여 천도天道에 합하는 工夫이니, 가히 권면하지 않을 수 없느니라."

주해

● 復(회복할 복) 勉(힘쓸 면) 豈(어찌 기) 僞(거짓 위) 漸(점차 점)

右는 第二十一章이라

右는 第21章이다.

子思ㅣ承上章夫子天道人道之意而立言也라 自此以下十二章은 皆子思之言이니 以反覆推明此章之意라

자사子思가 上章의 夫子의 천도天道와 인도人道의 뜻을 이어 말을 세운 것이다. 이로부터 아래 12章은 모두 자사子思의 말씀이니, 반복하여 이 章의 뜻을 미루어 밝힌 것이다.

주해

- 朱子가 말했다. "中庸, 言天道處, 皆自然無節次. 言人道處, 皆有下工夫節次."(大全註疏)
- 陳氏가 말했다. "此章, 兼天道人道而言."(大全註疏)
- 覆: 반복하다. 되풀이하다. '복覆'은 '복復'과 같다. 覆(뒤집힐 복) 復(반복할 복)

第二十二章　盡性

唯天下至誠이야 爲能盡其性이니 能盡其性則能盡人之性이요 能盡人之性 則能盡物之性이요 能盡物之性 則可以贊天地之化育이요 可以贊天地之化育 則可以與天地參矣니라

오직 天下의 지극한 성誠이라야 능히 그 성품性稟을 다하나니, 능히 그 성품性稟을 다하면 곧 능히 사람의 성품性稟을 다하고, 능히 사람의 성품性稟을 다하면 곧 능히 만물의 성품性稟을 다하고, 능히 만물의 성품性稟을 다하면 곧 가히 天地의 화육化育을 돕고, 가히 天地의 화육化育을 도우면 곧 가히 天地와 더불어 참여하니라.

天下至誠은 謂聖人之德之實이니 天下莫能加也라 盡其性者는 德無不實이라 故로 無人欲之私 而天命之在我者를 察之由之하여 巨細精粗ㅣ無毫髮之不盡也라

人物之性이 亦我之性이로되 但以所賦形氣不同而有異耳라 能盡之者는 謂知之無不明 而處之無不當也라 贊은 猶助也라 與天地參은 謂與天地並立爲三也라 此는 自誠而明者之事也라

'天下의 지극한 성誠'은 聖人의 德의 실지實地를 말하니, 천하에 능히 더할 것이 없다. '그 성품性稟을 다한다'는 것은 德이 실지實地 아님이 없는 것이다. 그러므로 인욕人欲의 사사로움이 없어서 천명天命이 나에게 있는 것을 살피고 말미암아서, 크고 가늘고 정밀하고 거침이 호

발毫髮이라도 다하지 아니함이 없다.

사람과 물건의 성품이 또한 나의 성품이로되, 다만 부여賦與받은 바의 形과 氣가 같지 아니하여 다름이 있을 뿐이다. '能히 다한다'는 것은 앎이 밝지 않음이 없고 처리함이 마땅하지 않음이 없다는 것을 말한 것이다. '찬贊'은 도움과 같다. '天地로 더불어 참여함'은 천지로 더불어 나란히 서서 셋이 된다는 것을 말한 것이다. 이는 誠으로 말미암아 밝아지는 자의 일이다.

주해

- 唯天下至誠, 爲能盡其性: '오직 天下의 지극한 성誠이어야 능히 그 성품性稟을 다할 수 있다.' '天下至誠'은 곧 聖人을 말한다.

  "唯, 獨也. 至誠, 卽聖人名號. 性之無妄爲誠, 誠卽性. 至卽盡, 至誠就是盡性. 不是至誠了方能盡性, 盡字兼知行."(四書備旨補註)

  漢나라 鄭玄의 疏에 "盡性者, 謂順理之, 使不失其所也. 贊, 助也. 育, 生也, 助天地之化生. 謂聖人受命在王位, 致太平."(≪十三經註疏 · 中庸≫)라고 했다. 贊(도울 찬)

  朱子가 말했다. "至誠之至, 乃極至之至, 如至道至德之比."(大全註疏)

- 毫髮: 가늘고 짧은 털. 곧 극히 작고 미세한 모양을 말한다. '사호絲毫'와 같다. 毫(가는털 호) 髮(터럭 발) 絲(실 사)

  漢나라 왕충王充의 ≪論衡 · 齊世≫ 篇에 나온다. "方今聖朝承光武, 襲孝明, 有浸酆溢美之化, 無細小毫髮之虧." 襲(계승할 습) 浸(담글 침) 酆(나라이름 풍) 溢(넘칠 일) 虧(이지러질 휴)

  . 賦(구실 부, 부여하다)

- 形氣: 형形과 기氣. '형形'은 구체적인 물상物象을 말하고, '기氣'는 우주만물宇宙萬物을 구성하고 있는 가장 근본적인 물질을 말한다.

  漢나라 가의賈誼의 ≪복조부鵩鳥賦≫에 나온다. "形氣轉續兮, 變化而嬗." 鵩(새이름 복) 續(이을 속) 嬗(지렁이 선)

  宋나라 진량陳亮의 ≪면강행도대유공勉强行道大有功≫에도 나온다. "夫

道非出於形氣之表, 而常行於事物之間者也."

● 參(간여할 참) 巨(클 거) 細(가늘 세) 粗(거칠 조)

【備旨】

子思ㅣ論誠而明之事하여 以明天道曰 人惟誠有未至면 則性有未盡이라 故로 與天地로 人物이 不相通耳라 唯天下至誠之人이라야 純乎理而不雜於欲이라 故로 能於所性之理에 察之極其精하고 由之極其至 而無不盡也라

夫人物之性이 亦我之性이니 旣能盡己之性 則與養立敎하여 自能盡夫人之性이요 旣能盡人之性이면 則撙節愛養하여 自能盡夫物之性이라

此人物은 皆天地所生 而不能使各盡其性하니 便是化育有不到處라 惟至誠이라야 能盡人性以盡物性하니 則可以裁成輔相 而贊助天地生成人物之化育矣요 旣可以贊助天地生成人物之化育이면 則天位乎上하고 地位乎下하며 至誠이 位乎其中하여 可以與天地並立而爲三矣라 至誠盡性之功用이 其大如此라 此自誠而明之事니 天之道也라

子思께서 誠으로 말미암아 밝아진 일을 논함으로써 천도天道를 밝혀 가라사대 "사람이 오직 誠이 지극하지 못함이 있으면 곧 성품이 다하지 못함이 있게 된다. 그러므로 天地와 더불어 사람과 물건이 통하지 못할 뿐이다.

오직 천하의 지극히 誠한 사람이라야 이치에 순수하고 인욕人欲에 섞

이지 않는다. 그러므로 능히 성품대로 하는 이치에 대해서 살핌이 그 정밀함을 다하고, 말미암음이 그 지극함을 다해서 다하지 않음이 없게 된다.

무릇 사람과 물건의 성품이 또한 나의 성품이니, 이미 능히 자기의 성품을 다하면 곧 화육化育을 일으키고 가르침을 세워, 스스로 능히 무릇 사람의 성품을 다할 것이요, 이미 능히 사람의 성품을 다하면 곧 절제하고 사랑으로 길러서, 스스로 능히 무릇 물건의 성품을 다할 수 있다.

이는 사람과 물건이 모두 天地가 낳은 바이나 능히 하여금 각각 그 성품을 다하게 할 수는 없으니, 문득 화육化育이 이르지 못한 곳이 있게 된다. 오직 지극한 誠이라야 능히 사람의 성품을 다하여 물건의 성품을 다하게 할 수 있으니, 곧 가히 마름질해서 이루고 도와서 天地가 사람과 물건을 생성하는 화육化育을 도울 수 있음이요,

이미 가히 天地가 사람과 물건을 생성하는 화육化育을 도울 수 있으면, 곧 하늘은 위에서 자리하고 땅은 아래에서 자리하며 지극한 誠이 그 가운데에 자리하여, 가히 天地와 더불어 나란히 서서 셋이 되니라. 지극한 誠과 성품을 다하는 공용功用이 그 위대함이 이와 같다. 이는 誠으로 말미암아 밝아지는 일이니, 하늘의 道이다."

주해

- 撙節: 억제하다. 절제하다. 撙(억제할 준)
  ≪禮記·曲禮上≫에 나온다. "是以君子恭敬 撙節退讓以明禮." 이에 대해 손희단孫希旦의 ≪禮記集解≫에 "有所抑而不敢肆謂之撙, 有所制而不敢過謂之節."라고 했다. 抑(누를 억) 肆(방자할 사)
- 裁成: 마름질하고 가위질해서 완성하다. 곧 '裁剪制成'의 뜻이다. 裁(마름질할 재) 剪(자를 전)

≪文選 · 사섬謝瞻 〈張子房詩〉≫에 나온다. "神武睦三正, 裁成被八荒." 이에 대해 장선張銑의 註에 "裁制成理, 德被八方."이라고 했다.
瞻(넉넉할 섬) 睦(화목할 목) 荒(거칠 황) 銑(끌 선)

- 輔相: 돕다. 보조하다. '輔助'와 같다. 輔(도울 보)
  ≪易 · 泰≫ 卦에 나온다. "天地交泰, 後以財成天地之道, 輔相天地之宜, 以左右民." 이에 대해 孔穎達의 疏에 "相, 助也. 當輔助天地所生之宜."라고 했다.
- 雜(섞일 잡) 察(살필 찰) 贊(도울 찬)

右는 第二十二章이라

右는 第22章이다.

言天道也라

天道를 말하였다.

第二十三章　致曲

其次는 致曲이니 曲能有誠이니 誠則形하고 形則著하고 著則明하고 明則動하고 動則變하고 變則化니 唯天下至誠이야 爲能化니라

그 다음은 '誠'의 한쪽을 다함이니, '誠'의 한쪽을 다하면 능히 성誠이 있으니, 정성스럽게 하면 곧 밖으로 형용이 되고, 형용이 되면 곧 드러나고, 드러나면 곧 밝아지고, 밝아지면 곧 감동시키고, 감동시키면 곧 변하게 하고, 변하게 하면 곧 화化하게 하니, 오직 천하의 지극한 誠이라야 능히 化할 수 있게 되느니라.

其次는 通大賢以下 凡誠有未至者而言也라 致는 推致也라 曲은 一偏也라 形者는 積中而發外요 著則又加顯矣요 明則又有光輝發越之盛也요 動者는 誠能動物이요 變者는 物從而變이요 化則有不知其所以然者라

蓋人之性이 無不同 而氣則有異라 故로 惟聖人이야 能擧其性之全體而盡之요 其次 則必自其善端發見之偏 而悉推致之하여 以各造其極也라 曲無不致면 則德無不實하여 而形著動變之功이 自不能已니 積而至於能化면 則其至誠之妙ㅣ亦不異於聖人矣라

그 다음은 대현大賢 이하 무릇 誠에 아직 지극하지 못함이 있는 자를 통괄하여 말한 것이다. '치致'는 미루어 이르는 것이다. '곡曲'은 한쪽이다. '형形'은 중심에 쌓여 밖으로 발현됨이요, '저著'는 곧 또한 더욱

나타남이요, '명明'은 곧 또한 빛나고 빠르게 발산하는 성盛함이 있는 것이요, '동動'은 정성스러워 능히 사물을 감동킴이요, '변變'은 사물이 따라서 변함이요, '화化'는 곧 그것이 그렇게 되는 바를 알지 못함이 있는 것이다.
대개 사람의 성품이 같지 않음이 없으나, 氣는 곧 다름이 있다. 그러므로 오직 聖人이라야 능히 그 성품의 전체全體를 들어서 다할 수 있고 그 다음(大賢 이하)은 곧 반드시 그 善의 실마리가 발현되는 한쪽으로부터 모두 미루어서 각각 그 지극함에 나아가는 것이다.
곡曲이 지극하지 아니함이 없으면 곧 德이 실지實地가 아님이 없어, 형용되고 나타나고 감동시키고 변하게 하는 功이 스스로 능히 그치지 아니하니, 쌓여서 능히 化함에 이르면 곧 그 지성至誠의 묘妙가 또한 聖人과 다르지 않게 된다.

주해

- 其次: '지성至誠'의 다음, 곧 대현大賢 이하 범인凡人까지를 말한다.
  "其次卽至誠之次, 指學利困勉言. 致曲工夫不外擇執."(四書備旨補註) 困(곤궁할 곤) 勉(힘쓸 면)
- 致曲: 성誠의 한쪽 방면을 끝까지 미루어 지성至誠에 이르다. '치致'는 '추치推致'의 뜻이다. '곡曲'은 誠의 일부분이다. 致(지극할 치)
  "曲是誠之偏端. 誠是曲之全體."(四書備旨補註) 偏(한쪽 편)
- 〈致曲〉章에 대해 漢나라 鄭玄이 말했다. "其次, 謂自明誠者也. 致, 至也. 曲, 猶小小之事也. 不能盡性, 而有至誠, 于有義焉而已. 形, 謂人見其功也. 盡性之誠人不能見也. 著, 形之大者也. 明, 著之顯者也. 動, 動人心也. 變, 改惡爲善也. 變之久, 則化而性善也."(≪十三經註疏 · 中庸≫) 顯(드러날 현) 改(고칠 개)
  朱子가 말했다. "動, 是方感動他. 變, 則已改其舊俗, 然尙有痕迹在. 化, 則都消化了, 無復痕迹矣. 孟子, 明則動矣, 未變也. 顏子, 動則變矣, 未

化也."(大全註疏) 他(남 타) 痕(흔적 흔) 迹(자취 적) 都(모두 도) 消(사라질 소) 北溪陳氏가 말했다. "自形著, 至變化, 以致曲之效言."(大全註疏)

- 發越: 빠르게 발산發散되는 모양. '發散'과 같다. 越(흩어질 월) 散(흩을 산)
- 積(쌓을 적) 徽(빛날 휘) 造(나아갈 조)

【備旨】

子思ㅣ論明而誠之事하사 以明人道曰 至誠은 固能自盡其性하여 以全位育之功矣요 其次는 誠有未至者니 必因善端發見一偏處 而推致之하여 以造其極이니 是爲致曲이라 夫曲無不致면 則德無不實 而能有全體之誠矣라 誠則積中發外 而形焉하고 形則日新月盛 而著焉하고 著則光輝發越 而明焉이니 是誠之盛於己者ㅣ如此라

誠積而明이면 則人自興起其好善之心 而動焉하고 動則必改過自新 而變焉하고 變則久之하여 皆相忘於善 而化焉이니 是誠之盛於物者ㅣ如此라

夫化ㅣ豈易能哉아 唯天下之至誠이야 在己之德이 極於存神하여 斯及物之功이 至於能化니 則其次도 亦至誠而已라 又豈有天人之別哉아 夫由誠 而形著明은 卽能盡其性也요 動變化는 卽能盡人物之性 而參贊이 在其中矣라 此自明而誠之事니 人之道也라

자사子思께서 밝음으로 말미암아 誠하는 일을 논하여 인도人道를 밝혀 가라사대 "지극한 誠은 진실로 능히 스스로 그 성품을 다하여 위육位

育의 功을 온전히 하는 것이요, 그 다음은 誠에 아직 다하지 못한 자가 있으니, 반드시 善의 실마리가 발현되는 한쪽 부분으로 인하여 미루어서 지극함에 나아가야 하니, 이것이 '치곡致曲'이다.
무릇 한쪽 부분을 다하지 않음이 없으면 곧 德이 실지實地가 아님이 없어 능히 전체의 誠이 있게 된다. '誠'은 곧 가운데에 쌓여 밖으로 발현되어 형용이 되고, '形'은 곧 날로 새롭고 달로 盛하여 나타나고, '著'는 곧 빛나고 발산하여 밝아지게 되니, 이는 誠이 몸에서 盛한 것이 이와 같다.
誠이 쌓여서 밝아지면 곧 남들이 저절로 그 善을 좋아하는 마음을 흥기興起시켜 감동하게 되고, 감동하면 곧 반드시 허물을 고치고 스스로 새로워져서 변하게 되고, 변하면 곧 오래되어 모두 서로 善조차 잊고서 화化하게 되니, 이는 誠이 사물에서 盛한 것이 이와 같다.
무릇 화化가 어찌 쉽게 能하리오? 오직 천하의 至誠이라야 몸에 있는 德이 정신을 보존하는데 지극히 하여, 이에 사물에 미치는 功이 능히 化함에 이르게 되니, 곧 그 다음도 또한 지성至誠일 따름이다.
또한 어찌 하늘과 사람의 구별이 있으리오? 무릇 誠으로 말미암아 형상이 되고 나타나고 밝아지는 것은 곧 능히 그 성품을 다한 것이요, 감동시키고 변화시키고 化하게 하는 것은 곧 능히 사람과 물건의 성품을 다하여 참여하고 돕는 것이 그 가운데 있느니라. 이는 밝아짐으로 말미암아 誠하는 일이니, 사람의 도道이니라."

주해

- 存神: 정신을 보존하고 기르다.
  漢나라 양웅揚雄의 ≪法言・問神≫ 篇에 나온다. "聖人存神索至, 成天下之大順, 致天下之大利." 이에 대해 송함宋咸의 註에 "存其精神, 探幽

索微."라고 했다. 索(구할 색) 探(찾을 탐) 幽(깊을 유)

● 興(일으킬 흥) 斯(이 사) 豈(어찌 기) 贊(도울 찬)

右는 第二十三章이다

右는 第23章이다.

言人道也라

인도人道를 말하였다.

第二十四章　前知

至誠之道는 可以前知니 國家將興에 必有禎祥하며 國家將亡에 必有妖孼하여 見(현)乎蓍龜하며 動乎四體라

禍福將至에 善을 必先知之하며 不善을 必先知之니 故로 至誠은 如神이니라

지성至誠의 道는 가히 먼저 알 수 있으니, 나라가 장차 흥하려는데 반드시 정상禎祥이 있으며, 나라가 장차 망하려는데 반드시 요얼妖孼이 있어 시蓍와 귀龜에 나타나며, 사체四體에 움직이니라.

재앙災殃과 복福이 장차 이르는데 선善을 반드시 먼저 알며, 불선不善을 반드시 먼저 아니, 그러므로 지성至誠은 귀신鬼神과 같으니라.

禎祥者는 福之兆요 妖孼者는 禍之萌이라 蓍는 所以筮요 龜는 所以卜이라 四體는 謂動作威儀之間에 如執玉高卑에 其容俯仰之類라

凡此는 皆理之先見(현)者也라 然이나 惟誠之至極 而無一毫私僞ㅣ留於心目之間者라야 乃能有以察其幾焉이라

神은 謂鬼神이라

'정상禎祥'은 복福의 조짐兆朕이요, '요얼妖孼'은 화禍의 싹이다. '시蓍'는 시초蓍草로 점치는 것이요, '귀龜'는 거북으로 점치는 것이다. '사체四體'는 동작動作과 위의威儀의 사이에 玉을 잡아서 높이고 낮추는데 그 형

용이 숙였다가 우러르는 것과 같다.

무릇 이는 모두 이치가 먼저 나타나는 것들이다. 그러나 오직 성誠이 지극하여 한 터럭의 사사로움과 거짓이 마음과 눈의 사이에 머무름이 없을지라야, 이에 능히 그 기미幾微를 살필 수 있다. '신神'은 귀신鬼神을 이른다.

주해

- 禎祥: 상서로운 일이나 징조. '정禎'은 '正'의 뜻이고, '상祥'은 '詳'의 뜻이다. 禎(상서로울 정) 祥(상서로울 상)
  "禎, 正也. 人有善, 天以符瑞正告之. 祥, 詳也. 天欲降以福, 先以吉兆詳審告語之."(四書備旨補註) 符(부신 부) 瑞(상서 서) 降(내릴 강) 兆(조짐 조) 審(살필 심)
- 妖孼: 요망한 기운. 재앙의 징조. 妖(요망할 요) 孼(재앙 얼)
  "草木衣服歌謠之怪, 謂之妖. 禽獸蟲蝗之怪, 謂之孽."(四書備旨補註) 怪(괴이할 괴) 蝗(황충 황)
- 蓍龜: 시초蓍草를 이용한 周易占과 귀갑龜甲을 이용하는 거북점. '시蓍'는 '설시揲蓍'이다. 蓍(시초 시) 龜(거북 귀) 揲(셀 설)
  ≪易・繫辭上≫에 나온다. "探頤索隱, 鉤深致遠, 以定天下之吉凶, 成天下之亹亹者, 莫大乎蓍龜." 探(찾을 탐) 頤(턱 이) 索(찾을 색) 隱(숨을 은) 鉤(갈고리 구) 亹(힘쓸 미)
- 四體: 팔다리. 여기서는 動作과 威儀를 말한다. 威(위엄 위) 儀(거동 의)
- 執玉高卑: 玉을 잡고서 올리고 내리는 일. 執(잡을 집) 卑(낮을 비)
  ≪左傳・定公十四年≫ 條에 나온다. "邾隱公來朝, 邾子執玉高, 其容仰. 公受玉卑, 其容俯. 子貢曰 以禮觀之, 二君皆有死亡焉. 是年, 定公薨, 哀公七年, 魯伐邾, 以邾子益來." 邾(나라이름 주) 薨(죽을 훙) 俯(구부릴 부) 仰(우러를 앙)
- 兆(조짐 조) 筮(점대 서) 萌(싹 맹)

【備旨】

子思丨論誠而明之事하사 以明天道曰 人惟誠有未至라 故로 於理有未明 而與鬼神不相通耳라 惟至誠無妄之道丨誠精而明하여 初不假於智術이라도 自有可以前知之理也라

彼當國家將興에 則和氣致祥하여 必有禎祥之兆하고 國家將亡에 則乖氣致異하여 必有妖孽之萌이니 不但已也라 遠取諸物이면 則變化丨見乎蓍龜 而有吉有凶焉하며 近取諸身이면 則云爲丨動乎四體 而有得有失焉하니 凡此는 皆禍福之將至 而理之先見者也라 至誠이 淸明在躬이면 於福之將至而爲善에 必先事有以知之하고 於禍之將至而爲不善에 亦必先事有以知之니 不待善不善 旣至而後知者也라

夫鬼神은 體物不遺하여 能運禍福之機하고 而至誠은 能知禍福之理니 則是昭微於顯者는 鬼神也요 知顯於微者는 至誠也라 固有通幽明爲一道하고 合天人爲一理者라 故로 至誠은 其如神乎인저 此自誠而明之事니 天之道也라

자사子思께서 성誠으로 말미암아 밝아진 일을 논하여 천도天道를 밝혀 가라사대 "사람이 오직 誠이 지극하지 못함이 있다. 그러므로 이치에 밝지 못함이 있어, 귀신鬼神과 더불어 서로 통하지 못할 뿐이다. 오직 지성至誠의 망령됨이 없는 道가 진실로 정밀하고 밝아서, 처음부터 지술智術을 빌리지 않더라도 스스로 가히 미리 알 수 있는 이치가 있는

것이다.

저 나라가 장차 흥하려 하면 곧 화기和氣가 상서로움을 이루어 반드시 정상禎祥의 조짐이 있고, 나라가 장차 망하려 하면 곧 괴기乖奇가 이변을 이루어 반드시 요얼妖孼의 싹틈이 있으니, 다만 이 뿐만이 아니다. 멀리 사물에서 취하면 곧 변화가 시귀蓍龜에 나타나 길조吉兆가 있고 흉조凶兆가 있으며, 가까이 몸에서 취하면 곧 말과 행동이 사체四體에 움직여서 득이 있고 失이 있으니, 무릇 이는 다 재앙과 복福이 장차 이르려는데 이치가 미리 나타난 것이다.

지성至誠이 맑고 밝아서 몸에 있으면, 복福이 장차 이르러 선善을 행하려는데 반드시 일에 앞서서 알 수가 있고, 재앙이 장차 이르러 불선不善을 행하려는데 또한 반드시 일에 앞서서 알 수가 있으니, 선善과 불선不善이 이미 이르기를 기다린 이후에 알 수 있는 것이 아니다.

무릇 귀신鬼神은 사물에 체현體現되어 떠나지 않아 능히 화복禍福의 기미를 운행하고, 지성至誠은 능히 화복禍福의 이치를 알 수 있으니, 곧 이 드러난데서 은미隱微함을 밝히는 것은 귀신鬼神이요, 은미隱微한데서 드러남을 아는 것은 지성至誠이다. 진실로 어둡고 밝은 것을 통하여 하나의 道가 되고, 하늘과 사람이 합하여 하나의 이치가 되는 것이 있다. 그러므로 지성至誠은 그 귀신과 같도다! 이는 誠으로부터 밝아진 일이니, 하늘의 道이다."

주해

- 智術: 지혜와 권술權術.
  ≪魏書 · 高閭傳≫에 나온다. "非智術之不長, 兵衆之不足, 乃防狄之要事, 其理宜然故也." 閭(이문 려) 狄(북쪽민족 적)
- 云爲: 말과 행동. 云(이를 운)
  ≪易 · 繫辭下≫에 나온다. "變化云爲, 吉事有祥." 이에 대해 孔穎達

의 疏에 "或口之所云, 或身之所爲也."라고 했다.

晉나라 갈홍葛洪의 ≪抱朴子·자교刺驕≫ 篇에도 나온다. "口習醜言, 身行弊事, 凡所云爲, 使人不忍論也." 驕(교만할 교) 醜(추할 추) 弊(나쁠 폐)

● 假(겨를 가) 祥(상서로울 상) 乖(어그러질 괴) 奇(기이할 기)

右는 第二十四章이라

右는 第24章이다.

言天道也라

천도天道를 말하였다.

第二十五章　自成

誠者는 自成也요 而道는 自道也니라

성誠은 스스로 이루어짐이요, 도道는 스스로 道대로 하니라.

言誠者는 物之所以自成이요 而道者는 人之所當自行也라 誠은 以心言이니 本也요 道는 以理言이니 用也라

말하되, '성誠'은 물건이 스스로 이루어지는 바요, '도道'는 사람이 마땅히 스스로 행할 바이다. '성誠'은 마음으로써 말한 것이니 근본根本이요, '도道'는 이치로써 말한 것이니 쓰임(用)이다.

주해

- 誠者自成也: '성誠'은 스스로 이루어진다. '誠'은 '실심實心'으로 '천명지성天命之誠'을 말한다. '自'는 '自己'의 뜻이다.
  "誠是實心. 自成謂稟此實心, 方能成箇人. 此只指本體, 不是功夫. 兩自字, 俱說自己."(四書備旨補註) 稟(받을 품) 俱(함께 구)
  鄭玄의 註에 "言人能至誠, 所以自成也. 有道藝, 所以以自道達."(≪十三經註疏 · 中庸≫)라고 했다.
- 道, 自道也: '도道'는 스스로 道대로 한다. '道'는 '솔성지리率性之理'를 말한다.
  "道是體此誠於日用間者, 乃自己當爲底. 故曰自道. "(四書備旨補註) 底(어조사 저)
  朱子가 말했다. "誠者, 是箇自然成就道理, 不是人去做作安排底物事. 道, 却是箇無情底道理, 却須是人自去行, 始得."(大全註疏) 做(지을 주) 却(도리어 각)

【備旨】

子思ㅣ論明而誠之事하사 以明人道曰 誠者는 天命之性이니 是物之所靠託自成이며 不可推諉者也요 而道ㅣ卽率性之理니 乃人之所該當自行이며 不容旁貸者也라하시니라

子思께서 밝음으로 말미암아 성誠하는 일을 논하여 인도人道를 밝혀 가라사대 "'성誠'은 하늘이 명命한 성품이니, 이는 물건이 고탁靠託하여 스스로 이룬 바이며, 가히 남에게 책임을 맡길 수가 없다. '도道'는 곧 성품을 따르는 이치니, 이에 사람이 모두 마땅히 스스로 행할 바이며, 남에게 책임을 전가하는 것을 용납하지 못하니라."

주해

- 靠託: 기대어 의탁하다. 靠(기댈 고) 託(맡길 탁)
- 推諉: 남에게 책임을 떠맡기다. '推辭'와 같다. 推(밀 추) 諉(핑계할 위)
- 旁貸: 남에게 책임을 전가하다. 旁(곁 방) 貸(대여할 대)
  淸나라 주량공周亮工의 ≪書影≫ 卷三에 나온다. "竊以爲世宗肅皇帝之英武, 威福操縱, 無所旁貸." 竊(남몰래 절) 操(잡을 조) 縱(용서할 종)
- 該(모두 해)

誠者는 物之終始니 不誠이면 無物이니 是故로 君子는 誠之爲貴니라

'성誠'이란 만물의 마침과 시작이니, 성誠이 아니면 이루는 일(事)이 없으니, 이런 까닭에 군자君子는 성誠을 하려는 것을 귀하게 여기니라.

天下之物이 皆實理之所爲라 故로 必得是理 然後에 有是物이니 所得之理ㅣ既盡이면 則是物이 亦盡而無有矣라 故로 人之心이 一有不實 則雖有所爲나 亦如無有니 而君子必以誠爲貴也라
蓋人之心이 能無不實이라야 乃爲有以自成이요 而道之在我者ㅣ亦無不行矣라

天下의 萬物이 모두 실리實理로 되는 바이다. 그러므로 반드시 이 이치를 얻은 연후에 이 물건이 있으니, 얻은 바의 이치가 이미 다하면 곧 이 물건이 또한 다하여 있지 못한다.
그러므로 사람의 마음이 하나라도 실지實地가 아님이 있으면 곧 비록 하는 바가 있으나 또한 있지 못함과 같으니, 君子가 반드시 誠을 하려는 것으로써 貴함을 삼는다.
대개 사람의 마음이 능히 실지實地가 아님이 없어야 이에 스스로 이룸이 있게 되고, 道가 나에게 있는 것이 또한 행해지지 않음이 없게 된다.

주해

- 誠者, 物之終始: '성誠'은 만물의 마침과 시작이다. '물物'은 '만물萬物'이다. "物字指萬物. 其終始皆實理. 爲之則人心之不外乎誠."(四書備旨補註)
- 不誠, 無物: 성誠이 아니면 이루어지는 일(事)이 없다. 여기에서 '物'은 만물이 아니라, '事'의 뜻으로 해석해야 한다.(朱子의 小註와 【備旨】 참조) "物字指事."(四書備旨補註)

  朱子가 말했다. "不誠無物, 以在人者言之, 謂無是誠則無是物. 如視不明則不能見是物, 聽不聰則不能聞是物, 謂之無物, 亦可. 又曰, 孝而不誠於孝則無孝, 弟而不誠於弟則無弟, 推此類求之, 可見."(大全註疏) 聰(귀 밝을 총) 弟(공경할 제, 悌也)
- 天下之物, 皆實理之所爲: 天下의 萬物이 모두 실리實理로 되는 바이다.

  朱子가 말했다. "有是理則有是物, 徹頭徹尾皆實理之所爲, 未有無此理而有此物也. 大意若曰實理爲物之終始, 無是理則無是物. 故君子必當實乎此理也."(大全註疏) 徹(통할 철) 尾(꼬리 미)

【備旨】

人之所以當然者는 何오 蓋以誠者ㅣ天理之本然也라

物莫不有終始나 終不自終하니 實理爲之歸結이요 始不自始하니 實理爲之發端이라 是誠爲物之終始 而物所不能外也라

然則人之作事에 心有不誠이면 則雖作此事나 亦如無物而已라 是故로 君子ㅣ必擇善固執하고 去其不誠以求全其誠하여 而誠之爲貴也라

사람이 마땅히 그렇게 해야 하는 바는 무엇인가? 대개 '성誠'이 天理의 本然이기 때문이다.

만물에 마침과 시작이 있지 않음이 없으나, 마침은 스스로 마치지 못하니 실리實理가 그 귀결歸結이 되며, 시작은 스스로 시작하지 못하니 실리實理가 그 발단發端이 된다. 이는 성誠이 만물의 마침과 시작이 되어 만물이 능히 벗어나지 못하는 바이다.

그런한 즉 사람이 일을 하는데 마음에 정성스럽지 못함이 있으면, 곧 비록 이 일을 할지라도 또한 물건(事)이 없는 것과 같을 따름이다. 이런 까닭에 君子가 반드시 善을 가려서 굳게 잡고, 그 '불성不誠'을 제거함으로써 그 성誠을 온전하게 구해서 성誠을 하려는 것을 귀하게 여긴다.

주해

● 擇(가릴 택) 固(굳을 고) 執(잡을 집)

誠者는 非自成己而已也라 所以成物也니 成己는 仁也요 成物은 知也니 性之德也라 合外內之道也니 故로 時措之宜也니라

성誠은 스스로 몸을 이룰 따름만이 아니라 만물을 이루는 바이니, 몸을 이루는 것은 인仁이요, 만물을 이루는 것은 지知(智)니, 성품의 덕德이니라. 안팎을 합한 도道이니, 그러므로 시조時措가 마땅하니라.

誠이 雖所以成己나 然이나 旣有以自成이면 則自然及物而道亦行於彼矣라 仁者는 體之存이요 知者는 用之發이니 是皆吾性之固有 而無內外之殊라 旣得於己면 則見(현)於事者ㅣ以時措之 而皆得其宜也라

성誠이 비록 나를 이룬 바이나, 그러나 이미 스스로 이룸이 있으면 곧 자연히 사물에 미쳐서 도道가 또한 그곳에서 행해진다.
'인仁'은 體에 보존되고, '지知(智)'는 用에 발현되니, 이는 모두 내 성품에 본디 있는 것이어서 안팎의 다름이 없다. 이미 몸에서 얻으면 곧 일에 나타난 것이 때에 맞게 쓰여서 모두 그 마땅함을 얻게 된다.

주해

- 時措: '때로 놓다'. 곧 '때에 맞게 쓰다'는 말이다. '조措'는 '用'의 뜻이다. 措(놓을 조)

  "時措之宜, 兼成己成物言, 是隨時措行, 無不當理意."(四書備旨補註) 隨(따를 수)

  鄭玄의 註에 "時措, 言得其時而用也."라고 했고, 孔穎達의 疏에 "措猶用也. 言至誠者成萬物之性, 合天地之道, 故得時而用之, 則無往而不宜."라고 했다.(≪十三經註疏 · 中庸≫)

  ≪續資治通鑒 · 元順帝至正十八年≫ 條에도 나온다. "大抵治獄以寬厚爲本, 而刑新國則宜用輕典, 若執而不變, 非時措之道也." 鑒(볼 감) 抵(막을 저) 獄(감옥 옥)

- 成己仁, 成物知: '자기를 이루는 것은 인仁이고, 만물을 이루는 것은 지知(智)이다.'

  朱子가 말했다. "誠, 雖所以成己, 然在我者, 眞實無僞, 自能及物. 自成己言之, 盡己而無一毫之私僞, 故曰仁. 自成物言之, 因物成就, 各得其當, 故曰知."(大全註疏) 僞(거짓 위) 毫(가는털 호)

雙峯饒氏가 말했다. "成己成物, 己與物, 雖有內外之殊, 而仁知之德則具於己性分之內, 乃合內外而爲一底道理."(大全註疏) 底(어조사 저)

【備旨】

君子ㅣ固誠之爲貴나 然이나 誠者는 非自成己而已也라 在我者ㅣ眞實無僞면 則理之自然者ㅣ有以及物이니 乃所以成物也라

夫成己ㅣ卽以成物이니 其故何哉오 蓋成己者는 私意不雜하여 全體渾然하니 卽所謂仁也요 成物者는 因物裁處하여 各得其當이니 卽所謂知也라 夫仁屬成己하고 知屬成物하니 似有內外之殊나 然이나 實性中固有之德이라 體用備具하여 無有分殊하고 合內外而爲一之道也니 君子ㅣ特患吾心有未誠耳라

心旣誠이면 則仁知兼得이요 纔有以成己면 便有以成物이니 以時措之 而各得其宜也라 可見仁知一道니 得則俱得하고 物我一理니 成不獨成이어늘 豈有成己 而不得成物者哉아 所謂誠者는 非自成己而已也요 所以成物也라 此自明而誠之事니 人之道也라

君子가 진실로 성誠을 하는 것을 귀하게 여기나, 그러나 성誠은 스스로 자기를 이룰 따름만이 아니다. 나에게 있는 것이 진실하여 거짓이 없으면 곧 이치의 스스로 그러한 것이 사물에 미치게 되니, 이에 사물을 이루는 바이다.

무릇 자기를 이루는 것이 곧 사물을 이루는 것이니, 그 까닭이 무엇이리오? 대개 자기를 이루는 것은 사사로운 뜻이 섞이지 아니하여 전체가 혼연渾然하니 곧 이른바 인仁이요, 사물을 이루는 것은 사물에 따라 재량裁量하고 처리하여 각각 그 마땅함을 얻으니 곧 이른바 지知(智)이다.

무릇 인仁은 자기를 이루는데 속하고, 지知(智)는 사물을 이루는데 속하니, 흡사 안팎의 다름이 있는 듯하나, 그러나 실제로는 성품 가운데의 고유固有한 덕德이다. 체體와 용用이 갖추어져서 나뉘거나 다름이 없고, 안팎을 합하여 하나가 되는 道이니, 군자가 다만 내 마음에 아직 誠을 못함이 있을까 근심할 뿐이다.

마음이 이미 誠을 하였으면 곧 인仁과 지知(智)를 겸해서 얻을 것이요, 겨우 자기를 이룰 수 있으면 문득 사물을 이룰 수가 있으니, 때에 맞게 쓰면 각각 그 마땅함을 얻을 것이다. 인仁과 지知(智)가 하나의 道이니 얻으면 곧 함께 얻게 되고, 사물과 내가 하나의 이치니 이루면 홀로 이루지 않음을 알 수 있거늘, 어찌 자기를 이루고서 능히 사물을 이루지 못할 것이 있으리오!

이른바 성誠이란 것은 스스로 자기를 이룰 따름만이 아니요, 사물을 이루는 바이다. 이는 밝음으로부터 성誠을 하는 일이니, 사람의 도道이다.

주해

- 裁處: 사물을 재량裁量하여 처리함. 裁(마름질할 재)
  ≪舊唐書 · 李晟傳≫에 나온다. "賊寇未平, 軍中給賜, 咸宜均一. 今神策獨厚, 諸軍皆以爲言, 臣無以止之, 惟陛下裁處." 賊(도둑 적) 寇(도둑 구) 咸(모두 함) 陛(임금 폐)
- 特(다만 특) 患(근심 환) 纔(겨우 재) 豈(어찌 기)

右는 第二十五章이라

右는 第25章이다.

言人道也라

인도人道를 말하였다.

第二十六章　無息

故로 至誠은 無息이니

그러므로 지성至誠은 쉼이 없으니,

旣無虛假라 自無間斷이라

이미 헛되고 거짓이 없어서, 스스로 간단間斷함이 없다.

주해

- 虛假: 헛되고 거짓됨. 虛(허망할 허) 假(거짓 가)
  ≪墨子 · 修身≫ 篇에 나온다. "貧則見廉, 富則見義, 生則見愛, 死則見哀, 四行者不可虛假, 反之身者也." 廉(청렴할 렴)
  陳氏가 말했다. "凡假僞底物, 久則易間斷. 眞實, 自無間斷."(大全註疏) 底(어조사 저)
  東陽許氏가 말했다. "至誠無息, 惟至誠, 所以無息. 有虛假則間斷矣. 惟無息, 乃見誠之至, 有息則非至誠矣."(大全註疏)
- 間斷: 간격이 나고 끊어지다. '중단中斷'과 같다. 間(간격날 간) 斷(끊을 단)

【備旨】

子思ㅣ論誠而明之事하사 以明天道曰 凡人이 誠有未至者면 便有止息이라 故로 至誠之盛德은 其心이 純乎實理而私欲이 不得以間之니 爲無止息焉이라 하시니라

자사子思께서 誠을 하여 밝아진 일을 논하여 천도天道를 밝혀 가라사대 "무릇 사람이 誠에 아직 지극하지 못한 것이 있으면 문득 멈춤이 있게 된다. 그러므로 지상至誠의 성덕盛德은 그 마음이 실리實理에 순전純全하여, 사욕私欲이 이간離間하지 못하니 멈춤이 없게 되느니라."

주해

- 止息: 그치다. 멈추다. '정지停止'와 같다. 止(그칠 지) 息(쉴 식) 停(머무를 정) ≪史記 · 孟嘗君列傳≫에 나온다. "今天雨, 流子而行, 未知所止息也." ≪漢書 · 순리전循吏傳 · 공수龔遂≫ 篇에도 나온다. "郡中皆有畜積, 吏民皆富實. 獄訟止息." 畜(쌓을 축) 積(쌓을 적) 獄(감옥 옥) 訟(송사할 송)

不息則久하고 久則徵하고

쉬지 아니하면 곧 오래하고, 오래하면 곧 징험徵驗하고,

久는 常於中也요 徵은 驗於外也라

'구久'는 가운데에 떳떳함이요, '징徵'은 밖에 징험徵驗함이다.

주해

- 久則徵: 오래하면 곧 징험徵驗을 한다. 久(오랠 구) 徵(징험할 징) 驗(징험할 험) "久者, 誠之積也. 徵者, 誠之流也."(四書備旨補註)
  北溪陳氏가 말했다. "道理眞積力久, 充實於內, 自然著見於外, 如見面盎背之類, 是徵驗處."(大全註疏) 見(나타날 현) 盎(동이 앙)

【備旨】

惟不息也면 則理純於心하여 始終如一이니 自恒久而不變矣요 眞積旣久면 則誠裕於中하여 發於事業이니 自流於外而徵矣라

오직 쉬지 아니하면 곧 이치가 마음에 순전純全하여 처음과 끝이 한결같으니, 저절로 오래도록 변하지 않을 것이요,
진실이 쌓여서 이미 오래되면 곧 성誠이 마음에 넉넉하여 사업에 발현되니, 저절로 밖으로 흘러 징험徵驗할 것이다.

주해

● 恒(항상 항) 積(쌓을 적) 裕(넉넉할 유)

徵則悠遠하고 悠遠則博厚하고 博厚則高明이니라

징험徵驗하면 곧 유원悠遠해지고, 유원悠遠하면 곧 박후博厚해지고, 박후博厚하면 곧 고명高明해지니라.

此는 皆以其驗於外者로 言之니 鄭氏所謂 至誠之德이 著於四方者ㅣ是也라
存諸中者ㅣ旣久면 則驗於外者ㅣ益悠遠而無窮矣니 悠遠

이라 故로 其積也ㅣ廣博而深厚하고 博厚라 故로 其發也ㅣ高大而光明이라

이는 모두 그 밖에 징험徵驗한 것으로 말한 것이니, 鄭氏(鄭玄)가 이른 바 '지성至誠의 덕德이 四方에 나타난다'는 것이 이것이다.
가운데에 있는 것이 이미 오래되면 곧 밖에 징험徵驗한 것이 더욱 유원悠遠하여 다함이 없으니, 유원悠遠하기 때문에 그 쌓임이 광박廣博하고 심후深厚해지며, 박후博厚하기 때문에 그 발함이 고대高大하고 광명光明해 지니라.

주해

● 悠遠: 깊고 멀다. '長久'와 같다. 悠(깊을 유) 遠(멀 원)
공영달孔穎達의 疏에 "悠, 長也. 若事有徵驗, 則可行長遠也."(≪十三經註疏·中庸≫) 라고 했다.
"悠是不迫促意. 遠是不淺近意. 必世後仁, 悠也. 萬世永賴, 遠也."(四書備旨補註) 迫(다그칠 박) 促(재촉할 촉) 賴(힘입을 뢰)
朱子가 말했다. "久是就他骨子裏, 說鎭常如此之意. 悠遠是自今觀後, 見其無終窮之意. 又曰 悠是擬始以要終. 久是隨處而常在."(大全註疏) 鎭(누를 진) 擬(헤아릴 의) 隨(따를 수)

● 博厚: 넓고 두텁다. 곧 '광대심후廣大深厚'의 뜻이다. 博(넓을 박) 厚(두터울 후) 廣(넓을 광)
"博是德澤及人之廣. 厚是德澤入人之深. 東漸西被, 博也. 淪膚浹髓, 厚也."(四書備旨補註) 淪(빠질 윤) 膚(살갗 부) 浹(두루미칠 협) 髓(골수 수)

● 高明: 높고 밝다. 곧 '숭고명예崇高明睿'의 뜻이다. 崇(높을 숭) 睿(깊고밝을 예)
"高是巍聳軒發意. 明是光輝宣著意. 巍乎成功, 高也. 煥乎文章, 明也."(四書備旨補註) 巍(높을 외) 聳(솟을 용) 軒(집 헌) 宣(베풀 선) 煥(밝을 환)

【備旨】

至誠之徵을 豈可一端盡哉아 由其久於中이면 則必久於外하여 自悠焉而舒徐하고 遠焉而綿亘矣요 悠遠則其積也ㅣ 自充乎宇宙 而博浹乎人心而厚矣요 博厚則其發也ㅣ 自巍然莫並而高하고 煥然莫掩而明矣라 是는 其業之驗於外者ㅣ如此라

지성至誠의 징험徵驗을 어찌 가히 일단一端으로 다할 수 있으리오! 그것이 가운데서 오래됨으로 말미암으면 곧 반드시 밖에 오래되어, 자연히 깊고 오래되어 넉넉해지고, 아득하여 끝없이 이어질 것이요, 유원悠遠하면 곧 그 쌓임이 자연히 우주宇宙에 충만하여, 사람의 마음에 넓게 두루 미쳐 두터워질 것이요, 박후博厚하면 곧 그 발함이 자연히 높이 솟아 견줄 수 없이 높아지고, 환연煥然하여 가릴 수 없이 밝아진다.

이는 그 事業이 밖으로 징험徵驗한 것이 이와 같다.

주해

● 舒徐: 한가하고 넉넉한 모양. 舒(펼 서) 徐(천천히 서)
唐나라 원진元稹의 ≪張校書元夫≫ 詩에 나온다. "遠處從人須謹愼, 少年爲事要舒徐." 謹(삼갈 근) 愼(삼갈 신)

● 綿亘: 연속하여 끊어지지 않는 모양. '면긍緜亘'과 같다. 綿(이어질 면) 亘(펼 긍) 緜(햇솜 면)
漢나라 양웅揚雄의 ≪촉도부蜀都賦≫에 나온다. "東有巴賨, 綿亘百濮." 巴(땅이름 파) 賨(공물 종) 濮(강이름 박)
宋나라 진량陳亮의 ≪郎秀才墓志銘≫에도 나온다. "是綿亘數十里而

爲在官之山, 並山窮民實資以自給衣食."

- 博浹: 넓게 두루 미침. 浹(두루미칠 협)
- 煥然: 밝고 빛나는 모양. 煥(빛날 환)

博厚는 所以載物也요 高明은 所以覆(부)物也요 悠久는 所以成物也니라

박후博厚는 만물을 싣는 바요, 고명高明은 만물을 덮어주는 바요, 유구悠久는 만물을 이루는 바니라.

悠久는 卽悠遠이니 兼內外而言之也라 本以悠遠으로 致高厚 而高厚ㅣ又悠久也니 此는 言聖人與天地同用이라

'유구悠久'는 곧 '유원悠遠'이니, 안팎을 겸하여 말한 것이다.
본래 유원悠遠으로써 고명高明과 박후博厚를 이루고, 고명高明과 박후博厚가 또 유구悠久하니, 이는 聖人이 天地와 더불어 용用을 한 가지로 함을 말한 것이다.

주해

- 悠久: 깊고 오래되다. '구원久遠'과 같다.
  三山潘氏가 말했다. "久是久於內. 悠是久於外."(大全註疏)
  潛室陳氏가 말했다. "不息則久, 是誠積於內. 徵則悠遠, 是誠積於外. 下却變文, 爲悠久, 則是兼上文內外而言."(大全註疏) 却(도리어 각)
- 聖人與天地同用: 聖人이 天地와 더불어 용用을 한 가지로 하다. '용用'

은 '재물載物', '부물覆物', '성물成物'을 말한다.

● 載(실을 재) 覆(덮을 부)

【備旨】

至誠功業所積者ㅣ旣博厚면 則天下之物이 無不爲所統括承受하여 而咸被其澤하니 是卽所以載物也요
所發者ㅣ旣高明이면 則天下之物이 無不爲所丕冒照臨하여 而咸仰其光하니 是卽所以覆物也요
其博厚高明者ㅣ又皆悠長而久遠이면 則天下之物이 常爲其所覆載하여 而得各遂其生하고 各復其性하니 是卽所以成物也라 非卽天地之用乎아

지성至誠의 공업功業이 쌓인 바가 이미 박후博厚하면 곧 천하의 만물이 통괄統括해서 이어받는 바가 되지 않음이 없어서 모두 그 은택을 입으니, 이것이 곧 만물을 싣는 바요,
발發한 바가 이미 고명高明하면 곧 천하의 만물이 크게 무릅써서 비춰지는 바가 되지 않음이 없어서 모두 그 빛을 우러르니, 이것이 곧 만물을 덮어주는 바요,
그 박후博厚하고 고명高明한 것이 또 모두 유장悠長하고 구원久遠해지면, 곧 천하의 만물이 항상 그 덮어주고 실어준 바가 되어 각각 그 삶을 이루고 각각 그 본성을 회복하게 되니, 이것이 곧 만물을 이루는 바이다. 곧 天地의 용用이 아니리오!

주해

- 統括: 통괄統括하다. '총괄總括'과 같다. 統(큰줄기 통) 括(묶을 괄) 總(거느릴 총)
  《魏書 · 봉궤전封軌傳》에 나온다. "封生之於經義, 非但章句可奇, 其標明綱格, 統括大歸, 吾所弗如者多矣." 明나라 왕수인王守仁의 《傳習錄》 卷中에도 나온다. "凡某之所謂格物, 其於朱子九條之說, 皆包羅統括於其中." 封(봉할 봉) 軌(길 궤) 羅(그물 라)
- 承受: 이어 받다. '접수接受'와 같다. 承(이을 승)
  《左傳 · 隱公八年》 條에 나온다. "寡君聞命矣, 敢不承受君之明德." 寡(적을 과)
  《書 · 익직益稷》 篇에도 나온다. "格則承之庸之" 이에 대해 唐나라 공영달孔穎達의 疏에 "天下之人有能至於道者, 則當承受而進用之."라고 했다. 稷(기장 직)
- 丕冒: 크게 무릅쓰다. 크게 은혜를 입다. 丕(클 비) 冒(무릅쓸 모)
  《書 · 君奭》 篇에 나온다. "丕冒海隅出日, 罔不率俾." 奭(클 석) 隅(모퉁이 우) 罔(없을 망) 率(거느릴 솔) 俾(더할 비)
- 照臨: 위에서 내리비치다. 위에서 굽어 살피다. 照(비출 조) 臨(임할 림)
  《左傳 · 昭公二十八年》 條에 나온다. "照臨四方曰明."
  漢나라 초공焦贛의 《易林 · 巽之井》에도 나온다. "昊天白日, 照臨我國." 焦(그을릴 초) 贛(줄 공) 昊(하늘 호)
- 咸(다 함) 仰(우러를 앙) 遂(성취할 수) 復(회복할 복)

博厚는 配地하고 高明은 配天하고 悠久는 無疆이니라

박후博厚는 땅과 짝하고, 고명高明은 하늘과 짝하고, 유구悠久는 다함이 없느니라.

此는 言聖人이 與天地同體라

이는 성인聖人이 天地와 더불어 체體를 한가지로 함을 말한 것이다.

주해

- 配地: 땅과 짝하다. 配(짝 배)
  "配, 合也. 配地是有含弘廣大之德意."(四書備旨補註) 含(머금을 함) 弘(넓을 홍)
  龜山楊氏가 말했다. "配, 合也, 與孟子配義與道之配同."(大全註疏)
- 配天: 하늘과 짝하다.
  "配天是有丕冒照臨之德意."(四書備旨補註) 丕(클 비) 冒(무릅쓸 모)
- 無疆: 끝이 없다. 한계가 없다. 疆(한계 강)
  "無疆是無有疆界, 卽常覆常載意."(四書備旨補註) 界(지경 계) 覆(덮을 부) 載(실을 재)
  新安陳氏가 말했다. "悠久, 卽博厚高明之悠久. 無疆, 卽天地之無疆."(大全註疏)
- 聖人與天地同體: 天地와 더불어 체體를 한 가지로 하다. '체體'는 '배지配地', '배천配天', '무강無疆'을 말한다. 配(짝 배)
  陳氏가 말했다. "同用, 以功言. 同體, 以德言."(大全註疏)
- 配(아내 배, 짝하다, 배합하다) 疆(지경 강, 끝)

【備旨】

夫地能載物은 以有此博厚也요 而至誠이 亦能載物이니 則其博厚ㅣ有以配地之博厚矣라 天能覆物은 以有此高明也요 而至誠이 亦能覆物이니 則其高明이 有以配天之高

明矣라 天地能成物은 以終古無疆也요 而至誠이 亦能成物이니 則其悠久ㅣ一天地之無疆矣라 非卽天地之體乎아

무릇 땅이 능히 만물을 실을 수 있음은 이 박후博厚가 있기 때문이요, 지성至誠이 또한 능히 만물을 실으니, 곧 그 박후博厚가 땅의 박후博厚와 짝할 수 있다.
하늘이 능히 만물을 덮을 수 있음은 이 고명高明이 있기 때문이요, 지성至誠이 또한 능히 만물을 덮으니, 곧 그 高明이 하늘의 高明과 짝할 수 있다.
천지가 능히 만물을 이룰 수 있음은 종고終古토록 끝이 없기 때문이요, 지성至誠이 또한 능히 만물을 이루니, 곧 그 유구悠久가 天地의 끝이 없음과 한가지이다. 곧 天地의 체體가 아니리오!

주해

● 終古: 오래도록. 옛날부터. '구원久遠'가 같다. 終(마칠 종) ≪초사楚辭 · 이소離騷≫에 나온다. "懷朕情而不發兮, 余焉能忍而與此終古." 懷(품을 회) 朕(나 짐) 余(나 여) 焉(어찌 언)

如此者는 不見(현)而章하며 不動而變하며 無爲而成이니라

이와 같이 하는 자는 나타나지 않아도 빛나며, 움직이지 않아도 변하며, 함이 없어도 이루어지니라.

見(현)은 猶示也라 不見(현)而章은 以配地而言也요 不動而變은 以配天而言也요 無爲而成은 以無疆而言也라

'현見'은 보임과 같다. '불현이장不見而章'은 땅과 짝함으로써 말한 것이요, '부동이변不動而變'은 하늘과 짝함으로써 말한 것이요, '무위이성無爲而成'은 다함이 없음으로써 말한 것이다.

주해

- 不見而章: '나타나지 않아도 빛나다.' '見'은 '현現'과 같다. '장章'은 '창彰'의 뜻이다. 見(나타날 현) 章(빛날 장) 彰(밝을 창)
  "見是表示意. 章是顯著."(四書備旨補註) 顯(나타날 현) 著(나타날 저)
- 不動而變: '움직이지 않아도 변하다.'
  "動是鼓舞意. 變是化舊爲新."(四書備旨補註) 鼓(북 고) 舞(춤출 무) 舊(옛 구)
- 無爲而成: '하려고 하지 않아도 이루어지다.'
  "爲是運用意. 成是成治功."(四書備旨補註)

【備旨】

至誠之功用이 所以配天地無疆 如此者는 豈假於强爲哉아 吾見 博厚之業이 昭著於天下에 固甚章矣나 然이나 是章也는 誠精而明이니 不待見而後章也요 高明之業이 維新於天下에 固甚變矣나 然이나 是變也는 誠至而應이니 不待動而後變也요 悠久之業이 利賴於天下에 固已成矣나 然이나 是成也은 誠極無迹이니 無待作爲而後成也라 洵乎라 至誠之同天地也여

지성至誠의 공용功用이 天地와 짝하여 다함이 없는 바가 이와 같은 것은 어찌 억지로 하는데 가식假飾하리오?

내 보건대 박후博厚의 공업功業이 天下에 밝게 드러나 진실로 심히 밝으나, 그러나 이 밝음은 정성精誠이 정밀하여 밝은 것이니, 나타남을 기다린 후에 밝아진 것이 아니요,

고명高明한 공업功業이 오직 천하를 새롭게 하여 진실로 심히 변하였으나, 그러나 이 변화는 정성精誠이 지극하여 응한 것이니, 움직이기를 기다린 후에 변한 것이 아니요,

유구悠久의 공업功業이 천하에 의지하여 진실로 이미 이루어졌으나, 그러나 이 이룸은 정성精誠이 지극하여 자취가 없는 것이니, 인위적인 일을 기다린 후에 이룬 것이 아니다. 진실로 지성至誠이 天地와 한가지로다!

주해

- 利賴: 의지하다. 힘입다. 賴(힘입을 뢰)
  淸나라 왕부지王夫之의 ≪讀四書大全說 · 孟子 · 離婁上≫에 나온다. "言汝之所以舍正路, 放本心, 而放恣橫議者, 只在此處. 趁門風圖利賴而已." 汝(너 여) 恣(방자할 자) 趁(좇을 진) 圖(꾀할 도)
- 假(거짓 가) 昭(밝을 소) 迹(자취 적) 洵(참으로 순)

天地之道는 可一言而盡也니 其爲物이 不貳라 則其生物이 不測이니라

天地의 道는 가히 한 마디 말로 다할 수 있으니, 그 물건(天地) 됨

이 둘이 아닌지라, 곧 그 물건(萬物) 낳음을 헤아리지 못하니라.

此以下는 復以天地로 明至誠無息之功用하니 天地之道可一言而盡이면 不過曰誠而已라 不貳는 所以誠也라 誠故로 不息 而生物之多有莫知其所以然者라

이 이하는 다시 天地로써 지성至誠의 쉼이 없는 공용功用을 밝힌 것이다. 天地의 道를 가히 한 마디 말로 다하면, 가로되 '성誠'에 지나지 않을 따름이다. '불이不貳'는 정성精誠스러운 바이다. 정성精誠스럽기 때문에 쉬지 아니하여 만물을 낳음이 많아서 그것이 그러한 바를 알 수 없음이 있다.

주해

- 爲物不貳: 물건됨이 두 가지가 아니다. 여기에서 '物'은 '천지天地'를 말한다. 貳(두 이)
  "物字指天地. 蓋天地亦道中之一物. 不貳含箇誠字, 所謂天得一以淸, 地得一以寍也."(四書備旨補註) 寍(편안할 녕, 寧同)
  節齋蔡氏가 말했다. "不貳, 則無間斷, 所以不息."(大全註疏)
  新安陳氏가 말했다. "不貳者一也. 一卽誠也. 惟其爲物, 誠一而不貳. 所以不息, 而其生物之多. 所以不可得, 而測度也."(大全註疏) 度(헤아릴 탁)
- 生物不測: 만물을 낳은 것을 헤아리지 못하다. 여기에서 '物'은 '만물萬物'을 말한다. 測(헤아릴 측)
  "此物是萬物. 不測是莫測其所以生物處."(四書備旨補註) 莫(없을 막)
- 功用: 공적功績과 효용效用. 績(실낳을 적)
  ≪荀子·非十二子≫ 篇에 나온다. "不知壹天下建國家之權稱, 上功用, 大儉約而僈差等." 壹(한 일) 僈(얕볼 만)

【備旨】

至誠之功業이 同天地 如此하니 天地之功業은 何如오 彼天地ㅣ雖大나 而其道는 則可以一言而盡也니 一言者는 何오 曰誠而已라
蓋立天之道 曰陰陽이요 立地之道 曰剛柔니 不過實理流行하여 毫無私欲間雜이라 故로 其爲物이 不貳而誠也라 誠故로 不息하니 則其生物之多有莫知其所以然者니 豈可得而測度之哉아 觀此 則聖人之至誠無息하여 久而必徵을 可知矣라

지성至誠의 공업功業이 天地와 같음이 이와 같으니, 天地의 공업功業은 어떠한가?
저 天地가 비록 광대하나 그 道는 곧 가히 한 마디 말로써 다할 수 있으니, 한 마디 말이라는 것은 무엇인가? 가로되 '성誠'일 따름이다.
대개 하늘을 세운 道를 가로되 음양陰陽이요, 땅을 세운 道를 가로되 강유剛柔라고 하니, 실리實理가 유행流行하여 터럭만큼도 사욕私欲이 사이에 섞이지 않은 것에 지나지 않는다. 그러므로 그 物(天地)됨이 둘이 아니어서 정성精誠스럽고, 정성精誠스럽기 때문에 쉬지 아니하니, 곧 그 物(萬物)을 낳음이 많아서 그것이 그러한 바를 알지 못함이 있으니, 어찌 가히 얻어 헤아릴 수 있으리오!
이를 살피면 곧 聖人의 지성至誠이 쉼이 없어 오래되면 반드시 징험徵驗됨을 가히 알 수 있다.

주해

● 剛(굳셀 강) 柔(부드러울 유) 毫(가는털 호) 測(헤아릴 측) 度(헤아릴 탁)

天地之道는 博也 厚也 高也 明也 悠也 久也니라

天地의 도道는 넓으며 두터우며 높으며 밝으며 깊으며 오래하니라.

言天地之道는 誠一不貳라 故로 能各極所盛 而有下文生物之功이라

天地의 道는 성일誠一하여 둘이 아님을 말한 것이다. 그러므로 능히 각각 성盛한 바를 다하여 下文의 만물을 낳는 이功이 있는 것이다.

주해

● 博也, 厚也: 넓고 두텁다.
"地道之徵於外."(四書備旨補註) 徵(징험할 징)

● 高也, 明也: 높고 밝다.
"天道之徵於外."(四書備旨補註)

● 悠也, 久也: 깊고 오래하다.
"天地之道之徵於外."(四書備旨補註)
新安陳氏가 말했다. "誠一不貳, 接上文, 說來所以博極其博, 厚極其厚, 高明悠久, 各極其盛而有生物之功, 如下文所云也."(大全註疏)

【備旨】

天地之道는 惟其誠一不貳라 故로 能各極其盛이라

地之道는 惟誠이라 是以로 極其博하고 又極其厚也며 天之道는 惟誠이라 是以로 極其高하고 又極其明也며 合天地博厚高明言之면 則又極其悠하고 極其久 而不可以終窮也라

觀此 則聖人之悠遠博厚高明이 皆本於誠을 又可知矣라

天地의 도道는 오직 그 성일誠一하여 둘이 아니다. 그러므로 능히 각각 그 성盛함을 다할 수 있다.

땅의 道는 오직 정성스러우니, 이로써 그 넓음을 다하고 또 그 두터움을 다하며, 하늘의 道는 오직 정성스러우니, 이로써 그 높음을 다하고 또 그 밝음을 다하며, 天地의 넓고 두터움과 높고 밝음을 합하여 말하면 곧 또 그 깊음을 다하고 그 오래함을 다하여 가히 끝날 수가 없다.

이것을 살피면 곧 聖人의 유원悠遠과 박후博厚와 고명高明이 모두 誠에 근본함을 또한 가히 알 수 있다.

주해

- 終窮: 다하다. 끝나다. '종극終極'과 같다. 終(마칠 종) 窮(다할 궁) ≪장자莊子 · 대종사大宗師≫ 篇에 나온다. "相忘以生, 無所終窮." 宋나라 심작철沈作喆의 ≪우간寓簡≫ 卷一에도 나온다. "天下之事無終窮也, 而亦無盡也." 喆(밝을 철)

今夫天이 斯昭昭之多니 及其無窮也하여는 日月星辰이 繫焉하며 萬物이 覆焉이니라
今夫地ㅣ一撮土之多니 及其廣厚하여는 載華嶽而不重하며 振河海而不洩하며 萬物이 載焉이니라
今夫山이 一卷石之多니 及其廣大하여는 草木이 生之하며 禽獸ㅣ居之하며 寶藏이 興焉이니라
今夫水ㅣ一勺之多니 及其不測하여는 黿鼉蛟龍魚鼈이 生焉하며 貨財ㅣ殖焉이니라

이제 하늘이 이 소소昭昭한 빛남이 많아진 것이니, 그 다함이 없음에 미쳐서는 해와 달과 별과 별자리가 매여 있으며, 만물萬物이 덮여 있느니라.
이제 무릇 땅이 한 줌의 흙이 많아진 것이니, 그 광후廣厚함에 미쳐서는 화악華嶽을 싣고도 무겁게 여기지 않으며, 하해河海를 거두고도 새지 아니하며, 만물萬物이 실려 있느니라.
이제 무릇 山은 한 작은 돌이 많아진 것이니, 광대廣大함에 미쳐서는 초목草木이 생겨나며, 새와 짐승이 살며, 감추어진 보물이 나오니라.
이제 무릇 물은 한 국자의 물이 많아진 것이니, 그 헤아리지 못함에 미쳐서는 원黿과 타鼉와 교蛟와 용龍과 어魚와 별鼈이 자라며, 화貨와 재財가 불어나니라.

昭昭는 猶耿耿이니 小明也라 此는 指其一處而言之라 及其無窮은 猶十二章 及其至也之意니 蓋擧全體而言也라 振은 收也라 卷은 區也라 此四條는 皆以發明由其不貳不息하여 以致盛大而能生物之意나 然이나 天地山川이 實非由積累而後大니 讀者ㅣ不以辭害意ㅣ可也라

'소소昭昭'는 '경경耿耿'과 같으니, 조금 밝음이다. 이는 그 한 곳을 가리켜 말한 것이다. '그 다함이 없는 데에 미친다. 及其無窮'는 12章의 '그 지극함에 미친다 及其至也'는 뜻과 같으니, 대개 전체를 들어 말한 것이다.

'진振'은 거둠이다. '권卷'은 작음이다. 이 네 조목은 모두 그 둘이 아니고 쉬지 않음으로 말미암아 성대함을 이루어 능히 만물을 낳을 수 있다는 뜻을 發明한 것이다. 그러나 천天·지地·산山·천川이 실지實地로 많이 쌓임으로 말미암은 후에 커진 것이 아니니, 읽는 자가 말로써 본뜻을 해치지 않음이 옳다.

주해

- 昭昭: 반짝거리는 모습. '명량明亮'과 같다. 昭(밝을 소) 亮(밝을 량) ≪楚辭·九歌·雲中君≫에 나온다. "靈連蜷兮旣留, 爛昭昭兮未央." 이에 대해 왕일王逸의 註에 "昭昭, 明也."라고 했다. 靈(신령 령) 蜷(구부릴 권) 爛(문드러질 란) 央(가운데 앙)
- 日月星辰: 해와 달과 별과 별자리. '신辰'은 해와 달이 교회交會하는 곳이다. 辰(별자리 신)

  "日是太陽之精. 月是太陰之精. 金木水火土爲經星, 二十八宿爲緯星. 辰, 日月所會十二次舍之名."(四書備旨補註) 經(날 경) 宿(별자리 수) 緯(씨 위) 舍(집 사)

● 一撮土: 한 줌의 흙. 한 웅큼의 흙. 撮(취할 촬)

"以手指取物, 謂之撮."(四書備旨補註)

● 一卷石: 한 덩이의 작은 돌. '권卷'은 '권拳'과 같다. 卷(자잘할 권) 拳(주먹 권)

"一卷猶言一塊小石."(四書備旨補註) 塊(덩어리 괴)

● 一勺: 한 구기(勺)로 담을 만한 작은 양. 또는 손바닥으로 한번 움킬만 한 양. '작勺'은 그릇이름이다. 勺(구기 작)

"一勺是手掌可掬."(四書備旨補註) 掌(손바닥 장) 掬(움킬 국)

● 黿鼉蛟龍魚鼈: 큰자라, 악어, 이무기, 용, 물고기, 자라. 黿(큰자라 원) 鼉(악어 타) 蛟(교룡 교) 龍(용 룡) 鼈(자라 별)

"(黿), 似龜而大. (鼉), 似魚有足. (蛟), 似龍無角. (龍), 變化之物. (魚), 有鱗物. (鼈), 龜而無卦文."(四書備旨補註) 龜(거북 귀) 鱗(비늘 린) 卦(괘 괘) 文(무늬 문)

● 貨財: 여기서는 물속에서 나는 어패류魚貝類를 말한다.

"貨, 珠貝之類. 財, 魚鹽之類."(四書備旨補註) 珠(진주 주) 貝(조개 패) 鹽(소금 염)

● 繫(맬 계) 覆(덮을 부) 華(꽃 화) 嶽(큰산 악) 振(거둘 진) 洩(샐 설) 禽(날짐승 금) 獸(들짐승 수) 寶(보배 보) 藏(감출 장) 測(헤아릴 측) 殖(번성할 식) 耿(빛날 경)

【備旨】

試以天地生物言之컨대 今夫天이 指其一處면 斯昭昭之多耳니 則於物에 有及覆有不及覆者矣로대 及其無窮也하여는 則日也月也星辰也ㅣ無不在上而繫屬焉하니 天之無窮이 如此라 故로 凡萬有不齊之物이 皆覆於其下焉이니 天之生物을 何可測也리오

今夫地ㅣ指其一處면 一撮土之多耳니 則於物에 有能載有不能載者矣로대 及其廣厚하여는 則承載華嶽而不見其重하고 收振河海而不見其洩하니 地之廣厚ㅣ如此라 故

로 凡萬有不齊之物이 皆載於其內焉이니 地之生物을 何可測也리오

然이나 天地間에 至大者ㅣ又莫山水若也니 今夫山이 自其一處而言이면 一卷石之多耳나 及其廣大하여는 則凡草木이 皆生之하며 凡禽獸 皆居之하며 世間寶藏이 可以爲服飾器用者ㅣ皆於此興發焉이라 是는 山之生物不測이니 孰非天地之生物不測乎아

今夫水ㅣ自其一處而言이면 一勺水之多耳나 及其不測하여는 則黿也鼉也蛟也龍也와 與夫魚鼈之屬이 皆生聚其中焉하며 凡有用之物이 可以爲貨財者ㅣ皆滋殖其中焉이라 是는 水之生物不測이니 孰非天地之生物不測乎아

觀此면 則聖人之功業이 同乎天地를 又可知矣라

시험삼아 天地가 만물을 낳은 것으로 말하건대, 이제 저 하늘이 그 한곳을 가리키면 이에 소소昭昭한 빛남이 많이 모였을 뿐이니, 곧 만물중에 때에 미쳐 덮어준 것도 있고 덮어주지 못한 것도 있으나, 그 무궁無窮함에 미쳐서는 곧 해와 달과 별과 별자리들이 위에 있으면서 매여있지 않은 것이 없으니, 하늘의 무궁함이 이와 같다. 그러므로 무릇 만유萬有의 가지런하지 않은 물건들이 모두 그 아래에 덮여 있으니, 하늘이 만물을 낳은 것을 어찌 가히 헤아릴 수 있으리오!

이제 저 땅이 그 한 곳을 가리키면 한 줌의 흙이 많이 모였을 뿐이니, 곧 만물중에 능히 실을 것도 있고 싣지 못한 것도 있으나, 그 광후廣厚함에 미쳐서는 곧 화악華嶽산을 이어 실었으나 그 무거워하는 것을 볼 수 없고, 하해河海를 거두어들여도 그 새는 것을 볼 수 없으니, 땅

의 광후廣厚함이 이와 같다. 그러므로 무릇 만유萬有의 가지런하지 않은 물건들이 모두 그 안에 실어 있으니, 땅이 만물을 낳은 것을 어찌 가히 헤아릴 수 있으리오!

그러나 天地 사이에 지극히 큰 것이 또한 산과 물 같은 것이 없으니, 이제 저 산이 그 한 곳으로부터 말하자면 한 덩어리의 작은 돌이 많이 모였을 뿐이나, 그 광대廣大함에 미쳐서는 곧 모든 초목草木이 다 생겨나며, 모든 금수禽獸가 다 살아가며, 세간世間의 감춰진 보물이 가히 복식服飾과 기용器用의 쓰임이 되는 것들이 다 여기에서 일어나 나타나니라. 이는 山이 만물을 낳은 것을 헤아릴 수 없는 것이니, 누가 天地가 만물을 낳은 것을 헤아릴 수 없다고 하지 않으리오!

이제 저 물(水)이 그 한 곳으로부터 말하자면, 한 구기의 물이 많이 모였을 뿐이나 그 헤아릴 수 없는데 미쳐서는 곧 큰 자라와 악어와 이무기와 용 및 그 물고기 자라의 등속이 모두 그 가운데서 나고 모여 살며, 모든 유용한 물건들이 재화가 되는 것들이 다 그 가운데서 불어나고 번식한다. 이는 물(水)이 만물을 낳은 것을 헤아릴 수 없는 것이니, 누가 天地가 만물을 낳은 것을 헤아릴 수 없다고 하지 않으리오! 이를 살피면 곧 聖人의 공업功業이 天地와 한가지임을 또한 가히 알 수 있다.

주해

- 繫屬: 매이다. 귀속되다. '귀속歸屬', '귀부歸附'와 같다. 繫(맬 계) 屬(붙을 속) 附(붙을 부)
  ≪新唐書 · 풍앙전馮盎傳≫에 나온다. "或說盎曰 隋季崩蕩, 海內震騷, 唐雖應運, 而風教未孚, 嶺越無所繫屬." 央(가운데 앙) 崩(무너질 붕) 蕩(쓸어버릴 탕) 震(떨칠 진) 騷(떠들 소)
- 覆(덮을 부) 振(거둘 진) 聚(모일 취) 孰(누구 숙) 滋(불을 자) 殖(번성할 식)

詩云 維天之命이 於(오)穆不已라하니 蓋曰 天之所以爲天也요 於(오)乎不顯가 文王之德之純이여하니
蓋曰 文王之所以爲文也니 純亦不已니라

詩에 이르되 "오직 하늘의 명命이 오호라! 심원深遠하여 그치지 않도다!"라고 하니, 대개 하늘이 써 하늘이 되는 바를 말한 것이요, "오호라! 나타나지 아니하리오! 문왕文王의 德이 순수함이여!"라고 하니, 대개 문왕文王의 문채文彩가 되는 바를 말한 것이니, 순수함이 또한 그치지 아니하니라.

詩는 周頌維天之命篇이라 於(오)는 歎辭라 穆은 深遠也라 不顯은 猶言豈不顯也라 純은 純一不雜也라 引此하여 以明至誠無息之意라
程子曰 天道不已어늘 文王이 純於天道ㅣ亦不已하시니 純則無二無雜이요 不已則無間斷先後라

시詩는 ≪주송周頌·유천지명維天之命≫ 篇이다. '오於'는 감탄사이다. '목穆'은 심원深遠함이다. '불현不顯'은 '어찌 나타나지 않으리오?'라고 말함과 같다. '순純'은 순일純一하여 섞이지 않은 것이다. 이를 인용하여 지성至誠이 쉼이 없다는 뜻을 밝힌 것이다.
程子 가로되 "천도天道가 그치지 아니하거늘 문왕文王이 천도天道에 순수하심이 또한 그치지 아니하시니, 순수하면 곧 둘이 없고 섞임이 없

으며, 그치지 아니하면 곧 간단間斷과 선후先後가 없다."

주해

● 天之命: 하늘의 道. 여기에서 '명命'은 도道의 뜻이다.
"命卽一元主宰之命."(四書備旨補註) 宰(주관할 재)
黃氏가 말했다. "誠, 便是有天之命. 不息, 便是於穆不已."(大全註疏)
● 於乎: 오호라! 감탄사이다. '오호嗚呼'와 같다. 於(어조사 오) 嗚(탄식소리 오)
● 所以爲文: 문채文彩가 되는 이유. '文'은 '문채文彩'의 뜻이다. 彩(무늬 채)
"所以爲文, 指德純言."(四書備旨補註)
漢나라 鄭玄의 註에 "天地所以爲天, 文王所以爲文, 皆由行之無已, 爲之不止, 如天地山川之云也. ≪易≫ 曰 '君子以愼德, 積小以成高大' 是歟."(≪十三經註疏·中庸≫)라고 했다.
新安陳氏가 말했다. "文王之所以爲文, 非把文王之諡來詠狀, 乃是文不在玆乎之文. 道之顯者謂之文, 所謂豈不顯者, 卽此文之顯也."(大全註疏) 諡(시호 시) 詠(읊을 영) 狀(형상 상) 顯(나타날 현)
● 穆(기뻐할 목) 雜(섞일 잡)

【備旨】

由是 而知至誠은 天地之合矣라 詩에 有云 維天之命이 主宰乎氣化者ㅣ於穆哉라 深遠而萬古不已라하니 詩之意는 蓋曰此不已者는 乃天之所以爲天也요 又云 於(오)乎라 豈不顯哉아 文王之德之純一하여 不雜也라하니 詩之意은 蓋曰此德純者는 乃文王之所以爲文也라
要之컨대 天命이 固不已요 文德之純도 亦不已니 夫純은 卽至誠也요 不已는 卽無息也라 天地至誠과 同一至誠無

息이 如此니 則其同一功用之盛也ㅣ宜哉저 此自誠而明之事니 天之道也라

이로 말미암아 지성至誠은 天地에 합치됨을 알았다.

≪詩經≫에 이르되 "오직 하늘의 명命이 기화氣化를 주재主宰함이 오호라, 목穆하도다! 심원深遠하여 만고萬古에 그치지 않는다."라고 하니, 詩의 뜻은 대개 "이 '그치지 않는다(不已)'는 것은 이에 하늘이 써 하늘이 된 이유이다."라고 말한 것이요,

또 이르되 "오호라! 어찌 나타나지 않으리오! 文王의 德이 순일純一하여 섞이지 않도다!"라고 하니, 詩의 뜻은 대개 "이 德이 순일純一한 것은 이에 文王의 문채文彩가 되는 바이다."라고 말한 것이다.

요컨대 천명天命이 진실로 그치지 아니하고, 문왕文王의 德의 순일純一함도 또한 그치지 아니하니, 무릇 '순純'은 곧 지성至誠이요, '不已'는 곧 쉼이 없음이다.

天地의 지성至誠과 지성至誠의 무식無息이 同一함이 이와 같으니, 곧 그 同一한 공용功用의 성盛함이 마땅하도다! 이는 성誠으로부터 밝아지는 일이니, 하늘의 도道이다.

주해

- 氣化: 음양의 氣가 만물을 화생化生하는 것을 말한다.
  宋나라 장재張載의 ≪正蒙·太和≫에 나온다. "由太虛, 有天之名. 由氣化, 有道之名." 또한 ≪二程遺書≫ 卷五에도 나온다. "萬物之始皆氣化. 旣形然後以形相禪, 有形化. 形化長, 則氣化漸消." 禪(전할 선) 漸(점차 점) 消(사라질 소)

右는 第二十六章이라

右는 第26章이다.

言天道也라

천도天道를 말하였다.

第二十七章　明哲

大哉라 聖人之道여

크도다! 성인聖人의 도道여!

包下文兩節而言이라

下文의 두 절을 포함하여 말한 것이다.

주해

- 道: '率性之道'를 말한다. 率(거느릴 솔)
  雙峯饒氏가 말했다. "道卽率性之謂, 雖天下之所共由, 而非聖人, 不能盡. 故獨擧而歸之聖人, 亦猶前章言君子之道, 以道雖愚夫愚婦之所可知可行, 而非君子不能知不能行也."(大全註疏) 愚(어리석을 우)

【備旨】

子思ㅣ論明而誠之事하사 以明人道曰 道原於天하고 率於性 而全於聖人하니 大矣哉라 統體之全이 愈求而愈廣하고 散殊之用이 愈求而愈足者는 其聖人之道乎인저하시니라

子思께서 밝음으로 말미암아 성誠하는 일을 논하여 인도人道를 밝혀 가라사대 "道는 하늘에 근원하고 성품을 따라 聖人에게서 온전해지니, 크도다! 통체統體의 온전함이 더욱 구할수록 더욱 넓어지고, 산수散殊의 쓰임이 더욱 구할수록 더욱 넉넉해진 것은 그 聖人의

도道로다!"

주해

● 統體: 총체總體. 전체全體. 統(큰줄기 통)
≪朱子語類≫ 卷六九에 나온다. "只乾便是氣之統體."
明나라 전예형田藝蘅의 ≪留青日箚 · 三才圖≫에도 나온다. "所謂三才, 統體一太極也." 藝(심을 예) 蘅(족두리풀 형) 箚(찌를 차)

● 散殊: 각각 다르다. 각기 구별이 있다. 殊(다를 수)
≪禮記 · 樂記≫ 篇에 나온다. "天高地下, 萬物散殊, 而禮制行矣." 이에 대해 공영달孔穎達 소疏에 "以天高地下不同, 故人倫尊卑有異, 其間萬物各散殊塗, 禮者別尊卑, 定萬物, 是禮之法制行矣."라고 했다.
尊(높을 존) 卑(낮을 비) 塗(길 도)

洋洋乎 發育萬物하여 峻極于天이로다

양양洋洋히 만물萬物을 발육發育하여 높고 큼이 하늘에 다하였도다!

峻은 高大也라 此는 言道之極於至大而無外也라

'준峻'은 높고 큼이다. 이는 도道가 지극히 고대高大함을 다하여 밖이 없음을 말한 것이다.

주해

● 洋洋乎: 크고 충만하여 그 안에 갖추지 않음이 없는 모양.

"洋洋, 是形容大無不該意."(四書備旨補註) 該(갖출 해)

朱子가 말했다. "洋洋, 是流動充滿之意. 聖道發育, 卽春生夏長秋收冬藏, 便是聖人之道, 不成須要聖人, 使他發育. 峻極于天, 只是充塞天地底意思."(大全註疏) 藏(감출 장) 充(채울 충) 塞(막힐 색) 底(어조사 저)

● 發育: 낳고 기르다. 곧 '生長育'의 뜻을 담고 있다.

雙峯饒氏가 말했다. "發育萬物, 以道之功用而言. 萬物發生養育於陰陽五行之氣, 道卽陰陽五行之理, 是氣之所流行, 卽是理之所流行也. 峻極于天, 以道之體段而言. 天下之物, 高大無過於天者, 天之所以爲天, 雖不過陰陽五行渾淪旁薄之氣, 而有是氣, 必具是理, 是氣之所充塞, 卽此理之所充塞也."(大全註疏) 渾(흐릴 혼) 淪(빠질 윤) 旁(곁 방) 薄(엷을 박)

● 峻(높을 준) 極(다할 극)

【備旨】

何以見聖道之大也오 以道體之大 | 盡乎天地之間 而無所不在也라

洋洋乎 流動而充滿하여 其功用이 則發育萬物하니 凡春生夏長秋收冬藏이 無非道之所流行也요 其體段이 峻極於天하니 凡彌綸無際하고 布濩無方이로되 無非道之所充塞也라 道之以大로 見其大者 | 如此라

어떻게 聖人의 도道가 높고 큰 것을 알 수 있으리오? 도체道體의 위대함이 天地의 사이에 다하여 있지 않는 곳이 없기 때문이다.

양양洋洋히 유동流動하고 충만充滿하여, 그 공용功用이 곧 만물萬物을 발육發育하니, 무릇 봄에 낳고 여름에 자라고 가을에 거두고 겨울에 감추는 것이 道가 흘러 行하는 바가 아님이 없음이요, 그 체단體段이 높고 커서 하늘에 다하니, 무릇 두루 감싸서 끝이 없고 널리 퍼져서 한계가 없되, 道의 충색充塞한 것이 아님이 없다. 道의 큰 것으로써 그 위대함을 나타낸 것이 이와 같다.

주해

- 道體: 道의 본체本體. 道의 주지主旨. 旨(뜻 지)
  ≪淮南子 · 人間訓≫에 나온다. "或明禮義 推道體而不行, 或解構妄言而反當." 構(얽을 구) 妄(망령될 망)
- 體段: 본체本體.
  ≪朱子語類≫ 卷六二에 나온다. "'道不可須臾離, 可離非道', 是言道之體段如此." 須(잠깐 수) 臾(잠깐 유)
- 彌綸: 두루 감싸다. 두루 포괄하다. '통섭統攝'과 같다. 彌(두루 미) 綸(감쌀 륜) 統(큰줄기 통) 攝(당길 섭)
  ≪易 · 繫辭上≫에 나온다. "≪易≫ 與天地準, 故能彌綸天地之道." 이에 대해 고형高亨의 註에 "≪釋文≫ 引京云, 準, 等也. 彌, 遍也. ≪集解≫ 引虞翻曰 綸, 絡也. 彌綸卽普遍包絡. 此二句言 ≪易經≫ 所講之道與天地齊等, 普遍包絡天地之道."라고 풀이했다. 準(법 준) 遍(두루 편) 絡(그물 락)
  또한 ≪朱子語類≫ 卷九八에도 나온다. "彌綸天地, 該括古今." 該(다 해) 括(묶을 괄)
- 布濩: 두루 퍼지다. 널리 퍼지다. '편포遍布'와 같다. 布(펼 포) 濩(퍼질 호) 遍(두루 편)
  ≪史記 · 司馬相如列傳≫에 나온다. "鮮枝黃礫, 蔣芧青薠, 布濩閎澤, 延曼太原." 礫(밝은모양 력) 閎(마을문 굉)
  ≪文選 · 장형張衡 〈東京賦〉≫에도 나온다. "聲教布濩, 盈溢天區." 이에 대해 설종薛綜의 註에 "布濩, 猶散被也."라고 했다. 盈(찰 영) 溢(넘칠 일)
- 充(채울 충) 塞(막힐 색)

優優大哉라 禮儀三百과 威儀三千이로다

우우優優히 크도다! 예의禮儀 三百과 위의威儀 三千이로다.

優優는 充足有餘之意라 禮儀는 經禮也요 威儀는 曲禮也라 此는 言道之入於至小而無間也라

'우우優優'는 충족充足하여 남음이 있다는 뜻이다. '예의禮儀'는 경례經禮요, '위의威儀'는 곡례曲禮이다.
이는 道가 지극히 작은 데 들어가서도 간격이 없음을 말한 것이다.

주해

- 禮儀三百: 예의禮儀 삼백 가지. '예의禮儀'는 예절禮節과 의식儀式을 말한다. 儀(거동 의) 式(법 식)
  '예의禮儀'이라는 말은 ≪詩 · 小雅 · 초자楚茨≫에 나온다. "獻酬交錯, 禮儀卒度." 茨(가시나무 자) 獻(드릴 헌) 酬(잔돌릴 수)
  ≪周禮 · 春官 · 사사肆師≫에도 나온다. "凡國之大事, 治其禮儀, 以佐宗伯." 佐(도울 좌)
  "禮儀如冠婚喪祭之類. 三百是其大綱."(四書備旨補註) 冠(갓 관) 婚(혼인할 혼) 喪(죽을 상) 祭(제사 제)
  '예절禮節'이라는 말은 ≪禮記 · 儒行≫ 篇에 나온다. "禮節者, 仁之貌也." 이에 대해 공영달孔穎達의 疏에 "言禮儀撙節是仁儒之外貌."라고 했다. 撙(누를 준)
- 威儀三千: 위의威儀 삼천 가지. 威(위엄 위)
  "威儀如升降揖遜之類. 三千是其節目."(四書備旨補註) 升(오를 승) 降(내릴 강) 揖(읍 읍) 遜(겸손할 손)

● 經禮: 禮의 대강령大綱領. 곧 '예의禮儀'를 말한다.
格庵趙氏가 말했다. "經禮, 如冠婚喪祭朝覲會同之類. 曲禮, 如進退升降俯仰揖遜之類."(大全註疏) 覲(뵐 근) 俯(숙일 부) 仰(우러를 앙)

● 曲禮: 禮의 소목小目. 곧 '위의威儀', '의례儀禮'를 말한다.
'의례儀禮'라는 말은 ≪儀禮 · 사관례士冠禮≫에 나오는데, 唐나라 가공언賈公彦의 疏에 "且 ≪儀禮≫ 亦名 ≪曲禮≫, 故 ≪禮器≫ 云 '經禮三百, 曲禮三千.' 鄭註云 '曲猶事也.' 事禮謂今禮也, 其中事儀三千, 言儀者見行事有威儀, 言曲者見行事有屈曲, 故有二名也."라고 했다.

【備旨】

以道體之大ㅣ散於事爲之末 而無所不有也니 優優大哉라 充足而有餘로다
擧其禮儀 則有三百이니 一斯道ㅣ爲之節文也요 擧其威儀 則有三千이니 一斯道ㅣ爲之品節也라 道之以小로 見其大者ㅣ如此라

도체道體의 위대함이 기예技藝의 말단末端에 흩어져서 있지 않은 바가 없으니, 우우優優히 크도다! 채우고 넉넉하여 남음이 있도다!
그 예의禮儀를 들면 곧 삼백 가지가 있으니, 하나같이 이는 道의 절문節文이 되며, 그 위의威儀를 들면 곧 삼천 가지가 있으니, 하나같이 이는 道의 품절品節이 된다.
道의 작은 것으로써 그 위대함을 나타낸 것이 이와 같다.

주해

● 事爲: 백공百工의 기예技藝나 기술技術.

≪禮記 · 王制≫ 篇에 나온다. "八政, 飮食 衣服 事爲 異別 度 量 數 制." 이에 대해 鄭玄의 註에 "事爲, 謂百工技藝也."라고 했다.

- 節文: 예절禮節. 의식儀式.

  漢나라 채옹蔡邕의 ≪玄文先生李子材銘≫에 나온다. "凡其親昭朋徒, 臭味相與, 大會而葬之. 鼎俎之禮, 節文曲備." 臭(냄새 취) 葬(장사지낼 장) 鼎(솥 정) 俎(도마 조)

- 品節: 등급等級. 층차層次. 層(층 층)

  ≪禮記 · 檀弓下≫에 나온다. "品節斯, 斯之謂禮." 이에 대해 孔穎達의 疏에 "品, 階格也. 節, 制斷也."라고 했다. 斯(이 사)

  ≪朱子語類≫ 卷六二에도 나온다. "道亦是自然之理, 聖人於中爲之品節以教人耳."

待其人而後에 行이니라

그 사람을 기다린 후에 행行해지니라.

總結上兩節이라

위의 두 절을 총괄하여 맺은 것이다.

주해

- 其人: 聖人의 지위에 나아간 사람.

  陳氏가 말했다. "道之大處小處, 皆須待其人而後行."(大全註疏) 待(기다릴 대)

  雙峯饒氏가 말했다. "必得如是之人而後, 可行如是之道也."(大全註疏)

【備旨】

然이나 是道也ㅣ豈可以易行哉아 必待其如是之人而後에 可行如是之道也라

그러나 이 道가 어찌 가히 쉽게 行해질 수 있으리오! 반드시 그 이와 같은 사람을 기다린 후에 가히 이와 같은 道가 行해질 수 있다.

故로 曰苟不至德이면 至道ㅣ不凝焉이라하니라

그러므로 가로되 "진실로 지극한 덕德이 아니면, 지극한 도道가 모여서 이루지지지 않느니라."

至德은 謂其人이요 至道는 指上兩節而言也이라 凝은 聚也며 成也라

'지덕至德'은 그 사람(其人)을 이른다. '지도至道'는 위의 두 절을 가리켜 말한 것이다. '응凝'은 모여서 이루는 것이다.

주해

- 至德: 지극한 德. 곧 聖人의 德을 말한다.
- 至道: 기극한 道. 곧 앞에서 나온 '양洋洋'하고 '우우優優'한 道를 말한다.

朱子가 말했다. "發育峻極三千三百, 皆至道. 苟非至德之人, 則不能凝此道而行之. 凝字最緊, 若不能凝, 更沒些子屬自家. 須是凝, 方得."(大全註疏) 峻(높을 준) 沒(없을 몰) 些(적을 사)

- 凝: 모여서 이루다. 곧 '응취凝聚'의 뜻이다. 凝(엉킬 응) 聚(모일 취)

【備旨】

道惟待人而行이라 故로 曰苟非至德之人이면 則淺陋之懷ㅣ旣不足以會道之全하고 粗疎之見ㅣ又不足以盡道之細하여 至道ㅣ終不凝於身心焉이라

然則欲凝至道인댄 必先盡修德之功而後에 可矣라

道는 오직 사람을 기다려 행해진다. 그러므로 가로되 "진실로 지덕至德한 사람이 아니면 곧 淺陋(천루)한 마음이 이미 족히 써 道의 온전함을 깨닫지 못하고, 粗疎(조소)의 견문이 또 족히 써 道의 세밀함을 다하지 못하여, 지극한 道가 마침내 心身에 모이지 않는 것이다."

그러한 즉 지극한 道를 모으고자 할진댄 반드시 먼저 修德의 功을 다한 이후에 可할 것이다.

주해

- 淺陋: 견문이 좁고 식견이 부족하다. 淺(얕을 천) 陋(좁을 루)
  ≪漢書 · 동중서전董仲舒傳≫에 나온다. "前所上對, 條貫靡竟, 統紀不終, 辭不別白, 指不分明, 此臣淺陋之罪也." 靡(없을 미)
  ≪朱子語類≫ 卷七四에도 나온다. "若知不高, 則識見淺陋."
- 會: 이해하다. 깨닫다. 곧 '체회體會'의 뜻이다. 會(이해할 회)
- 粗疏: 거칠고 세밀하지 못하다. '소략疏略'과 같다. 粗(거칠 조) 疎(서툴 소)

≪古今小說 · 楊思溫燕山逢故人≫에 나온다. "老兒稟性躁暴, 擧止粗疏, 全不采人." 稟(받을 품) 躁(성급할 조) 暴(사나울 폭) 采(가릴 채)
≪漢書 · 司馬遷傳贊≫에도 나온다. "至於采經摭傳, 分散數家之事, 甚多疏略, 或有抵梧." 摭(주울 척) 抵(거스를 저) 梧(오동나무 오)

- 旣 ~, 又…: '이미 ~하고, 또한 …하다'. 旣(이미 기)

故로 君子는 尊德性而道問學이니 致廣大而盡精微하며 極高明而道中庸하며 溫故而知新하며 敦厚以崇禮니라

그러므로 君子는 덕성德性을 높이고 묻고 배우는 것으로 말미암으니, 광대廣大함을 이루고 정미精微를 다하며, 고명高明을 다하고 중용中庸을 말미암으며, 옛 것을 익히고 새로운 것을 알며, 두터움을 돈독하게 하고 예禮를 숭상崇尙하니라.

尊者는 恭敬奉持之意라 德性者는 吾所受於天之正理라 道는 由也라 溫은 猶燖溫之溫이니 謂故學之矣요 復時習之也라 敦은 加厚也라 尊德性은 所以存心而極乎道體之大也요 道問學은 所以致知而盡乎道體之細也니 二者는 修德凝道之大端也라
不以一毫私意自蔽하며 不以一毫私欲自累하며 涵泳乎其所已知하며 敦篤乎其所已能은 此皆存心之屬也요 析理

則不使有毫釐之差하며 處事 則不使有過不及之謬하며 理義 則日知其所未知하며 節文 則日謹其所未謹은 此皆致知之屬也라

蓋非存心이면 無以致知요 而存心者는 又不可以不致知라 故로 此五句ㅣ大小相資하며 首尾相應하니 聖賢所示入德之方이 莫詳於此니 學者ㅣ宜盡心焉이라

'존尊'이란 것은 공손하고 공경해서 받들어 간직한다는 뜻이다. '덕성德性'이란 것은 내가 하늘에서 받은 바의 바른 이치이다. '도道'는 말미암음이다. '온溫'은 '심온燖溫'의 '온溫'과 같으니, 옛 것을 배우고 다시 때때로 익힘을 이른다. '돈敦'은 두터움을 더함이다.

'존덕성尊德性'은 마음을 보존하여 도체道體의 큼을 다하는 바요, '도문학道問學'은 知(智)를 이루어 도체道體의 세밀함을 다하는 바이니, 두 가지는 덕德을 닦고 덕德을 응취凝聚하는 큰 실마리이다.

한 터럭의 사사로운 뜻으로 스스로 가리지 아니하며, 한 터럭의 사사로운 욕심으로 스스로 더럽히지 아니하며, 그 이미 아는 바에 함영涵泳하며, 그 이미 능한 바에 돈독敦篤함은 이는 모두 마음을 보존하는(존심存心) 등속이요,

이치를 분석하면 곧 터럭 끝(호리毫釐)의 어긋남도 있지 않게 하며, 일을 처리하면 곧 지나치거나 미치지 못하는 그릇됨이 있지 않게 하며, 의리義理는 곧 날마다 그 알지 못한 바를 알며, 절문節文은 곧 날마다 그 삼가지 못한 바를 삼가는 것은 이는 모두 앎을 이루는(치지致知) 등속이다.

대개 마음을 보존하지 않으면 知(智)를 이룰 수 없고, 마음을 보존한 것은 또한 가히 知(智)를 이루지 않을 수 없다. 그러므로 이 다섯 句가

大小가 서로 자뢰資賴하며, 수미首尾가 서로 응應하니, 聖賢이 德에 들어가는 방법을 보인 바가 이 보다 자상仔詳함이 없으니, 배우는 자가 마땅히 마음을 다해야 할 것이다.

주해

- 燖溫: 김 들여서 따뜻하게 익히다. 곧 배운 것을 온습溫習하여 마음에 익숙하게 한다는 뜻이다. 燖(따뜻하게할 심) 溫(익힐 온)
  明나라 송렴宋濂의 ≪鄭仲涵墓志銘≫에 나온다. "取羣聖人之經而燖溫之, 窮其道德性命之祕." 濂(물이름 렴) 涵(젖을 함) 祕(귀신 비)
- 理義: 공리公理와 정의正義.
  ≪孟子 · 告子上≫ 篇에 나온다. "故理義之悅我心, 猶芻豢之悅我口." 芻(꼴 추) 豢(기를 환)
- 涵泳: 물에 깊이 잠기다. 곧 깊이 들어가 이치를 깨우친다는 뜻이다. '침윤浸潤'과 같다. 涵(젖을 함) 泳(헤엄칠 영) 浸(담글 침) 潤(젖을 윤)
  唐나라 한유韓愈의 ≪체협의禘祫議≫에 나온다. "臣生遭聖明, 涵泳恩澤." 禘(종묘제사 체) 祫(합사할 협) 遭(만날 조)
  宋나라 나대경羅大經의 ≪계림옥로鶴林玉露≫ 卷十三에도 나온다. "正淵明詩意, 詩字少意多, 尤可涵泳." 鷄(닭 계) 尤(더욱 우)
- 毫釐: 호毫와 리釐는 모두 극히 작은 도량단위로서, '호리毫釐'는 극히 작고 미세한 것을 말한다. 毫(가는털 호) 釐(가는털 리)
  晉나라 갈홍葛洪의 ≪抱朴子 · 漢過≫ 篇에 나온다. "官高勢重, 力足拔才, 而不能發毫釐之片言, 進益時之翹俊也." 拔(뽑을 발) 翹(날개 교)
- 道(말미암을 도) 蔽(가릴 폐) 謬(그릇될 류)

【備旨】

修德凝道之功이 何如오 道之爲體ㅣ其大無外하고 其小無間하며 無往而不在焉이라 故로 君子ㅣ知道之大로되

非存心이면 無以凝其大니 於是에 尊德性焉이요 知道之小로되 非致知면 無以凝其小니 於是에 道問學焉이라 此는 修德凝道之大端也라

然이나 其事ㅣ豈可以一端盡哉아 彼德性이 本自廣大나 蔽於私意則狹小矣니 必不以一毫私意自蔽 而推致其廣大라 然이나 精微之理는 又廣大之所具也니 於是에 問學以盡之하여 析理에 不使有毫釐之差요

德性이 本自高明이나 累於私欲則卑暗矣니 必不以一毫私欲自累 而究極其高明이라 然이나 中庸之事는 又高明之所體也니 於是에 問學以道之하여 處事에 不使有過不及之謬요

德性之已知ㅣ非故乎아 必時加涵泳하여 溫習乎其所已知之故하고? 而新之從故而得者는 則必由問學하여 以日知其所未知之新이요 德性之已能이 非厚乎아 必持久勿失하여 敦篤乎其所已能之厚 而禮之因厚而生者는 則又由問學하여 以日崇其所未謹之禮라

夫如此存心하고 如此致知면 則德無不修니 道ㅣ豈有不凝哉아

덕德을 닦고 도道를 응취凝聚하는 공부功夫가 어떤 것인가?

도道의 체體됨이 그 광대하여 바깥이 없고, 그 미세하여 간격이 없으며, 가서 있지 않는 곳이 없다. 그러므로 君子가 道의 광대함을 알되 마음을 보존하지 않으면 그 위대함을 응취凝聚할 수 없으니, 이에 덕

성德性을 높이는 것이요, 道의 세미細微함을 알되 知(智)를 이루지 않으면 그 세미細微함을 응취凝聚할 수 없으니, 이에 묻고 배우는 것으로 말미암는다. 이는 덕德을 닦고 도道를 응취凝聚하는 큰 실마리이다. 그러나 그 일이 어찌 가히 하나의 실마리로 다할 수 있으리오?

저 덕성德性이 본디 스스로 광대廣大하나 사의私意에 가리면 곧 협소狹小해지니, 반드시 한 터럭만큼의 사의私意도 스스로 가리지 않게 해서 미루어 그 광대廣大함을 이루어야 한다. 그러나 정미精微한 이치는 또 광대廣大함 속에 갖춰진 바이니, 이에 묻고 배움으로써 다하여 이치를 분석하는데 호리毫釐의 차이도 있지 않게 함이요,

덕성德性은 본디 스스로 고명高明하나 사욕私欲에 더럽혀지면 곧 야비野卑하고 어둡게 되니, 반드시 한 터럭만큼의 사욕私欲도 스스로 더럽히지 않게 해서 그 고명高明함을 깊이 연구해야 한다. 그러나 중용中庸의 일은 또 고명高明함이 체현體現된 바이니, 이에 묻고 배움으로써 말미암아 일을 처리하는데 지나치거나 미치지 못하는 잘못이 있게 하지 말아야 한다.

덕성德性으로 이미 안 것이 옛것이 아니리오? 반드시 때때로 그 함영涵泳을 더하여 그 이미 알고 있는 바의 옛것을 온습溫習하고, 옛것을 좇아 얻어진 새로운 것은 곧 반드시 묻고 배움으로 말미암아 날로 그 알지 못하는 바의 새로운 것을 알아야 할 것이요,

德性으로 이미 능한 것이 두텁지 않으리오? 반드시 오래도록 잡고서 잃지 아니하여 그 이미 능한 바의 두터움을 돈독敦篤히 하고, 두터움으로 인하여 생겨난 禮는 곧 또 묻고 배움으로 말미암아 날로 그 아직 삼가지 못한 바의 예禮를 숭상해야 한다.

무릇 이와 같이 마음을 보존하고 이와 같이 앎을 다하면 곧 德이 닦이지 아니함이 없을 것이니, 道가 어찌 응취凝聚하지 못함이 있으리오!

주해

- 究窮: 끝까지 궁구窮究하다. 깊이 연구하다. '궁진窮盡'과 같다. 窮(다할 궁) ≪後漢書 · 儒林傳上 · 任安≫ 篇에 나온다. "(任安)又從同郡楊厚學圖讖, 究極其術." 圖(꾀할 도) 讖(참서 참)
- 道(말미암을 도) 豈(어찌 기) 蔽(가릴 폐) 狹(좁을 협) 卑(낮을 비) 暗(어두울 암) 崇(높일 숭)

是故로 居上不驕하며 爲下不倍라 國有道에 其言이 足以興이오 國無道에 其默이 足以容이니 詩曰 旣明且哲하여 以保其身이라하니 其此之謂與인저

이런 까닭에 윗자리에 있으면서 교만驕慢하지 아니하며, 아랫자리에 있으면서 배반하지 아니하니라. 나라에 도道가 있음에 그 말이 족히 흥기興起하고, 나라에 도道가 없음에 그 묵묵함이 족히 용납되나니, ≪詩經≫에 가로되 '이미 밝고 또 살펴서 그 몸을 보전하도다!'라고 하니, 그 이를 말함인 저!

興은 謂興起在位也라 詩는 大雅烝民之篇이라

'흥興'은 흥기하여 지위에 있음을 이른다. 시詩는 〈대아大雅 · 증민烝民〉篇이다.

주해

- 居上不驕: 윗자리에 있으면서 교만驕慢하지 않다. '上'은 천자天子를 말한다. 驕(교만할 교) 慢(거만할 만)

  "上指天子. 不驕是無矜肆意."(四書備旨補註) 矜(자랑할 긍) 肆(방자할 사)

  朱子가 말했다. "居上不驕, 至默足以容, 言小大精粗, 一齊理會過, 貫徹了後, 盛德之效, 自然如此."(大全註疏) 貫(꿸 관) 徹(통할 철)

- 爲下不倍: 아랫자리에 있으면서 배반하지 않다. '下'는 신민臣民을 말한다. '배倍'는 '배背'와 통한다. 倍(배반할 배) 背(배반할 배)

  "下兼臣民. 不倍是越理犯分."(四書備旨補註) 越(넘을 월) 犯(범할 범)

  朱子가 말했다. "不倍, 謂忠於上而不背叛. 興, 如興賢興能之興."(大全註疏) 叛(배반할 반)

- 明且哲: 이치에 밝고 사리를 잘 살피다.

  "明是燭於理. 哲是察於事."(四書備旨補註) 燭(밝을 촉) 察(살필 찰)

- 默(잠잠할 묵) 烝(많을 증)

【備旨】

夫君子ㅣ旣修德以凝道면 則道備於一身하여 將無往而不宜矣라 是故로 以之居上 則出其所修凝者以盡制하여 而不知勢位之可驕하며 以之爲下 則出其所修凝者以安分하여 而不見法紀之或倍라

時乎國有道면 則宣之爲道德之華하여 其言이 足以興起而用於世하며 時乎國無道면 則斂之爲道德之貞하여 其默이 足以無禍而容其身이라

觀詩컨대 美仲山甫하여 有云 旣能明於理하고 又能哲於事하니 則可以保全其身하여 無有災害라하니 斯言也는

卽此修德凝道之君子하여 而上下治亂이 皆宜之謂與인저 夫君子ㅣ盡修凝之功 而獲其效ㅣ如此하니 則大哉之道在於聖人者ㅣ亦在君子矣라 此는 自明而誠之事니 人之道也라

무릇 君子가 이미 德을 닦아 道를 응취凝聚하면 곧 道가 한 몸에 갖추어져 장차 가서 마땅하지 아니함이 없게 된다. 이런 까닭에 그것을 써서 윗자리에 있으면 곧 그 닦고 응취凝聚한 바를 내어 制度를 다하여 권세와 지위에 가히 교만함을 알지 못하며, 그것을 써서 아랫사람이 되면 곧 그 닦고 응취凝聚한 바를 내어 분수에 편안하여 법기法紀를 혹 배반함을 보지 못한다.

나라에 道가 있을 때에는 곧 베품이 道德의 정화精華가 되어 그 말이 족히 흥기하여 세상에 쓰이며, 나라에 도가 없을 때에는 곧 거둠이 道德의 곧음이 되어 그 묵묵함이 족히 재앙이 없어 그 몸이 용납된다. 詩를 살피건대, '중산보仲山甫'를 찬미하여 이르되 '이미 능히 이치에 밝고 또 능히 일을 살피니, 곧 가히 그 몸을 보전하여 재해災害가 없도다!'라고 하니, 이 말은 이 덕德을 닦고 道를 응취凝聚한 군자에게 나아가 上下가 치세治世와 난세亂世에 모두 마땅함을 말하는 것인 저! 대개 君子가 덕德을 닦고 道를 응취凝聚한 功을 다하여 그 효험을 얻음이 이와 같으니, 곧 위대한 道가 聖人에게 있는 것이 또한 君子에게도 있는 것이다. 이는 밝음으로부터 성誠을 하는 일이니 사람의 道이다.

주해

- 法紀: 법률과 기강紀綱. 紀(벼리 기) 綱(벼리 강)

明나라 장거정張居正의 ≪請戒諭群臣疏≫에 나온다. “以朝廷爲必可背, 以法紀爲必可幹, 則我祖宗憲典甚嚴, 朕不敢赦.” 朕(나 짐) 赦(용서할 사)

● 仲山甫: 周나라 太王인 고공단보古公亶父의 후예後裔로서, 선왕宣王때 재상宰相을 지냄. 봉지封地가 번樊이었기 때문에 번성樊姓의 시조가 됨. 樊(울타리 번)
≪詩經 · 大雅 · 증민蒸民≫ 篇에 나온다. “肅肅王命, 仲山甫將之, 邦國若否, 仲山甫命之. 旣明且哲, 以保其身, 夙夜匪解, 以事一人.” 肅(엄숙할 숙) 夙(일찍 숙) 匪(아닐 비)
梁나라 유협劉勰의 ≪文心雕龍 · 銘箴≫ 篇에도 나온다. “呂望銘功於昆吾, 仲山鏤績於庸器, 計功之義也.” 銘(새길 명) 箴(경계할 잠) 昆(형 곤) 鏤(새길 루) 績(이을 적)

● 斂(거둘 렴) 災(재앙 재) 獲(얻을 획)

右는 第二十七章이라

右는 第27章이다.

言人道也라

인도人道를 말하였다.

第二十八章　自用

子曰 愚而好自用하며 賤而好自專이요 生乎今之世하여 反古之道면 如此者는 烖及其身者也니라

孔子 가라사대 "어리석으면서 스스로 쓰기를 좋아하며, 천賤하면서 스스로 제멋대로 하기를 좋아하고, 지금의 세상에 태어나 옛날의 도道를 다시 쓰려고 하면, 이와 같이 하는 자는 재앙烖殃이 그 몸에 미칠 자니라."

以上은 孔子之言이니 子思引之라 反은 復也라

이상은 孔子의 말씀이니, 자사子思가 인용한 것이다. '반反'은 '다시하다'이다.

주해

- 烖殃: 재앙. '재烖'는 '재災'의 古字이다. 烖(재앙 재) 殃(재앙 앙) 災(재앙 재)
- 反古之道: 옛날의 道를 다시 쓰다. 곧 지금의 제도를 옛날의 제도로 다시 쓰려는 것을 말한다. '反'은 '반용反用'의 뜻이다.
  "道是制作之道. 反古, 欲以古制易時制也."(四書備旨補註)
  漢나라 鄭玄의 註에 "反古之道, 謂曉一孔之人, 不知今王新政可從."(≪十三經註疏 · 中庸≫)라고 했다.
  程顥가 말했다. "無德爲愚, 無位爲賤. 有位無德, 而作禮樂, 所謂愚而好自用. 有德無位, 而作禮樂, 所謂賤而好自專. 生周之世, 而從夏殷之禮, 所謂居今世, 反古之道. 三者有一焉, 取灾之道也."(≪二程集 · 中庸解≫)
  灾(재앙 재)

東陽許氏가 말했다. "生乎今之世以下, 是通說上二句. 蓋愚賤者, 不可作禮樂則居今之世, 當遵守當代之法. 若欲反用古之道, 卽是改作矣, 必獲罪於上. 故曰 灾及其身."(大全註疏) 遵(좇을 준) 獲(얻을 획)

● 愚(어리석을 우) 賤(천할 천) 專(오로지 전) 復(다시 부)

【備旨】

子思ㅣ申爲下不倍之義曰 夫子ㅣ言之矣曰 天下之制作은 操之自上이니 彼德非聖人이면 皆愚也어늘 而乃好作總明以自用하니 固不可요 位非天子면 皆賤也어늘 而乃好爲僭擬以自專하니 夫欲自專者는 大約多是古非今耳라 生乎今之世하여 乃反行古之道焉이면 又豈可哉아 如此者는 逆理犯分에 烖皆必及其身者也라하시니 夫子之言이 如此라

자사子思가 '아랫사람이 되어 배반하지 않는다'는 뜻을 거듭하여 가로되 "夫子께서 말씀하여 가라사대 '천하에 (예악禮樂을) 제정하는 일은 권한이 윗사람으로부터 행해지니, 저 사람의 德이 聖人이 아니면 모두 어리석거늘 이에 총명聰明함을 내세워 스스로 쓰기를 좋아하니 진실로 옳지 못하고,

지위가 天子가 아니면 모두 천賤하거늘 이에 참람僭濫히 빗대어 스스로 제멋대로 하기를 좋아하니, 무릇 스스로 제멋대로 하고자 하는 자는 대부분 옛날이 옳고 지금이 그르다고 여길 뿐이다.

지금의 세상에 태어나 이에 옛날의 道를 다시 쓰려고 하면, 또한 어찌 可하리오? 이같이 하는 자는 이치를 거스르고 분수를 범하여, 재

앙災殃이 모두 반드시 그 몸에 미칠 것이니라!'라고 하시니, 夫子의 말씀이 이와 같으셨다."

주해

- 僭擬: 분수를 넘어서 잘못 견주다. 곧 아랫사람이 윗사람과 견주는 것을 말한다. 僭(참람할 참) 擬(비길 의)
  ≪史記·太史公自序≫에 나온다. "五宗旣王, 親屬洽和, 諸侯大小爲藩, 爰得其宜, 僭擬之事, 稍衰貶矣." 洽(넉넉할 흡) 藩(지킬 번) 爰(이에 원) 稍(점점 초) 衰(쇠약할 쇠) 貶(낮출 폄)
- 操(잡을 조) 逆(가스를 역) 犯(범할 범)

非天子면 不議禮하며 不制度하며 不考文이니라

天子가 아니면 예禮를 의논하지 못하며, 법도法度를 제정하지 못하며, 글을 상고하지 못하니라.

此以下는 子思之言이라 禮는 親疏貴賤相接之體也라 度는 品制요 文은 書名이라

이 以下는 자사子思의 말씀이다. '예禮'는 친하고 멀고 귀하고 천한 이가 서로 대하는 체體이다. '도度'는 품제品制요, '문文'은 글 이름이다.

주해

- 天子: 고대에 군권君權을 하늘로부터 부여받은 제왕帝王.
  ≪詩 · 大雅 · 江漢≫에 나온다. "明明天子, 令聞不已."
  ≪史記 · 五帝本紀≫에도 나온다. "於是帝堯老, 命舜攝行天子之政, 以觀天命." 攝(잡을 섭)
  "天子是始受命爲天下君者, 兼有德有位有時看."(四書備旨補註)
- 制度: 법도法度(제도制度)를 제정하다.
  "制是裁成意. 度是宮室車旗服飾之等級."(四書備旨補註)
  漢나라 鄭玄의 註에 "此天下所共行, 天子乃能一之也. 禮, 謂人所服行也. 度, 國家宮室及車輿也. 文, 書名也. 言作禮樂者, 必聖人在天子之位."(≪十三經註疏 · 中庸解≫)라고 했다. 輿(수레 여)
- 書名: 글자의 이름. 또는 글의 이름. '書名'에 대해 朱子는 '글자의 이름(字底名)'이라고 해석했지만, '文'을 단순한 文字가 아니라 ≪주역周易≫이나 ≪서경書經≫ 속의 〈하도河圖〉와 〈낙서洛書〉 같은 글로 보는 견해도 있다.
- 考(상고할 고) 疏(멀 소)

【備旨】

卽夫子之言觀之컨대 可見 欲制作者는 必有德位時而後에 可也라 苟非有德有位有時之天子면 不敢議乎親疎貴賤相接之禮也며 不敢制乎宮室車旗服飾之度也며 不敢考乎點劃音聲之文也니 何也오 彼其議之制之考之者ㅣ自有天子在也라

夫子의 말씀에 나아가 살피건대, 가히 법도를 제작하고자 하는 자는 반드시 德과 지위(位)와 때(時)를 둔 후에 가함을 알 수 있다. 진실로

덕德과 지위(位)와 때(時)를 둔 天子가 아니면, 감히 친하고 멀고 귀하고 천한 이가 서로 대하는 예禮를 의논하지 못하며, 감히 궁실宮室과 거기車旗와 복식服飾의 법도를 만들지 못하며, 감히 점획點劃과 음성音聲의 문자文字를 상고하지 못하니, 무엇 때문인가? 저 그 의논하고 만들고 상고하는 일이 본래부터 天子에게 있기 때문이다.

주해

- 宮(집 궁) 室(집 실) 車(수레 거) 旗(기 기) 服(옷 복) 飾(꾸밀 식) 點(점 점) 劃(그을 획)

今天下ㅣ車同軌하며 書同文하며 行同倫이니라

지금 천하가 수레는 수레바퀴가 같으며, 글은 문자文字가 같으며, 행함은 차례가 같으니라.

今은 子思自謂當時也라 軌는 轍迹之度요 倫은 次序之體니 三者皆同은 言天下一統也라

'금今'은 자사子思가 스스로 당한 때를 말한다. '궤軌'는 수레바퀴의 법도요, '윤倫'은 차례의 체體이니, 세 가지가 모두 같은 것은 천하가 하나로 통해짐을 말한다.

주해

- 次序: 차례. 순서.
  朱子가 말했다. "次序, 如等威節文之類. 體, 如辨上下定民志, 君臣父子貴賤尊卑相接之體, 皆是天子制此禮, 通上下共行之. 故其次序之體, 等威節文, 皆如一也."(大全註疏)
- 軌(길 궤) 倫(차례 륜) 轍(바퀴자국 철) 迹(자취 적)

【備旨】

惟其議禮制度考文이 皆出自天子라 所以當今之天下ㅣ周天子之天下也니 今之道ㅣ周天子之道也라
以車而言이면 其制之者ㅣ非一人이나 而轍迹之在地者ㅣ相距廣狹하여 遠近如一也요 以書而言이면 其筆之者ㅣ非一人이나 而點劃音聲之文이 各有定法하여 四方如一也요 以行而言이면 其行之者ㅣ非一人이나 而上下相接之倫이 親疎貴賤하여 次第如一也라
是는 周天子之所定이요 其一統之盛이 如此하니 豈可得而倍哉아

오직 그 예禮를 의논하고 법도法度를 제작하고 글을 상고하는 일이 모두 天子로부터 나온다. 지금에 당한 바의 천하가 주周나라 天子의 천하이니, 지금의 道는 주周나라 天子의 道이다.
수레로 말하자면 그 만드는 자가 한 사람이 아니로되, 땅에 닿는 수레바퀴의 자취가 서로의 떨어짐이 넓고 좁아서 원근遠近이 하나와 같고,

글로 말하자면 문자를 쓰는 자가 한 사람이 아니로되, 점획點劃과 음성音聲의 文字가 각각 정한 법이 있어 四方이 하나와 같으며,
행함으로 말하자면 그 행하는 자가 한 사람이 아니로되, 上下가 서로 대하는 순서가 친하고 멀고 귀貴하고 천賤하여 차제次第가 하나와 같다.
이는 주周나라 天子가 정한 바이며, 그 하나로 통해진 盛함이 이와 같으니, 어찌 가히 배반할 수 있으리오!

주해

- 次第: 차례. 순서. 第(차례 제)
- 距(떨어질 거) 廣(넓을 광) 狹(좁을 협) 倫(차례 륜)

雖有其位나 苟無其德이면 不敢作禮樂焉이며 雖有其德이나 苟無其位면 亦不敢作禮樂焉이니라

비록 그 지위에 있으나 진실로 그 덕德이 없으면 감히 예악禮樂을 짓지 못하며, 비록 그 덕德이 있으나 진실로 그 지위가 없으면 또한 감히 예악禮樂을 짓지 못하니라.

鄭氏曰 言作禮樂者는 必聖人이 在天子之位라

鄭氏(鄭玄) 가로되 "예악禮樂을 짓는 자는 반드시 聖人이 天子의 지위

에 있어야 함을 말한 것이다."

주해

- 禮樂: 예절과 음악. 고대 帝王이 예악禮樂을 일으켜 존비尊卑의 차례를 세우고 원근遠近 지역을 화합시키는 통치수단으로 삼았다. 樂(풍류 악) ≪禮記·樂記≫ 篇에 나온다. "樂也者, 情之不可變者也. 禮也者, 理之不可易者也. 樂統同, 禮辨異. 禮樂之說, 管乎人情矣." 이에 대해 공영달孔穎達의 소疏에 "樂主和同, 則遠近皆合. 禮主恭敬, 則貴賤有序."라고 했다.

  또한 ≪呂氏春秋·孟夏≫ 篇에도 나온다. "乃命樂師習合禮樂." 이에 대해 고유高誘의 註에 "禮所以經國家, 定社稷, 利人民. 樂所以移風易俗, 蕩人之邪, 存人之正性."이라 했다. 稷(기장 직) 蕩(쓸어버릴 탕) 邪(간사할 사)

  朱子가 말했다. "有位無德而作禮樂, 所謂愚而好自用. 有德無位而作禮樂, 所謂賤而好自專. 居周世而欲行夏殷禮, 所謂居今世反古道. 道, 卽議禮制度考文之事. 議禮, 所以制行, 故行同倫. 制度, 所以法, 故車同軌. 考文, 所以合俗, 故書同文."(大全註疏) 專(오로지 전) 軌(길 궤)

【備旨】

是以로 雖有天子之位나 苟無聖人之德則愚矣요 愚則制作之本이 不在於我하니 固不敢自用以作禮樂焉이라

雖有聖人之德이나 若無天子之位면 非所謂賤乎아 賤則制作之權이 不在於我하니 亦不敢自專以作禮樂焉이라

이 때문에 비록 天子의 지위地位에 있으나 만약 聖人의 덕德이 없으면 곧 어리석은 것이요, 어리석으면 곧 예악禮樂을 만드는 근본이 나에게 있지 않으니, 본디 감히 스스로 써서 예악禮樂을 만들 수 없는 것이다. 비록 聖人의 덕德이 있으나 만약 天子의 지위가 없으면 이른바 미천微賤한 신분이 아니리오? 미천微賤하면 곧 예악禮樂을 만드는 권한이 나에게 있지 않으니, 또한 감히 스스로 제멋대로 예악禮樂을 만들 수 없는 것이다.

주해

● 苟(만일 구) 愚(어리석을 우) 固(본디 고) 權(권세 권) 專(오로지 전)

子曰 吾說夏禮나 杞不足徵也요 吾學殷禮하니 有宋이 存焉이어니와 吾學周禮하니 今用之니 從周하리라

孔子 가라사대 "내가 하夏나라의 예禮를 말하나 기杞나라가 족히 징험徵驗하지 못하고, 내가 은殷나라의 예禮를 배웠으니 송宋나라가 있거니와, 내가 주周나라의 예禮를 배웠으니 이제 이것을 쓰고 있으니 내가 주周나라를 따르리라."

此는 又引孔子之言이라 杞는 夏之後라 徵은 證也라 宋은 殷之後라 三代之禮를 孔子ㅣ皆嘗學之 而能言其意로되 但夏禮는 旣不可考證이요 殷禮는 雖存이나 又非當世之法이요 惟周禮는 乃時王之制라 今日所用이니 孔子ㅣ

旣不得位니 則從周而已시니라

이는 또 孔子의 말씀을 인용한 것이다. '기杞'는 하夏나라의 후예국이다. '징徵'은 증명함이다. '송宋'은 은殷나라의 후예국이다.
三代의 예禮를 孔子께서 모두 일찍이 배우셔서 능히 그 뜻을 말씀하시되, 다만 하夏나라의 예禮는 이미 가히 고증考證할 수 없고, 은殷나라의 예禮는 비록 보존되었으나 또한 당세當世의 法이 아니요, 오직 주周나라의 예禮는 이에 당시 왕의 제도이니 금일에 쓰는 바이다. 孔子께서 이미 지위를 얻지 못했으니, 곧 주周나라를 따르실 뿐이다.

주해

- 杞: 하夏나라 우왕禹王의 후예국. 지금의 하남성 기현杞縣에 위치함. 周 무왕武王이 우왕禹王의 후예를 기杞에 봉하여 우왕禹王의 제사를 받들게 했다. 杞(나라이름 기)
  漢나라 鄭玄의 註에 "徵, 猶明也. 吾能說夏禮, 顧杞之君, 不足與明之也. 吾從周, 行今之道."(≪十三經註疏·中庸解≫)라고 했다. 徵(징험할 징) 顧(돌아볼 고)
- 宋: 은殷나라 탕왕湯王의 후예국. 지금의 하남성 상구현商丘縣에 위치함. 周 성왕成王이 미자微子를 宋에 封하여 탕왕湯王의 제사를 받들게 했다.
  朱子가 말했다. "言有宋存焉, 便見杞又都無了, 如今春秋傳中, 宋猶有些商禮在."(大全註疏) 些(적을 사)

【備旨】

德이 孰如我夫子者哉아

子ㅣ又嘗曰 夏禮는 古之道也니 吾未嘗不說夏禮라 然이

나 爲夏之後ㅣ杞也요 杞入東夷하여 其陋已甚하니 文獻不足徵矣라 吾는 殷人也니 嘗學殷禮至今日이나 亦古之道矣요 爲殷之後ㅣ非宋乎아 宋自襄公以後로 漸以不振하여 不過存什一於千百焉이라 吾學乎周禮 則今日之天下臣民이 遵而用之하고 吾生周之世하여 爲周之民이니 亦從周大備之禮而已라 敢蹈生今反古之愆哉아

夫子之言이 又如此라 然則爲下不倍之義를 益可知矣니 此ㅣ人道之當然也라

德이 누가 우리 부자夫子와 같으리오! 孔子께서 또 일찍이 가라사대 "하夏나라의 禮는 옛날의 道이니, 내 일찍이 하夏나라의 禮를 말하지 않은 적이 없다. 그러나 하夏나라의 후예국이 된 것이 기杞나라요, 기杞나라는 동이東夷에 들어가서 그 고루함이 이미 심하니, 문헌으로 족히 징험할 수 없다.

나는 은殷나라 사람이니 일찍이 은殷나라의 禮를 배워서 今日에 이르렀으나 또한 옛날의 道요, 은殷나라의 후예국이 된 것이 송宋나라가 아니리오? 송宋나라는 양공襄公 이후로부터 점차 부진不振하여 千이나 百에 열이나 하나만 보존되어 있는데 지나지 않는다.

내가 주周나라의 禮를 배웠으니, 곧 금일의 天下 臣民이 따라서 쓰고, 내가 주周나라의 세상에 태어나 주周나라의 백성이 되었으니, 또한 주周나라의 크게 갖추어진 禮를 좇을 따름이다. 감히 지금에 태어나 옛것을 다시 쓰는 허물을 밟으리오?"

夫子의 말씀이 또 이와 같다. 그런즉 '아랫사람이 되어 배반하지 않는다'는 뜻을 더욱 가히 알 수 있으니, 이는 인도人道의 당연함이다.

주해

● 孰(누구 숙) 夷(이민족 이) 陋(좁을 루) 襄(도울 양) 漸(점차 점) 振(떨칠 진) 蹈(밟을 도) 愆(허물 건) 益(더할 익)

右는 第二十八章이라

右는 第28章이다.

承上章 爲下不倍而言이니 亦人道也라

上章의 '아랫사람이 되어 배반하지 않는다'를 이어서 말한 것이니, 또한 인도人道이다.

第二十九章　三重

王天下ㅣ有三重焉이니 其寡過矣乎인저

천하에 왕 노릇하는데 세 가지 중요한 것이 있으니, 그 허물을 적게 할 것인 저!

呂氏曰 三重은 謂議禮 制度 考文이니 惟天子라야 得以行之니 則國不異政하고 家不殊俗 而人得寡過矣리라

여씨呂氏 가로되 "'삼중三重'은 '의례議禮'와 '제도制度'와 '고문考文'을 이르니, 오직 天子라야 얻어서 그것을 행하니 곧 나라가 政事를 달리 하지 않고, 집이 풍속을 달리 하지 않아서 사람들이 허물을 적게 된다."

주해

- 王天下有三重: 천하에 왕 노릇하는데 세 가지 중요한 것이 있다. '三重'은 의례議禮와 제도制度와 고문考文을 말한다.
  "王天下, 是有德有位有時而興王之君. 三重, 謂三者爲極重之事."(四書備旨補註)
- 寡(적을 과) 殊(다를 수)

【備旨】

子思ㅣ申居上不驕之義하여 曰王天下之君子ㅣ有議禮制度考文之三重焉하니 以之新天下之視聽하고 一天下之心志면 則諸侯奉法하고 臣民從化하여 天下ㅣ皆遵道遵路하고 會極歸極하여 而得以寡過矣乎인저

자사子思가 '윗자리에 있으면서 교만하지 않는다'는 뜻을 거듭 밝혀 가라사대 "천하에 왕 노릇 하는 君子가 의례議禮와 제도制度와 고문考文의 세 가지 중요한 것이 있으니, 이것으로써 천하 사람들이 보고 듣는 것을 새롭게 하고, 천하 사람들의 마음과 뜻을 하나로 하면 곧 제후諸侯가 법을 받들고 신민臣民이 교화敎化를 따라서, 천하가 모두 王의 道를 따르고 王의 길을 따르며, 人君이 臣民을 끌어 모으는데 법도가 있고, 臣民이 人君에게 귀부歸附하는데 법도가 있어서 허물을 적게 할 것인 저!"

주해

- 遵道遵路: ≪書經≫의 '遵王之道'와 '遵王之路'에서 나온 말이다. 곧 '王의 道를 따르고 왕의 길을 따른다.'는 말이다. '준遵'은 '순循'과 같다. '道'와 '路'는 모두 '法'이라는 뜻이다. 遵(좇을 준) 循(좇을 순)
- 會極歸極: ≪書經≫의 '會其有極', '歸其有極'에서 나온 말이다. 곧 '人君이 臣民을 끌어 모으는데 법도가 있고, 臣民이 人君에게 의탁하는데 법도가 있다'는 말이다. '會'는 '회합會合'과 같으며, '끌어 모은다'는 뜻이다. '歸'는 '의탁하다', '귀부歸附하다'는 뜻이다. '極'은 법도이다. 極(법 극) 附(의지할 부)

  모두 ≪書經·周書·洪範≫ 장에 나온다. "無偏無陂, 遵王之義. 無有作好, 遵王之道. 無有作惡, 尊王之路. 無偏無黨, 王道蕩蕩. 無黨無偏, 王道平平. 無反無側, 王道正直. 會其有極, 歸其有極." 偏(치우칠 편) 陂(비탈 피) 側(곁 측)

上焉者는 雖善이나 無徵이니 無徵이라 不信이요 不信이라 民弗從이니라
下焉者는 雖善이나 不尊이니 不尊이라 不信이요 不信이라 民弗從이니라

윗 시대(夏殷)의 것은 비록 善하나 징거徵據할 수 없으니, 징거徵據할 수 없으면 믿지 아니하고, 믿지 아니하면 백성들이 따르지 아니하니라.
아래에 있는 자(孔子)는 비록 善하나 지위地位가 없으니, 지위地位가 없으면 믿지 아니하고, 믿지 아니하면 백성들이 따르지 아니하니라.

上焉者는 謂時王以前이니 如夏商之禮ㅣ雖善이나 而皆不可考요
下焉者는 謂聖人在下니 如孔子ㅣ雖善於禮나 而不在尊位也라

'상언자上焉者'는 당시의 王 이전을 말하니, 예를 들어 하夏나라와 상商나라의 禮가 비록 善하나 모두 가히 上考할 수 없는 것과 같다.
'하언자下焉者'는 聖人이 아랫자리에 있는 것을 말하니, 예를 들어 孔子께서 비록 禮를 잘하나 높은 지위에 있지 않는 것과 같다.

주해

● 上焉者: 시왕時王 이전의 예의제도禮義制度. 곧 하夏나라와 은殷나라의

예의제도禮義制度를 말한다.

● 下焉者: 아랫자리에 있는 성인聖人, 곧 孔子를 말한다.
三山陳氏가 말했다. "上乎周, 爲夏商, 禮非不善. 然於今無可徵, 民將駭而不信. 下而不達, 如孔子德非不善. 然不得顯位以行之, 民亦將玩而不信."(大全註疏) 駭(놀랄 해) 徵(징험할 징) 玩(희롱할 완)

【備旨】

夫所謂王天下者는 乃身有其德 而又有其時與位者也라

如上焉者는 有天子之位하여 制作이 雖云善矣나 但非其時而無徵이라 無徵則不足以取信於民이요 不信이라 民將駭而不從矣니 欲其寡過也ㅣ得乎아

如下焉者는 有聖人之德하여 雖善於制作矣나 但無其位而不尊이라 不尊則不足以取信於民이요 不信이라 民將玩而不從矣니 欲其寡過也ㅣ得乎아

무릇 이른바 천하에 왕 노릇을 하는 자는 곧 몸에 그 德을 두고, 또 그 때(時)와 지위(位)가 있는 사람이다.

예를 들어 윗 시대(夏殷)의 것은 천자의 지위가 있어 예악禮樂을 짓는 것이 비록 善하다고 이를지라도, 다만 그 당시가 아니어서 징거徵據할 수 없다. 징거徵據할 수가 없으니 곧 족히 백성들에게 믿음을 취할 수 없고, 믿지 않는지라 백성들이 장차 놀라서 따르지 아니하니, 그 허물을 적게 하고자 함이 가능하리오?

예를 들어 아랫자리에 있는 자(孔子)는 聖人의 德을 두어 비록 예악禮樂을 짓는데 善하다 할지라도, 다만 그 지위가 없어 높지 않다. 높지 아니하니 곧 족히 백성들에게 믿음을 취할 수 없고, 믿지 않느니라 백성들이 장차 완롱玩弄하며 따르지 아니하니, 그 허물을 적게 하고자 함이 가능하리오!

주해

- 駭(놀랄 해) 寡(적을 과) 玩(희롱할 완)

故로 君子之道는 本諸身하여 徵諸庶民하며 考諸三王而不謬하며 建諸天地而不悖하며 質諸鬼神而無疑하며 百世以俟聖人而不惑이니라

그러므로 君子의 道는 몸에 근본하여 서민庶民에게 징험徵驗하며, 삼왕三王에게 상고해도 어긋나지 아니하며, 천지天地에 세워도 어긋나지 아니하며, 귀신에 질정質正해도 의심함이 없으며, 백세에 聖人을 기다려도 의혹疑惑하지 아니하니라.

此君子는 指王天下者而言이라 其道는 卽議禮 制度 考文之事也라 本諸身은 有其德也요 徵諸庶民은 驗其所信從也라 建은 立也니 立於此而參於彼也라 天地者는 道也요 鬼神者는 造化之迹也라 百世以俟聖人而不惑은 所謂聖人復起라도 不易吾言者也라

이 '군자君子'는 '천하에 왕 노릇 하는 자'를 가리켜 말한 것이다. 그 道는 곧 의례議禮와 제도制度와 고문考文의 일이다. '몸에 근본한다(本諸身)'는 것은 그 德이 있음이요, '서민庶民에게 징험한다(徵諸庶民)'는 그 믿고 따르는 바를 징험徵驗함이다.

'건建'은 세움이니, 이에 세워서 저기에 참여함이다. '천지天地'라는 것은 道요, '귀신鬼神'이란 것은 조화造化의 자취이다. '백세百世에 聖人을 기다려도 의혹하지 않는다'는 이른바 '성인이 다시 일어나도 내 말을 바꾸지 않는다'라는 것이다.

주해

- 考諸三王: 三王에게 上考하다. '三王'은 '우禹'와 '탕湯'과 '문무文武'를 말한다. 諸(어조사 저)
  "考是稽考. 三王指禹湯文武."(四書備旨補註) 稽(상고할 계)
  漢나라 鄭玄의 註에 "三重, 三王之禮. 上謂君也. 君雖善, 善無明證, 則其善不信也. 下謂臣也. 臣雖善, 善而不尊君, 則其善亦不信也. 知天知人, 謂知其道也. 鬼神從天地者也. 聖人則之, 百世同道."(≪十三經註疏·中庸解≫)라고 했다.
- 朱子가 말했다. "此天地, 只是道耳, 謂吾建於此而與天地之道, 不相悖."(大全註疏) 悖(어그러질 패)
- 質正: 의심난 것을 물어서 바로 잡음. 質(질정할 질)
- 庶(여러 서) 謬(그릇될 류) 俟(기다릴 사) 疑(의심할 의) 惑(미혹할 혹)

【備旨】

故로 王天下之君子는 其三重之道를 必本之修凝之身하며 且以是道 而徵諸庶民之信從이라

以此考諸三王이면 則因革損益이 皆三王已然之法 而不

見其繆焉이요 以此建諸天地이면 則裁成輔相이 皆天地自然之理 而不見其悖焉이요 鬼神은 至幽而難測이로되 以此質諸鬼神이면 其屈伸往來ㅣ不過此理 而自無疑矣요 百世聖人은 至遠而難料로대 以此俟百世之聖人이면 其設施經畫이 不過此理 而自不惑矣라
夫君子ㅣ操三重之權 而備六事之盛이 如此라

그러므로 천하에 왕 노릇하는 君子는 그 세 가지의 중요한 道를 반드시 德을 닦고 道를 응취凝聚하는 몸에 근본하며, 또 이 道로써 서민庶民이 믿고 따르는데 징험徵驗해야 한다.
이것으로 三王에 상고하면 곧 인습因襲과 변혁變革과 손익損益이 모두 三王이 이미 그렇게 만든 법이어서 그 어긋남을 볼 수 없음이요, 이것으로 天地에 세우면 곧 천지의 道를 재단裁斷하여 이루고, 천지의 마땅함을 보필하는 것이 모두 천지자연의 이치여서 그 어긋남을 볼 수 없다.
귀신은 지극히 어두워 헤아리기 어려우나 이것으로 귀신에 질정質正하면, 그 굴신屈伸과 왕래往來가 이 이치에서 벗어나지 않아서 자연히 의심이 없게 된다. 백세 후의 聖人은 지극히 멀어서 헤아리기 어려우나 이것으로 백세 후의 聖人을 기다리면, 그 조치와 계획이 이 이치를 벗어나지 않아서 자연히 의혹이 없게 된다.
무릇 君子가 세 가지 중요한 권한을 잡고, 육사六事의 성盛함을 갖추고 있는 것이 이와 같다.

주해

- 因革: 인습因襲과 변혁變革. 襲(인습할 습)

晉나라 갈홍葛洪의 ≪抱朴子 · 用刑≫ 篇에 나온다. "以晝一之歌, 救鼎湧之亂, 非識因革之隨時, 明損益之變通也." 鼎(솥 정) 湧(끓을 용)

- 裁成輔相: ≪周易≫의 '天地의 道를 재단裁斷하여 이루며, 天地의 마땅함을 돕다. 裁成天地之道, 輔相天地之宜'에서 나온 말이다. '보상輔相'은 '보조輔助'와 같다. 裁(마름질할 재) 輔(도울 보) 相(도울 상)

  ≪易 · 泰≫ 卦에 나온다. "天地交泰, 後以裁成天地之道, 輔相天地之宜, 以左右民." 이에 대해 공영달孔穎達의 疏에 "相, 助也. 當輔助天地所生之宜."라고 했다.

- 屈伸往來: '귀신鬼神'은 천지간에 일종의 정기精氣가 모였다 흩어지는 변화를 말하는데, '굴신왕래屈伸往來'는 바로 귀신의 정상情狀을 말한다. 屈(굽을 굴) 伸(펼 신)

  ≪朱子語類≫ 卷三에 나온다. "鬼神只是氣, 屈伸往來者氣也."

- 設施: 조치하다. 계획하다.

  ≪淮南子 · 兵略訓≫에 나온다. "晝則多旌, 夜則多火, 暝冥多鼓, 此善爲設施者也." 旌(기 정) 暝(어두울 명) 冥(어두울 명)

- 經劃: 경영하고 계획하다. 劃(그을 획)

  宋나라 蘇軾의 ≪答秦太虛書≫에 나온다. "度囊中尙可支一歲有餘, 至時別作經畫, 水到渠成, 不須預慮, 以此胸中都無一事." 囊(주머니 낭) 渠(도랑 거) 胸(가슴 흉)

- 六事: 곧 '本諸身', '徵諸庶民', '考諸三王而不謬', '建諸天地而不悖', '質諸鬼神而無疑', '百世以俟聖人而不惑' 등 여섯가지 일을 말함.

- 凝(엉길 응) 謬(그릇될 류) 操(잡을 조) 俟(기다릴 사)

質諸鬼神而無疑는 知天也요 百世以俟聖人而不惑은 知人也니라

귀신鬼神에 질정質正해도 의심이 없는 것은 하늘을 알기 때문이요,

백세에 聖人을 기다려도 의혹疑惑하지 않은 것은 사람을 알기 때문이니라.

知天 知人은 知其理也라

하늘을 알고 사람을 아는 것은 그 이치를 아는 것이다.

주해

- 知天: 天道를 알다. 곧 '天命之理'를 안다는 뜻이다.
- 知人: 人道를 알다. 곧 '人性之理'를 안다는 뜻이다.

  朱子가 말했다. "此段, 說知天知人處, 雖只擧後世與鬼神言, 其實是總結上四句之義."(大全註疏) 總(모두 총)

  北溪陳氏가 말했다. "鬼神, 天理之至也. 聖人, 人道之至也. 惟知天理之至, 所以無疑. 惟知人道之至, 所以不惑."(大全註疏)

【備旨】

然이나 君子制作之盡善은 亦不過天人之理而已라

鬼神이 至幽而質諸無疑者는 由其知天之理也니 蓋天之理는 盡於鬼神이라 君子는 窮神達化하여 於天道所以然之理에 知之無不盡이라 此所以質之 而無疑也니 言鬼神則天地를 可知矣요

後聖이 至遠而俟之不惑者는 由其知人之理也니 蓋人之理는 盡於聖人이라 君子는 明物察倫하여 於人心所同然之理에 知之無不全이라 此所以俟之 而不惑也니 言後聖

則三王을 可知矣라
此는 君子之道ㅣ所以盡善也라

그러나 君子가 예악禮樂을 제정하는데 善을 다하는 것은 또한 하늘과 사람의 이치에서 벗어나지 않을 따름이다.
귀신鬼神이 지극히 어둡지만 질정質正해도 의심이 없는 것은 그 하늘의 이치를 알기 때문이니, 대개 하늘의 이치는 귀신鬼神에게서 다한다. 君子는 사물의 신묘神妙함을 궁구窮究하고 변화에 통달해서 天道가 그렇게 된 이치에 대해 앎을 다하지 않음이 없다. 이는 귀신鬼神에 질정質正해도 의심이 없는 바이니, 귀신鬼神을 말했으면 곧 天地를 가히 알 수 있음이요,
후세의 聖人이 지극히 멀지만 기다려도 의혹疑惑되지 않는 것은 그 사람의 이치를 알기 때문이니, 대개 사람의 이치는 聖人에게서 다한다. 君子는 사물의 이치를 밝히고 인륜을 살펴서 人心이 똑같이 그렇게 된 이치에 대해 앎을 온전하게 하지 않음이 없다. 이는 聖人을 기다려도 의혹疑惑되지 않는 바이니, 후세의 聖人을 말했으면 곧 三王을 가히 알 수 있다.
이는 君子의 道가 善을 다하는 이유이다.

주해

- 窮神達化: 사물의 신묘함을 궁구窮究하여 사물의 변화를 통달하다. '궁신지화窮神知化'와 같다. 窮(궁구할 궁)
  ≪易·繫辭下≫에 나온다. "窮神知化, 德之盛也." 이에 대해 孔穎達의 疏에 "窮極微妙之神, 曉知變化之道, 乃是聖人德之盛極也."라고 했다. 曉(깨달을 효)
- 幽(깊을 유) 俟(가다릴 사) 惑(의혹할 혹)

是故로 君子는 動而世爲天下道니 行而世爲天下法하며 言而世爲天下則이라 遠之則有望하고 近之則不厭이니라

이런 고로 君子는 움직임에 대대로 천하의 道가 되나니, 행함에 대대로 천하의 법도法度가 되며, 말함에 대대로 천하의 준칙準則이 되느니라. 멀리 있으면 곧 흠모欽慕함이 있고, 가까이 있으면 곧 싫어하지 아니하니라.

動은 兼言行而言이요 道는 兼法則而言이라 法은 法度也요 則은 準則也라

'동動'은 말과 행동을 겸하여 말한 것이요, '도道'는 법도法度와 준칙準則을 겸하여 말한 것이다. '법法'은 법도法度요, '칙則'은 준칙準則이다.

주해

- 遠之則有望, 近之則不厭: 멀리 있으면 우러러 바라봄이 있고, 가까이 있으면 싫어해서 미워함이 없다. 厭(싫을 염)
  陳氏가 말했다. "遠者, 悅其德之被, 故有企慕之意. 近者, 習其行之常, 故無厭斁之心."(大全註疏) 被(입을 피) 斁(싫어할 역)
- 準則: 표준標準이나 원칙原則. 準(법 준) 則(법칙 칙)
  三山陳氏가 말했다. "行, 有成迹, 故可效法. 言, 只言其理如此, 未有事迹可據, 故人準則之."(大全註疏)

【備旨】

夫君子ㅣ知天人之理而制作盡善이 如此면 豈不足以使民之寡過乎아 是故로 君子ㅣ
以三重之道로 動作於一身이면 而世世爲天下所共由하나니 以三重之道로 措諸政事면 是動而行也니 則世世爲天下所效法이요 以三重之道로 布諸號令이면 是動而言也니 則世世爲天下所取正이라
天下中有遠者ㅣ景其言行하여 可爲法則 則仰焉有望이요 天下中有近者ㅣ習其言行하여 以爲法則 則安之而不厭이니 是는 君子之道ㅣ垂之後世而無弊하며 推之當時而皆準이니 其寡過ㅣ不亦宜乎아

무릇 君子가 하늘과 사람의 이치를 알아서 예악禮樂을 제정하는데 善을 다함이 이와 같으면, 어찌 족히 백성들로 하여금 허물을 적게 하지 못하리오!
이런 까닭에 君子가 세 가지 중요한 道로써 一身에 움직이면, 대대로 천하가 함께 말미암는 바가 되나니,
세 가지 중요한 道로써 정사政事에 조치措置하면 이는 움직여 행한 것이니, 곧 대대로 천하가 본받는 法이 되고, 이 세 가지 중요한 道로써 호령號令을 시행하면 이는 움직여 말하는 것이니, 곧 대대로 천하가 올바름을 취하는 바가 된다.
천하 가운데 멀리 있는 자가 그 말과 행동을 밝혀 가히 법칙法則으로 삼으니 곧 우러러 바라는 것이 있고, 천하 가운데 가까이 있는 자가

그 말과 행동을 익혀서 법칙法則으로 삼으니 곧 편안히 여겨 싫어하지 아니하니,
이는 君子의 道가 후세에 드리워져도 폐단弊端이 없으며, 當時에 미루어도 모두 준칙準則이 되는 것이니, 그 허물을 적게 함이 또한 마땅하지 않으리오!

주해

● 寡(적을 과) 景(빛날 경) 措(놓을 조) 垂(드리울 수) 弊(폐단 폐)

詩曰 在彼無惡(오)하며 在此無射(역)이라 庶幾夙夜하여 以永終譽라하니 君子未有不如此而蚤有譽於天下者也니라

≪詩經≫에 가로되 "저기에 있음에 미워함이 없고, 여기에 있음에 싫어함이 없느니라. 거의 일찍 일어나고 밤늦게 자서 명예를 길이 마치도다!" 하니, 君子가 이같이 아니하고도 일찍이 천하에 명예를 둔 자 있지 아니하니라.

詩는 周頌振鷺之篇이라 射은 厭也라 所謂此者는 指本諸身以下六事而言이라

시詩는 〈주송周頌 · 진로振鷺〉 篇이다. '역射'은 싫어함이다. 이른바 '이

것(此)'이란 것은 '몸에 근본한다(本諸身) 이하의 六事'를 가리켜 말한 것이다.

주해

- 彼, 此: '피彼'는 제후諸侯의 本國을 말하고, '차此'는 주周나라 조정을 말한다. 彼(저 피)
  陳氏가 말했다. "在彼無惡, 是應遠之則有望. 在此無射, 是應近之則不厭. 庶幾終譽, 是應世爲天下道三句意. 蚤有譽, 又總結以永終譽意."(大全註疏) 惡(미워할 오) 射(싫어할 역) 蚤(일찍 조) 譽(기릴 예)
  唐나라 孔穎達의 疏에 "인 〈周頌・振鷺〉之篇, 言微子來朝, 身有美德, 在彼宋國之內, 民無惡之. 在此來朝, 人無厭倦, 故庶幾夙夜以長永終, 竟美善聲譽. 言君子之德, 亦能如此."(≪十三經註疏・中庸解≫)라고 했다. 倦(게으를 권) 竟(마침내 경)
- 夙夜: 일찍 일어나고 밤늦게 잠들다. 곧 '숙흥야매夙興夜寐'의 뜻이다. 夙(일찍 숙) 寐(잠잘 매)
- 庶幾: 거의. 庶(거의 서) 幾(거의 기)
- 惡(미워할 오) 射(싫어할 역) 譽(기릴 예) 蚤(일찍 조) 振(떨칠 진) 鷺(해오라기 로) 厭(싫을 염)

【備旨】

夫合天下後世하여 而皆賴之以寡過하니 則君子之譽ㅣ在天下後世矣라 然이나 豈倖致哉아
詩에 美二王之後曰 在彼本國에 不得罪於群臣百姓 而無人憎惡하고 在此我周에 不失禮於升降周旋 而無人厭射이라 夫無惡射은 卽譽也니 而必由夙夜來也라 庶幾今而後 夙夜之間에 兢惕有加하여 得以永終其善譽乎인저

卽詩言觀之컨대 可見君子三重之制作에 未有道德不本於身하고 信從未協於民하고 三王後聖不能合하고 天地鬼神不能通하여 而能使世法世則하고 有望不厭하여 蚤有譽於天下者也라

夫三重盡善者는 居上不驕之道요 天下寡過者는 居上不驕之化라 君子ㅣ修德凝道之效ㅣ如此하니 非人道之當然乎아

무릇 천하 후세에 부합하여 모두 이에 자뢰資賴하여 허물이 적으니, 곧 君子의 명예가 천하 후세에 있다. 그러나 어찌 요행으로 이루었으리오!

≪詩經≫에 두 왕(禹, 湯)의 후예국後裔國를 찬미하여 가로되 '저 本國에서 군신群臣과 백성百姓에게 죄를 얻지 않아 증오憎惡하는 사람들이 없고, 이 우리 周나라에서 오르고 내려오면서 읍양진퇴揖讓進退하는 禮를 잃지 않아 싫어하는 사람들이 없도다! 무릇 미워하거나 싫어함이 없는 것은 명예이니, 반드시 일찍 일어나고 밤늦게 잠자리에 드는 것으로 말미암아 온 것이다. 거의 지금 이후로도 일찍 일어나고 밤늦게 잠자리에 드는 사이에 삼가고 두려워함을 더하여 그 좋은 명예를 길이 마칠 수 있으리라!'

≪詩經≫의 말에 나아가 살피건대, 가히 君子가 세 가지 중요한 것을 제정하는데 도덕이 몸에 근본하지 아니하고, 믿고 따름이 백성에게 맞지 아니하고, 삼왕三王과 후성後聖이 능히 부합하지 못하고, 천지의 귀신에게 능히 통하지 못하고서, 능히 世世로 법도法度가 되고 世世로 준칙準則이 되며, 우러러보고 싫어하지 않게 하여 일찍이 천하에

명예를 가진 자가 있지 않음을 알 수 있다.

무릇 세 가지 중요한 일에 善을 다하는 것은 '윗자리에 있으면서 교만하지 않는' 道요, 천하에 허물을 적게 하는 것은 '윗자리에 있으면서 교만하지 않는' 교화教化이다. 君子가 德를 닦고 道를 응취凝聚하는 효험이 이와 같으니, 인도人道의 당연함이 아니리오!

주해

- 美二王之後: '두 王의 후예국後裔國을 찬미하다.' '二王'은 하夏나라의 우禹와 은殷나라의 탕湯을 말한다. '후後'는 하夏나라와 은殷나라의 '후예국後裔國'인 기杞와 송宋을 말한다.
- 升降: 위로 오르고 아래로 내려오다. 升(오를 승) 降(내릴 강)
≪禮記 · 曲禮上≫에 나온다. "居喪之禮……升降不由阼階, 出入不當門隧." 阼(동편층계 조) 階(섬돌 계) 隧(길 수)
- 周旋: 고대에 禮를 행할 때 진퇴읍양進退揖讓하는 동작. '주환周還'과 같다. 揖(읍 읍) 讓(양보할 양)
≪禮記 · 樂記≫에 나온다. "升降上下, 周還裼襲, 禮之文也." 이에 대해 육덕명陸德明의 釋文에 "還, 音旋."이라 했고, 공영달孔穎達의 疏에 "周謂行禮周曲迴旋也."라고 했다. 裼(웃통벗을 석) 襲(이을 습) 旋(돌 선) 迴(돌 회)
≪孟子 · 盡心下≫에도 나온다. "動容周旋中禮者, 盛德之至也."
- 兢惕: 삼가고 두려워하다. 兢(삼갈 긍) 惕(두려워할 척)
唐나라 백거이白居易의 ≪爲宰相賀雨表≫에 나온다. "臣等位忝鈞衡, 職乖燮理. 仰陰陽而增懼, 顧霖雨而懷慚. 無任兢惕之至." 忝(더럽힐 첨) 鈞(고를 균) 衡(저울대 형) 顧(돌아볼 고) 懼(두려워할 구) 霖(장마 림) 慚(부끄러울 참)
- 倖(요행 행) 憎(미워할 증) 惡(미워할 오) 夙(일찍 숙) 蚤(일찍 조)

右는 第二十九章이다

右는 第29章이다.

承上章居上不驕而言이니 亦人道也라

上章의 '윗자리에 있으면서 교만하지 않는다(居上不驕)'를 이어 말한 것이니, 또한 인도人道이다.

第三十章 敦化

仲尼는 祖述堯舜하시고 憲章文武하시며 上律天時하시고 下襲水土하시니라

중니仲尼는 요堯와 순舜을 조술祖述하시고, 문왕文王과 무왕武王을 헌장憲章하시며, 위로는 천시天時를 따르시고, 아래로는 수토水土를 따르시니라.

祖述者는 遠宗其道요 憲章者는 近守其法이요 律天時者는 法其自然之運이요 襲水土者는 因其一定之理니 皆兼內外該本末而言也라

'조술祖述'이란 것은 멀리 그 道를 높임이요, '헌장憲章'이란 것은 가까이 그 법을 지키는 것이요, '天時를 따른다'는 것은 그 자연의 운행을 본받음이요, '水土를 따른다'는 것은 그 一定한 이치를 따름이니, 모두 안팎을 겸하고 본말本末을 갖추어서 말한 것이다.

주해

- 祖述: 그 道를 높여서 계술繼述하다. 述(이을 술)
- 憲章: 본받다. 法으로 삼아 드러내다. '헌憲'은 法이다. '장章'은 표장表章이다. '효법效法'과 같다. 憲(법 헌) 章(지킬 장)
- 下襲水土: 아래로 水土를 따르다. 襲(이을 습)

  朱子가 말했다. "下襲水土, 是因土地之宜, 所謂安土敦乎仁, 無往而不安."(大全註疏) 敦(도타울 돈)

  唐나라 孔穎達의 疏에 "祖, 始也. 言仲尼祖述始行堯舜之道也. 憲, 法也. 章, 明也. 言夫子法明文武之德. 律, 述也. 言夫子上則述行天時, 以

與言陰陽時候也. 襲, 因也. 下則因襲諸侯之事. 水土所在, 此言子思贊揚聖祖之德以仲尼修 ≪春秋≫ 而有此等事也. 言夫子之德, 比並天地, 所以爲大不可測也."(≪十三經註疏 · 中庸解≫)라고 했다. 測(헤아릴 측)

● 律(따를 률) 該(갖출 해)

【備旨】

子思ㅣ前標仲尼曰三字하여 以明所宗旨하시고 至此하여 復高唱仲尼하시니 正見君子中庸之統이 非仲尼면 無與歸也라

曰 夫道獨集其成者ㅣ惟我仲尼시니 如堯舜은 人道之極也어늘 仲尼 則奉爲祖而繼述之하시니 是遠有宗也요 文武는 法制之備也어늘 仲尼 則奉爲憲而表章之하시니 是近有守也요

春夏秋冬天地四時ㅣ有其運이어늘 仲尼 則上律之하시니 直與天時로 爲順應也요 東西南北四方之水土ㅣ有其理어늘 仲尼 則下襲之하시니 直與水土로 爲安敦也라 是는 道之統於群聖하여 著於兩間者ㅣ悉備於仲尼之一心也라

자사子思가 앞에 '중니왈仲尼曰' 세 字를 표시하여 종지宗旨된 바를 밝히시고, 이에 이르러 다시 '중니仲尼'를 높이 외치시니, 정히 君子에게 중용中庸의 계통이 중니仲尼가 아니면 더불어 귀부歸附할 곳이 없음을 볼 수 있다.

가라사대 "무릇 道를 홀로 모아서 그 이룬 자는 오직 우리 중니仲尼뿐이시니, 요순堯舜 같은 이는 人道를 지극히 했거늘 중니仲尼께서 곧

받들어 조종祖宗으로 삼아 계술繼述하시니, 이는 멀리 높인 것이요, 문무文武는 법제法制를 갖추었거늘 중니仲尼께서 곧 받들어 법으로 삼아 표장表章하시니, 이는 가까이 지킨 것이요,
춘하추동春夏秋冬의 천지天地 사시四時가 그 운행이 있거늘, 중니仲尼께서 곧 위로 이를 따르시니 다만 天時와 더불어 순응順應한 것이요, 동서남북東西南北 四方의 수토水土가 그 이치가 있거늘, 중니仲尼께서 곧 아래로 이를 따르시니 다만 수토水土와 더불어 편안하고 도타움으로 삼으셨다.
이는 道가 여러 聖人에게서 비롯되어 양쪽 사이에서 드러난 것이 모두 중니仲尼의 한 마음에 갖춰진 것이다."

주해

- 表章: 밝게 드러내다. '표창表彰'과 같다. 彰(밝을 창)
  ≪漢書 · 무제기찬武帝紀贊≫에 나온다. "卓然罷黜百家, 表章≪六經≫."
  卓(높을 탁) 罷(그칠 파) 黜(물리칠 출)
- 宗(마루 종) 旨(뜻 지) 敦(도타울 돈) 悉(다 실)

辟如天地之無不持載하며 無不覆幬하며 辟如四時之錯行하며 如日月之代明이니라

비유컨대 천지天地가 잡아서 실어주지 아니함이 없으며, 덮어주지 아니함이 없는 것과 같으며,
비유컨대 사시四時가 번갈아 운행하며, 일월日月이 교대로 밝은 것과 같으니라.

錯은 猶迭也라 此는 言聖人之德이라

'착錯'은 교대함과 같다. 이는 聖人의 덕德을 말한 것이다.

주해

- 辟如: '비유컨대 ~과 같다' '비辟'는 '비譬'와 통한다. 辟(비유할 비) 譬(비유할 비)
- 持載: 이어서 싣다. 받아들이다. '승재承載'와 같다. 持(잡을 지) 載(실을 재) 承(이을 승)
  ≪隋書・禮儀志一≫에 나온다. "≪記≫ 云 至敬不壇, 掃地而祭. 於其質也, 以報覆燾持載之功." 壇(단 단) 掃(쓸 소) 祭(제사 제) 燾(덮을 도)
  또한 ≪詩・大雅・면緜≫에 "縮版以載"라고 했는데, 이에 대해 唐나라 공영달孔穎達의 疏에 "以繩束其版, 版滿築訖, 則升下於上, 以相承載, 作此宗廟."라고 했다. 緜(햇솜 면) 繩(줄 승) 束(묶을 속) 築(쌓을 축) 訖(이를 흘) 廟(사당 묘)
- 覆幬: 덮다. 은혜를 입다. '부모覆冒' 또는 '부도覆燾'와 같다. 覆(덮을 부) 幬(덮을 도) 冒(덮을 모) 燾(덮을 도)
  唐나라 노조린盧照鄰의 ≪釋疾文≫에 나온다. "悠然一望, 覆幬雖廣, 嗟不容乎此生." 悠(멀 유) 嗟(탄식할 차)
- 錯行: 교대로 운행하다. 번갈아 운행하다. 錯(교대할 착) 代(번갈을 대) 迭(번갈을 질)
  陳氏가 말했다. "如四時之相交錯, 寒往則暑來, 暑往則寒來. 如日月之更相代, 日升則月沈, 月升則日沈."(大全註疏) 寒(찰 한) 暑(더위 서) 沈(가라앉을 침)
  雙峯饒氏가 말했다. "此章, 言孔子之德, 如地之無不持載, 謂乘載得天下許多道理, 無一之不盡. 如天之無不覆幬, 謂括得天下許多道理, 無一之或遺."(大全註疏) 括(묶을 괄) 遺(버릴 유)

【備旨】

吾將何以擬之오 自其會帝王上下之理於一心 而兼體靡遺也니 辟如天地之無所不持載하며 無所不覆幬者乎인저 自其運帝王上下之理於一心 而恒久不息也면 辟如天地中四時之相交錯而行하며 如天地中日月之相更代而明者乎인저 信乎라 仲尼之大는 非天地면 不足以擬之也라

내 장차 무엇으로 헤아릴 수 있으리오?
스스로 그 이제二帝(堯舜)와 삼왕三王(禹·湯·文武)의 상하上下의 이치를 한 마음에 회득會得하고 어울러 체득體得하여 버린 것이 없으니, 비유컨대 天地가 잡아서 싣지 아니한 바가 없으며 덮어주지 아니한 바가 없는 것과 같도다!
스스로 그 이제二帝(堯舜)와 삼왕三王(禹·湯·文武)의 상하上下의 이치를 한 마음에 운행運行하고 영원히 쉬지 아니하니, 비유컨대 天地 가운데 사시四時가 서로 번갈아 운행하는 것과 같으며, 天地 가운데 일월日月이 서로 교대로 밝히는 것과 같도다!
진실로 중니仲尼의 위대함은 天地가 아니면 족히 헤아리지 못하리라!

주해

- 會得: 깨닫다. 이해하다. '理會'와 같다.
  唐나라 원진元稹의 ≪가릉역嘉陵驛≫ 詩에 나온다. "無人會得此時意, 一夜獨眠西畔廊." 稹(모일 진) 嘉(아름다울 가) 眠(잠잘 면) 畔(두둑 반) 廊(복도 랑)
- 帝王: 이제二帝와 삼왕三王, 또는 오제五帝와 삼왕三王. 여기서는 前者의 뜻으로 보았다. '오제五帝'에 대해서는 여러 가지 說이 있으나, 보통

황제黃帝 · 전욱顓頊 · 제곡帝嚳 · 당요唐堯 · 우순虞舜을 말한다. '삼왕三王'은 하夏나라의 우禹, 은殷나라의 탕湯, 주周나라의 문무文武를 말한다. '이제二帝'는 요순堯舜이다. 顓(삼갈 전) 頊(삼갈 욱) 嚳(고할 곡)
≪莊子 · 秋水≫ 篇에 나온다. "帝王殊禪, 三代殊繼." 이에 대해 성현영成玄英의 疏에 "帝, 五帝也. 王, 三王. 三代, 夏殷周."라고 했다. 殊(다를 수) 禪(선위할 선)
한편 ≪史記 · 商君列傳≫에는 "吾說君以帝王之道比三代."라고 했다.

● 擬(헤아릴 의) 靡(없을 미) 恒(항상 항)

萬物이 並育而不相害하며 道ㅣ並行而不相悖라 小德은 川流요 大德은 敦化하나니 此ㅣ天地之所以爲大也니라

만물萬物이 아울러 길러져서 서로 방해妨害하지 아니하며, 도道가 아울러 행하여 서로 어긋나지 아니하니라. 소덕小德은 내(川)의 흐름이요, 대덕大德은 화생化生을 두텁게 하나니, 이는 天地가 크게 되는 바이니라.

悖는 猶背也라 天覆地載는 萬物이 並育於其間而不相害하고 四時日月이 錯行代明而不相悖하니 所以不害不悖者는 小德之川流요 所以並育並行者는 大德之敦化라 小德者는 全體之分이요 大德者는 萬殊之本이라 川流者는 如川之流하여 脈絡分明而往不息也요 敦化者는 敦厚

其化하여 根本盛大而出無窮也라
此는 言天地之道하여 以見上文取辟之意也라

'패悖'는 어긋남과 같다. 하늘이 덮어주고 땅이 실어는 것은 만물萬物이 아울러 그 사이에서 길러져서 서로 해치지 않고, 사시四時와 일월日月이 번갈아 운행하고 교대로 밝아서 서로 어긋나지 아니하니, 해치지도 않고 어긋나지도 않는 바는 소덕小德의 천류川流요, 아울러 길러지고 아울러 행하는 바는 대덕大德의 돈화敦化이다.
'소덕小德'이란 것은 전체全體의 부분이요, '대덕大德'이란 것은 만 가지 다름의 근본이다. '천류川流'라는 것은 내(川)의 흐름과 같아서 맥락脈絡이 분명分明하여 가서 쉬지 아니하고, '돈화敦化'라는 것은 그 화생化生을 돈후敦厚하게 해서 근본根本이 성대盛大하고 우러나오는 것이 다함이 없다. 이는 天地의 도道를 말하여 上文에서 비유를 취한 뜻을 나타낸 것이다.

주해

- 萬物, 並育而不相害: '만물萬物이 천지간에 아울러 길러져서 서로 방해妨害하지 않다.' '害'는 '해치다'가 아니라 '방해妨害하다'는 뜻이다. 害(방해할 해)
  "萬物, 指覆載間之物. 竝育, 是並生於天地間. 不相害, 是不相妨害也, 非殘害之害."(四書備旨補註) 殘(해칠 잔)
- 道, 並行而不相悖: '만물의 도道가 아울러 행하여 서로 어긋나지 않다.' '竝行'은 '서로 함께 행한다'는 말이 아니라, '천지간에 각기 행한다'는 뜻이다. 悖(어그러질 패)
  "道指四時日月, 蓋一陰一陽之謂道也. 竝行是各行於天地間, 不是相並而行. 不相悖, 是各循其序, 不相違背."(四書備旨補註) 循(좇을 순) 違(어길 위) 背(배반할 배)

北溪陳氏가 말했다. "天無不覆, 地無不載, 大化流行, 萬物止其所而不相侵害也. 四時錯行, 日月代明, 一寒一暑, 一晝一夜, 似乎相反, 而實非相違悖也."(大全註疏) 侵(침노할 침) 害(해칠 해) 寒(찰 한) 暑(더위 서) 晝(낮 주) 違(어길 위)

● 小德: 작은 덕. 곧 조화造化가 분산된 곳을 말한다.

● 大德: 큰 덕. 곧 조화造化가 모두 모인 곳(總會)한 곳을 말한다.

朱子가 말했다. "大德, 是敦那化底, 小德, 是流出那敦化底出來. 這便如忠恕, 忠便是做那恕底, 恕便是流出那忠來底. 如中和, 中便是大德敦化, 和便是小德川流, 只是一個道理."(大全註疏) 那(저 나) 底(어조사 저) 便(문득 편) 恕(용서할 서) 做(지을 주)

新安陳氏가 말했다. "小德, 如言小節. 大德, 如言全體. 此言天地造化之理, 小德者, 一本之散於萬殊者. 大德者, 萬殊之原於一本者也."(大全註疏) 殊(다를 수)

● 敦化: 인애仁愛가 돈후敦厚하여 만물을 화생化生하다. 敦(도타울 돈) 厚(두터울 후)

鄭玄의 註에 "小德川流, 浸潤萌芽, 喩諸侯也. 大德敦化, 厚生萬物, 喩天子也."라고 했고, 공영달孔穎達의 疏에 "孔子所作 ≪春秋≫, 若以諸侯小德言之, 如川水之流, 浸潤萌芽. 若以天子大德言之, 則仁愛敦厚, 化生萬物也."라고 했다. 浸(적실 침) 潤(젖을 윤) 萌(싹 맹) 芽(싹 아)

● 殊(다를 수) 脈(맥 맥) 絡(경락 락) 辟(비유할 비)

【備旨】

然이나 天地ㅣ何如其大耶아 彼覆載之間이 皆物也니 萬物이 並育於天地하여 吾見各一其性而不相妨害요 四時日月이 皆道也니 道ㅣ並行於天地하여 吾見各循其序而不相違背라

所以不害不悖者는 何也오 蓋一本이 散於萬殊之小德하

여 有如川之流 而往不息也요 所以並育並行者는 何也오 蓋萬殊ㅣ原於一本之大德하여 有敦厚其化而出無窮也니 此는 天地之道ㅣ所以爲至大 而不可及也라
然則仲尼會帝王上下之道於一心하니 卽天地之大德也요 兼帝王上下之道而時出하니 卽天地之小德也라 仲尼는 一天地矣시니 此ㅣ所以爲天道也라

그러나 天地가 어찌하여 그렇게 위대하리오? 저 덮어주고 실어주는 사이에 있는 것이 다 물건이니, 만물이 天地에 아울러 길러져서 우리는 각각 그 성품을 한결같이 하여 서로 방해妨害하지 않음을 볼 수 있고, 사시四時와 일월日月이 다 道이니, 道가 天地에 아울러 운행하여 우리는 각각 그 차례를 따라서 서로 위배違背하지 않음을 볼 수 있다. 해롭지 않고 거스르지 않는 바는 무엇인가? 대개 하나의 근본이 만 가지로 다른 소덕小德에 흩어져서, 내(川)의 흐름과 같이 흘러가 쉬지 아니함이 있음이요,
아울러 기르고 아울러 행하는 바는 무엇인가? 대개 만 가지 다름이 하나의 근본인 대덕大德에 근원하여 그 화생化生을 돈후敦厚하게 해서 우러나오는 것이 다함이 없으니, 이는 天地의 道가 지극히 커서 가히 미칠 수 없는 이유이다.
그런즉 중니仲尼께서 이제二帝(堯舜)와 삼왕三王(禹·湯·文武)의 상하上下의 道를 한 마음에 회득會得하시니 곧 天地의 대덕大德이요, 이제二帝(堯舜)와 삼왕三王(禹·湯·文武)의 상하上下의 道를 겸하여 때로 나오게 하시니 곧 天地의 소덕小德이다. 중니仲尼는 天地와 하나가 되셨으니, 이것이 천도天道가 되신 바이다.

주해

● 循(좇을 순) 殊(다를 수) 悖(어그러질 패)

右는 第三十章이라

右는 第30章이다.

言天道也라

천도天道를 말하였다.

第三十一章　至聖

唯天下至聖이야 爲能聰明睿知ㅣ足以有臨也니 寬裕溫柔ㅣ足以有容也며 發强剛毅ㅣ足以有執也며 齊莊中正이 足以有敬也며 文理密察이 足以有別也니라

오직 천하의 지극한 聖人이라야 능히 총聰·명明·예睿·지知(智)를 함이 족히 아랫사람에게 임함이 있나니, 너그럽고(관寬) 넉넉하고(裕) 따뜻하고(溫) 부드러움(柔)이 족히 용납함이 있으며, 분발하고(發) 힘있고(强) 굳세고(剛) 의연함(毅)이 족히 잡아서 지킴이 있으며, 재계齋戒하고(齊) 장중莊重하고(莊) 中道를 잡고(中) 正道를 지킴(正)이 족히 공경함이 있으며, 문채나고(文) 조리있고(理) 정밀하고(密) 살핌(察)이 족히 분별함이 있느니라.

聰明睿知는 生知之質이라 臨은 謂居上而臨下也라 其下四者는 乃仁義禮知之德이라 文은 文章也라 理는 條理也라 密은 詳細也라 察은 明辨也라

'총명예지聰明睿知'는 생지生知의 바탕이다. '임臨'은 윗자리에 있으면서 아래에 임함을 이른다. 그 아래 네 가지는 곧 인의예지仁義禮知(智)의 덕德이다. '문文'은 문장文章이다. '리理'는 조리條理이다. '밀密'은 상세詳細함이다. '찰察'은 밝게 분변分辨함이다.

주해

- 聰明睿知: 귀밝고 눈밝고 슬기롭고 지혜로움. '知'는 '지智'의 뜻이다. 聰(귀밝을 총) 睿(깊고밝을 예)
  唐나라 孔穎達의 疏에 "此又申明夫子之德, 聰明寬裕, 足以容養天下, 傷其有聖德而無位也."(≪十三經註疏·中庸解≫)라고 했다. 傷(상심할 상)
  朱子가 말했다. "仁義禮智之知, 與聰明叡知, 便是這一個. 睿知是通上下而言, 睿知是擴充得較大. 睿只訓通, 對知而言. 知是體. 睿是深通處."(大全註疏)
- 寬裕溫柔: 너그럽고 넉넉하고 따뜻하고 부드러움. 寬(너그러울 관) 裕(넉넉할 유) 溫(따뜻할 온) 柔(부드러울 유)
  "寬是廣大. 裕是敍徐. 溫是和厚. 柔是巽順."(四書備旨補註) 敍(차례 서) 徐(천천히 서) 巽(공손할 손)
- 發强剛毅: 强(굳셀 강) 剛(굳셀 강) 毅(굳셀 의)
  "發是奮揚. 强是勇力. 剛是不屈. 毅是堅忍."(四書備旨補註) 奮(떨칠 분) 揚(날릴 양) 屈(굽힐 굴) 堅(굳을 견) 忍(참을 인)
- 執: 잡아서 지키다. 곧 '집수執守'의 뜻이다. 執(잡을 집)
- 齊莊中正: 재계齋戒하고 장중莊重하고 中道를 잡고 正道를 지키다. '재齊'는 '齋'와 같다. '中正'은 '중도中道를 잡고 정도正道를 지킨다. 執中守正'는 뜻이다. 齊(재계할 재) 莊(장엄할 장) 執(잡을 집)
  "齊莊, 俱主心言. 中正亦說平日."(四書備旨補註)
- 文理密察: 문채나고 조리있고 정밀하고 살핌. '文'은 '文章'이며, '文章'은 '문채난다(文彰)'는 뜻이다. 密(빽빽할 밀) 察(살필 찰) 彰(밝을 창)
- 臨(임할 림) 詳(자세할 상) 細(가늘 세) 辨(분별할 변)

【備旨】

子思ㅣ承言小德川流曰 凡德有未備者는 皆聖之未至者也니 惟天下至聖이야 其生知之質을 獨縱於天하여 爲能聰

無所不聞하며 明無所不見하며 睿無所不通하며 知無所不知하여 足以君天下而有臨也라

然이나 有臨은 貴有容하나니 惟質具生知면 則寬而不隘하며 裕而不迫하며 溫而和厚하며 柔而順從이라 此는 仁之德也니 仁則度量洪大하여 足以育物 而有容也요 有臨은 貴有執하나니 惟質具生知면 則發而奮起하며 强而有力하며 剛而不屈하며 毅而有守라 此는 義之德也니 義則操持堅固하여 足以制事而有執也요

有臨은 尙其有敬也하나니 惟質具生知면 則齊焉純一하며 莊焉端嚴하며 中焉無偏倚하며 正焉無邪曲이라 此는 禮之德也니 禮則恪恭寅畏하여 足以涖民而有敬也요 有臨은 尙其有別하나니 惟質具生知면 則文焉有章하며 理焉有條하며 密焉無疎漏하며 察焉無眩惑이라 此는 知之德也니 知則識見精明하여 足以辨類而有別也라

旣獨稟聰明睿知之資요 而又兼備仁義禮智之德이니 信乎라 爲天下至聖也로다

자사子思께서 '소덕小德은 내(川)의 흐름이다'를 이어서 말하여 가라사대 "무릇 德에 아직 갖추지 못함이 있는 자는 모두 聖스러움이 지극하지 못한 자이니, 오직 천하의 지극한 聖人이라야 그 생지生知의 자질을 홀로 하늘에서 부여받아, 능히 귀가 밝아서(聽) 듣지 못하는 바가 없으며, 눈이 밝아서(明) 보지 못하는 바가 없으며, 슬기로워서(睿) 통하지 못하는 바가 없으며, 지혜로워서(知) 알지 못하는 바가 없어

서, 족히 천하에 人君이 되어 아래 백성에게 임함이 있다.
그러나 임臨함은 용납함이 있음을 귀하게 여기나니, 오직 자질이 생지生知를 갖추면 곧 너그러워 협애狹隘하지 아니하며, 넉넉하여 궁색하지 아니하며, 온화하여 화후和厚하며, 부드러워 순종順從을 한다. 이는 仁의 덕德이니, 어질면 곧 도량度量이 넓고 커서 족히 만물을 기르는데 용납함이 있게 됨이요,
임臨함은 잡아서 지킴이 있음을 귀하게 여기나니, 오직 자질이 생지生知를 갖추면 곧 발(發)하여 분기奮起하며, 강(强)하여 힘이 있으며, 굳세어(剛) 굽히지 아니하며, 의연하여(毅) 지킴이 있다. 이는 義의 德이니, 의로우면 곧 지조持操가 견고堅固(견고)하여 족히 일을 제어하는데 지킴이 있게 됨이요,
임臨함은 그 공경이 있음을 숭상하나니, 오직 자질이 생지生知를 갖추면 곧 재계齋戒하여 순일純一하며, 장중莊重하여 단정하고 엄숙하며, 중도中道를 잡아 치우침이 없으며, 中正을 지켜 사곡邪曲이 없다. 이는 禮의 德이니, 예의가 있으면 곧 각공恪恭함이 공경하고 두려워하여 족히 백성에 임臨하는데 공경함이 있게 됨이요,
임臨함은 그 분별이 있음을 숭상하나니, 오직 자질이 생지生知를 갖추면 곧 문채가 나서 밝음이 있으며, 가지런하게 조리條理가 있으며, 정밀하여 성기거나 새는 것이 없으며, 살펴서 현혹眩惑됨이 없다. 이는 知(智)의 德이니, 지혜로우면 곧 식견識見이 정밀하고 밝아서 족히 종류를 분변分辨하는데 분별함이 있게 된다.
이미 홀로 총명예지聰明叡智의 자질을 품부稟賦받았고, 또한 인의예지仁義禮智의 德을 겸비하였으니, 진실로 천하의 지극한 聖人이신 저!"

주해

- 縱於天: 하늘로부터 자질을 부여받다. 곧 '천종天縱'의 뜻이다. 縱(놓을 종)

≪論語 · 자한子罕≫ 篇에 나온다. "固天縱之將聖, 又多能也."

- 偏倚: 치우치다. 편향偏向되다. '편중偏重' 또는 '편향偏向'과 같다. 偏(치우칠 편) 倚(치우칠 의)
- 邪曲: 정직하지 못하다.
  ≪순자荀子 · 비상非相≫ 篇에 나온다. "故鄉乎邪曲而不迷, 觀乎雜物而不惑." 迷(미혹할 미) 惑(미혹할 혹)
- 恪恭: 삼가며 공경하다. '공근恭謹'과 같다. 恪(삼갈 각) 恭(공손할 공)
  ≪國語 · 周語上≫에 나온다. "王則大徇, 耨穫亦如之, 民用莫不震動, 恪恭於農." 徇(주창할 순) 耨(김맬 누) 穫(거둘 확) 震(두려워할 진)
- 寅畏: 공경하며 두려워하다. '경외敬畏'와 같다. 寅(삼갈 인) 畏(두려워할 외)
  ≪書 · 無逸≫ 篇에 나온다. "嚴恭寅畏, 天命自度." 이에 대해 채침蔡沈의 ≪集傳≫에 "寅則欽肅, 畏則戒懼."라고 했다. 欽(공경할 흠) 肅(공경할 숙) 懼(두려워할 구)
- 隘(좁을 애) 裕(넉넉할 유) 迫(궁색할 박) 奮(떨칠 분) 操(잡을 조) 涖(임할 리) 疏(트일 소) 漏(샐 루) 眩(어두울 현) 惑(미혹할 혹)

溥博淵泉하여 而時出之니라

보溥하고 박博하며 연淵하고 천泉하여 때대로 나오니라.

溥博은 周偏而廣闊也요 淵泉은 靜深而有本也라 出은 發見(현)也라
言五者之德이 充積於中而以時發見於外也라

'보박溥博'은 두루 광활함이요, '연천淵泉'은 고요하고 깊어서 근본이 있

는 것이다. '출出'은 발현發見됨이다.

다섯 가지의 德이 안에서 차고 쌓여서 때때로 밖으로 발현된 것을 말한다.

주해

- 溥博: 두루 충만하여 헤아릴 수 없는 모양. '보溥'는 '주편周徧'과 같고, '박博'은 '광활廣闊'과 같다. 溥(넓을 보) 博(넓을 박) 徧(두루 편) 闊(넓을 활)
  唐나라 공영달孔穎達의 疏에 "溥, 謂無不周徧. 博, 謂所及廣遠."라고 했다. 周(두루 주)
  "溥博是充滿不可量."(四書備旨補註)
- 淵泉: 고요하고 깊어서 헤아릴 수 없는 모양. 사려가 깊은 모양. 淵(깊을 연) 泉(샘솟을 천)
  "淵泉是積深不可測."(四書備旨補註) 積(쌓을 적) 測(헤아릴 측)
  朱子가 말했다. "泉, 便有箇發達不已底意."(大全註疏) 底(어조사 저)
  新安陳氏가 말했다. "泉之出, 必有本原也, 溥博淵泉四字, 總詠狀上所列五德之體段."(大全註疏) 總(모두 총) 詠(읊을 영) 狀(형상 상)
- 五德: '총명예지聰明睿知(聖)', '관유온유寬裕溫柔(仁)', '발강강의發强剛毅(義)', '재장중정齊莊中正(禮)', '문리밀찰文理密察(智)'을 말한다.

【備旨】

至聖은 五德具足하여 但見充積於中者ㅣ周徧廣闊하여 萬物之理ㅣ悉包하니 何溥博也며 靜深爲藏하여 萬化之原이 皆裕하니 何淵泉也오

由是로 時乎臨下면 則聰明睿知之德이 出焉하며 時乎容執敬別이면 則仁義禮智之德이 出焉이라

其以時發見於外ㅣ如此하니 此體用一原 顯微無間之妙

也라

지극한 聖人은 五德이 모두 갖추어져서, 다만 중심에 차고 쌓인 것이 주편周徧하고 광활廣闊하여 萬物의 이치가 다 포함되어 있으니 얼마나 보박溥博하며, 고요하고 깊음이 감춰져 있어 萬化의 근원이 다 넉넉하니 얼마나 연천淵泉한가를 볼 수 있음이요,

이로 말미암아 때때로 아래에 임臨하면 곧 총명예지聰明叡智의 德이 나오며, 때때로 용납하고 지키고 공경하고 분별하면 곧 인의예지仁義禮智의 德이 나온다.

그 때때로 밖으로 발현됨이 이와 같으니, 이는 체體와 용用이 하나의 근원이며, 나타나고 은미隱微함이 간격이 없는 오묘奧妙함이다.

주해

- 顯微: 현저顯著와 은미隱微함. 顯(나타날 현) 著(드러날 저) 隱(숨길 은) 微(작을 미) 明나라 이동양李東陽의 ≪천재설泉齋說≫에 나온다. "後人論道者曰 體用一源, 顯微無間."
- 悉(다 실) 裕(넉넉할 유) 奧(깊을 오)

溥博은 如天하고 淵泉은 如淵이라 見而民莫不敬하며 言而民莫不信하며 行而民莫不說이니라

넓고 넓음(溥博)은 하늘과 같고, 깊고 깊음(淵泉)은 연못과 같도다.

나타남에 백성들이 공경하지 아니함이 없으며, 말함에 백성들이 믿지 아니함이 없으며, 행함에 백성들이 기뻐하지 아니함이 없느니라.

言其充積極其盛하여 而發見當其可也라

그 차고 쌓음이 그 盛함을 다해서 발현發見함이 그 可함에 마땅함을 말한 것이다.

주해

- 溥博如天, 淵泉如淵: 넓고 넓음(溥博)은 하늘과 같고, 깊고 깊음(淵泉)은 연못과 같다.
  新安陳氏가 말했다. "溥博則如昊天, 淵泉則如深淵, 非極其盛而何. 見言行, 皆發見也. 民所以莫不敬信悅, 以當其可也.當其可之謂時, 是接上文時出字而發揮之."(大全註疏) 昊(하늘 호) 揮(떨칠 휘)
- 莫(없을 막) 說(기쁠 열)

【備旨】

夫溥博淵泉而出時者는 非尋常可比也라 溥博則如天焉하니 天大無外요 而溥博도 亦與爲無外하며 淵泉則如淵焉하니 淵深不測이요 而淵泉도 亦與爲不測하니 蓋充積이 極其盛矣라

由是로 見之爲德容 而民莫不作肅而敬焉하며 宣之爲德言 而民莫不聽承而信焉하며 發之爲德行 而民莫不鼓舞

而悅焉하니 其發見이 又當可有如此라

무릇 넓고 넓으며(溥博) 깊고 깊어서(淵泉) 때때로 나오는 것은 심상尋常으로 가히 비할 수가 없다.

보박溥博은 곧 하늘과 같으니 하늘은 커서 밖이 없고, 보박溥博도 또한 더불어 밖이 없다. 연천淵泉은 곧 연못과 같으니 연못은 깊어서 헤아릴 수가 없고, 연천淵泉도 또한 더불어 헤아릴 수 없으니, 대개 채우고 쌓음이 그 盛함을 다한 것이다.

이로 말미암아 나타나 덕德있는 모습을 하면 백성들이 엄숙하게 되어 공경하지 아니함이 없으며, 베풀어 덕德있는 말을 하면 백성들이 듣고 받들어서 믿지 아니함이 없으며, 발하여 덕德있는 행동을 하면 백성들이 고무鼓舞되어 기뻐하지 아니함이 없으니, 그 발현함이 또 可함에 마땅한 것이 이와 같음이 있다.

주해

- 尋(보통 심) 肅(엄숙할 숙) 宣(베풀 선) 鼓(북 고) 舞(춤출 무)

是以로 聲名이 洋溢乎中國하여 施(이)及蠻貊하여 舟車所至와 人力所通과 天之所覆와 地之所載와 日月所照와 霜露所隊에 凡有血氣者 莫不尊親하나니 故로 曰配天이니라

이 때문에 명성名聲이 중국中國에 흘러 넘쳐 만맥蠻貊에까지 뻗쳐서, 배(舟)와 수레(車)가 이르는 곳과 인력人力이 통하는 곳과 하늘이 덮어주는 곳과 땅이 실어주는 곳과 일월日月이 비추는 곳과 서리(霜)와 이슬(露)이 내리는 곳에 무릇 혈기血氣가 있는 자가 높이고 친親하지 않은 이가 없나니, 그러므로 가로되 '하늘과 짝한다(配天)'고 하니라.

舟車所至以下는 蓋極言之라 配天은 言其德之所及이 廣大如天也라

'주거소지舟車所至' 이하는 대개 지극히 말한 것이다. '배천配天'은 그 德이 미친 바가 광대하여 하늘과 같음을 말한 것이다.

주해

- 施: 미치다. 뻗치다. '及', '到'와 같다. 施(뻗을 이)
- 血氣者: 생명이 있는 자. 곧 사람을 말한다.
  宋나라 程顥가 말했다. "言聖人成德之用, 其效如此. 至于血氣之類, 莫不尊親, 惟天德爲能配."(≪二程集・中庸解≫)
  新安陳氏가 말했다. "有是聖德之實, 是以, 有是聖德之名. 凡有血氣, 人類也. 尊之爲君, 親之如父母, 極覆載, 人所及處皆然, 豈非德之所及, 廣大如天乎?"(大全註疏)
- 洋(넘칠 양) 溢(넘칠 일) 蠻(남방종족 만) 貊(북방종족 맥)

【備旨】

吾知其敬信悅之所在ㅣ卽聲名之所在也라 是以로 有聖德

聲名이 洋溢乎中國之內하여 而施及於蠻貊之遠하여 凡舟車所可至와 人力所可通과 上而天之所覆와 下而地之所載와 日月所照之處와 霜露所隊之方에 凡有血氣而爲人類者ㅣ莫不尊之爲元后하고 親之爲父母하며 而敬信悅者ㅣ盡於天下也니 豈非其德之所及이 廣大如天乎아 故로 曰配天이니라

夫至聖之德이 備於己하여 而功用이 配於天하니 此ㅣ其所以爲天道歟인저 而小德川流之義를 可識矣라

내가 그 '공경하고 믿고 기뻐함'이 있는 곳이 바로 명성名聲이 있는 곳임을 알겠도다! 이로써 성덕聖德과 명성名聲이 中國내에 흘러 넘쳐 멀리 있는 만맥蠻貊에까지 미쳐서, 무릇 배와 수레가 가히 이르는 곳과, 사람의 힘이 가히 통하는 곳과, 위로 하늘이 덮어주는 곳과, 아래로 땅이 실어주는 곳과, 해와 달이 비추는 곳과, 서리와 이슬이 내리는 곳에, 무릇 혈기血氣가 있어 사람이 된 자가 높여서 원후元后를 삼고, 친애하여 父母를 삼지 않은 자가 없으며, '공경하고 믿고 기뻐함'이 천하에 다하니, 어찌 그 德이 미친 바가 광대하여 하늘과 같지 않으리오! 그러므로 가로되 '하늘과 짝했다'고 한 것이다.

무릇 지극한 聖人의 德이 몸에 갖추어져 공용功用이 하늘에 짝했으니, 이것이 그 천도天道가 되는 이유인 저! '소덕小德은 천류川流이다'의 뜻을 가히 알 수 있다.

주해

● 元后: 천자天子. 后(임금 후)

≪書 · 대우모大禹謨≫에 나온다. "天之曆數在汝躬, 汝終陟元后." 이에

대해 ≪孔傳≫에 "言天道在汝身, 汝終當升爲天子."라고 했다. 謨(꾀 모) 曆(책력 력) 汝(너 여) 躬(몸 궁) 陟(오를 척)

● 蠻(남방종족 만) 貊(북방종족 맥) 歟(어조사 여)

右는 第三十一章이다

右는 第31章이다.

承上章而言小德之川流하니 亦天道也라

上章을 이어 소덕小德의 천류川流를 말했으니, 또한 천도天道이다.

第三十二章　至誠

唯天下至誠이야 爲能經綸天下之大經하며 立天下之大本하며 知天地之化育이니 夫焉有所倚리오

오직 天下의 지극한 성誠이라야 능히 천하의 대경大經을 경륜經綸하며, 天下의 대본大本을 세우며, 天地의 화육化育을 알 수 있나니, 어찌 의지하는 바가 있으리오!

經綸은 皆治絲之事니 經者는 理其緖而分之요 綸者는 比其類而合之也라 經은 常也니 大經者는 五品之人倫이요 大本者는 所性之全體也라
惟聖人之德이 極誠無妄이라 故로 於人倫에 各盡其當然之實하여 而皆可以爲天下後世法하니 所謂經綸之也라 其於所性之全體에 無一毫人欲之僞ㅣ以雜之 而天下之道千變萬化ㅣ皆由此出하니 所謂立之也라 其於天地之化育則亦其極誠無妄者ㅣ有默契焉이요 非但聞見之知而已라 此皆至誠無妄 自然之功用이니 夫豈有所倚著於物而後能哉아

'경륜經綸'은 모두 실을 다스리는 일이니, '경經'이란 것은 그 실마리를 다스려 나눈 것이요, '륜綸'이란 것은 그 종류대로 나란히 하여 합한 것이다. '경經'은 떳떳함이니, '대경大經'이란 것은 오품五品의 인륜人倫이요, '대본大本'이란 것은 성품性稟을 받은 바의 전체全體이다.

오직 聖人의 덕德이 지극히 정성스러워 망령됨이 없다. 그러므로 인륜人倫에 각각 그 당연當然함의 실지를 다하여 모두 가히 천하 후세의 법이 되니, 이른바 '경륜經綸한다'는 것이다.

그 성품性稟을 받은 바의 전체에 한 터럭의 인욕人欲의 거짓도 섞임이 없어서, 천하의 道의 천변만화千變萬化가 모두 이로 말미암아 나오니, 이른바 세운다는 것이다.

그 天地의 화육化育에 곧 또한 지극히 정성스러워 망령됨이 없음은 묵묵히 합치됨이 있고, 다만 듣고 보아서 아는 것이 아닐 따름이다. 이는 모두 지극히 정성스러워 망령됨이 없는 자연스러운 공용功用이니, 어찌 사물에 의지하고 부착附着한 바가 있은 후에 能하리오!

주해

● 經綸: 얽힌 실마리를 다스려서 가지런히 하다. 곧 '국가대사를 계획하고 다스린다'는 뜻이다. 經(다스릴 경) 綸(실 륜)

"經以名分秩然上言. 綸以情意藹然上言."(四書備旨補註) 秩(차례 질) 藹(우거질 애)

≪易·둔屯≫ 卦에 나온다. "雲雷屯, 君子以經綸." 이에 대해 孔穎達의 疏에 "經謂經緯, 綸謂綱綸, 言君子法此屯象有爲之時, 以經綸天下, 約束於物."이라 했다. 屯(진칠 둔) 緯(씨 위) 綱(벼리 강)

朱子가 말했다. "經綸是用. 立本是體. 大本, 卽中也. 大經, 卽用也. 經綸大經, 立大本, 卽是盡此中庸之道."(大全註疏)

● 大經: 五倫. 곧 '부자유친父子有親, 군신유의君臣有義, 부부유별夫婦有別, 장유유서長幼有序, 붕우유신朋友有信'을 말한다.

漢나라 鄭玄의 註에 "至誠, 性至誠, 謂孔子也. 大經, 謂六藝而指 ≪春秋≫ 也. 大本, ≪孝經≫ 也. 安有所倚, 言無所偏倚也. 言唯聖人乃能知聖人也."(≪十三經註疏·中庸解≫)이라 했다. 偏(치우칠 편) 倚(의지할 의)

雙峯饒氏가 말했다. "大經是道. 大本是性. 性, 乃大經之本也. 天地化

育是命, 又大經大本之所自來也."(大全註疏)

● 大本: 큰 근본. 곧 '오상五常'인 '인의예지신仁義禮智信'을 말한다.
● 化育: 낳아서 기르다. 곧 '화생장육化生長育'의 뜻이다.

"化者, 自有而無. 育者, 自無而有."(四書備旨補註)

≪禮記·中庸≫에 "能盡物之性則可以贊天地之化育, 可以贊天地之化育則可以與天地參矣."라고 했고, ≪孔子家語·本命解≫에 "羣生閉藏乎陰而爲化育始, 故聖人因時以合偶."라고 했다. 偶(짝 우)

'化生'이란 말은 ≪易·鹹≫ 卦에 나온다. "天地感而萬物化生."

● 焉(어찌 언) 緖(실마리 서) 毫(터럭 호) 默(잠잠할 묵) 契(맞을 계)

【備旨】

子思ㅣ承言大德敦化曰 道散於人倫 而原於性命하니 人惟誠有未至면 卽不能盡倫盡性하여 以至於命耳라

唯天下至誠이야 極誠無妄하여 爲能於五品人倫하여 爲天下之大經者ㅣ有以經之하여 辨其分하고 綸之合其類焉하며 爲能於所性全體하여 爲天下之大本者ㅣ有以立之 而一私不雜하고 萬理畢該焉하며 爲能於一元迭運하여 爲天地之化育者ㅣ有以知之 而一道相契하고 天人無間焉이니 其化之克敦이 如此라

此ㅣ皆其功用自然이요 不思不勉이니 夫焉有所倚著於物而後能哉리오

자사子思께서 '大德은 化生을 두텁게 한다'를 이어 말하여 가라사대 "道가 인륜人倫에 흩어져 있으나 성명性命에 근원하니, 사람이 오직 精

誠에 지극하지 못함이 있으면 곧 능히 인륜人倫을 다하고 성품性稟을 다하여 命에 이르지 못할 뿐이다.
오직 천하의 지극한 성誠이라야 정성精誠을 다하고 망령됨이 없어서, 오품五品의 인륜人倫에 능하게 되어 천하의 大經이 된 자가 경經을 하여 그 분수를 분변分辨하고, 윤綸을 하여 그 종류를 모을 수 있으며, 성품性稟을 받은 전체에 능하게 되어 천하의 大本이 된 자가 大本을 세워서 하나의 사사로움도 섞이지 않고 모든 이치를 다 갖출 수 있으며, 일원一元이 번갈아 운행하는데 능하게 되어 天地의 화육化育이 된 자가 화육化育을 알고서 一道로써 서로 합치시켜 하늘과 사람이 간격이 없게 할 수 있으니, 그 화육化育을 능히 돈후敦厚하게 함이 이와 같다. 이는 모두 그 功用의 자연스러움이요, 생각지도 않고 힘쓰지도 아니하니, 대저 어찌 사물에 의착倚著한 바가 있는 이후에 능하리오."

주해

- 性命: 만물의 천부天賦와 품수稟受를 말한다. 賦(줄 부) 稟(받을 품) ≪易・乾≫ 卦에 나온다. "乾道變化, 各正性命." 이에 대해 孔穎達의 疏에 "性者, 天生之質, 若剛柔遲速之別. 命者, 人所稟受, 若貴賤夭壽之屬也."라고 했고, 朱子의 ≪本義≫에 "物所受爲性, 天所賦爲命."이라 했다. 遲(늦을 지) 速(빠를 속) 壽(목숨 수)
- 一元: 우주가 시작되어 멸망할 때까지의 주기週期를 말한다. 宋나라 소옹邵雍의 ≪황극경세皇極經世・觀物篇一≫에 의하면, '一元'은 '十二會'이고, '一會'는 '三十運'이며, '一運'은 '十二世'가 되는데, '一世'가 삼십년이므로, '一元'은 곧 십이만 구천 육백년에 해당한다. ≪朱子語類≫ 卷二四에도 나온다. "到得一元盡時, 天地又是一番開闢." 番(차례 번) 闢(열 벽)
- 倚著: 의지하다. 의부倚附하다. '의착倚着'과 같다. 倚(의지할 의) 著(입을 착) 着(붙을 착) 附(붙을 부)
- 畢(모두 필) 該(갖출 해) 迭(갈마들 질) 契(맺을 계)

肫肫其仁이며 淵淵其淵이며 浩浩其天이니라

준준肫肫한 그 인仁이며, 연연淵淵한 그 연못이며, 호호浩浩한 그 하늘이니라.

肫肫은 懇至貌니 以經綸而言也요 淵淵은 靜深貌니 以立本而言也요 浩浩는 廣大貌니 以知化而言也라
其淵其天 則非特如之而已라

'준준肫肫'은 간절하고 지극한 모양이니, 경륜經綸으로써 말한 것이요, '연연淵淵'은 고요하고 깊은 모양이니 입본立本으로써 말한 것이요, '호호浩浩'는 넓고 큰 모양이니 지화知化로써 말한 것이다.
'그 연못이며 그 하늘이다(其淵其天)'은 곧 다만 이와 같을 뿐만이 아니다.

주해

- 肫肫: 성실하고 간절한 모습. 肫(정성스러울 준)
  朱子가 말했다. "肫肫其人者, 人倫之間, 若無些仁厚意, 則父子兄弟不相管攝矣."(大全註疏) 攝(다스릴 섭)
  北溪陳氏가 말했다. "經綸大經, 須加懇切詳細之功, 不可有急迫躁切之意."(大全註疏) 懇(정성 간) 詳(자세할 상) 迫(닥칠 박) 躁(성급할 조)
- 淵(못 연) 浩(클 호) 特(다만 특)

【備旨】

吾由至誠敦化之功用 而思大德之心體矣니 其經綸也는 慈愛浹洽하고 恩意周流하여 殆肫肫乎 見聖心之仁焉이며 其立本也 則私欲罔間하고 萬理畢具하여 殆淵淵乎 見聖心之淵焉이며 其知化也는 心通造化하고 廣遠無方하여 殆浩浩乎 見聖心之天焉이라

내가 '지성돈화至誠敦化'의 功用으로 말미암아 대덕大德의 심체心體를 생각하나니,
그 경륜經綸은 자애慈愛로움이 두루 미치고 은혜로운 뜻이 두루 흘러서 거의 준준肫肫히 聖心의 仁을 볼 수 있으며, 그 근본을 세움은 곧 사욕私欲이 끼어들지 아니하고 온갖 이치가 모두 갖추어져 거의 연연淵淵히 聖心의 깊음을 볼 수 있으며, 그 화육化育을 앎은 심통心通이 造化를 이루고 끝없이 넓고 넓어서 거의 호호浩浩히 聖心의 하늘을 볼 수 있다.

주해

- 浹洽: 두루 미치다. 두루 적시다. 浹(두루미칠 협) 洽(적실 흡) ≪漢書 · 禮樂志≫에 나온다. "於是敎化浹洽, 民用和睦. 災害不生, 禍亂不作." 이에 대해 안사고顏師古의 註에 "浹, 徹也. 洽, 霑也."라고 했다. 睦(화목할 목) 災(재앙 재) 徹(통할 철) 霑(적실 점)
- 殆(거의 태) 罔(없을 망) 畢(모두 필)

苟不固聰明聖知達天德者면 其孰能知之리요

만약 진실로 귀밝고(聰) 눈밝고(明) 성스럽고(聖) 지혜롭게(知) 천덕天德을 통달한 자가 아니면 그 누가 능히 알 수 있으리오!

固는 猶實也라
鄭氏 曰惟聖人이야 能知聖人也

'고固'는 실지實地와 같다.
鄭氏 가로되 "오직 성인聖人이라야 능히 성인聖人을 알 수 있다."

주해

- 天德: 하늘의 덕성德性. 곧 '인의예지仁義禮智'의 德을 말한다.
  漢나라 동중서董仲舒의 ≪춘추번로春秋繁露 · 인부천수人副天數≫에 나온다. "天德施, 地德化, 人德義." 施(베풀 시)
- 孰(누구 숙)

【備旨】

然이나 是道也ㅣ固惟至誠이야 爲能全之며 亦惟至聖이야 爲能知之니 苟不固有聰明聖知之資하여 而達仁義禮智之德者면 則心非至誠之心이며 明非至誠之明이니 其孰能知化經綸立本이 如此之盛哉아
則信乎라 至誠之不易知也니 是ㅣ不可以觀天道之極致乎아 而大德敦化之義를 亦可識矣라

그러나 이 道는 진실로 오직 지극한 성誠이라야 능히 온전히 할 수 있으며, 또한 오직 지극한 聖人이라야 능히 알 수 있으니, 만약 진실로 귀밝고(聰) 눈밝고(明) 성스럽고(聖) 지혜로운(知) 자질이 있어 인의예지仁義禮智의 德을 통달한 자가 아니라면, 곧 마음은 지성至誠의 마음이 아니며 밝음은 지성至誠의 밝음이 아닐 것이니, 그 누가 능히 화육化育을 알고 대경大經을 경륜經綸하고 대본大本을 세움이 이와 같이 盛할 수 있으리오!
그러므로 진실로 지성至誠은 쉽게 알 수 없으니, 여기에서 가히 天道의 극치極致를 살피지 못하리오! '대덕大德은 화육化育을 두텁게 한다(大德敦化)'는 뜻을 또한 가히 알 수 있다.

주해

● 苟(만일 구) 孰(누구 숙) 易(쉬울 이)

右는 第三十二章이다

右는 第32章이다.

承上章 而言大德之敦化하니 亦天道也라
前章에 言至聖之德하고 此章에 言至誠之道라 然이나 至誠之道는 非至聖이면 不能知요 至聖之德은 非至誠이면 不能爲니 則亦非二物矣라
此篇에 言聖人天道之極致니 至此而無以加矣라

上章을 이어 대덕大德의 돈화敦化를 말하였으니, 또한 천도天道이다. 前章에 지극한 聖人의 德을 말하고, 이 章에 지극한 성誠의 道를 말하였다. 그러나 지극한 성誠의 道는 지극한 聖人이 아니면 능히 알지 못하고, 지극한 聖人의 德은 지그한 성誠이 아니면 능히 할 수 없으니, 곧 또한 두 물건이 아니다.
이 篇에 聖人과 천도天道의 극치極致를 말하니, 여기에 이르러 더할 수가 없다.

주해

● 朱子가 말했다. "至誠至聖, 只是以表裏言. 至聖, 是德之發見乎外者. 故人見之, 但見其溥博如天, 至莫不尊親, 此見於外者. 至誠, 則是那裏面骨子, 聰明叡知, 却是那裏發出, 去至誠處, 非聖人, 不自知也."(大全註疏) 裏(속 리) 見(나타날 현) 溥(넓을 보) 那(저 나) 睿(깊고밝을 예)

第三十三章　尚絅

詩曰 衣錦尙絅이라하니 惡其文之著也라 故로 君子之道는 闇然而日章하고 小人之道는 的然而日亡하나니 君子之道는 淡而不厭하며 簡而文하며 溫而理니 知遠之近하며 知風之自하며 知微之顯이면 可與入德矣리라

詩에 가로되 '비단옷을 입고 홑옷을 덧입는다'고 했으니, 그 문채가 드러남을 싫어한 것이다.
그러므로 君子의 道는 암연闇然하되 날로 드러나고, 小人의 道는 적연的然하되 날로 亡하나니,
君子의 道는 담박淡薄하되 싫지 않으며, 간이簡易하되 문채가 나며, 온화하되 조리條理가 있으니, 먼 곳의 가까움을 알며, 바람의 '부터함(自)'을 알며, 가는 것의 드러남을 알면, 가히 더불어 德에 들어갈 수 있으리라.

前章에 言聖人之德이 極其盛矣라 此復自下學立心之始로 言之니 而下文에 又推之하여 以至其極也라 詩는 國風 衛 碩人 鄭 之丰에 皆作衣錦褧衣니 褧은 絅同하니 襌衣也라 尙은 加也라
古之學者ㅣ爲己라 故로 其立心如此라 尙絅이라 故로 闇然하고 衣錦이라 故로 有日章之實이라 淡簡溫은 絅之襲於外也요 不厭而文且理焉은 錦之美在中也라

小人反是라 則暴於外 而無實以繼之하니 是以로 的然而日亡也라 遠之近은 見(현)於彼者ㅣ由於此也요 風之自는 著乎外者ㅣ本乎內也요 微之顯은 有諸內者ㅣ形諸外也니 有爲己之心 而又知此三者면 則知所謹而可入德矣리라 故로 下文引詩하여 言謹獨之事하시니라

前章에서 聖人의 德이 그 盛함을 지극히 함을 말했다. 여기에서 다시 하학下學이 마음을 세우는 始點으로부터 말했으니, 下文에 또 미루어 그 지극함에 이르렀다.

詩는 〈국풍國風・위풍衛風・석인碩人〉 篇과 〈정풍鄭風・봉丰〉 篇에 모두 '의금경의衣錦褧衣'로 되어 있으니, '경褧'은 '경絅'과 같으니 홑옷이다. '상尙'은 더함이다.

옛날의 배우는 자는 자기를 위한 학문을 하였다. 그러므로 그 마음을 세움이 이와 같다. 홑옷을 덧입었기 때문에 암연闇然하고, 비단옷을 입었기 때문에 날로 빛나는 실지實地가 있는 것이다. '담淡'과 '간簡'과 '온溫'은 홑옷을 밖에 입은 것이요, '싫어하지 않고 문채나고 또 조리가 있음'은 비단옷의 아름다움이 안에 있는 것이다.

小人은 이에 反한다. 곧 밖으로 나타나되 실지로 잇지 못하니, 이로써 적연的然하되 날로 없어진다. '원지근遠之近'은 저기에 나타난 것이 여기에서 말미암은 것이요, '풍지자風之自'는 밖에 나타난 것이 안에서 근본 함이요, '미지현微之顯'은 안에 있는 것이 밖으로 드러나는 것이다. '위기爲己'의 마음이 있고 또 이 세 가지를 알면, 곧 삼갈 바를 알아서 가히 德에 들어갈 수 있을 것이다. 그러므로 下文에 ≪詩經≫을 인용하여 홀로 삼가는 일을 말한 것이다.

주해

- 尙絅: 홑옷을 걸치다. 尙(더할 상) 絅(홑옷 경)
  朱子가 말했다. "惡其文之著, 亦不是無文也. 自有文在, 淡則不厭, 簡則不文, 溫則不理, 而今却不厭而文且理, 只緣有錦在裏面."(大全註疏)
  惡(싫어할 오) 文(문채 문) 却(도리어 각) 裏(속 리)
- 闇然: 감추고 드러내지 않는 모양. 闇(어두울 암)
  鄭玄의 註에 "言君子深遠難知, 小人淺近易知."라고 했고, 孔穎達의 疏에 "言君子以其道德深遠謙退, 初視未見, 故曰闇然."이라 했다.(≪十三經註疏·中庸解≫) 謙(겸손할 겸)
- 的然: 밝게 드러나는 모양. 的(선명할 적)
  唐나라 유종원柳宗元의 ≪與蕭翰林俛書≫에 나온다. "非的然昭晰, 自斷於內, 則孰能了僕於冥冥之間哉." 俛(힘쓸 면) 昭(밝을 소) 晰(밝을 석) 孰(누구 숙) 僕(나 복)
- 溫而理: 온화하되 조리條理가 있다. '온溫'은 온후溫厚함이다. '리理'는 조리條理가 분명함이다.
- 遠之近: 먼 곳이 가까운데서 시작되다. '원遠'은 '天下國家'이다. '근近'은 '자신'이다.
- 風之自: 바람이 불어오는 곳. '風'은 내가 남을 감동시키는 것이다. '自'는 '心'이다.
  "風指身之動人者言, 就風度風采上說. 自指心言."(四書備旨補註) 采(빛날 채)
- 微之顯: 가는 것이 나타나는 것. '미微'는 마음의 깊은 곳이다. '현顯'은 나로부터 남에게 미치는 것이다.
  "微指此心之幽言. 顯指自身而及於人言."(四書備旨補註) 幽(깊을 유)
  朱子가 말했다. "知遠之近, 是以己對物言之, 知在彼之是非, 由在我之得失. 知風之自, 是知其身之得失, 由其心之邪正. 知微之顯, 又專指心說, 就裏來."(大全註疏) 邪(간사할 사) 專(오로지 전)
- 爲己: 자신을 위한 학문. 곧 '爲己之學'을 말한다.
  ≪論語·憲問≫ 篇에 나온다. "古之學者爲己, 今之學者爲人."
- 錦(비단 금) 章(밝을 장) 淡(담박할 담) 厭(싫을 염) 簡(대쪽 간) 微(작을 미) 顯(나타

날 현) 襲(입을 습) 衛(지킬 위) 碩(클 석) 丰(예쁠 봉) 褧(홑옷 경) 襌(홑옷 단) 暴(드러날 폭) 繼(이을 계)

【備旨】

子思ㅣ言至聖至誠之德이 可謂極盛矣나 又慮學者ㅣ馳騖高遠而忘下學之功이라 故로 此復自下學至親至切者言之하여 以漸進於上達至精至微之地하니 蓋再敍入德成德之序也라

意謂 爲學은 莫先於立心이요 立心은 莫要於爲己니 詩에 有曰 衣錦而尙之以絅이라하니 詩之意는 蓋惡其錦文之外著하여 而斂於內也라 古人之立心如此하니 而君子爲己之心을 可推矣라

故로 君子之道는 只欲實得於己요 不求人知니 所以外若暗然無華 而就中積美하여 有日章著而無窮이요 小人之道는 專務人知하여 的然外見而中無其實하여 日就消亡也라

然이나 所謂 暗然日章者ㅣ何如오 君子之道는 樸素自守하여 固若是其淡矣나 而其中에 有彌永之旨存焉하여 自不可厭也며 悃愊無華하여 固若是其簡矣나 而其中에 有光輝之美存焉하여 自有其文也며 敦厚和平하여 固若是其溫矣나 而其中에 有秩然之用存焉하여 自有其理也라 暗然日章 如此하니 此皆衣錦尙絅爲己之實心也라

由是로 以爲己之心而知幾면 知遠之幾在近하니 天下國家之治忽이 由於吾身之得失也요 知風之幾在自하니 吾身之得失이 由於吾心之邪正也요 知微者ㅣ顯之幾하니 邪正之有諸內者ㅣ甚微나 而善惡之由中達外者ㅣ甚顯也라 知此三者而於自近微에 謹之면 可以充其爲己之心하여 與之入德 而馴至聖人之域矣리라

자사子思께서 지성至聖과 지성至誠의 德을 말씀하신 것이 가히 지극히 盛하다고 이를 수 있으나, 또한 배우는 자가 고원高遠함에 내달려 하학下學의 공부를 잊어버릴까 염려하셨다. 그러므로 여기에 다시 하학下學의 지극히 친하고 지극히 절실한 것으로부터 말하여, 점차 상달上達의 지극히 정밀하고 지극히 은미隱微한 자리에 나아가니, 대개 다시 德에 들어가고 德을 이루는 차례를 서술하신 것이다.

뜻하여 이르시되 "배움은 마음을 세우는 것(立心)보다 앞서는 것이 없고, 마음을 세우는 것(立心)은 '위기爲己'보다 중요한 것이 없으니, ≪詩經≫에 두어 가로되 '비단옷을 입고 홑옷을 덧입는다'고 하니, 詩의 뜻은 대개 그 비단옷의 문채가 밖으로 드러남을 싫어하여 안으로 거두어들인 것이다. 古人의 입심立心이 이와 같으니, 君子의 '爲己'의 마음을 가히 미룰 수 있을 것이다.

그러므로 君子의 道는 다만 자기에게서 실지實地로 얻고자 하며, 남이 알아주는 것을 구하지 않으니, 밖으로 암연闇然히 화려함이 없는 것 같으나, 가운데에 아름다움이 쌓여서 날로 밝게 드러나 다함이 없는 이유이다. 小人의 道는 오로지 남이 알아주는 것에 힘써 적연的然히 밖으로 나타나되 가운데에 그 실지實地가 없어서 날로 사라져 없어지게 된다.

그러나 이른바 '암연闇然히 날로 나타난다'는 것은 무엇인가? 君子의 道는 질박하게 스스로 지켜서 진실로 이처럼 그 담담淡淡한 것 같으나, 그 가운데에 미영彌永한 뜻이 보존되어 저절로 가히 싫증나지 않으며, 정성스럽고 화려함이 없어서 진실로 이처럼 그 간이簡易한 것 같으나, 그 가운데에 빛나는 아름다움이 보존되어 저절로 그 문채가 있으며, 돈후敦厚하고 화평和平해서 진실로 이처럼 그 온화한 것 같으나, 그 가운데에 질연秩然한 쓰임이 보존되어 저절로 그 조리가 있다. '암연闇然히 날로 나타난다'는 것이 이와 같으니, 이는 모두 '비단옷을 입고 홑옷을 덧입는다'고 하는 '爲己'의 실심實心이다.

이로 말미암아 '爲己'의 마음으로 기미幾微를 알면 먼 일의 기미幾微가 가까이에 있음을 알게 되니, 천하국가의 치홀治忽이 내 몸의 득실得失에서 말미암는다. 바람의 기미幾微가 '부터 함(自)'에 있음을 알게 되니, 내 몸의 득실得失이 내 마음의 사정邪正에서 말미암고, 은미隱微한 것이 나타남의 기미幾微인 줄을 알게 되니, 몸 안에 있는 사정邪正이 매우 은미隱微하나 선악善惡이 안에서 말미암아 밖으로 도달함이 잘 드러나게 된다.

이 세 가지를 알아서 '부터 함(自)'과 '가까움(近)'과 '은미함(微)'에서 삼가면, 가히 그 '爲己'의 마음을 채워서 그것과 더불어 德에 들어가 점차적으로 聖人의 경지에 이를 것이다."

주해

- 馳騖: 내달리다. 분주히 뛰어다니다. 馳(달릴 치) 騖(달릴 무)
  ≪楚辭 · 동방삭東方朔 〈七諫 · 自悲〉≫에 나온다. "駕青龍以馳騖兮, 班衍衍之冥冥." 이에 대해 왕일王逸의 註에 "言極疾也."라고 했다. 駕(멍에 가) 兮(어조사 혜) 衍(넘칠 연) 冥(어두울 명) 疾(빠를 질)
- 下學: 인간의 事理를 배우는 일.

≪論語·憲問≫ 篇에 나온다. "子曰 不怨天, 不尤人, 下學而下達." 이에 대해 하안何晏의 ≪集解≫에 "孔安國曰 下學人事, 上知天命."라고 했고, 宋나라 진량陳亮의 ≪經書發題·論語≫에 "≪論語≫ 一書, 無非下學之事也."라고 했다. 尤(허물 우)

- 上達: 君子가 덕성德性을 수양하고 인의仁義를 통달하는데 힘쓰는 것을 말한다.

  ≪論語·憲問≫ 編에 나온다. "君子上達, 小人下達." 이에 대해 형병邢昺의 疏에 "言君子小人所曉達不同也. 本爲上, 謂德義也. 末爲下, 謂財利也. 言君子達於德義, 小人達於財利."라고 했다.

- 意謂: 뜻하건대. ~라고 여기다. '以爲'와 같다.

  漢나라 이릉李陵의 ≪답소무서答蘇武書≫에 나온다. "陵也不才, 希當大任, 意謂此時, 功難堪矣." 堪(견딜 감)

- 彌永: 오래되다. 영원하다. '장구長久'와 같다. 彌(오랠 미)
- 悃愊: 지극히 정성스러운 모습. '지성至誠'과 같다. 悃(정성 곤) 愊(정성 픽)

  ≪漢書·유향전劉向傳≫에 나온다. "論議正直, 秉心有常, 發憤悃愊, 信有憂國之心." 이에 대해 안사고顔師古의 註에 "悃愊, 至誠也."라고 했다. 秉(잡을 병) 憤(성낼 분)

- 治忽: 세상이 다스려지고 경홀輕忽함. '홀태忽怠'와 같다. 忽(소홀할 홀) 怠(게으를 태)

  ≪書·익직益稷≫ 篇에 나온다. "予欲聞六律五聲八音, 在治忽, 以出納五言." 孔傳에 "言欲以六律和聲音, 在察天下治理及忽怠者."라고 했다.

- 秩然: 질서정연한 모습. 秩(차례 질)
- 馴至: 점차적으로 이르다. '순치馴致'와 같다. 馴(따를 순)

  ≪易·坤≫ 卦에 나온다. "履霜堅冰, 陰始凝也. 馴致其道, 至堅冰也." 履(밟을 리) 霜(서리 상) 堅(굳을 견) 冰(얼음 빙)

- 慮(근심할 려) 斂(거둘 렴) 樸(질박할 박) 暗(어두울 암)

詩云 潛雖伏矣나 亦孔之昭라하니 故로 君子는 內省不疚하여 無惡(오)於志하나니 君子之所不可及者는 其唯人之所不見乎인저

≪詩經≫에 이르되 '잠긴 것(魚)이 비록 엎드려 있으나, 또한 심히 드러나도다!'라고 하니, 그러므로 君子는 안으로 살펴서 흠결이 없어서 뜻에 미워함이 없나니, 君子가 가히 미칠 수 없는 바는 그 오직 사람들이 보지 못하는 바인 저!"

詩는 小雅正月之篇이라 承上文하여 言莫見乎隱, 莫顯乎微也라 疚는 病也라 無惡於志는 猶言無愧於心이니 此는 君子謹獨之事也라

詩는 〈소아小雅 · 정월正月〉 篇이다. 上文을 이어 '숨은 것 보다 나타남이 없으며, 미세한 것 보다 드러남이 없음'을 말한 것이다. '구疚'는 흠결이다. '뜻에 싫어함이 없다'는 것은 마음에 부끄러움이 없다고 말하는 것과 같으니, 이는 君子가 홀로를 삼가는 일이다.

주해

- 孔之昭: 심히 드러나다. 매우 밝게 나타나다. 孔(심할 공) 昭(밝을 소) 漢나라 鄭玄이 말했다. "孔, 甚也. 昭, 明也. 言聖人雖隱居, 其德亦甚明矣. 疚, 病也. 君子自省身無愆病, 雖不遇世, 亦無損于己志."(≪十三經註疏 · 中庸解≫) 愆(허물 건) 疚(오랜병 구) 遇(만날 우) 損(덜 손)

● 人之所不見: 남들이 보지 못하는 곳. '不見'은 '독처獨處'를 말한다. "不見是獨處, 卽潛伏之地."(四書備旨補註) 潛(잠길 잠) 伏(엎드릴 복)
新安陳氏가 말했다. "人所不見, 人所不知也, 己之志向, 己所獨知也."(大全註疏)

● 愧(부끄러울 괴) 謹(삼갈 근)

【備旨】

以入德之事言之컨대 詩云 潛雖隱伏矣나 然이나 其理ㅣ 亦甚昭明이라하니 蓋言獨之不可不謹也라 故로 君子ㅣ 於獨知之地에 內自省察하여 使念慮之萌으로 無一毫疚病이라야 方安於心而無惡(오)라 是則君子之所不可及者는 其惟人之所不見之地 而致謹其獨乎인저 此는 省察爲己之功也라

德에 들어가는 일로 말하건대, ≪詩經≫에 이르되 '잠긴 것이 숨어 엎드려 있으나, 그러나 그 이치가 또한 매우 밝게 드러난다!'고 하니, 대개 홀로를 가히 삼가지 않을 수 없음을 말한 것이다.

그러므로 君子가 홀로 아는 자리에서 안으로 스스로 성찰省察하여 싹트는 생각에 한 터럭의 구병疚病도 없게 해야, 바야흐로 마음이 편안하고 뜻에 미워함이 없게 된다. 이는 곧 君子가 가히 미치지 못할 바는 그 오직 사람들이 보지 못하는 자리이니, 그 홀로를 지극히 삼가함인 저! 이는 성찰省察과 위기爲己의 공부이다.

주해

● 甚(심할 심) 萌(싹 맹) 毫(터럭 호)

詩云 相在爾室한대 尙不愧于屋漏라하니 故로 君子는 不動而敬하며 不言而信이니라

≪詩經≫에 이르되 '그대가 방안에 있음을 보건대, 오히려 옥루屋漏에도 부끄럽지 않도다!'라고 하니, 그러므로 君子는 움직이지 아니해도 공경하며, 말하지 아니해도 믿느니라.

詩는 大雅抑之篇이라 相은 視也라 屋漏는 室西北隅也라 承上文하여 又言君子之戒謹恐懼ㅣ無時不然하여 不待言動而後에 敬信하니 則其爲己之功이 益加密矣라 故로 下文에 引詩하여 幷言其效이라

詩는 〈대아大雅 · 억抑〉 篇이다. '상相'은 '보다'이다. '옥루屋漏'는 방 서북쪽 모퉁이다.

上文을 이어 또 君子의 계근戒謹과 공구恐懼가 때로 그렇지 아니함이 없어서, 말과 행동을 기다리지 않고 후에 공경하고 믿는다는 것을 말한 것이니, 곧 그 '위기爲己'의 공부功夫가 더욱 더 치밀하다. 그러므로 下文에 詩를 인용하여 그 효험을 아울러 말하였다.

주해

- 屋漏: '옥루屋漏'에 대해서는 '물시계'라는 주장과, '고대에 방안의 서북쪽에 작은 휘장을 두르고 신주神主를 모시던 곳'이라는 주장이 있다. 하지만 모두 사람들이 쉽게 볼 수 없는 심밀深密한 곳을 의미한다. 屋(집 옥) 漏(샐 루)

≪詩·大雅·抑≫ 篇에 나온다. "相在爾室, 尙不愧於屋漏." 이에 대해 ≪毛傳≫에 "西北隅謂之屋漏."라고 했고, 鄭玄의 전箋에 "屋, 小帳也. 漏, 隱也."라고 했다. 隅(모퉁이 우) 帳(휘장 장)

朱子가 말했다. "潛雖伏矣, 便覺有善有惡, 須用察. 相在爾室, 只是教做存養工夫."(大全註疏) 潛(잠길 잠) 伏(엎드릴 복) 做(지을 주)

● 相(볼 상) 爾(너 이) 室(집 실) 愧(부끄러워할 괴)

【備旨】

然이나 不但謹獨已也라 詩云 相爾在爾室之中한대 尙其常存敬畏하여 不愧于屋漏之神乎인저하니 蓋言靜之不可不愼也라

故로 君子ㅣ動固敬也니 雖不動 而亦必敬焉하며 言固信也니 雖不言 而亦必信焉이라 夫不動不言은 卽屋漏也요 敬信은 卽不愧也라 此存養之功이니 而爲己益密矣라

그러나 다만 홀로를 삼갈 뿐만이 아니다. ≪詩經≫에 이르되 '그대가 그대의 방 가운데 있음을 바라보건대, 오히려 그 항상 공경과 두려움을 보존하여 옥루屋漏의 신神에게 부끄럽지 않도다!'라고 하니, 대개 고요할 때에 가히 삼가지 않을 수 없음을 말한 것이다.

그러므로 君子가 움직이면 진실로 공경하니, 비록 움직이지 않더라도 또한 반드시 공경하며, 말하면 진실로 믿으니, 비록 말하지 않더라도 또한 반드시 믿는다.

무릇 움직이지 않고 말하지 않는 것은 곧 옥루屋漏요, 공경하고 믿어주는 것은 곧 부끄럽지 않는 것이다. 이는 존양存養의 공부이니, '爲己'

가 더욱 치밀하다.

주해

● 存養: 존심存心과 양성養性. 養(기를 양)
宋나라 朱子의 ≪答何叔京≫에 나온다. "二先生拈出敬之一字, 眞聖學之綱領, 存養之要法." 拈(집을 념)
宋나라 육유陸遊의 ≪存養堂爲汪叔潛作≫ 詩에도 나온다. "三旌五鼎俱妄想, 致一工夫在存養." 旌(기 정) 鼎(솥 정)

詩曰 奏假(격)無言하여 時靡有爭이라하니 是故로 君子는 不賞而民勸하며 不怒而民威於鈇鉞이니라

≪詩經≫에 가로되 "(종묘제사에) 나아가 이르는데 말이 없어, 때에 다툼이 있지 아니하도다!"라고 하니, 이런 까닭으로 君子는 상賞을 주지 아니해도 백성들이 권勸하며, 성내지 아니해도 백성들이 부월鈇鉞보다 두려워 하니라!

詩는 商頌烈祖之篇이라 奏는 進也라 承上文而遂及其效하여 言進而感格於神明之際에 極其誠敬하여 無有言說而人自化之也라 威는 畏也라 鈇는 莝斫刀也라 鉞은 斧也라

詩는 〈상송商頌 · 열조烈祖〉 篇이다. '주奏'는 나아감이다. 上文을 이어 마침내 그 효험에 미쳐서, 나아가 신명神明에 감응感應하여 이를 적에 그 정성과 공경을 다하여 말과 설명이 없어도 사람들이 스스로 감화되는 것을 말한 것이다. '위威'는 두려워함이다. '부鈇'는 여물을 자르는 작도이다. '월鉞'은 도끼이다.

주해

- 奏假: 나아가 이르다. '주奏'는 '진進'과 같다. '격假'은 '격格'과 같다. 奏(나아갈 주) 假(이를 격) 格(이를 격)
  漢나라 鄭玄이 말했다. "假, 大也. 此〈頌〉也. 言奏大樂于宗廟之中, 人皆肅敬, 金聲玉色, 無有言者, 以時太平和合, 無所爭也."(≪十三經註疏 · 中庸解≫) 肅(엄숙할 숙)
- 感格: 여기에서 감응하여 저곳에까지 이르다. 格(이를 격)
  宋나라 이강李綱의 ≪應詔條陳七事奏狀≫에 나온다. "然臣聞應天以實不以文, 天人一道, 初無殊致, 唯以至誠可相感格." 詔(고할 조) 殊(다를 수)
- 靡(아닐 미) 怒(성낼 노) 威(두려워할 위) 鈇(도끼 부) 鉞(도끼 월) 莝(여물 좌) 斫(벨 작) 斧(도끼 부)

【備旨】

爲己之學成이면 而其效則何如오

詩云 主祭者ㅣ奏假神明하여 極其誠敬하여 無有言說이나 則在廟之人이 亦皆化之하여 靡有爭競失禮者라하니 自可見有是德 則有是化矣라

是故로 君子ㅣ由存省之功하여 以造於成德之地면 雖不賞以示勸也 而民之被其德者ㅣ自然有所景仰 而勸於善하

며 雖不怒以示威也 而民之被其德者ㅣ自然威於鈇鉞 而不敢爲惡이라 夫不賞怒는 卽無言也요 民勸威는 卽靡爭也니 蓋德成而民化ㅣ如此라

몸을 위하는 학문이 이루어지면 그 효험이 곧 어떠한가?
≪詩經≫에 이르되 '제사를 주관하는 자가 신명神明에게 나아가 감응하여 그 정성과 공경을 다하여 말과 설명이 없어도, 곧 사당에 있는 사람이 또한 모두 감화되어 쟁경爭競하고 예禮를 잃은 자가 있지 아니하다!'고 하니, 자연히 이러한 德이 있으면 곧 이러한 감화가 있음을 가히 알 수 있다.
이런 까닭으로 君子가 존양存養과 성찰省察의 공부로 말미암아 성덕成德의 경지에 나아가면, 비록 상을 주어 권면勸勉을 보이지 않더라도 백성들이 그 德을 입는 자가 자연히 경앙景仰하는 바가 있어 善을 권하게 되며,
비록 노怒하여 위엄을 보이지 않더라도 백성들이 그 德을 입은 자가 자연히 부월鈇鉞보다 두려워해서 감히 악惡을 저지르지 못하게 된다.
무릇 상을 주거나 노怒하지 않는 것은 곧 말이 없는 것이요, 백성들이 권면하고 두려워하는 것은 곧 다투지 않는 것이니, 대개 德이 盛하여 백성들이 감화됨이 이와 같다.

주해

- 景仰: 흠모하여 우러러보다. '앙모仰慕'와 같다. 景(우러러볼 경) 仰(우러를 앙) 慕(그리워할 모)
  ≪詩·小雅·거할車舝≫ 篇에 나온다. "高山仰止, 景行行止." 또한 ≪後漢書·유개전劉愷傳≫에도 나온다. "今愷景仰前脩, 有伯夷之節." 舝(비녀장 할) 愷(즐거울 개)
- 靡(없을 미) 造(나아갈 조) 威(두려워할 위) 鈇(도끼 부) 鉞(도끼 월)

詩曰 不顯惟德을 百辟其刑之라하니 是故로 君子는 篤恭而天下ㅣ平이니라

≪詩經≫에 가로되 "나타나지 아니한 德을 제후諸侯들이 그 본받도다!"라고 하니, 이런 까닭으로 君子는 공경을 두텁게 함에 天下가 태평하니라.

詩는 周頌烈文之篇이라 不顯은 說見(현)二十六章이니 此는 借引以爲幽深玄遠之意라
承上文하여 言天子有不顯之德하여 而諸侯法之면 則其德愈深而效愈遠矣라 篤은 厚也니 篤恭은 言不顯其敬也라 篤恭而天下平은 乃聖人至德淵微 自然之應이니 中庸之極功也라

詩는 〈주송周頌·열문烈文〉 篇이다. '불현不顯'은 설명이 26章에 나타나니, 이는 빌려 인용해서 유심幽深과 현원玄遠의 뜻으로 삼았다.
上文을 이어 天子에게 나타나지 않는 德이 있어 제후諸侯들이 그것을 본받으면, 곧 그 德이 더욱 깊고 효험이 더욱 원대함을 말한 것이다. '독篤'은 두터움이니, '독공篤恭'은 나타나지 않는 그 공경을 말한 것이다. '篤恭而天下平'은 곧 聖人의 지극한 德이 깊고 현미玄微하며 자연스러운 감응感應이니, 中庸의 지극한 공효功效이다.

주해

- 百辟: 제후諸侯. '군주君主'과 같다. 辟(임금 벽)

≪書·洛誥≫ 篇에 나온다. "汝其敬識百辟享, 亦識其有不享." 이에 대해 孔傳에 "奉上謂之享. 言汝爲王, 其當敬識百君諸侯之奉上者, 亦識其有違上者."라고 했다. 汝(너 여) 享(누릴 향)

漢나라 鄭玄이 말했다. "不顯, 言顯也. 辟, 君也. 此〈頌〉也. 言不顯于文王之德, 百君盡刑之, 諸侯法之也."(≪十三經註疏·中庸解≫)

- 刑: 법칙. 본보기. '형型'과 같다. 型(본보기 형)
- 篤恭: 공경을 돈독히 하다. 篤(도타울 독) 恭(공손할 공)

  陳氏가 말했다. "篤恭, 是申解不顯二字. 雖無人之境, 亦恭, 是篤厚其恭也."(大全註疏) 境(지경 경)

  東陽許氏가 말했다. "章句, 篤恭言不顯其敬也, 謂自厚於恭敬, 未嘗見於言動之間."(大全註疏)
- 幽深: 깊고 고요하다. 幽(깊을 유)

  ≪易·繫辭上≫에 나온다. "無有遠近幽深, 遂知來物." 遂(마침내 수)
- 玄遠: 현묘玄妙하고 유원幽遠하다. 幽(깊을 유)

  ≪晉書·張華傳≫에 나온다. "天道玄遠, 惟修德以應之耳."
- 借(빌 차) 愈(더욱 유) 篤(도타울 독) 厚(두터울 후)

【備旨】

不但已也 詩云 天子ㅣ有幽深玄遠之德이면 則百辟이 其皆刑而法之라하니 此可見德愈盛 則化愈廣矣라 是故로 君子ㅣ由存省 而造其極하면 此心이 渾然天理하니 念念是恭하고 時時是恭하여 篤厚渾深하여 不可窺測이요 而天下之人이 自順則而不知翕然平治하며 幷勸威之迹이 亦泯矣라

夫篤恭은 是不顯之德이요 天下平은 卽百辟刑之니 此中和位育之能事요 聖神功化之極致也라

다만 여기에 그칠 뿐만이 아니다. ≪詩經≫에 이르되 '天子에게 유심幽深하고 현원玄遠한 德이 있으면, 곧 백벽百辟들이 그 모두 본받아서 법으로 삼도다!'라고 하니, 이는 가히 德이 더욱 성盛하면 곧 감화가 더욱 넓어짐을 볼 수 있다.

이런 까닭으로 君子가 존양存養과 성찰省察로 말미암아 그 지극함에 나아가면 이 마음이 天理와 혼연渾然히 하나가 되니, 생각마다 이에 공경하고 때때로 이에 공경하여 독후篤厚함이 온전하고 깊어서 가히 살펴 헤아릴 수 없고,

천하 사람들이 스스로 법을 따르면서 자신도 모르게 흡연翕然히 화합으로 다스려지며, 아울러 권면하거나 두려워하는 자취도 또한 없어지게 된다.

무릇 '공경을 두텁게 함(篤恭)'은 이는 '나타나지 않는(不顯)' 德이요, '천하가 화평해짐(天下平)'은 곧 '백벽百辟들이 본받음'이니, 이는 '중화위육中和位育'의 능사能事요, '성신공화聖神功化'의 극치極致이다.

주해

- 順則: 법칙에 따르다. 順(따를 순) 則(법칙 칙)
  ≪國語 · 周語中≫에 나온다. "以義死用謂之勇, 奉義順則謂之禮, 畜義豐功謂之仁." 畜(쌓을 축) 豐(넉넉할 풍)
- 渾然天理: 天理와 완전히 부합符合하다. 천리와 하나가 되다. '혼연渾然'은 완정完整하여 둘로 나눌 수 없는 모습이다. 渾(온전할 혼)
  宋나라 주밀周密의 ≪齊東野語 · 침폄鍼砭≫에 나온다. "凡背面二器相合, 則渾然全身." 砭(돌침 폄)
- 渾深: 온전하고 깊은 모습. 渾(온전할 혼) 深(깊을 심)
  ≪비아埤雅 · 석어釋魚≫에 나온다. "故里語曰 洛鯉伊魴, 貴於牛羊. 言洛以渾深宜鯉, 伊以清淺宜魴." 埤(더할 비) 鯉(잉어 리) 伊(저 이) 魴(방어 방)
- 窺測: 살피고 헤아리다. 탐구하다. 窺(엿볼 규) 測(헤아릴 측)

≪朱子語類≫ 卷九三에 나온다. "問 康節(邵雍)一無開物閉物之說是否? 曰此理不易, 他窺測至此." 邵(고을이름 소) 雍(온화할 옹)

- 翕然: 하나로 화합하는 모양. 翕(합할 흡)
≪漢書·鄭當時傳≫에 나온다. "聞人之善言, 進之上, 唯恐後. 山東諸公以此翕然稱 鄭莊." 恐(두려울 공) 莊(성할 장)
- 中和位育: "중中과 화和를 이루면 天地가 제자리 하고, 萬物이 길러진다. 致中和, 天地位焉, 萬物育焉."(≪中庸≫ 第1章)
- 聖神功化: 聖神(聖人)의 공업功業과 교화敎化. '성신聖神'은 〈中庸章句序〉에 나온다. "蓋自上古聖神, 繼天立極, 而道統之傳有自來矣."
- 愈(더욱 유) 造(나아갈 조) 威(두려워할 위) 泯(망할 민)

詩云 予懷明德의 不大聲以色이라하여늘 子曰 聲色之於以化民에 末也라하시니라 詩曰 德輶如毛라하나 毛猶有倫이어니와 上天之載ㅣ無聲無臭야 至矣니라

≪詩經≫에 이르되 "내가 명덕明德의 소리와 얼굴색을 크게 여기지 아니함을 생각하노라!" 하거늘,
孔子 가라사대 "소리와 얼굴색이 백성을 감화하는데는 말무末務이니라!"
≪詩經≫에 가로되 "德의 가벼움이 터럭과 같도다!"라고 하니, 터럭은 오히려 비교할 만한 것이 있거니와, 상천上天의 일은 소리도 없고 냄새도 없어야 지극하니라.

詩는 大雅皇矣之篇이라 引之하여 以明上文所謂不顯之德者ㅣ正以其不大聲與色也라
又引孔子之言하여 以爲聲色은 乃化民之末務니 今但言不大之而已나 猶有聲色者ㅣ存하니 是未足以形容不顯之妙라 不若烝民之詩所言德輶如毛하니 則庶乎可以形容矣나 而又自以爲謂之毛 則猶有可比者하니 是亦未盡其妙라 不若文王之詩所言 上天之事ㅣ無聲無臭니 然後에 乃爲不顯之至耳라
蓋聲臭는 有氣無形하여 在物에 最爲微妙어늘 而猶曰無之라 故로 惟此ㅣ可以形容不顯篤恭之妙니 非此德之外에 又別有是三等 然後爲至也라

詩는 〈대아大雅・황의皇矣〉 篇이다. 인용하여 上文의 이른바 '나타나지 않는 德이 바로 그 소리와 얼굴색을 크게 하지 않음'을 밝힌 것이다.
또 孔子의 말씀을 인용하여 "소리와 얼굴색은 이에 백성을 교화하는 말무末務이다."라고 하였으니, 이제 다만 '크게 여기지 않는다'고 말할 뿐이지만, 오히려 소리와 얼굴색이 존재하는 것이니, 이는 족히 '나타나지 않는' 오묘함을 형용할 수 없다.
〈증민烝民〉의 詩에 말한 바 "德의 가벼움이 터럭과 같다"고 한 것만 같지 못하니, 곧 거의 가히 형용했다고 할 수 있으나, 그러나 또한 스스로 터럭이라고 말한 것은 오히려 가히 비교할 것이 있으니, 이 또한 그 오묘함을 다하지 못한 것이다. (그러므로) 文王의 詩에서 말한 바 "上天의 일이 소리도 없고 냄새도 없다"고 한 연후에야 이에 나타나지 않는 지극함이 되는 것만 같지 못할 뿐이다.

대개 소리와 냄새는 氣는 있으나 형체가 없어, 사물에 있어서 가장 현미玄微하고 오묘함이 되거늘, 오히려 '없다'라고 한 것이다. 그러므로 오직 이것이 가히 '불현不顯'과 '독공篤恭'의 오묘함을 형용할 수 있으니, 이 德의 밖에 또 별도로 이 세 등급이 있는 연후에 지극함이 되는 것이 아니다.

주해

- 予懷明德: 내가 明德을 오래도록 생각하다. '회懷'는 '常念'의 뜻이다. 予(나 여) 懷(생각할 회)

  "予是詩人托爲上帝自稱之言. 懷是常念意. 明德指能全天賦之明德言."(四書備旨補註) 托(맡길 탁)

- 不大聲以色: 소리와 얼굴색을 크게하지 않다. 곧 음성音聲과 안색顔色은 백성들을 교화시키는데 말단末端적인 일이라는 뜻이다. '聲'을 '호령號令'으로 해석할 수도 있다. '以'는 '與'와 같다.

  "不大是未嘗顯者意. 以猶與也. 聲是號令. 色是容貌."(四書備旨補註)

- 末: 말단末端의 일. '말무末務' 또는 '말사末事'의 뜻이다. 端(끝 단)

- 德輶如毛: 德의 가벼움이 터럭과 같다. '德輶如羽'라고도 한다. '유輶'는 '輕'과 같다. 輶(가벼울 유) 輕(가벼울 경) 羽(깃 우)

  이 말은 원래 ≪詩 · 大雅 · 증민烝民≫ 篇에 나온다. "人亦有言, 德輶如毛, 民鮮克擧之. 我儀圖之, 維仲山甫擧之, 愛莫助之." 이에 대해 鄭玄의 箋에 "人之言云, 德甚輕, 然而衆人寡能獨擧之以行者, 言政事易耳, 而人不能行者, 無其志也. 我與倫匹圖之, 而未能爲也."라고 했다. 匹(짝 필)

  ≪中庸≫의 내용에 대해서는 鄭玄의 註에 "輶, 輕야. 言化民常以德, 德之易擧而用其輕如毛耳."라고 했다.(≪十三經註疏 · 中庸解≫)

- 毛猶有倫: 터럭은 오히려 비교할 만한 것이 있다. '윤倫'은 '比'와 같다. 倫(비교할 윤)

  鄭玄의 註에 "倫, 猶比也. 言毛雖輕, 尙有所比. 有所比, 則有重. 上天

之造生萬物, 人無聞其聲音, 亦無知其臭氣者, 化民之德, 淸明如神, 淵淵浩浩然後善."라고 했다.(≪十三經註疏 · 中庸解≫) 尙(오히려 상)

● 載(일 재) 烝(많을 증) 臭(냄새 취)

【備旨】

君子ㅣ不顯篤恭하니 則其德之深微를 豈易形容哉아

詩云 上帝ㅣ自言 予懷念文王之明德의 不大其聲音與顔色이라하여늘 似可以形容不顯之德矣라 然이나 孔子ㅣ嘗言 爲政有本하니 若聲色之於以化民에 特末務耳라하시니 今若但執詩不大之說이면 是猶有聲色者ㅣ存也라 不若烝民之詩曰 德之輕微如毛하니 似可以形容不顯之德矣라 然이나 毛雖微也나 猶有比類하니 德豈有比類乎아 惟文王之詩曰 上天之載ㅣ無聲可聽하며 無臭可聞이라하니 乃眞爲不顯之至德矣라 故로 惟此可以形容不顯之德之妙라

然則君子之學이 必至此而後에 爲極也니 非由立心爲己而進其功焉이면 亦安能至是哉아

君子가 독공篤恭을 나타내지 않으니, 곧 그 德의 깊고 은미隱微함을 어찌 쉽게 형용할 수 있으리오?

≪詩經≫에 이르되 '上帝께서 스스로 말씀하시되 「내 문왕文王의 명덕明德이 그 성음聲音과 안색顔色을 크게 하지 않음을 생각하노라!」'라고 하니, 흡사 가히 나타나지 않은 德을 형용할 수 있을 것 같다. 그

러나 孔子께서 일찍이 말씀하시되 '政事를 다스리는데 근본이 있으니, 성음聲音과 안색顏色같은 것은 백성을 교화하는데 다만 말무末務일 뿐이니라!'라고 하시니, 이제 만약 다만 詩의 '크게 여기지 않는다'는 말만 잡고 보면, 이는 오히려 성음聲音과 안색顏色 있는 것과 같다. 〈증민蒸民〉의 詩에 가로되 '德의 가볍고 은미隱微함이 터럭과 같다'라고 한 것만 같지 못하니, 흡사 가히 나타나지 않은 德을 형용할 수 있을 것 같다. 그러나 터럭이 비록 미세하나 오히려 비교함이 있으니, 德에 어찌 비교함이 있으리오?

오직 文王의 詩에 가로되 '上天의 일이 가히 들을 수 있는 소리가 없으며, 가히 맡을 수 있는 냄새가 없도다!'라고 하니, 이에 진실로 나타나지 않은 지극한 德이 된다. 그러므로 오직 이것이 가히 나타나지 않은 德의 오묘함을 형용할 수 있다.

그러한 즉 君子의 배움이 반드시 여기에 이른 후에 지극하게 되니, '立心'과 '爲己'로 말미암아 그 공부에 나아가지 아니하면 또한 어찌 능히 여기에 이를 수 있으리오.

주해

- 比類: 비교하다. 비유하다. 類(견줄 비)
  양梁나라 유협劉勰의 ≪문심조룡文心雕龍 · 송찬頌贊≫ 篇에 나온다. "及三閭 〈橘頌〉, 情采芬芳, 比類寓意, 又覃及細物矣." 勰(뜻맞을 협) 雕(새길 조) 閭(문 려) 橘(귤나무 귤) 采(빛날 채) 芬(향기로울 분) 芳(꽃 방)
- 烝民: 뭇 백성. 모든 백성. '증민蒸民'과 같다. 烝(무리 증) 蒸(무리 증)
- 特(다만 특) 執(잡을 집)

右는 第三十三章이다

右는 第33章이다.

子思ㅣ因前章極致之言하사 反求其本하고 復自下學爲己謹獨之事로 推而言之하사 以馴致乎篤恭而天下平之盛하시고 又贊其妙하사 至於無聲無臭而後 已焉하시니 蓋擧一篇之要而約言之라 其反復丁寧 示人之意ㅣ至深切矣니 學者ㅣ其可不盡心乎아

자사子思께서 앞 章의 극치極致의 말씀으로 인하여 돌이켜 그 근본을 구하고, 다시 하학下學의 '위기爲己'와 '근독謹獨'의 일로부터 미루어 말씀하여, '공경을 돈독히 하니 천하가 태평해지는' 盛大함에 점차적으로 이르게 하시고, 또 그 오묘함을 찬미讚美하여, '소리도 없고 냄새도 없음'에까지 이른 후에 마치시니, 대개 한편의 요체要諦를 들어 요약해 말씀하신 것이다. 그 반복해서 간절하게 사람들에게 보이신 뜻이 지극히 깊고 절박切迫하니, 배우는 자가 그 가히 마음을 다하지 않을 수 있으리오!

주해

- 馴致: 점차적으로 이르다. '순지馴至'와 같다. 馴(따를 순)
  ≪易 · 坤≫ 卦에 나온다. "履霜堅冰, 陰始凝也. 馴致其道, 至堅冰也."
  履(밟을 리) 霜(서리 상) 堅(굳을 견) 冰(얼음 빙)
- 丁寧: 말이 간절한 모양. 丁(성할 정) 寧(편안할 녕)
  唐나라 장적張籍의 ≪와질臥疾≫ 詩에 나온다. "童僕各憂愁, 杵臼無停

聲. 見我形顦顇, 勸藥語丁寧." 僕(종 복) 杵(공이 저) 臼(절구 구) 顦(파리할 초) 顇(파리할 췌) 藥(약 약)

● 復(다시 부) 臭(냄새 취)

仲尼ㅣ曰 君子는 中庸이요 小人은 反中庸이니라

중니仲尼 가라사대 "君子는 중용中庸이요, 小人은 중용中庸에 反하니라."(仲尼)

中庸者는 不偏不倚하며 無過不及而平常之理니 乃天命所當然이요 精微之極致也라 惟君子라야 爲能體之요 小人은 反是라

'중용中庸'이란 것은 치우치지도 않고 의지하지도 아니하며, 지나치거나 미치지 못함이 없는 平常의 (이치)이니, 오직 君子라야 능히 이를 체험體驗하고, 小人은 이에 反하니라.

주해

● 仲尼: 공자孔子의 字. 名은 구丘이다. 尼(산이름 니) 丘(언덕 구)
≪史記·孔子世家≫에 나온다. "紇與顔氏女野合而生 孔子, 禱於尼丘仲尼." 紇(사람이름 흘) 禱(빌 도) 圩(오목할 우)
朱子가 말했다. "若曰孔子則外之之辭, 若曰夫子則當時衆人相呼之通稱. 古人不諱字, 儀禮祭祀, 皆稱其祖爲伯某甫."(大全註疏) 諱(꺼릴 휘) 伯(맏 백) 甫(아무개 보)

부록 1

《中庸》 原文

子程子曰："不偏之謂中, 不易之謂庸. 中者, 天下之正道, 庸者, 天下之定理." 此篇乃孔門傳授心法, 子思恐其久而差也, 故筆之於書, 以授孟子. 其書始言一理, 中散爲萬事, 末複合爲一理, "放之則彌六合, 卷之則退藏於密", 其味無窮, 皆實學也. 善讀者玩索而有得焉, 則終身用之, 有不能盡者矣.

第一章

天命之謂性, 率性之謂道, 修道之謂教.

道也者, 不可須臾離也, 可離非道也. 是故君子戒慎乎其所不睹, 恐懼乎其所不聞.

莫見乎隱, 莫顯乎微, 故君子慎其獨也.

喜怒哀樂之未發, 謂之中；發而皆中節, 謂之和. 中也者, 天下之大本也；和也者, 天下之達道也.

致中和, 天地位焉, 萬物育焉.

右第一章. 子思述所傳之意以立言. 首明道之本原出於天而不可易, 其實體備於己而不可離, 次言存養省察之要, 終言聖神功化之極. 蓋欲學者於此反求諸身而自得之, 以去夫外誘之私, 而充其本然之善, 楊氏所謂一篇之體要是也. 其下十章, 蓋子思引夫子之言, 以終此章之義.

第二章

仲尼曰 : "君子中庸, 小人反中庸. 君子之中庸也, 君子而時中 ; 小人之中庸也, 小人而無忌憚也."

第三章

子曰 : "中庸其至矣乎! 民鮮能久矣!"

第四章

子曰 : "道之不行也, 我知之矣, 知者過之, 愚者不及也 ; 道之不明也, 我知之矣, 賢者過之, 不肖者不及也. 人莫不飮食也, 鮮能知味也."

第五章

子曰 : "道其不行矣夫!"

第六章

子曰 : "舜其大知也與! 舜好問而好察邇言, 隱惡而揚善, 執其兩端, 用其中於民, 其斯以爲舜乎!"

第七章

子曰 : "人皆曰予知, 驅而納諸罟擭陷阱之中, 而莫之知辟也. 人皆曰予知, 擇乎中庸而不能期月守也."

第八章

子曰 : "回之爲人也, 擇乎中庸, 得一善, 則拳拳服膺而弗失之矣."

第九章

子曰："天下國家可均也, 爵祿可辭也, 白刃可蹈也, 中庸不可能也."

第十章

子路問強. 子曰："南方之強與? 北方之強與? 抑而強與? 寬柔以教, 不報無道, 南方之強也, 君子居之. 衽金革, 死而不厭, 北方之強也, 而強者居之. 故君子和而不流, 強哉矯! 中立而不倚, 強哉矯! 國有道, 不變塞焉, 強哉矯! 國無道, 至死不變, 強哉矯!"

第十一章

子曰："素隱行怪, 後世有述焉, 吾弗爲之矣. 君子遵道而行, 半塗而廢, 吾弗能已矣. 君子依乎中庸, 遯世不見知而不悔, 唯聖者能之."

第十二章

君子之道費而隱. 夫婦之愚, 可以與知焉, 及其至也, 雖聖人亦有所不知焉；夫婦之不肖, 可以能行焉, 及其至也, 雖聖人亦有所不能焉. 天地之大也, 人猶有所憾. 故君子語大, 天下莫能載焉；語小, 天下莫能破焉. 詩云："鳶飛戾天, 魚躍於淵." 言其上下察也. 君子之道, 造端乎夫婦；及其至也, 察乎天地.

右第十二章. 子思之言, 蓋以申明首章道不可離之意也. 其下八章, 雜引孔子之言以明之.

第十三章

子曰："道不遠人. 人之爲道而遠人, 不可以爲道. 詩云：'伐柯伐柯, 其則不遠.' 執柯以伐柯, 睨而視之, 猶以爲遠. 故君子以人治人, 改而止. 忠恕違道不遠, 施諸己而不願, 亦勿施於人. 君子之道四, 丘未能一焉：所求乎子，以事父未能也；所求乎臣，以事君未能也；所求乎弟，以事兄未能也；所求乎朋友，先施之未能也. 庸德之行，庸言之謹，有所不足，不敢不勉，有餘不敢盡；言顧行，行顧言，君子胡不慥慥爾!"

第十四章

君子素其位而行，不願乎其外.

素富貴，行乎富貴；素貧賤，行乎貧賤；素夷狄，行乎夷狄；素患難，行乎患難；君子無入而不自得焉.

在上位不陵下，在下位不援上，正己而不求於人則無怨. 上不怨天，下不尤人. 故君子居易以俟命，小人行險以徼幸.

子曰："射有似乎君子；失諸正鵠，反求諸其身."

第十五章

君子之道，辟如行遠必自邇，辟如登高必自卑.

詩曰："妻子好合，如鼓瑟琴；兄弟既翕，和樂且耽；宜爾室家；樂爾妻帑." 子曰："父母其順矣乎!"

第十六章

子曰："鬼神之爲德，其盛矣乎! 視之而弗見，聽之而弗聞，體物而不可遺. 使天下之人齊明盛服，以承祭祀. 洋洋乎! 如在其上，如在其左右. 詩曰：'神之格思，不可度思! 矧可射思!' 夫微之顯，誠之不可揜如此夫."

第十七章

子曰："舜其大孝也與! 德爲聖人，尊爲天子，富有四海之內. 宗廟饗之，子孫保之. 故大德必得其位，必得其祿，必得其名，必得其壽. 故天之生物，必因其材而篤焉. 故栽者培之，傾者覆之，詩曰：'嘉樂君子，憲憲令德! 宜民宜人；受祿於天；保佑命之，自天申之!' 故大德者必受命."

第十八章

子曰："無憂者其惟文王乎！ 以王季爲父, 以武王爲子, 父作之, 子述之. 武王纘大王, 王季, 文王之緖. 壹戎衣而有天下, 身不失天下之顯名. 尊爲天子, 富有四海之內. 宗廟饗之, 子孫保之. 武王末受命, 周公成文武之德, 追王大王′王季, 上祀先公以天子之禮. 斯禮也, 達乎諸侯大夫, 及士庶人. 父爲大夫, 子爲士；葬以大夫, 祭以士. 父爲士, 子爲大夫；葬以士, 祭以大夫. 期之喪達乎大夫, 三年之喪達乎天子, 父母之喪無貴賤一也."

第十九章

子曰："武王′周公, 其達孝矣乎！ 夫孝者：善繼人之志, 善述人之事者也. 春秋修其祖廟, 陳其宗器, 設其裳衣, 薦其時食. 宗廟之禮, 所以序昭穆也；序爵, 所以辨貴賤也；序事, 所以辨賢也；旅酬下爲上, 所以逮賤也；燕毛, 所以序齒也. 踐其位, 行其禮, 奏其樂, 敬其所尊, 愛其所親, 事死如事生, 事亡如事存, 孝之至也. 郊社之禮, 所以事上帝也, 宗廟之禮, 所以祀乎其先也. 明乎郊社之禮, 禘嘗之義, 治國其如示諸掌乎."

第二十章

哀公問政.

子曰："文武之政, 布在方策. 其人存, 則其政擧；其人亡, 則其政息. 人道敏政, 地道敏樹. 夫政也者, 蒲盧也. 故爲政在人, 取人以身, 修身以道, 修道以仁. 仁者人也, 親親爲大；義者宜也, 尊賢爲大；親親之殺, 尊賢之等, 禮所生也.(在下位不獲乎上, 民不可得而治矣!) 故君子不可以不修身；思修身, 不可以不事親；思事親, 不可以不知人；思知人, 不可以不知天."

天下之達道五, 所以行之者三. 曰君臣也, 父子也, 夫婦也, 昆弟也, 朋友之交也. 五者天下之達道也. 知, 仁, 勇三者, 天下之達德也, 所以行之者一也.

或生而知之, 或學而知之, 或困而知之, 及其知之一也 ; 或安而行之, 或利而行之, 或勉強而行之, 及其成功, 一也.

子曰 : "好學近乎知, 力行近乎仁, 知恥近乎勇. 知斯三者, 則知所以修身 ; 知所以修身, 則知所以治人 ; 知所以治人, 則知所以治天下國家矣."

凡爲天下國家有九經, 曰 : 修身也, 尊賢也, 親親也, 敬大臣也, 體群臣也, 子庶民也, 來百工也, 柔遠人也, 懷諸侯也.

修身則道立, 尊賢則不惑, 親親則諸父昆弟不怨, 敬大臣則不眩, 體群臣則士之報禮重, 子庶民則百姓勸, 來百工則財用足, 柔遠人則四方歸之, 懷諸侯則天下畏之.

齊明盛服, 非禮不動, 所以修身也 ; 去讒遠色, 賤貨而貴德, 所以勸賢也 ; 尊其位, 重其祿, 同其好惡, 所以勸親親也 ; 官盛任使, 所以勸大臣也 ; 忠信重祿, 所以勸士也 ; 時使薄斂, 所以勸百姓也 ; 日省月試, 旣稟稱事, 所以勸百工也 ; 送往迎來, 嘉善而矜不能, 所以柔遠人也 ; 繼絕世, 擧廢國, 治亂持危, 朝聘以時, 厚往而薄來, 所以懷諸侯也. 凡爲天下國家有九經, 所以行之者, 一也.

凡事豫則立, 不豫則廢. 言前定則不跲, 事前定則不困, 行前定則不疚, 道前定則不窮.

在下位不獲乎上, 民不可得而治矣 ; 獲乎上有道 : 不信乎朋友, 不獲乎上矣 ; 信乎朋友有道. 不順乎親, 不信乎朋友矣 ; 順乎親有道. 反諸身不誠, 不順乎親矣 ; 誠身有道. 不明乎善, 不誠乎身矣.

誠者, 天之道也 ; 誠之者, 人之道也. 誠者不勉而中, 不思而得, 從容中道, 聖人也. 誠之者, 擇善而固執之者也.

博學之, 審問之, 愼思之, 明辨之, 篤行之.

有弗學, 學之弗能弗措也 ; 有弗問, 問之弗知弗措也 ; 有弗思, 思之弗得弗措也 ; 有弗辨, 辨之弗明弗措也 ; 有弗行, 行之弗篤弗措也 ; 人一能之己百之, 人十能之己千之. 果能此道矣, 雖愚必明, 雖柔必強.

第二十一章

自誠明, 謂之性；自明誠, 謂之教. 誠則明矣, 明則誠矣.

右第二十一章. 子思承上章夫子天道′ 人道之意而立言也. 自此以下十二章, 皆子思之言, 以反覆推明此章之意.

第二十二章

唯天下至誠, 爲能盡其性；能盡其性, 則能盡人之性；能盡人之性, 則能盡物之性；能盡物之性, 則可以贊天地之化育；可以贊天地之化育, 則可以與天地參矣.

第二十三章

其次致曲, 曲能有誠, 誠則形, 形則著, 著則明, 明則動, 動則變, 變則化, 唯天下至誠爲能化.

第二十四章

至誠之道, 可以前知. 國家將興, 必有禎祥；國家將亡, 必有妖孽；見乎蓍龜, 動乎四體. 禍福將至：善, 必先知之；不善, 必先知之. 故至誠如神.

第二十五章

誠者自成也, 而道自道也.

誠者物之終始, 不誠無物. 是故君子誠之爲貴.

誠者非自成己而已也, 所以成物也. 成己, 仁也；成物, 知也. 性之德也, 合外內之道也, 故時措之宜也.

第二十六章

故至誠無息. 不息則久, 久則征, 征則悠遠, 悠遠則博厚, 博厚則高明. 博厚, 所以載物也 ; 高明, 所以覆物也 ; 悠久, 所以成物也.

博厚配地, 高明配天, 悠久無疆.

如此者, 不見而章, 不動而變, 無爲而成.

天地之道, 可一言而盡也 : 其爲物不貳, 則其生物不測.

天地之道 : 博也, 厚也, 高也, 明也, 悠也, 久也.

今夫天, 斯昭昭之多, 及其無窮也, 日月星辰系焉, 萬物覆焉. 今夫地, 一撮土之多, 及其廣厚, 載華嶽而不重, 振河海而不泄, 萬物載焉. 今夫山, 一卷石之多, 及其廣大, 草木生之, 禽獸居之, 寶藏興焉. 今夫水, 一勺之多, 及其不測, 黿鼉′蛟龍′魚鱉生焉, 貨財殖焉.

詩云 : "維天之命, 於穆不已!" 蓋曰天之所以爲天也. "於乎不顯! 文王之德之純!" 蓋曰文王之所以爲文也, 純亦不已.

第二十七章

大哉聖人之道! 洋洋乎! 發育萬物, 峻極於天. 優優大哉! 禮儀三百, 威儀三千. 待其人而後行.

故曰苟不至德, 至道不凝焉.

故君子尊德性而道問學, 致廣大而盡精微, 極高明而道中庸. 溫故而知新, 敦厚以崇禮.

是故居上不驕, 爲下不倍, 國有道其言足以興, 國無道其默足以容. 詩曰"既明且哲, 以保其身", 其此之謂與!

第二十八章

子曰 : "愚而好自用, 賤而好自專, 生乎今之世, 反古之道. 如此者, 災及其身者也."

非天子, 不議禮, 不制度, 不考文.

今天下車同軌, 書同文, 行同倫. 雖有其位, 苟無其德, 不敢作禮樂焉；雖有其德, 苟無其位, 亦不敢作禮樂焉.

子曰："吾說夏禮, 杞不足征也；吾學殷禮, 有宋存焉；吾學周禮, 今用之, 吾從周."

第二十九章

王天下有三重焉, 其寡過矣乎!

上焉者雖善無征, 無征不信, 不信民弗從；下焉者雖善不尊, 不尊不信, 不信民弗從.

故君子之道：本諸身, 征諸庶民, 考諸三王而不繆, 建諸天地而不悖, 質諸鬼神而無疑, 百世以俟聖人而不惑.

質諸鬼神而無疑, 知天也；百世以俟聖人而不惑, 知人也.

是故君子動而世爲天下道, 行而世爲天下法, 言而世爲天下則. 遠之則有望, 近之則不厭.

詩曰："在彼無惡, 在此無射；庶幾夙夜, 以永終譽!" 君子未有不如此而蚤有譽於天下者也.

第三十章

仲尼祖述堯舜, 憲章文武；上律天時, 下襲水土.

辟如天地之無不持載, 無不覆幬, 辟如四時之錯行, 如日月之代明.

萬物並育而不相害, 道並行而不相悖, 小德川流, 大德敦化, 此天地之所以爲大也.

第三十一章

唯天下至聖, 爲能聰明睿知, 足以有臨也；寬裕溫柔, 足以有容也；發強剛毅, 足以有執也；齊莊中正, 足以有敬也；文理密察, 足以有別也. 溥博淵泉, 而時出之.

溥博如天, 淵泉如淵. 見而民莫不敬, 言而民莫不信, 行而民莫不說.

是以聲名洋溢乎中國, 施及蠻貊；舟車所至, 人力所通；天之所覆, 地之所載, 日月所照, 霜露所隊；凡有血氣者, 莫不尊親, 故曰配天.

第三十二章

唯天下至誠, 爲能經綸天下之大經, 立天下之大本, 知天地之化育. 夫焉有所倚? 肫肫其仁! 淵淵其淵! 浩浩其天!

苟不固聰明聖知達天德者, 其孰能知之?

第三十三章

詩曰"衣錦尙絅", 惡其文之著也. 故君子之道, 闇然而日章；小人之道, 的然而日亡.

君子之道：淡而不厭, 簡而文, 溫而理, 知遠之近, 知風之自, 知微之顯, 可與入德矣.

詩云："潛雖伏矣, 亦孔之昭!" 故君子內省不疚, 無惡於志. 君子之所不可及者, 其唯人之所不見乎.

詩云："相在爾室, 尙不愧於屋漏." 故君子不動而敬, 不言而信.

詩曰："奏假無言, 時靡有爭." 是故君子不賞而民勸, 不怒而民威於鈇鉞.

詩曰："不顯惟德! 百辟其刑之." 是故君子篤恭而天下平.

詩云："予懷明德, 不大聲以色." 子曰："聲色之於以化民, 末也."

詩云: "德輶如毛", 毛猶有倫. "上天之載, 無聲無臭", 至矣!

右第三十三章. 子思因前章極致之言, 反求其本, 複自下學爲己謹獨之事, 推而言之, 以馴致乎篤恭而天下平之盛. 又贊其妙, 至於無聲無臭而後已焉. 蓋擧一篇之要而約言之, 其反複丁寧示人之意, 至深切矣, 學者其可不盡心乎!

부록 2

《禮記·中庸》 原文

天命之謂性, 率性之謂道, 修道之謂教. 道也者, 不可須臾離也, 可離非道也. 是故君子戒慎乎其所不睹, 恐懼乎其所不聞. 莫見乎隱, 莫顯乎微. 故君子慎其獨也. 喜怒哀樂之未發, 謂之中. 發而皆中節, 謂之和. 中也者, 天下之大本也. 和也者, 天下之達道也. 致中和, 天地位焉, 萬物育焉.

仲尼曰 君子中庸, 小人反中庸. 君子之中庸也, 君子而時中. 小人之中庸也, 小人而無忌憚也.

子曰 中庸其至矣乎! 民鮮能久矣!

子曰 道之不行也, 我知之矣. 知者過之, 愚者不及也. 道之不明也, 我知之矣. 賢者過之, 不肖者不及也. 人莫不飲食也, 鮮能知味也.

子曰 道其不行矣夫.

子曰 舜其大知也與! 舜好問而好察邇言, 隱惡而揚善, 執其兩端, 用其中於民, 其斯以爲舜乎!

子曰 人皆曰予知, 驅而納諸罟擭陷阱之中, 而莫之知辟也. 人皆曰予知, 擇乎中庸, 而不能期月守也.

子曰 回之爲人也, 擇乎中庸, 得一善, 則拳拳服膺而弗失之矣.

子曰 天下國家可均也, 爵祿可辭也, 白刃可蹈也, 中庸不可能也.

子路問强. 子曰 南方之强與? 北方之强與? 抑而强與? 寬柔以教, 不報無道, 南方之强也, 君子居之. 衽金革, 死而不厭, 北方之强也, 而强者居之. 故君子和而不流, 强哉矯! 中立而不倚, 强哉矯! 國有道, 不變塞焉, 强哉矯! 國無道, 至死不變, 强哉矯!

子曰 素隱行怪, 後世有述焉, 吾弗爲之矣. 君子遵道而行, 半塗而廢, 吾弗能已矣. 君子依乎中庸, 遯世不見知而不悔, 唯聖者能之. 君子之道費而隱, 夫婦之愚, 可以與知焉. 及其至也, 雖聖人亦有所不知焉. 夫婦之不肖, 可以能行焉. 及其至也, 雖聖人亦有所不能焉. 天地之大也, 人猶有所憾, 故君子語大, 天下莫能載焉. 語小, 天下莫能破焉. ≪詩≫云 鳶飛戾天, 魚躍於淵. 言其上下察也. 君子之道, 造端乎夫婦, 及其至也, 察乎天地.

子曰 道不遠人. 人之爲道而遠人, 不可以爲道. ≪詩≫云 伐柯伐柯, 其則不遠, 執柯以伐柯, 睨而視之, 猶以爲遠. 故君子以人治人, 改而止. 忠恕違道不遠, 施諸己而不願, 亦勿施於人. 君子之道四, 丘未能一焉. 所求乎子以事父, 未能也. 所求乎臣以事君, 未能也. 所求乎弟以事兄, 未能也. 所求乎朋友先施之, 未能也. 庸德之行, 庸言之謹, 有所不足, 不敢不勉, 有餘不敢盡. 言顧行, 行顧言, 君子胡不慥慥爾! 君子素其位而行, 不願乎其外. 素富貴, 行乎富貴. 素貧賤, 行乎貧賤. 素夷狄, 行乎夷狄. 素患難, 行乎患難. 君子無入而不自得焉. 在上位不陵下, 在下位不援上, 正己而不求於人, 則無怨. 上不怨天, 下不尤人. 故君子居易以俟命, 小人行險以徼幸.

子曰 射有似乎君子, 失諸正鵠, 反求諸其身. 君子之道, 辟如行遠必自邇, 辟如登高必自卑. ≪詩≫ 曰 妻子好合, 如鼓瑟琴. 兄弟旣翕, 和樂且耽. 宜爾室家, 樂爾妻帑. 子曰 父母其順矣乎!

子曰 鬼神之爲德, 其盛矣乎! 視之而弗見, 聽之而弗聞, 體物而不可遺. 使天下之人齊明盛服, 以承祭祀, 洋洋乎如在其上, 如在其左右. ≪詩≫ 曰 神之格思, 不可度思! 矧可射思! 夫微之顯, 誠之不可掩如此夫.

子曰 舜其大孝也與! 德爲聖人, 尊爲天子, 富有四海之內. 宗廟饗之, 子孫保之. 故大德必得其位, 必得其祿, 必得其名, 必得其壽. 故天之生物, 必因其材而篤焉. 故栽者培之, 傾者覆之. ≪詩≫ 曰 嘉樂君子, 憲憲令德! 宜民宜人, 受祿於天. 保佑命之, 自天申之! 故大德者必受命.

子曰 無憂者其惟文王乎! 以王季爲父, 以武王爲子, 父作之, 子述之. 武王纘大王、王季、文王之緖, 壹戎衣而有天下, 身不失天下之顯名. 尊爲天子, 富有四海之內. 宗廟饗之, 子孫保之. 武王末受命, 周公成文、武之德, 追王大王、王季, 上祀先公以天子之禮. 斯禮也, 達乎諸侯、大夫及士、庶人. 父爲大夫, 子爲士, 葬以大夫, 祭以士. 父爲士, 子爲大夫, 葬以士, 祭以大夫. 期之喪, 達乎大夫. 三年之喪, 達乎天子. 父母之喪, 無貴賤, 一也.

子曰 武王、周公, 其達孝矣乎! 夫孝者, 善繼人之志, 善述人之事者也. 春秋修其祖廟, 陳其宗器, 設其裳衣, 薦其時食. 宗廟之禮, 所以序昭穆也. 序爵, 所以辨貴賤也. 序事, 所以辨賢也. 旅酬下爲上, 所以逮賤也. 燕毛, 所以序齒也. 踐其位, 行其禮, 奏其樂, 敬其所尊, 愛其所親, 事死如事生, 事亡如事存, 孝之至也. 郊社之禮, 所以事上帝也. 宗廟之禮, 所以祀乎其先也. 明乎郊社之禮、禘嘗之義, 治國其如示諸掌乎!

哀公問政. 子曰 文、武之政, 布在方策, 其人存, 則其政擧. 其人亡, 則其政息. 人道敏政, 地道敏樹. 夫政也者, 蒲盧也. 故爲政在人, 取人以身, 修身以道, 修道以仁. 仁者人也, 親親爲大. 義者宜也, 尊賢爲大. 親親之殺, 尊賢之等, 禮所生也. 在下位不獲乎上, 民不可得而治矣! 筆君子不可以不修身. 思修身, 不可以不事親. 思事親, 不可以不知人. 思知人, 不可以不知天. 天下之達道五, 所以行之者三, 曰 君臣也, 父子也, 夫婦也, 昆弟也, 朋友之交也, 五者天下之達道也. 知仁勇三者, 天下之達德也, 所以行之者一也. 或生而知之, 或學而知之, 或困而知之, 及其知之, 一也. 或安而行之, 或利而行之, 或勉強而行之, 及其成功, 一也.

子曰 好學近乎知, 力行近乎仁, 知恥近乎勇. 知斯三者, 則知所以修身. 知所以修身, 則知所以治人. 知所以治人, 則知所以治天下國家矣. 凡爲天下國家有九經, 曰 修身也, 尊賢也, 親親也, 敬大臣也, 體群臣也, 子庶民也, 來百工也, 柔遠人也, 懷諸侯也. 修身則道立, 尊賢則不惑, 親親則諸父昆弟不怨, 敬大臣則不眩, 體群臣則士之報禮重, 子庶民則百姓勸, 來百工則財用足, 柔遠人則四方歸之, 懷諸侯則天下畏之. 齊明盛服, 非禮不動, 所以修身也. 去讒遠色, 賤貨而貴德, 所以勸賢也. 尊其位, 重其祿, 同其好惡, 所以勸親親也. 官盛任使, 所以勸大臣也. 忠信重祿, 所以勸士也. 時使薄斂, 所以勸百姓也. 日省月試, 旣廩稱事, 所以勸百工也. 送往迎來, 嘉善而矜不能, 所以柔遠人也. 繼絕世, 擧廢國, 治亂持危, 朝聘以時, 厚往而薄來, 所以懷諸侯也. 凡爲天下國家有九經, 所以行之者一也.

凡事豫則立, 不豫則廢. 言前定則不跲, 事前定則不困, 行前定則不疚, 道前定則不窮. 在下位不獲乎上, 民不可得而治矣. 獲乎上有道, 不信乎朋友, 不獲乎上矣. 信乎朋友有道, 不順乎親, 不信乎朋友矣. 順乎親有道, 反諸身不誠, 不順乎親矣. 誠身有道, 不明乎善, 不誠乎身矣.

誠者, 天之道也. 誠之者, 人之道也. 誠者不勉而中, 不思而得, 從容中道, 聖人也. 誠之者, 擇善而固執之者也. 博學之, 審問之, 愼思之, 明辨之, 篤行之. 有弗學, 學之弗能, 弗措也. 有弗問, 問之弗知, 弗措也. 有弗思, 思之弗得, 弗措也. 有弗辨, 辨之弗明, 弗措也. 有弗行, 行之弗篤, 弗措也. 人一能之己百之, 人十能之己千之. 果能此道矣, 雖愚必明, 雖柔必強.

自誠明, 謂之性. 自明誠, 謂之教. 誠則明矣, 明則誠矣. 唯天下至誠, 爲能盡其性. 能盡其性, 則能盡人之性. 能盡人之性, 則能盡物之性. 能盡物之性, 則可以贊天地之化育. 可以贊天地之化育, 則可以與天地參矣. 其次致曲. 曲能有誠, 誠則形, 形則著, 著則明, 明則動, 動則變, 變則化. 唯天下至誠爲能化. 至誠之道, 可以前知. 國家將興, 必有禎祥. 國家將亡, 必有妖孽. 見乎蓍龜, 動乎四體. 禍福將至, 善, 必先知之. 不善, 必先知之. 故至誠如神.

誠者自成也, 而道自道也. 誠者物之終始, 不誠無物. 是故君子誠之爲貴. 誠者非自成己而已也, 所以成物也. 成己, 仁也. 成物, 知也. 性之德也, 合外內之道也, 故時措之宜也. 故至誠無息. 不息則久, 久則徵, 徵則悠遠, 悠遠則博厚, 博厚則高明. 博厚, 所以載物也. 高明, 所以覆物也. 悠久, 所以成物也. 博厚配地, 高明配天, 悠久無疆. 如此者, 不見而章, 不動而變, 無爲而成.

天地之道, 可壹言而盡也. 其爲物不貳, 則其生物不測. 天地之道, 博也厚也, 高也明也, 悠也久也. 今夫天, 斯昭昭之多, 及其無窮也, 日月星辰系焉, 萬物覆焉. 今夫地, 一撮土之多, 及其廣厚, 載華嶽而不重, 振河海而不泄, 萬物載焉. 今夫山, 一拳石之多, 及其廣大, 草木生之, 禽獸居之, 寶藏興焉. 今夫水, 一勺之多, 及其不測, 黿鼉、蛟龍、魚鱉生焉, 貨財殖焉. ≪詩≫云 維天之命, 於穆不已! 蓋曰 天之所以爲天也. 於乎不顯! 文王之德之純! 蓋曰 文王之所以爲文也, 純亦不已.

大哉, 聖人之道! 洋洋乎發育萬物, 峻極於天. 優優大哉! 禮儀三百, 威儀三千, 待其人然後行. 故曰 苟不至德, 至道不凝焉. 故君子尊德性而道問學, 致廣大而盡精微, 極高明而中庸. 溫故而知新, 敦厚以崇禮. 是故居上不驕, 爲下不倍. 國有道, 其言足以興, 國無道, 其默足以容. ≪詩≫ 曰 既明且哲, 以保其身. 其此之謂與!

子曰 愚而好自用, 賤而好自專, 生乎今之世, 反古之道. 如此者, 災及其身者也. 非天子, 不議禮, 不制度, 不考文. 今天下車同軌, 書同文, 行同倫. 雖有其位, 苟無其德, 不敢作禮樂焉. 雖有其德, 苟無其位, 亦不敢作禮樂焉.

子曰 吾說夏禮, 杞不足徵也. 吾學殷禮, 有宋存焉. 吾學周禮, 今用之, 吾從周. 王天下有三重焉, 其寡過矣乎! 上焉者雖善無徵, 無徵不信, 不信民弗從. 下焉者雖善不尊, 不尊不信, 不信民弗從. 故君子之道本諸身, 徵諸庶民, 考諸三王而不繆, 建諸天地而不悖, 質諸鬼神而無疑, 百世以俟聖人而不惑. 質諸鬼神而無疑, 知天也. 百世以俟聖人而不惑, 知人也. 是故君子動而世爲天下道, 行而世爲天下法, 言而世爲天下則. 遠之則有望, 近之則不厭. ≪詩≫ 曰 在彼無惡, 在此無射. 庶幾夙夜, 以永終譽! 君子未有不如此而蚤有譽於天下者也.

仲尼祖述堯舜, 憲章文武. 上律天時, 下襲水土. 辟如天地之無不持載, 無不覆幬, 辟如四時之錯行, 如日月之代明. 萬物並育而不相害, 道並行而不相悖, 小德川流, 大德敦化, 此天地之所以爲大也.

唯天下至聖, 爲能聰明睿知, 足以有臨也. 寬裕溫柔, 足以有容也. 發強剛毅, 足以有執也. 齊莊中正, 足以有敬也. 文理密察, 足以有別也.

溥博淵泉, 而時出之. 溥博如天, 淵泉如淵. 見而民莫不敬, 言而民莫不信, 行而民莫不說. 是以聲名洋溢乎中國, 施及蠻貊. 舟車所至, 人力所通, 天之所覆, 地之所載, 日月所照, 霜露所隊. 凡有血氣者, 莫不尊親, 故曰配天.

唯天下至誠, 爲能經綸天下之大經, 立天下之大本, 知天地之化育. 夫焉有所倚? 肫肫其仁! 淵淵其淵! 浩浩其天! 苟不固聰明聖知達天德者, 其孰能知之?

≪詩≫ 曰 衣錦尙絅, 惡其文之著也. 故君子之道, 暗然而日章. 小人之道, 的然而日亡. 君子之道, 淡而不厭, 簡而文, 溫而理, 知遠之近, 知風之自, 知微之顯, 可與入德矣.

≪詩≫ 云 潛雖伏矣, 亦孔之昭! 故君子內省不疚, 無惡於志. 君子所不可及者, 其唯人之所不見乎!

≪詩≫ 云 相在爾室, 尙不愧於屋漏. 故君子不動而敬, 不言而信.

≪詩≫ 曰 奏假無言, 時靡有爭. 是故君子不賞而民勸, 不怒而民威於鈇鉞.

≪詩≫ 曰 不顯惟德! 百辟其刑之. 是故君子篤恭而天下平.

≪詩≫ 曰 予懷明德, 不大聲以色. 子曰 聲色之於以化民, 末也.

≪詩≫ 曰 德輶如毛, 毛猶有倫. 上天之載, 無聲無臭, 至矣!

부록 3

찾아보기

ㄱ

ㅇ

中庸章句 備旨 懸吐 完譯

中庸章句 備旨

인쇄 | 2014년 1월 25일
발행 | 2014년 1월 29일

저자 | 曉明 金慶國 · 木仁 朴相澤
발행인 | 지병문
발행처 | 전남대학교출판부

등록 | 1981. 5. 21. 제53호
주소 | 500-757 광주광역시 북구 용봉로 77
전화 | (062) 530-0571~2, **마케팅부** 530-0573
팩스 | (062) 530-0579
홈페이지 | http://www.cnup.co.kr
이메일 | cnup0571@hanmail.net

값 25,000원

ISBN 978-89-6849-085-9 (93820)

이 도서의 국립중앙도서관 출판시도서목록(CIP)은 서지정보유통지원시스템 홈페이지(http://seoji.nl.go.kr)와 국가자료공동목록시스템(http://www.nl.go.kr/kolisnet)에서 이용하실 수 있습니다.
(CIP제어번호 : CIP2014003712)

中華思想의 實體 Ⅱ

- (中華思想의 震源은 儒家인가?) -

제1권. 중화사상의 진면목을 논구해야할 당위성

제2권. 이족이 수립한 요순사관과 통치이념의 정통성을 계승한 유가

제3권. 황제사관을 내세우고서 역사왜곡을 감행한 도가

지은이 이 현모

도서출판 장서원

목차

들어가는 말

주목 : 전국시대의 백가사상(百家思想)의 용어는 어지러운 난국을 수습하기 위해 각가지 방책을 제시한 선비사회를 포괄적으로 가리키는 말이긴 하지만, 그러나 그런 표면적인 의미를 역설적으로 되짚어보면, 오히려 그 용어는 고대왕조의 통치노선의 난맥상으로부터 발생한 선비집단의 분열을 적나라하게 보여주는 말이다.

논구초점 : 제1권은 줄 곳 중국의 모든 사상의 원형은 요·순 두 임금이 수립했고 그리고 하·은·주 삼왕조가 그 원형인 왕도정치이념을 계승했으며 그리하여 난세인 춘추·전국시대에 등장한 모든 제자백가들의 사상도 원천적으로 고대왕조의 통치이념에서 비롯되었다고 논구하였다.

그러므로 중화사상과 역사왜곡의 진상을 밝히는 논구는 두 가지 의문점 곧 주나라가 계승한 고대왕조의 통치노선의 두 축에서 먼저 선행되는 도덕주의의 덕치노선이 허물어지고 그리하여 그 덕치주의를 뒷받침하는 패권주의의 법치노선이 춘추시대의 정치전면에 나선 근본이유가 도대체 무엇인가? 하는 의문점과 그리고 전국시대에 이르러 요·순사관의 법치노선을 거부하고 새롭게 등장한 황로학의 법치노선을 추종한 진(秦)나라가 주나라를 대신하여 통일왕조로 등극하면서 급격히 주변민족을 배타적으로 배척한 이후 중국왕조가 급기야 주변의 여러 민족들과 적대적인 갈등의 국면으로 치달아야만 했던 근본원인이 도대체 무엇인가? 하는 의문점과 맞물려 있다. 그리고 이 의문점들의 해명은 고대통치이념과 요·순(堯舜)임금의 역사관을 수호하려는 유가와 그런 유가를 배척하기 위해 무위(無爲)의 정치논리로 새롭게 단장한 통치이념과 황제(黃帝)의 역사관을 내세운 도가가 태동시킨 황로학의 실체를 밝혀야만 가능해진다. 그러면 마침내 그 논구의 종합적 결론으로서 훗날 중화사상의 진원지 내지 길잡이가 된 황로학이 중국고대왕조의 정사(正史)를 왜곡한 진면목이 드러나게 된다. 따라서 2권은 전자인 유가를 3권은 황로학인 도가의 본질을 다룰 것이다.

그런데 그 목표에 도달하려면, 논구의 초점이 유가가 아닌 도가노선에 합류한 법가와 유가와 대척점에 서있는 도가가 서로 결합하여 형성된 황로학이 유가의 노선을 전면적으로 배척한 의도에 정확히 맞추어져야만 가능해지고 또한 그 논구를 뒷받침할 만한 실증적 자료를 착실히 갖추어야만 가능해진다.

따라서 본서는 이 목적에 맞게 유가와 도가가 내세운 학설의 요체를 상호비교하려고 하는데, 그 작업을 아래의 두 가지 근본문제를 토대로 하여 진행할 것이다.

하나는 유가의 정체는 무엇인가? 그리고 다른 하나는 유가를 배척한 도가의 진면목은 무엇인가? 하는 점이다.

중국역사가 왜곡된 진상을 밝히는 작업은 앞선 1권에서 황하유역에 거주한 중국 이족이 수립한 고대왕조의 통치이념의 실체와 그리고 그를 부정해야할 정치적 상황을 논구하였다. 그리고 그 이념이 천명(天命)사상, 선양(禪讓)사상, 민본(民本)사상, 협치(協治)사상, 정명(正名)사상, 예법(禮法)사상, 이용·후생(利用厚生)사상 등임을 밝혔다. 이와 같은 내용의 고대통치이념은 위로는 군주의 책임(責任)론과 아래로는 선비의 책임(責任)론으로 이루어져 있다. 하지만 군주와 선비가 다 함께 마땅히 짊어져야할 양 책임론일지라도 고대통치이념은 군주의 책임론이 주된 것이고, 선비의 책임론이 종속적임을 분명히 해 두었다. 왜냐하면 나라를 다스리는 통치행위를 총체적으로 아우르기 위해서는 하나의 구심점이 우선적으로 확고히 수립되어 있어야 하는데, 그 구심점이 바로 서경이 여실히 보여준 군주책임론의 당사자인 군주이기 때문이다.

그러므로 본서는 이미 1권에서 요·순임금이래로 군주가 마땅히 짊어져야할 책임론의 원천이 천명사상에 있음을 밝혔기 때문에 이제 제2권의 논구는 천명사상의 의의가 명확히 드러난 서경(書經) 상서(商書) 열명 중(說命 中)에 수록된 아래의 글을 바탕으로 하여 시작하겠다.

> "하늘이 귀가 밝으시며 눈이 밝으시니(惟天聰明) 성스러운 임금께서 이것을 법으로서 삼으시면(惟聖時憲) 신하가 공경히 따르며(惟臣欽若) 백성도 따라서 다스려질 것입니다(惟民從乂)."[1]

따라서 중화사상의 진원지를 따져 역사왜곡의 실상을 밝히려면, 그 목적은 우선적으로 군주의 책임론부터 유념해야 한다. 곧 모든 논구과정이 이 책임론을 필히 염두에 두어야만 하는 근본이유는 유가는 이 책임론을 바탕으로 하여 가르침의 이론을 펼치고 있고 반면에 황로학은 이 책임론을 왜곡하여 가르침

1) 서경 p333~334

의 이론을 펼치고 있기 때문이다.

그런데 얼핏 생각하면 황로학이 주나라를 전복하려는 입장이기 때문에 당연히 황로학이 군주책임론을 전개한 듯이 오해할 수 있는데, 실상은 황로학의 도가가 유가의 입장을 교묘히 이용하여 주나라의 전복을 합리화시키려고 한 입장이었기 때문에 오히려 도가의 인물들이 전국시대의 열 왕들에게 책임을 추궁하는 일을 회피하고 또한 거부했던 반(反)책임론자들이었던 것이다. 그런즉 도가가 모든 책임을 고대통치이념과 노선에 돌리면서 현실적으로는 전국의 열 왕과 자신들이 분담해야할 책임에 추호도 눈길도 주지 않았던 점은 분명히 추궁되어야 한다.

그리고 더 나아가 중국고대역사가 왜곡된 사실을 밝히는 작업에서 각별히 군주책임론을 주목해야 하는 중대한 이유는 전제군주제도가 중화사상의 산물이기 때문이다. 곧 진(秦)나라이후에 정착된 전제군주제도의 진원지가 전국시대에 등장한 황제사관과 황로학이기 때문이다. 그러므로 중화사상의 진원지와 역사왜곡의 실체를 규명하는 군주의 책임론을 이 논구의 대전제가 아닐 수 없게 된다.

따라서 요·순 시대에 확립된 군주책임론은 차근히 검토되어야 하는데, 그 발상이 하나라를 전복하고서 상(은)나라를 수립한 탕왕의 말에 명백히 드러나 있기 때문에 그 글은 군주책임론의 전형적인 본보기로서의 의미를 지니게 된다. 곧 그 글은 아래에 인용된 서경 탕고(湯誥)에 수록된 글인데, 그 글의 내용이 다른 글의 내용을 제치고 가장 먼저 거론되어야 하는 까닭은 책임론의 근본이 어디에 있는지를 명확히 보여주기 때문이다. 즉 나라의 중대사를 결정함에 있어서 책임은 군주가 지고 영광과 공은 백성들에게 돌리는 태도인데, 아래의 글이 보여 주는 바처럼 탕왕은 군주가 짊어져야할 책임의식을 분명히 밝혔다.

"너에게 착한 것이 있으면(爾有善) 임금인 내가 감히 <드려나지 못하도록>덮지를 못할 것이요(朕弗敢蔽), 죄가 임금인 내 몸에 해당되면(罪當朕躬) 감히 스스로 용서하지 못할 것이니(不敢自赦), 살펴서 판별하는 것은(惟簡) 상제의 마음에 달려 있다(在上帝之心). 너희 만방에게 죄가 있는 것은(其爾萬邦 有罪) 나 한 사람에게 책임이 있고(在予一人), 나 한 사람에게 죄가 있는 것은(予一人 有罪) 너희 만방 때문이 아니다(無以爾萬邦)."[2]

이처럼 임금 자신이 모든 정사의 책임을 지겠다는 발상은 뒤이어 상나라 19대(?) 왕 반경의 생각을 수록한 서경(書經) 반경상(盤庚上)의 글에 더 잘 드려나 있는데, 특히 이 글은 한 걸음 더 나아가 책임은 군주가 짊어지고 공과 영광은 신하와 백성에게 돌리는 점을 명백히 하고 있다.

"멀고 가까움이 있고 없고 간에(無有遠邇) 죄를 짓는 사람은 죽임으로서 벌을 주고(用罪 伐厥死), 덕을 행하는 사람은 그 착

2) 서경 p228

함을 게시할 것이니(用德 彰厥善), 나라가 훌륭하게 되는 것은 너희 무리 때문이고(邦之臧 惟汝衆), 나라가 훌륭하게 되지 못하는 것은(邦之不臧) 나 한 사람이(惟予一人) 법집행을 잘못하였기 때문이다(有佚罰)."[3]

그러므로 서경은 상나라 22(?)대 왕 고종과 신하 조기가 나눈 대화를 기록한 고종융일(高宗肜日)을 수록하여 임금의 자리가 지닌 막중한 책임을 아래와 같이 명백히 하였다. 그리고 이와 같은 군주의 책임론이 다름 아닌 고대왕조가 수립한 통치이념의 정통성이기 때문에 유가와 도가의 극한대립이 중화사상과 역사왜곡의 논구 한복판에 서게 되는 것이다.

"조기가 말했다(祖己曰). 「오로지 먼저 임금을 바로 잡아야만(惟先格王) 그 정사를 바로 잡을 수 있을 것입니다(正厥事)」"[4]

따라서 이미 1권에서 밝힌 바대로 2권의 논구는 다음의 두 가지 관점을 주요하게 다룰 것이다.

하나는 춘추전국시대의 근본책임자인 위정자들에 대한 비판이다. 그러므로 본서는 위정자들을 총칭적으로 포괄하는 군자의 도리를 논하면서 난국을 수습하려는 유가의 입장을 공정하게 다루려고 한다. 이 과정에서 황로학의 노선을 지향한 법가의 모

3) ibid p292
4) ibid p355

습도 함께 더불어 다룰 것이다.

다른 하나는 그런 위정자들에게 등용되기를 갈망하면서 춘추전국시대를 더욱 혼탁하게 만든 선비들에 대한 비판이다. 그러므로 본서는 춘추전국시대의 근본원인을 정확히 진단하고 그리고서 난국을 수습하는 작업의 한복판에서 올바른 도리를 지켜야 할 선비들이 오히려 유가를 위선적이고 고지식한 부류로 매도하고 그리고서 황로학으로 나아가 시류에 영합한 지식인의 이탈된 모습을 공정하게 다룰 것이다.

그러므로 당연히 본서는 우선적으로 춘추시대를 뒤이은 전국시대의 분열상을 선비의 분열상이라고 말할 수 있는 근거부터 제시하려고 하는데, 일단 그 근거의 단초로서 2편의 논구방향의 길잡이 역할을 할 수 있는 순자와 장자의 글부터 먼저 인용하겠다. 그 이유는 두 서책이 전국시대의 막바지에 등장하여 자신이 속한 유가와 도가의 실체를 가장 확실하게 보여주는 대표적인 서책이기 때문이다.

그런데 아래에서 장자의 글보다 순자의 글을 먼저 인용하였는데, 그 이유는 군주책임론의 논구는 당연히 성인·성왕(聖人聖王)론이 바탕이 되고 길잡이가 되어야만 가능한데 순자의 글이 고대통치이념의 정화(精華)인 성인(聖人)성왕(聖王)론을 잘 설명하고 있기 때문이다. 곧 이 글은 성왕의 도를 통해 선비와 군주와 성인이 일체가 됨을 보여주는데, 따라서 유가와 도가의 차이점은 순자가 말한 바의 성왕이 수립한 제도와 법도에서 밝혀질 것이다.

"성인이란(聖也者) 사물의 이치를 다 꿰뚫은 사람이다(盡倫者也). 왕은(王也者) 모든 제도를 다 마련한 사람이다(盡制者也). 이 두 가지를 다 추구한 <성왕>인물이야 말로(兩盡者) 천하의 법도가 될 수 있다(足以爲天下極矣).

그러므로(故) 학문을 하는 사람은(學者) 성왕을 스승으로 삼고(以聖王爲師), 성왕의 제도를 법칙으로 삼아(案以聖王之制爲法) 그 법도를 받들면서 그 강령을 추구하고(法其法以求其統類) 그 사람을 본받기에 힘쓰는 것이다(以務象效其人).

성왕의 도를 향해 힘쓰는 것이(嚮是而務) 선비이고(士也), 성왕의 도에 유사하게 거의 접근한 사람이(類是而幾) 군자이며(君子也), 그것<성왕의 도>을 알고 있는 사람이(知之) 성인이다(聖人也)."[5)]

이에 반해 도가는 이와 같은 순자의 정론(正論)과 달리 성인의 입장을 교묘하게 설명하면서 새로운 왕조를 건국하려는 자신들의 속셈을 도리어 은폐시킨다. 그 점은 아래의 장자의 글에서 잘 드러나는데, 자신들의 생각이 유가보다 한 수 위라는 것을 만들기 위해 유가의 성인(聖人)론 위에 덕인(德人)과 신인

5) 순자B p623

(神人)을 후반부에 첨부한 점이다.

그런데 그 점이 유가를 숙주로 하여 성장하는 도가의 독특한 전략을 보여주는데, 그 이유는 도가의 성인론이 유가의 성인론을 결코 벗어나 있지도 않으면서 도리어 유가의 입장을 자신들의 입장보다 한 수 아래로 끌고 가려는 한 점 때문이다. 곧 그 점은 장자가 아래의 이야기를 구성한 곳에서 확인되는데, 장자는 이야기의 구성을 안개와 산들바람이 만나 이야기하는 것으로 만들어 자신들 의도를 교묘하게 은폐시키는 고도의 전략을 구사하면서 자신의 의도를 관철시키려 하였다.

그런즉 아래 전반부의 글에 수록된 성인의 정치는 유가의 가르침과 전혀 다르다고 말할 수 없다.

“산들바람이 말했다(苑風曰). 「당신은 사람에 대해서는 관심이 없는가(夫子無意於橫目之民乎)? 성인에 의한 <이상적> 정치에 대해 듣고 싶은데(願聞聖治)」.

안개가 말했다(諄芒曰). 「성인의 정치는(聖治乎) 벼슬을 임명하고 법령을 공포함에 있어서 정당함을 잃지 않고(官施而不失其宜) 인재를 발탁함에 있어서 적재적소를 얻게 하며(拔擧而不失其能), 실정을 모두 살핀 다음에(畢見其情事) 그리고서 해야 할 일을 다 하는 법이다(而行其所爲). 언어에 있어서도 꾸밈없이 자연 그대로 말하면 그러면 백성은 저절로 감화되기 마련이다(言自爲而天下

化). <그래서> 손을 굽히고 턱으로 가리킬 뿐이건만(手撓顧指) 사방의 백성이(四方之民) 모두 사모해 모여 드는 것이니(莫不俱至) 이것이 성인의 정치라고 일컫는 것이다(此之謂聖治)」.[6]

그리고서 장자는 덕인과 신인에 관해 다음과 같이 설파하였는데, 이것이 도가들이 발휘하는 탁월한 전략적인 모습이다. 왜냐하면 이런 이야기는 실제로 불필요한 이야기이었지만, 어리석은 백성들에게 유가의 이론을 자신들의 사상보다 열등한 것으로 여길 수 있게 만드는 말들이었기 때문이다. 그러면 누구라도 당연히 뛰어난 전략을 구사하는 도가가 난국을 수습할 구체적인 청사진을 내놓는 정공법을 택하지 않고 우회적으로 우화를 통해 유가를 공격한 점과 그리고 그 방식이 의외로 대중들을 현혹시키고서 지지를 획득하게 되었는지를 의아하게 여길 수 있게 된다.

그런데 그 점은 단적으로 두 가지로 요약될 수 있다. 즉 하나는 도가는 그런 정공법을 택할 구체적인 청사진이 없는 반면에 그 약점을 현존하는 정치상황을 교묘한 심리전술을 활용하여 비난하면서 곧장 반대급부로 대중들이 그 비난 자체를 마치 청사진인 것처럼 착각하게 만든 점이다. 그러므로 선동적 특성을 지닌 우화를 만든 그들의 창작능력과 그리고 그런 방법을 착안한 전략적 발상이 돋보이지 않을 수 없게 된다. 다른 하나는 기회주의 처세를 무위자연의 도덕적 명분으로 격상시킨 언어구사능력에 대다수의 지식인들이 공감할 수 있도록 만든 점이다. 곧

6) 장자 p291~292

험한 난국 속에서 적극적이고 능동적으로 사태를 수습할 방책을 내놓을 수 없는 지식인들이 소극적이고 수동적으로 눈앞에 펼쳐진 사태를 눈치껏 관망하다가 승산이 있는 곳으로 합류하는 기회주의적 행동방식을 '상선은 물과 같다(上善若水)'는 논리로서 미화시킨 도가의 말은 그런 이기적 처세관을 지닌 지식들에게는 가뭄에 만난 단비와 같은 격의 자기합리화의 돌파구였던 것이다.

그러므로 아래의 글을 사태를 관망하는 자들에게는 기가 막히도록 달콤하고 적절한 말이지만, 당면한 사태를 시급히 수습해야할 책임자들에게는 그야말로 공허한 말장난에 지나지 않는 글일 뿐이다.

<산들바람이 말했다(苑風曰)>. 「덕인<의 정치>을 듣고 싶다(願聞德人)」

<안개가(諄芒)> 말했다(曰). 「덕인은(德人者) 머물러 있을 때에는 아무 일도 없고(居無事) 움직일 때에는 아무 염려할 것도 없다(行無慮). 옳고 그름과 아름답고 추함을 마음에 지니지 않는다(不藏是非美惡). 온 세상이(四海之內) 다함께 이로워지는 것을 함께 기뻐하고(共利之之謂悅) 다함께 넉넉해지는 것을 함께 좋아한다(共給之之謂安). 실의한 모양은 마치 어린 아이가 어미를 잃은 것 같고(怊乎若嬰兒之失其母也), 멍한 모습은 마치 길을 가면서 길을 잃

은 것과 같다(儻乎若行而失其道也). 재물을 사용함에 여유가 있어도(財用有餘) 그러나 어떻게 말미암아 오는 것인지를 알려고 하지 않고(而不知其所自來), 음식을 만족하게 먹어도(飮食取足) 그러나 어떻게 말미암은 것인지를 알려고 하지 않는다(而不知其所從). 이것이 덕인의 모습을 가리킨다(此謂德人之容).」”[7]

그리고서 도가는 한 걸음 더 나아가 아무도 시비를 걸 수 없는 다시 말해 누구도 이전에는 경험을 하지 못했고 그리하여 추후에 아무도 실증할 수 없는 이야기를 진리인양 내세웠다. 그런데 도가가 대다수의 우화에서 구사한 어법은 찬란한 내세를 내세운 종교가 특히 구사하는 무지(無知)의 논법인데, 도가가 이 방식을 곧장 현실적인 정치에 적용하여 적잖은 많은 성과를 거두었기 때문에 그 까닭은 필히 밝혀져야만 한다.

“<산들바람> 신인에 대해서 듣고 싶소(願聞神人).

<안개가>말했다(曰).「위로 올라간 신인은 빛을 올라타고서(上神乘光) 함께 하는 형체를 멸하여 없애는 것(與形滅亡) 이것을 일러 조광이라고 한다(此謂照曠). 자연의 이법을 이르고 진리의 극치에 도달하면(致命盡情) 천지가 즐거워지고 그래서 세상의 온갖 번거로운 일이 소멸하여(天地樂而萬事銷亡) 만물이 본래의

---

7) ibid 同

모습이 회복된다(萬物復情). 이것을 일러 혼명이라고 한다(此之謂混冥).」"[8)]

그리고 그들은 요순의 역사관을 변경하기 위해, 역사에도 없는 황제의 인물을 성인으로 가공하여 역사의 전면에 내세운다. 곧 그 글은 장자가 가공한 두 인물, 황제와 북문성이 악경(樂經)의 음악에 대해 나눈 글인데, 그 글 속에 도가의 본질이 잘 드러나 있다. 곧 장자가 마지막의 '오덕으로 행하다가(行之以五德) 자연으로 순응한다(應之以自然)'는 문장에서 보여 주는 바처럼, 유가의 이론의 한계가 있는 듯이 만들고 도가의 경지가 한수 위임을 내세운 점이다.

"북문성이 황제에게 묻고자 말했다(北門成問於皇帝曰.......... 황제가 말했다(帝曰). 「거의 그랬을 것이다(女殆其然哉). 나는 <처음에> 인간계의 도로서 연주하다가(吾奏之以人) <다시> 하늘의 도로서 음률을 연주했다(徵之以天). 즉 인간계의 근본인 예의로서 <연주를> 행했다가(行之以禮義) <무위자연의 도>하늘로서 <연주를> 개진했다(建之以太淸). 무릇 최고의 음악은(夫至樂者), 먼저 인간계의 일로서 대응하다가(先應之以人事) 하늘의 법으로

8) ibid 同

> 서 순응한다(順之以天理). 오덕으로 행하다가(行之以五德) 자연으로 순응한다(應之以自然)."[9]

그리고서 장자는 성인을 유가와 마찬가지로 명(命)을 수행하는 인물로서 묘사했는데, 그러나 그 경우의 명(命)을 유가사고방식에 맞추어 곧장 천명으로 간주하면 심히 난처해질 수 있게 된다. 즉 그 이유는 한편으로는 정치적으로 해석할 수 있고, 다른 편으로는 유가의 입장을 회피하기 위해 비정치적으로 해석할 수 있게 한 그들의 이중적 사고방식 때문이다.

> "성인은(聖也者) 만물의 진정한 <이치>본성을 통달하고서 명을 추구한다(達於情而遂於命也). 하늘이 부여한 성질이 어긋나지 않고(天機不張), 능히 오관이 모두 것을 갖춘다(而五官皆備). 이것을 일러 천락이라고 한다(此之謂天樂)."[10]

그런즉 장자와 순자의 입장을 비교해 보면, 당연히 순자가 전국시대의 분위기와 전혀 어울리지 않는 성인(聖人)성왕(聖王)론을 설파하였기 때문에, 성인의 법도가 아니라 술책과 무력으로서 천하를 통일하려는 전국시대의 열 왕들과 그리고 그를 보필하는 책략가들에게 환영받을 수 없었던 점이 확실해진다. 그리

9) 장자 p314~315
10) 장자 p314

고 그 점과 아울러 그들이 단연코 유가의 무리를 기피하거나 배척하지 않을 수 없었던 이유도 확실해진다.

그런즉 성인·군자·선비를 일통시켜 성인(聖人)성왕(聖王)론을 설파한 순자는 유효(儒效)에서 도가 1에서 나왔다고 설명하였는데, 그 1을 순자가 생존한 전국시대를 감안하고서 노자도덕경의 1과 비교해보면, 당연히 그 문장은 그 글을 읽는 사람으로 하여금 순자가 도가를 의식하고서 쓴 글임을 단번에 추정할 수 있게 해준다.

순자는 아래 글 속에서 일(一)과 성인(聖人)과 신(神)을 일통(一統)하여 설명하였다.

"조리가 반듯하고(井井兮 其有理也) 위엄 있게 자기를 공경할 수 있으며(嚴嚴兮 其能敬己也), 하는 일의 시작과 종말이 굳건하게 한 결 같고(分分兮 其有終始也) 그의 일이 안락하게 오래 갈 수 있으며(猒猒兮 其能長久也), 그가 지키는 도는 뚜렷하여 위태로워지지 않고(樂樂兮 其執道不殆也), 그가 쓰는 지혜는 밝고 분명하며(炤炤兮 其用知之明也), 그의 기강은 정제하게 유지되고(脩脩兮 其用統類之行也), 그의 언행에는 무늬가 아름답게 드러나며(綏綏兮 其有文章也), 사람들의 훌륭함을 기뻐하며 즐기고(熙熙兮 其樂人之臧), 남들이 합당하지 못한 일을 하는 것을 은

근히 두려워한다면(隱隱兮 其恐人之不當也), 이와 같다면(如是), 곧 그는 성인이라 할 수 있다(則可謂聖人矣).

그것은 그의 도가 1에서 나왔기 때문이다(此其道出乎一).

어떤 것을 일이라 하는가(曷謂一)? 말하자면(曰), 신을 잘 지켜서 그리고 굳건한 것이다(執神而固).

어떤 것을 신이라 하는가(曷謂神)? 말하자면(曰), 착함을 다하여서 다스림이 두루 미치게 하는 것을 신이라 한다(盡善挾治之謂神).

어떤 것을 굳건하다고 하는가(曷謂固)? 말하자면(曰), 어떤 사물도 족히 그것을 기울어뜨리지 못하는 것을 굳건하다고 하는 것이다(萬物莫足以傾之之謂固)."[11]

그리고 뒤이어 계속 순자는 1에 대한 말을 하면서 전국시대의 모든 사상의 근거를 아우르는데, 그 글은 마치 읽는 사람으로 하여금 마치 순자가 전국시대의 난국에 부화뇌동(附和雷同)한 선비사회의 난맥상을 질타하는 것처럼 느끼게 해준다. 왜냐하면 비록 도가가 무위자연의 도를 근본적인 도의 실체로 내세웠을지라도, 시(詩)·서(書)·예(禮)·악(樂)의 경전에 깃든 정치적·도덕적 가치자체마저 전면적으로 부정할 수 없는 상황 때문이

11) 순자B p192~193

다. 그러므로 통치이념의 요체를 부정하지 못하면서 거꾸로 통치이념의 노선만을 붙잡고서 부정하는 이율배반적 행위는 선비의 본분을 망각한 행위가 될 수밖에 없게 되고, 따라서 도가의 무위의 이론은 그런 몰염치한 행위를 변호하기 위한 자기 방어 수단이 된다.

"신하고 굳건한 사람을 성인이라고 한다(神固之謂聖人). 성인이란 도의 중추가 되는 사람이다(聖人也者 道之管也). 천하의 도의 중추가 바로 이것이며(天下之道管是矣), 여러 성왕의 도가(百王之道) 1이라는 것도 바로 이것이다(一是矣).

그러므로 <시경>, <서경>, <예경>, <악경>는(故詩書禮樂之) 모두 여기에 다다른다(歸是矣).

<시경>에서 말하고 있는 것은 성인의 뜻이다(詩言是 其志也).

<서경>에서 말하고 있는 것은 성인의 일이다(書言是 其事也).

<예경>에서 말하고 있는 것은 성인의 행실이다(禮言是 其行也).

<악경>에서 말하고 있는 것은 성인의 조화이다(樂言是 其和也).

<춘추>에서 말하고 있는 것은 성인의 미지이다(春秋言是 其微也)."[12]

그런데 모든 서책이 등장한 시기를 감안하게 되면, 당연히 전국시대의 특수상황에 등장하여 유가와 대척점에 서있었던 장자의 사상이 전국시대의 특수한 상황 때문에 노자의 도덕경을 대신하여 순자의 입장과 서로 견주어 비교될 수밖에 없다. 여하간 장자는 천지(天地)에서 일(一)을 현학적으로 풀이하고 있다.

> "태초에 무가 있을 뿐이었으니(泰初有無) 물론 그 때에는 일체의 존재가 있을 리가 없고 사물의 명칭도 없었다(無有無名). 이윽고 그 무로부터 일이 생겼으니(一之所起) 일이 있고(有一), 그러나 형태는 생겨나지 않았다(而未形). 모든 사물은 다 일을 얻음으로서 생겨났으니(物得以生) 이렇게 일을 얻어 간직하고 있는 것을 덕이라 말한다(謂之德). 이 형태도 없는 일은 분화하게 되지만(未形者有分) 분화된 것 사이에는 아직 큰 차이가 없는 바(且然無閒), 이렇게 분화한 하나하나에 주어진 것을 명이라고 이른다(謂之命).
>
> 이 일은 머물기도 하고 움직이기도 하면서(留動而生物) 이윽고 물질을 낳게 된다. 물질이 이루어지면 그것에 어떤 속성이 생기게 되는바(物成生理), 이렇게 물질이 속성을 갖춘 것을 형태라 한다(謂之形). 이 형태는 그 속에 정신을 지니게 되고(形體保身)

12) ibid p193

형태나 정신이나 자연의 법칙에 따르게 되는데(各有儀則), 이 법칙을 성이라 한다(謂之性).

그러므로 자기에게 갖추어진 성을 잘 닦으면 근원적인 덕으로 돌아갈 수 있고(性修反德) 이 덕을 끝까지 밀고 나가면 태초의 상태와 일치하게 된다(德至同於初). 태초의 상태와 일치하게 되는 것을 무와 같아진다는 말이며 이 무는 일체의 원인이 되는 것이니까(同乃虛) 무한의 크기에 도달하는 것이 된다(虛乃大)."[13]

하지만 이와 같은 도가의 글은 자신들이 스스로 근본적인 한계에 이른 실체를 보여주는데, 그 이유는 존재라는 포괄적이고 보편적인 명칭을 곧바로 정신과 물질과 같은 실체개념으로 사용한 점 때문이다. 즉 '무엇이 어떻게' 라는 방법론을 배제하고 그 대신 신비한 용어를 근원으로 내세우고서, 그로부터 곧장 현상의 생성·소멸을 설명하여, 처음부터 학문적 사고방식 곧 과학적 사고방식이 아예 불가능하도록 만든 점 때문이다. 그러므로 음양론에 뿌리를 둔 도가가 방법론의 한계와 취약점을 극복하기 위해 의학 등의 다른 방계의 지식을 흡수하여 일단 학문적 이론의 외양을 갖추고서 기존의 유가의 가르침을 극단적으로 비난하였으니 일면 그럴 듯하게 보일 수 있었지만, 그러나 스스로 자가당착에 빠지지 않을 수 없었다. 왜냐하면 그들이 내세운 제왕(帝王)론에 걸 맞는 제왕이 결코 탄생하지 않았기 때문이다.

따라서 총론의 1권에 이어 각론의 2권은 중화사상의 진원지

13) 장자 p285~286

가 유가인가? 아니면 도가인가? 하는 의문점을 규명하려는 작업에서 유가와 도가가 맞부딪치는 접점이 바로 성인(聖人)성왕(聖王)론에 있기 때문에 본서는 먼저 서두에서 위의 글부터 인용한 것이다.

그렇다면 제2권의 논구는 당연히 유가의 성인(聖人)론을 강력하게 비난한 도가를 황로학이라고 명명하고서 검토해야만 더 적절할 수 있다. 그런데 노자의 도덕경이 황제의 인물을 전혀 거론하지 않았기 때문에 그렇게 일방적으로 진행하기가 심히 곤란하였다. 그러므로 본서는 일단 도가를 황로학이 아니라 여전히 도가로 명명하고서 논구를 시작하되, 그러나 도덕경을 벗어나 열자와 장자를 인용할 경우에는 도가의 입장대신에 황로학의 입장을 부각하려고 계획했다.

그러면 제2권이 진행하는 논구의 모든 과정이 산만해지지 않고 수미일관될 수 있기 위해서는 당연히 순자의 성인(聖人)성왕(聖王)론에 대응하는 구체적인 도가의 글이 마땅히 있어야 한다. 만약 제시하지 못한다면, 결코 이 논구는 타당한 것이 될 수 없다.

따라서 본서는 유가의 성인(聖人)성왕(聖王)론을 비난한 도가의 진정한 의도를 논구하려는 목적에 가장 잘 부합하는 적절한 경우를 논구의 중심점으로 내세웠는데, 곧 그것이 바로 장자 천도(天道)편의 제왕(帝王)론이다. 더욱이 이 글이 도가의 학설이 속세를 벗어난 신선에 관한 이론이 아니라, 가장 현실적인 속세의 정치이론인 점을 단적으로 보여주기 때문에 적절하다.

“천도는 끝없이 운행하여서 막히는 법이 없다(天道運而無所積). 그러므로 만물이 생성하는 것이다(故萬物成).

제왕의 도도 끝없이 운행하여 막히는 법이 없다(帝道運而無所積). 그러므로 천하가 <그에게로> 돌아가는 것이다(故天下歸).

성인의 도도 끝없이 운행하여 막히는 일이 없다(聖道運而無所積). 그러므로 온 세상 사람들이 복종하는 것이다(海內服).

천도를 밝히고(明於天) 성인의 도에 통달하며(通於聖), 제왕의 덕의 전모를 다 이해하는 사람이 있다면(六通四辟於帝王之德者) 그 사람의 행동은 자연 그것이어서(其自爲也) 고요하지 않을 수 없을 것이다(昧然無不靜者矣).”[14]

게다가 이 제왕(帝王)론이 도가가 궁극적으로 지향하는 바의 목적을 그대로 노출하고 있기 때문에 그러하다. 다시 말해 도가의 정치적 의도가 유가가 고대통치이념을 견지하려는 정치적 의도와 극단적으로 다르지 않았다면, 도가가 격렬히 유가를 폄하하고 굳이 배척할 필요가 없었기 때문에 그러하다. 그러므로 누구라도 대뜸 도가의 의도가 단지 혼란한 정국만 비판하려는

---

14) 장자 p296~297

것이 아님을 직시할 수 있게 된다.

그런즉 그 점을 확인해줄 보충적인 내용이 천도(天道)에 이어 천운(天運) 편에도 기록되어 있는데, 여하간 천운(天運)편에 수록된 제왕(帝王)론의 내용은 다음과 같다. 그런데 그 내용이 고대통치노선을 이어받은 주나라 무왕과 별반 다르지 않기 때문에 의아하기 그지없다. 그러나 도가가 말하려는 진의는 분명한데, 그것은 천하 사람들이 무위의 정치를 하는 인물을 제왕으로 추대한다는 점이고 그리고 그 제왕은 곧 새로운 왕조의 새로운 왕이라는 점이다. 왜냐하면 그 이유는 전반의 도입부에서 서경에 수록된 바처럼 고대왕조가 내세운 천명을 아니라 도가가 주장하는 무위의 논리를 펼쳤기 때문인데, 따라서 아래 글이 의미하는 제왕은 새로운 왕조의 새 왕이 아닐 수 없게 된다.

"하늘이 옮아가려 하고 있는 것일까(天其運乎)? 땅은 정지하려 하고 있는 것일까(地其處乎)? 주야의 교체는 일월이 그 장소를 서로 뺏고 있는 것일까(日月其爭於所乎)? 누가 이 자연의 움직임을 주재하는 것일까(孰主張是? 누가 그 질서를 유지해 하고 있는 것일까(孰維綱是)? 누가 자기는 무위인 채로 있으면서(孰居無事) 이런 자연의 변화를 추진하고 있는 것일까(推而行是 혹은 而推行是)? 생각건대(意者) 무슨 조화속이 있어서 부득이 움직이지 않으면 안 되는 것일까(其有機緘而不得已邪)? 다시 생각건대(意

者) 모든 것은 움직이도록 되어 있어서 스스로는 멈추려 해도 멈출 수가 없는 것일까(其運轉而不能自止)? ····························

무함소가 말했다(巫咸紹曰). 「이리 오라(來). 내가 너에게 일러 주리라(吾語女). 하늘에는 <상·하, 전·후, 좌·우>육극과 <금·목·수·화·토>오상이 있다(天有六極五常). 제왕이 이를 따르면 그러면 천하가 태평하고(帝王順之則治), 거스르면 그러면 천하가 어지러워진다(逆之則凶).

구주와 낙서의 일은(九洛之事)[15] 다스림이 이루어지고 <제왕의> 덕이 구비된 것이다.(治成德備). 세상을 살피어 밝게 한다면(監照下土) 천하가 <그를 제왕으로서> 추대할 것이다(天下載之). 이것을 일러 최상의 제왕이라고 한다(此謂上皇)」”[16]

그런데 이 글의 뒷부분에 언급한 홍범구주의 대목(九洛之事)이 유가가 고수하려는 고대통치노선과 별반 다를 바가 없어서 당연히 이 글이 순수도가의 글이 아니라는 주장이 가능할 수

---

15) 하도(河圖)는 중국 고대의 왕이었던 복희(伏羲)가 황하(黃河)에서 얻은 그림이고, 「낙서」는 하나라(기원전 2050년~기원전 1600년) 임금 우(禹)가 낙수(洛水)에서 얻은 글을 가리킨다. 우(禹)는 이 둘을 가지고 천하를 다스리는 '홍범 구주(弘範九疇)를 만들었다고 전해진다.[출처 : 네이버 지식백과. 한자의 기원 (한국 자전의 역사, 2012. 11. 19., 도서출판 역락).

16) 장자 p310~311. 載는 실은 재가 아니라 더 받을 대로 읽어야 한다.

있게 되는데, 그러나 결코 그렇게 볼 수 없겠기에 마땅히 인용하였다.

왜냐하면 첫째는 그렇다면 우선적으로 이 글이 실리지 않았다가 훗날에 편입되었다는 증거로서의 장자의 원본이 존재해야 하는데 그런 증거가 전혀 없기 때문이다.

둘째는 전자의 부분이 철저히 도가적이고 또한 그 의문에 응답하기 위해 등장한 인물도 지극히 도가적이라는 점 때문이다.

셋째는 그 결론은 도가의 정치적 궁극목표를 보여주고 있기 때문이다.

더욱이 이 글이 철저히 황로학의 시각을 지닌 도가의 글이라고 단정할 수 있는 명백한 이유는 이 글 속에 훗날 진나라 왕이 천하통일을 한 이후 자신을 황제라고 호칭케 한 제(帝)와 황(皇)의 용어가 동시에 기록되어 있는 점 때문이다. 즉 황로학이 삼황오제의 이야기를 만들어 의식화시키지 않았다면, 결코 진시황이 황제라는 용어를 채택할 리가 만무하였기 때문이다. 다시 말해 황제의 용어를 만들 근거가 아예 없었다면 진나라가 결코 그 용어를 만들 수 없었을 것이고, 또한 진시황 자신이 황로학을 익히 알고 선호하지 않았다면 결코 그 용어를 채택하지 않았을 것이기 때문이다.

그렇다면 장자의 존재를 알고 있는 순자가 피력한 후왕(後王) 사상은 유가와 도가가 서로 대척하고 있는 상황에서 그 실상을 가늠할 대단히 중대한 판단잣대가 아닐 수 없게 된다. 아울러 그 잣대는 더할 나위 없이 유가로부터 분리된 법가의 인물들은 열 왕들에게 열렬한 환영을 받고서 중용되었는데 반해 유가의 인물은 철저히 기피되고 중용되지 못한 이유도 밝힐 수 있는 역할을 겸할 수 있기 때문에 더더욱 그러하다.

그런데 순자의 후왕(後王)사상은 후왕의 글자 때문에 후대의 왕에게 알맞도록 모든 제도와 문물이 바뀌어야 한다는 취지로 해석되어야 한다, 그러면 그 때문에 후왕사상은 마치 과거의 전통을 부정하는 입장인 것처럼 둔갑될 수 있게 된다. 그러나 순자의 진의는 진정으로 난국을 평정하려면 시류에 편승하는 방편적인 개조가 아니라 보편적이고 본질적인 정치이념을 바탕으로 하여 정국을 정상적으로 회복해야 한다는 입장이었기 때문에, 오히려 그의 후왕사상은 유가의 노선에 따라 고대통치이념을 수호하려는 의지를 강력하게 천명한 주장이었다. 더욱이 고대왕조의 전통이 '날로 새롭게 하는 것(日新)'이었고 또한 유가의 본질이 공자가 가르친 바대로 '옛 것을 현실에 맞게 새롭게 하는 것(溫古而知新)'이었기 때문에 순자의 후왕사상은 그런 맥락을 벗어나 있지 않았고 오히려 충실하였을 뿐이었다. 그런즉 후왕사상은 황로학의 도가와 법가가 극히 기피할 수밖에 없었던 사고방식이었던 것이다.

그러면 그의 후왕사상을 과거를 부정하는 이론으로 오해받게 만들 수 있는 요인을 일단 살펴보지 않을 수 없게 되는데, 그 요인은 다음의 이유 때문이다. 곧 과거의 성왕이 만든 제도와 법도가 시간이 흘러 후대에 이르면 대다수 변경되어 그가 행한 모든 문물의 치적이 지금의 사람들에게 거의 희미하게 되는 점 때문이다. 그 점은 아래의 글이 시사(示唆)한다.

“사람을 사람이라 할 수 있는 근거는(人之所以爲人者) 무엇인가(何已也)? 사람에게는 분별능력이 있다는 것이다(以其有辨也).………. 분별에는 분수보다 더 큰 것이 없고(辨莫大於分), 분수에는 예의보다 더 큰 것이 없으며(分莫大於禮), 예의에는 성왕보다 더 큰 것이 없다(禮莫大於聖王). <그런데> 성왕이란 백 명도 넘는데(聖王有百), 우리는 누구를 법도로 삼아야 할 것인가(吾孰法焉)? 그러므로 말하기를(故曰). 문물은 오래되면 그러면 없어지고(文久而息), 음악의 절주는 오래 가면 그러면 소멸되며(節族久而絶), 법도를 지키는 관리들도(守法數之有司) 오래 예법을 추구하다 보면 그러면 지쳐서 해이해 진다(極禮而褫).”[17]

그런데 위의 글에서처럼 순자는 성왕의 정치적 도리와 성왕이 만든 구체적 문물제도를 구별하였기 때문에 성왕을 결코 부정하고 있지 않다.

그런즉 전국시대의 여건에서 보면, 순자가 겨냥하고 있는 곳은 명백히 유가를 공격하고 있는 반(反)유가세력일 수밖에 없고 그리고 황로학일 수밖에 없다. 왜냐하면 묵가에 대해서는 이미 맹자가 신랄하게 반박하였기 때문에, 따라서 순자가 생존한 시

17) 순자B p126~127 - 族은 겨레 족이 아니라 풍류가락 주로 읽어야 한다.

기에서 보면 당연히 도가일 수밖에 없게 된다. 그러므로 유가의 눈에는 지금의 난세가 현실적이고 구체적인 주나라의 훌륭한 법도를 어기고서 발생할 것인데, 그럼에도 불구하고 난세를 수습하기 위해 앞장서야 할 선비들이 혼란이 정국을 수습하려고 노력하지 않고, 오히려 시류에 영합하기 위해 황제사관을 만들어 곡학아세하면서 그 책임을 자신들에게 돌리고 있는 형국이야말로 참으로 어처구니없는 작태이었던 것이다.

따라서 순자의 이 글은 그러한 사고방식에 대해 단호한 태도를 보여주는 글로써, 문장 곳곳에 유가의 엄숙한 모습이 잘 드러나 있다. 그런즉 순자는 그의 후왕사상에 그동안 줄 곳 임금과 신하 모두에게 공동책임을 물었던 유가의 편파적이지 않고 한 결 같은 공정한 입장을 고스란히 담았다. 그리하여 후왕사상은 '위정자인 왕이 먼저 왕다운 왕이 되어야 나라가 바로 선다.'는 고대왕조의 통치이념을 고스란히 반영하고서 결론을 내렸는데, 그것은 통치의 올바른 본보기를 멀리서 찾을 필요 없이 고대왕도의 전통을 계승한 가장 가까운 시점인 주나라의 법통에서 찾아야 한다는 주장이었다. 왜냐하면 어차피 다음의 왕통도 주나라의 정통성을 그대로 이어받아야 한다고 판단했기 때문이다. 하지만 황로학의 세력은 순자의 생각과 달리 주나라의 법통을 거부하고 그 대신 황로학은 황제사관을 새로운 법통으로 삼으려 했기 때문에, 따라서 그들은 그의 후왕사상을 결코 동의할 수 없었다.

그러므로 본서가 논구하려는 역사왜곡의 정황은 전국시대 말기의 유가의 순자, 법가의 한비자, 도가의 장자들을 함께 고찰해야만 비로소 적나라하게 드려날 수 있다. 또한 그 논구는 아래의 순자의 글을 바탕으로 하여 진행해야만 가능해진다. 즉 도가가 유가를 극단적 배척한 동기가 삼황오제와 같은 신화에서 정치의 근본 도를 찾을 것이 아니라 주나라 문·무왕의 정치의 도에서 찾아야 한다는 유가의 주장을 검토해야만 비로소 가능해진다.

"그런 고로(故) 성왕의 발자취를 보려 한다면(欲關聖王之跡) 곧 그 분명한 것을 보아야 할 것인데(則於其粲然者矣), 후세 임금이 바로 그 분이다(後王是也).

저 후세임금이야말로 천하의 임금이다(彼後王者 天下之君也). 후세임금을 버리고 그리고 옛날을 이야기하는 것은(舍後王而道上古) 비유컨대 자기 임금을 버리고(譬之是猶舍己之君) 그리고 남의 나라 임금을 섬기는 것과 같다(而事人之君也).

그런 고로(故) 천 년 전의 일을 알고자 한다면(欲觀千歲), 곧 오늘 일부터 잘 살펴야 하며(則數今日), 억 만 가지 일을 알고자 한다면(欲觀億萬), 곧 한 가지 또는 두 가지 일부터 살펴야 한다(則審一二). 옛날 세상일을 알고자 한다면(欲知上世) 곧 주나라의 도부터 살펴야한다(則審周道). 주나라의 도에 대해 알고자 한다면(欲知周道) 곧 주나라 사람들이 존귀하게 여기는 군자에 대해 잘 살펴보아야 한다(則審其人所貴君子).

그런 고로 일컫기를(故曰). 「가까운 것으로 먼 곳을 알고(以近知遠), 한 가지로 만 가지를 알고(以一知萬), 또렷하지 않는 것으로 명확한 것을 안다는데(以微知明), 이것을 말함이다(此之謂也)」."[18]

따라서 왜 순자가 후왕사상을 설파한 것일까? 하는 의문점은 당연히 그 반대편의 황로학이 무엇을 추구하였는가? 의문점과 마주쳐야만 비로소 명확해 진다. 왜냐하면 그렇게 해야만 순자가 황제(黃帝)의 먼 과거시대를 부정한 까닭이 바로 유가가 수호하려는 통치노선을 배격하고서 새로운 역사관을 내세우려는 황로학의 입장을 단호히 분쇄하려는 것이었음을 뚜렷이 드러날 수가 있기 때문이다.

그럼에도 불구하고 여전히 이 점이 수긍되지 않는다면, 또 한 번 아래의 순자와 장자의 글을 참조하면, 단번에 직시할 수가 있다. 곧 두 사람이 추구하는 노선의 글이 아래의 두 글에서 확연한 차이점을 보여주기 때문이다. 앞의 글이 장자이고 뒤의 글이 순자의 글인데, 장자의 글과 다음의 순자의 글은 극히 상반된다.

"옛날 사람들은(古之人) 혼돈의 가운데에서 살았으며(在混芒之

18) ibid 127

中), 하나로 통일된 세상에 따라(與一世) 능히 막연하고 담백한 생활을 획득하였다(而得澹漠焉). 당해의 그 시대에는(當是時也) 음양의 기운도 서로 조화하여 평안했으며(陰陽和靜) 귀신도 세상을 어지럽게 하는 일이 없었다(鬼神不擾). 사시의 교체도 적절하게 행해져서(四時得節) 만물은 상하는 일이 없었고(萬物不傷), 모든 생물은 요절하는 일이 없었다(羣生不夭). 사람들은 비록 지혜가 있는 경우에도 이를 쓰는 일이 없었다(人雖有知 無所用之). 이런 상태를 <대립 없는 절대적 통일>지일이라고 부른다(此之謂至一). 당해의 그 시대에는(當是時也) 어떤 일에서건 인위를 버리고(莫之爲) 그리고 언제나 자연 그대로를 따르고 있었다(而常自然)."[19]

그러므로 도가의 이런 경향을 익히 파악하고 있었던 순자는 아래의 글에서처럼 장자와 정반대의 입장을 피력하였다.

"무릇 망령된 사람들은(夫妄人曰) 말한다. 「옛날과 지금은 실정이 다르기 때문에(古今異情), 그 혼란을 다스림이 서로 다른 방법이어서(其以治亂者異道) 그래서 일반사람들은 미혹당하고 있다(而衆人或焉)」

19) 장자 p332

그 일반사람들이란(彼衆人者) 어리석어서 그래서 자기 논리가 없고(愚而無說) 비루해서 그래서 헤아리는 기준이 없는 자들이다(陋而無度者也). 그 올바르게 인식하고 올바르게 처리할 수 있는 능력이(其所見焉) 가히 기만을 허용하는데(猶可欺也), 하물며 능히 천년을 두고 전해 온 얘기야 어떠하겠는가(而況於天年之傳也)? 망령된 자들은(妄人者) 문과 마당사이에서도(門庭之間) 가히 속일 수 있는데(猶可誣欺也), 하물며 천년을 넘는 일들이야 어떠하겠는가(而況於天年之傳也)?

성인은 어찌하여 남에게 속지 않는가(聖人何以不欺)? 말하자면(曰) 성인은 자기의 기준으로 일을 헤아리기 때문이다(聖人者以己道者也). 그러므로 사람을 기준으로 사람을 헤아리고(故以人度人), 실정을 기준으로 실정을 헤아리며(以情度情), 같은 종류를 기준으로 그 종류를 헤아리고(以類度類), 논리를 기준으로 일들을 헤아리며(以說度功), 도를 기준으로 모든 이치를 살피기 때문에(以道觀盡) 옛날이나 지금이나 헤아리는 기준은 한 결 같은 것이다(古今一道也)."[20]

그러므로 그의 후왕사상은 오히려 고대왕조의 통치이념을 수

20) 순자 B ibid p129

호하려는 춘추시대의 공자의 취지를 전국시대의 변화된 환경에 맞추어 가장 잘 대처한 사상이라고 말할 수 있다. 그런즉 후왕사상은 도대체 알지도 못하고, 알 수도 없는 임금을 내세워 세상을 혼란하게 하지 말고 가까운 주나라시대의 성왕을 근본으로 삼아 전국시대의 난국을 수습해야 한다는 취지를 담고 있는 사상이다. 그러므로 순자가 후왕사상을 통하여 황제를 포함한 오제의 이야기를 꾸며 서경의 정통성을 부정하고 그리고서 새로운 통일왕조를 옹립하려는 도가에게 준엄하게 충고하였던 것이다.

따라서 주나라의 법도가 명백하면 그 이전의 상나라의 법도가 명백하게 되고, 그러면 당연히 서경의 기록이 명백하다는 점을 입증하는 후왕사상과 달리 그런 기록이 전혀 없는 삼황오제(三皇五帝)를 내세워 요·순사관의 정통성을 왜곡시킨 황제사관은 실로 잘못된 선비들의 작태가 된다. 따라서 어느 누구도 순자가 그것을 마치 과거를 부정하고 새로운 이념과 노선을 주장한 유학자로 오해해서는 결코 아니 된다. 오히려 그렇게 이해하게 되면 공자와 연결된 순자의 의도가 명백히 곡해될 뿐이다.

그리고 본서가 도가를 다룸에 있어서 편파적이지 않음을 보여주기 위해서는 반드시 도가의 입장을 명백히 보여주는 도가사상가의 객관적인 글을 제시해야 했는데, 그 점에 대해 장자가 자신을 변호하는 입장을 앞서 인용한 글에 이어 명백히 기록해 두었기 때문에, 본서는 장자의 이 글을 염두에 두고서 도가의 글을 논구하겠다.

"옛날에 은사라고 일컬어지는 인물들은(古之所謂隱士者) 굳이 그 몸을 숨겨서 능히 세상눈에 띄지 않도록 한 것은 아니었다(非伏其身而弗見也). 굳이 그 입을 다물고 능히 말을 안 한 것은 아니었다(非閉其言而不出也). 굳이 그 지혜를 숨기고 능히 내지 않으려고 한 것은 아니다(非藏其知而不發也). <시세>시대의 운명이 불우했기 때문에 그렇게 할 수 밖에 없었던 것이다(時命大謬也).

당해 시대에 천명이 능히 천하에 크게 행해지고 있었다면(當時命而大行乎天下), 곧 하나의 통일된 도로 복귀시키고 조금도 인위적인 흔적을 남기지 않았을 것이다(則反一無迹).

부당한 시대의 운수가 능히 천하에 크게 드러나 있기에(不當時命而大窮乎天下) 그런즉 <마음을 숨겨> 자기 생명을 두텁게 하고 근본을 편안하게 하면서 능히 때를 기다리는 것이다(則深根寧極而待). 이것이 몸을 보전하는 길이다(此存身之道也)."[21]

그럼에도 불구하고 2권의 논구가 야기할 수 있는 갖가지 오해의 여지를 불식시키기 위해, 2권의 주제가 개진할 논구의 근본성격을 아래에 간략히 요약하겠다.

---

21) 장자 p333

§ 1. 제자백가의 한 복판에 왜 유가가 서 있게 된 것인가?

주목 : 올바른 사회질서가 형성되려면, 위정자는 반드시 예법정치를 추구해야한다. 그러므로 춘추시대의 난세를 수습하려고 의도한 공자는 고대왕조가 수립한 예법정치를 다시금 복원하고자 진력했다. 그러나 탐욕의 위정자들은 전통의 예법정치의 노선을 거부하고서 무력에 의존하는 패도(覇道)적 법치노선에 의존하여 자신의 권력을 유지하려는 방식을 선택했다. 그리하여 그런 위정자의 무도(無道)함에 영합한 선비들 때문에 선비사회도 분열되었고 더 나아가 새로운 왕조의 탄생을 위해 공자가 주장하는 주례복귀의 입장을 강력히 비난하면서, 새로운 통일방안을 제시한 반(反)유가사상의 새로운 유파가 등장하기에 이르렀다.

하지만 고대왕조가 내세운 예법정치는 나라의 질서에 걸 맞는 구체적인 행동양식을 실제로 집행한 것이었기 때문에 구체적인 실천규범으로서 현실 그 자체였다. 즉 예법은 일반적인 원론이 아닌 구체적인 행동을 규제하는 규범이었기 때문에 규범을 전면 폐기할 타당한 논리를 별도로 만들지 않는 한에서는 전통의 예법을 거부하든 또는 따르든지 간에 현실정치에서의 예법이 곧 현실적인 통치의 방법이었고 수단이었다.

따라서 고대통치노선의 수호하려는 유가는 현실의 예법을 견지하려는 입장이었으므로 당연히 주나라의 예법을 거부하려는 비판적 선비집단의 집중적 타도대상이 되지 않을 수 없었다. 다시 말해 주나라를 전복하려는 세력에 의해 유가는 곧바로 현실정치의 한복판에 서 있을 수밖에 없게 된 것이었다.

유가를 공박한 입장은 유가가 시대의 흐름을 역행하였기 때문에 배척했다고 스스로를 변호할 수 있다. 과연 그럴까? 더 나아가 그런 자기변호가 과연 정당할 수 있는 것일까? 하는 물음에 대해서는 진(秦)나라의 통일과 진나라의 몰락이 단적으로 입증하기 때문에, 서두에서는 이와 같은 의문만 제기하고, 먼저 유가가 배척당할 수밖에 없었던 배경을 보여주는 공자의 가르침을 우선적으로 인용하겠다.

> "공자께서 말씀하셨다(子曰). 「나를 부르는 자가(夫召我者) 능히 어찌 하릴없이 하겠느냐(而豈徒哉)? 만일 나를 써 주는 자가 있다면(如有用我者), 나는 마땅히 동쪽 주나라를 만들 것이다(我其爲東周乎)」."[22]

그러면 「나는 마땅히 동쪽 주나라를 만들 것이다(我其爲東周乎)」 라는 위의 말은 두 가지로 해석될 수 있다. 하나는 고대통치이념을 수호하려는 강력한 의지의 표현이다. 다른 하나는 주나라의 예법이 고대통치이념을 가장 잘 실현하고 있다는 현실인식의 표현이다.

그러므로 유가는 중국고대왕조가 수립한 통치이념을 계승하여 실천하려는 정통선비들을 통칭하는 용어가 된다. 그리고 그 가르침의 목표는 덕치노선과 법치노선의 양축을 바탕으로 한

---

22) 논어 p344

민본주의정치의 이념을 계승하여 수호하려는 것이고 그리고 그 두 가지 방식에서도 선이 덕치노선이고 후가 법가노선임을 명백히 밝히려는 것이다.

그런데 공자가 가르친 그 요체를 전수받은 전국시대 말기의 유학자인 순자가 고대통일왕조가 수립한 통치이념의 수미일관된 모습을 체계적으로 정리하여 명쾌하게 밝히고 있는 점에서 특히 주목된다. 그 이유는 만일 순자가 없었다면, 전국시대에 유학이 반(反)유가에게 배척당한 이유를 도저히 실감할 수 없었을 것이기 때문이다. 또한 순자가 없었다면, 전국시대의 유가가 어떻게 세상에 존속하고 있었는지를 제대로 가늠하기 어려웠을 것이기 때문이다. 곧 인재를 교육시켜 세상에 배출할 정도의 형세를 여전히 유가가 갖추고 있었다는 점을 순자자신이 직접 증명하고 있는 것이기 때문이다. 더욱이 순자는 중국고대역사에 있어서 가장 중요한 기록을 남겼는데, 그것은 그가 자신의 서책 첫머리인 권학(勸學)편에서 고대 왕조가 수립한 통치이념이 공자가 편찬한 역사서인 춘추(春秋)까지 포함하여 고대경전에 있음을 명백히 밝혀, 자신이 생존한 시기인 전국시대 말기까지도 이 경전의 내용을 부정할만한 어떤 다른 서책이 결코 없었음을 분명히 해둔 점이다. 그런즉 고대역사를 기록한 경전이 달리 없음을 명확히 밝힌 순자의 글은 곧 황로학의 황제사관이 도가의 발상임을 입증하는 지극히 중요한 역사의 자료가 아닐 수 없게 된다. 따라서 아래의 순자의 글은 역사의 왜곡이 어떻게, 누구의 손에서 이루어졌는가를 밝히는 결정적인 역할을 지니게 된다.

“학문은 어디에서 시작하여 어디에서 끝나는 것인가(學惡乎始惡乎終)? 말하자면(曰), 그 방법에 있어서는 곧 경문을 외우는데서 시작하여(其數則始乎誦經) 예기를 읽는 데서 끝나며(終乎讀禮), 그 뜻에 있어서는 곧 선비가 되는 것에서 시작하여(其義則始乎爲士) 성인이 되는 것으로 끝난다(終乎爲聖人). 진정으로 노력을 오래 쌓으면 그런 경지에 곧 들어갈 수 있지만(眞積力久則入), 학문이란 죽은 뒤에야 그리고서 끝나는 것이다(學至乎沒而後止也).

그러므로 학문의 방법에는 끝이 있지만(故學數有終), 그 뜻은 곧 모름지기 잠시라도 버려 둘 수가 없다(若其義則不可須臾舍也). 학문을 하는 것은 사람이고(爲之 人也) 학문을 버려두는 것은 짐승이다(舍之 禽獸也).

그러므로(故) 서경은 정치에 관한 일을 기록한 것이고(書者 政事之紀也), 시경은 음악에 알맞은 것들을 모아 놓은 것이고(詩者中聲之所止也), 예기는 법의 근본이며(禮者 法之大分), 여러 가지 일에 관한 규정이다(類之綱紀也) 그런즉 학문은 예기에 이르러 끝맺게 된다(故學至乎禮而止矣). 대체로 이것을 일컬어 도덕의 준칙이라고 한다(夫是之謂道德之極).

예에서 문식을 중요하게 여기는 것과(禮之敬文也), 음악에서 알맞게 조화되는 것과(樂之中和也)) 시경과 서경의 광범함과(詩書之博也) 춘추의 미세함은(春秋之微也) 하늘과 땅 사이에 있는 모든 것을 총괄한다(在天地之間者畢矣)."[23]

그러므로 이와 같이 춘추시대의 공자와 전국시대의 순자를 각각 위아래에 두고서 주나라 정세의 변동에 대처한 선비들의 동향을 주목하면, 곧 유가를 배척한 반유가의 세력들이 형성된 근원을 직시할 수 있게 된다. 그 이유는 단적으로 순자의 글에서 밝힌 바처럼 주나라까지 세상을 다스리는데 반드시 필요한 지식의 원천인 학문이 오로지 위의 경전 밖에 없었기 때문인데, 그러면 당연히 세상을 바꾸려면 그것을 가르치는 학문의 주류인 유가의 인물이 혁명의 주체로서 동참을 하든지 아니면 고대경전을 대신할 새로운 발상을 가진 반유가의 인물이 혁명의 주체로서 동참을 해야 하기 때문이다. 그런즉 병가(兵家)로 불리는 그런 유파들은 국가의 이념을 가르치는 학파가 아니므로, 고대경전을 가르치는 유가와 그 경전을 대체할 지식을 만들어 세상에 유포하고 지지세를 확산시키려고 하는 한 반유가의 대립구도가 곧 전국시대의 실상을 그대로 반영하게 된다. 그리고 주나라이후의 정국에서도 사상과 학문의 전개과정은 이와 마찬가지로 진행될 뿐이다. 그 이유는 새로운 왕조가 고대경전을 가르치는 유가를 정통으로 삼으면 반유가가 여전히 유가와 대립할

23) ibid 39~40

것이고, 역으로 새로운 왕조가 고대경전을 폐기하고 반유가의 학문을 다스림의 근본으로 삼으면 유가가 고대경전을 견지하면서 대립하게 될 것이기 때문이다.

그런데 주나라 왕조가 야기한 국정혼란을 진나라가 일단 수습하였지만, 그러나 얼마 안가 또 다시 진나라가 극심한 혼란을 초래하였기 때문에, 따라서 혼란에 빠진 진나라의 정국이 곧장 고대통치이념의 노선을 벗어난 통치방식이 결코 통일왕조를 순탄하게 이끌고 갈 수 없는 한계를 여실히 입증하는 꼴이 되었다. 그리하여 황로학을 선호하고 그리하여 분서갱유를 통해 유가를 말살하려 했던 진나라의 몰락은 새로운 왕조인 한나라에게 또 다시 나라를 다스리는 근본을 고대통치이념을 수록한 고대경전에 둘 것인지 아니면 진나라가 나아간 황로학에 둘 것인지의 선택을 강요하게 되었다. 그리고 그에 대해 한나라가 내린 결정은 유가를 나라를 다스리는 근본인 국학으로 삼고 반면에 도가를 위해선 도관을 차려주는 절충안이었다. 그렇지만 이미 고대왕조의 역사를 왜곡시킨 황로학에 의해 중화사상은 태동하게 되었고, 고대왕조의 역사와 통치이념의 왜곡과 변질 속에서 국학을 가르치는 역할을 수행해야 했던 유가에게서는 더 이상 공자이래로 맹자와 순자의 정신을 찾아 볼 길이 없게 되었다. 그러므로 마땅히 이 점에 관한 논구가 철저히 이루어져야 한다.

여하간 맹자와 순자가 활약했던 전국시대의 주나라는 춘추시대와 달리 더 이상 통일왕조의 임무와 역할을 제대로 감내할 수 없게 되었으므로, 당연히 주나라를 대신할 혁명의 명분이 전국의 열 왕들에게 필요하게 되었다. 그러면 전통에 따라 누군가가 은나라의 탕왕과 주나라의 무왕의 방식에 입각하여 고대왕조의 이념 즉 주나라의 역사적 정통성을 계승하겠다는 명분을 내세우고서 새 왕조를 수립해야 하는데, 전국시대의 정치여건은 전혀 그렇지 않았다. 왜냐하면 우선적으로 열 왕들이 자발적으로 그런 정통성을 내세울 처지가 궁색하였고 그리고 그 약점을 간파하고서 시의적절(時宜適切)하게 그런 정통성을 배척하고 새로운 명분을 내세우려는 선비집단이 등장하였기 때문이다. 그리하여 전국시대는 전통적인 예법노선을 수호하려는 선비집단과 그 입장을 거부하고 새로운 질서를 수립하려는 선비집단 간에 치열한 노선투쟁을 유발하게 된다.

그렇지만 반유가의 선비들은 나라를 다스리는 근본인 통치방식을 전면적으로 개조한 통치방식을 별달리 내놓을 수 없었기 때문에 현실적으로 가능한 편법을 고안하여 추구하였다. 그런즉 그들은 한 편으로는 현실의 복판에 우뚝 서 있는 유가의 선비들을 고루한 사상의 집단으로 매도함과 동시에 유가에 속한 그런 선비들에 대해서는 자신들이 자신들에 의해 새롭게 단장될 전국의 열 왕들에게 무위자연의 도로서 가감하게 유연한 태도 변경을 요구한 것처럼 보여주면서, 다른 편으로는 고대경전이 지닌 취약점을 찾아 그것에 대응하는 가공의 이야기를 첨가하여 고대통치이념에 따른 통치노선을 잘못된 통치방법으로 몰고 갔다. 그러나 요·순사관을 황제사관으로 대치(代置)하고 봉건제도를 전제군주제도로 대치(代置)한 황로학은 권력의 속성에만 편중하여 정작 고대통치이념의 요체인 민본주의의 정치적 의의를 깨닫지 못했다. 그러므로 묵자는 유가의 경직된 모습에 반기를 들었을 뿐, 오히려 유가와 다른 시각과 입장으로 고대통치이념에 충실하려고 하였기 때문에, 공자를 비난하면서 등장한 묵가는 번거로워진 현실의 각종 예법을 무시하고 신속하게 현실의 문제를 해결하려고 행동했었고 또한 그렇기 때문에 대중들에게 큰 호응과 지지를 얻을 수 있었다. 즉 격식을 내세우고서 이것, 저것을 따지면서 대중의 삶을 구속하는 행위를 그만두고 당면한 문제를 성심성의껏 신속하게 대응하는 묵가의 사고방식과 행동양식은 번거로운 것을 싫어하고 기피하는 일반 민중들에게서 크게 환영을 받았던 것이다.

그리하여 일대 파장을 불러 일으킨 묵자의 겸애(兼愛)설은 유가의 인(仁)의 사상과 정면충돌을 피할 길이 없게 되었고 여하간 유가에서는 특히 대표적으로 맹자가 두드러지게 묵자를 크게 비판하였다. 그리고 더 나아가 맹자보다 시대가 늦은 순자가 맹자보다 더 명쾌하게 묵자의 겸애설에 대한 비판을 논리정연하게 개진하였다. 그렇지만 그 양상은 당시의 정세를 두고서 고대통치이념을 실천하려는 두 학파 간의 입장 차이였기 때문에 후대에 황제사관을 가지고서 요·순사관의 고대통치이념을 근본적으로 부정한 도가와 유가 간의 입장 차이는 앞의 입장 차이와는 질적으로 전혀 다른 양상이었다.

여하간 그런 상황 속에서 고대통치이념을 견지하고 수호하려는 유가는 자신들이 성취하려고 학문의 길을 일찍이 대학(大學)의 서책 속에 명확히 해 두었다. 그것은 격물치지(格物致知),

성의(誠意), 정심(正心), 수신(修身), 제가(齊家), 치국(治國), 평천하(平天下)의 길이었다. 그런데 그 학문의 길은 인·의·예·지의 덕목을 갖추지 않고서는 올바르게 나아갈 수 없는 길이었고, 또한 그 성취도 맹자가 밝힌 바처럼 사단(四端)을 올바르게 발휘하고, 칠정(七情)을 제대로 조정·조절해야만 가능한 길이었다. 그런즉 왕도정치노선을 수호하려는 유가가 문도들이 수양하는 바의 방법을 체계화시켜 그리하여 자신들이 나아가야 할 목적을 밝혔지만, 수양이 덜 된 관리와 선비들의 허물 때문에 유가가 어처구니없게 반유가의 공격대상이 되었다.

그런데 이에 반해 도가에는 이런 명확하게 밝혀진 구체적인 교육내용과 수행과정이 없었기 때문에 그런 점에 있어서는 도가는 물처럼 상황대처에 유연하였다. 오히려 도가사상가들은 초월적 원리로 위장한 추상적 개념의 무위자연의 말을 잔뜩 늘어놓으면서 자유방임의 길이 진실인양 설파하였다. 그러므로 도가는 스스로 시작부터 「무언의 가르침을 행한다(行不言之敎)」는 입장을 취하고서 무위의 실천방식에 관한 구체적 내용은 글로서는 가르칠 수 없다는 입장을 명확히 해두었다.

물론 이 말뜻은 가르치는 자가 묵묵히 행동으로 모범을 보여주어 그리하여 배우는 자가 스스로의 본성에 의해 자연스럽게 깨우치게 한다는 지극히 상식적인 뜻으로 해석할 여지가 충분히 가능하지만, 그러나 도가의 그 말에는 그와 같이 유연하게 해석할 여지가 도무지 없다. 그런즉 아래의 노자의 말은 기존의 질서를 바라보는 가치관을 전도시키려는 의도에서 비롯된 것이지만, 그러나 말뜻을 살펴보면 그 말은 지극히 자의적이고 상대적이고 기회주의적인 발상에 입각해 있다. 그 이유는 한 편으로는 기존의 세상에 대한 불신감을 조장하면서, 다른 편으로는 정작 자신들이 할 수 있는 바에 대해서는 상황에 맞추어 하겠다는 변명을 하고 있기 때문이다. 다시 말해 자발적으로, 적극적으로, 능동적으로 사태를 수습할 대안을 공개적으로 내놓을 수 없는 자신들의 한계를 거창하게 「이로써 성인은(是以成因) 무위의 일에 처하여(處無爲之事) 무언의 가르침을 행한다(行不言之教)」는 말로서 포장하고 있기 때문이다. 곧 그들은 자유롭게 상대를 공격하면서도 자신들은 이와 같은 논리를 펴면서 교묘하게 자신들이 해야 할 바의 책임에 대해서는 회피하는 전형적인 기회주의자의 모습을 보이고 있기 때문이다.

> "천하가 다 아름답다고 하니 아름다운 줄 알지만(天下皆知美爲美) 이것은 추악한 것이며(斯惡已), 다 좋다고 하니 좋은 줄 알지만(皆知善爲善)이것은 좋지 않은 것이다(斯不善已).
>
> 그러므로 있고 없는 것이 서로 낳고(故有無相生), 어렵고 쉬운 것이 서로 이루고(難易相成), 길고 짧은 것이 서로 모방하고(長短相較), 높고 낮은 것이 서로 기우려지고(高下相傾), 음과 소리가 서로 화하고(音聲相和), 앞과 뒤가 서로 따른다(前後相隨).

이로써 성인은(是以成因) 무위의 일에 처하여(處無爲之事) 무언의 가르침을 행한다(行不言之敎). …… ."[24]

따라서 지극히 독선적이고 독단적인 입장의 도가의 이런 글들이 지향하는 논리, 의도, 및 목적이 유독 유가를 겨냥하고서 유가의 가르침을 전면적으로 부정하려고 한 것이기 때문에 도가의 의도를 명백히 밝힐 수 있는 합리적인 논구는 춘추전국시대의 난맥상을 바탕으로 하지 않으면 결코 가능해질 수 없다.

그러므로 주나라가 계승한 정통성을 보전(保全)하려는 공자를 배척하지 않고서는 유가의 세력을 약화시킬 수 없었고 그리고 마지막 종착지인 주나라를 대신할 새로운 왕조를 건국할 수 없었기 때문에 반유가 세력의 선봉에 서 있는 도가가 첫 번째 과업으로서 유가의 조종인 공자를 격하하는 작업에 착수하였다. 물론 공자를 곧바로 배격할 방법이 있었으면 그렇게 하였겠지만, 그러나 그런 방법이 도대체 없었기 때문에 도가는 일단 공자를 격하시키는 방법으로 노자를 공자보다 연장자로 만들어 노자의 가르침이 공자의 가르침보다 시기와 내용에 있어서 훨씬 앞선 우월한 사상임을 내세우려했다. 또한 도가가 그렇게 해야만 했던 마땅한 이유는 그 연장선상에서 도가가 공자가 수호하는 요·순사관을 배격하고 그 자리에 황제사관을 내세울 명분을 마련할 수 있었기 때문이다.

따라서 도가가 노자의 등장시기를 공자와 같은 춘추시대로

24) 노자 p37 - 전편과 마찬가지로 인용문의 해석은 본뜻을 벗어나지 않은 범위 내에서 오늘날의 구어체에 적합하게 약간의 수정을 하였다.

하고 그리고 노자를 공자보다 약간 앞선 연배의 인물로 가공한 내용을 진실이라고 내세운 사실이 도리어 도가들이 억지주장을 하고 있음을 스스로 입증하는 증거일 수밖에 없게 된다. 그리고 그 점 때문에 도가가 유가를 배척하려는 모든 사실이 전국시대의 정세와 맞물린 정치문제가 된다. 왜냐하면 도가의 의도가 순수한 학문의 입장에서 유가의 이론을 반박할 정도였다면 결코 그렇게 하질 않았을 것이기 때문이다. 더욱이 공자의 춘추시대에는 도덕경의 이론이 탄생할 정도의 사회분위기와 학문여건이 전혀 형성되어 있지 않았기 때문에도 그 사건은 정치적일 수밖에 없게 된다. 게다가 공자와 멀리 떨어져 있는 노자가 자신의 저서 도덕경에서 공자의 사상을 그렇게 비판할 정도로 공자에 관한 것을 상세히 알려면 공자의 가르침을 객관적으로 연구할 서책을 비롯한 구체적인 자료를 갖추고 있었어야 하는데, 그 당시에는 논어를 비롯한 유가의 어떤 저서도 오늘날처럼 만들어져 있지 않았었기 때문에 정치적이지 아닐 수 없게 된다. 더 나아가 주나라 왕실의 쇠약함을 틈타 야기된 춘추시대의 난맥상은 공자와는 전혀 무관한 정세이었을 뿐만 아니라, 게다가 그 당시의 신분이 노나라 대부였든 공자가 춘추오패인 환공을 보좌한 관자와 같은 정계의 실력자가 아니었기 때문에 정치적이지 아닐 수 없게 된다. 곧 노자가 공자처럼 춘추시대의 인물이었다면, 도가가 춘추시대의 정국에 영향력이 극히 미약한 공자를 춘추정국의 혼란을 야기한 주범으로 몰아 비난대상으로 삼을 여지가 전혀 없었기 때문에 그러하다.

그러면 당시의 정세가 전국시대가 아닌 춘추시대인 만큼 노자도 공자와 마찬가지로 당연히 공자가 아닌 주나라의 법통을 어지럽힌 위정자들을 비난했어야만 마땅하게 된다. 그리고 노자와 공자의 이야기도 세속을 초월하려는 노자가 비록 공자의 무모한 정치적 행보는 조소했을지라도 공자의 순수한 정치적 동기는 동조했어야만 마땅히 상식적이게 된다. 그러나 노자가 공자 당시의 실존인물이 아니었기 때문에, 어쨌든 노자와 공자의 이야기는 실로 무의미할 뿐이다. 그럼에도 불구하고 노자가 공자보다 앞선 인물로 가공한 이야기는 두 가지의 역사적 의의를 지니게 되는데, 한 편으로는 그들의 등장시기가 결코 공자의 시기인 춘추시대가 아니라는 것을 스스로 입증하는 표식이고, 다른 편으로는 그들이 자신들이 원하는 방식대로 정국을 이끌고 가겠다는 강력한 의지를 명확히 드려낸 표식인 점이다.

그런데 도가의 정치적 의도를 논구하는 과정에서 반드시 먼저 유념해야할 점이 있는데, 그것은 공자를 공격한 묵가와 도가의 자세가 너무 치졸하였던 점이다. 즉 그들이 새로운 시대를 열기 위한 올바른 명분을 내세우고 민중의 지지를 얻고자 한다면 정정당당한 자신들의 주의·주장으로서 대중들의 신뢰를 획득해야함에도 불구하고, 그들의 행한 전략적 방법이 지극히 비상식적인 인신공격이었던 점이다.

그리고 이 점은 특히 주목해야할 점을 지니고 있는데, 그것은 도가보다 앞서 공자를 인격적으로 모독한 묵자의 태도가 도가에게 귀감이 되었던 점인데, 아래에 인용된 묵가의 글이 그 점을 확실히 보여 준다.

"……공자가 채나라와 진나라 사이에서 궁지에 빠져(孔某窮於

蔡陳之閒) 명아주 국만으로 싸라기도 없이 열흘을 보냈다(藜羹不糝十日). <제자인> 자로가 돼지고기를 구하여서 삶아 주자(子路爲烹豚), 공자는 고기가 어디서 났는가를 물어 보지도 않고서(孔某不問肉之所由來) 그리고 먹었다(而食). 남의 옷을 벗기어 가지고서 술을 사다 주자(褫人衣以酤酒), 공자는 술이 어디서 났는가를 물어 보지도 않고서(孔某不問酒之所由來) 그리고 마셨다(而飮).

노나라 애공이 공자를 맞아들이니(哀公迎孔子) 그는 방석이 반듯하게 않으면(席不端) 앉지 않았고(不坐) 고기가 바르게 썰어져 있지 않으면(割不正) 먹지 않았다(弗食). [25)]

물론 위의 글은 진실일 수도 있고 거짓일 수도 있다. 하지만 당시의 실정으로 보아 공자가 위와 같은 정도의 비루한 처지로 내몰릴 일은 결코 있을 수 없었다. 그럼에도 불구하고 공자의 서거한 그해 태어난 묵자가 공자를 그와 같이 묘사한 내용은 묵자가 공자나 자로에게서 직접 듣지 않고서는 불가능한 내용이므로 당연히 거짓일 수밖에 없게 된다. 그럼에도 불구하고 이 글이 중요한 것은 훗날 도가가 이런 글을 똑같이 만들어 공자를 폄하하고 유가를 배척하려고 나섰기 때문이다. 그리고 아래의 글이 보여주는 바대로 공자가 자로에게 말하는 투가 도가가

---

25) 묵자 p190~191

유가에게 말하는 투와 엇비슷하기 때문이다.

> “자로가 나아가 물었다(子路進請曰). 「어찌 그토록 진나라 때와 채나라 때가 반대가 되십니까(何其與陳蔡反也)?」
>
> 공자가 말했다(孔某曰). 「이리 오라(來). 내 너에게 얘기해 주마(吾言女). 전에는 그대와 함께 구차히 살아가기 바빴지만(曩與女爲苟生) 지금은 그대와 함께 구차히 의로움을 행하려 하고 있다(今與女爲苟義). 무릇 굶주리고 곤궁할 적에는(夫飢約) 곧 함부로 취해서 자신을 살리는 일도 사양하지 않는 것이며(則不辭忘取以活身), 풍부하고 배부르면(贏飽) 곧 거짓된 행동으로서라도 스스로를 꾸미는 것이다(則僞行以自飾).」
>
> 더럽고 사악하며 거짓되기가(汗邪詐僞) 이보다 더 큰 게 있겠는가(孰大於此)?”[26]

그러므로 공자를 비난한 글이라도 그 성격이 묵가와 도가가 다르기 때문에 반드시 그 차이점이 공자가 그들에게 배척되어야할 까닭을 밝히는 논구에서 구별되어야 한다.

그러면 위의 글이 말한 바처럼 과연 공자가 실제로 그런 천박한 인물이었는가? 하는 의문점이 규명되어야 하는데, 만약 공자가 진정으로 그렇게 행동하였다면 당연히 공자와 제자가 나

---

26) ibid p191

눈 대화를 기록한 논어가 결코 존재할 수 없었을 것이다. 그러므로 위의 글은 공자와 일면식도 없는 묵자가 공자를 비난하기 위해 가공한 창작물에 지나지 않게 된다. 하지만 이 글의 형태는 훗날 장자가 이와 똑같은 형태의 글을 만들었기 때문에 대단히 중요해진다. 곧 그 점은 묵자가 도가에게 그 길을 터 주었고, 도가가 묵자를 모방하였다는 사실이다. 그런데 정작 주목하지 않을 수 없는 점은 묵자와 장자가 공자를 비난하고 배격한 반유가의 입장이 서로 다르다는 점이다. 곧 서로가 반유가적일지라도 묵자는 도덕적인 관점에서 공자의 위선된 처신을 문제 삼았고 그에 비해 장자는 정치적으로 요·순사관에 입각한 통치 노선을 문제 삼았던 차이점이다. 즉 고대통치이념을 공유하고서 유가를 비난한 묵가와 고대통치이념을 배척하기 위해 유가를 비난한 도가는 서로 같은 입장이 결코 아닌 것이다.

그러므로 그 차이점을 바탕으로 하여 유가가 전국시대에 제자백가들의 한복판에서 도가의 집중공격 대상이 된 이유를 단적으로 정리하면, 그것은 오로지 정치적 동기로서 곧 고대통치이념을 계승한 주나라의 정통성을 보전하려는 공자와 유가가 그것을 완전히 말살하려는 세력의 표적이 되었기 때문이라고 요약될 수 있다. 달리 말하면 도가에게 그런 정치적 야심이 없었다면, 도가가 탄생하지 않았을 것이고 그리고 또한 그런 도가가 탄생하지 않았다면 당연히 유가가 도가의 공격목표가 되지 않았을 것이기 때문이다. 그런데 이 지적을 잘못된 것이라고 공박하고자 하면, 곧 그 방법은 도가의 이론에서 유가를 공격하고서 자신들의 정치적 의도를 노골적으로 드러낸 글을 삭제하고서 남는 순수한 글만 추려 곧장 순수한 사상서적을 구성해보면 된다. 왜냐하면 그 순수한 글이 세상 사람들에게 세속을 초월하여 살아가도록 권유한 사상의 글인지가 판명되면 곧바로 단번에 도가의 실체가 파악될 수 있기 때문이다.

그러므로 도가 곧 황로학이 공자와 유가를 타도대상으로 삼지 않을 수 없었던 이유가 요·순사관을 폐기하고 황제사관을 내세우려는 의도였기 때문에, 당연히 고대통치이념을 보전하려는 공자와 유가의 입장과 그 역사적 의의가 상세히 밝혀지면, 도가의 입장과 그 역사적 의의도 그 반대선상에서 명확히 드려날 수 있게 된다.

§ 2. 전국시대를 수습할 혁명적 발상과 발단은 어떻게 가능했는가?

주목 : 전국시대에 접어들면서, 왕도와 패도의 논쟁은 곧바로 혁명론의 단초가 되고 도화선이 되었다. 그 이유는 춘추시대는 여전히 주나라를 종주국으로 떠받들고 패자를 추구한 제후국들의 시대였지만, 전국시대는 제후국들이 스스로 왕으로 칭하면서 주나라와 동급의 왕국이 되었기 때문에 전국시대는 사실상 주나라가 거의 전복된 혁명의 전야였든 것이다.

하지만 각 나라는 이전의 주나라와 같은 통일왕조의 종주국이 아니었기 때문에 당연히 통일왕조가 되고자하는 강대국들은 두 가지의 요소를 구비해야만 했다. 하나는 부국강병책을 바탕으로 하여 통일을 할 정도의 국력을 갖추는 것이었고 , 다른 하나는 주나라를 대신하여 통일왕조가 될 수 있는 정치명분을 갖추는 것이었다.

그리하여 전국시대의 선비들은 그러한 방법을 모색하였는데, 묵자가 그 포문을 먼저 열었다. 즉 묵자가 전통의 사고방식에 대한 반기를 들은 것이다. 그런데 비록 묵자가 춘추전국시대의 난국을 수습할 수 있는 방책으로 자신의 겸애설을 내세우고 공자와 유가를 맹공격했지만, 본격적으로 접어든 전국시대에서의 황로학처럼 주나라를 진정으로 무너뜨릴 심산은 아니었으므로, 두 사상의 목적은 명확히 구별되어야 한다. 그런즉 황로학의 도가는 오로지 묵자의 비난방식만 답습했을 뿐이다.

도가의 사상이 등장한 시기를 BC4세기로 간주한다면, 그 시기는 직하학궁(稷下學宮)이 존립한 시기인 BC374~221년과 거의 겹친다. 그리고 그 직하궁(稷下宮)에 관한 기록은 사기 맹자순경열전의 직하학자라는 표현에서 확인된다.

"추연 및 제의 직하선생에서부터(自騶衍與齊之稷下先生) 순우곤, 신도, 환연, 접자, 전병, 추석의 문하생들과 함께(如淳于髡 愼到 環淵 接子 田騈 騶奭之徒) 제각각 난세를 다스리는 일을 내용으로 하는 글을 지어(各著書言治亂之事) 군주를 만나려고 하였는데(以干世主), 그 일을 어찌 다 말할 수 있겠는가(豈可騰道哉)?"[27)]

27) 사기 p447

물론 여기는 주나라의 공교육기관과 각 유파의 선비들이 스승이 되어 제자를 양성하는 사교육에 대해 논구하려는 것이 아니므로, 그 주제에 관한 상세한 논구를 더 이상 계속 진행할 수 없다. 하지만 비록 고대왕조의 시기의 교육이 비록 오늘날의 교육처럼 통일적이고, 계통적이고, 제도적이지 못했고 또한 교육기관도 그와 마찬가지였더라도, 그러나 교육과 교육기관이 지식인들의 전유물이었기 때문에 도리어 교육에 관한 지식이 도가의 진면목을 밝히는 작업에 매우 중요한 단서가 된다.

그런 맥락에서 보면, 하여간 전국시대에 이르러 선비의 집단이 어떻게 분열될 수 있었는가? 하는 의혹은 당연히 직하(稷下)학을 반드시 파악해야만 가능해지게 된다. 그러므로 전국시대의 특성을 이해하려면, 여러 제후국들이 스스로 왕을 참칭한 사실보다도 오히려 한 걸음 더 나아가 선비들이 그들을 위해 갖가지 방책을 지어 곡학아세(曲學阿世)한 사실에 더 주목해야 한다. 왜냐하면 전국의 열 왕들이 주나라를 대신하고 싶어도 황로학에 의한 황제의 역사관이 등장하기 이전까지는 어떤 상황에서도 여전히 전통적인 사고방식에서 헤어날 수 없었기 때문이다.

그러므로 전국시대의 진정한 특성은 다른 그 무엇도 아닌 바로 새로운 역사관인 황로학에 의한 황제사관이 출현했다는 점에서 두드러진다. 그 이유는 유가와 황로학의 치열한 노선투쟁이 없었다면 전국시대는 단지 탐욕의 난세였을 뿐이고, 그리고 천하는 별다른 뾰족한 방법도 없는 상황에서 또 다시 탕왕과 무왕과 같은 걸출한 영웅이 출현하기만을 항상 고대하면서 그 때까지 열 왕들이 서로가 서로를 견제하면서 자신들의 왕조만을 보존하려고 진력하였을 것이기 때문이다.

따라서 각자 다른 개성을 지닌 선비들의 집합소 같은 성격을 지닌 직하(稷下)궁에서 황로학의 선비와 유가의 순자가 함께 공존했다는 사실은 대단히 중대한 역사적 의의를 지니게 되는데, 그에 관한 중요한 단서는 순자가 직하궁의 제주를 오랫동안 했다는 사기의 기록이다.

> "전병의 무리는 모두 세상을 떠났으므로(田駢之屬皆已死) 제나라 양왕 때에는(齊襄王時) 그리하여 순경이 가장 나이 많은 스승이었다(而荀卿最爲老師). 제나라에서는 <제나라 임금이 직하선생을> 존중하여(齊尙) <내린>열대부 자리가 모자라면 그때마다 채워 넣었는데(脩列大夫之缺), 그래서 순경은 세 차례나 <열대부의 우두머리>제주(좨주)가 되었다(而荀卿三爲祭酒焉). 제나라 사람 중에서 어떤 이가 순경을 참소하자(齊人或荀卿) 이에 순경은 초나라로 떠났다(乃荀卿適楚)."[28]

그러므로 이 기록은 유가와 도가 즉 법가와 결합된 황로학이 서로 극렬하게 대립한 전국시대의 정국을 올바르게 직시할 수 있게 해 주는데, 그 이유는 제자백가사상의 원천이 제나라 임치의 직하궁인 점을 보여주기 때문이다. 그러면 제(齊)나라에서

28) 사마천 사기열전 p451

머물렀던 순자와 진(秦)나라에서 활약한 그의 제자인 이사와 한비자의 입장차이도 마찬가지로 의미심장해지게 된다.

그런데 순자를 논하려면 그 이전에 맹자를 반드시 언급해야 하는데, 그 이유는 같은 유가라도 맹자와 순자의 입장은 그 처한 상황의 차이만큼 독특한 차이를 보여주기 때문인데, 곧 그 차이점에 전국시대가 변천되어간 특성이 반영되어 있기 때문이다. 더욱이 도가도 맹자를 전혀 언급하지 않고 있고 맹자도 도가를 언급하지 않고 있는데 비해, 그런 맹자와 달리 순자는 직하궁출신의 도가를 익히 잘 알고 있을 뿐더러 장자의 이름도 잘 알고 있었기 때문이다.

그러면 도가가 노자를 춘추시대의 공자보다 연장자라고 가공했기 때문에 공자보다 훨씬 후대인 전국시대의 맹자를 결코 언급할 수 없었다고 가정하더라도, 여전히 도가의 발생시기가 맹자의 생존시기보다 더 빨랐다면 당연히 도가의 인물과 맹자가 서로 모르는 사이였다는 점이 대단히 이상해지게 된다. 그리고 더 이상해지는 점은 공자를 모독하고 유가를 폄하한 묵자를 맹비난한 맹자의 서책에 묵자보다 더 심하게 공자를 비난한 도가사상가에 대한 반박과 비판의 글이 전혀 없었다는 점이다. 물론 그 까닭에 대해서는, 곧 맹자가 도가들을 전혀 몰랐기 때문이거나, 아니면 그들의 사상이 맹자의 시기에는 널리 알려지지 않았기 때문이거나, 아니면 맹자의 시대에 출현했다고 하더라도 맹자가 알 수 있을 정도로 널리 알려지지 않았기 때문이거나, 아니면 아예 그들이 맹자 이후에 등장하였기 때문이라는 추측이 가능할 수 있다. 그리고 더 나아가 그 입장들은 사마천이 사기에서 말한 바, 곧 추연이 맹자 이후에 활동했다는 사실을 근거로 삼아 맹자가 도가의 존재를 몰랐다는 결론을 내릴 수 있다. 그렇다면 더더욱 석연치 않은 의문점이 해소되지 않고 남게 되는데, 그것은 맹자와 달리 후대의 도가는 왜 앞 선 시대의 인물인 맹자를 전혀 언급하지 않았는가? 하는 점이다. 다시 말해 맹자를 언급할 필요가 없어서인지 아니면 또 다른 사정이 있어서 그런 것인지 하는 의문점이다. 그러면 그 의문점에는 오직 하나의 관점만 남게 되는데 그것은 도가들이 맹자를 거론하기가 심히 거북하게 여길 수 있었던 기피인물이었다는 점이다. 곧 전국의 열 왕에게 퇴짜를 맞은 그를 긍정적으로 거론하면 곧 자신들이 지향하는 바와 전혀 다르게 되고, 반대로 부정적으로 거론하면 곧 자신들이 권력지향적인 정체가 곧바로 노출되는 점 때문이다. 더 나아가 맹자의 말을 긍정하면 열 왕을 비난하는 꼴이 되고, 맹자의 말을 부정하면 왕도정치를 비난하는 꼴이 되어, 그러면 그들이 왕도정치를 배척하는 작업을 스스로 부정하는 격이 되는 점 때문이다. 그래서 자신의 정체를 반드시 은폐해야 하는 도가사상가의 입장에서는 맹자는 기피인물이 아닐 수 없게 된다. 만약 맹자의 글이 양 혜왕과의 글로서 시작하지 않았다면 사정이 전혀 달라졌을 것이다.

그러므로 도가사상의 학문적 배경이 고대왕조의 통치이념과 노선을 수호하려는 춘추시대가 아니었기 때문에, 당연히 유가를 극구 배척하려고 진력한 도가사상의 정체를 제대로 밝히려면, 역설적으로 그 작업은 일단 먼저 춘추시대 중반의 인물인 공자와 전국시대 중반의 인물인 맹자와 전국시대말기의 인물인 순자의 학설에 내재된 수미일관성을 반드시 확인해야만 한다. 또한 당연히 유가가 배척당하기 시작한 시점도 따져야 한다. 그 까닭은 묵자의 겸애사상이 유가의 인의 사상을 맹공격한 시점이 유가가 배척당한 시기가 아닐지라도, 유가가 배척당할 수 있는 도화선에 불을 붙인 격이 되었기 때문인데 그러면 당연히 그 점에 착안하여 진정한 혁명의 불을 붙인 주체가 누구인지를 밝혀야 하는 과제 때문이다.

왜냐하면 유가가 묵가가 전통사상을 고수하려는 유가들을 비난하면서 겸애설을 내세운 행동이 난국을 수습할 근본처방이 아니라 단지 변화에 신속히 대처하는 임시변통의 편법에 지나지 않았다고 혹평하더라도, 그리고 도가가 여전히 전통사상을 이탈한 것이 아니었다고 평가절하를 하더라도, 더 나아가 묵가의 움직임이 어지러운 난국을 수습하려고 시도한 새로운 경향의 모습인 것만은 분명하더라도, 그러나 묵자의 사상은 주나라를 전복하려는 혁명사상이 아니었기 때문이다. 그렇지만 묵자가 유가를 공격한 그의 방식을 도가들이 답습하여 갖가지 이야기를 가공하여 공자와 유가를 폄하하고 우롱했다는 점과 그 다음으로 묵자의 적극적 행동이 새로운 왕조를 향한 혁명의 착상에 불을 붙였다는 점은 전혀 뜻밖으로 도가의 행동을 이해하는 작업에 결정적인 단서를 제공할 수 있다. 곧 그것은 그들이 지닌 인격의 부도덕성과 권력지향적인 강력한 정치성향이다.

그러면 장자가 천운(天運)에서 공자의 제자인 안연과 노나라 악관 사금이 대화를 나눈 것처럼 가공하여 만든 이야기 속에 함축한 혁명의 사상이 가히 주목받지 않을 수 없게 된다.

"………지금 주나라에서 행해지던 정치와 도덕을 현재의 노나라에서 실행하려고 하면(今蘄行周於魯), 이것은 가히 배를 육지로 끌어 올려서 밀고 가려는 것이나 다를 바가 없는 것입니다(是猶推舟於陸也). 수고로움만 있고 그러나 이루는 것은 없고(勞而無功), 몸은 반드시 해치게 될 것입니다(身必有殃)."[29]

그러면 더 나아가서 장자가 미인 서씨(西施)의 고사에 등장하는 추녀(醜女)를 들먹이고서 유가를 비난한 그의 의도도 명확해진다. 왜냐하면 그 의도는 서씨(西施)가 도가들이고 추녀(醜女)가 유가인 것처럼 자연스럽게 대중들의 가슴과 뇌리를 의식화시키려는 목적을 띠고 있었기 때문이다. 그런즉 장자의 이런 전략적 수법은 그들이 권모술수에 대단히 능수능란한 인물임을 확인시켜주는 결정적 증거가 된다.

그러면 공자와 맹자와 순자의 수미일관성과 묵자의 이탈된 행동과 도가의 혁명사상을 하나로 묶어 놓고 보면, 곧바로 다음의 결론이 도출된다.

1. 묵가의 인물이 혁명을 도모할 도가의 인물이 아니다.
2. 형명학의 인물이 혁명을 도모할 도가의 인물이 아니다.
3. 음양가의 인물이 혁명을 도모할 도가의 인물이 아니다.
4. 혁명의 착상은 시기적으로 맹자와 추연의 이후에 유가에서 이탈한 선비들이 묵자의 전례를 참조하여 구상한 발상이다.

29) 장자 p316~317

그리고 이 점을 뒷받침하는 근거는 두 가지인데, 하나는 이런 발상을 구체화 할 수 있는 탁월한 인물들은 고대왕조가 수립한 혁명의 본질을 잘 알지 않으면 안 된다는 점과 다른 하나는 그들이 철저히 자신의 신분을 은폐시켜야 할 마땅한 이유를 가지고 있는 인물일 수밖에 없다는 점이다. 그러면 그들은 오로지 유가에서 이탈한 인물이외의 다른 인물이 될 수 없는데, 그 이유는 묵자의 선비와 형명학의 선비와 음양학의 선비들의 경우에는 그들이 굳이 자신의 신분을 은폐할 이유가 전혀 없었기 때문이다. 그런즉 그들은 유가에서 배운 지식을 바탕으로 하여 유가를 배척하는 이론을 만들어야 했기 때문에 신분을 숨겨야만 했고 그리고서 은폐된 공간에서 반유가의 도가로서 행동하면서 마침내 반유가 성향의 선비들을 모두 아우르는 황로학을 개척한 인물들이 아닐 수 없게 된다. 그리고 더 나아가 그들이 도가의 신분을 밝힐 수 없는 또 다른 이유는 그들에게는 고대경전에 필적하는 서책들이 없었기 때문이다. 그러므로 설사 그들이 은밀하게 제자를 받아들어 도가를 형성했다고 하더라도 반드시 고대경전을 가르쳐야 하는 여건에서는 여전히 그들은 일단 먼저 유가이어야 한다. 그에 대한 증거는 순자에게서 유학을 배우고 나서 황로학의 법가로 변신한 한비자의 모습에서 확인된다.

§ 3. 새로운 이념을 세력화할 도가의 전략은 바람직한 것이었는가?

주목 : 도가가 내세운 무위자연의 도와 그에 따른 처세관은 기회주의의 본질을 극대화한 이론이었다. 왜냐하면 인간의 사고와 행동양식은 자연의 어려움에 직면해서는 적극적인 해결방책을 힘겹게 수립하여 막대한 희생을 무릅쓰면서 극복하려는 입장이고 그와 마찬가지로, 인간사에 있어서도 현재의 가변적 요인을 수집하여 다가올 미래의 모습을 예측하고서 그리하여 앞으로 나아가야할 방향을 예방적이고 발전적인 방책을 구상하여 선제적으로 집행하려는 입장이므로 당연히 위정자가 백성을 위해 먼저 해결책을 내놓게 마련인데, 그와 정반대로 무위자연의 태도는 전혀 그렇지 않았기 때문이다. 다시 말해 무위자연의 처세관은 어떤 사태에서도 자신이 결코 앞장서지 않고 한걸음 물려나서 남들이 내세운 의견들을 살핀 연후에 돌아가는 상황에 맞추어 유리한 판단을 결정하겠다는 입장이므로, 도가의 그런 사고방식은 당면한 문제해결을 위해 자발적이고 능동적이고 적극적이고 선제적인 방책을 수고롭게 스스로 고안해서 내세우기보다는 그렇게 고생한 남의 입장을 기다렸다가 그것을 비평하고 그리고서 유리하고 좋은 것만 골라 선택하는 입장이 되기 때문이다. 그러므로 도가를 위시하여 황로학이 자신들의 목적을 달성하기 위해 구사한 전략은 다음과 같이 정리될 수 있다.

1. 운명론(運命論) - 장자가 "본성은 바꾸지 못하고(性不可易)

운명은 변하지 못하는 법이다(命不可變). 또 시간의 흐름은 멈추지 못하고(時不可止) 도의 작용은 막을 도리가 없다(道不可壅). 만약 도에 사로잡히면 무아의 경지가 능히 불가능해지고(苟得於道 無自而不可) 도에 벗어나 버리면 무아의 경지가 능히 가능해진다(失焉者 無自而可)."[30]라고 한 점이다. 곧 그 속뜻은 주나라가 망하고 새로운 왕조가 등장하는 것은 필연적 사태이므로 주나라에 대한 미련을 버리고 운명적인 필연에 따라 처신하여 스스로 편안해지라는 말로써, 유가들에게 충고 아닌 충고를 함과 동시에 세상 사람들에게는 곧장 자신들의 말만 믿고 따라오라고 유도하는 심리적 전술이다.

2. 기만술(欺瞞術) - 도가가 갖가지 우화와 가공의 인물 및 가공의 이야기를 구성하여 황제사관을 내세우고 그리하여 요순사관과 유가를 극구 비난하고 배척한 점이다. 이것은 일반백성이 자신들이 투여한 선입감을 가지고서 유가를 바라보게 하여, 유가의 기득권을 유명무실하게 만들려는 전략으로서, 정상적인 사회에서는 도덕적 평가가 심히 어려울 정도로 부도덕하다. 그러나 이 방식은 상대를 모함하여 쓰러뜨리는 효력만 보면 너무도 탁월한 것이어서, 상대방과 치열한 경쟁 상태에 놓인 집단은 지금에 이르러서도 여전히 이 방식을 즐겨 구사한다.

3. 일석이조(一石二鳥)의 전술 - 도가가 유가의 인물을 실명으로 거론하고서 가공의 이야기를 만든 것은 유가를 바라보는 백성들의 시각을 변질시키려는 고도의 전략이었다. 특히 노자가 공자

30) 장자 p324~325

에게 가르침을 준 스승 격으로 만든 목적은 곧 유가가 잘되면 도가의 가르침의 덕분이고 반대로 유가가 잘못되면 도가의 가르침을 따르지 않아서 그렇게 된 것으로 만들려는 것이었다. 그런즉 도가가 유가에게 무위자연의 도를 설파한 것으로 꾸민 이유가 바로 한 가지 일을 하여 두 가지 이득을 을 노린 일석이조 곧 일거양득(一擧兩得)전략을 실현하려는 것으로써, 따라서 유가가 잘하면 그것을 도가의 공으로 만들고, 세상이 잘못되면 모든 책임을 유가에게 전가하기 위함이었다. 여하간 도가가 일석이조의 효과를 노리고서 세상에 내 놓은 무위자연의 이치는 변화하는 상황에 맞추어 처신하는 방책이므로, 곧 무위자연의 이치에 따른 행동의 요령은 변화하는 사태를 지켜 본 연후에 처세를 결정하려는 기회주의적인 처세술이 아닐 수 없게 된다. 왜냐하면 관망하여 승리하는 쪽으로 가겠다는 방책은 어떤 경우에서도 먼저 자신의 속마음을 열지 않고 그 대신 사태를 관망하는 일부터 먼저 해야 하기 때문인데, 곧 그 방식에는 희생과 봉사와 같은 유가의 덕목이 들어설 여지가 전혀 없게 된다.

전통을 고수하기 위해 주나라 왕조를 유지하느냐 아니면 주나라를 대신할 새로운 왕조를 내세우느냐 그리고 만약 내세운다면 전통을 계승한 왕조이어야 하느냐 아니면 전면적으로 새로운 법통을 내세우느냐 하는 선택의 갈림길에서 전국시대의 난국을 해결하기 위해 혁명의 필요성을 느낀 선비들을 압박하는 근본적인 문제는 명분을 찾는 일이 급선무가 아닐 수 없었다. 그리고 훗날 이러한 기류가 뒤엉켜서 탄생한 새로운 역사관이 바로 중화사상의 근저에 놓인 황제사관이다.

그러므로 도가의 본모습을 논구하기에 앞서 그들이 추구한 사상전개의 전략은 대략 다음과 같이 정리될 수 있다.

1. 철저히 자신들의 정체를 익명으로 은폐하고서 주의·주장을 전개하는 것. 즉 익명으로 신분을 위장·은폐하여 최종 목적인 권력쟁취의 장애를 미리 제거하는 것.

2. 실명으로 공자와 그의 제자를 거론하는 반도덕적인 행위를 서슴지 않고 자행하면서 그리고서 공자의 가르침을 왜곡하여 격하시키는 것. 반대로 공자와 그의 제자의 대화를 가공으로 꾸며 유가를 폄하하면서도, 그들은 자신들을 정치적 욕심이 전혀 없는 이들로 자처하면서 유가를 정치 노선에서 배척하는 것.

3. 자신들의 입장을 무위와 소요라는 개념으로 철저히 현실정치와 무관한 비세속적인 인물로 위장하고서 자신들을 보호하는 것.

4. 그러면서 철저히 계산된 방식으로 신화적인 인물과 황제를 실제인물로 등장시켜 고대왕조의 역사와 정통성을 전면적으로 개조하는 것. 즉 삼황오제, 특히 황제를 내세워 고대역사를 왜곡시키고, 무위자연의 사상을 내세워 고대왕조의 통치이념을 무력화시키고, 그리하여 가공의 인물을 내세우고 가공의 우화를 만들어 민중의식을 개조하는 것.

그러므로 중화사상을 태동시킨 진원지는 명백히 유가가 아니라 오히려 도가가 되는 것이며 따라서 역사왜곡의 진상을 밝히려는 작업은 그 점을 분명히 밝혀야 한다.

그리고 그 정황은 도가의 궁극 목적 새로운 역사 위에서 새로운 왕조를 수립하려는 도가의 궁극 목적에서 찾을 수 있다.

그런즉 무위자연의 사상이 민중에게 끼친 해악을 요약하면, 그것은 다음과 같이 정리될 것이다.

첫째, 민중으로 하여금 가진 자를 부정하도록 만든 것

둘째, 민중으로 하여금 이기적인 입장에서 감성적 판단을 하도록 만든 점

셋째, 민중으로 하여금 기회주의적인 인물이 되도록 만든 점

넷째, 권모술수로 상대를 대하는 것을 당연하게 만든 점

하지만 이와 같은 결과를 야기한 그들의 사고방식은 곧장 당가당착의 오류에 봉착하면서, 훗날 한나라 무제에 의해 오히려 배척당하는 운명을 맞이하게 되었다. 왜냐하면 중국고대왕조의 역사를 새롭게 구성한 그들의 작품이 진나라의 붕괴에 의해 자체 모순을 드려내었기 때문이다. 그런즉 난세에는 그런 편법이 통할 수 있었지만 그러나 정상적인 정국에서는 그들이 지향하는 바의 방식이 결코 통일왕조에 도움이 될 수 없었던 것이다. 다시 말해 도가가 개발하여 내세운 무위자연의 방법은 본래부터 실체가 없는 것이어서 곧 알맹이 없는 도가의 사상은 법가와 그 밖의 병가에 영향을 주어 그리하여 도덕정치에 반하는 권모술수를 정당화시킬 수 있는 이론적 토대는 될 수 있었어도, 그와 달리 통일왕조를 유지하기 위해 필히 요구되는 도덕적 질서를 구축하고 관리해야 하는 임무에 적합한 나라의 국학은 도저히 될 수 없었던 것이다.

그리하여 전국시대를 수습하고 백성을 위한다는 명분으로 등장한 황로학의 처지는 훗날 자신이 이룩한 성과가 역설적으로 진시황이 살았을 적의 아방궁이 아니라 진시황이 자신의 사후

를 위해 건립한 거대한 무덤에 비유해야할 정도로 그 꼴이 말이 아니게 되었다. 즉 도가는 민족종교인 도교로 나아가 그 생명을 연장할 수 있었지만, 황로학은 학문으로서의 생명을 유지할 수 없었던 것이다.

그러므로 2권은 이런 의문점을 해명하기 위한 작업을 앞에서 배열한 목차의 순서대로 진행해 나갈 것이다.

제1부 - 유가는 왜 도가의 공격대상이 되어야만 했는가?

논구초점 : 도가가 유가를 비난하는 태도는 다른 유파에 비해 대단히 비정상이다. 그 이유는 유가가 가르치는 왕도정치노선의 예법에 문제가 있다면, 그 점을 논리적으로 비판하고서 그리고 그것을 대신할 적절한 새로운 예법을 제시하면 될 터인데, 전혀 그렇게 하지 않았기 때문이다. 도가는 그 당시 혼란스러운 정국의 책임을 몽땅 유가에게 떠넘기는 수준을 넘어서 서경(書經)에서 중국왕조사의 첫머리를 장식한 요·순임금까지 비난하고서 대신 그 자리에 황제(黃帝)를 내세웠기 때문이다.

다시 말해 정말로 유가의 가르치는 왕조정치이념과 노선이 정작 문제가 있었다면, 시기적으로 주나라 때가 아니라 오히려 그 이전시기인 하나라 말기에 은나라에 의해 배격되었어야 마땅했고, 더 나아가 은나라 말기에 주나라에 의해 배격되었어야 마땅했다.

그러나 주나라는 그런 배격을 전혀 하지 않았고 오히려 걸·주를 비판하면서, 다른 두 왕조처럼 왕도정치의 전통을 계승하겠다는 명분을 내세워 자신의 왕조를 새롭게 출범시켰다.

그러므로 유가에 대한 도가의 비난은 전례가 없는 너무도 이례적인 발상이었기 때문에, 특별한 의도가 없이는 결코 출현할 수 없는 비정상적인 공격일 수밖에 없는 역사적 사건이다.

그렇게 되면 이전 왕조 때까지 전혀 그런 시각이 존재하지 않았는데, 왜 전국시대에 이르러 그런 시각이 발생했는지가 의아스럽게 된다. 그 뿐만 아니라 도가가 주나라가 혼란스러워지고 춘추·전국시대가 도래한 원인과 책임을 전적으로 전래의 사상과 유가라고 하면서도 그에 반해 왕도사상을 거역한 위정자의 책임은 굳이 따지지 않는 이유도 의아스럽게 된다. 그러므로 도가가 유가를 비난하기 이전에 유가가 그렇게 매도를 당해야만 했던 이유가 반드시 논구되어야한다.

황로학이 유가를 집중공격하고서 황제사관을 내세운 사실이 역사왜곡인 점은 서경의 상서(商書) 열명 하(說命下)의 글에서 확인된다. 곧 서경의 아래의 글이 역사적으로 잘못된 것이라면 반드시 요·순임금의 자리에 황제가 들어가 있어야만 마땅하다.

“옛 <선대의 장관>선정 <이윤>보형이(昔先正保衡) 우리 선왕을 일으켜서(作我先王) 이에 말하였습니다(乃曰). 「저는 우리 임금으로 하여금 오로지 요순과 같이 되게 하지 않으면(予弗克俾厥后 惟堯舜) 마음의 부끄러움이(其心愧恥) 시장에서 종아리를 맞는 것과 같았으며(若撻于市) 한 사람이라도 제 자리를 얻지 못하면(一夫不獲) 곧 이것은 나의 죄라고 말하였습니다(則曰時予之辜)」.”[31]

31) 서경 p351

그러므로 위의 주제를 명확히 해두기 위해서는 전국시대의 맹자가 말한 문장을 참조할 필요가 생긴다. 그 이유는 맹자는 전국시대의 초기인물이므로 전국시대에 유가를 극히 배척하려고 한 다른 유파의 의도를 가늠해 볼 수 있기 때문이다. 즉 주나라의 예를 거부하려는 선비들의 불순한 의도와 움직임을 진단할 명확한 근거가 되기 때문이다. 곧「백세 뒤에 백세의 왕들을 차등 한다」는 맹자의 말이 난세를 주도하고 있는 세력을 염두에 두고 있기 때문이다. 그러므로 이 점이 전제되지 않으면 맹자이후에 등장한 도가가 공자·맹자를 이어받은 유가를 극구 배척한 이유가 제대로 드러나지 않게 될 것이다.

> "자공이 말하였다(子貢曰). 「예를 보면 그러면 그 나라의 정치를 알 수 있고(見其禮而知其政), 음악을 들으면 그러면 그 군주의 덕을 알 수 있으니(聞其樂而知其德), 백세의 뒤에서(有百世之後) 백세의 왕들을 차등해 보건데(等百世之王) 이것을 도피할 자가 없으니(莫之能違也) 생민이 있는 이래로(自生民以來) 공자와 같은 분은 계시지 않았다(未有夫子也)」"[32)]

그런데 도가가 유가를 공박한 사실이 역사적으로 특별한 의의를 지니는 까닭은 다른 왕조의 전환기와 달리 진나라의 통일을 이룩한 주체들이 역사를 왜곡하였기 때문이다. 그러므로 하나라의 경우와 은나라의 경우와 달리, 주나라에서 진나라로 왕

---

32) 맹자 p96

조가 바뀌는 과정에서 의도적으로 왜곡된 역사는 마땅히 정상적으로 회복되어야 한다. 그러면 당연히 역사바로잡기는 우선적으로 역사를 왜곡시킨 이유와 사실부터 제대로 논구하여 그 실체와 실상이 명백히 드러나도록 해야 한다. 그런데 그 왜곡의 한 복판에 공자와 유가가 역사왜곡을 주도한 황로학의 공격대상이 되었기 때문에 일단 모든 논구는 이 지점과 시점에 초점을 맞추지 않을 수 없게 된다.

중국역사서는 공자(BC551~479)가 살았던 춘추시대(BC770~403년)와 맹자(BC?372~?289) 살았던 전국시대(BC403~221년)를 호경에서 낙양으로 동천한 후 주나라의 통치권이 미약해진 이후에 전개된 어지러운 정국의 시대라고 규정하였다. 따라서 시기적으로 보면, 공자와 공자의 제자들이 그 가르침을 받들어 어지러운 정국을 바로 세우려는 움직임은 춘추시대의 중반에 시작된 것이었다. 즉 주왕조가 자신들의 통치이념을 제대로 행사할 여력이 없었기 때문에 야기된 어지러운 정국이었으므로, 당연히 주왕실의 권위를 존중하려고 하지 않는 제후들이 주나라가 계승한 전통의 통치이념을 의도적으로 외면하고서 마침내 스스로를 왕으로 격상시켜 주나라를 거역하기에 이르렀다.

하지만 주나라가 완전히 망하지 않은 상황에서는 주 왕실을 대신하여 천명을 받들어 주나라가 은나라로부터 계승한 통치이념과 정통성을 복원시켜 수호하려는 움직임이 당연히 일어나지 않을 수 없게 되는데 바로 그 작업의 시초가 노나라의 대부인 공자에게서 비롯되었기 때문에, 당연히 그 움직임이 중국고대역사에서 가장 중요한 사실중의 하나가 되었던 것이다. 그런데 이미 주나라의 정국이 건잡을 수없이 흐트러지고 있는 상황이었으므로 원래대로 되돌리려는 작업은 심히 난망한 작업이 아닐 수 없었다. 그래도 공자의 시대는 여전히 예법을 존중하려는 춘추시대였으므로 속마음과 다를지라도 겉으로는 공자의 말에 귀기우리면서 존중하는 척하는 제후들이 더러 있었지만, 그러나 전국시대에 이르러서는 맹자의 경우에서처럼 모든 열국의 왕들이 전통을 존중하라는 그의 말을 아예 외면하고서 그리고 그들 노골적으로 푸대접하였다.

그럼에도 불구하고 주 왕실을 대신하여 새로운 통일왕조의 주인이 되려는 입장에서는 주나라가 계승한 왕조의 정통성을 온 천하의 백성들 앞에서 마냥 부정하고 거부할 수만은 없는 일이었다. 그리하여 부정할 수도 없고 또한 수용할 수도 없는 상황을 타개하기 위해 선비들이 앞장서서 열 왕들 앞에 탁월한 묘책을 내놓았는데, 그것이 곧 황제사관으로 구성된 황로학이었다. 그리고 황제사관을 꾸민 도가의 선비들이 온 천하의 백성들에게 요·순사관 대신에 황제사관이 진정한 역사의 정통성이라고 설파하였다.

그런데 황로학에는 법가의 형명학, 음양학 및 의학 등이 모두 망라되어 있어서 가히 유학을 배제한 반(反)유가학파라고 통칭할 만하더라도, 그러나 황로학을 이끈 주류가 도가의 선비와 법가의 선비들이었기 때문에 이들을 중심으로 유가와의 대립이 고찰되지 않을 수 없게 된다. 물론 도가와 법가가 황로학을 매개로 하여 쉽게 결합할 수 있었던 까닭은 그들이 유가와 무관한 선비들이 아니었기 때문이었다. 즉 그들은 어지러운 정국 때문에 분열하기 시작한 선비집단에서 전국시대의 시류에 편승하기 위해 새로운 노선을 취한 선비들이었기 때문인데, 그러므로 그들은 당연히 전통을 수호하려는 유가의 선비들과 아주 밀접한 관계를 맺고 있는 선비들일 수밖에 없었으며 그리하여 그들은 그런 여건 속에서 서로가 쉽게 하나로 뭉칠 수 있었던 것이었다.

하여간 그들은, 한편으로는 국정에 참여할 자격을 획득하기 위해 선비들이 배워야 하는 경전의 지식들을 유가들이 독점하고 있었던 상황에서, 다른 편으로는 역설적으로 정치권력을 장악한 전국시대의 열 왕들이 그런 유가의 선비들을 달가워하지 않았던 상황에서, 정치의 중심부로 나아가 높은 지위를 차지한 권력자가 되기 위하여 열 왕들의 입맛에 맞는 이론을 제공하려고 의도한 인물들이었다. 그러면 당연히 기존의 통치노선을 전면적으로 개조해야 하는데, 여하간 그런 어려운 지성적 작업을 추진할 수 있는 능력은 유가의 선비를 제외한 모든 선비들 중에서 오로지 도가와 법가의 선비들이 갖추고 있었기 때문에 그들이 황로학의 미명하에 하나로 뭉쳐 그 작업을 진행할 수 있었던 것이다. 왜냐하면 그 작업은 한편으로는 전통의 통치방식의 한 축인 법가노선을 앞세우고 다른 편으로는 또 다른 한 축인 요·순임금의 덕치노선의 정통성을 변질시키는 작업이었기 때문이다.

물론 묵가의 선비들도 유가를 공박하는 선비들이었기 때문에 더러는 묵가를 이탈하여 황로학의 선비가 될 수 있었겠지만, 그러나 묵자학파 자체는 결코 도가와 법가와 함께 황로학파를 결성할 수 없었던 문파였다. 왜냐하면 묵가의 정통선비들은 고대왕조의 통치노선을 근본적으로 부정하는 입장이 아니어서, 새로운 역사관을 내세운 황로학을 만든 도가와 법가의 선비들과는 질적인 차이가 있었기 때문이다. 곧 묵가의 겸애설이 공자의 인의 사상과 마찬가지로 철저히 전래의 민본사상에 뿌리를 두고 있어서, 묵가가 요·순사관 대신에 황제사관을 도저히 만들 수 없었기 때문이다. 따라서 황제사관을 내세워 공자를 폄하하는 도가를 겸애설로써 공자를 폄하하는 묵가를 같은 잣대를 들어대어 같은 취지의 맥락에서 논구해서는 안 된다.

어쨌든 묵가를 비롯한 도가, 법가가 유가를 극구 배척한 전략·전술적 방식은 그 내용의 도덕적 정당성과 별개로 난세를 수습하는 방편(方便)으로서는 대단한 효력을 지녔고 그리고 효과를 유발했다고 일단 평가해야 한다. 그러나 비정상적인 상황에서 비정상적으로 태동한 이 사상은 엄청난 후유증을 낳지 않을 수 없었다. 그리하여 그 잘못된 효과는 시간이 흐르면서 서서히 나타나 쌓였다가 마침내 중국왕조의 통치노선에 고질적인 병으로 정착하기에 이르렀다.

따라서 역사는 그 일을 반면교사로 삼아 정론을 추구해야 하는데, 이미 난세를 거친 유가조차 그 경향에 오염되어 정통성을 지닌 고대통치이념의 정신을 올바르게 견지하지 못하였다.

그러므로 공자의 유가사상을 제대로 이해하려면 먼저 유가의 지향하는 목적을 뒷받침하고 있는 본질적인 측면부터 주시해야 한다. 왜냐하면 유가의 교리가 각 시대를 초월한 정론을 갖추도록 만든 학문적 이념을 통찰해야만, 비로소 유가가 전국시대의 어려움을 극복하고 한(漢)나라의 국학이 된 역사적 의의를 올바르게 평가할 수 있을 것이기 때문이다. 그런즉 전국시대의 황로학이 유가를 결정적으로 결코 허물어뜨리지 못한 이유를 바탕으로 하여 고대통치이념이 지닌 보편성과 유가의 현대성을 밝히려고 한다면, 그 논구는 반드시 다음의 두 문장을 목적지로 안내할 길잡이로 삼아야 한다. 그 이유는 선비이건, 관리이건, 제후이건, 임금이간 간에 모두 다 이 정신에 입각하여 자신이 맡은 본분에 마땅히 충실해야 했었기 때문이다.

그 중의 하나는 전래의 군왕의 행동규범으로 내려온 구절로서 유가의 근본토대가 된 사고방식이다.

> "「날로 새롭고(日新), 날로<나날이> 날로<나날이> 새롭고(日日新) 또 날로 새롭다(又日新))」."[33]

그런데 이 사고방식은 상나라 탕왕이 군주가 정사에 임하는 기본자세로서 일러준 것인데, 상나라 신하 이윤이 4대왕 태갑(太甲)에게 임금의 임무를 경계하기 위해 고한 말 속에 위의 글의 진의가 고스란히 그대로 표현되어 있다. 곧 왕위를 맡을 적의 초심을 잃지 말고 마칠 때까지 한 결 같이 유지해야 하는 마음가짐이다.

> "지금 <왕위를 이은 임금>사왕이(今嗣王) 새로이 그 명을 받아 일하시려면(新服厥命) 그 덕을 새롭게 해야 하실 것이니(惟新

---

33) 일신일일신우일신(日新日日新又日新)이란 글귀는 중국 탕왕의 반명(盤銘)에 있는 글로서, 수양의 근본자세를 밝힌 이 글은 훗날 유가의 지침이 되었다.

厥德) 마침과 시작을 한결같게 하는 것이(終始惟一) 바로 날마다 새롭게 하시는 것입니다(時乃日新).”[34]

그리고 또 다른 하나는 논어 위정(爲政)에서의「온고이지신(溫故而知新)」이라는 구절이다. 그런데 시대를 초월하여 뭇 지식인들에게 귀감이 되는 이 말은 곧바로 올바른 지식인이라면 당연히 누구든지 덕치정치의 이념을 실천할 예법을 각 시대의 상황에 맞도록 알맞게 가다듬어 적절히 발전시켜나아 가야 하는 엄중한 책무를 그들에게 상기(想起)시키고 있기 때문에 공자의 사고방식을 이해하는데 가장 중요한 요체가 된다.

> “공자께서 말씀하였다(子曰).「옛것을 복습하고 그리고 새것을 알면(溫故而知新), 스승이 될 수 있다 (可以爲師矣)」.”[35]

그러므로 유가를 제대로 파악하려는 입장은 유가의 교육방향을 지극히 수구적인 노선이 아니라 보편성을 바탕으로 하여 특수성을 발전시켜나가는 가장 바람직한 진보노선으로 이해해야 한다. 즉 유가의 가르침이 중용과 시중의 입장이 서로 조화와 균형을 이루고 있는 사상인 점이다. 다시 말해 유가가 지향하는 교육의 목표가 현실의 장점을 바탕으로 하여 단점을 극복하면서 그리하여 누구든지 자신들이 처한 현 상태를 활용하여 지속적인 발전을 추진하도록 만들려는 것이었기 때문에, 곧 유가의

---

34) 서경 p270
35) 논어 p41

그런 사고방식은 당연히 언제나 다음 세대를 위해 평화공영을 추구한 미래지향적인 정치성향의 발로였던 것이다. 그러므로 공자가 가르침의 근본으로 삼아 견지한 고대통치이념의 덕치(德治)노선은 올바른 통치를 실천할 수 있는 근본을 일찍이 확립하였기 때문에 그 근본을 무너뜨리지 않으면 안 되는 세력에 의해 공격대상이 되었던 것이므로, 누구든지 당연히 그 점을 유념하고서 유가의 본질을 향해 나아가야 한다.

따라서 아래 글은 공자가 계승한 그 점을 명백히 보여 주는 옛 글로서, 이윤(伊尹)이 벼슬을 그만두고 물려 갈 때 상나라와 4대왕 태갑(太甲)에게 고한 글인데 상서(商書) 함유일덕(咸有一德)에 수록되어 있다. 곧 일신(日新)사상과 온고이지신(溫古而知新)사상이 함께 한 점이다.

"덕이 하나이면(德惟一) 움직일 때마다 길하지 않음이 없고(動罔不吉), 덕이 둘 셋이면(德二三) 움직일 때마다 흉하지 않음이 없을 것입니다(動罔不凶). 오로지 길과 흉이 어긋나지 않음이 그 사람에게 달려 있다는 것은(惟吉凶 不僭在人) 오로지 하늘이 재앙과 상서로움을 내리는 것을(惟天 降災祥) 덕에 따라 하기 때문입니다(在德)."[36]

---

36) 서경 p269

제1장 유가는 어떤 존재들인가?

논구초점 : 춘추전국의 모든 백가사상가들은 어쨌든 모두다 선비들이다. 왜냐하면 그들은 상인도 아니고, 장인도 아니고, 농부도 아닌 전문 지식인들이기 때문이다. 그러나 각기 지향하는 목적과 의도와 또한 그것을 추진하는 방향과 방법이 서로 달라서 누구는 유가가 되고, 누구는 묵가가 되고, 누구는 도가가 되고, 누구는 그 밖의 유파가 되었다.

그러므로 중국역사의 왜곡된 진상을 논구하려면, 그 입장은 먼저 왕도사상의 전통을 수호하려는 유가의 사상가들이 다른 문파의 사상가들과 어떻게 다른 존재이었는지를 먼저 논구하여야 한다.

논어 '자장 편'에는 공자의 사상에 관해 중요한 글을 기록해 두었다. 그것은 공가에게는 일정한 스승이 없었다는 점이다. 그러면 그 말뜻은 공자가 독학을 하였다는 사실을 가리키게 되는데, 따라서 도대체 그것이 어떻게 가능한 일이었는지를 파악하는 일이 공자를 이해하는 논구에 있어서 가장 중요한 핵심요건 중 하나가 된다. 그런데 그 점은 아래의 상서(商書) 함유일덕(咸有一德)의 글이 정확히 시사(示唆)해준다.

"덕은 일정한 스승이 없고(德無常師) 선을 주로 하는 것을 스승으로 삼으며(主善爲師), 선은 일정하게 주로 하는 것이 없고(善

無常主) 전일함에 부합하도록 하는 것입니다(協于克一)."[37]

따라서 공자에게 스승이 없었다는 말은 대단히 중요한 역사적 의미를 담고 있는데, 그것은 공자 때까지도 여전히 고대왕조가 수립한 통치이념을 뭇 선비들이 스스로 익힐 수 있었고 그리고 그대로 따를 수 있었다는 점이다.

물론 그에 관한 증거를 굳이 내세우자면, 당연히 춘추시대는 전국시대와 달리 칠웅(七雄)이 아닌 오패(五覇)의 시대였다는 점이다. 즉 그 점은 오패의 시대에는 황제사관이 등장하지 않았고 그리고 여전히 요순사관만 존재했다는 것을 의미한다.

그러므로 그런 분위기의 사회여건은 논어가 정확히 잘 수록해 두었다.

"자공이 말하였다(子貢曰). 「문왕과 무왕의 도가 아직 땅에 떨어지지 않아(文武之道未墜於地) 사람들에게 남아 있다(在人). 어진 자는 그 큰 것을 기억하고(賢者識其大者) 어질지 못한 자는 작은 것을 기억하고 있어서(不賢者識其小者) 문왕과 무왕의 도를 갖고 있지 않음이 없으니(莫不有文武之道焉) 부자께서 어찌 배우지 않으시며(夫子焉不學) 그리고 또 어찌 일정한 스승이 계시겠는가(而亦何常師之有)?」"[38]

---

37) 서경 p272
38) 논어 p381

따라서 특별한 스승 밑에서 학문을 배운 것도 아니고 스스로 학습하여 전통사상을 깨달을 수 있었다면, 당연히 공자가 태어나서 성장했든 제후국인 노나라의 위상이 대단히 중요해진다. 왜냐하면 문화적 풍토가 심히 다른 제후국에는 그런 사상을 스스로 통달할 여건을 도무지 갖추고 있지 않았기 때문이다.

곧 그에 비해 노나라의 영토는 주나라 무왕이 그의 동생 주공 단(周公旦)에게 하사한 것으로서 비록 제후인 주공 단이 직접 내려가 다스린 것이 아니라 그를 대신하여 그의 아들인 백금(伯禽)이 내려가 다스린 지역이었지만, 그러나 주나라 예법으로 다스려진 특수한 지역이었기 때문이다. 그리하여 주 왕실에서 직접 정치를 담당하고 있었던 주공 단의 정치노선을 그대로 답습한 노국은 봉건제도 하에서의 다른 제후국들과 달리 중앙지역 즉 중국 혹은 중방인 주왕조의 제도와 문물을 고스란히 시행하고 보존한 지역이었다. 그러므로 노나라 태생인 공자는 왕도사상을 계승한 주나라의 정통성을 누구보다도 잘 터득할 수 있었다.

"공자께서 말씀하셨다(子曰). 「제나라가 한 번 변화하면(齊一變), 노나라에 이르고(至於魯), 노나라가 한번 변화하면(魯一變) <선왕의> 도에 이를 것이다(至於道)」."[39]

그리고 이처럼 다른 여타의 사상가와는 전혀 다른 특색을 지

39) ibid p120

닌 인물이었던 노나라의 공자는 다른 사상가들의 사상이 자신의 이름을 딴 서책에서 소개되고 있는데 비해, 공자는 노자와 더불어 자신의 명칭을 붙인 서책을 통해 소개되고 있지 않았던 인물이었기 때문에 매우 특이하다. 게다가 공자가 가르친 인의 사상도 공자 자신이 창안한 독특한 사상도 아니었기 때문에 그의 평판이 평범한 정도가 아니라 심히 훌륭한 점도 더욱 이례적이지 않을 수 없다. 다시 말해 인의 사상이 고래로부터 전승된 왕도정치의 핵심사상이고 또한 그 점이 공자가 후대의 다른 사상가들처럼 전통적 사상대신에 비판적인 시각으로 개조한 자신의 새로운 학설을 가르치려고 나선 사상가가 아니었음을 보여주기 때문이다. 따라서 왜 공자가 유가의 조종(祖宗)으로서 각별한 존중을 받아야하는가? 하는 의문점이 발생할 수밖에 없게 되는데, 그러면 공자가 존중받는 점은 매우 이례적이고 대단히 특별한 경우가 된다.

그 점에 대해서는 논어 제7편 술이(述而) 1장은 공자 자신이 스스로 말한「옛 것을 좋아한다(好古)」라는 말을 그대로 수록하고 있다.

> "공자께서 말씀하셨다(子曰). 「전해 오는 것을 따르면서 그리고 창작하지 않으며(述而不作), 옛 것을 믿고 그리고 좋아함은(信而好古) 슬그머니 우리의 노팽<상나라 대부>에게 견주노라(竊比於我老彭)."[40]

그리고 그 문장과 더불어 제자들은 같은 책 19장에서도 「옛 것을 좋아한다(好古)」는 말을 똑같이 수록해 두었다. 그리하여 위의 好古와 아래의 好古가 의미하는 바를 살펴보게 되면, 공자가 난국 속에서 진리를 수호(守護)하려는 입장과 전통을 견지(堅持)하려는 입장이 지닌 역사적 의의가 곧 진정한 존경의 본질임을 파악할 수 있게 된다. 곧 창업(創業)과 수성(守成)의 양측면이 지닌 어려움을 똑같이 고려하면, 한 면으로는 공자가 춘추의 난국 속에서 실행한 후자의 수성의 노력이 창업과 마찬가지의 공로를 지니게 되는 점이다. 마찬가지로 다른 면으로는 공자가 전통의 이념을 유학으로서 정립하여 민간에서 후진을 교육시킨 사실이 새로운 창업으로서 의미를 지니게 되는 점이다.

> "공자께서 말씀하셨다(子曰). 나는 나면서부터 능히 알고 있었든 자가 아니라(我非生而知之者), 옛 것을 좋아하여(好古) 남보다 민첩하게 그것을 구한 자이다(敏以求之者也)."[41]

그러면서 공자는 제자에게 제대로 깨우쳐야할 학문의 본질을 분명히 하였는데, 그것은 실천할 제대로 된 방도도 없이 눈앞의 잘못을 바로 잡겠다는 의욕만 앞세우는 성급한 태도가 나라를

---

40) ibid p126
41) ibid p138

올바르게 다스리려는 태도가 아니라는 점이다. 곧 아래 글에서처럼 공자는 학문이 부족한 자들이 의욕을 명분으로 내세워 권력을 잡고서 자기방식대로 국정을 농단하는 짓을 심히 경계한 점이다. 다시 말해 공자는 학문이 부족하면서도 자신의 의욕만을 앞세우고 나아가는 인물이 옳고 그름을 식별할 기준을 제대로 내세우지 못할 경우에는 곧장 그 인물은 자기 자신의 입장만 옳다고 주장하는 독단에 빠질 수 있는 위험을 경고한 점이다.

"자로가 말하였다(子路曰). 「백성이 있고(有民人焉) 사직이 있으니(有社稷焉), 하필(何必) 글을 읽은 뒤에야(讀書然後) 학문을 하는 것입니까(爲學)?」

공자께서 말씀하셨다(子曰). 「이러므로(是故) 말재주 있는 자를 미워하는 것이다(惡夫佞者)」."[42]

따라서 공자의 가르침의 요체를 정확히 파악하고자 하면, 역설적으로 공자의 가르침이 무엇을 지향하는지를 정확히 파악해야 한다. 곧 정치와 도덕이 지닌 진정한 의의를 모르는 인물들이 가소롭기 짝이 없게 정치의 본질을 재단하는 경우에 발생할 수 있는 어지러운 사태를 염두에 두어야 하는 점이다.

그러므로 공자의 제자들은 논어에 스승인 공자의 학문에 관한 세간의 인식에 대해서도 있는 그대로 솔직하게 수록하였다.

"달항당 사람이 말했다(達巷黨人 曰). 「위대하구나(大哉)! 공자

42) ibid p221

여(孔子)! 박학하였으나(博學) 그러나 <어느 한가지로> 이름을 이룬 것이 없구나(而無所成名)」.

공자께서 이를 들으시고(子聞之) 문하의 제자들에게 말씀하셨다(謂門弟子曰). 「내 무엇을 전문으로 잡아야 하겠는가(吾何執)? 말을 모는 일을 잡아야 하겠는가(執御乎)? 아니면 활을 쏘는 일을 잡아야 하겠는가(執射乎)? 나는 말을 모는 일을 잡겠다(吾執御矣)」.”[43]

이처럼 논어가 공자가 자신의 신분에 관해 솔직하게 말한 바를 그대로 기록한 점은 자신들의 정체를 은폐한 도가의 입장과 극히 차별되는 도덕성을 보여준다. 그 이유는 앞에서 인용한 글에서 공자가 「나는 나면서부터 능히 알고 있었든 자가 아니다(我非生而知之者)」라고 말한 바처럼, 인간은 성장하면서 발전을 도모하고 또한 그 과정에서 시행착오를 범하고 그리고 그것을 반면교사로 삼아 반성하고 수양하여 훌륭한 인격을 가다듬는 존재이기 때문이다. 따라서 유가가 다루는 도덕적 규범의 당위성은 그 본질적 의의를 개인이 저지른 잘못을 형식적으로 단죄하려는 법률적 심판의 성격보다는 오히려 자신의 문제점을 방치하고 되풀이하는 반(反)도덕적·비(非)도덕적 사고방식을 문제 삼아 그리하여 한편으로는 개인이 자신의 허물을 극복하도

---

43) ibid p164

록 유도하는 목적에 두었고 다른 편으로는 서로가 관용, 용서, 화해의 방식으로 공생·공영의 사회발전을 도모하는데 그 목적에 두었다.

그런데 이런 관점에서 도가를 바라보면, 도가사상가는 자신의 정체를 철저히 숨기고서 타인을 부도덕한 방법으로 악의적으로 공격하는 이중적 인격의 처신을 보여 주기 때문에 철저히 자신의 약점과 허물 그리고 잘못을 공개적으로 밝히고 있는 유가사상가의 처신과 대조적일 수밖에 없게 된다.

따라서 아래의 글도 앞에서 인용한 글과 마찬가지로 공자에 관한 중요한 사실을 시사(示唆)하는데, 그것은 공자가 어떤 다른 인물로부터 따로 그와 같은 학식을 배운 사실이 전혀 없었다는 점이다. 곧 공자가 젊은 시절에 허드레 일을 많이 하였기에 그런 일에 익숙했었다는 글이 곧 공자가 별도로 다른 이에게 집중적으로 학문을 배울 틈이 없었다는 사실을 간접적으로 입증해 주는 점이다. 물론 그 점은 출신성분이 좋은 이들로부터 경원시될 수 있는 점인데도 불구하고, 제자들이 논어에 그것조차 기록해 두었기 때문에 그 점은 유가가 지닌 높은 도덕성을 그대로 보여 주는 구체적이고 직접적인 사례에 해당된다.

“<관직의 명칭>대재가 자공에게 물었다(大宰問於子貢曰). 「공자는 성현이신가(夫子聖者與)? 어쩌면 그리도 능한 것이 많으신가(何其多能也)?」.

자공이 말하였다(子貢曰). 「<선생님은> 진실로 하늘이 풀어

놓으신 성인이실 것이요(固天縱之將聖), 또 능한 것이 많으십니다(又多能也).

공자께서 이 말을 들으시고 말씀하셨다(子聞之曰子聞之曰). 「대재가 나를 아는구나(大哉知我乎). 내 젊었을 적에 미천했기 때문에(吾少也賤) 그러므로(故) 비천한 일에 능함이 많았으니(多能鄙事), 군자는 능한 것이 많은가(君子多乎哉)? 많지 않다(不多也)」.

"<子張>뇌가 말하였다(牢曰). 「공자께서 말씀하셨다(子云). '내가 세상에 등용되지 못했기 때문에(吾不試), 그러므로(故) <여러 가지> 재주를 익혔다(藝).'」."[44]

그러므로 그런 성격의 학식을 지닌 공자는 자신이 가르치는 학식이 어떤 효능을 지니고 있는지를 양단(兩端)이라는 말을 통해 명확히 설명하였다. 즉 공자가 학문과 기술 간의 차이점을 정확히 구분한 점이다. 그리고 공자는 양단이란 말 속에 선비의 마음가짐이 어떠해야 하는지를 담아 두었는데, 즉 그것은 의문에 쌓인 상대방에게 허실과 장단점 및 원인과 결과 그리고 과정과 목적을 소상히 밝혀 그들의 판단과 행위에 있어서 잘못이 발생하지 않도록 최선을 다하는 지식인의 책임감이다.

---

44) ibid p168

"공자께서 말씀하셨다(子曰). 「내가 아는 것이 있는가(吾有知乎哉)? 나는 아는 것이 없다(無知也). 그러나 어떤 비루한 사람이(有鄙夫問於我) 나에게 묻되(空空如也), 그가 아무리 무식하더라도(空空如也) 나는 그 양단[45]을 두드려(我叩其兩端) 그리고서 다 말해 준다(而竭焉)」."[46]

따라서 이와 같은 생각을 지닌 공자는 다스림의 중요성을 모르는 인물들의 근시안을 심히 한탄하지 않을 수 없었다. 그리하여 공자는 그 점으로부터 정치가 제대로 이루어지지 못하는 근본사태조차 명백히 지적하고서 위정자들의 책임을 명확히 따졌다. 아래의 글은 그 점을 잘 보여 준다.

"번지가 농사일을 배우기를 청하자(樊遲請學稼), 공자께서 말씀하셨다(子曰). 「나는 늙은 농부만 못하다(吾不如老農)」.

채전을 가꾸는 것을 배우기를 청하자(請學爲圃), 말씀하셨다(曰). 「나는 늙은 원예사만 못하다(吾不如老圃)」.

번지가 나가자(樊遲出), 공자께서 말씀하셨다(子曰). 「소인이구

45) 양단은 양두(兩頭-양쪽 머리)라는 말과 같은 것으로서 시종, 본말, 상하, 선후를 의미한다. 이 의미는 후대에 편찬된 대학(大學)의 첫머리에 수록된 "物有本末, 事有終始, 知所先後, 則近道矣"라는 글 속에 잘 수용되어 있다.

46) ibid p169

나(小人哉)! 번수여(樊須)!」

윗사람이 예를 좋아하면(上好禮), 곧 백성들이 윗사람을 공경하지 않는 이가 없고(則民莫敢不敬),

윗사람이 의를 좋아하면(上好義), 곧 백성들이 복종하지 않는 이가 없고(則民莫敢不服),

윗사람이 신을 좋아하면(上好信), 백성들이 감히 정황대로 하지 않는 이가 없을 것이다(則民莫敢不情).

이렇게 되면(夫如是), 곧 사방의 백성들이(則四方之民) 자식을 포대기에 업고 그리고 올 것이니(襁負其子而至矣), 어찌 농사짓는 것을 쓸 필요가 있겠는가(焉用稼)?」.[47]

그런 연후에 공자는 학문의 본질을 제대로 이해하지 못한 학식은 제대로 된 앎이 아님을 지적하고서 이론과 실천의 합일을 각별히 강조했다. 즉 공자는 많은 지식을 지녔다고 하더라도 그것을 가지고서 아무것도 실행할 수 없다면, 그 인물은 앎의 요체를 깨친 진정한 지식인이 아니라는 지적을 아래 글에서 적절히 지적한 것이었다.

"공자께서 말씀하셨다(子曰). 「시경 삼백 편을 외우면서도(誦詩三百) 정치를 맡겼을 때(授之以政), 제대로 해내지 못하고(不

47) ibid p256~257

達), 사방에 사신으로 나가(四於四方) 혼자서 처결하지 못한다면 (不能專對), 비록 많이 외운다 한들(雖多) 또한 어디에 쓰겠는가 (亦奚以爲)?」."[48]

그러므로 공자는 자신이 깨우친 지식의 본질을 아래와 같이 설파하였고 그리고 그 점이 묵가, 도가, 법가들도 무너뜨려야할 학문의 벽이 되었기 때문에, 공자를 비난한 그들은 반드시 그 이치를 깨달아야만 했다. 왜냐하면 공자가 말한 일통의 이치는 개별과학의 지식을 체계화하는 보편학문의 원리를 의미하게 되는데, 그러면 당연히 여타의 사상가들이 세상 사람들 앞에서 설득력을 보여주려면 반드시 자신들의 주장도 공자처럼 일통시키는 이치를 갖추지 않으면 안 되었기 때문이다. 곧 아래의 내용은 공자가 전통사상을 인의 사상으로 일통(一統)시켜 놓은 모습이다.

"온량은(溫良者) 인의 근본이요(人之本也)

경신은(敬愼者) 인의 땅이요(人之地也),

관유함은(寬裕者) 인의 행동이요(人之作也),

손접은(孫接者) 인의 능함이요(人之能也),

예절은(禮節者) 인의 모습이요(人之貌야),

언담은(言談者) 인의 글씨이며(人之文也),

---

48) ibid p257

가락은(歌樂者) 인의 화기이며(人之和也),

분산은(分散者) 인의 실행이니(人之施也)

선비는 모두 이것을 겸하고 있지만(儒皆兼此而有之) 감히 인을 말하지 않는다(猶且不敢言仁也). 그 존경하고 겸양함이(共尊讓) 이와 같다(有如此者)."[49]

더 나아가 그 점은 공자가 뚜렷한 스승도 없이 홀로 독학하였다는 점을 확실히 보여주는 증거이기도 하다. 왜냐하면 춘추시대의 뭇 제후들이 고대왕조가 수립한 통치이념을 외면했을 때에 오직 단독으로 고대통치이념의 요체를 그와 같이 일통시켜 학문으로 체계화하였기 때문이다. 그리하여 공자는 누구라도 장차 선비와 군자가 되기를 원한다면 마땅히 배워야할 학문으로서의 유학의 기틀을 수립하였다.

"공자께서 말씀하셨다(子曰). 「사야! 너는 내가 많이 배우고(女以予爲多學) 그리고 그것을 기억하는 자라고 여기느냐(而識之者也)?」.

<자공이> 대답하였다(對曰). 「그렇습니다(然). 아닙니까(非與)?」.

<공자께서> 말씀하셨다(曰). 「아니다(非也). 나는 하나의 이치가 모든 사물을 꿰뚫은 것이다(予一以貫之)」."[50]

49) 예기 하 p419

"공자께서 말씀하셨다(子曰). 「성과 인으로 말하면(若聖與仁), 내 어찌 감히 자처할 수 있겠는가(則吾豈敢)?

그러나 <인성의 도를> 행하기를 싫어하지 않으며(抑爲之不厭), 남을 가르치기를 게을리 하지 않는 것으로 말하면(誨人不倦誨人不倦), 즉 그렇다고 말할 수 있을 것이다(則可謂云爾已矣)」.

공서화가 말하였다(公西華曰). 「바로 이것이(正唯) 저희 제자들이 배울 수 없는 점입니다(弟子不能學也)」."[51]

따라서 공자의 가르침과 유가가 지향하는 바를 정확히 파악하려면 일단 논어의 말뜻과 기록의 방식이 지닌 학문의 의의부터 먼저 이해해야 한다. 그 이유는 공자와 제자들이 문답한 내용을 엮은 논어의 기록이 스승과 제자가 학문을 공유하는 가르침과 배움의 방식을 보여 주기 때문이다. 곧 그 대화방식이 서경이 보여주는 협치(協治)정치의 도덕적 의의를 그대로 답습하고 있기 때문이다.

그런데 그런 협치(協治)사상을 보여 주는 서경의 원형은 순임금이 우임금에게 섭정(攝政)을 명하면서 말한 다음의 내용에 있다. 곧 독단을 배제한 다음의 말이다.

---

50) ibid p306
51) ibid p146

"논의하지 않은 말을(無稽之言) 듣지 말며(勿聽), 상의하지 않은 계책은(弗詢之謀) 쓰지 말라(勿庸)."[52]

이와 같이 협치사상은 상나라에 이르러 상서(商書) 열명 상(說命 上)에 더욱 명확해진 모습으로 수록되어 있다. 더욱이 이 글은 임금인 고종(高宗)이 신하인 부열(傅說)에게 명령한 말이기 때문에 정치적 의의와 도덕적 의의가 실로 막중하다. 곧 임금이 신하에게 선왕의 정치를 본받아 한결같은 마음으로 현재의 임금인 자신을 결코 어리석은 길로 들어서지 않도록 해 달라는 임무를 부여했기 때문이다. 다시 말해 이 글은 한비자의 법가사상이 보여주는 바처럼 임금이 신하를 자신의 의도에 따라 부리려고 하는 수직적 상하관계의 통치방식을 보여주는 내용이 아니라, 임금이 신하를 자신의 동반자 내지 조언자, 스승으로 삼아 함께 국정을 이끌고 나가려는 협치(協治)정치의 진면목을 보여주는 내용이기 때문에, 그 정치적 의의는 말로 표현하기 벅찰 정도로 대단하다.

"네 동료와 더불어(惟暨乃僚) 마음을 함께하지 않음이 없게 하여(罔不同心) 그대 임금을 바르게 하여 선왕을 따르게 하라(以匡乃辟 俾率先王). 우리 <탕>첫 임금의 자취를 따라서(迪我高后)

52) 서경 p68

억조의 백성을 편안하게 하라(以康兆民)."[53]

더 나아가 임금과 신하와의 더 할 나위없는 상부상조의 관계는 열명 상(說命 上)에 연이은 열명 하(說命 下)의 글에 아래와 같이 수록되어 있다.

"네가 임금인 나의 마음에 가르치려고 생각하였다면(爾惟訓于朕志), 이에 술을 만든다면(若作酒醴) 너는 누룩이 되며(爾惟麴蘖), 이에 맛있는 국을 끓인다면(若作和羹) 너는 소금과 매실이 되어라(爾惟鹽梅). 네가 나를 맡아 수양하게 하여(爾交脩予) 나를 버리지 말라(罔予棄). 내가 오직 그대의 가르침을 실행해 낼 것이다(予惟克邁乃訓)."[54]

그런즉 논어의 명칭에 담긴 대화의 숭고한 의의는 서경의 대화방식이 담긴 도덕적 의의를 올바르게 깨우쳐야만 개개의 문장에 담긴 본의를 제대로 해득해 나갈 수 있게 된다. 다시 말해 논어의 진정한 학적 의의는 그런 이념의 취지를 고스란히 계승하고 있는 점에 있다는 것이다. 따라서 논어가 지닌 그런 숭고한 학문적 의의는 공자가 평소에 제자들에게 가르친 말과 어긋난 행동을 했을 적에 제자들이 지적한 바를 공자가 스스로 자신의 잘못을 시인하고 그리고 수정한 사실을 그대로 기록한 아

53) ibid p329
54) ibid 344

래의 글에서 여실히 드려난다. 또한 논어가 공자의 제자들의 잘못과 단점도 마찬가지로 그대로 기록해둔 점에서도 마찬가지로 그러하다.

"진나라의 사패가 물었다(陳四敗問).「<노나라 군주>소공이 예를 알았습니까(昭公知禮乎)? 」.

공자께서 말씀하셨다(孔子曰).「예를 아셨다(知禮)」.

공자께서 물러가시자(孔子退), <사패가 공자 제자인>무마기에게 읍하고서 그리고 나오게 하여 말하였다(揖巫馬期而進曰).「내가 들으니(吾聞) 군자는 편당하지 않는다고 들었는데(君子不黨), 군자도 역시 편당하는가(君子亦黨呼)? <소공>군주께서는 오나라에서 장가드셨으니(君取[娶]於吳) 동성이 된다(爲同姓). <그 사실을 숨기기 위해>그 이름을 오맹자라고 불렀으니(謂之吳孟子) 군주께서 능히 예를 아셨다면(君而知禮) 누가 예를 알지 못하겠는가(孰不知禮)?」.

무마기가 이것을 아뢰자(巫馬其以告), 공자께서 말씀하셨다(子曰).「<나)>는 다행이다(丘也幸). 진실로 잘못이 있으면(苟有過) 남들이 반드시 아는구나(人必知之)」."[55]

---

55) ibid p144

그러므로 이런 인격의 소유자인 공자가 전국시대에 선비들 사회의 중추적 핵으로 떠오르게 되었는데, 그 이유는 다름 아니라 유가집단을 배척하려는 전국시대의 반(反)유가 집단의 정치적 의도 때문이었다.

그런데 그들의 정치적 의도를 정확히 파악하려면, 반드시 유념해야할 주의점이 있는데, 그것은 공자의 가르침을 기피하는 것과 공자의 가르침을 배척하는 것 사이에는 엄청난 간격의 차이가 있음을 제대로 이해하고서 또한 제대로 구별해야 하는 엄격한 태도이다. 그 이유는 춘추시대의 혼란의 성격과 전국시대의 혼란의 성격은 서로 달라, 그런즉 공자생전에는 공자를 타도하려는 거대한 반유가의 세력이 형성된 적도 그리하여 실재한 적도 결코 없었기 때문이다. 다시 말해 전국시대에 이르러 비로소 요·순사관에 대응할 황제사관을 갖추고서 주나라를 붕괴시키려는 세력이 등장한 이후에서야 본격적으로 선비사회가 유가와 반유가의 세력으로 분열되었기 때문이고, 그리하여 공자가 전국시대의 열 왕에 영합한 반유가 선비들의 집중적 타도대상이 되었기 때문이다.

따라서 그 시각의 맥락에 따라 유가는 춘추오패시대의 유가와 전국칠웅시대의 유가로 조심스럽게 구분되어야 한다. 곧 전자는 주나라 제후국들이 여전히 주나라의 예법을 인정하는 상황에서 공자가 각 제후들과 위정자들의 무도함을 바로잡아 고대통치이념을 견지하려는 경우이었고, 후자는 열국들이 주나라를 타파하고 새로운 왕조의 주인이 되려는 상황에서 맹자와 순자가 고대왕조의 통치이념을 견지하려는 경우이었기 때문인데,

따라서 양 입장의 차이점은 반드시 제대로 구별되어야 한다. 다시 말해 전자가 처한 춘추시대의 여건은 여전히 통일왕조의 주나라시대였기 때문에 주나라 예법을 제후들에게 제대로 지키도록 설득하는 정도였지만, 그에 비해 후자가 처한 전국시대의 여건은 통일왕조의 권위와 위상을 상실한 주나라를 대신하여 난세를 수습하고 역사의 전면에 등장할 새 왕조의 주인공이 변함없이 탕왕과 무왕이 확립한 혁명의 전통을 계승하도록 만들기 위해 다른 학파들의 선비들과 치열한 노선투쟁을 감내해야 하는 수준이었기 때문에 따라서 양 입장의 차이점은 반드시 제대로 확실히 구별되어야 한다.

하여간 주나라의 국정혼란이 춘추시대에 제대로 수습되었다면 공자를 배척하는 반(反)유가의 움직임이 발생할 리 없었을 것이고, 또한 마찬가지로 전국시대에서도 모든 선비가 합심하여 고대통치이념을 수호하려고만 했다면 반(反)유가의 움직임이 발생할 리 만무하였을 것이다. 따라서 유가와 도가의 실체를 아울러 전체정황을 정확히 설명하려면, 반드시 그 작업은 고대통치이념이 지닌 역사적 정통성과 그리고 요·순사관(堯舜史觀)과 황제사관(黃帝史觀)의 차이점을 제대로 논구해야만 한다.

제1절. 선비와 군자 사이에는 어떤 차이점이 있는가?

논구초점 : 성인(聖人)·군자(君子)의 용어는 공자가 생존한 춘

추시대에 만들어진 용어가 아니라, 훨씬 앞선 고대시기부터 이미 널리 상용된 말이었다. 그러므로 학문을 익히는 인물은 선비라고 일컬어졌고, 그에 비해 군자는 그런 예비적 단계의 선비의 지적·도덕적 소양을 넘어선 출중한 인품의 선비로서 관직에 종사하는 인물은 군자로서 일컬어졌다. 그러므로 선비로부터 군자는 반드시 구별되어야 한다. 그 이유는 군자는 신분이 낮은 단계의 선비들이 아니라 반드시 신분이 높은 위정자들일 수밖에 없기 때문이다. 따라서 덕치정치노선에 입각한 군자의 바른 모습은 봉건제후국에서의 제후 및 신하들이 갖추어야 할 정상적인 사고방식과 행동양식을 의미하게 된다. 그러므로 유가뿐만 아니라 묵가를 비롯한 거의 모든 제자백가사상가들도 올바르고 바람직한 위정자의 모습을 거의 엇비슷하게 언급하였다.

그런데 서로 엇비슷해 보이는 말들과 달리, 각 유파들 간에는 뚜렷한 차이점이 있는데, 그 특징은 위정자가 되려는 선비의 시국관의 차이점에서 확연히 드려난다. 그리고 유가가 지향한 선비의 관점에 관해서는 전국시대 말기의 유학자인 순자가 '선비를 통달한 선비(有通士者)', '공정한 선비(有公士者)', '곧은 선비(有直士者)', '성실한 선비(有慤士者)'로 나누고서 소인(小人)과 구분한 점[56]을 참조해야 한다.

제1절의 논구는 앞부분이 선비에 관한 내용이고 뒷부분이 군자에 관한 내용인데, 그 내용들을 서로 나누어 각기 다루지 않고 한데 묶어서 논구하였기에 다소 긴 글이 되었다.

그러면 유가의 선비가 도대체 어떤 존재인가? 하는 물음을 대해서는 유가의 조종인 공자가 한 말이 당연히 첫머리에 놓여

56) 순자B p86~87

야 하는데, 그 마땅한 글이 아래의 예기 하권(禮記下) 유행(儒行)에 기록되어 있기 때문에 우선적으로 참조되어야 한다. 그런데 이 글의 상단부에 기록된 공자의 말은 유가의 정체를 단적으로 보여주는 말이긴 하지만, 자칫 잘못 이해하게 되면 유가를 크게 오해할 여지를 유발할 수 있기 때문에 특별히 그 점을 유념하고서 읽어야 한다.

"선비는 위로는(儒有上) 천자에게 신하로 종속하지 않고(不臣天子), 아래로는(儒有下) 제후를 섬기지 않는다(不事諸侯). 몸가짐과 언행을 조심하여 고요하고 그리고 더욱이 너그럽다(愼靜而尙寬). 굳세고 용맹하여서 사람을 도와준다(强毅以與人). 배운 것이 많고 학식이 넓어서 일을 주관할 적에는 합당하다(博學以知服). 글을 가까이 하여(近文章) 숫돌에 표면을 매끄럽게 갈고 모서리를 바르게 하듯이 하며(砥厲廉隅), 아무리 나라를 쪼개어 나누어 준다고 해도(雖分國), <그것을> 작게 여겨 굳게 변하지 않고(如錙鐵). <천자에게 신하로> 종속하지 않고 <제후를>섬기지 않는다(不臣不仕). 그 마땅한 행위는 이와 같은 것이다(其如爲有如此者)."[57]

57) 예기 하 p418

곧 윗글은 나라에 충성하는 것을 임금에게 충성하는 것과 엄격히 구분하였는데, 후자의 입장에서 보면, 첫머리의 글은 심히 불충으로 여겨질 수 있게 된다. 그러나 이 첫머리의 글이 진정으로 유가의 본질을 말하고 있는 것이기 때문에 제대로 해석되어야 한다. 왜냐하면 이 글이 밝힌 바대로 공자가 국가와 임금을 결코 동일시하고 있지 않았기 때문이다. 곧 이 글이 밝힌 바대로 유가의 선비는 개인인 임금에게 얽매여 구속되지 않고 오로지 올바른 보편적 진리에 따라 행동하는 신분이었기 때문에, 그리하여 유가의 선비는 개인인 폭군에 종속되어 따르지 않는 신분이었기 때문에, 그런즉 유가의 선비는 임금이 폭군이라면 당연히 천명에 따른 혁명에 동참할 수 있게 된다.

그러므로 그 취지를 오해함이 없이 올바르게 파악하려면 공자가 제자들에게 인에 관해 말한 내용을 아울러 참조해야 한다. 곧 인의 마음가짐으로 행동하는 일은 심지어 그렇게 행동하는 스승에게조차 겸손하게 양보하고 물러서야할 그런 성격의 일이 아니기 때문인데, 그러면 아래 글의 말뜻은 역으로 해석하면 인이 아닌 일에 대해서는 유가가 절대로 행해서 안 된다는 금지의 취지가 된다. 다시 말해 인의 일이 스승에게 사양할 정도로 취약한 경우라면, 얼마든지 사람에 따라 그리고 사정에 따라 미루거나, 회피하거나, 거절할 수 있는 것이기 때문이다.

"공자께서 말씀하셨다(子曰). 「인을 당면해서는(當仁) 스승에게 양보하지 않는다(不讓於師)」."[58]

---

58) 논어 p323

그런데 이 발상도 역시 고대통치이념에서 비롯된 것이기 때문에 훗날 열 왕에게 종속된 반(反)유가세력이 고대통치이념을 수호하려는 유가를 반드시 배척해야할 명백한 이유 중 하나가 된다. 다시 말해 주나라를 타도할 반(反)유가세력의 목적이 위의 명분에 부합하지 않았기 때문에, 당연히 그들은 자신들의 행동을 합리화하기 위해 유가를 배척하지 않을 수 없게 된 점이다.

그런즉 이미 앞에서 지적한 바대로 유가가 견지하려는 고대통치노선은 먼저 임금의 도리를 앞장세우고 그리고서 선비와 군자의 도리를 차례로 잇달아 세웠다. 그러므로 임금의 도리를 분명히 정립한 서경의 글을 바탕으로 삼아 선비와 군자의 차이점을 논구해야만 그 실체가 분명히 밝혀질 것이다. 곧 아래의 글은 그 점을 보여주는 상서(商書) 이훈(伊訓)에 실린 글이다.

"아(嗚呼)! <탕왕>선왕이(先王) 비로소 사람의 도리를 닦으시고 (肇修人紀), 간언하는 것을 따르셔서 어기지 않으시며(從諫弗咈), 선민도 늘 이와 같았습니다(先民時若). 윗자리에 있을 때에는 밝게 하시며(居上克明), 아래 사람이 되어서는 충성하셨으며(爲下克忠), 남을 인정할 적에는 다 갖추기를 요구하지 아니하시며(與人不求備), 자신을 단속할 때는 미치지 못할 듯이 하셔서(檢身若不及) 만방을 소유하는데 이르시니(以至于有萬邦) 이것이 어려운 것입니다(玆惟艱哉)."[59]

곧 이 글이 임금이 아닐 적 그리하여 성장할 때와 신하일 때와 그리고 임금이 된 이후에까지의 태도를 망라하여 거론한 것이므로, 당연히 이 글은 선비와 군자의 역할을 살펴보는 근거가 된다.

왜냐하면 군주가 군주의 신분에 오르기 전의 신분이 선비라고 한다면, 당연히 선비가 나라를 유지하는 근본골간이 되기 때문이다. 곧 선비가 나라의 모든 통치기관을 담당하는 관리가 되는 근원지이기 때문이다. 그런즉 아래의 글의 말미에 기록인 「신하가 바로 잡아주지 않으면 그 형벌이 묵형이다.」이라고 한 말과 「어리석은 선비들을 훈계하여야 한다.」는 글이 단적으로 그런 점을 뒷받침해 준다.

"관직의 형벌을 만들어(制官刑) 자리에 있는 사람들을 경계하십시오(儆于有位).

이에 감히 궁에서 늘 노래하며 춤추고(曰敢有恒舞于宮), 방에서 노래를 즐기면(酣歌于室) 이를 무풍이라고 합니다(時謂巫風).

감히 재물과 여색을 쫓으며(敢有殉于貨色) 놀이와 사냥을 늘 하면(恒于遊畋) 이를 음풍이라고 합니다(時謂淫風). 감히 성인의 말씀을 모독하며(敢有侮聖言) 충직한 것을 거스리며(逆忠直) 원로의 덕을 멀리하며(遠耆德) 완악한 사람들과 가까이 하면(比頑童) 이를 난풍이라 합니다(時謂亂風).

---

59) 서경 p235

이 삼풍과 그에 속하는 열 가지 허물 가운데(惟玆三風十愆) 대신과 선비가 한 가지라도 몸에 가지고 있으면 집을 반드시 잃어버리고(卿士有一于身 家必喪), 한 나라의 군주가 이 중에 하나라도 몸에 가지고 있으면 나라가 반드시 망합니다(邦君有一于身 國必亡).

신하가 그것을 바로 잡아 주지 않으면 그에 대한 형벌은 묵형입니다(臣下不匡 其刑 墨), 이를 자세히 갖추어서 어리석은 선비들을 훈계해야 합니다(具訓于蒙士)."60)

그러므로 나라가 어지러워지는 이유는 어리석은 군주가 어리석은 선비를 등용하여 나라를 다스렸기 때문이므로, 서경에 실린 모든 훈계의 글은 군주와 신하의 양 쪽을 모두 다 경계하였다. 이로서 서경은 한편으로는 군주가 어리석은 인물을 결코 등용해서는 안 되는 인재등용의 원칙을 밝히면서, 다른 편으로는 관리가 되고자 하는 선비들의 마음가짐을 올바르게 만들려고 하였다.

곧 아래의 서경의 글은 군주가 훌륭한 인재를 등용해야함을 밝힌 글이다.

"잘 다스려지고 어지러워지는 것이(惟治亂) 여러 벼슬에 달려 있으니(在庶官), 관직을 사사로이 가까이 하는데 미치지 않게 하

60) ibid p237~238

여(官不及私昵) 능력이 있는 이를 쓰시며(惟其能), 작위를 악한 덕이 있는 이에게 미치지 않게 하여(爵罔及惡德) 어진 이를 쓰십시오(惟其賢).”[61]

그런데 이에 앞서 서경(書經) 우서(虞書) 고요모(皐陶謨)는 위정자가 함부로 나라의 직책을 폐해서는 안 됨을 분명히 해 두었다. 그 이유는 관리는 하늘의 일을(天工) 대신하는 사람이라고 보았기 때문이다. 즉 천공의 표현은 우임금과 신하 고요가 나눈 대화 속에 표현되어 있다.

“편한 것과 욕심으로 나라를 가르치지 마시고(無敎逸欲有邦) 삼가고 두려워하소서(兢兢業業). 하루와 이틀 사이에도(一日二日) 만 가지나 되는 일의 기미가 나타납니다(萬幾). 여러 벼슬을 폐하지 마소서(無曠庶官). 하늘의 일을(天工) 사람이 대신하는 것입니다(人其代之).”[62]

그런즉 고요가 관직을 맡은 관인에 대해 단지 공적인 일을 수행하는 정도로 표현하지 않고, 천공의 말을 사용하여 그 직책을 엄숙히 표현한 의도는 그만큼 정치에 있어서 애민(愛民)성과

---

61) ibid 335~336
62) ibid p82~83

헌신(獻身)성과 공정(公正)성이 지닌 중요성을 일깨워 주기 위함이었다. 왜냐하면 관직을 쉽게 폐하지 말 것을 건의하는 말 속에는 여러 가지 뜻이 담겨 있기 때문이다.

첫째는 천공(天工)을 대신하는 관인은 바로 천명(天命)을 수행하는 임금을 대신하여 임금의 정사인 천명을 직접 수행하는 존재라는 점이다.

둘째는 임금의 정사가 제대로 올바르게 실현되려면 임금을 대신하는 관직과 그 관직을 맡을 훌륭한 인물이 있어야 하는 점이다.

셋째는 임금이 그런 훌륭한 관리를 선출하려면, 관리가 되고자 하는 선비들이 재야에서 학문을 도야하고 있어야 하는 점이다.

넷째는 선비들이 관리가 되고자 한다면 당연히 천명의 이치를 깨우치려는 도덕적 의식을 먼저 갖추어야 하는 점이다.

따라서 서경은 임금을 대신하여 백성을 지도하는 관직의 엄격함을 아래의 글로서 명확히 해두었다.

"이에 임금께 나아가 말하였다(乃進于王曰). 「아(嗚호)! 밝으신 임금께서(明王) 천도를 받들고 쫓아서(奉若天道) 나라를 세우고 도읍을 설립하여(建邦設都) 천자와 제후를 세우고(樹后王君公), 대부와 사장들로 받들게 하셨는데(承以大夫師長), 편히 놀게 하려는 것이 아니라(不惟逸豫) 백성을 다스리려고 한 것입니다(惟以亂民)."[63]

그러므로 재야(在野)의 선비가 국정을 담당하지 않을 적에는 국정에 대한 책임의식을 굳이 느낄 이유가 없겠지만, 그러나 장차 관리가 되어 올바른 군자가 되고자 한다면 그는 반드시 국정에 대한 투철한 책임감부터 갖추어야 한다. 그런즉 위정자로서 갖추어야할 엄숙한 책임감이 곧 선비와 군자를 하나로 묶는 연결고리가 되는 것이다. 다시 말해 관리가 무엇을 실행하는 이유와 목적을 모르면서 그저 주어진 일만 그럭저럭 하면서 녹을 먹겠다고 하는 선비는 결코 관리가 되어서는 안 되기 때문이다. 더욱이 그런 엄중한 관리의 직을 이용하여 재물을 탐하는 일은 결코 허용될 수 없는 것인데, 곧 서경은 그런 점을 경계한 군주의 입장을 잘 수록해 두었다.

> "임금인 나는 재물을 좋아하는 사람을 임용하지 아니하고(朕不肩好貨), 감히 살아 있는 사람이 살아가는 것을 존중하고(敢恭生生) 궁핍한 사람들이 사람을 양육하는 거처를 모색하게 해주고(鞠人謀人之保居) 베풀고 공경할 것이다(敍欽)."[64]

그런즉 고대왕조가 임금이 나라를 잘 다스리기 위해 임금은 반드시 훌륭하고 현명한 선비를 공경해야함을 통치이념의 대원칙으로 삼은 이래로, 각 왕조마다 선왕(先王)은 후왕(後王)을 위해 어진 선비를 뽑아 그들과 더불어 정사를 펼쳐야 함을 대

63) ibid p332~333
64) ibid p318~319

를 이어 누누이 강조하였다. 그리하여 성왕에 의한 정치에서는 성왕과 성왕을 보필할 어진 신하가 항상 함께 어울러 협치(協治)정치를 실천해야하기 때문에 당연히 성왕(聖王)과 현신(賢臣)은 서로 불가분의 동반자관계이어야만 했다. 즉 성왕과 현신이 앞면과 뒷면의 관계가 되어야만 비로소 협치(協治)정치의 본질을 이룰 수 있었던 것이다.

따라서 서경은 상서(商書) 이훈(伊訓)에 수록된 철인(哲人)이란 용어로서 그 의의를 명확히 밝혔다. 곧 임금이 나라를 보전하려면 당연히 어진 이를 등용해야 하는 원칙이다.

> "널리 지혜로운 사람을 구하셔서(敷求哲人) 그로 하여금 후사를 보필하게 하셔야 합니다(俾輔于爾後嗣)."[65]

그리고 마땅히 그렇게 해야 하는 임금의 입장에 대해 마찬가지로 신하도 자신의 한결 같은 입장을 담은 말로 화답하였다. 그 내용은 위의 상나라 왕 태갑(太甲)의 치세보다 다소 늦은 고종(高宗)의 치세에 활약한 충신 부열(傅說)이 왕에게 올린 글 속에 기록되어 있다. 곧 아래 글은 어진 신하가 어진 신하를 불러들어 임금을 공손히 보필하겠다는 충성의 내용인데, 이 글의 내용은 임금과 신하가 서로 덕을 바탕으로 하여 굳건한 신뢰관계를 형성하지 못한 왕조에서는 도저히 나올 수 없는 발상이다.

---

65) ibid p236

그런즉 이 내용은 후대에 이르러 유가에서나 찾아 볼 수 있는 발상이었지 결코 도가와 법가에서는 찾아 볼 수 없는 발상이었다. 왜냐하면 현명한 신하가 현명한 신하를 찾아 배열하겠다는 말은 협치정치를 추구하는 유가에서는 가능해도 전제군주제도를 추구하는 도가·법가에게서는 도저히 불가능한 발상이었기 때문이다.

"오직 열이 공경히 받들어서(惟說 式克欽承) 널리 뛰어난 이들을 불러(旁招俊乂) 여러 지위에 나열할 것입니다(列于庶位)."[66]

그리고 더 나아가 서경은 함유일덕(咸有一德)에서 임금이 신하를 가려서 임명해야 하는 마땅한 이유가 신하가 임금과 백성을 위해 실행해야 할 직분의 중대성 때문임을 명확히 밝혀 두었다.

"관직을 임명하면(任官) 오로지 현명한 자와 재주 있는 자로 하시며(惟賢材), 좌우를(左右) 오로지 그 사람들로 하소서(惟其人). 신하는(臣) 임금을 생각할 적에는 덕을 위하고(爲上爲德) 아래를 생각할 적에는 백성을 위해야 하니(爲下爲民) 마땅히 황공해하고 마땅히 몸가짐과 언행을 조심하게 하여(其難其愼) 화합되게 하고 한결같도록 하소서(惟和惟一)."[67]

---

66) ibid p348
67) ibid p271

그러므로 은나라 말기의 인물인 주나라 문왕이 이와 같은 전통을 고스란히 계승하였기 때문에 태공망을 스승으로 모셔 통일왕조의 초석을 닦을 수 있었던 것이다. 그리하여 태공망도 그의 저서 육도에서 선비를 존중하지 않은 왕조가 결코 번영할 수 없음을 명확히 기록해 두었다. 마찬가지로 주나라 춘추시대에 이르러 제나라 제후 환공에게 중부(仲夫)로서의 대우를 받은 관중도 그의 저서 관자에 동일한 내용을 기록해 두었다. 또한 공자를 심히 비난한 묵자조차 태공망과 동일한 생각을 그의 저서 묵자의 첫 장에 기록해 두었다.

그런즉 유가와 묵가와 달리 세속의 일에 초연한 입장을 취하는 도가의 입장을 철저히 논구하려면, 오히려 춘추시대의 인물인 공자를 맹렬히 비난한 전국시대의 묵자와 그 이후에 공자와 유가를 아예 배격하려고 행동한 도가사상가들의 입장을 객관적으로 상호 비교해 보아야 한다. 그 이유는 묵자가 공자를 심히 비난한 후대의 인물인데도 불구하고, 묵자와 공자의 견해가 오히려 일치한다면, 역으로 그로부터 도가가 공자를 맹비난한 의도가 선명하게 구별되어 명확히 드려날 것이기 때문이다. 다시 말해 묵자에 앞서 공자를 그렇게 비난한 인물이 전혀 없었기 때문인데, 그러면 당연히 시기가 빠른 묵자와 시기가 뒤진 도가를 상호 비교하면 도가가 묵가의 말 중에서 어떤 맥락을 수용하였는지가 제대로 드려나게 될 것이기 때문이다.

어쨌든 묵자가 도가에게 보여 준 선구적인 모습은 유가를 비판하면서 겸애설이란 새로운 행동양식의 정치노선을 내세운 방식인데, 무위자연설을 새롭게 내세우고서 유가를 공박한 도가의 양상이 묵자의 새로운 시도와 엇비슷하기 때문에 주목하지 않을 수 없게 된다.

즉 아래 글이 훗날에 첨부된 위작이 아니라면, 이 글은 묵가가 도가에게 그런 발상의 여지를 제공했다는 충분한 증거가 된다. 곧 장자의 산목(山木)에서 보이는 그런 발상이다.

"지금 다섯 개의 송곳이 있다면(今有五錐) 이들 중 가장 뾰족한 것이 반드시 것이 반드시 먼저 무디어질 것이며(此其銛銛者必先挫), 다섯 개의 칼이 있다면(有五刀) 이들 중 가장 날카로운 것이 반드시 먼저 닳을 것이다(此其錯錯者必先마).

그래서 맛있는 샘물이 먼저 마르고(是以甘井先竭) 쭉 뻗은 나무가 먼저 잘리며(招木先伐), 신령스러운 거북이 먼저 불에 지져지고(靈龜先灼) 신령스런 뱀이 먼저 햇빛에 말려진다(神蛇先暴).

그러므로(是故) 비간이 죽음을 당한 것은 그가 대항하였기 때문이며(比干之殪其抗也), 맹분이 죽음을 당한 것은 그가 용감하였기 때문이며(孟賁之殺其勇也) 서시가 물에 빠져 죽은 것은 그가 아름다웠기 때문이며(西施之沈其美也), 오기가 몸을 찢긴 것은 그가 일을 잘하기 때문이었다(吳起之裂其事也).

그러므로 그러한 사람들이란 그의 장점 때문에 죽은 사람들이다(故彼人者寡不死其所長). 그래서 말하기를(故曰), 너무 성한 것은 지키기 어렵다고 하는 것이다(太盛難守也)."[68]

그런데 더욱이 이 글이 마땅히 시선을 끌만한 대상을 함유하고 있는데, 그것은 도가의 전유물처럼 여긴 서시(西施)에 대한 언급을 묵가가 이미 하였다는 점이다. 즉 서시의 실존여부는 당시의 월나라와 오나라의 기록에 의해서도 확인된 바 없는데 그럼에도 불구하고 중국인들에게 회자되었던 배경은 누군가가 만든 이야기가 정설처럼 굳어진 경우일 뿐인데, 따라서 장자에 앞서 묵자의 글에 이처럼 기록되어 있으니까 당연히 묵자가 도가에게 영향을 미쳤을 것이라는 판단은 옳은 판단이 아닐 수 없게 된다.

그러면 이와 같은 역사적 의의를 지닌 묵자의 서책 친사(親士)편에 설명된 선비의 내용이 대단히 중요해진다. 왜냐하면 그 점은 거꾸로 묵가가 생존한 춘추시대 말기부터 전국시대 초기까지는 황제사관을 만들어 주 왕조를 전복할 발상이 전혀 나타나지 않았던 시기임을 판단케 해주기 때문이다. 다시 말해 묵자가 생존한 춘추말기·전국초기에 살았던 선비들은 여전히 주나라를 뒤이어 등장할 새로운 왕조도 주나라가 계승한 정통성을 그대로 수용할 것으로 여긴 정황 때문이다. 즉 아래의 묵자의 글이 당시의 선비들이 주나라를 대신할 새로운 왕조를 생각했더라도 그러나 도가처럼 전래의 정통성을 아예 부정할 마음을 전혀 갖지 않았다는 정황을 아울러 함께 보여주기 때문이다.

따라서 도가가 유가를 공박한 진정한 의도를 파악하려면, 당

---

68) 묵자 p83

연히 그 입장은 묵자의 이 글을 필히 참고해야 한다.

"어느 나라든 들어가 보아 그 나라에서 선비들을 아껴 주지 않는다면(入國而不在其士), 곧 망할 나라일 것이다(則亡國矣).

어진 이를 보고도 그리고 <쓰는데> 다급하지 않다면(見賢而不急) 곧 소홀한 임금일 것이다(則緩君矣).

어진이가 아니라면 쓰는데 다급할 것이 없고(非賢無急), 선비가 아니라면 함께 나라를 걱정할 상대가 못 된다(非士無與慮國).

어진 이를 소홀히 하고 선비를 잊고도(緩賢忘士) 그리고서도 그의 나라를 보전할 수 있었다는 임금은 일찍이 없었다(而能以其國存者). ………

가장 좋은 일은 실패가 없는 것이지만(太上無敗), 그 다음은 실패를 하기는 하지만 그러나 그로써 이루는 것이 있는 것이다(其次敗而有以成). 이것을 두고 백성을 잘 부린다고 하는 것이다(此之謂用民)."[69]

그런즉 묵자의 선비사상을 토대로 해서 묵자보다 앞선 시대의 인물인 공자가 가르친 군자와 선비의 모습을 고찰하면, 춘추시대가 왜 문란해졌으며 그리고 전국시대는 어떤 경로를 거쳐 진(秦)나라에 의해 수습되었으며 그리고 통일왕조가 또 다시 분

69) ibid P81

열을 거듭하면서, 진나라 이후의 중국왕조들이 왜 고대왕조와 전혀 다른 양상의 시련을 겪게 되었는지를 똑바로 직시할 수 있게 된다. 그러면 당연히 어진 선비를 중요시해야 한다는 앞선 묵자의 말은 올바른 정치는 위정자의 올바른 판단과 처신에서 비롯된다는 주장과 같은 맥락의 내용으로 귀결되어지게 된다.

그러므로 공자와 묵자의 사상이 똑같은 뿌리를 가진 사상임을 밝히면 곧 묵자 이후에 등장한 도가사상가의 뿌리도 자연히 드러날 수밖에 없게 된다. 그 이유는 묵자 이전의 공자가 일찍이 그런 말뜻을 아래의 글에서처럼 이미 밝혔기 때문인데, 따라서 묵자가 자기생각의 원천을 고대왕조 이래로 전승한 경전 이외에 다른 경전을 내놓지 않았다면 마땅히 모든 정황상 고대경전 이외에 다른 경전이 결코 있을 수 없게 되기 때문이다. 마찬가지로 당연히 도가의 인물에게도 도가사상이 등장하기 이전까지 고대경전 이외에 다른 경전이 별도로 없었다면 자기사상의 뿌리가 고대경전에 있음을 인정해야 하고, 만약 그것도 아니라면 묵자 이후에 등장한 서책에 있음을 인정하고 그것을 밝혀야 한다. 그런데도 불구하고 그들이 고래로부터 내려온 비전(祕傳)의 사상이 있는 것처럼 세상 사람들에게 가장하였기 때문에 그들의 행위는 참으로 후안무치해질 뿐이다.

그러면 다시 원점으로 돌아가 군주가 올바르게 처신하려면 훌륭한 신하의 보필을 받아야 하고, 마찬가지로 훌륭한 신하도 지조 있는 재야의 선비들의 조력을 받아야하기 때문에, 당연히 역순으로 따지면 건전한 왕조는 꿋꿋한 선비들이 나라를 지탱하고서 임금과 신하를 견제할 적에만 가능하다는 결론에 이르게 된다.

그러므로 지식인으로서의 선비가 갖추어야할 학문과 덕행이 중요해지는데, 이것을 도야하는 교육현장에 자신의 정체를 은폐하고 있는 도가의 선비들은 아예 모습을 드려낼 수 없었기 때문에 선비의 유(儒)와 유가이외의 선비들 일컫게 되는 사(士)는 마땅히 구별되어야 한다. 더 나아가 도가는 세속의 일에 초연한 신선의 경지를 주장하고 있었기 때문에, 다시 말해 그들이 내세우는 도(道)는 유가의 선비들이 배우는 서책을 교본으로 삼아 깨우칠 수 있는 그런 도(道)가 아니었기 때문에, 당연히 그들에게는 세속의 선비(士)로 자처하는 일이 심히 곤란한 문제가 아닐 수 없게 되었다.

그런데 시기적으로 보면, 공자의 생존시기에는 전통사상을 극렬하게 비난하고서 배척하려는 유파가 존재하지 않았기 때문에 당시의 선비사회에서는 어느 누구도 공자와 공자의 문도들을 자신들과 구별하여 유가의 선비로 부르면서 편 가름할 수 없었다. 그 이유는 이미 밝힌 바대로 선비가 배우는 교과서가 고대경전이외에 따로 있을 리 만무했기 때문이다. 그런즉 가르치는 선생과 배우는 학생, 배움의 장소와 시간, 더 나아가 선생과 학생의 복식이 제각기 다를지언정 가르치고 배우는 지식의 원천인 교과서가 통일된 고대경전이었기 때문에 모두가 같은 선비일 수밖에 없는 것이었고 또한 공자가 제자들을 가르친 경우도 그런 경우 중의 하나였을 뿐이다.

"노나라 애공이 공자에게 물어 말했다(魯哀公問於孔子曰). 「부자의 옷은(夫子之服) 유복입니까(其儒服與)?」

<공자가>대답하여 말했다(對曰). 「구가 어려서 노나라에 거주했을 때에는(丘小居魯) 봉액의 도포를 입었고 (衣逢掖之衣), 어른이 되어 송나라에 거주했을 때에(長居宋) 장보의 관을 썼읍니다(冠章甫之冠). 구가 듣기로는(丘聞之也) 군자의 학문이 넓어도(君子之學也博), 의복은 향리의 풍습을 따른다고 하였습니다(其服也鄕). 구는 유복을 모릅니다(丘不知儒服)」."[70]

그럼에도 불구하고 그런 동일한 여건 속에서도 공자의 가르침은 남달리 특출하였고 더 나아가 춘추시대의 난국에 그의 사상과 입장을 몸소 지켜내려고 하였기 때문에 공자의 가르침을 배웠던 선비들을 다른 곳에서 글을 배웠던 선비들과 구별하여 유가라고 불려도 결코 이상한 일이 아니었다. 곧 그런 양상은 같은 길을 걸어가는 노선에서 발생한 지적 수준의 차이였을 뿐이지 결코 반(反)유가와 유가가 이념적으로 대립한 양상이 아니었던 것이다[71]. 그러므로 춘추시대 선비사회의 모습은 훗날 고대경전을 굳건히 계승하여 수호하려는 선비들인 유가와 고대경

---

70) 예기 p411

71) 마치 동일한 성격의 인문계내의 학교들끼리 서로 경쟁하는 양상과 서로 다른 성격의 인문계와 비인문계가 서로 대립하는 양상이 서로 구별되는 점과 같다.

전을 배척하려는 선비들인 반(反)유가로 나누어져서 그리하여 어느덧 유가, 묵가, 도가, 음양가, 병가의 호칭으로 부르는 것이 자연스럽게 된 전국시대 선비사회의 모습과는 엄연히 다른 것이었다. 하여간 전통노선을 벗어난 새로운 경향이 태동하여 선비사회가 분열하고 그리고 각 유파의 서책이 등장하기 시작하면서부터 자연스럽게 공자의 집단이 그들과 구별되었으므로, 당연히 유가의 유(儒)와 선비의 사(士)의 용어도 서로 구별되어야 한다. 그리하여 전국시대에 이르러 순자가 반유가의 공격을 물리치기 위해, 유가인 자신이 유가를 속유(俗儒)·아유(雅儒)·대유(大儒)로까지 구분하지 않을 수 없게 되었다.

그러므로 유가의 본질을 제대로 이해하려면, 반드시 선비의 사(士)와 군주의 군(君) 및 군자의 군(君)이 지닌 미묘한 입장 차이를 인식해야하고, 그리고 그 입장은 이미 지적한 바처럼 선비에게서는 학문(學問)의 도야(陶冶)와 그리고 관리(官吏)의 본분을 논해야 하고, 이에 반해 군자에게서는 위정자(爲政者)가 반드시 짊어져야할 준엄한 책임을 논해야 한다. 곧 책임자가 갖추어야할 모범적 자세를 유념해서 주목해야 한다. 그러면 당연히 선비와 짝을 이루는 군자의 말은 두 가지 경우로 구분하여 그 뜻을 헤아려야 하는데, 하나는 선비가 덕을 이루어 높은 관리가 된 경우와 다른 하나는 왕을 직접적으로 비판하기에 난처하여 군주 대신에 군자의 이름으로 왕의 행동을 경계한 경우이다. 그런즉 논어에는 공자가 선비에 관해 언급한 말보다는 군자에 관해 언급한 말이 더 많이 수록되어 있다.

어쨌든 우선적으로 논어에 실린 선비에 관한 글들을 살펴보면, 논어는 공자, 증자, 자장, 자공, 자로, 자공이 말한 바를 기록해 두었기 때문에 아래에 그 수록된 순서대로 인용한다.

우선적으로 공자는 선비의 지조가 눈앞의 재물에 얽매일 정도이면, 그가 익히고 닦은 학문과 수양이 결코 제대로 된 결실을 맺을 수 없음을 가르쳤다.

> "공자께서 말씀하셨다(子曰).「선비가 도에 뜻을 두고서(士志於道) 그리고서 나쁜 옷과 나쁜 음식을 부끄러워하는 자는(而恥惡依惡食者) 더불어 도를 의논할 수 없다(未足與議也)」."[72]

따라서 공자의 제자인 증자는 선비가 나라를 떠받치는 동량임을 전제로 하여 선비의 지조가 진정으로 굳세어야함을 강조하였다.

> "증자가 말씀하셨다(曾子曰).「선비는 도량이 넓고 뜻이 굳세지 않으면 안 된다(士不可以不弘毅). 책임이 무겁고 그리고 길이 멀기 때문이다(任重而道遠)」."[73]

또한 공자는 제자인 자장와의 문답에서 자장에게 도를 추구

---

72) ibid p75
73) ibid p154

하는 것과 공명을 추구하는 것과의 차이점을 평판과 통달이란 말로서 확연하게 판별하여 설명해 주었다.

"자장이 물었다(子張問). 「선비는 어떻게 하여야만(士何如), 이에 말 그대로 이루어짐이 있겠습니까(斯可謂之達矣)?」

공자께서 말씀하셨다(子曰). 「무엇인가(何哉)? 네가 말하는 이루어짐이라는 것이(爾所謂達者)」.

자장이 대답하였다(子張對曰). 「나라에서도 반드시 명성이 자자해지고(在邦必聞), 집안에서도 반드시 명성이 자자해지는 것입니다(在家必聞)」.

공자께서 말씀하셨다(子曰). 「이것은(是) 평판이지(聞也) 통달이 아니다(非達也). 그 통달이란(夫達也者) 질박하고 정직하고(質直) 그리고 의를 좋아하며(而好義) 남의 말을 살피고(察言) 그리고 얼굴빛을 관찰하며(而觀色) 생각하고서 사람에게 몸을 낮추는 것이니(慮以下人人), 나라에 있어서도 통달이 되며(在邦必達), 집안에서도 통달이 되는 것이다(在家必達).

평판이란(未聞也者) 얼굴빛은 인을 취하나(色取仁) 그러나 행실은 실제 위배되며(而行違), 자기 자신의 생각에 머물면서 자기 생각을 의심도 하지 않는 것이니(居之不疑), 나라에서도 반드시 그 평판이 나며(在邦必聞), 집안에서도 반드시 그 평판이 난다(在家必聞)」."[74]

그리고 더 나아가 공자는 제자인 자공의 물음에 대해 선비는 언제나 자신의 잘못을 부끄럽게 여길 수 알아야하고, 따라서 남의 나라에 사신을 가더라도 자신의 행동거지에 잘못됨이 없도록 올바르게 처신할 것을 유념하도록 가르쳤다. 왜냐하면 수치를 모르고 염치가 없는 자는 공직의 일을 부끄럼이 없도록 올바르게 수행할 수 없기 때문이다.

"자공이 물었다(子貢問曰).「어떠하여야(何如) 과연 선비라고 할 수 있겠습니까(斯可謂之士矣)?」.

공자께서 말씀하셨다(子曰).「몸을 가지고 행동하는 일에 있어서 <잘못이 있으면>부끄러워하고(行己有恥), 사방에 사신으로 가서는(使於四方) 군주의 명을 욕되게 하지 않으면(不辱君命) 선비라고 이를 만하다(可謂士矣)」."[75]

그러므로 공자는 제자인 자로의 물음에 대해 선비가 학문을 익히고 생활하는 평상시의 모습을 아래의 내용으로 설명하였다. 곧 벗과 더불어 서로 도우면서 화락하게 학문을 도모하고, 마찬가지로 형제에 대해서도 그와 같은 태도가 한 결 같아야 함이다.

---

74) ibid p246
75) ibid p267

"자로가 물었다(子路問曰). 「어떻게 해야만(何如) 말 그대로 선비라고 할 수 있겠습니까(斯可謂之士矣)?」.

공자께서 말씀하셨다(子曰). 「정성을 다해 함께 학문이나 도덕을 갈고 닦으며 서로 독려하고(切切偲偲) 화락하면(怡怡如也) 선비라 이를 만하니(可謂士矣), 벗에게는 간절하고 자상 권면해야 하며(朋友切切偲偲), 형제간에는 화락하여야 한다(兄弟怡怡)」.."[76]

그리하여 공자에게서 선비의 도리를 배운 자장은 스승인 공자를 대변하여 선비가 일반백성들의 귀감이 되는 일상생활에서의 모습을 아래와 같이 자연스럽게 설명하였다.

"자장이 말했다(子張曰). 「선비가 위태로움을 보면(士見危) 목숨을 내놓고(致命), 이득을 보면(見得見得) 의를 생각하며(思義), 제사에는 공경함을 생각하며(祭思敬祭思敬), 죽음에는 슬픔을 생각한다면(喪思哀) 그것은 괜찮다(其可已矣)」."[77]

그런즉 비록 선비에 관한 글이 논어에 극히 드물게 수록되어 있더라도, 위의 글을 바탕으로 하여 천거(薦擧)를 기다리는 일반선비가 어떤 모습의 존재인가는 아래의 공자의 말씀으로 미루어 짐작할 수 있게 된다.

76) ibid p272
77) ibid p372

“자공이 말했다(子貢曰). 「여기에 아름다운 옥이 있을 경우에(有美玉於斯) 이것을 궤 속에 넣어 그리고 감추어 두시겠습니까(韞匵而藏諸)? 아니면 좋은 값을 구해 그리고 파시겠습니까(求善賈而沽諸)?」.

공자께서 대답하셨다(子曰). 「팔아야지(沽之哉), 팔아야지(沽之哉). 나는 좋은 값을 기다리는 자이다(我待賈者也)」.”[78]

그런데 「팔아야지(沽之哉)」의 이 말과 아래 글을 연결하면 다소 어긋남을 느낄 수 있게 되는데, 그 이유는 선비가 관직에 나가 녹봉을 구하려는 입장이 자칫하면 녹봉을 먼저 염두에 두고서 선비가 되려고 한 입장과 별반 차이가 없게 보일 수 있기 때문이다.

“공자께서 말씀하셨다(子曰). 「삼년을 배우고서도(三年學) 녹봉에 뜻을 두지 않는 자를(不志於穀) 쉽게 얻지 못하겠다(不易得也)」.”[79]

물론 이와 관련된 내용의 글이 예기에 수록되어 있기 때문에 그것을 참조하면 공자와 유가의 입장을 명확히 파악할 수 있게 된다. 왜냐하면 공자는 선비가 학문을 열심히 정진하고서 관직

78) p173~174
79) p157

에 나가 나라에 봉사하려는 것은 당연히 일이지만, 그렇지 않으면서 자리를 탐내는 것은 그릇된 마음가짐이라고 말하였기 때문이다. 더욱이 공자가 말한 자립이란 용어는 선비는 등용되더라도 옳은 방향이 아니면 언제든지 스스로 미련 없이 진퇴를 결정할 수 있는 점을 강조한 말이기 때문에 유가의 선비를 논구하려는 입장은 반드시 논어를 포함하여 모든 유가의 서책이 설명하고 있는 바의 선비의 모습이 바로 자립의 정신을 바탕으로 하고 있음을 진정으로 유념해야 한다.

"애공이 자리에 앉기를 명하니(哀公命席), 공자가 <명을>받들고서 말했다(孔子侍曰). 「선비는 자리위의 진귀한 보배로서 초빙되기를 기다리며(儒有席上之珍以待聘), 바람 부는 밤에도 학문에 힘써 부름을 기다리며(風夜强學以待問), 충신을 품고서 추천되기를 기다리며(懷忠信以待擧), 힘써 노력하면서 채용되기를 기다립니다(力行以待取). 이에 얽매이지 않고 스스로의 지위에 서려는 것이 이와 같습니다(其自立有如此者)」."[80]

그러면 '學而時習之 不亦說乎"라고 시작하는 논어의 첫머리에 공자의 제자들이 선비 대신에 군자의 글을 수록해 두었는데 자칫하면 매우 의아하지 않을 수 없게 되기 때문에 군자의 뜻을 명확해 두지 않으면 안 된다. 다시 말해 학(學)과 붕우(朋友)

---

80) 예기 하 p412

를 언급했으면 그 다음으로 마땅히 선비를 언급해야 하는데 도리어 군자를 언급하였기 때문이다. 곧 「有朋自遠方來 不亦樂乎」의 글 다음에 온 아래의 글에서 「不亦士乎」라고 말하지 않고 「不亦君子乎 」라고 한 점이 대단히 이례적일 수 있기 때문이다.

> "사람들이 알아주지 않더라도 능히 서운해 하지 않는다면(人不知而不慍), 군자가 아니겠는가(不亦君子乎)?"[81)]

물론 그 까닭을 파악함에 있어서, 그 점에 대한 해명은 선비는 아직 책임을 짊어져야하는 관리가 아니므로 책임을 맡고 있는 군자를 언급했고 그리고 더 나아가 일반인이라면 결코 주변사람이 자신을 알아주지 않는다고 하여 별달리 서운해 할 리가 없기 때문에 논어가 서책의 시작을 선비대신에 군자를 언급했다고 이해할 수 있다.

그런데 그렇게 이해하려면, 선비와 군자 사이를 도덕의식으로 결속할 강력한 연결고리가 필요해진다. 곧 그것은 민본주의를 바탕으로 하고 있는 왕도정치에서 진정으로 등용되기를 바라는 선비라면 누구라도 반드시 갖추어야할 겸양의식, 봉사의식, 책임의식들이다.

따라서 관리로 등용된 선비가 굳이 서운해 할 이유가 있다면,

---

81) 논어 ibid p18

오로지 그 경우는 자신의 정치역량과 업적을 백성들이 칭송하지 않는 경우일 뿐이다. 하지만 자신의 유능함을 주변사람이 알아주지 않는 근본원인은 전적으로 자신의 책임일 수밖에 없기 때문에 학문을 탐구하는 선비로서는 당연히 성낼 일도 아닌 것이어서, 논어의 첫출발이 관리로 등용되지 않은 선비의 마음을 염두에 두고서 그렇게 수록한 것이라고 볼 여지가 전혀 없게 된다. 따라서 일차적으로는 이 글의 취지를 관리의 지위에 오른 인물이 자신이 다스리는 일반백성이 자신을 알아주지 않는 상황에 직면하여 성을 내거나 서운해 하는 경우를 일컫는 것으로서, 도덕성이 부족한 위정자에게서 나타날 수 있는 지나친 권위주의적인 태도를 경계하려는 의도를 담고 있는 것으로 파악할 수 있다.

하지만 이 글의 진정한 의도는 그런 표면적인 해석을 뛰어넘어서 덕치정치가 무기력해지고서 강화된 패도정치의 문제점을 염두에 두고 말한 것으로 간주해야만 비로소 그 진위를 명확히 파악할 수 있게 된다. 왜냐하면 일반백성이 자신들을 다스리는 군주인 왕을 잘 알아보지 못한다고 하여, 왕이 일반백성에게 화를 낸다면 당연히 그 인물은 지극히 권위주의적인 인물이 아닐 수 없기 때문이다. 만약 그렇다면 그런 권위적 성향의 인물은 반드시 자신을 일반백성과 신분의 차별을 두기 위하여 요란한 겉치장을 시도할 것이고, 또한 그렇게 되면 당연히 일반백성에게 위화감이 조성하게 될 것이기 때문인데, 그런즉 백성을 진정으로 사랑하는 올곧은 위정자는 결코 그런 권위적인 우월성에 연연하지 않는 인격의 소유자여야만 하기 때문이다. 그러므로 왜 공자가 학문을 익히는 선비보다 군자를 주된 대상으로 삼았는가? 하는 의문점은 곧장 난세의 책임자를 따지는 문제가 되기 때문에 대단히 중대한 역사적 의미를 지니게 된다.

그런즉 이와 같은 의문점을 면밀히 검토하려면, 친사(親士)편과 연이은 수신(修身)편에서의 묵자의 기록을 함께 참고해 볼 필요가 있다. 그 이유는 선비와 군자에 관한 공자의 가르침이 공자이후에 자신을 비난한 묵자의 가르침과 근본적으로 다른 것인가? 하는 의문점 때문이다. 즉 공자와 묵자의 가르침이 근본적으로 차이가 없다면, 공자에 대해 묵자가 비난한 배경이 선비와 군자에 대한 견해 차이가 아니라, 다른 의도에서 비롯된 것이기 때문이다. 그리고 이와 같은 관점은 더 나아가 전국시대의 도가와 법가의 선비들에게도 고스란히 그대로 적용된다.

> "내가 다음과 같은 말을 들었다(吾聞之 曰). 「편안한 집이 없어서 편치 않은 게 아니라(非無安居也), 내게 편안한 마음이 없기 때문이며(我無安心也), 충분한 재물이 없어서 만족치 못하는 게 아니라(非無足財也) 내게 만족하는 마음이 없기 때문이다(我無足心也)」.
>
> 그런고로(是故) 군자는 자신은 어려운 일을 맡고(君子自難) 그리고 남은 쉽게 해주며(易彼), 보통 사람은 자신은 쉬운 일을 맡고(衆人自易) 그리고 남은 어렵게 해준다(而難彼).

군자는 나아감에 있어 그의 뜻을 굽히지 않으며(君子進不敗其志) 물러나서는 그의 감정을 상케 하지 않고(내?不疚其情), 비록 낮은 백성들과 섞여 있다고 하더라도(雖雜庸民) 끝내 원망하는 마음을 갖지 않는데(終無怨心), 그것은 그에게는 자신이 있기 때문인 것이다(彼有自信也).………………………………

임금에게 반드시 뜻을 어기고 올바른 도리를 주장하는 신하가 있고(君必有弗弗之臣), 윗사람에게 반드시 따져 논하는 부하가 있어서(上必有詻詻之下) 분분하게 논쟁이 진지하게 벌어지고(分議者延延) 그리고 서로 훈계하며 따져 논하게 된다면(而交儆者詻詻焉), 그야말로(可以) <그 임금은> 오래도록 살면서(長生) 나라를 보전하게 될 것이다(保國).………………………………

걸왕과 주왕은 천하의 어진 선비가 없었기 때문에(桀紂不以其無天下之士邪) 자신도 죽고 그리고 천하를 잃지 않았는가(殺其身而喪天下)! 그러므로 말하는데(故曰), 나라에 바치는 보물로는(歸國寶) 어진 이를 추천하고 그리고 선비를 천거하는 것보다 더 좋은 게 없다고 하는 것이다(不若獻賢而進士)."[82]

그리고 한 걸음 더 나아가 묵자가 군자에 대해 설명한 바는 유가가 말하는 군자의 모습과 전혀 차별이 없기 때문에 결국

82) ibid p82

그 사실은 유가와 묵가의 뿌리가 고대왕조의 통치이념에 있음을 단번에 직시할 수 있게 해준다.

"군자는(君子) 가까운 것을 잘 살피어 그리고 가까운 것부터 닦아 나가는 사람인 것이다(察邇而邇修者也). 수양이 되지 않은 행동을 보거나(見不修行) 비난을 받는 것을 보고서는(見毁) 그리하여 자신에 대하여 그것을 반성하는 사람인 것이다(而反之身者也). ………

군자의 도란(君子之道也) 가난함에는 청렴함을 보여주고(貧則見廉), 부함에는 의로움을 보여 주고(富則見義), 삶에는 사랑을 보여주고(生則見愛), 죽음에는 슬픔을 보여 주는 것이다(死則見哀). 이 네 가지 행동은(四行者) 함부로 빌릴 수도 없는 것이며(不可虛假), 자신에 대하여 그것을 반성함으로써 되는 것이다(反之身者也)."[83]

그렇다면 이 점에 대해서는 먼저 유가가 추구한 학적 목적의 이해가 필요해지는데, 유가가 말한 배움의 의의는 대학(大學)에 기술된 바대로 수미일관되게 격물치지(格物致知), 정심(正心), 성의(誠意), 수신(修身), 제가(齊家) 치국(治國), 평천하(平天下)

83) ibid p86

의 모든 과정을 통틀어 포괄적으로 이해해야만 일체가 드려나기 때문에 당연히 그 점부터 고려되어야 한다.

그런데 논어의 첫머리에 기록된 글은 그 점의 의의를 명확히 해 두었다.

"유자가 말하였다(有子曰). 「그 사람됨이 효하고, 공경스러운데도 불구하고(其爲人也孝弟), 그리고 윗사람을 범하기를 좋아하는 자는 드무니(而好犯上者鮮), 윗사람을 범하기를 좋아하지도 않으면서도(不好犯上), 그리고 난을 일으키기를 좋아하는 자는 있지도 않다(而好作亂者未之有也)」."[84)]

그러므로 논어가 공자의 말씀대신에 그 제자인 유자의 글이 맨 먼저 수록된 의의는 대단히 중요한 의미를 지니게 되는데, 그 이유는 제자들이 유가의 글을 내세워 춘추시대의 어지러운 정국을 제대로 진단하고서 해결방법을 제시하려는 공자의 정신을 그대로 계승하여 실천하겠다는 강력한 의지를 보였기 때문이다. 곧 논어의 지향하는 바의 목적이 당시 정국혼란의 근본책임을 위정자에 두고서 그 근본원인의 처방책을 위정자의 도덕성 회복에 둔 점을 제자들이 명확히 천명한 것이다.

"군자는 근본을 힘쓰니(君子務本), 근본이 확립되어야 능히 도가 발생한다(本立而道生). 부모에 대한 효와 형제간의 우애인 제

84) ibid p18~19

는(孝弟也者) 그 인을 행하는 근본이다(其爲仁之本與)."[85]

그런데 언뜻 보고서 이 글을 윤리의식을 깨우치는 의미로서만 해석할 수 있겠지만, 그러나 그 글에 담긴 진정한 도덕적 의의는 춘추시대의 혼란의 직접적 원인은 바로 제후들의 궁정에서 야기된 반목과 반란이며 따라서 그 혼란의 원인을 바로 잡고자 한다면 반드시 위정자들이 먼저 자신의 도덕성부터 회복해야 한다는 뜻을 명확하고자 한 점이다. 곧 위정자가 솔선수범하여 근본을 먼저 보여야 한다는 점이다.

"공자께서 말씀하셨다(子曰). 「<위정자가>참으로 자신을 바르게 한다면(苟正其身) 정치하는 데에(於從政乎) 무슨 어려움이 있겠으며(何有), 자신을 바르게 할 수 없다면(不能正其身), 어떻게 남을 바르게 할 수 있겠는가(如正人何)?」."[86]

만약 그렇지 않다고 여기게 되면, 도덕철학과 정치철학의 불가분의 관계가 도외시되어, 논어의 본질이 제대로 드려날 수 없게 된다. 그러므로 논어가 위정자가 갖추어야 할 으뜸덕목인 인에 대해 가장 먼저 효제(孝悌)부터 언급한 점이 중요해진다. 왜냐하면 궁중에서 발생한 반목과 반란은 바로 효제의 근본이 무너졌기 때문이다.

"계강자가 물었다(季康子問季康子問). 「백성으로 하여금 윗사

---

85) ibid p19

86) 논어 p261~262

람을 공경하고, 충성하게 하며, 이로써 근면하게 하려는데(使民敬忠以勸使民敬忠以勸), 어찌하면 되겠습니까(如之何)?·

공자께서 말씀하셨다(子曰). 「대하기를 장엄하게 하면(臨之以莊), 곧 백성들이 공경하고(則敬),

효도하고 사랑하면(孝慈) 곧 백성들이 충성하고(則忠),

이것을 잘하는 자를 들어 쓰고(擧善) 이것을 잘못하는 자를 가르치면(敎不能) 곧 근면하게 될 것입니다(則勸)」."[87)]

그런즉 유가는 가장 우선적으로 효의 덕목을 장차 정치에 참여하려는 선비들의 귀감인 군자들이 취해야할 올바른 처세의 근본으로 삼아, 선비들의 학식과 인격을 제대로 가르쳐 인도하려는 의도를 명확히 밝혔다.

"혹자가 공자에게 일컬어 말했다(或謂孔子曰). 「선생께서는(子) 어찌하여 정사를 하지 않으십니까(奚不爲政)?」.

공자께서 말씀하셨다(子曰). 「서경에 효에 대해 말하였다(書云孝乎). '오로지 효하며(惟孝) 형제간에 우애하여(友于兄弟) 정사를 베푼다.'고 하였으니(施於有政), 이 또한 정사를 하는 것이니(是亦爲政) 어찌하여 벼슬하여 정사하는 것만이 정사이겠는가(奚

---

87) ibid p45

其爲爲政)?」."[88]

그렇다면 유가가 왕도정치의 노선을 설명함에 있어서 효를 으뜸덕목으로 내세운 정치적·도덕적 의의를 필히 따져 보아야 한다. 그리고 그 점은 두 가지의 경우로 나누어서 살펴보아야만 효가 왕도정치노선에서 차지하는 정치적·도덕적 의의를 제대로 파악할 수 있게 된다.

그런즉 하나는 자식에 대한 부모의 입장과 다른 하나는 부모에 대한 자식의 입장이다. 전자는 자식의 입장을 두고서 부모가 다른 입장을 취한 경우이고, 후자는 부모의 입장에 대해 자식이 취한 입장의 경위인데, 서로 상반되는 각각의 경우가 상호충돌을 일으키지 않도록 구별하는 것이 왕도정치의 도를 제대로 이해하는 바른 길이 된다.

전자의 입장에 대해서는 공자의 제자들이 공자의 말씀을 논어에 그대로 수록하여 해명하고 있다.

"공자께서 말씀하셨다(子曰). 「부모를 섬기되(事父母), 조용히 공손하게 간해야 하니(幾諫) 부모의 뜻이 내말을 따르지 않음을 보고서도(見志不從), 더욱 공경하고 어기지 않으며(又敬不違), 수고롭되 원망하지 않아야 한다(勞而不怨)」."[89]

그런데 이 글의 마지막에 수록된 까다로운 효의 경우에 대해

88) ibid p46
89) ibid p80

유가가 취해야할 마땅한 입장을 순자가 자신의 서책에 수록해 두었기 때문에 양자 간의 수미일관성을 따져 정치적·도덕적 의의를 고찰해야 한다.

순자는 먼저 인간의 행위를 크게 소행(小行), 중행(中行), 대행(大行)의 세 가지로 구분하였는데, 그 중에서 대행이 이 점에 대한 중요한 의의를 보여준다.

"들어가서는 효도를 행하고 나와서는 우의를 지키는 것은(入孝出弟) 사람으로서의 작은 행위이다(人之小行也).

위로는 임금과 어버이에게 순종하고 아래로는 손아래 사람들을 두터이 사랑하는 것은(上順下篤) 사람으로서의 중간치 행위이다(人之中行也).

도리를 따르되 임금을 따르지 않으며(從道不從君), 의로움을 따르되, 어버이를 따르지 않는 것은(從義不從父) 사람으로서의 큰 행위이다(人之大行也).

그리고 만약 뜻은 예의로서 편안히 갖고(若夫志以禮安), 말은 논리 있게 구사한다면(言以類使) 바로 유가의 도를 다하게 되는 것이다(則儒道畢矣).

비록 순임금과 같은 성인이라도(雖舜) 여기에 터럭 끝만큼 더 할 수는 없을 것이다(不能可毫末於是倚)."[90]

---

90) 순자 B p252~253

그 뒤를 이어 순자는 대행의 의의를 더욱 구체적으로 상세히 설명하였는데, 특히 그 마지막 말이 도덕적이면서 동시에 정치적인 의의를 지니고 있기 때문에 주목하지 않을 수 없게 된다.

> "효자가 명령을 따르지 않는 경우는(孝子所以不從命) 세 가지이다(有三).
>
> 명령을 따르면 어버이가 위태로워지고(從命則親危) 명령을 따르지 않으면 어버이가 편안해진다면(不從命則親安) 효자는 명령을 따르지 않는데(孝子不從命) 도리어 충심인 것이다(乃衷).
>
> 명령을 따르면 어버이에게 욕되고(從命則親辱) 명령을 따르지 않으면 어버이가 영화로워진다면(不從命則親榮) 효자는 명령을 따르지 않는데(孝子不從命), 도리어 의로움인 것이다(乃義).
>
> 명령을 따르면 새나 짐승같이 되고(從命則禽獸) 명령을 따르지 않으면 수양하여 학문과 품행을 닦을 수 있게 된다면(不從命則脩飾), 효자는 명령을 따르지 않는데(孝子不從命), 도리어 공경인 것이다(乃敬)."[91]

그리고서 순자는 유가가 가르치는 충·효의 정치적·도덕적 의미를 아래의 글에서처럼 결론지었다. 그러나 본래의 그 의미가 전제군주시대에 접어들면서 곡학아세하는 무리에 의해 상실되어 버림으로서 충·효의 용어는 한갓 전제군주의 독재적 군림을

91) ibid 同

위한 도구로 전락해 버렸다.

"그러므로 순종할 수 있는데, 그러나 순종하지 않는 것은(故可以從而不從) 자식이 아니며(是不子也), 순종해서는 안 될 때에 그러나 순종하는 것은(未可以從而從) 충심으로 섬기지 않는 것이다(是不衷也).

순종하고 순종치 않는 뜻을 분명히 깨달아(明於從不從之義) 그리고서 공경과 충성과 믿음을 다하여(而能致恭敬忠信) 바르고 성실하고 삼가서 행동한다면(端穀以愼行之) 곧 위대한 효도라고 말할 수 있는 것이다(則可謂大孝矣).

전하는 말에(傳曰傳曰) '도리를 따르되 임금을 따르지 아니하며(從道不從君從道不從君), 의로움을 따르되 아버지를 따르지 않는다(從而不從父).'라고 한 것은 이를 두고 한 말이다(此之謂也)."[92]

그런즉 임금과 나라에 대한 충의 입장은 공자가 말한 선비의 자립(自立)이란 입장에서 보면, 부모에 대한 효의 입장과 같은 맥락의 수미일관된 결론에 도달하게 된다. 그 점에 대해서는 논어에 그런 취지의 공자의 말씀이 수록되어 있다. 곧 공자는 잘

---

92) ibid 同

못을 알면서도 덮어 놓고 임금에게 복종하는 것이 충이 아니라, 잘못을 알면 반드시 그것을 바로 잡도록 임금에게 진심으로 간언(諫言)하는 것이 충이라고 한 것이다.

"자로가 임금을 섬기는 것을 묻자(子路問事君), 공자께서 말씀하셨다(子曰). 「속이지 말고(勿欺也) 능히 얼굴을 대놓고 간쟁해야 한다(而犯之)」." [93]

그리고 더 나아가 공자와 그의 제자 증자는 그 점이 야기할 문제점을 방지하기 위해 충·효의 모범이 되어야할 군자와 선비의 처신에 대해 자신이 맡은 일에는 정명(正名)사상에 걸맞게 충실히 수행해야 하지만 그러나 자신이 맡아서 하는 일이 아닌 경우에는 주제넘게 참견해서도 또한 함부로 비난해서도 안 된다고 가르쳤다. 왜냐하면 자신이 해야 할 바의 일이 아닌 것을 무모하게 도모하거나, 자신이 제대로 잘 알지도 못하면서 표피의 모양새만 보고서 진상을 함부로 이러쿵저러쿵하는 비판하는 처신은 오히려 원치 않은 혼란을 조성할 수 있기 때문이다. 그런즉 유가에서는 모든 사회구성원들이 평상시에 자신이 맡은 바의 임무를 최선을 다해 제대로 수행해야 한다는 정명사상을 강조하였던 것이다.

"공자께서 말씀하셨다(子曰). 「그 지위에 있지 않으면(不在其

93) 논어 p290

位) 그 정사를 도모하지 않는 것이다(不謀其政)」.

증자께서 말씀하셨다(曾子曰). 「군자는(君子) 생각이 그 지위를 벗어나지 않는다(思不出其位)」." [94]

그러므로 유가의 충과 효는 도에서 비롯되기 때문에 인륜을 저버리는 왕과 왕조에 대해 충성을 하지 않게 되는 것이다. 그 점은 후대의 서책인 예기에 명확히 기록되어 있다.

그러면 당연히 정치적 도덕적 의의를 지닌 충효사상은 재야(在野)의 선비를 떠나 재조(在朝)에서 직접적으로 정치를 행하는 군자의 처신에서 고찰되어야 한다.

따라서 우선적으로 염두에 두어야 할 것은 군자라는 용어는 유가가 만들고 그리고 유가에게만 적용되는 전문용어가 아니라는 점이다. 만약 그렇지 않다면, 공자이전에는 군자라는 용어가 없어야할 뿐더러, 군자의 호칭은 오로지 공자의 가르침에 능통한 선비만을 국한해서 일컫는 용어가 되어야 한다. 그런데 실제로는 위정자로서의 군자의 호칭이 이미 사용되고 있었고 그리고 유가가 그 군자가 행할 올바른 처신을 기록한 것이어서, 당연히 논어의 문답의 취지를 정상적이게 하려면 군자에 관한 모든 내용이 왕도사상에서 비롯된 점을 전제해 두어야 한다. 더욱이 군자(君子)의 군(君)은 임금과 영주와 군자, 현자를 비롯하여 조상, 부모, 남편, 아내 등을 두루 포괄하는 말이었기 때문에 특히 군자에 관한 글은 그 문맥에 행간의 의미가 있는지를 반

94) ibid p292

드시 살펴보아야 한다.

그런즉 유가의 일관된 가르침은 오히려 전국시대말기의 난국에서 유가의 입장을 고수하려는 순자의 입장에서 더 분명히 확인될 수밖에 없게 된다. 왜냐하면 만약 순자가 없었더라면 유가의 수미일관된 입장을 명확히 파악할 여지가 거의 상실했을 것이기 때문이다. 다시 말해 순자의 서책에 버금가는 서책과 순자에 버금가는 인물이 도대체 없었기 때문이다. 즉 비록 유가가 명맥을 유지하고 있었더라도, 반(反)유가를 대항하여 유가의 입장을 명확히 밝힐 탁월한 인물이 그 당시에 순자이외에 달리 없었기 때문이다. 따라서 순자가 학문을 매개로 하여 선비와 군자와 성인을 수미일관되게 한 점은 전국시대에 고대통치이념을 고수하려는 유가의 입장을 명확히 보여준 증거가 된다. 왜냐하면 유가에서는 성인(聖人)론이 성왕(聖王)론의 바탕이기 때문이다.

> "내가 천한데 능히 귀해지고자 한다면(我欲賤而貴), 어리석은데 능히 지혜로워지고자 한다면(愚而智), 가난한데 능히 부유해지고자 한다면(貧而富), 가능한 일이겠는가(可乎)? 그것은 오직 학문을 통해서만 가능하다(其唯學乎).
>
> 배운 것을 행하면(彼學者 行之) 선비라 불리고(曰士也), 그것에 힘쓰면 군자가 되고(敦慕焉 君子也), 그것에 통달하면 성인이 된다(知之 聖人也). 위로는 성인이 되고(上爲聖人) 아래로는 선

비와 군자가 되는데(下爲士君子) 누가 나를 막을 수 있겠는가(孰禁我哉)?"[95]

"듣지 못한 것은 그것을 듣는 것만 못하다(不聞不若聞之). 듣는 것은 그것을 보는 것만 못하다(聞之不若見之). 보는 것은 그것을 아는 것만 못하다(見之不若知之). 아는 것은 그것을 실천하는 것보다 못하다(知之不若行之). 배움은 실천할 때에 이르러야 종착점에 다다른다(學至於行之而止矣). 실천해야만 분명해지며(行之明也), 분명해지면 성인이 된다(明之爲聖人).

성인은 인의를 근본으로 삼고(聖人也者 本仁義) 시비를 합당하게 가리며(當是非), 말과 행동을 일치시켜(齊言行) 터럭만한 어긋남도 없다(不失豪釐). 거기에는 별다른 도가 있는 것이 아니라(無他道焉) 실천하는 데에 궁극적인 목표가 있기 때문이다(已乎行之矣)."[96]

그러므로 전통사상을 가르친 공자의 입장이 처한 어려움을 파악하려면, 우선적으로 공자의 학당이 주나라의 공식 교육기관이 아닌 점 즉 공자의 유학이 주나라의 공인된 국학이 아닌 점을 주목해야 한다. 비록 노나라가 다른 제후국과 달리 주공 단

---

95) 순자B p185~186
96) ibid p203

의 아들 백금(伯禽)이 제후로 봉해진 나라여서 공자를 존중하긴 했지만, 그러나 주나라가 한나라 때처럼 유학을 국학으로서 공인한 적이 없었던 점이다. 따라서 뭇 제후들이 공자의 가르침을 주나라의 공식입장으로 인정해줄 근거가 도대체 없었기 때문에 국학의 책임자라는 공식직함이 없었던 공자가 뭇 제후들에게 푸대접을 받아도 달리 하소연할 방도가 있을 리 만무했다. 더욱이 주나라 왕실조차 이미 국력이 쇠약해지고 권위가 무너진 상황에서는 강력한 제후국이 나서 주공단의 역할을 자임하지 않는 한, 다른 제후국이 공자가 내건 주례복귀의 말을 내로라하고 받쳐줄 지지기반이 될 수 없었다. 그리하여 주나라의 위상의 추락과 비례하여 공자의 가르침도 반(反)유가세력의 배척대상이 될 수밖에 없었던 것이다.

따라서 관리가 되고자하는 당시의 선비들에게 학문과 수양의 본질을 일깨워 주려는 공자의 가르침을 올바르게 이해하려면, 당연히 공자가 설파한 군자의 행동양식이 왕도정치사상에 입각하여 위정자들이 취해야할 도덕적 행동규범임을 전제해야 한다. 즉 유가가 가르치는 군자의 행동양식은 유가가 독창적으로 고안하여 선비들에게 내세운 도덕적인 규범양식이 아니라 위정자들이 마땅히 따라야할 왕도사상에 의거한 도덕적 규범양식이라는 점이다. 곧 주공이 아들 백금을 노나라 제후로 봉하면서 신신당부한 말이 그 범례이다.

"주공이 노공에게 이르셨다(周公謂魯公曰). 「군자는 그 친척을 버리지 아니하고(君子不施其親), 대신으로 하여금 써주지 않는 것을 원망하지 않게 하며(不使大臣怨乎不以), 옛 친구나 선임자가 큰 연고가 없을 때에는(故舊無大故則) 버리지 않으며, 한 사람에게 완비하기를 요구하지 않는다(無求備於一人)」."[97]

그러므로 논어에 기술된 군자의 모습은 대부분 일반선비들과 일반백성들이 바라마지 않는 위정자의 모습 곧 군주의 모습인 것이다. 그리고 군주가 그런 본을 보여주면 당연히 군주의 신하인 관리들도 그 본을 따라야 하는 것이므로 군자에 관한 논어의 글은 반드시 양측을 다 고려해야 한다. 그런즉 논어는 높은 관직에 올라 특별한 신분이 된 군자에게 관직에 오르지 않은 일반 평민인 선비보다 더 엄격한 도덕적 원칙을 적용했었고 그리하여 가장 우선적으로 도덕적인 모범을 보여주어야 할 군자를 제켜두고 오로지 벼슬을 하지 않은 채 재야(在野)에서 예절과 학문을 가르치는 선비들에게만 항상 청빈하게 살도록 요구하는 그런 어처구니없는 불합리한 경우를 원초적으로 배제하였다.

따라서 논어는 학문으로 연결된 군자와 선비의 관계에 수미일관성을 확보해야 했는데, 곧 논어는 관직에 올라 봉급으로 받는 녹봉(祿俸)이 자신이 배우는 학문 속에 있다는 입장을 명확히 밝혀 그 매개가 되는 연결고리의 문제점을 일거에 해소하였다. 왜냐하면 선비에게 녹봉은 나라의 관리가 자기직분을 책임지고 완수하는 대가이었으므로, 당연히 관리가 받는 녹봉은 관

97) 논어 p370

리가 책임감을 가지고서 학문의 이치에 맞게 자신이 맡은 바의 직분을 최선을 다해 수행할 적에만 반대급부로 노력에 상응하는 값어치를 지니게 되는 것이기 때문이다.

그러므로 공자는 아래의 말로서 제자들을 훈육하였다. 곧 선비가 학문을 익히는 본연의 자세로 순수하게 근본의 도를 도모하고 학문의 지식을 익히면, 당연히 그렇게 열심히 수행한 결과 덕분에 자연스럽게 재물이 뒤따라온다는 점이다. 그리하여 공자가 당위론에 입각해서 열심히 공부하는 것 대신에 결과론에 입각하여 앞날의 재물부터 먼저 걱정하는 것을 극히 잘못된 생각이라고 제자들에게 주의를 촉구하였던 것이다. 물론 그와 같은 공자의 가르침에 대해 반유가의 선비들이 그의 수제자인 안회의 가난한 경우를 예로 들어 그의 당위론적 입장을 반박하거나 또는 열심히 해도 관직을 오르지 못하는 경우를 예로 들어 그의 당위론적 입장에 반론을 펼 수 있다. 그러나 당위론은 결과론과 달리 도덕적 입장이 뚜렷하기 때문에 결코 유가의 당위론이 반유가의 결과론의 시비대상이 될 수 없다. 그 이유는 올바른 입장을 당연히 견지한 결과로 개인의 앞날이 불행해졌다고 하여 세상이 혼탁해질 수 있는 것은 아니지만, 그러나 이기적인 처세관을 합리화하는 경우에는 당연히 정당한 당위론이 무력화되어 세상이 혼탁해질 수 있기 때문이다. 곧 선비가 공부보다 재물에 우선적으로 관심을 두게 되면 당연히 그는 재물을 탐하는 욕망에 구속되어 그 결과 자신이 배우는 학문의 지식을 그 재물을 얻는 방법에 맞추어 왜곡시킬 수 있는 경우 때문이다. 다시 말해 선비가 장래의 재물과 권세에 집착하게 되면, 항상 눈앞에서 전개되는 상황을 자발적이고, 적극적이고, 능동적으로 해결하려고 노력하기보다는 흘려가는 상황에 편승하여 올바름과 상관없이 이익이 되는 방향으로 처신하려는 기회주의적인 인물이 될 수 있는 점 때문이다.

"공자께서 말씀하셨다(子曰).「군자는 도를 도모하고(君子謀道) 밥을 도모하지 않는다(不謀食). 밭을 갊에(耕也) 굶주림이 그 가운데에 있고(餒在其中矣), 학문을 함에(學也) 녹이 그 가운데에 있는 것이니(祿在其中矣), 군자는 도를 걱정하고(君子憂道) 가난함을 걱정하지 않는다(不憂貧)」."[98]

그런즉 공자의 가르침을 순수하게 따르는 유생들은 재물과 권세에 유혹받지 않고 그리하여 옳지 않은 일에 가담하지 않고 그리하여 언제든지 미련 없이 관직에서 자진해서 당당하게 물러날 수 있었던 것이다.

"원헌이 수치스러운 일을 물으니(憲問恥) 공자께서 말씀하셨다(子曰).「나라에 도가 있을 때에(邦有道) 녹만 먹으며(穀), 나라에 도가 없을 때에(邦無道) 녹만 먹는 것이(穀) 수치스러운 일이다(恥也)」."[99]

98) ibid p320
99) ibid p274

더 나아가 공자는 그런 당위론이 초래할 문제점을 염두에 두고 유생의 처신에 대해 확실치 않은 일에 경거망동하지 않도록 훈육했고 더 나아가 잘못된 사태가 자신의 어리석은 행동으로부터 유발되지 않도록 훈육하였다. 다시 말해 공자는 제자들에게 올바른 길을 추구하는 그들의 도덕성이 그들이 맡은 바의 임무를 순조롭게 이끌고 갈 것이므로 따라서 지나치지도 부족하지도 않은 다시 말해 넘치지도 모자라지도 않은 중용의 길로 나아가 처신하면 녹봉의 문제도 그 과정에서 절로 해결된다고 훈육하였던 것이다. 그럼에도 불구하고 공자는 학문의 능력이 녹봉의 문제를 해결해 주는 조건이긴 하지만, 그러나 그 학문의 능력을 어떻게 갖추고, 어떻게 처신하는가에 따라 세상의 혼탁이 달라질 수 있음을 염두에 두고 그리하여 공자는 올바른 처신의 태도를 아래와 같이 가르쳤다.

"자장이 녹을 구하는 방법을 배우려고 하였다(子張學于祿).

공자께서 말씀하셨다(子曰).「많이 듣고서 의심나는 것을 빼버리고(多聞闕疑) 그 나머지를 삼가서 말하면(愼言其餘) 그러면 허물이 적어지며(則寡尤), 많이 보고서 위태로운 것을 빼버리고(多見闕殆) 그 나머지를 삼가서 행하면(愼行其餘) 그러면 후회하는 일이 적어질 것이니(則寡悔), 말에 허물이 적고(言寡尤) 행실에 후회할 일이 적으면(行寡悔) 녹이 그 가운데에 있는 것이다(祿在其中矣)」."[100]

따라서 그런 선비가 곧 왕도정치를 떠받치는 토대임은 아래의 공자의 글로서 명확해진다. 곧 학문을 익힌 훌륭한 인재가 출사하여 나라에 봉사하는 것이 인의 취지에 부합하는 선비의 올바른 처신이 되는 점이다.

"……<노나라 대부 양화가(陽貨)> 공자에게 말했다(謂孔子曰).

「이리 오시오(來). 내가 그대와 말을 하겠소(予與爾言). 말을 하자면(曰), 훌륭한 보배를 품고서(懷其寶) 그리고서 나라를 어지럽게 내버려두는 것을(而迷其邦) 말 그대로 인이라고 할 수 있겠습니까(可謂仁乎)?」.

<공자께서> 말씀하셨다(曰).「그렇다고 할 수 없습니다(不可)」.

「<양화가 말하기를>종사하기를 좋아하면서(好從事) 그리고 자주 때를 놓치는 것을(而亟失時) 아는 것이라고 할 수 있겠습니까(可謂知乎)?」.

<공자께서> 말씀하셨다(曰).「그렇다고 할 수 없습니다(不可)」.

「<양화가 말하기를>해와 달이 흘러가니(日月逝矣), 세월은 나를 위하여 기다려 주지 않습니다(歲不我與)」.

100) ibid p44

공자께서 말씀하셨다(孔子曰). 「알았습니다(諾). 나는 장차 벼슬을 할 것입니다(吾將仕矣)」."[101]

그런즉 올바른 정사를 펼쳐야 하는 군자의 처신은 올바른 선비로부터 비롯된다는 상관성(相關性)은 후대에 이르러 순자에 의해 더 명쾌히 해명되었다. 아래 글은 권학(勸學)편에 수록된 군자와 선비의 상관성이다.

"…… 그러므로(故) 군자는(君子) 사는데 반드시 고을을 가리고(居必擇鄕), 노는데 있어서는 반드시 선비들과 어울리는데(遊必就士), 그 까닭은 악하게 비뚤어짐을 멀리하고(所以防邪僻) 그리고서 올바름으로 가까워지고자 하는 것이기 때문이다(而近中正也)."[102]

따라서 선비가 장래에 사회지도층으로서 정치를 담당할 그리고 담당할 수 있는 예비적 신분이 아니라면, 그리하여 선비와 군자가 학문을 바탕으로 한 동일한 계층의 일체감을 형성하고 있지 않는다면, 결코 논어의 글은 군자를 언급할 수 없었을 것이고 그리고 언급하지도 못했을 것이다. 그리하여 결과적으로 공자가 세상에 나서고 그리고 논어가 세상에 등장하지도 못했을 것이다.

---

101) ibid p340 - 亟은 빠를 극이 아니라 자주 기로 읽어야 한다.
102) 순자B p33 - 僻는 궁벽할 벽이 아니라 피할 피로 읽어야 한다.

그런즉 논어가 군자의 언급에 치중한 바의 의도는 권력을 가진 위정자들이 금력도 함께 가지려고 추구하는 현실에서 권력을 쥔 위정자들이 탐욕을 부려 자신에게 부여된 권력을 과도하게, 부적절하게, 부도덕하게 행사하는 것을 적극적으로 막으려는 강렬한 도덕적 목적에서 비롯되었던 것이었다. 더욱이 권력과 금력을 함께 움켜진 위정자들이 군자에 해당하고 또한 선비는 그런 군자를 본받아 당연히 높은 관리가 되려고 노력하는 인물들이므로, 따라서 선비에게 필요한 바람직한 교훈이 군자의 바람직한 처신을 엄중히 논하는 과정에서 자연스럽게 전달될 수 있는 점을 고려하면, 당연히 논어의 편집에서 공자의 제자들이 보여준 결연한 도덕적 의지는 실로 막중한 것이 아닐 수 없게 된다. 그러므로 군자와 선비의 차이점은 단적으로 권력을 가지고 있는 위정자의 올바른 처세에서 판별되어져야 한다.

그리고 논어에서 거론된 군자가 분명히 군주를 포함한 위정자를 가리키고 있는 점은 전국시대의 순자의 '권학 편'이 명확히 확인해준다. 왜냐하면 순자가 주나라 초기부터 춘추시대초기까지의 시를 편집한 경전인 시경의 소아(小雅) 소명(小明)편의 글을 자신의 글에 인용하였는데, 그 속에 군자의 글이 다음과 같이 기록되어 있기 때문이다.

"…… 시경은 말한다(詩曰). 「아아! 그대들 군자여(嗟爾君子)! 언제나 편히 쉬려 들지 말지어다(無恒安息). 그대 직위를 다스림에 삼가고(靖共爾位), 바르고 곧은 이를 좋아할 지어다(好是正直), 신께서는 들으시면(神之聽之) 그대를 큰 복으로 도우리라(介

爾景)」.……"[103]

그와 아울러 서경이 봉건제도에서 일정한 봉토를 부여받은 제후이외에 선비에서 벼슬을 부여받은 관리의 처우에 대한 글을 수록해 두었기 때문에, 전래로 내려온 군자와 선비의 모습은 서경과 시경을 통해 명확히 확인된다. 곧 아래의 글에서 「관직에 있는 사람을(凡厥正人) 부유하게 해 준다(旣富)」는 말이 관리의 처우에 관한 글이다.

"사람들 중 능력이 있으며 시행하려는 의지가 있는 사람에게(人之有能有爲), 그 일을 실행하게 하면(使羞其行), 그대의 나라가 번성할 것입니다(而邦 其昌). 관직에 있는 사람은(凡厥正人) 부유하게 해준 후에는(旣富) 비로소 착하게 됩니다(方穀). 그대가 그대의 집에서 이들에게 좋게 하지 못하다면(汝弗能使有好于而家), 이 사람이 이에 죄를 될 것입니다(時人 斯其辜). 그 덕을 좋아하지 않는 이에게(于其無好德) 그대가 비록 줄지라도(汝雖錫之福), 이는 그대가 허물이 있는 자를 쓰는 것이 될 것입니다(其作汝用咎)."[104]"

그런즉 선비의 존재는 위정자를 전제하지 않고서는 제대로

103) 순자 p71
104) 서경 p442

설명될 수 없으며 그리고 군자의 도덕성도 왕도정치의 노선을 벗어나서는 제대로 설명될 수 없게 된다. 재차 부언하면, 위정자가 되면 당연히 권력과 금력을 가지게 되기 때문에 권력행사의 지나침을 경계하는 가르침이 필요하게 되었고, 따라서 공자가 그렇게 될 가능성이 있는 예비관리인 선비를 염두에 두고서 탐욕을 경계하는 도덕성을 엄중히 밝혔던 것이다. 만약 그렇지 않게 되면 아래의 글에서의 군자와 소인의 대립이 무색해버리게 된다. 왜냐하면 사회의 안정을 이룩하려면 모두를 공정하게 대하는 불편부당한 정치가 선행되어야 하고 그리고 또한 위정자인 군자의 그런 당위적인 처세를 서민들이 본받아 자신들의 일상생활에서 도덕행위의 준칙으로 삼아야하기 때문이다. 즉 도덕사회는 위에서는 군자인 위정자가 그리고 아래에서는 선비들이 그런 모범을 앞장서서 실천해야만 비로소 실현될 수 있기 때문이다. 다시 말해 사람을 두루 사랑하는 사람은 전혀 탐욕스럽고 편협하고 이기적인 사람이 아니므로 따라서 그런 인물은 결코 사리사욕을 채우는 일을 하지 않기 때문이다.

> "공자께서 말씀하셨다(子曰).「군자는(君子) 두루 사랑하고 그리고 편당하지 않으며(周而不比), 소인은(小人) 편당하고 그리고 두루 사랑하지 않는다(比而不周)」."[105]

따라서 논어의 가르침은 선비보다는 권력을 가진 군주 및 군자에게 초점을 맞추었던 것이다. 곧 논어는 이미 권력과 부를

105) 논어 p42

가졌지만 그럼에도 불구하고 탐욕을 부려 더 가지려고 하는 위정자에 대해 도덕적 정도를 벗어나 세인으로부터 지탄받을 잘못을 결코 범해서는 안 되는 당위성을 설파하였던 것이다.

그런즉 위정자는 사리사욕을 추구하는 일과 무관하게 정치의 본분에 걸맞게 자신의 임무에 마땅히 충실해야 한다. 왜냐하면 그 본분을 다하는 것은 제대로 된 정치인데, 바로 그 제대로 된 공정하고 공평한 정치는 위정자의 도덕적인 솔선수범의 처세를 통해 실현되기 때문이다.

> "공자께서 말씀하셨다(子曰). 「군자는 먹음에 배부름을 구하지 않으며(食無求飽), 거처할 적에 편안함을 구하지 않으며(居無求安), 일을 민첩히 하고(敏於事) 능히 말을 삼가며(而愼於言), 도가 있는 이에게 찾아가서(就有道) 능히 올바른 것을 묻는다면(而正焉), 학문을 좋아 한다고 이를 만하다(可謂好學也已)」." [106]

그런데 군자에 관한 말을 위정자인 군주에게 적용되지 않는 것으로 판단하고서, 군자에 관한 말을 벼슬을 하고 있는 관리가 아닌 벼슬을 하지 않고 있는 선비를 언급한 말로서 오로지 해석하게 되면, 그 뜻이 전혀 달라지므로 반드시 군자의 뜻을 정확히 해석해야 한다. 다시 말해 군자의 말이 적용되는 대상을 명확히 하지 않으면, 군자에 관한 많은 말들이 군주에게는 적용되지 않고 오히려 선비에 대한 말만 되게 된다. 그러면 추후에

---

106) ibid p29

패도의 길을 걷는 법가를 추종하는 선비 및 다른 제자백가사상가들의 선비를 제외하게 되면, 어처구니가 없게 공자의 가르침은 오로지 유가의 선비만을 훈육하는 꼴의 우를 범하게 된다.

그러므로 선비를 지칭하는 유(儒)는 전국시대의 다른 유형의 선비(士)들이 등장하기 전까지는 모든 선비를 아우르는 말이었기 때문에, 논어에 실린 말들의 진의를 제대로 파악하려는 입장은 반드시 논어의 글이 모든 선비와 모든 군자뿐만 아니라 오히려 나라를 다스리는 군주에게 초점을 맞추고 있음을 유념해야 한다. 그에 대한 증거는 훗날 순자가 그의 서책의 24편 군자(君子)편에서 오히려 천자(天子)를 거론하고 있는 점에서[107] 확인된다.

왜냐하면 정치의 모든 제도와 기관의 조직은 오로지 통치의 필요성에 의해 만들어져야 하고 또한 그 필요성은 도덕적 판단에 의해 결정되어야 하고 그리고 그 실현은 도덕적인 판단에 의해 진행되어야 하는데, 그 중심에 군주가 자리 잡고 있기 때문이다. 그러면 중심에 서 있는 군주가 필히 주목대상이 될 수밖에 없는데, 당연한 그 이유는 정치의 대상이 바로 일반백성들이기 때문이며, 또한 위정자가 정치를 잘못하면 그 피해는 고스란히 일반백성들에게 돌아가고, 더 나아가 위정자가 지나치게 탐욕스럽고 게다가 게으르고 무능하면, 그 피해는 전부 일반백성들에게 돌아가기 때문이다. 이 점은 먼 과거로 되돌아갈 필요가 없이 당시의 춘추시대가 잘 보여주고 있었기 때문에 공자가

107) 순자B p684

위정자들에게 반성을 촉구한 것이며 또한 위정자가 되려는 선비인 자신의 제자들에게 군자의 도리를 가르친 것이다. 즉 공자가 왕도정치사상에 부합하는 위정자의 모습을 가르친 것이다.

그러면 동주시대에 왜 왕에 대한 처세를 거론하지 않았는가? 하는 문제가 대단히 중요한 의문점으로 떠오르지 않을 수 없게 된다. 왜냐하면 서경이 왕의 통치에 대한 글을 수록해 두었으므로, 당연히 공자도 왕에 대한 비판을 해야 마땅하거늘 매우 의아하게도 왕에 대한 언급이 전혀 없었기 때문이다. 이 점은 단적으로 말할 수 없는 사안이긴 하지만, 그럼에도 불구하고 역사적인 관점에서 보면, 그 이유는 대략 세 가지 점으로 압축될 수 있다.

첫째는 왕도정치노선에 따라야 하는 군자의 도리에 대한 가르침이 곧 주나라 왕을 비롯한 뭇 제후들에 대한 가르침이었던 점이고,

둘째는 비록 주나라가 서주시대와 동주시대로 갈라졌더라도, 춘추시대의 상황이 주나라 왕들이 걸·주와 같은 폭정을 하여 임박해진 혁명 전야의 상황이 아니었던 점이고,

셋째는 춘추시대의 혼란의 근본원인이 초기에는 당연히 권위가 추락하고 무력해진 주 왕실의 무능한 탓이었지만, 그러나 시간의 흐름에 따라 그 혼란의 원인이 오히려 주나라 왕실의 권위를 경시한 제후들의 월권행위와 그리고 그런 제후의 밑으로 그 제후의 권위를 경시한 가신들의 월권행위가 야기한 무도함 때문이었던 점이다.

그러므로 공자는 여전히 제후들이 왕도노선을 수호하고서 봉

건왕조의 주나라를 중심으로 단합하기만 하면, 점차 난국이 수습될 수 있다고 보았든 것이다. 그리하여 논어에서는 그 월권행위를 명확히 기록해 두었다.

"공자께서 <노나라 대부>계씨를 두고서 말씀하셨다(孔子謂季氏). 「<천자의 예악인> 팔일무를(八佾) 뜰에서 춤추게 하니(舞於庭) 이 짓을 차마 한다면(是可忍也) 무엇을 차마 하지 못하겠는가(孰不可忍也)?」.

<노나라 대부인 맹씨, 숙씨, 계씨>삼가에서(三家者) (제사를 마치고 시경의) 옹장을 노래하면서 철상을 하였다(以雍徹).

공자께서 말씀하셨다(子曰). 「'제후들이 제사를 돕거늘(相維辟公) 천자는 엄숙하게 계시다(天子穆穆)'는 가사를 어찌해서 삼가의 사당에서 취해다 쓰는가(奚取於三家之堂)?」."[108)]

그런즉 공자가 권력을 남용하는 권문세족(權門勢族)들이 나라를 혼란스럽게 만든 난세의 주범이라고 보았기 때문에 이처럼 비난해 마지않았던 것이다. 그러므로 유가의 선비들뿐만 아니라 모든 유파의 선비들이 난세에 임해 내놓은 방책들은 백성들의 평화로운 삶을 빼앗은 위정자들의 사고방식에서 찾지 않을 수 없게 되었다. 곧 그 점이 먼저 밝혀져야만 유파들 간의

---

108) ibid p50

차이점과 그들이 내세운 주장의 허실을 논구할 수 있게 된다. 만약 그렇지 않다면 경세제민의 정신을 실현할 방법을 갖추고 있는지를 따질 이유조차 없게 된다.

그러므로 전통 왕도사상을 수호하고 견지하려는 유가는 인의사상을 전면에 내세우고서 고대통치이념에 수립되어 있는 민본주의 노선을 실현하려고 진력했다. 그 점은 공자와 맹자가 천하를 유세한 점에서 확인된다. 그리고 그와 같은 사고방식은 옹야(雍也) 28장의 글 속에 잘 압축되어 있다. 그 뿐만 아니라 이와 똑같은 내용의 문장이 헌문(憲問) 45장에 기록되어 있다. 앞의 글이 옹야(雍也)에 실린 글이고 뒤의 글이 헌문(憲問)에 실린 글이다.

> "자공이 말하였다(子貢曰子貢曰). 「만일 백성에게 은혜를 널리 베풀어(如有博施) 많은 사람을 능히 구제한다면(於民而能濟衆), 어떻습니까(何如)? 인(仁)하다고 할 만합니까(可謂仁乎)?」.
>
> 공자께서 말씀하셨다(子曰). 「어찌 인을 일삼는데 그치겠는가(何事於仁)? 반드시 성인일 것이다(必也聖乎). 요·순(堯舜)도 이에 있어서는 오히려 부족하게 여기셨을 것이다(其猶病諸)」."[109]

그런데 위의 글과 아래의 글이 대단히 중대한 역사적 의의를 띠게 되는데, 그 이유는 바로 요·순사관 때문이다. 즉 두 글이 공자의 가르침의 가장 주된 덕목이 요·순 두 임금과 맞닿아 있

---

109) ibid p124

는 객관적 근거를 공자가 직접 보여주고 있기 때문이고, 그리고 더 나아가 공자와 그의 직계제자들이 춘추를 편찬한 공자의 시대에 황제란 존재와 황제사관이 결코 있을 수 없었음을 명확히 입증하고 있기 때문이다.

"자로가 군자에 대해서 물으니(子路問君子), 공자께서 말씀하셨다(子曰子曰).「공경으로서 자신을 수양하는 것이다(修己以敬)」.

<자로가> 말했다(曰).「이와 같을 뿐입니까(如斯而已乎)?」, <공자께서>말씀하셨다(曰).「자신을 수양하여 사람을 편안하게 하는 것이다(修己以安人)」.

<자로가> 말했다(曰).「이와 같을 뿐입니까(如斯而已乎)?」, <공자께서> 말씀하셨다(曰). 「자신을 수양하여 백성을 편안하게 하는 것이니(修己以安百姓), 자신을 수양하여 백성을 편안하게 함은(修己以安百姓) 요·순께서도 오히려 부족하게 여기셨다(堯舜其猶病諸)」."[110]

그 뿐만 아니라 위의 글과 아래 글에는 다함께 마땅히 주목해야할 특성이 있는데, 그것은 공자가 역사의 전면에 서있는 요·순 임금을 두드러지게 강조한 점이다. 그러므로 도가를 위시

---

110) ibid p302

한 황로학이 황제사관을 내세우고 공자와 유가를 배척한 이유가 바로 여기에 있음을 확인할 수 있게 된다.

그러면 민본주의와 연관하여 후속적으로 당연히 각문파의 선비들이 춘추전국시대의 난국 속에서 취한 행동의 바탕인 자기 학문의 처세관을 지행합일(知行合一)의 관점에서 따지지 않을 수 없게 된다. 그리고 그 논구는 유가와 반유가의 양 입장으로 좁혀질 것이다.

그런데 유가는 난국에 처했을 적에는 '도가 있으면 나아가고 도가 없으면 물러나야 한다.'는 입장을 원칙으로 삼았기 때문에 당연히 은퇴하고서 칩거해야 마땅했지만, 그러나 나라의 부름을 받는 인재가 그것을 마냥 거부하는 것은 실로 이기적인 처사가 되기 때문에 따라서 유가는 무턱대고 마냥 그렇게 거부할 수 없게 되었다. 다시 말해 나라의 벼슬을 외면하고 마냥 물려 서려고만 하게 되면 그런 행동은 희생·봉사·겸양·인애의 덕목에 위배될 수 있기 때문인데, 그러면 유가는 매우 난처한 입장에 처할 수밖에 없게 되기 때문이다. 즉 막무가내의 거절은 공익(公益)을 위한 정당한 선비의 도리(道理)를 포기하는 것이 되기 때문이다. 그 점에 대해 유가는 유가의 입장을 공자가 은자(隱者)를 만났을 적에 취한 처신에 대해, 그의 제자인 자로가 말한 바를 수록하여 분명히 밝혔다.

> "자로가 말하였다(子路曰). 「벼슬하지 않는 것은 의가 없는 것이고(不仕無義), 장유의 예절은 폐할 수 없는 것이거늘(長幼之節

不可廢也), 어찌 군신의 의를 폐할 수 있겠는가(君臣之義 如之何其廢之)? 자기 몸을 깨끗하게 하고자 대륜을 크게 어지럽히는 것이다(欲潔其身而亂大倫).

군자가 벼슬을 행하는 것은(君子之仕也) 그 의를 행하는 것이니(行其義也), 도가 행하여지지 못할 것은(道之不行) 이미 알고 계시다(已知之矣)」."[111]

그러므로 '도가 있으면 나가고 도가 없으면 물려난다'는 유가의 입장은 크게 두 가지로 구분해서 따져 보아야 하는데, 하나는 벼슬로 나아가 최선을 다해 봉사를 하되 그것이 여의치 않을 경우에만 어쩔 수 없이 물려 나는 것이 올바른 태도라는 입장과 다른 하나는 한 결 같이 어떤 사정에서도 도가 문란하면 벼슬길로 나아가서는 안 된다는 입장이다. 곧 그 이유는 심지가 약한 인물이 도가 없는 조정에 일단 출사하게 되면 반드시 올바르지 못한 권력에 빌 붙어 그들의 이익을 위해 곡학아세(曲學阿世)하기 마련이기 때문이다. 그에 반해 심지가 굳은 사람은 처음부터 도가 없는 곳에는 나가지 않을 것이고, 그럼에도 불구하고 나간다면 목숨을 내놓고 간쟁하다가 희생당할 것을 각오했을 경우일 것이기 때문이다. 따라서 유가의 입장에서 보면, ①최악의 경우인 간쟁하다가 희생당하는 것, ②간쟁을 피하고 조정에서 물려서는 것, ③남아서 곡학아세하는 것, ④처음부터

111) ibid p366

출사를 포기하는 것 중에서 처음과 두 번째의 경우가 바람직한 선택의 길이었던 것이다. 그리고 물러서는 경우에도 여러 가지 조건이 붙기 때문에 마찬가지로 자세한 논구가 필요하게 된다. 그런즉 그 논구는 유생이 취한 진퇴의 기준이 개인인 왕에 대한 충성이 아니라 나라에 대한 충성이었음을 반드시 유념해야 한다. 곧 유가에게는 민본주의에 투철한 왕만이 진정한 왕이었던 것이다.

그런데 그런 유가의 입장에 대해 반유가의 첨병인 도가는 위의 세 번째 경우와 네 번째의 경우를 교묘하게 활용한 보신책을 에둘러 말하면서, 조정에 출사하여 끝까지 살아남는 경우를 선택하였다. 곧 그들이 내세운 처세법은 무위의 입장을 내세워 곡학아세를 정당한 행동으로 둔갑시켰기 때문에, 곧 그 처세법은 조정에서 물러나지 않고 더 나아가 결코 임금과 간쟁하여 희생당하지 않는 방법이었다. 그런즉 장자는 아래의 글에서 군자가 천자가 되어 천하를 다스리는 방법을 말하면서 그 속에 위의 처세관을 그대로 담아 놓았다.

> "<좋은 정치란> 천하를 있는 그대로 방임하는 일이라고 들었으나(聞在宥天下) 천하를 <인위적으로> 다스리는 일이라고 듣지는 않았다(不聞治天下也). 있는 그대로 두는 것은(在之也者) 천하 사람들의 타고난 본성이 <인위적인 규범에 의해> 미혹될까 두렵기 때문이다(恐天下之淫其性也). <그래서> 그 덕을 바꾸지 않고 천하를 다스리는 것이다(不遷其德 有治天下者哉). …………

그런 고로(故) 군자가 어쩔 수없이 천하를 군림하게 되면(君子不得已而臨涖天下) <최고방책으로>무위만 같은 것이 없다(莫若無爲). 무위는(無爲也) 그때부터(而後) 그 천성과 천명의 상태를 편안하게 한다(安其性命之情).

그런 고로(故) 천하를 다스림에서 자신의 일신을 귀하게 여기면(貴以身於爲天下) 아직은 천하를 맡길 만하지 않고(未可以託天下), 천하를 다스림에서 자신의 일신을 사랑하면(愛以身於爲天下) 곧 천하를 맡길만하다(則可以寄天下)."112)

제2절. 유가의 유(儒)를 선비의 사(士)와 구분해야할 할 마땅한 이유가 있는가?

주목 : 앞서 지적한 바대로 초야에 거주하면서 천거를 기다리는 선비들이 모두 다 유가의 선비들만이 아니었다.

그런데 춘추전국시대의 난세에는 솔선수범하여 예법의 모범이 되어야할 위정자들의 부도덕하고 불법적 행위는 계층 간의 갈등을 유발하면서 일반선비와 백성들로 하여금 벼슬을 독점하고 있는 기득권층에 대해 심한 불만을 초래하게 만들었고 그리하여 세상의 질서를 형성하고 있는 기존의 도덕적 예법이 역으로 초야의 선비들에게 불평·불만의 시비대상이 되었다.

그러므로 세상이 안정되려면, 당연히 위정자가 나라를 고대통

112) 장자 p268~270

치이념에 충실히 따라 다스리고 그리고 재야의 선비가 초야에서 학문의 고고한 정신을 초지일관되게 유지하고서 글과 학문을 익혀 나라의 안정과 번영에 이바지하는 본연의 역할에 충실할 적에만 가능해지게 된다.

그러나 절차에 있어서는, 선행적으로 선비의 무리를 대표하는 군자들의 처신이 먼저 올바르지 않으면 안 된다. 왜냐하면 선비의 모범이어야 하는 군자의 행동은 도무지 바람직하지 않은데도 불구하고, 오히려 야인인 선비들에게만 그런 도덕적 처신을 기대하고, 바라고, 요구하는 것은 어불성설이기 때문이다.

논구초점 : 반드시 유가의 유(儒)와 선비의 사(士)를 구분해야 할 이유는 타락한 선비와 그들이 보여주는 행동양식인 예절이 모두다 묵가와 도가의 비난대상이 되었기 때문이다. 따라서 그런 선비와 공자를 따르는 선비를 명백하게 구분할 필요성이 발생한다. 그런데 그런 필요성을 명확하게 구별한 유학자는 순자이다. 그러므로 여기의 이 주제는 순자의 학설로서 결론지울 수 있다.

유가(儒家)의 유(儒)는 선비를 지칭하는 말이다. 그런데 법가, 묵가, 도가 및 그 밖의 학문에 전념하는 인물들도 선비들이기 때문에 유가와 그들을 서로 구분하려면, 당연히 그 입장은 공자의 사상과 그들이 가르치는 사상 간의 차이점을 분명히 구별해야 한다. 왜냐하면 유가도 그들처럼 학문을 탐구하는 선비이긴 하지만 그러나 그들로부터 자신들을 유가라고 구분하기 위해서는 반드시 사상의 차이가 있어야만하기 때문이다. 만약 그런 차이점이 명확하게 드러나지 않는다면, 마치 그 구분은 조선시대의 사색당파처럼 대동소이한 차이점만 두고서 각기 유가, 법가,

묵가, 도가의 무리로 나눈 것에 불과하게 된다.

그런즉 유가가 다른 문파의 선비들로부터 자신들을 구분해야 할 이유는 전국시대의 상황이 더욱 두드러지게 보여 주고 있기 때문에, 당연히 춘추시대의 공자의 가르침이 전국시대의 여러 유파의 선비들의 눈에 어떻게 비쳐지고 있었는지를 따져보아야 한다.

물론 고대왕조의 통치노선이 왕도정치이념에서 비롯되었기 때문에, 언뜻 보면 어떤 사상이라도 모두가 민본주의를 바탕으로 하고 있는 것으로 보일 수 있겠지만, 그러나 유가를 제외한 사상들은 이미 제각기 전통의 근본 틀을 크게 벗어나 있었다. 곧 선비집단이 공자가 말한 바의 의미대로 임금이 인재를 선발하여 세상을 태평하게 만들었던 사실이 결코 통용될 수 없을 정도로 그들이 추종하는 이념이 분열된 상황을 맞이하였기 때문이다.

> "순임금이 천하를 소유함에(舜有天下) 여러 사람들 중에서 선발해서(選於衆) 고요를 들어 쓰시니(擧皐陶) 불인 자들이 멀리 사라졌고(不仁者遠矣), 탕임금이 천하를 소유함에(湯有天下) 여러 사람들 중에서 선발하여(選於衆) 이윤을 들어 쓰시니(擧伊尹) 불인 자들이 멀리 사라졌다(不仁者遠矣)."113)

그러므로 순자는 고대왕조의 통치이념을 계승하여 수호하려

113) 논어 p249

는 공자를 공격하도록 빌미를 제공한 유생의 잘못된 처신과 순자 자신이 지향하는 순수유가의 입장을 구별하여 공자와 순수유가를 철저히 방어하려고 했으며 그리하여 순자는 다른 유파의 부당한 공격을 차단하고 무력화시키기 위해 속인과 더불어 유가를 3가지 종류로 구별하였다.

"그런 고로 속인이 있고(故有俗人者), 속유가 있고(有俗儒者), 아유가 있고(有雅儒者) 대유가 있다(有大儒者)."114)

그리하여 이 구분으로 순자는 철저히 유가를 폄훼하는 묵가와 같은 비판세력들이 속유를 유가의 본래의 모습인양 오도하였음을 만천하에 밝히려고 했다. 특히 순자의 이 구분이 대단히 중요한 의의를 지니고 있는 까닭은 묵가와 도가가 전국시대 내내 유가를 공박한 근본요인을 체계적으로 반박하였기 때문이다. 비록 돌이킬 수 없는 정국 때문에 순자의 목적이 제대로 달성되지 못했지만, 그럼에도 불구하고 순자의 서책은 전국시대의 말기에 이르러서도 유가가 최선을 다해 고대통치이념을 견지하려 했던 모습을 보여 주고 있기 때문에 반대급부로 반(反)유가 세력의 의도를 가늠할 수 있게 해준다. 그 이유는 그들이 순자와 같은 생각이라면 그들은 결코 반유가 세력이 될 수 없는 것이고, 그렇지 않고 그들이 반(反)유가세력이라면 당연히 유가의 생각과 다를 것이기 때문이다.

---

114) 순자B p200~201

그러므로 유가의 본질을 공박하여 주나라통치이념의 정통성을 왜곡하려는 도가의 의도를 제대로 파악하기 위해서는 다소 긴 문장이긴 하지만, 순자가 말한 아래의 내용을 각별히 주목해야 한다. 왜냐하면 그 글은 학문을 익히고서 세상에 임하는 유가의 한 결 같은 모습을 보여주기 때문이다.

그런즉 순자는 아래의 글에서 먼저 유가와 일반백성으로서의 속인을 구분하였다.

"학문을 하지도 않고(不學問) 정의도 따르지 않으며(無正義), 부와 이익만을 존중하는 것이(以富利爲隆) 속인이다(是俗人者也)."[115]

그리고서 앞서 셋으로 구분한 바대로 유가에 속한 선비들의 실존을 차례대로 설명했다. 그리고 더 나아가 순자는 역으로 유가를 매도한 묵자의 선비들을 가장 저급한 속유(俗儒)에 싸잡아 넣고서 비판하였다.

"넓은 옷에 헐렁한 띠를 두르고(逢衣淺帶) 그의 관을 처지게 늘어뜨려 쓰고서(解果其冠), 대체로 옛 임금을 본뜬다고는 하지만 세상을 어지럽히기에 충분한 수법을 따르며(略法先王而足亂世術), 그릇된 학문을 잡되게 닦아(繆學雜學) 후세 임금을 법도

---

115) ibid 同

를 삼아 능히 제도를 통일할 줄 모르며(不知法後王而一制度), 예와 의로움을 존중한 다음에 능히 '시경', '서경'을 공부해야 하는 것도 모른다(不知隆禮義而殺詩書). 그의 의관과 거짓된 행동은 이미 세속과 같은데도(其衣冠行僞已同於世俗矣) 그러나(然而) 그것이 나쁜 것임을 알지 못하며(不知惡者), 그의 말과 이론이 이미 묵자와 다를 바가 없는데도(已無以異於墨子矣) 그러나(然而) 분명히 그것을 분별하지 못한다(明不能別).

옛 임금을 내세우며 어리석은 자들을 속여(呼先王以欺愚者) 그래서 옷과 음식을 마련하여(而求衣食焉) 재물을 쌓아(得委積) 그의 입에 먹을 것이 충분해지면(足以揜其口), 곧 의기양양해진다(則揚揚如也). <뜻을 이루기 위해서는 상대방>우두머리 책임자를 따라다니기도 하고(隨其長子), 상대방 측근자들을 섬기기도 하며(事其便辟), 상대방의 상객들과 교제하고(擧其上客), 편안히 평생의 포로가 된 것처럼 지내면서(億然若終身之虜) 그래서 감히 딴 뜻을 품어 보지도 못한다(而不敢有他志). 이런 자들을 속유이다(是俗儒者也)."[116]

---

116) ibid 同 - 繆는 얽을 무가 아니라 어긋나다는 류로 읽어야 한다. 辟는 피가 아니고 사랑할 폐(嬖)로 읽어야 한다<편폐는 임금이나 윗사람이 좋아해 가까이 하는 사람>.

그리고서 순자는 왕도와 패도를 구분하듯이 대유(大儒)와 아유(雅儒)를 구분하여 세세히 잘 설명하였는데, 순자가 구분한 바로 이 점이 요·순임금이래로 전승된 통치이념이 전국시대 말기까지도 유가가 고스란히 그대로 견지하고 있었음을 보여 주는 단적인 사례가 된다. 그리고 더 나아가 순자가 속유와 대유 사이에 아유를 구분하여 제후국과 통일왕조의 정치수준에 걸맞도록 아유와 대유를 대응시키고 있는 점은 유가의 선비집단이 어느 정도로 스스로를 경계하고 있었는지를 정확히 파악할 수 있게 해 준다. 그 이유는 순자의 입장에서 보면, 묵가와 도가가 비방하는 유가의 무리가 바로 속유들이었기 때문이다. 곧 순자가 속유로부터 아유와 대유를 구분하지 않고서 무차별로 유가를 극렬하게 매도하여 정략적으로 일반대중의 인식을 오도시키고 있다고 진단했기 때문이다. 또한 나라가 올바르게 서서 발전하려면 적어도 세상의 선비들이 아유의 수준에 도달해야 한다고 판단하였기 때문에, 순자는 이 구분을 철두철미하게 하였다.

"후세 임금을 법도로 삼고(法後王) 제도를 통일하며(一制度), 예의와 의로움을 존중하고 그리고 <시경>, <서경>을 공부한다. (隆禮義而殺詩書) 그의 말과 행동에는 이미 위대한 법도가 있으나(其言行已有大法矣), 그러나(然而) 말과 행동이 일치하지 않는 점이 있으면 그것을 분명히 한다(明不能齊). 법도와 교화가 미치지 못하는 곳이나(法敎之所不及) 자기가 듣고 보지 못한 것에 대해서는(聞見之所未至) 곧 그것을 유추해 알아 낼 수 없다는 것을 안다(則知不能類也). 아는 것을 안다고 말하고(知之曰知之) 알지 못하는 것을 알지 못한다고 말하며(不知曰不知), 안으로는 속이지 않고(內不自以誣) 밖으로는 거짓말을 하지 않는다(外不自以欺).

그리하여(以是) 현명한 사람을 존중하고 법도를 두려워하며(尊賢畏法), 그래서 감히 태만하고 오만하지 않다(而不敢怠傲). 이런 사람이 아유이다(是雅儒者也)."[117]

그리고서 마지막으로 순자는 대유에 대해 다음과 같이 설명했는데, 이 대유의 설명은 다른 설명과 더불어 유가가 전국시대 말기까지도 변함없는 태도를 보여주는 것이므로, 이 문장을 근거로 삼아 당시의 황로학이 나아간 방향을 직시하면 그들이 의도한 정확한 목적의식을 곧장 파악할 수 있게 된다. 곧 그들이 공자를 맹공격한 이유를 직시할 수 있게 된다. 왜냐하면 순자가 설명한 대유의 내용이 곧 그들의 궁극의도를 저해하는 최대의 걸림돌이었기 때문이다.

"옛 임금의 법도로 삼고(法先王) 예와 의로움을 통일하고(統禮義) 제도를 균일하게 하며(一制度), 얕은 일을 근거로 넓고 먼 일

117) ibid p201

까지 알며(以淺持博), 옛 일을 근거로 지금의 일들까지 알며(以古持今), 하나를 근거로 만 가지 일을 처리한다(以一持萬). 진실로 인의에 대한 것이라면(苟仁義之類也) 비록 새와 짐승들 가운데 있다고 하더라도(雖在鳥獸之中) 흰 것과 검은 것을 가려내듯이 분별해 내며(若別白黑), 기괴한 물건이나 괴상한 변화가 생겨서(倚物怪變) 전에 들은 적도 없고(所未嘗聞也) 본 적도 없는 것이(所未嘗見也) 갑자기 한 편에 나타난 경우라 하더라도(卒然起一方) 곧 통용되는 법칙에 따라 능히 이를 대응해(則擧統類而應之) 의심하거나 부끄러워하는 일이 없다(無所儗怍).

법도에 따라서 헤아려 보면(張法而度之), 곧 마치 부절이 딱 맞는 것과 같다(則晻然若合符節). 이런 사람이 대유이다(是大儒者也)."[118)]

그리하여 순자는 다른 유파의 선비들이 비난하는 유가를 그렇게 방어하고 나서, 곧 유가가 천하의 정사를 책임져야 함을 다음과 같이 설파했다.

"그러므로 임금이 속인을 등용하면(故人主用俗人) 곧 만승의 나라라고 하더라도 망한다(則萬乘之國亡).

---

118) ibid p201

속유를 등용하면(用俗儒) 곧 만승의 나라는 명맥이나 유지할 것이다(則萬乘之國存).

아유를 등용하면(用雅儒) 곧 천승의 나라는 편해질 것이다(則千乘之國安).

대유를 등용하면(用大儒) 곧 백리 사방의 땅이라 하더라도 나라가 영구히 발전할 것이며(則百里之地久), 그리고 삼년 이후에는(而後三年) 천하가 통일되고(天下爲一) 제후들은 그의 신하가 될 것이다(諸侯爲臣). 만승의 나라에서 그를 등용한다면(用萬乘之國), 곧 잠깐 사이에 능히 안정되어(則擧錯而定), 하루아침에 능히 명성이 온 세상을 밝게 빛날 것이다(一朝而)."[119]

그런즉 전국시대의 말미의 순자의 이 글은 또 다른 이유 때문에 주목받지 않을 수 없게 되는데, 그 까닭은 그의 제자인 이사(李斯)와 한비자(韓非子)가 그에게서 배운 유가의 이와 같은 이론을 거꾸로 황로학의 한 축을 담당하는 법가의 이론으로 변질시켰기 때문이다. 그러므로 그런 차이점을 분명히 가려야만, 춘추전국시대의 본질이 명확히 드러날 수 있게 된다.

따라서 유가와 반유가의 특성을 간략히 정리하면 다음처럼 요약될 수 있다. 곧 유가는 치자의 겸양을 바탕으로 한 왕도정치노선의 인과 예 그리고 더 나아가 의와 신과 같은 덕목을 고

---

119) p201 - 錯은 어긋날 착이 아니라 급박하다는 조로 읽어야 한다.

수하고 있는 반면에, 묵자는 인(仁)을 애(愛)로 대체하고 그리고 주나라의 예(禮)를 무시하여 일반백성들에게 환영을 받았으며, 형명학에서 진일보한 모양새의 법가는 겸양 대신에 위엄과 은혜를 내세웠고, 도가는 아예 성인에 의한 무위자연(無爲自然)의 통치방법을 내세워 전통적 왕도노선을 전면적으로 부정하였고, 그리하여 자신들과 더불어 황로학을 개척한 법가가 패권적 새로운 정치노선을 추구할 수 있게 만들었다고 정리할 수가 있게 된다.

하지만 황로학의 길을 걷는 전국시대의 법가사상은 춘추오패의 으뜸인 환공을 보필한 관자의 패도사상과는 확연히 차별된다. 왜냐하면 비록 춘추시대의 혼란 속에서 패도적인 측면이 부각되었다고 하더라도 관자의 노선은 철저한 고대왕조의 민본사상에 입각하여 군주가 겸양과 공손한 태도로서 백성들에게 선정을 베푸는 방법을 주장했기 때문이다. 그럼에도 불구하고 그 이론이 고대의 덕치노선에 비해 법으로 강제하는 것이 많았기 때문에 법치주의 노선으로 오인되었던 것이다. 그에 반해 법가의 노선은 순수한 민본주의 사상의 정치노선이 아니라 오로지 왕만을 위한 철저한 패권적 노선이었기 때문에, 대부분의 내용이 정치 공학적이었다.

그런즉 관중의 정치노선이 고대통치노선을 따르고 있는 특성은 그의 서책 관자의 첫 부분 목민(牧民) 편에서부터 그대로 드러나 있다.

"무릇 영토를 지니고서 백성을 다스리는 군주는(凡有地牧民者) 네 계절을 근면하여(務在四時) 창고의 재물을 관리하고 지켜야 한다(守在倉廩). 나라가 풍족하면 곧 먼 지방으로부터 백성들이 모여들어(國多財則遠者來), 땅이 개간되고 곧 백성들이 잔류하여 정착하게 된다(地辟擧則民留處).

재물이 풍족해져야만 곧 예절을 알게 된다(倉廩實則知禮節). 의식이 넉넉할 때 곧 영욕을 알게 된다(衣食足則知榮辱)."[120]

따라서 이 사상은 황하의 홍수 때문에 인류이 파괴되어, 황하의 치수를 성공하여 인륜을 되살려 놓은 요·순·우의 세 임금의 통치방식을 그대로 계승한 것이 아닐 수 없게 된다. 곧 그의 務在四時의 사고방식이 서경 요전의 첫 머리를 장식하고 있는 사고방식이기 때문이다. 그러므로 관자의 사상은 고대통치노선을 그대로 답습하고 있고 한 치도 벗어나 있지를 않다. 더욱이 관자의 등장이 춘추시대이었기 때문에 역사적으로 대단한 의의를 지니게 된다. 즉 춘추전국시대의 귀감으로서 충분히 선비들이 합심하면 난국을 정상적으로 되돌려 놓을 수 있는 선례를 확실히 보여주었기 때문이다. 다시 말해 한 편으로는 황로학의 선비들이 곡학아세한 자신의 태도를 변명할 여지를 주지 않을 수 있었고, 다른 편으로는 역설적으로 공자가 관자가 제나라 환공

120) 관자 p274~275

을 넘어서 주공 단처럼 주나라를 바로 세워 천하를 안정시키지 못한 점을 아쉽게 만들 수 있었기 때문이다.

그런즉 관중이 철저히 고대통치 노선을 그대로 답습하고 있다고 명확히 말할 수 있는 점은 뒤이은 그의 글이 그대로 보여준다. 그리고 그 사상은 관자의 모든 내용에 일관되어 있다.

> "위정자가 법도를 지키면(上服度), 곧 집안<육친 : 父·母·兄·弟·妻·子>이 평온해지고(則六親固), 사유<禮義廉恥>가 성하게 되면(四維張) 곧 군주의 명령이 시행될 것이다(則君令行).
>
> 그러므로(故) 형벌의 중요성을 깨달으려면(省刑之要), 허례허식을 금해야 하며(在禁文巧), 나라의 제도를 지키려면(守國之度) 사유<禮義廉恥>를 다스려야 한다(在飾四維)."[121]

따라서 공자와 그의 문도들은 관자를 뒤이어 고대통치이념을 계승하고서 견지하였기 때문에 통치방법의 두 축에 해당하는 덕치와 법치 중에서 덕치를 뒷받침하는 인의 은혜로움을 근본으로 삼은 유가의 입장이 관자의 입장과 결코 다를 수 없게 된다.

하지만 덕치노선의 유가를 배척하고 황로학으로 나아간 법가사상은 오로지 강력한 통제력을 갖춘 형벌의 사고방식을 통치이념으로 격상시켰기 때문에 여하간 그들의 사고방식은 공자에 앞선 시대의 인물인 관자의 사고방식과 같은 맥락에서 거론될 수 없다. 그리고 그들의 이론은 훗날 전제군주가 지닌 강력한 통치

---

121) ibid 同

력의 기반이 되었기 때문에 철저히 관자의 노선과 구별된다.

따라서 공자는 자기실속을 위해 곡학아세를 서슴지 않는 그런 인물을 두고서 제 할 일은 하지 않으면서 위엄을 앞세워 아래 사람을 억누르는 소인배 같은 인물로 간주하였고 그리고 심하게 도적으로 비유하였다.

"공자께서 말씀하셨다(子曰). 「얼굴빛은 위엄이 있으면서(色厲) 그러나 일이나 날짜 따위를 미루고 지체하는 것을(而內荏) 온갖 소인에게 비유하면(譬諸小人) 그것은 마치 벽을 뚫고 담을 넘는 (其猶穿窬之) 도적과 같을 것이다(盜也與)."[122]

물론 공자가 말한 소인은 일반백성들을 지칭하는 것이 아니라 나라의 시책을 집행하는 관리를 가리키는 말로서, 곧 소인이란 두말할 나위가 없이 관리가 되어 재물을 탐해 서슴지 않고 위법한 일을 자행하면서도 반대로 처벌은 심히 두려워하여 그리하여 처벌을 피하기 위해 또 다른 비리를 양산하는 인물들인 것이다. 더 나아가 그런 소인은 군주의 비위를 맞추기 위해 교언영색(巧言令色)한 자세로 곡학아세(曲學阿世)를 하는 일을 서슴지 않기 때문에 앞서 인용한 글에서처럼 순자가 그런 선비를 속유로서 규정하였던 것이다. 따라서 공자가 말한「소인은 <이익을 탐하는>시혜를 생각한다(小人懷惠)」란 문구는 일반백성들을 비판하는 글이 아니라 당연히 곡학아세하려는 선비들을

122) 논어 p350

겨냥한 글이 아닐 수 없게 된다.

"공자께서 말씀하셨다(子曰).「군자는 덕을 생각하고(君子懷德) 소인은 처하는 곳을 생각하며(小人懷土), 군자는 법을 두려워하는 마음으로 형을 생각하고(君子懷刑), 소인은 <이익을 탐하는> 시혜를 생각한다(小人懷惠)」."[123]

그러므로 공자는 진정한 군자의 모습을 소인처럼 시혜를 바라는 인간이 아니라, 거꾸로 인의 마음가짐으로 백성들에게 시혜를 베푸는 인물이라고 설명하였다.

여하간 공자가 내세운 인의 덕목은 다음의 글에서 구체적으로 설명되어 있다.

"자장이 공자에게 인을 여쭙자(子張問仁於孔子),

공자께서 말씀하셨다(孔子曰).「능히 다섯 가지를 천하에 행할 수 있으면(能行五者於天下) 인이 된다(爲仁矣)」.

<자장이>가르쳐 주시기를 청하니(請問之) <공자께서> 말씀하셨다(曰).「공손함(恭), 너그러움(寬), 믿음(信), 민첩함(敏), 은혜로움(惠)이니,

공손하면 업신여김을 받지 않고(恭則不侮), 너그러우면 뭇사람을 얻게 되고(寬則得衆), 믿음이 있으면 사람들이 맡길 수 있고

123) ibid p76

(信則人任焉), 민첩하면 공이 있게 되고(敏則有功), 은혜로우면 충분히 남을 부릴 수 있다(惠則足以使人)」."[124]

그러나 이와 같은 인의 덕목을 무위자연의 이론으로 무기력하게 만들려고 시도한 도가는 위의 인의 덕목이 사라진 그 공백을 메우고서 백성을 교화할 수 있는 또 다른 도덕적 처방을 내놓아야 하는데 그것이 오리무중이기 때문에 국학이 될 수 없었다. 그리고 그 대신 한 무제의 배려에 의해 민족종교로서 자리매김하게 되었다. 물론 한 무제가 좋은 취지로서 그렇게 한 것인지는 미지수이지만, 그러나 그 배려는 오히려 역사에 있어서 이율배반적인 사태를 유발하여 오히려 역설적으로 중국왕조사에 보면 득보다 실이 되었다.

그러면 유가와 도가의 중간지점에 놓인 묵가의 겸애설이 과연 고대통치이념의 노선에 벗어난 것인가? 하는 의문도 이로부터 판별될 수 있다. 왜냐하면 묵가사상의 특성은 겸애(兼愛)를 내세우면도 사랑을 구체적으로 실현할 현실적인 예법을 극구 비판한 것이기 때문에, 그러면 묵가의 입장이 당시의 예법을 개혁하려는 것인지, 아니면 예법 자체를 원천적으로 거부하려는 것인지, 아니면 예법 그 자체와 달리 예법을 문란케 한 세력을 타도하려는 것인지의 실상이 확연히 드러나게 될 것이다.

그런데 묵가의 애인(愛人)사상은 고대통치사상에 이미 정립되어 있는 것이기 때문에 전통의 통치사상을 고수하려는 유가의

124) ibid p344

왕도사상과는 근본적으로 다를 수가 없었다. 그럼에도 불구하고, 그의 사상이 예법을 두고서 유가를 비판하고서 대립의 각을 세운 까닭은, 맹자가 아닌 순자의 입장에서 보면 유가의 문도를 속인으로 내몰고 갔기 때문인데, 그러면 묵자의 겸애사상이 맹자와 순자가 내세우는 인의 사상과 예법사상과 전혀 다른 내용을 담고 있는지가 마땅히 밝혀져야 한다. 또한 그 비교의 기준은 근본적으로는 공자의 말에서 그 근거를 찾아야 한다. 곧 공자가 인(仁)을 애(愛)라고 말한 아래의 문장이다. 그런즉 공자가 인을 애라고 말했기 때문에 묵자가 겸애설을 내세워 유가를 공박한 이유가 논구대상이 아니 될 수 없다.

> "번지가 인을 묻자(樊遲問仁), 공자께서 말씀하셨다(子曰). 「사람을 사랑하는 것이다(愛人). <번지가>지를 묻자(問知), 공자께서 말씀하셨다(子曰). 「사람을 아는 것이다(知人)」"

그런데 아래의 묵자의 글을 보면, 유가와 묵가의 입장차이점이 도저히 드러나질 않는다. 왜냐하면 아래의 글은 묵자의 사상이 고대통치이념을 고스란히 답습하고 있음을 여실히 보여 주고 있기 때문이다. 곧 인과 겸애는 모두 다 민본사상을 실천하려는 관점에서 바라다보면, 도저히 묵자의 사상에서 유가와 근본적으로 다른 사상의 차이점이 나올 수 없기 때문이다.

> "그러므로(故) 아우른다는 것은(兼者) 성왕의 도이며 (聖王之道也), 임금이나 대신들이 편안이 편안할 수 있는 근거이며(王公

大人之所以安也), 만백성들이 입고 먹는데 풍족해질 수 있는 근거가 되는 것이다(萬民衣食之所以足也).

그러므로(故) 군자는 아우르는 것을 잘 살피어 힘써 그것을 행하도록 하여야만 할 것이다(君子莫若審兼而行之). 임금이 된 사람은 반드시 은혜롭고(爲人君必惠) 신하된 사람은 반드시 충성되며(爲人臣必忠), 아비가 된 사람은 반드시 자애롭고(爲人父必慈) 자식이 된 사람은 반드시 효성스러우며(爲人子必孝), 형이 된 사람은 반드시 우애를 다하고(爲人兄必友), 아우가 된 사람은 반드시 공손해야 한다(爲人弟必悌).

그러므로(故) 군자가(君子) 만약 은혜로운 임금이나, 충성된 신하나, 자애로운 아비나 효성스러운 자식이나, 우애 있는 형이나 공순한 아우가 되고자 한다면(莫欲爲惠君忠臣慈父孝子友兄悌弟), 마땅히 아울러야 한다는 이론을 따라(當若兼之說) 실행하지 않으면 안 될 것이다(不可不行也).

이것이 성왕이 도이며(此聖王之道) 그리고 만백성들의 큰 이익인 것이다(而萬民之大利也)."[125]

곧 이 내용이 유가의 글인지 아닌지가 분별되지 않을 정도여

125) 묵자 p134

서 자칫하면 묵자의 이 글이 유가의 글이라고 오인받기 십상이다.

그러므로 도가가 유가를 공박했다는 사실에 있어서는 묵가와 공통된 특성을 지녔더라도, 그러나 도가는 위와 같은 노선을 걷는 묵가와 달리 철저히 유가의 인의 노선을 부정하고서 새로운 혁명의 노선을 내세웠기 때문에, 따라서 주나라를 전복하려는 혁명의 입장에서 바라보면 묵가는 도가와 전혀 공통점을 공유하지 않는다.

그러면 군주를 시해하거나 또는 쫓아내고서 군주가 된 후손의 열 왕들을 주군으로 섬긴 황로학의 인물들이 추진한 혁명이 진정성을 지닌 올바른 혁명이었는가? 그리고 더 나아가 그들이 내세운 정치이념이 명분을 제대로 갖춘 바람직한 정치이념이었는가? 하는 의문점이 발생하는데, 이 점에 대해서는 순서상 거꾸로 그런 도가에 대해 유가가 어떤 행동을 취했는가? 하는 의문점부터 먼저 밝혀져야 마땅할 것이다.

그런데 그 의문점에 대한 해명은 공자가 유가의 문도들에게 장차 처신해야할 행동의 범례(範例)로서 말한 내용에서 찾을 수 있는데, 그것이 아래의 글이다.

"계자연이 물었다(季子然問). 「중유·염구는 대신이라 이를 만합니까(仲由冉求可謂大臣與)?」.

공자께서 말씀하셨다(子曰). 「나는 그대가 특이한 질문을 하리라고 생각했었는데(吾以子爲異之問), 마침내(曾) 유와 구에 대한 질문이로구나(由與求之問! 이른바 대신이란(所謂大臣者) 도로써 군주를 섬기다가(以道事君) 불가능하면 그만 두는 것이다(不可則紙)

지금 유와 구는(今由與求也) 숫자만 채우는 신하라고 말할 만 하다(可謂具臣矣)」.

<계자연> 말했다(曰).「그렇다면 따르기만 하는 자들입니까(然則從之者與)?」.

공자께서 말씀하였다(子曰).「아버지와 임금을 시해하는 일은(弑父與君) 또한 따르지 않을 것이다(亦不從也)」."[126]

그러므로 전국시대가 야기한 난국의 정도는 춘추시대가 야기한 난국의 정도를 뛰어 넘어 아예 주나라의 제도와 예법이 거의 무너진 상황인 만큼, 왕도정치노선을 고수하려는 공자의 입장을 명확히 보여준 논어의 글은 실로 대단히 의의를 지니게 된다. 왜냐하면 마지막 글인「공자의 구하심은(夫子之求之也) 일반인이 구하는 것과는 다를 것이다(其諸異乎人之求之與)」라는 글 때문이다. 다시 말해 공자가 제후를 대면한 방식이 그의 환심을 사기 위해 교언영색하고 곡학아세하는 태도가 아니라, 공손하고 겸손하면서도 정도(正道)를 취한 태도였기 때문이다.

126) 논어 p220

따라서 난세를 유발하고 있는 위정자와 그를 추종하는 선비들에게 일침을 가하고 있는 이 문장은 공자의 문도인 유가의 선비들에게 난세의 책임을 정확히 따지고서 난국을 수습하겠다는 의지를 다질 수 있도록 해 준다.

“자금이 자공에게 물었다(子禽問於子貢曰). 「<공자>부자께서 이 나라에 이르셔서는(夫子至於是邦也) 반드시 그 다스리는 바를 들으실 것이니(必聞其政), <그들이> 청해서 <정사를> 간여한 것입니까(求之與)? 아니면 <부자에게>허락해 주어서 <정사를> 간여한 것입니까(抑與之與)?」.

자공이 말하였다(子貢曰). 「부자는(夫子) 온순하고(溫) 어질고(良) 공손하고(恭) 검소하고(儉) 겸양하여(讓) <이것을> 얻으시는 것이니(以得之), 공자의 구하심은(夫子之求之也) 일반인이 구하는 것과는 다를 것이다(其諸異乎人之求之與)」.”[127]

그런즉 아래의 글이 보여주는 바대로 공자는 앞서 지적한 소인의 의미를 더욱 명백히 함과 동시에 난국에 임하여 유가의 제자들이 장차 처신해야할 바의 원칙을 명확히 밝혀 두었다. 곧 고대통치이념을 그대로 견지하라는 입장이다. 그러므로 공자는 제자들에게 곡학아세하는 소인이 되어서는 안 된다고 교훈한 것이다.

127) ibid p25

"공자께서 자하에게 말씀하셨다(子謂子夏曰).「너는 군자의 학자가 되고(女爲君子儒) 소인의 학자가 되지 마라(無爲小人儒)」."[128]

그런즉 소인의 학자가 될 것을 염려한 춘추시대의 공자는 전국시대에 이르러 등장한 황로학의 상황을 마치 예상이나 한 듯이 논어에 수록된 경계의 글을 말하였는데, 그 말은 고대통치이념과 통치노선을 배경으로 삼아 해석하면, 너무도 의미심장(意味深長)해진다.

"공자께서 말씀하셨다(子曰).「이단을 전공하면(攻乎異端) 해가 될 뿐이다(斯害也已)」."[129]

왜냐하면 이단(異端)이란 말은 정통성을 이탈한 경향과 흐름을 지적하는 지극히 부정적인 용어이기 때문인데, 곧 공자가 이 말에 중대한 의미를 담지 않았다면 굳이 배우는 제자들에게 직접 그와 같이 언급하지 않았을 것이다. 곧 이단을 말한 공자의 의도는 장차 곡학아세하여 민본주의의 통치이념을 통째로 부정하려는 경향을 염려한 것이다.

그런데 후대의 맹자가 묵적과 양주의 사상을 이단(異端)의 범례로서 제시하였지만, 그러나 순자처럼 도가의 인물은 전혀 언

128) ibid p114
129) ibi p43

급하지 않았기 때문에 당연히 도가가 등장한 시기는 맹자가 활동한 시기를 기준으로 하여 판단하지 않을 수 없게 된다. 물론 공자의 춘추시대가 맹자와 순자의 전국시대가 아니었기 때문에, 공자가 전국시대를 예상하고서 이단의 용어를 사용했다고 해석하면, 곧바로 그 경우는 무리하게 논리를 비약한 입장이라고 반박될 수 있겠지만, 그러나 난세의 성격을 감안하면 오히려 이단의 용어는 춘추시대보다 전국시대에 어울리는 용어가 아닐 수 없다.

그러면 논어에 도대체 후대에 등장한 제자백가들의 사상이 전혀 거론되지 않는 점도 대단히 중요해진다. 또한 백이·숙제와 관중을 언급한 사실도 고대역사를 파악하는 작업에 있어서 대단히 중요해진다. 왜냐하면 공자가 노나라의 역사서인 춘추를 편집한 당사자이기 때문인데, 그러면 그 기록은 중국고대역사의 사건들을 판단함에 있어서 실로 중대한 결정적 요인이 된다. 다시 말해 공자가 춘추시대의 여러 제후들을 직접 만났고 그리고 자신의 견해가 면전에서 거부당한 현실을 겪은 당사자이므로 너무도 당시의 정세를 익히 잘 알고 있는 인물이었기 때문이다.

따라서 만약에 그 당시에 제자백가사상과 황제사관이 널리 유포되어 있었다면 공자 자신이 결코 모를 리 없었을 것이고, 또한 백이·숙제의 인물이 실존인물이 아니었는데도 불구하고 자신이 스스로 가공하여 말했다면 춘추의 역사서를 편찬한 공자가 그런 파렴치한 사실을 굳이 숨기려고 하지 않았을 것이다. 그 이유는 황제사관이 역사적 사실이었고 그것이 이미 세상에 널리 알려진 객관적인 역사의 진실이었다면, 오히려 거꾸로 공자가 진실인 황제사관을 거짓인 요·순사관으로 공공연하게 교체하려한 역사왜곡의 주범이 되기 때문이다. 그리고 공자야말로 자신이 말한 바의 이단의 인물로서 그리하여 그의 가르침은 처음부터 끝까지 황제사관을 반박하는 내용이어야 마땅하기 때문이다. 그러면 당연히 지금의 서경도 황제사관을 왜곡한 서책이어야 마땅하고 또한 요·순임금이래로 하·은·주 삼대의 왕조도 황제사관을 배척한 역사왜곡의 주범이어야 마땅하다. 더 나아가 고대중국역사는 이미 춘추시대에 황제사관과 요·순사관이 치열하게 격돌하는 역사의 전투장이어야 한다. 그 뿐만 아니라 공자는 세상 사람들에게 기존의 황제사관에 귀기우려지지 말고 새로운 요·순사관을 믿으라고 고집스럽게 가르친 이단아여야 한다. 그러면 역설적으로 한나라의 무제가 왜곡된 고대왕조의 역사를 견지(堅持)한 유가의 학설을 국학으로 채택하여 왜곡된 역사를 시정하지 않은 과오의 책임을 응당 짊어져야할 핵심인물이어야 한다. 하지만 그렇게 되면 논리적으로나 사실적으로나 너무나 극심한 모순에 직면하게 되어 중국역사 자체가 혼란스러워지게 된다. 왜냐하면 황제사관이 진실이라면, 춘추시대까지 굳이 내려올 필요도 없이 요·순임금시대부터 역사무대는 황제사관과 요·순사관의 각축장이 되어야 하고 그러면 기정사실인 황제사관이 도대체 전국시대에 이르러서야 비로소 황로학에 의해 등장할 리가 만무했을 것이기 때문이다. 다시 말해 엄연히 객관적 역사의 사실로 세상에 널리 알려져 역사의 정설이 된 황제의 계보가 전국시대에 처음으로 세상에 나타난 것이 되면, 그것은 곧장 모순이 되기 때문이다.

그럼에도 불구하고 한나라이후 중국은 천연스럽게 모순된 두 가지의 사관을 움켜지고서 급기야 중화사상까지 만들어 그것으로 주변민족을 억압하려고 날뛰었으니 실로 가관이 아닐 수 없게 된다. 그리하여 중국왕조가 일부는 성공시켰지만 그러나 전체적으로 보면 이민족으로 내몰았던 북방민족들에게 오히려 지배를 받았으니, 그 결과를 놓고 보면, 참으로 어처구니가 없을 지경이다.

여하간 그런 역사의 근거와 조짐은 고대시기에는 전혀 없었기 때문에 도가가 등장한 시기는 도저히 전국시대이상으로 거슬러 올라갈 수 없다.

그러므로 도가가 유가를 공박한 내용을 두고 먼저 다음의 두 가지 관점이 지닌 역사적 의미가 당연히 고찰되어야 하는데, 하나는 공자가 당시의 다른 제후국들을 두루 방문했었다는 사실(齊國(제국), 衛國(위국), 陳國(진국), 宋國(송국), 采國(채국))이다. 즉 이 사실이 중대한 의미를 지니고 있는 이유는 공자가 노나라 사람이어서 요·순사관에 함몰되었다고 가정하더라도 공자가 방문한 이들 나라들마저도 황제사관을 몰랐거나 아니면 황제사관을 거짓된 사관이라고 배척하였다면, 그러면 마땅히 그에 합당한 이유 내지 정황이 객관적 역사의 사실로서 존재했어야 정상적이기 때문이다. 다시 말해 공자와 마찬가지로 이들 나라의 선비들이 황제사관을 아예 몰랐다면 그 사정에 대한 연유와 또한 다른 나라의 사정도 이와 유사하였는지를 규명해야하기 때문이고, 만약 그렇지 않고 그들 나라의 선비들도 공자처럼 진실의 황제사관 대신에 억지로 거짓의 요·순사관을 역사의 정설로 인정하였다면 또한 그렇게 만든 정황과 이유가 필히 있어야만하기 때문이다. 더욱이 후자의 경우는 어쨌든 간에 황제사관이 이미 존재하고 있어야만 가능한 가정이 된다. 그러면 역사의 정황이 확연(確然)해지는데, 전자라면 세상에 황제사관이 존재하고 있지 않았다는 것이 되고, 후자라면 공자를 비롯하여 모든 대부분 선비가 역사왜곡의 주범이 된다는 것이다. 물론 그 이유는 역사상 어느 선비도 진실의 황제사관을 가지고서 거짓의 요·순사관을 천하 만민의 세상 사람들에게 고발하지 않았기 때문이다. 그리고 또 다른 하나는 설사 공자 자신은 애써 자신에게 향한 숱한 비난을 묵살했다고 하더라도 오히려 그와 달리 공자에게 직접 배우고 있는 제자들이 그 사실을 도저히 묵과할 수 없었을 것이라는 도덕적 정황이다. 왜냐하면 공자가 자신을 비판한 노자의 정당한 가르침을 의도적으로 무시하고서 오로지 자신의 생각만을 설파했다고 하더라도 그러나 그의 가르침을 전수받고 있는 제자들은 그런 비판의 관점을 공자에게 직접 질문하지 않을 리가 도대체 만무하기 때문이다. 더욱이 그의 제자들이 노자를 익히 잘 알고서 존경하는 세상 사람들이 보내는 비난의 손가락질을 일방적으로 무시하고 몰염치하게 세상 사람들에게 공자의 사상을 버젓이 가르칠 수가 도저히 없었을 것이기 때문이다. 따라서 그런 정황이 결코 있을 수 없는 일이기 때문에 도가가 그들의 서책에서 비난한 그런 수치스러운 일은 도가들이 의도적으로 꾸미지 않으면 도저히 나타날 수 없는 경우가 된다. 그리고 그런 역사왜곡도 전국시대였기 때문에 가능했던 경우가 된다.

그럼에도 불구하고 여전히 황로학의 주축인 도가가 중국고대왕조의 역사가 황제사관으로부터 시작된 것이라고 주장하려면, 당연히 다음과 같은 경우에 해당하는 객관적 사실내지 정황을 증거로서 내놓아야 한다. 즉 서경의 기록이 요·순임금으로부터 시작했더라도 서경의 기록에 대항하여 그 당시부터 줄곧 춘추시대까지 당대의 선비들이 황제사관에 입각하여 요·순사관을 일축한 객관적 물증 내지 정황과 그리고 당연히 공자의 제자들이 자기스승에게 황제사관 대신 요·순사관으로 편집된 서경을 가르치는 의문을 제기하고서 그에 대한 마땅한 해명을 요구한 직접적인 물증 내지 정황을 제시해야 한다. 그리고 특히 후자의 경우에는 그에 대한 문답의 내용이 마땅히 논어에 실려 있어야 한다. 그런데 논어에는 일체 그런 문답의 글이 수록되어 있지 않다. 그러면 당연히 공자의 춘추시대에 그런 정황과 조짐이 일체 없었던 객관적 사실만이 엄연한 역사의 진실인 것이다.

그러므로 논어에 그런 내용의 글이 전혀 없는 점은 의도적으로 제자들이 그런 사실을 실어 놓지 않은 경우와 아니면 그런 사실이 애초부터 없었든 경우중의 하나가 된다. 그런데 전국시대가 아닌 공자의 춘추시대의 모든 정황은 전자가 아닌 후자임을 여실히 보여 준다. 즉 공자가 활동한 춘추시대의 분위기는 설사 위정자들이 공자의 가르침을 의도적으로 외면하고 기피했을지라도, 그 부정적인 입장의 정도가 공자의 가르침을 전면적으로 부정하고 배척할 수준이 아니었다는 것이다. 그러면 공자가 말한 이단의 내용은 그가 전국시대의 열 왕들 대신에 춘추시대의 제후들과 그들에게 봉사한 신하들을 염두에 두고서 말한 것으로 간주해야 한다. 하지만 춘추시대의 제후들이건 전국시대의 열 왕들이건 간에 무도(無道)하기는 마찬가지이고 또한 그에 빌붙어 곡학아세하는 신하들도 무도하기는 마찬가지이기 때문에 굳이 해석의 내용이 달라질 이유가 특별이 없다.

그런데 공자가 말한 이단에는 무도한 제후들과 간신들 이외에도 춘추시대의 난세에서 두드려지게 활약한 춘추오패의 행위를 감싼 패권적 사고방식도 당연히 포함되어있기 때문에 그 이유가 명확히 가려져야 한다. 그리고 그 패권적 사고방식의 대표적 인물이 환공과 그를 보필한 관중이기 때문에 그 이유가 확연히 가려져야 한다. 그런데 그 이유는 단적으로 환공과 관중이 주나라를 위해 주공 단처럼 행동하지 않았던 점이 유가의 눈에는 매우 잘못된 것이었기 때문이다. 곧 환공을 비롯한 춘추오패는 자신의 나라와 자신의 명성을 위해 사적으로 활약한 것일 뿐, 주나라와 주나라의 계승한 왕조의 정통성을 견지하기 위해 공적으로 활약한 것이 아니기 때문이다.

그러면 공자의 가르침을 따르는 선비들이 지향하는 바가 다른 선비들과 다르다면 도대체 그 구분은 무슨 근거로 삼아야 하는가? 하는 의문점이 규명되어야 한다. 그에 대한 해명은 전국시대를 거치면서도 굳게 지킨 유가의 입장을 잘 수록한 예기에서 찾아 볼 수 있다. 그러나 예기는 후대의 서책이므로 먼저 유가가 지향하는 선비의 길은 논어에서부터 논구되어야 한다. 그런 맥락과 연계해서 순자의 말을 이해하게 되면, 모든 지식인들이 포괄된 통상적인 의미의 선비들의 집단으로부터 별도로 유가를 구별해야할 필요성이 생긴다. 따라서 본서는 그런 점은 차례로 논구해 나갈 것이다.

제2장 공자가 뭇 지식인들에게 공박당해야 할 근거는 무엇인가

논구초점 : 공자가 일개 하찮은 선비였다면 비록 그가 왕도사상을 수호한 인물일지라도, 오직 그 사실만을 가지고서는 누구라도 공자가 그렇게까지 비난당해야만 했던 이유를 타당하게 설명할 수 없다. 요컨대 그를 배척하기 위해 그렇게 심한 비난을 해야 했든 이유는 공자에게 대단히 주목받을 수밖에 없는 배경을 가지고 있었기 때문이며, 더 나아가 공자가 그런 영향력을 지닌 역량의 인물이 아니었다면 결코 그런 비난이 있을 수 없었기 때문이다.

공자가 왕도사상을 가르친 시대가 하나라이었거나, 아니면 은나라이었거나, 아니면 주나라의 초기였다면 그렇게 기피당하거나 또는 배척당하는 인물이 되지 않았을 것이다. 오히려 칭송의 대상이 되었을 것이다.

그러므로 그가 다른 유파의 비난대상이 된 이유는 오로지 왕도사상을 극단적으로 거부하려는 전국시대의 특이성에서 찾지 않으면 안 된다. 그 이유는 왕도사상을 타파하려는 목적을 제외하면 도대체 그렇게 공자를 배척해야 할 마땅한 이유가 도무지 있을 리 만무하기 때문이다. 하지만 그것만으로는 충분하지 않다. 그 이상의 합당한 이유가 있어야 한다. 곧 그것은 왕도사상의 정통성을 이어받은 주나라까지 타도해야 했었기 때문이다.

그런데 논어는 그 이유에 해당하는 바를 밝혀 두었다. 곧 논어가 공자의 제자인 증자가 유가들이 지향하는 군자의 모습을 설명한 글을 실어 그 점을 밝혀 두었기 때문이다. 그런즉 유가가 아래와 같은 입장을 고수했기 때문에 전국시대의 제후들은 유가의 노선을 따르기보다 오히려 배척하기에 이른 것이었다. 그러므로 아래 글에서의 군자는 일반적인 선비라기보다는 주공을 빗댄 당시의 제후라고 보아야 제대로 그 말의 진의가 드러날 수 있게 된다.

> "증자가 말씀하셨다(曾子曰).「육척의 어린 임금을 부탁할 만하고(可以託六尺之孤), <제후국의>백리의 명을 맡길 만하며(可以寄百里之命), 큰 절개에 임하고서 그리고 그 절개를 빼앗을 수 없다면(臨大節而不可奪也), 군자다운 사람인가(君子人與)? 군자다운 사람이다(君子人也)」."[130]

그리고 또 다른 이유는 전국시대의 패도사상이 지향한 새로운 왕조의 체제가 전통의 봉건제도가 아닌 새로운 전제군주제도라는 점 때문이다. 그런데 이 제도는 청나라의 붕괴와 더불어 사라진 것이 아니라 여전히 현대 중국공산주의정권이 이 길을 그대로 답습하고 있기 때문에, 그리하여 동아시아 역사의 축이 여전히 되풀이 되고 있기 때문에 그 역사적 의의는 각별히 주

130) ibid p153

목받아야 한다. 곧 이 제도가 지닌 역설적인 정치의 양면성이다. 다시 말해 현재의 중국공산체제가 안고 있는 문제점인데, 곧 공산정권이 왕도정치의 이념을 고스란히 이어받고 있음에도 불구하고, 강력한 중앙집권방식으로 주변민족을 억압하려고 하는 역설적인 측면이다.

그러면 이점을 유념하고서 도가가 유가를 공박한 역사적 사실을 객관적으로 논구하려면, 당연히 도가사상가가 보편적이고 중용적인 입장에서 세상을 바라보고 그리고 자신의 생각을 공정한 입장에서 진술하였는지부터 일단 먼저 살펴보아야 한다. 다시 말해 유가를 공격한 입장이건 도가를 방어한 입장이건 간에 그 점을 일단 불문하고 양 당사자가 모두 다 중용의 좌우를 살펴서 상대방을 비판하였는지부터 검토해야 한다. 그 이유는 당연히 도가가 전개한 논리과정의 타당성 때문이다. 만약 반대측면의 입장을 제대로 파악하지 않고 일방적으로 자신이 바라본 한쪽 측면만을 가지고서 상대를 비판하기 시작하였다면, 그 경우에는 진실을 추구하는 학문의 초연한 입장은 사라지고 오로지 한 편으로 기우려진 편협한 자기생각만을 집요하게 전개한 꼴만 될 뿐이다.

그런데 실제로 그런 편파성이 도가가 공자를 공박하는 과정에서 적나라하게 발생했다. 곧 도가의 선비들이 자신들의 일방적인 입장에서 공자의 인의 사상을 잘못된 사상으로 낙인찍고 그리고서 각가지 가공의 이야기를 만들어 공자와 그의 제자들을 매도하였던 것이다.

그런즉 공자가 다른 유파들에게서 집요하게 공박당해야만 했던 이유를 합리적인 관점에서 파악하려면, 당연히 공자의 가르침이 중국역사의 정통성을 앞세우고서 그 정통성을 훼손하려는 세력을 경계하였는지를 주목해야 한다. 그러면 춘추시대를 마감하고 시작된 전국시대에서 주나라를 전복하고 새로운 왕조의 시대를 열려고 한 도가를 위시한 황로학의 집단이 유독 공자를 배척해야할 핵심인물로 삼은 이유를 정확히 파악할 수 있게 된다. 더 나아가 그렇게 밝혀진 이유는 공자가 춘추시대의 구(舊) 인물이 아니라 전국시대에 유가와 반유가가 격돌한 이념논쟁의 정점에 서있었던 현실적인 인물이었다는 점을 증명하는 객관적인 자료가 될 것이다.

그러므로 어쨌든 공자가 가르친 인·의·예(仁義禮)의 학설은 고대통치이념을 견지하고 있었기 때문에 도가는 유가를 철저히 배척해야만 했다. 그리고 더 나아가 유가가 민중으로부터 여전히 지지를 받고 있었기 때문에 도가는 유가를 우선적으로 민중으로부터 격리시키지 않으면 안 되었다. 그리하여 공자는 그들에 의해 배척당해야만 했는데, 마치 그 상황은 적을 패배시키려면 적장을 먼저 제거해야하는 이치와 일맥상통하는 경우였다.

따라서 도대체 공자자신의 위상이 어떠했기에 묵가와 도가들의 공격대상이 되어야만 했던 것인가? 하는 의문점이 핵심 논구대상이 아니 될 수 없게 된다. 그러면 공자의 신분부터 철저히 검토되어야 한다.

역사에서 공인된 바처럼 BC 551년 노(魯)나라 창편향(昌平鄕) 추읍(鄹邑)에서 태어나 BC 479년에 서거한 공자의 신분은 비록 대부일지라도 권력자는 아니었으며 그리고 공자의 그 직책도 오늘날의 교육기관과 같은 그런 교육기관의 최고책임자의 자리도 아니었다. 그럼에도 불구하고 공자가 여타의 다른 학파의 공박대상이 되었다면, 반드시 거기에는 대단한 곡절과 연유가 도사리고 있어야한다. 만약 그렇지 않다면 유가와 반유가의 대립양상은 실로 어처구니없는 어불성설의 날조된 사실이 아닐 수 없게 된다. 그러므로 노나라가 대국이 아닌 상황에서 노나라의 위정자가 아닌 대부의 신분이었던 공자가 도가에 의해 극단적으로 공격받고 배척되어야만 했던 이유는 반드시 규명되어야 한다.

그러면 그 이유가 당연히 노나라의 위상에 있지 않고 오히려 노나라 백금과 주공, 주공과 무왕, 무왕과 홍범구주와의 관계에 있고 마침내 주나라의 정통성에 있음을 알 수 있게 된다. 그리고 그 도착점에 이르게 되면 당연히 주나라가 은나라의 홍범구주를 수용한 역사적 사실과 요·순사관과 마주치지 않을 수 없게 된다. 그리고 그 사실이 공자와 직접 연결되는 까닭은 홍범구주의 사상이 공자가 내세운 인(仁)의 사상의 표본이 되기 때문이다. 다시 말해 홍범구주는 중국문명을 이룬 가장 중요한 기반으로서 중국역사가 지닌 정통성의 상징인데, 그 홍범구주를 계승한 주나라의 정통성을 공자의 유가가 시종 견지하였기 때문이다.

그런데 그런 홍범구주를 계승한 주나라가 초창기에 터전을 잡은 호경에서 BC770년에 주공 단이 건립한 낙양으로 천도하여 전기의 서주와 후기의 동주시대로 양분된 이래 전개된 춘추시대에는 하·은·주 삼대로 내려온 통치이념과 그로부터 형성된 국가체제와 사회질서 및 도덕적 가치가 전부 흔들리기 시작했다. 하지만 하의 걸왕과 은의 주왕과 같은 폭군이 여전히 등장하지 않은 상황에서는 봉건제후 중의 어느 누구도 주나라 왕조를 교체할 정당한 천명(天命)을 내세울 수 없었다. 그러므로 주왕조는 미약한 세력으로나마 여전히 존속할 수 있었고, 또한 춘추시대에는 여건에 따라서는 얼마든지 그런 정통성에 힘입어 주나라의 초창기상태로 되돌아 갈 여지가 충분히 남아있었다. 즉 제후들이 그런 의지를 가지고서 단결만 하였다면, 당연히 그들이 성왕을 보필한 주공 단처럼 되어 주 왕조를 종주국으로 삼은 봉건제도를 안정시킬 수 있었을 것이다. 더 더욱 문왕이 은나라의 주왕을 무너뜨리지 못한 당시의 정황을 상기하면 전혀 불가능한 일이 아니었다. 다시 말해 여전히 춘추시대에는 전국시대에 비해 각 제후들이 주나라 왕실을 옹립하고서 과거로 되돌아갈 여지가 충분히 남아 있었던 셈이다.

그러나 제후들에게는 그럴 마음이 전혀 없었고 그리하여 점점 더 혼란이 점철된 정국은 마침내 돌이킬 수 없는 상황으로 내닫기 시작했다. 그래서 공자는 초창기에 그런 기회를 놓쳐버린 관중을 논어에 기술된 바대로 기국(器局)이 작은 인물로 규정하였던 것이다.

따라서 그런 상황을 주목하면, 춘추시대에 등장한 공자의 활동은 역사적으로 대단히 중요한 이채로운 사건이 아닐 수 없게 된다. 그 까닭은 공자가 전국시대의 다른 유파의 사상가들에게 공박을 당해야만 했던 이유 때문인데, 그 점을 살펴보기 위해서는 우선적으로 서경의 중훼지고(仲虺之誥)에서 탕왕과 중훼가 주고받은 대화를 주목해야 한다.

"성왕 탕이 걸<왕>을 남소로 쫓아 보내고(成湯放桀于南巢成湯放桀于南巢) 덕에 부끄러움이 있다고 생각하고서(惟德慙德惟有慙德), 「후세사람들이 나를 구실로 삼을까 두렵구나」 라고 하였다(曰予恐來世以台爲口實)."[131]

특히 이 문장은 동아시아 역사뿐만 아니라 전 세계 역사에서 새 왕조의 통치자가 도덕적으로 정당한 통치명분을 내세워야 할 적마다 반드시 겪는 심리적 어려움을 보여주는 내용으로서, 따라서 탕왕이 말한 내용은 모든 역성혁명의 정당성을 가늠케 할 수 있는 척도가 되기 때문에 대단히 중요해진다. 그래서 탕왕의 말을 듣고서 그의 신하인 중훼가 조정의 대신과 일반백성들에게 아래의 내용으로 말하여 역성혁명의 정당성이 어디에 있는지를 공포하였는데, 바로 그 점에서 전국시대의 도가사상가들은 이 내용을 도저히 수용할 수 없었던 것이다. 곧 천명에 의해 왕조의 정통성을 계승하는 방식이다. 그래서 도가의 인물들은 그들의 저서에 이 연결고리를 극렬하게 분쇄하는 글을 실었다.

"이에 대해 중훼가 고를 지어서 말하였다(仲虺乃作誥曰). 아(嗚呼)! 생각건대 하늘이 낳은 백성들에게는 욕망이 있어서(惟天

131) 서경 p208

生民有欲) 군주가 없으면(無主) 이에 어지러워지기 때문에(乃亂) 오로지 하늘이(惟天) 총명한 사람을 내셔서(生聰明) 다스리게 하는 것입니다(時乂).

하가 덕에 어두워(有夏昏德) 백성들이 도탄에 빠지거늘(民墜塗炭)" 이에 하늘이 왕에게 용기와 지혜를 주어서(天乃錫王勇智) 만방에 본보기가 되도록 하여(表正萬邦) 우의 옛일을 잇게 하셨습니다(纘禹舊服纘禹舊服).

지금 그 법을 따라서(玆率厥典) 천명을 받들어 따르신 것입니다(奉若天)."[132]

그러므로 공자의 인의 사상은 개인이 함양해야할 도덕적 사고방식일 뿐만 아니라 고대왕조가 수립한 통치이념을 계승하였다는 징표가 되는 정치적 사고방식이었기 때문에 위정자가 반드시 지녀야할 덕목이었다. 왜냐하면 위정자가 불편부당(不偏不黨)하지 않게 되면, 그가 집행하는 정치행위는 당연히 편파적이게 되고 그리하여 그 피해가 고스란히 일반백성들에게로 돌아가기 마련이기 때문이다. 그 뿐만 아니라 그런 무도한 최고 위정자의 통치행위를 그대로 신하들이 본받아 국정을 심히 어지럽히게 되면, 종국적으로 천명이 끊어지게 되어, 그 왕조는 멸망의 지경에 이르게 되기 때문이다. 그러므로 반드시 위정자는

132) ibid p209

불편부당한 정신을 갖추어야 하는데, 그것이 바로 인의 마음가짐이었던 것이다.

그리하여 공자는 혼란한 정국을 정상적인 상태로 원상회복시키기 위해 고대통치이념을 인(仁)의 사상으로 체계화하여 제자들에게 가르쳤는데, 그가 제자들에게 가르친 바는 역시 통치자인 왕이 정사의 중심에 서서 나라의 근본이 되어야할 준엄한 책무성이었다.

> "공자께서 말씀하셨다(子曰). 「정<정사, 정치>을 덕으로 하는 것은(爲政以德) 비유하자면(譬如), 북극성이 제자리에 머물러 있으면(北辰居其所), 그리하여 뭇별들이 그에게로 향하는 것과 같다(而衆星共之)」."[133]

그런즉 왕의 통치방식이 뭇별의 북극성처럼 되기 위해서는, 당연히 왕은 변함없는 덕치노선의 이념을 추구하여 여러 제후들의 근본이 되어야 한다. 그리고 공자가 그 노선을 계승하여 견지하였기 때문에 공자의 문도는 영광스럽게 선비집단의 중추가 되는 유가(儒家)의 명칭을 얻게 되었다.

그 점은 공자가 왕도정치의 본질인 덕치(德治)노선을 다음과 같이 분명히 하고 있는 점에서 확연해진다.

> "공자께서 말씀하셨다(子曰). 「인도하기를 법으로 하고(道之以

---

133) 논어 p32

政) 가지런하기를 형벌로 하면(齊之以邪), 백성들이 형벌을 면할 수는 있지만(民免), 그러나 부끄러워함은 없을 것이다(而無恥)」.

인도하기를 덕으로 하고(道之以德), 가지런히 하기를 예로서 하면(齊之以禮), <백성들이> 부끄러워함이 있고(有恥), 또 법도에 이르게 될 것이다(且格)」."[134)]

그러므로 덕치노선에서의 겸양은 백성이 임금에게 복종하는 미덕에 앞서 오히려 임금이 정치의 목적으로 백성을 앞세우는 마음가짐이다. 즉 민본사상이고 그리고 더 나아가 천명사상이다.

따라서 민본정치는 당연히 모든 사회조직의 기초단위인 가정을 보호하기 위해 부모와 자식 간에는 효, 자식과 자식 간에는 형제의 우애를 장려하는데, 그 점은 요임금이 순임금에게 선양할 때에 순의 인격을 효(孝)로서 평가한 점에서 확립되어 있다. 그리고 논어에서의 공자의 말씀이 그 점을 더욱 더 명확히 하고 있다.

"혹자가 공자에게 말했다(惑謂孔子曰). 「선생께서는(子) 어찌 하여(奚) 정<정사, 정치>을 하지 않으십니까(不爲政)?」

공자께서 말씀하셨다(子曰). 「서경에 효에 대해 말하였다(書云孝乎). '효하며(惟孝) 형제간에 우애하여(友于兄弟) 정<(정사,

134) ibid p33

정치>을 베푼다(施於有政).'

이 또한 다스리는 일을 행하는 것이니(是亦爲政), 어찌하여(奚) <벼슬해서 정사하는> 그것만이(其爲) 다스림이겠는가(爲政)?」.[135]

따라서 고대왕조의 통치이념은 양면의 관계처럼 앞면의 천명사상과 뒷면의 민본사상을 하나로 통합하여, 한편으로는 왕의 도리를 엄숙히 하였고 다른 편으로는 신하와 백성의 도리를 엄숙히 하였다.

그리하여 춘추시대의 난국을 수습하려고 했던 공자는 무엇보다도 그동안 전승되어온 왕조의 통치이념과 그리고 그 이념을 바탕으로 제정된 각종 예법을 재정비해야할 필요성을 절실히 절감하지 않을 수 없게 되었다. 그래서 그는 다른 누구도 하지 않는 그리고 또 감히 할 수 없는 지난한 학문의 작업을 착수하였던 것이다.

곧 그는 우선적으로 고대왕조의 역사기록물을 정비한 서경을 편찬하였고, 그리고 주나라 역(周易)에 대해 십익(十翼)을 저술하여 주역내의 모든 괘의 의미를 도덕적으로 해석하였고, 더 나아가 노나라 역사인 춘추를 편찬하여 그 기록에 도덕적 가치관을 덧붙였다.

그럼에도 불구하고 춘추시대에 그가 수행한 그 작업들을 전국시대에 이르러 뭇 사상가들에 의해 거부되고 배척당했다. 그

---

135) ibid p46

러면 도대체 그 이유가 무엇인가? 하는 의문점이 중요해진다. 곧 고대왕조가 수립한 역사의 정통성과 그리고 그것이 배척된 곡절에 대한 의문이다.

그런데 이점에서 각별히 유념해야할 점은 공자의 근본방침이 고대의 방식을 막무가내로 그대로 지켜야 한다는 경직된 수구적인 입장이 아니라, 고대통치이념이 전면에 내세운 때(時)의 의의에 맞게 사회규범을 변화하는 시대에 알맞게 개선해 나가려고 한 당위론적 입장이었던 점이다. 그러므로 공자는 옛것을 시대에 맞게 새롭게 개선하는(溫故而知新) 인물만이 곧 사부(師父)가 된다고 말하였다. 그럼에도 불구하고 전국시대의 패자들은 그런 진보적인 사고방식 및 교육적 방침조차 외면하고서 그를 시대의 흐름을 직시하지 못한 고지식한 보수적 인물로 내몰았다.

따라서 공자가 처한 상황은 그가 진정으로 춘추시대의 흐름을 직시하지 못한 인물이었는가? 하는 의문점은 반드시 규명되어야 한다.

그러면 공자가 가르친 인의 사상이 거국적인 통치이념으로서의 인의 사상인 점이 우선적으로 거론되어야 한다. 왜냐하면 통치자의 행동규범을 밝힌 인의 통치이념은 곧바로 일반백성의 도덕의식으로 전환되기 때문이다. 곧 인의 개념이 당연히 위에서 아래로의 군주의 통치이념과 밑에서 위로의 개인의 도덕의식이 서로 가역(可逆)되는 경우를 품고 있는 점이다. 그러면 앞선 왕조시대에 상나라 부족이 하나라의 부족을 포용하고, 그리고 후대에 이르러 주나라 부족이 기존의 상나라 부족을 포용한 일들이 모두 고대로부터 전승된 통치철학에서 연유된 것임이 드러나게 된다.

그런데 이 방식이 지닌 진정한 의미는 병가서인 육도(六韜) 대정(大定: 크게 안정함)에서 잘 나타나 있다. 곧 민속(民俗)을 좇는다는 말이다.

"그 정치와 교육을 펴는데(陳其政教), 그 민속을 좇으면(順其民俗) 뭇 굽은 이는 곧게 되며(群曲化直), 모습도 바뀌게 되며(變於形容), 만국이 서로 넘나들지 않고(萬國不通), 각각 그 있는 곳을 즐기게 되며(各樂其所), 사람들은 그 위쪽을 사랑하게 됩니다(人愛其上). 이를 칭하여(命之曰) 대정이라 합니다(大定)."[136]

그러므로 시대가 아무리 난국으로 접어들었다고 하더라도 혼란을 수습함에 있어서 그 방법은 바른 원칙에 의거해야 한다는 점에서 보면, 전국시대에 처한 맹자가 이 점을 가장 잘 지적하고 있다.

"맹자께서 양 혜왕을 만나 뵙자(孟子見梁惠王), 왕이 말씀하셨다(王曰王曰). 「노인장께서 천리를 멀리 여기지 않고서 능히 오

---

136) 육도·삼략 p135

셨으니(叟不遠千里而來), 또한 장차(亦將) 내 나라를 이롭게 함이 있겠습니까(有以利吾國乎)?」.

맹자께서 대답해 말하셨다(孟子對曰). 「왕은 하필 이로움을 말씀하십니까(何必曰利)? 또한 인의가 있을 뿐입니다(亦有仁義而已矣)」."[137]

곧 이 글에서의 양혜왕은 위(魏)나라 제후(侯)인 영(罃)인데, 대량(大梁) 땅에 도읍을 정하고 왕이라고 참칭한 인물로서, 혜는 그의 시호이다. 그런데 이 기록은 맹자가 살았던 전국시대의 모습을 가장 적나라하게 보여 주는데, 그것은 맹자 본인도 그의 저서에서 제후인 영을 양 혜왕이라고 적어 왕이라고 부른 점이다. 더 나아가 이 글귀는 바로 맹자시대에 논쟁점이 되는 왕도정치와 패도정치의 극명한 차이점도 적나라하게 보여준다.

그런즉 이 글이 맹자가 그의 저서 첫머리에 올린 문장인 점을 중시하게 되면, 그 내용은 유가의 본질을 가장 압축적으로 보여주는 요체가 된다. 왜냐하면 이 글이 다른 그 무엇보다도 첫머리를 장식하게 된 이유가 바로 맹자 자신이 자기 자신의 의도를 가장 드러내고 있기 때문이다. 곧 그 점은 바로 뒤이어 맹자가 말한 대목에서 확연히 드러난다. 즉 왕도정치에서의 혁명과 다른 패도정치에서 벌어진 반란·반역행위에 대한 질타이다. 그와 아울러 당시에 횡행하고 있는 이기주의자들에 대한 질타이다. 그 점은 맹자가 가감하게 왕 앞에서 시해(弑害)의 문제

137) 맹자 p15

를 거론하였기 때문이다.

"왕께서 어떻게 하면 내 나라를 이롭게 할까 하시면(王曰何以利吾國(王曰何以利吾國), 대부들은 어떻게 하면 내 집안을 이롭게 할까 하며(大夫曰何以利蜈家), 선비와 벼슬이 없는 서민들은 어떻게 하면 내 몸을 이롭게 할까 하여서(士庶人曰何以利吾身), 윗사람과 아랫사람이 서로 이를 취한다면(上下交征利) 능히 나라가 위태로울 것입니다(而國危矣而國危矣).

만승의 나라에(萬乘之國) 그 군주를 시해하는 자는(弑其君者) 반드시 천승을 가진 <공경의> 집안이요(必千乘之家),

천승의 나라에(千乘之家) 그 준주를 시해하는 자는(弑其君者 반드시 백승을 가진 <대부의> 집안이니(必百乘之家),

만승에 천승을 취하며(萬取千焉) 천승에 백승을 취함이(千取百焉) 많지 않은 것은 아니지만(不爲不多矣),

만일 의를 뒤로 하고서 이를 먼저 하면(苟爲後義而先利苟爲後義而先利), <모두> 빼앗지 않으면(不奪不奪) 만족해하지 않습니다(不饜).

인하고도 능히 그 어버이를 버리는 자가 있지 않으며(未有仁而遺其親者也), 의롭고도 그 군주를 뒤로 하는 자는 있지 않습니다

(未有義而後其君者也).

왕은 하필 이를 말씀하십니까(何必曰利)? 또한 인의가 있을 뿐 입니다(亦有仁義而已矣)."[138]

그런데 맹자가 말한 바의 의도가 거부되고 무시됨으로서 결국 후대에 이르러 봉건제도가 허물어지고, 패도정치의 끝판인 군현제도 및 군국제도를 행정단위로 한 중앙집권방식의 전제군주제가 등장하게 되었던 것이다.

어쨌든 그런 입장을 추종하는 맹자는 전통적인 왕도정치의 본질이 민본주의에 있음을 다음과 같이 말하였다.

"농사철을 어기지 않게 하면(不違農時不違農時), 곡식을 이루 다 먹을 수 없으며(穀不可勝食也),

촘촘한 그물을(數罟) 웅덩이와 연못에 넣지 않으면(不入洿池), 고기와 자라를(魚鼈) 이루 다 먹을 수 없으며(不可勝食也),

도끼와 자귀를(斧斤) 때에 따라 산림에 들어가게 하면(以時入山林) 재목을(材木) 이루 다 쓸 수 없을 것입니다(不可勝用也).

곡식과 고기와 자라를(穀與魚鼈) 이루 다 먹을 수 없으며(不可勝食), 재목을(林木) 이루 다 쓸 수 없으면(不可勝用), 이는(是) 백성으로 하여금 산 이를 봉양하고 죽은 이를 장송함에(使民養生

---

138) ibid p16

喪死) 유감이 없게 하는 것이니(無憾也),

산 이를 봉양하고 죽은 이를 장송함에(養生喪死) 유감이 없게 하는 것이 (無憾) 왕도의 시작입니다(王道之始也)."[139]

곧 군주가 백성이 잘 살 수 있도록 최선을 다해야 하는 왕도정치의 이치를 답습하지 않고서는 제대로 된 통치가 불가능하기 때문에, 따라서 왕도정치이건 패도정치이건 간에 왕조는 안정된 정국을 유지하기 위해 부국강병의 정책을 강력히 추진하지 않을 수 없게 되는 점이다.

또한 이런 이치가 이루어져야만 비로소 그 사회에 예법이 필요하게 되고, 또한 예는 인의를 바탕으로 해야만 비로소 그 진가가 발휘될 수 있기 때문에 그리하여 그 사회는 도덕사회가 되는 것이다. 그러므로 인의의 바탕이 없는 예는 왕도정치의 본질을 벗어난 예의 허울을 쓴 예로서 오히려 강자가 약자를 통치하는 지배수단만 될 뿐이다.

또한 맹자가 살았던 전국시대는 공자가 살았던 춘추시대의 상황과 사뭇 달리 지극한 혼란에 휩싸인 시대였기 때문에, 그리하여 맹자는 양 시대의 미묘한 차이점을 왕도와 패도의 특징을 가지고서 적절히 설명하였다.

"맹자께서 말씀하셨다(孟子曰). 「힘으로써 인의 행위를 빌린 자는(以力假仁者) 패자이니(覇) 패자는 반드시 대국을 소유하여

---

139) 맹자 p21

야 하고(霸必有大國),

덕으로써 인을 행한 자는(以德行仁者) 왕이니(王), 왕은 대국을 필요로 하지 않는다(王不待大).

탕왕은 70리를 가지고 하셨고(湯以七十里), 문왕은 백리를 가지고 하셨다(文王以百里).

힘으로써 남을 복종시키는 자는(以力服人者) <상대방이> 진심으로 복종하는 것이 아니라(非心服也), 힘이 부족해서요(力贍也),

덕으로써 남을 복종시키는 자는(以德服人者) 마음 한 가운데서 기뻐하여 능히 진실로 복종함이니(中心悅而誠服也),

70제자가 공자에게 심복함과 같은 것이다(如七十子之服孔子也).

시경이 말하기를(詩云). '서쪽에서 동쪽에서(自西自東) 남쪽에서 북쪽에서(自南自北) 복종하지 않는 이가 없다(無思不服)' 고 하였는데,

이것을 두고 말한 것이다(此之謂也)」."[140]

하지만 역설적으로 이와 같이 말한 맹자는 전국시대의 각 나라의 왕들로부터 기피인물이 되었고 그리하여 시류에 영합하려는 선비들로부터 조롱대상이 되었으니, 인간의 이기적 모습이

---

140) ibid p97

만든 역사는 참으로 역설적이지 아닐 수 없다.

그러므로 맹자의 경우를 두고서 유가의 덕치노선의 특성을 각별히 주의해서 살펴보아야할 필요성이 생기는데, 그 이유는 통치에는 덕치(德治)와 법치(法治)가 서로 짝을 이루고 있는 이치 때문이다. 곧 군주가 나라를 통치함에 있어서 먼저 자신이 나라의 예법을 지키는 일에 솔선수범하여 그것을 바라본 백성들이 감화되어 자발적으로 나라의 예법을 믿고 따르도록 하기 위해 덕치의 솔선수범적인 방식을 선행적으로 시행하지만, 그러나 군주는 그렇지 않을 경우에 발생하는 잘못된 사태를 바로 잡기 위해 항상 덕치의 짝인 법치의 강제적인 방식을 집행할 수밖에 없는 다스림의 이치 때문이다. 즉 군주가 솔선수범하여 덕치의 길을 걸어가고 있음에도 불구하고 그 길을 따르지 않고 국법을 거역하여 사회기강을 문란케 하는 인물에 대해 나라가 강력한 제재를 가하는 법치의 통치방식이 덕치의 통치방식을 받치게 하여 국정을 안정시키는 통치방식 때문이다. 그런즉 전국시대의 열 왕들은 맹자를 거부했던 이유는 열 왕들이 맹자가 말한 덕치의 이면에 강력한 도덕적 명분을 갖춘 강력한 법치의 방식이 뒤따르고 있는 점을 몰랐거나, 아니면 그들이 그와 같은 당연한 통치방식의 이치조차 거부해야할 정도로 그들의 도덕적 명분이 취약했거나, 아니면 사적으로 탐욕이 심했거나, 아니면 국력이 심히 미약했던 경우중 하나가 아닐 수 없게 된다.

그러나 다른 편으로는 열 왕들의 그런 사정과 상관없이 맹자가 그들에게 강력한 법치의 명분이 올바른 덕치인 점을 인식시키는데 설득력이 부족했었다는 결론도 충분히 가능하다. 그러면 순자의 학설이 등장한 이유가 충분히 설명될 수 있다. 그런데 순자는 맹자의 부족분을 보완하여 반유가의 공격에 유가의 입장을 제대로 방어하였음에도 불구하고 도리어 그 점 때문에 유가에게 거꾸로 배척을 받게 되었으니, 순자의 경우도 참으로 역설적이다.

하여간 전국의 열 왕들에게 배척받은 맹자와 정통의 유생들에게 배척당한 순자의 두 경우는 참으로 안타까운 일이다. 더욱이 모든 유생이 덕치와 법치의 양면성을 제대로 깨우쳐 그리하여 모두가 한 마음이 되어 전국의 난세에 힘껏 대처했었더라면, 당연히 한비자가 그의 스승 순자의 이론을 바탕으로 하여 법가사상을 만들지 못했을 것이기 때문에 더 더욱 심히 안타깝다.

그러므로 논어에 수록된 공자의 말은 춘추시대의 난국이 더욱 심화되어 전국시대에 이르게 된 원인을 정확히 진단케 해준다. 곧 임금이 자신이 해야 할 바의 직분을 포기하고 권력을 장악한 신하에게 그 일을 미룬 경우이다. 그런데 이 점은 성선설로 알려진 맹자의 노선에 성악설로 알려진 순자의 노선이 비판적인 태도를 취한 이유를 파악하는 일에 결정적인 실마리를 제공한다. 곧 공자가 군주를 시해한 진항(陳恒)을 무력으로 토벌하기를 주장(請討)한 점이다.

"<제나라 대부>진성자가 <제나라 군주>간공을 시해하자(陳成子시簡公),

공자께서 목욕하시고 그리고 조회하시어(孔子沐浴而朝) <노나

라 군주>애공에게 아뢰었다(告於哀公曰). 「진항이 그 군주를 시해하였으니 토벌을 청하옵니다(陳恒弑君 請討之)」

애공이 말했다(公曰). 「대부 삼자<당시 실세 세 가문>에게 말하라(告夫三子)」

공자께서 말씀하셨다(孔子曰). 「내가 대부의 뒤<=말석>를 따랐기 때문에(以吾從大夫之後) 감히 아뢰지 않을 수 없었는데(不敢不告也), 임금께서는 저 삼자에게 말하라 하시는구나(君曰告夫三子者).」

삼자에게 가서 말씀하자(之三子), 불가하다 하니(不可), 공자께서 말씀하셨다(孔子曰). 「내가 대부의 뒤를 따랐기 때문에(以吾從大夫之後) 감히 말하지 않을 수 없었다(不敢不告也)」." [141)]

그런데 이 점이 역설적으로 전국시대의 열 왕과 그들을 추종하는 선비들로 하여금 이와 같은 입장의 공자를 심히 배척하지 않을 수 없는 상황으로 내몰게 되었는데, 그 이유는 군주를 시해하고서 왕을 참칭한 인물들이 결코 공자의 노선을 따라갈 수 없는 사정 때문이었다. 그 대신 오히려 열 왕들이 신하의 반란을 염려하여 공자를 따르는 유생의 말을 외면하고 거꾸로 신하를 경계하고 감시하는 방향으로 나아갔다. 그리하여 한비자의 법치이론이 정치의 중앙무대에서 주목을 받기에 이른 것이다.

141) 논어 p289

그러므로 전국시대에 황로학이 역사왜곡을 시도한 이유가 여기에 있음을 단번에 직시하지 않을 수 없게 된다.

그럼에도 불구하고 황로학의 입장을 개진한 사마천의 기록을 중국고대왕조(中國古代王朝)의 정사(正史)라고 믿고 따른 후대의 역사가들은 이 점을 아예 도외시하고 엉뚱하게 철기시대의 발전에 의해 중국내의 정세가 급격히 변했고 그리하여 낡은 봉건제도대신에 전체를 효율적으로 아우를 수 있는 전제군주제가 필요해졌다고 평가했다. 그러나 그것은 실로 잘못된 진단이다. 왜냐하면 그런 입장은 두 가지 점에서 심각한 오류를 범하기 때문이다.

하나는 그러면 왜 진나라를 대신한 한나라가 왜 유가의 노선을 더 철저히 배척하지 못했는가? 그리고 그 이유가 단지 군주에 대한 충성만을 원했기 때문인가? 하는 의문점 때문이다.

둘째는 공자의 가르침이 새롭게 변화된 전국시대의 상황에 맞지 않았기 때문에 반(反)유가세력에 의해 배척당했다면, 당연히 한나라 무제가 유학을 억지로 국학으로 채택했더라도 세상을 움직이는 거대한 변혁의 힘 때문에 유가의 가르침은 도저히 세상의 중심에 서있을 수 없어야 마땅했을 것이기 때문이다. 다시 말해 통일왕조가 아무리 유학을 일반 백성들에게 강권해도, 세상의 조류를 따라가는 그들이 자신의 생존을 위해 자연스럽게 유학을 외면하고 배척했을 것이기 때문이다. 그리고 진(秦)나라 시대처럼 노자의 노선과 법가의 노선을 합친 황로학이 재차 전제왕조의 통치이념으로 등장했어야 마땅할 것이기 때문이다.

그러므로 전국시대의 열 왕의 부도덕한 측면과 그를 옹호하기 위해 곡학아세한 황로학자들이 비록 황제사관으로 중국역사를 변조시키는 데에는 성공했을지라도, 중국고대왕조가 수립한 통치이념과 인륜의 도덕성은 도저히 변조시킬 수 없었기 때문에 그리하여 공자를 결코 무너뜨릴 수 없었던 것이다.

제1절 주나라의 정통성과 주나라체제로의 원상회복을 강조했기 때문인가?

논구초점 : 주례복귀(周禮復歸)란 말의 취지는 후대에 일컫는 존왕양이(存王攘夷)란 말의 취지와 전혀 다른 것이기 때문에 당연히 이 말은 오로지 주나라의 왕실만을 보호하고 존중해야 한다는 뜻으로 해석되어서는 안 된다. 곧 유가가 주례복귀의 말을 사용한 본심은 반드시 주나라 왕실이어야 한다는 그런 강박관념에 의한 집착이 아니라, 설사 주나라가 붕괴되어 다른 왕조로 교체된다고 하더라도 그 왕조는 반드시 왕도사상의 정통성을 계승하여 민본주의를 구현하는 왕조이어야 한다는 원칙론을 내세워 제후를 경계함에 있었기 때문이다. 만약 그렇지 않았다면, 혁명의 사상이 유가의 글 속에서 결코 거론되지 않았을 것이다. 그러므로 춘추전국시대의 유가에게는 주나라가 다른 왕조로 교체되어야 할 혁명의 대상인가? 하는 점이 문제가 된다.

그러므로 공자의 가르침은 전국시대를 관통하면서 도가사상과 정면으로 충돌하게 되는데, 그 이유는 유가가 바로 주공 단을 군자의 본으로 삼고 있었기 때문이다. 즉 유가가 다른 제후들에게 주공 단을 본받으라고 하였기 때문이다. 다시 말해 그 사실은 명분도 없이 제왕의 자리를 탐내어서는 안 된다는 권유내지, 충고내지, 경고였기 때문이다. 그러므로 제왕의 자리를 탐내는 제후들에게는 주공 단의 역할을 하라는 말이 결단코 달가울 수가 없었다.

그리고 공자는 더 근본적인 본보기를 거론했는데, 그것은 주공 단 이전에 은나라 탕왕과 주나라 문왕이 일으킨 혁명의 본질이다. 왜냐하면 그 혁명은 터무니없이 왕위를 탐낸 반란이 아니라 걸·주의 폭군이 있었기 때문에 어쩔 도리가 없이 일으킨 사건이었기 때문이다. 만약 그 당시의 왕이 걸·주와 같은 폭군만 아니었다면, 비록 무능하여 국정을 다소 어지럽게 했었다고 하더라고, 그 틈을 타고서 그들이 그런 혁명을 시도하지 않았을 것이다. 따라서 주나라 왕실을 보호한 주공 단의 처세는 본질적인 측면에서 바라보면 전대에 혁명을 일으킨 이들과 대동소이하게 된다. 왜냐하면 세상을 안정시키고 백성들의 지지를 받았기 때문이다.

그렇다면 전국시대의 상황이 주나라의 왕조에 걸·주와 같은 폭군이 등장했기 때문에 초래된 것인가? 하는 의문점은 반드시 제대로 규명되어야 한다.

이 주제는 전국시대에 이르러 수면 위로 급부상한 혁명의 발상자체를 부정하려는 것이 아니다. 그 이유는 전국시대가 더 이상 주나라의 체제로 되돌아 갈 수 없을 정도로 악화된 상황이었으므로, 오로지 유가만이 줄곧 주나라에로의 원상회복을 주장하였다고 논구하는 일은 스스로 자가당착에 빠질 뿐이기 때문이다.

그러므로 공자를 이해하려는 과제는 두 가지 입장을 선별한 연후에 양자를 양립시킬 수 있는 상황논리를 확립해야 한다.

하나는 오로지 주나라 왕권을 회복해야 하는 것인가?

또 다른 하나는 주나라의 정통성을 존중해야 하는가?

그러면 이 구분은 대단히 중요한 의미를 지니게 된다. 곧 그것은 주나라 왕조가 허물어지더라도, 주나라가 계승한 통치이념을 고스란히 보전해야 하는가? 하는 의문점 때문이다. 다시 말해 전국시대는 춘추시대처럼 제후국의 상황이 아니라 모두 다 왕을 참칭한 독립된 왕국의 상황이어서 누구든지 할 수만 있다면 당연히 자국중심으로 천하를 통일하려고 시도하고 있었던 정국이었기 때문이다.

그런즉 공자의 입장을 오로지 전자의 경우에만 초점을 맞추고서 후자의 경우를 소홀히 하게 되면, 당연히 공자의 사상은 대단히 경직되고 축소될 수밖에 없다. 왜냐하면 공자가 줄기차게 주나라의 예법을 존중하고서 회복해야 한다는 점을 강조하였어도, 주나라 왕조를 반드시 보존해야 한다는 입장을 줄기차게 주장하고 고수한 것이 아니었기 때문이다. 그러므로 만약 공자가 주나라에게만 집착하였다면, 아래의 문장에서 다음과 같은 말을 하지 않았을 것이다. 곧「혹 주나라를 잇는 자(或繼周者)」라는 표현이다.

“자장이 물었다(子張問).「열 왕조의 일을 미리 알 수 있습니까(十世可知也)?」

공자께서 말씀하셨다(子曰). 「은나라가 하나라의 예를 물려받았으니(殷因於夏禮) <가감>손익한 것을 알 수 있으며(所損益 可

知也), 주나라가 은나라의 예를 물려받았으니(周因於殷禮) <가감>손익한 것을 알 수 있다(所損益 可知也). 혹시라도 주나라를 잇는 자가 있다면(其或繼周者) 비록 백세가 지난 뒤라도(雖百世) 알 수 있을 것이다(可知也)」."[142]

하지만 춘추시대는 주나라가 완전히 망한 이후에 전개된 시국이 아니라 여전히 주나라 왕조에서 일어난 혼란기였으므로, 일단 공자의 입장은 글을 익힌 선비가 마땅히 취해야할 도리로서 해석되어야 한다. 그러면 왕도정치노선을 수호하려는 공자의 입장은 곧 주나라왕조를 중심으로 당대의 난세를 수습하려고 노력한 행위는 지극히 당연한 처사가 아닐 수 없게 된다. 그럼에도 불구하고 그런 당연한 일이 비난의 대상이 되었다면, 당연히 비난하는 쪽이 정상적인 것인가? 아니면 비난받는 쪽이 정상적인가? 하는 문제가 곧바로 제기될 수밖에 없다.

그러면 그 의문은 주나라의 문물·제도를 회복시켜 왕도정치를 구현하려는 공자의 입장과 그와 달리 제후국이 새로운 왕조를 열기 위해 새로운 사상을 수립하려는 입장사이에서 어떤 입장이 혼란한 상황을 올바르게 수습할 타당성과 설득력을 갖추고 있었는가? 하는 의문점과 직결된다.

여하간 공자가 당시에 진력한 목표는 위로는 주나라의 통치력을 복원하는 것이고 밑으로는 제후들이 그 일에 동참하게 만들려는 것이었다. 그리고 그 점은 역으로 생각하면 위로는 주

142) 논어 p47~48

나라의 무능을 질타하는 것이고 아래로는 제후들의 부도덕성을 질타하는 것이었다. 그러나 어쨌든 간에 혼란을 극복하려면 수습의 올바른 방향이 있어야 하는데, 공자는 잘 갖추어진 주나라 예법이상의 다른 방도가 있을 수 없다고 보았기 때문에 주례복귀를 설파하였다. 그런데 그런 공자의 노력을 외면한 춘추의 제후들은 정국을 수습할 뚜렷한 대안도 없었을 뿐더러 더 나아가 주나라를 종주국으로 받들 충성심조차 희박하였기 때문에 뭇 제후들이 난립한 춘추의 난국은 어연 300년이 넘게 지속되었다. 또한 마찬가지로 제후의 무능과 탐욕에 편승한 뭇 선비들도 별달리 뾰족한 대안을 내놓지 못했기 때문에 춘추시대는 내내 극적인 반전이 결코 일어나지 않았다. 하지만 혼란한 춘추시대의 국면은 더 이상 그 상태로 지속하지 못하고 새로운 국면으로 접어들었는데, 그 정국이 어연 200년에 걸친 전국시대였다. 그리고 비로소 일단의 반(反[반])유가 선비들이 난국의 해결책을 내놓았는데 그것이 바로 황로학의 정치방식이었다. 그리하여 마침내 전국시대는 황로학을 둘러싼 선비집단의 의도대로 진나라가 천하를 통일하여 일단 종식되었다. 하지만 역설적으로 유가의 평소 지론대로 곧이어 진나라가 얼마 안가서 멸망해버렸다. 곧 그 이유는 황로학으로 물든 진나라는 무위자연의 이론과 달리 오만하고, 배타적이면서 동시에 모든 지역을 강력한 힘을 바탕으로 하여 강제적으로 지배하려는 경향의 노선을 추구하였기 때문이다. 그리고서 혼란해진 정국은 전국시대의 상황으로 되돌아 가버렸다.

그런즉 그런 혼란기를 거쳐 탄생한 한나라는 재차 천하를 통일하고 나서, 진나라의 멸망을 반면교사로 삼아 전제적인 군주제도에 고대통치이념의 요소를 가미하려고 시도하였다. 그리하여 한 무제가 유가의 가르침을 국학으로 채택하기에 이른 것이었다. 그리고 그 사건은 주나라가 천하를 다스리기 위해 은나라의 홍범구주를 계승한 것과 같은 맥락에서 바라볼 여지를 충분히 제공해 준다. 곧 고대통치이념을 견지한 공자의 인의 사상을 국학으로 삼아 주나라의 정통성을 계승했다고 말할 여지이다. 그러나 겉보기와 달리 국학으로 격상된 유학은 과거의 유학이 아니었다. 왜냐하면 천하를 내려다보고 군림하려는 황제의 모습에서는 더 이상 겸손과 공경의 자세를 찾을 길이 없었기 때문이다. 마찬가지로 그런 황제로부터 국학의 지위를 얻은 유가의 처지도 본래의 모습이 아닌 모습을 하고서 중국왕조의 간판역할을 하게 된 처지에 불과했다. 왜냐하면 전제군주국의 유생들은 유가를 몰락시키기 위해 황제사관을 만들어 중화사상을 태동시킨 황로학 대신에 자신들이 중화사상의 원흉이 되어도 독존유술(獨存儒術)이란 거창한 명분하에 국학이 되었다는 사실에만 도취되어 자신들의 근본토대인 요·순사관이 허물어져도 그 사실을 결코 부끄러워하지 않게 되었기 때문이다. 더욱이 주변의 이웃나라의 백성들조차 그것을 진정한 유학이라고 본받아 그 장단에 함께 어울리고서 자신들의 조국과 조상이 야만국과 야만족으로 전락되어도 아랑곳하지 않게 되었기 때문이다. 만약 이 사태를 고대 요·순 왕조의 선조들과 고조선의 선조들과 주변나라의 선조들이 지켜보았다면 참으로 기가 막히고 어처구니없어 했을 것이다.

그러므로 공자의 노선이 결코 비난받고 배척받아야할 이유가 굳이 없음에도 불구하고 심한 공격을 받았다면, 당연히 공자의 노선이 왜 공격받아야 했는가? 하는 의문점은 당연히 규명되어야 한다. 그런데 이에 대한 해명은 유가를 공박한 도가의 입장을 직접 거론하기 이전에 먼저 유가의 입장에서 그 점에 대한 명쾌한 실마리를 찾는 것이 논리적으로 합당한 순서가 될 것이다. 그리고 공자가 주례복귀를 주장한 의도가 그 논구의 핵심 사안이 된다.

그러면 주나라 예법을 수호하여 천하의 정세를 안정시키려는 것이 반드시 주 왕실을 보호하려는 것과 동일한 내용이 아니기 때문에 오히려 공자의 의도는 올바른 역사관을 견지하려고 한 것이라고 평가해야 타당하게 된다. 그 이유는 만일 주나라가 고대왕조의 전통성을 계승하지 않았다면, 공자가 결코 주나라를 지지하지 않았을 것이기 때문이다. 곧 일정한 스승이 없었던 공자에게 진정한 스승은 고대문물이 수록된 경전이었음으로 따라서 주나라의 예법이 경전에서 밝힌 고대통치이념과 무관하였다면 공자는 주례복귀를 뜻하는 말을 결코 하지 않았을 것이기 때문이다. 그 점은 공자가 제자들에게 말한 곳에서 분명히 확인된다.

> "공자께서 말씀하셨다(子曰). 「주나라는 <하·은> 2대를 보았으니(周監於二代), 찬란하다. 그 문이여(郁郁乎文哉)! 나는 주나라를 따르겠다(吾從周)」."[143]

---

143) ibid p60

하지만 주나라를 따르겠다는 공자의 말은 종내는 주나라의 왕통을 지키겠다는 말과 동일시될 여지가 충분하였기 때문에 전국시대에 이르러서는 도가가 왕도정치의 노선을 수호하려는 공자와 그를 따르는 유가를 격하시키고 배척하지 않을 수 없게 된 것이었다.

그 점에 대한 증거는 논어에 수록된 공자의 말씀에 있다. 곧 왕도정치노선을 수호하려는 공자의 역사관에는 요임금 이외의 다른 임금이 비집고 들어설 틈이 없었던 점이다. 따라서 아래의 문장을 참조하면 대뜸 후대에 황제를 내세운 도가 및 사마천의 의도가 어디에 있었는지를 직시할 수 있게 된다.

> "공자께서 말씀하셨다(子曰). 「위대하시다(大哉). 요의 임금노릇하심이여(堯之爲君也)!
>
> 높고 크다(巍巍乎), 오로지 저 하늘이 가장 크거늘(唯天爲大). 오직 요임금만이 그와 같으셨으니(唯堯則之), <그 공덕이> 넓고 넓어(蕩蕩乎) 백성들이 무어라 형용하지 못하는구나(民無能名焉).
>
> 높고 높은 공적의 이룸이여(巍巍乎其成功也)! 찬란한 문장이여(煥乎其有文章)! 」.[144]

그리고 뒤이어 공자는 왕도정치의 요체인 임금과 신하가 더

144) ibid p160~161

불어 합심하여 나라의 정국을 이끌고 나가는 협치 정치의 근본적 의의를 언급하였는데, 곧 공자가 고대통치이념을 견지하여 임금이 어진 마음으로 어진 신하를 등용하여 더불어 정사를 돌보아야 하는 점을 명확히 한 점이다. 다시 말해 협치 정치의 본질이 천하를 올바르게 다스리려는 목적에 있는 점이다.

> "순임금이 어진 신하 다섯 사람을 두심에(舜有臣五人) 그리고서 천하가 다스려졌다(而天下治).
>
> 무왕이 말씀하셨다(武王曰). 「나는 다스리는 신하 열 사람을 두었노라(予有亂臣十人)」
>
> 공자께서 말씀하셨다(孔子曰). 「인재를 얻기가 어렵다고 한 말이(才難) 맞는 말이 아니겠는가(不其然乎)?… 」"[145)]

그런 연후에 공자는 춘추시대를 뛰어넘어 전국시대의 제후들까지 짓누르는 경종을 말을 분명히 해두었는데, 곧 그 내용이 아래의 글이다. 곧 문왕처럼 섬기지 않고서는 무왕이 될 생각을 버리라는 취지를 담고 있는 글이다.

> "<문왕은> 천하를 삼분하여(三分天下) 그 둘을 소유하시고도(有其二) 복종하여 은나라를 섬기셨으니(以服事殷), 주나라의 덕은(周之德) 지극한 덕이라 말할 만하다(其可謂至德也已矣)."[146)]

---

145) ibid p162
146) ibid p162

그리고서 더 나아가 요·순의 왕도정치사상을 견지하려는 공자는 춘추시대의 혼란의 원인을 비판하면서 안타까운 마음을 담은 매우 중요한 말을 하였는데, 그것이 다름 아닌 <제8장> 태백 편의 첫머리 글이다. 곧 무턱대고 권력을 탐해서는 안 된다는 점이다. 다시 말해 천하를 다스릴 역량도 갖추지 못한 인물이 천하의 주인이 되겠다는 야심을 결코 가져서는 안 된다는 경종을 에둘러 말한 점이다.

> "공자께서 말씀하셨다(子曰). 「<주나라 무왕의 백부>태백은(泰伯) 그 지극한 덕 있다고 이를 만하다(其可謂至德也已矣). 세 번 천하를 사양하였으나(三以天下讓) 백성들이 그 덕을 능히 칭송할 수 없게 되었구나(民無得而稱焉)!」.[147]

그런즉 공자의 진정한 의도는 혁명의 명분이 결코 있을 수없는 제후들이 주나라가 쇠약한 틈을 타서 주나라를 전복할 생각을 결코 가져서는 안 되는 도덕적 당위성을 깨닫게 되기를 바랐던 점과 또한 세상 사람들이 그 사실을 널리 알게 되기를 원했던 점에 있었다. 왜냐하면 왕도정치를 거부한 제후들이 차지하고 있는 천하에서는 그리하여 그런 부도덕한 사건이 공공연하게 자행되고 묵인되는 곳에서는 결코 정국의 안정을 도모하여 백성들의 평화로운 삶을 지속적으로 유지해 나갈 올바른 방도가 제대로 생길 수 없었기 때문이다.

그러므로 공자는 제정된 예법과 제도에 앞서 그 예법과 제도

147) ibid p149

를 존중하려는 위정자의 도덕적 의식 곧 마음가짐을 중시하였던 것이다. 그리하여 논어는 그 점에 대한 공자의 말을 학이(學而)편에 일찌감치 수록해 두었다.

> "공자가 말하였다(子曰). 「천승의 나라를 다스리는 일은(道千乘之國) 나라의 일을 공경하고 그리고 성실히 하며(敬事而信), 아껴서 쓰고 그리고 백성을 사랑하며(節用而愛人) 계절에 따라 백성을 운용하는 것이다(使民以時)」."148)

그런즉 공자의 가르침을 수록한 논어의 글 중에서 다음의 경우가 각별히 주목되는 바이다. 곧 자로(子路), 증석(曾晳), 염유(冉有), 공서화(公西華) 4명의 제자들과 허심탄회하게 담소한 공자의 말이다. 그런데 이 기록이 대단히 중요한 점을 보여 주는데, 첫째는 공자가 보여준 유가의 학풍을 관한 것이고, 둘째는 정치의 본질에 대한 유가의 입장이고, 셋째는 증석이 훗날에 등장한 도가선비들의 탈속한 모습을 미리 보여준 점이다. 다시 말해 그 점이 도가 선비가 유가에 뿌리를 둔 인물이라는 점을 시사(示唆)해 주는 전거(典據)라는 점이다. 그러므로 증석의 말은 도가를 유념하고서 주목해보아야 할 중요한 자료인 셈이다.

그러면 우선 첫 번째 살펴 볼 바는 공자가 보여 준 유가의

---

148) ibid p21

학문이 결코 일방적이지 않았다는 점이다. 왜냐하면 아래의 기록은 일방적인 가르침이 아니라 열린 자세로 의견을 주고받는 진정한 대화의 모습을 보여 주기 때문인데, 곧 서경에서 임금과 신하가 진솔하게 의견을 교환하는 협치정치의 요체가 스승과 제자가 격의 없이 대화를 나누는 모습에 그대로 반영되어 있기 때문이다.

"자로, 증석, 염유, 공서화(子路曾晳冉由公西華)가 <공자를> 모시고 앉았다(待坐).

공자께서 말씀하였다(子曰). 「내가 다소 너희들보다 <나이가> 많다고 하여(以吾一日長乎爾), 이 때문에 나를 어렵게 여기지 마라(毋吾以也). 너희들이 평소에 말하기를 '나를 알아주지 못한다.' 고 했는데(居則曰不吾知也) 만일 혹시라도 너희들을 알아준다면(如或知爾) 어찌하겠느냐(則何以哉)?」."[149]

두 번째는 증석의 말을 뺀 나머지의 제자들이 말한 내용들이 공자가 제자들이 가르친 정치의 진정한 요체를 보지 못하고 겉핥기식 말만 하고 있는 점에 실망하고서 각자의 말에 대해 비평을 한 공자의 말 속에 유가의 진의가 들어 있는 점이다. 그런즉 제자들이 이 글을 논어에 수록한 참 된 이유가 곧 유생이 장차 나아갈 바를 밝혀 두기 위함인데, 그러나 한(漢)대 이후의

149) 논어 p221~222

유가가 이 취지를 굳이 외면하였기 때문에 한(漢)대 이후의 유가가 실망스러운 것이 아닐 수 없게 되었다. 곧 나라를 다스림에는 영토의 크기와 일의 중요성을 따지지 않고 오로지 겸손과 겸양의 자세로 백성을 공경하여 정사에 진력해야 하는데, 모두 다 그 정사의 본질을 소홀히 하고 있었기 때문이다.

"……자로가 경솔히 대답하였다(子路率爾而對曰). 「천승의 제후국(千乘之國)이 대국사이에 끼어져(攝乎大國之間) 군사로서의 <압박이 곧 전란이> 가해지고(可之以師旅), 기아가 들어 곤경해도(因之以饑餓), <자로>유가 다스릴 경우(由也爲之), 3년에 이르면(比及三年) 백성들을 용맹하게 할 수 있고(可使有勇), 또 방법을 알게 할 수 있습니다(且知方也)」.

공자께서 빙그레 웃으셨다(夫子哂之).

「(염유)구야(求)! 너는 어떻게 하겠느냐(爾何如)?」. <구가>대답했다(對曰). 「사방 육십~칠십(方六七十) 혹은 오십~육십 리쯤 되는 <작은 나라를>(如五六十) 구가 다스릴 경우(求也爲之)), 3년에 이르면(比及三年) 백성들을 풍족하게 할 수 있거니와(可使足民) 그 예악을 말하면(如其禮樂) 군자를 기다리겠습니다(以俟君子)」.

「<공서화>적아(赤)! 너는 어떻게 하겠느냐(爾何如)?」. <적이>대답했다(對曰). 「<제가>능하다는 말이 아니라(非曰能之) 배우기를 원합니다(願學焉). 종묘의 일과(宗廟之事) 또는 제후들이 회동할 적에(如會同) 장보관을 쓰고(端章甫) 작은 집례자가 되기를 원하옵니다(願爲小相焉)」. ……………

세 사람이 나가자(三子者出), <증점>증석이 뒤에 남았었는데(曾晳後), 증석이 말하였다(曾晳曰). 「저 세 사람의 말이 어떻습니까(夫三子者之言 何如)?」.

공자께서 말씀하였다(子曰). 「또한 각각 제 뜻을 말했을 뿐이다(各言其志也已矣)」.

<증석이>말했다. 「선생임은 유에게 왜 미소를 지었습니까(夫子何哂由야)?」.

<공자> 말했다(曰). 「나라의 다스림은 예로써 해야 하는데(爲國以禮), 그의 말은 겸손하지 않았다(其言不讓). 그러므로(是故), 미소를 지은 것이다(哂之)」.

<증석>「구가 말한 것은 나라를 다스리는 일이 아닙니까(唯求則非邦也與)?」.

<공자>「방 육십~칠십리 또는 오십~육십리가 되고서 나라가

아닌 것을 어디서 보겠느냐(安見方六七十 如五六十而非邦也者)」.

<증석>「적이 말한 것은 나라를 다스리는 일이 아닙니까(唯赤則非邦也與)?」.

<공자>「종묘의 일과 회동하는 일이(宗廟會同) 제후들의 일이 아니고 무엇이겠느냐(非諸侯而何). 적의 재주로 소가 된다면(赤也爲之小) 누가 능히 대가 되겠느냐(孰能爲之大)」."[150]

더욱이 세 번째는 4명의 제자 중 마지막으로 말한 증석의 말에 도가선비의 탈속한 모습이 들어있는 점이다. 곧 증석의 말이 세속의 일에 초연한 선비의 소탈한 모습을 연상시키고 있는 점이다. 그런데, 정작 이 말이 중요한 의의를 지니게 되는 까닭은 속세를 벗어나 은거하고 있는 경우의 이야기가 아니었고 또한 세속에 궁핍하게 살면서 자연의 이치대로 살아서 인간사의 풍파를 겪지 않았다는 경우의 이야기가 아니었기 때문이다. 곧 세속의 일에 무심하면서 인생을 여유만만하게 사는 구체적인 생활인의 모습을 보여주고 있는데, 마치 증석이 한 폭의 신선도를 그리듯이 말을 하였기 때문이다. 다시 말해 그 광경이 비파를 타는 인물이 관을 쓴 어른과 동자를 거느리고 야외로 나가 풍류를 즐기고 있는 자유로운 모습이었기 때문이다. 그러므로 이런 구체적이고 직접적인 행동의 모습이 도가의 선비가 된 인물에게

150) ibid p222~225

탈세속의 모습을 착상케 동기를 제공했다고 말할 수 있게 된다.

하지만 논어의 이 글이 도가와 다른 유가의 특징을 보여주는 점은 곧 공자가 증석의 입장을 인정해주면서도 '한숨을 쉬며 서글프게 탄식하고서 읊조리면서 말씀하셨다(喟然嘆曰).'는 말에 있다. 그러므로 이 탄식을 감탄으로 해석하게 되면, 공자가 춘추에 난국에 임해 고뇌하고 있는 바가 우습게 되어 버린다.

"<공자가>「점(點)아 너는 어떻게 하겠느냐(爾何如)?」<점은> 비파 타기를 드문드문하더니(鼓瑟希), 쟁그랑 소리를 내고서 그는 비파를 놓으며(鏗爾舍瑟) 그리고 일어나 대답해 말했다(而作對曰). 「세 사람이 갖추고 있는 것과는 다릅니다(異乎三子者之撰)」.

공자께서 말했다(子曰). 「근심할 바가 무엇이냐(何傷乎). 단지 각자가 그 뜻을 말하는 것뿐이다(亦各言其志也)」.

<증석이> 말했다(曰). 「늦봄에(暮春者) 봄옷이 이미 갖추어지면(春服旣成), 관을 쓴 어른 5~6명과(冠者五六人) 동자 6~7명과(童子六七人) 기수에서 목욕하고(욕호기) 무우에서 바람 쐬고(풍호무우) 노래하면서 돌아오겠습니다(영이귀)」.

공자께서 한숨을 쉬며 서글프게 탄식하고서 읊조리면서 말씀하셨다(夫子喟然嘆曰). 「나는 <증석>점을 허여한다(吾與點也)」"[151]

그런즉 증석의 말뿐만 아니라 많은 점에서 도가사상의 뿌리가 유가에 있음을 발견할 수 있는데, 그러면 도가의 등장시기를 유가로부터 가늠할 수 있게 된다. 곧 시기적으로 보면 도가사상이 순자에 앞선 시기에 등장하였다고 말할 수 있겠지만, 그러나 맹자는 도가의 존재를 전혀 몰랐고 그에 비해 맹자의 뒤를 이어 등장한 순자는 도가사상을 거론하고 있는 점 때문이다. 따라서 당연히 순서적으로 순자가 맹자를 비판한 까닭을 살핀 연후에 비로소 도가의 존재를 거론해야만 도가사상이 등장한 배경이 분명하게 드러날 수 있게 된다.

그런데 순자가 가한 비판이 너무도 의외인 것처럼 보이고 또한 너무도 상식 밖의 일처럼 보일지라도, 그러나 순자의 비판은 공자의 가르침을 어떤 점에서 맹자와 다르게 이해했는지를 가리는 문제와 같은 성격의 문제가 되기 때문에 공자의 참 의도를 제대로 논구하지 않으면 그에 대한 시비도 제대로 가릴 수 없게 된다. 즉 공자의 참 의도를 분명히 직시하지 못하게 되면, 순자가 공자의 손자이면서 증자에게서 글을 배운 자사와 자사의 문하생에게서 글을 배웠다고 알려진 맹자에게 가한 비판이 참으로 의아하지 않을 수 없게 된다. 물론 그 일 때문에 증자와 자사와 맹자의 사상과 당대의 행동이 결코 잘못될 리 없겠지만, 그러나 순자에 대한 오해는 풀리게 되면 맹자와 순자를 모두 아울린 유가의 진정한 면모가 완연히 드러날 수 있기 때문에 당연히 우선적으로 공자의 진정한 의도가 철저히 논구되어야 한다.

151) ibid p224

그러면 논어에서 그 시비를 가릴 단서를 찾아야 하는데, 그것이 곧 다음의 공자의 말이다. 곧 주나라 초기의 혼란을 수습한 주공에 대한 언급이다.

> "공자께서 말씀하셨다(子曰). 「심하도다(甚矣). 나의 쇠함이여(吾衰也)! 오래되었도다(久矣)! 내가 다시 또 꿈에서 주공을 뵙지 못하였다(吾不復夢見周公)」."[152]

그런즉 논어는 제나라 대부인 진성자(陳成子)가 제나라 군주인 간공(簡公)을 시해하자, 공자께서 노국의 애공(哀公)에게 토벌을 청한 사실까지[153]기록해 두었는데, 따라서 그 말이 대단히 중요해진다. 곧 공자의 진면목을 볼 수 있는 곳이기 때문이다.

그러므로 유가가 전국시대에 임해서 드러난 입장 차이는 대표적으로 맹자와 순자의 노선에서 살펴보아야 하는데, 그 점은 곧이어 다음의 절에서 다루기 때문에 아래의 글에 담긴 의미만 간단히 언급하겠다. 곧 순자가 자사와 맹자를 비난한 이유는 다름 아니라 덕치와 법치의 양면을 모두 중시한 고대통치이념을 견지한 공자의 가르침을 두고서, 순자는 이들이 덕치의 한쪽 면만 강조함으로서 고대통치이념과 공자의 가르침을 반쪽자리로 만들었다고 보았기 때문이다.

> "...... 대략 옛 임금을 법도로 삼기는 하지만(略法先王), 그러

152) ibid p128
153) ibid p288

나 그 정통을 알지 못하며(而不知其統), 점잖은 체 하지만(猶然) 그러나 타고난 성질은 격하고 품은 뜻은 크며(而材劇志大), 듣고 보는 것은 잡되고도 넓다(聞見雜學).

지난 옛날 일을 참고하여 자기의 학설을 만들고(安往舊造說), 그것을 오행이라 부르고 있다(謂之五行).

심히 편벽되어 사리에 어긋나고(甚僻違甚僻違), 그리고 규범이 없으며(而無類), 그윽이 은폐해 놓아서(幽隱) 그래서 설명할 수 없고(而無說), 논리를 닫아 놓고 맺은 것이어서(閉約) 그래서 해명할 수가 없다(而無解).

그래도 그의 말을 꾸며 가지고(案飾其辭) 그리고서 공손히 말하기를(而 祗敬之曰) 이것이야말로 참된 윗대의 군자의 말이라고 한다(此眞先君子之言也).

자사가 이것을 주창하였고(子思唱之子思唱之) 맹자가 이에 응했다(孟軻和之).

세상의 어리석고 어쩔 줄 모르는 무식한 유가들은(世俗之溝猶瞀儒) 와자지껄하고 있으나(嚾嚾然) 그것의 그릇된 바를 알지 못하고 있다(不知其所非也).

마침내는 그것을 배워 받아 전하면서(遂受之傳之), 공자와 자유가 이들 때문에(以爲仲尼子游) 후세에 더욱 존경을 받는다고 생각하였다(玆厚於後世).

이것이 곧 자사와 맹가의 죄이다(是則子思孟軻之罪也)."[154]

그런즉 순자가 왕도사상을 대신하여 법가사상을 전면에 내세우고서 유학의 정통교리를 수정하려고 한 것도 아닌데, 왜 순자가 맹자를 비난하고 그리하여 순자가 왜 유가의 정통노선에서 배척되어야만 했는가? 하는 의문점이 역사적으로 중대한 의의를 지니게 된다. 특히 그 비판은 다른 유파 쪽에서 나온 비판이 아니라 동일한 유가 내에서 이루어진 비판이었기에 대단히 중요한 역사적 의의를 지닐 수밖에 없다. 왜냐하면 이 의문점으로부터 재차 다음의 두 가지 의문점이 명백하게 성립하기 때문이다.

첫째는 순자의 추종자들이 순자를 공자와 비유하고 요·순임금까지 거론하면서 순자를 지극히 높이 평가한 이유 때문이다.

둘째는 순자가 진나라의 통치에 부족한 점을 메우기 위해 유가의 덕치주의를 수용하라고 한 권유한 진나라를 폭정의 나라로 규정한 이유 때문이다.

따라서 첫 번째 의문점을 해명할 수 있는 근거는 논어에 숙손무숙(叔孫武叔)이「자공이 중니보다 현명하다(子貢賢於仲尼)」고 말한 내용과[155] 그리고 숙손무숙(叔孫武叔)이「중니를 헐뜯었다(毁仲尼)」는 내용을 기록하고[156] 그리고 연이어 진자

154) 순자 p102
155) 논어 p381
156) ibid p382

금과 자공의 대화를 기록해 둔 곳에서 찾을 길이 있는데, 그 이유는 바로 순자가 자신의 제자들에게 아래의 문장에서의 공자와 같은 맥락에 따라 높이 평가되었다는 점이다. 그러므로 순자의 제자가 순자를 공자와 비유했다는 사실은 그 만큼 순자가 공자의 가르침을 성심성의껏 실천했음을 보여주는 객관적 증거가 아닐 수 없게 된다. 여하간 순자를 칭송한 글은 순자서책의 말미에 실려 있는데 여기서는 일단 인용을 생략하겠다. 그리고 두 번째 의문점은 다음에 인용되는 문장에서 논구할 것이다.

"진자금이 자공에게 말하였다(陳子禽謂子貢曰). 「그대가 공손해서 그렇지, 중니가 어찌 그대보다 낫겠는가(仲尼豈賢於子乎)?」.

자공이 말하였다(子貢曰). 「군자는 한 마디 말에(君子一言) 지혜롭다고 하며(以爲知) 한 마디 말에(一言) 지혜롭지 못하다고 하는 것이니(以爲不知) 말을 조심하지 않을 수 없다(言不可不愼也).

부자를 따르지 못함은(夫子之不可及也) 마치 하늘을 사다리로서 오르지 못하는 것과 같다(猶天之不可階而乘也).

만일 부자께서 나라를 얻으신다면(夫子之得邦家者), 이른바 세우면 이에 서고(所謂立之斯立), 인도하면 이에 따르고(道之斯行), 편안하게 해주면 이에 따라오고(綏之斯來), 고무시키면 이에 화하여(動之斯和), 그가 살아계시면 영광스럽게 여기고(其生也榮), 돌아가시면 슬퍼하는 것이니(其死也哀) 어떻게 따를 수 있겠는가(如之何其可及也)?」.[157]

따라서 순자가 철저히 공자의 가르침에 충실했다는 근거는 역시 순자의 후왕사상이 제대로 검토되어야 명확히 드러날 것이다.

여하간 순자의 의도가 맹자의 노선이 충돌한 접점은 바로 전국시대를 수습하려는 입장차이가 야기하는 갈등과 대립에서 비롯되었다. 물론 그와 같은 갈등은 순자가 왕도노선에서는 결코 이탈한 것이 아닐지라도, 그러나 그의 입장이 주나라의 국권을 회복시켜 전국시대를 종결하려는 입장을 포기하고, 그 대신에 열강 중 어느 누구라도 유가의 정통노선을 수용하기만 하면 주나라를 대신하여 통일왕조의 주인이 될 수 있다는 입장을 취했기 때문일 것이다. 그리고 그 점에 대한 증거는 순자가 전국시대의 가장 강력한 패자국인 진나라에게 유교를 권유한 점에서 명백해진다. 곧 순자가 전국시대를 수습할 열 왕들 중에서 진나라를 배제하지 않았다면, 당연히 순자가 자신의 그런 의도를 충분히 타진해 볼 수 있기 때문이다.

그러면 그의 후왕사상(後王思想)의 의도가 어디에 있었는지가 분명해진다. 그리고 그 속에 담긴 의도는 순자의 정명(正名)편에 명확히 드러나 있다. 곧 유가의 명분에 따라 천하의 질서

157) ibid p383

를 바로 잡아 세상 사람들의 삶을 안정시키는 일이다.

그리하여 그는 먼저 고대왕조가 여러 지역에 산재해 있는 여러 민족들이 하나로 통일시킬 수 있었던 방법이 곧 명칭의 통일이었음을 밝혀 정명사상의 본질을 밝혔다.

> "후세의 임금들이 명칭을 완성시킴에 있어서(後王之成名) 형벌에 관한 명칭은 상나라를 따랐고(刑名從商), 작위에 관한 것은 주나라를 따랐고(爵名從周), 문식에 관한 명칭도 주나라의 예를 따랐고(文名從禮), 만물에 붙여진 갖가지 명칭은(散名之加於萬物者) 곧 하의 여러 나라에서 이루어진 습속을 따랐고(則從諸夏之成俗), 그리하여 멀리 떨어진 지방의 습속이 다른 고장에도 모두 들어맞도록 하여(曲期遠方異俗之鄕), 곧 그렇게 함으로 능히 통용되게 하였다(則因之而爲通)..........."[158]

그리고서 순자는 아래의 글에서처럼 난세에 처해 각 나라가 각기 자신들의 풍습대로 명칭을 사용하면서 질서가 문란해졌기 때문에 반드시 이것을 시급히 바로잡을 필요가 있음을 역설하였다. 곧 그의 속뜻이 성왕에 의해 천하가 통일되어 안정을 되찾는 것이었다는 점은 두말할 나위가 없다.

> "..............지금은 성왕들이 돌아가시어(今聖王沒) 이름을 지

158) 순자A p221 ~222

키는 일을 소홀이 하여(名守慢) 기이한 말들이 생겨나(奇辭起) 명칭과 실물이 혼란되었으며(名實亂), 옳고 그른 형상이 분명치 않으니(是非之形不明) 곧 비록 법을 지키는 관리나(則雖守法之吏) 올바른 가르침을 외우는 유가라 하더라도(誦雖之儒) 역시 모두 혼란을 일으키고 있는 것이다(亦皆亂也).

만약 어떤 왕이 출현한다면(若有王者起) 반드시 옛 명칭을 따르기도 하고(必將有循於舊名) 새로운 명칭을 만들기도 할 것이다(有作於新名) 그런즉(然則) 명칭이 있게 되는 필요성과(所爲有名) 그것을 따라 같고 다른 것을 구별하게 되는 근거와(與所緣以同異) 명칭을 제정하는 기본원칙을(與制名之樞要) 소홀히 하여 잘못이 있어서는 안 될 것이다(不可不察也)."[159]

그런즉 그는 아래의 글을 통해 궁극적으로 난세를 진정으로 수습하는 방법이 고대통치이념이 지향한 바대로 민본주의를 바탕으로 한 왕도정치에 있음을 분명히 하였다.

"무릇 바탕을 정리하여(凡成相), <정치하는>법도와 방법을 분별하세(辨法方).

지극한 다스림의 궁극은(至治之極) 후세임금의 법도를 되찾는

159) 순자 p223

것이네(復後王).

신도, 묵자, 계자, 혜자 같은 여러 학파의 설을 따르면(復愼墨季惠百家之說) 정말로 상서롭지 않으리(誠不詳).

다스림은 한 가지 도로 돌아가는 것이니(治復一), 그것을 닦으면 길할 걸세(脩之吉).

군자는 그것을 지키어(君子執之) 마음이 굳건한 것이며(心如結), 세상 사람들은 그것을 어기고(衆人貳之) 남을 모함하여 해치는 자는 그것을 버리어(讒夫棄之) 형벌로나 다스려야 할 걸세(形是誥)."[160]

따라서 순자의 후왕사상은 전국시대의 초기인물인 맹자의 노선과 진나라가 전국시대를 수습할 시기에 해당하는 후기인물인 순자자신의 노선이 추구하는 방법적 차이점을 보여주는 결정적 단서가 된다. 곧 공자로부터 이어진 전통유가의 노선은 각 제후국들에게 왕도정치사상을 일깨워 주나라를 중심으로 한 봉건제후 왕조를 복원하려는 입장인 반면에, 순자의 노선은 주나라의 복원보다도 새로운 왕조가 반드시 왕도정치노선을 채택하도록 만드는 일이 더 시습한 일이라고 여긴 입장이다. 따라서 동일한 왕도노선을 세상에 설파하였더라도 각자가 처한 상황이 상황인 만큼 각자의 의도가 각자 달랐던 것이다. 다시 말해 왕도노선을

160) ibid p242

바탕으로 하여 열 왕들을 반성케 하고 그리하여 주 왕실의 권위를 회복시켜 전국시대를 수습하려는 목적에 비해, 이미 왕조의 권위가 상실된 주나라를 대신하여 등장할 전국시대의 강자에게 주나라를 이어 전통의 왕도정치노선을 계승하게 하려는 목적은 서로 추구하는 방법이 같을 수 없었던 것이다. 그 점은 순자 강국(强國)편에 기록되어 있다.

"<진나라 재상인 범수>응후가 순자에게 묻고자 말했다(應侯問孫卿子曰). 「진나라로 들어와서 무엇을 보았습니까(入秦何見)?」.

순자가 대답하였다(孫卿子曰). 「그 견고한 요새는 험하고(其固塞險), 땅의 형세는 유리하고(形勢便), 산림과 냇물골짜기는 아름다웠으며(山林川谷美), 천연자원의 이점이 많았으니(天材之利多), 이것은 뛰어난 지형입니다(是形勝也).

국경을 넘어 들어가 그 풍속을 보니(入境觀之風俗), 옛날의 백성 같았습니다(古之民也).

도읍의 관청을 가보니(及都邑官府), ……생략……옛날의 관리들과 같았습니다(古之吏也).

이 나라에 들어가(入其國) 이곳 사대부들을 보니(觀其士大夫), ……생략……옛날의 사대부들과 같았습니다(古之士大夫也).

이 나라의 조정을 보니(觀其朝廷), ……생략……옛날의 조정과 다름이 없었습니다(古之朝也).

그러므로 사대동안 승리를 거두어 온 것은(故四世有勝) 요행이 아니라(非幸也) 당연한 일이었습니다(數也). 이것이 본대로입니다(是所見也).

그런고로 말하고 있습니다(故曰). '편안하면서도 능히 다스려지고(佚而治), 간략히 하면서도 능히 상세히 일은 처리되고(約而詳) 번거롭지 않은데도 능히 공로를 이룩한다(不煩而功).'

정치의 극점에 진나라는 거의 가깝습니다(治之至也 秦類之矣).

비록 그렇기는 하지마는(雖然) 곧 이들에게는 두려운 것이 있습니다(則有其諰矣). 이 몇 가지 요건들을 아울러 모두 지니고 있지마는(兼是數具者而盡有之), 그러나(然而) 왕의 공적과 명성에 대어보면(縣之以王者之功名) 까마득히 그들은 멀리 떨어져 있습니다(則倜倜然其不及遠矣).

이것은 무엇 때문이겠습니까(是何也)? 곧 이들에게는 거의 유학이 없기 때문입니다(則其殆無儒邪).

그러므로 말하겠습니다(故曰). '순수하게 유학을 쓰면 왕이 되고(粹而王), 잡되게 쓰면 그러면 패자가 되고(駮而霸), 하나도 쓰는 것이 없다면 그러면 망한다(無一焉而亡)는 것입니다'.

이것이 역시 진나라의 단점인 것입니다(此亦秦之所短也)."[161]

그러므로 이 글은 전국시대를 들어서 유가가 취한 입장에서 맹자의 노선과 순자의 노선이 서로 부딪친 까닭을 여실히 보여준다. 왜냐하면 서로가 왕도정치노선을 똑같이 전면에 내세우면서도, 또한 서로가 실현하는 입장이 달라야 했던 이유가 전국시대를 수습하는 방법의 차이이외에는 달리 뚜렷한 이유가 있을리 만무했기 때문이다.

그럼에도 불구하고 전국시대의 무도한 상황에 처한 유가의 한계는 맹자와 순자의 생각을 모두 다 결코 가능한 방법과 노선이 될 수 없게 만들었다. 그러나 그에 반해 그런 무도한 현실은 도가사상이 탄생할 수 있는 적절한 토양이 되었다. 왜냐하면 이미 주나라와 동격의 왕을 참칭한 전국시대의 군웅들이 그들의 탐욕스럽고 무도한 처지를 벗어나 유가가 견지하는 왕도노선을 추종하기에는 그들의 도덕적 기반이 이미 허물어져 그리고 아예 없어져버렸기 때문이다. 그러므로 그들에게 가장 적합한 통치방법은 우선은 법가가 내세우는 패자노선을 견지하는 것이었고 그리고 새로운 명분을 찾는 일이었다. 다시 말해 전국의 열 왕들에게는 아래의 글귀가 그들의 귀에 들어 올 리 만무하였던 것이다.

"자공이 정사를 묻자(子貢問政) 공자께서 말씀하셨다(子曰).

「양식을 풍족히 하고(足食), 군대를 풍족히 하면(足兵), 백성들

161) ibid p171

이 믿을 것이다(民心之矣)」.

자공이 말하였다(子貢曰).「반드시 부득이 하여 그래서 버려야 한다면(必不得已而去) 이 세 가지 중에서(於斯三者) 무엇을 먼저 해야 합니까(何先)?」.

<공자께서> 말씀하셨다(曰).「병을 버려야 한다(去兵)」.

자공이 말하였다(子貢曰).「반드시 부득이 해서 그래서 버려야 한다면(必不得已而去) 이 두 가지 중에서(於斯二者) 무엇을 먼저 해야 합니까(何先)?」.

<공자께서> 말씀하셨다(曰). 「양식을 버려야 하니(去食) 예로부터 사람은 누구나 다 죽음이 있거니와(自古皆有死), 백성은 신의가 없으면 설 수가 없는 것이다(民無信不立)」."[162]

따라서 진나라와 같은 패자들이 전국시대의 분열을 수습하고서 주나라를 대신할 왕조를 개국하기 위해서는 전통사상을 전면적으로 부정할 방법이 필요해졌다. 그리고 그 필요성에 따라 도가가 등장하였고 황로학이 결성되었다. 더 나아가 황로학의 우산 속에서 도가와 법가가 지극히 자연스럽게 동거하게 되었다. 그리하여 마침내 황로학이 유가의 왕도노선을 배척하고서 전국시대를 수습할 대안이 되었다. 즉 아래의 세 가지 방안 중 마지막 방법이 전국시대의 해답이 된 것이었다.

---

162) 논어 p236

1. 전통적인 왕도노선을 수호하여 주나라를 복원시키는 방법
2. 강력한 제후국이 왕도노선을 충실히 수용하여 새로운 왕조를 여는 방안
3. 전통노선을 전면적으로 부정한 새로운 노선으로 새로운 왕조를 여는 방안

그렇다면 순자의 생각이 전국시대에 부응하지 못한 이유는 앞서 논구한 바대로 전국시대의 왕을 비판하였기 때문이라고 말할 수 있다. 곧 왕도정치노선이 강력한 무력과 법으로 다스리는 패도정치와 달리 도덕정치를 기반으로 삼고 있었기 때문인데, 따라서 유가는 군주의 비도덕적 태도를 매섭게 비판해야만 했던 것이다. 다시 말해 부도덕한 인물인 전국시대의 왕들에게 왕도정치를 역설하는 것은 곧장 그들을 면전에서 비난하는 것과 같은 행동이었기 때문인데, 그리하여 한비자 방식의 패도노선을 선호하는 전국시대의 왕들은 순자의 사상조차 맹자와 마찬가지로 기피할 수밖에 없었던 것이다. 그 대신 순자의 사상을 패도적인 내용으로 각색하여 전국시대의 왕의 입맛에 맞춘 한비자의 사상이 역설적으로 그들의 주목을 받게 되었다. 그러나 한비자의 법가노선이 도도한 역사의 흐름 속에서 결코 정사의 주류가 될 수 없었는데, 그 이유는 마땅히 공자가 예견한 바대로 그의 형법적 사고방식에는 도덕적 사고방식 곧 예법사상이 결여되어 있었기 때문이다.

"자장이 물었다(子張問). 「열 왕조 뒤의 일을 미리 알 수 있습

니다(十世可知也)?」

공자께서 말씀하셨다(子曰). 「은나라는 하나라의 예를 인습하였으니(殷因於夏禮), 손익한 것을(所損益) 알 수 있으며(可知也), 주나라는 은나라의 예를 인습하였으니(周因於殷禮), 손익한 것을(所損益) 알 수 있다(可知也). 혹시라도 주나라를 잇는 자가 있다면(其或繼周者), 비록 백세 뒤라도(雖百世) 알 수 있을 것이다(可知也)」."[163]

그러므로 전국시대에 이르러 탐욕스러운 신하가 주군을 몰아내고 권력을 장악하는 일은 더욱 심화되었고, 드디어 주나라와 동급의 왕을 호칭하는 상황에 이르러서는 전국의 열 왕들은 자신의 행위를 직접적으로 비난하는 유가의 선비를 결코 환대할 수 없었다. 더욱이 유생의 그런 강직한 입장은 여전히 논어 팔일 첫 장에 명백히 드러나 있는 바와 마찬가지였기 때문에, 유생이 자신의 입장을 급격히 선회하여 황로학의 선비가 되지 않는 한, 어떤 경우에서는 부도덕한 열 왕들의 마음을 얻을 방도가 그들에게는 전무하였다.

"공자께서 계씨를 두고 말씀하셨다(孔子謂季氏). 「<天子의> 팔일무를 뜰에서 춤추게 하니(八佾舞於庭), 이 짓을 차마 한다면(是可忍也), 무엇인들 차마 하지 못하겠는가(孰不可忍也)?」."[164]

---

163) ibid p48

더 나아가 공자가 제후가 그 시대에 가장 중요한 제사를 천자가 치루는 제사의 형식을 갖춘 것에 대해 준엄하게 꾸짖었던 내용은 열 왕들을 직접 비난하는 경우이므로 유생이 권력에 기생하려면 당연히 태도변경을 해야만 했다.

“<노나라 대부 孟孫(孟孫), 叔孫(叔孫), 季孫(季孫)> 삼가에서 <제사를 마치고 시경의> 옹장을 노래하면서 철상을 하였다(三家者以雍徹).

공자께서 말씀하셨다(子曰). 「‘제후들이 제사를 돕거늘(相維辟公) 천자는 엄숙하게 계시다(天子穆穆)’는 가사를 어찌하여 삼가의 당에서 취해서 쓰는가(取於三家之堂)?」.”[165]

그렇지만 공자는 이미 지적한 바처럼 전통사상을 고수하면서도 그것을 시대에 맞추어 개건하려고 한 인물이었기 때문에 열 왕들 중에서 유가의 가르침을 따르고자 작정했다면 결코 불가능한 일은 아니었다. 곧 공자가 ‘온고이지신(溫故而知新)’이라고 한 말인데, 열 왕이 이 말뜻에 충실했다면 얼마든지 덕치노선을 지양할 수 있었기 때문에 순자의 노선이 대단히 중요해지는 것이다.

그런데 그런 의미의 ‘온고이지신(溫故而知新)’의 역사적 근원

164) ibid p50
165) ibid p51

은 서경(書經) 상서(商書) 열명(說命) 중(中)에 잘 나타나 있는데, 결국 훗날 진나라와 한나라를 통해 드러난 역사의 결과는 고대통치이념에 수립된 도덕적 의의를 철저히 확인시켜 주었다.

"열이 말하였다(說). 「왕이시여(王))! 사람이 많은 견문을 구하는 것은(人求多聞), 이는 일을 세우려 하는 것이니(時有建事), 옛 가르침을 배우셔야(學于古訓) 이에 얻음이 있을 것입니다(乃有獲). 일함에 옛날을 본받지 아니하고(事不師古), 세상을 오래도록 유지할 수 있다는 것을(以克永世), 열은 들어 보지 못했습니다(匪說攸聞)」."[166]

그리고 공자의 가르침이 이미 전승된 고대통치이념이라는 것은 그에게서 배우는 제자들이 익히 잘 알고 있었다. 그 점은 위(衛)나라 공손조(公孫朝)와 공자의 제자 자공(子貢)과의 문답이 실린 논어 제19편 자장에 기록되어 있다.

"자공이 말하였다(子貢曰). 「문왕과 무왕의 도가 아직 땅에 떨어지지 않아(文武之道未墜於地), 사람에게 남아 있다(在人). 그리하여 현자는 큰 것을 기억하고(賢者識其大者), 어질지 못한 자들은 작은 것을 기억하고 있어서(不賢者識其小者), 문왕과 무왕의

166) 서경 p345

도를 갖고 있지 않음이 없으니(莫不有文武之道焉),

부자께서 어찌 배우지 않으시며(夫子焉不學), 또한 어찌 일정 한 스승이 계시겠는가(而亦何常師之有)?」."[167]

그런데 이 대화는 왜 공자가 노나라를 벗어나 다른 나라로 가서 주나라의 예법을 따르도록 간언했고 그리고 그런 공자를 그 나라의 군주들보다 그 나라의 중신들이 기피했는가? 하는 의문점을 해소시켜 준다. 왜냐하면 그 이유는 두 가지 점 때문인데, 그 중의 하나는 당시까지도 여전히 주나라의 문물제도가 존중되고 있었다는 사실과 그리고 또 다른 하나는 오히려 곡학아세하고 있는 제후들의 신하들이 주나라의 예법으로 복귀하는 것을 기피하고 그리하여 공자를 거부하였다는 사실이다.

그러므로 공자가 유세(遊說)한 배경은 크게 두 가지의 요인으로 요약될 수 있는데, 하나는 아직까지는 주나라가 걸·주와 같은 폭군에 의해 천명을 상실할 지경에 이르지 않았다는 점과 또 다른 하나는 비록 제후들에게 주 왕실에 대한 충성심이 미약해졌더라도 그러나 그들이 왕도정치의 이념까지 거부하고 배척하지 않았다는 점이다.

그리하여 공자는 이족(夷族)의 왕조가 완성시킨 왕도정치의 이념을 두루 설파(說破)하면서, 제후들이 왕도정치를 벗어나면 그로부터 유발되는 폐해는 고스란히 백성의 몫으로 되돌아가고

167) 논어 p381

그리하여 결국 자신의 왕조를 결코 유지할 수 없게 되는 점을 깨우쳐주려 하였다. 달리 말하면 공자가 제후들에게 진정으로 깨우쳐주려고 한 바는 바로 민본주의 노선의 정치를 하게 되면 자신들이 탕왕과 무왕이 될 수 있다는 점이었다.

따라서 논어 16편 계씨 2장에 기록된 글은 고대통치이념을 견지하려는 공자의 의도를 총체적으로 확연하게 보여 준다.

> "공자께서 말씀하셨다(孔子曰).「천하에 도가 있으면(天下有道) 곧 예악과 정벌이(則禮樂征伐) 천자로부터 나오고(自天子出), 천하에 도가 없으면(天下無道), 곧 예악과 정벌이(則禮樂征伐) 제후로부터 나온다(自諸侯出).
>
> 제후로부터 나오면(自諸侯出), 대개 10세에(蓋十世) 잃지 않는 자가 드물고(希不失矣), 대부로부터 나오면(自大夫出), 5세에(五世) 잃지 않는 자가 드물고(希不失矣), 모시는 신하<곧 가신>가 국운을 잡으면(陪臣執國命), 3세에(三世) 잃지 않는 자가 드물다(希不失矣)」." [168]

그런즉 공자는 나라가 근본의 도를 지키고 있으면 어느 누구도 월권을 할 수 없기 때문에, 그러면 모든 사회구성원들은 각자 정명사상의 본분대로 자신의 입장에 따라 올바르게 처신하게 되어 그리하여 나라가 안정될 수 있음을 설파했다.

---

168) ibid p330

"천하에 도가 있으면(天下有道), 곧 정사가 대부에 있지 않고(則政不在大夫), 천하에 도가 있으면(天下有道), 곧 벼슬이 없는 서민들이 토의하지 않는다(則庶人不議)."[169]

그리하여 공자는 모든 제후들에게 은나라까지 지속된 왕도정치의 이념을 그대로 계승한 문왕과 무왕의 자세를 본받도록 설득하였던 것이다. 곧 공자가 원했던 진정한 목적은 아래의 서경 주서의 글이 보여주는 바대로 주나라 무왕이 주나라의 건국이 은나라의 탕왕의 빛이 되는 것처럼(有光), 마찬가지로 주나라를 대신한 새로운 왕조의 왕이 자신이 세운 왕조의 건국이 무왕에게 빛이 될 것이라고(有光) 천하 만민에게 천명하는 것이었다.

"우리의 무력을 들어(我武) 저 강토를 들어가서(侵于之疆) 저 흉악하고 잔인한 자를 취하여(取彼凶殘), 우리의 정벌을 시행하면(我伐用張), 탕 임금에게(于湯) 빛이 될 것이다(有光)."[170]

그런데 공자의 그런 의도는 결국 이루어지지 않았고 오랜 시간이 흘러 한 무제가 유학을 국학으로 채택해 줌으로서 그나마 겨우 반쪽의 모습을 갖출 수 있게 되었다.

---

169) ibid p331
170) 서경 p395

제2절 요·순의 정통성은 왜 배척될 수 없었는가?

논구초점 : 황로학이 내세운 황제사관은 역사를 왜곡한 것이기 때문에 역사의 현장에서 사실적일 수 없다. 그리고 무위자연의 사상도 마찬가지이다.

왜냐하면 황제사관은 역사의 허점을 파고들어 꾸민 것이고, 무위자연사상은 인간의 심리상태를 파고들어 구성된 현학적 논리일 뿐이기 때문이다.

즉 위정자가 마음을 비우고 정치를 해야 한다는 도가의 이야기는 요·순임금처럼 마음을 비운 위정자 앞에서 요·순임금과 같은 실제인물을 귀감으로 내세울 수 없었고, 더 나아가 무언의 가르침의 정치도 겸손한 마음으로 솔선수범하는 요·순임금 앞에서 마찬가지로 실존인물의 이름을 내세울 수 없었기 때문이다.

다시 말해 황하의 치수를 성공시키고, 월령을 만들어 백성들에게 윤택한 삶을 만들어 준 요·순임금 앞에서 다른 인물을 내세울 수가 없었기 때문이다.

더 나아가 도가가 내세운 황제에게는 별달리 내세울 치적이 있을 리 만무하고, 무위자연의 정치가 구체적 규범인 예법도 없이 백성을 다스릴 수 없었기 때문이다. 그런즉 그들은 요·순임금을 부정하였고, 그들의 통치이념을 부정만 했을 뿐, 그 대안에 대해서는 오리무중이었다.

그러므로 요·순임금의 진정한 진면목은 그들이 수립한 통치이념과 통치노선의 보편성과 불멸성에 있는 한, 결코 배척될 수 없었다.

그런즉 단적으로 요·순임금의 이념을 계승한 하·은·주 삼대의 역사와 황로학의 역사의식을 계승한 나머지 중국왕조의 역사의 결말이 요·순 왕조가 지닌 역사의 의의를 보여 준다.

이 장에서 필히 고찰되어야할 점은 공자가 계승한 고대왕조의 통치이념이 전제군주의 왕조에서 거부되지 않고 오히려 수용된 이유가 도대체 무엇인가 하는 의문점이다. 즉 황로학이 그렇게 부정한 유가사상이 결코 배척될 수 없었던 이유가 무엇인가 하는 의문점이다. 다시 말해 진시황이 배척한 유가사상이 왜 한나라의 무제에 의해 거꾸로 부활하게 된 이유가 무엇인가? 하는 의문점이다.

물론 한 무제에게 동중서가 독존유술(獨尊儒術)의 건의를 잘 했기 때문에 그렇게 되었다고 해명을 하면, 비록 틀린 말은 아닐지라도 그러나 그 설명은 너무도 겉핥기식이 될 뿐이다. 다시 말해 동중서가 전제왕조의 어려움을 정확히 꿰뚫고서 시의 적절하게 건의했고 또한 마찬가지로 통일왕조를 이끌고 가야할 당사자인 한 무제가 때마침 그가 말한 바의 수단이 필요했기 때문에 그리하여 유학이 국학으로 선택되었다고 해석하는 것은 너무도 진부하고 평범한 해석이 된다. 왜냐하면 동중서가 취한 방법은 유학이 살아남기 위한 고육지책이었을 뿐 공자의 참 정신을 부활시킨 것이 아니기 때문이다. 다시 말해 그 평가를 단적으로 정리하면, 동중서의 모습은 유가로서의 자신들의 앞날을 위한 꼴일 뿐, 유가의 진정한 본질을 역사의 전면에 내세우려고 한 것이 아니라고 말할 수 있기 때문이다. 만약 그들이 진정으로 그런 의도를 가졌다면, 전제왕조에서도 최소한 고대통치이념이 수립한 협치(協治)정치의 본질은 반드시 관철시켰어야 했을 것이다.

그러므로 한 무제가 동중서의 건의에 주목하지 않을 수 없었던 역사적 배경이 대단히 중요해진다. 왜냐하면 진시황이 황로학으로 뭉친 도가·법가의 세력에 의해 추진된 전제군주제도를 거부하고 주나라의 봉건제도로 되돌아갈 것을 내세운 유가의 주장을 필히 조정에서 물리치기 위해 분서갱유를 단행했지만 그러나 그 결과는 너무도 참담하게도 진나라의 몰락이었기 때문이다. 그런즉 진나라를 뒤이은 한나라가 전제왕조로 거듭난 새로운 통일왕조가 과연 도가와 법가로 구성된 황로학의 사상으로 정국을 순탄하게 꾸려 나갈 수 있겠는가? 하는 의문점을 근본적으로 떠안지 않을 수 없게 되었다. 곧 왕조의 틀이 봉건제도이건, 전제제도이건 간에 그리고 중앙의 자리 잡은 권력의 정점을 왕으로 부르건 황제로 부르건 간에 만백성이 새로운 왕조에 순순히 복종해야만 통치가 순조롭게 되는데, 법가사상이 천하 만민을 그렇게 만들 수 있었겠는가? 하는 의문점 때문이다.

그리고 전국시대처럼 특수한 상황에서는 신하들의 반란을 미연에 방지하고 왕조의 군대를 일사분란하게 통솔해야하기 때문에 법가의 엄한 법령이 필요했지만, 전쟁이 종식된 평상시에서는 오히려 법가의 지나치게 엄한 방식이 민심을 안정시키는 정책에 걸림돌이 될 수 있기 때문에 그런 염려의 의문점은 합리적인 사고방식에 의한 적절한 타당성을 지니게 된다.

그러므로 만약 황로학이 고대통치이념을 능가하는 통치이념과 통치방법을 제대로 제공했었더라면, 유가는 전국시대의 종식과 더불어 역사 속에서 곧바로 퇴장되었을 것이다. 하지만 그들의 서책에는 유가를 비판하는 말만 난무하였을 뿐, 고대왕조의 통치이념에 따라 제정된 각종 예법들 곧 제도, 문물, 풍습 등을 대체할 구체적인 방법이 제시되어 있지 않았다. 다시 말해 구체적 방법에 관해서는 황로학보다 더 적임인 형명학의 법가조차도 난세의 혼란을 대응하기 위해 평상시보다 더 엄격하게 형법을 집행한 편법적인 방법만 제시했을 뿐 그 밖의 또 다른 기능을 첨가하여 주나라의 통치방식과 확연히 차별되는 획기적인 통치방식을 내세운 것이 아니었다.

그런즉 어느 시대를 막론하고 통치행위의 본질은 민본주의적 정치이념의 틀 속에서 진행되어야 하고 따라서 무능한 위정자가 초래한 어지러운 정국도 마무리 수습단계에서는 반드시 그런 이념에 따라 수습되어야하기 때문에 당연히 왕조정치의 보편성을 거부한 황로학이 제대로 전제왕조를 제대로 이끌고 갈 수 있겠는가? 하는 근본적 의문점이 결국 동중서의 등장을 가능하게 한 것일 뿐이다. 다시 말해 황로학이 왕도정치의 근본틀을 벗어난 새로운 이념을 내세웠지만 그러나 항구적인 방법이 결여된 황로학은 새로운 왕조를 이끌고 나아갈 수 없었던 것이다.

그러므로 한 무제(武帝)가 동중서의 건의를 채택하지 않을 수 없었던 배경도, 그 수용의 겉모양새는 달라도, 주 무왕(武王)이 기자(箕子)를 찾아가 통치방식을 묻은 경우와 별반 다를 바 없다. 그 이유는 근본적인 문제로서 만백성을 통치해야 할 한(漢)

왕조가 과연 홍범구주를 바탕으로 한 전대의 주나라와 다른 길을 과연 선택할 수 있었겠는가? 하는 의문점 때문이다.

그러므로 그 의문점의 본질을 직시하면, 왕도정치의 본질을 인·의·예·지의 요소로 파악하고서 그것을 수호하려는 공자와 유가들의 입장이 왜 허물어질 수 없었든 것인가? 의문점이 여타의 다른 주제에 앞서 모든 논구의 중심에 서게 된다.

물론 그 이유는 단적으로 왕도정치의 이념이 지니고 있는 초월적 원리에 입각해 있는 형이상학적 보편성 때문이다. 즉 개인의 사리사욕을 벗어나 만인을 위한 정치조직을 작동시킬 힘의 구심점을 천(天)의 사상으로 승화시켜 놓았기 때문이다. 다시 말해 서경이 보여 주는 바대로 천명사상과 민본사상을 바탕으로 하고 있는 왕도정치의 이념은 당연히 백성을 위한 정치를 행하지 않는 왕조의 앞날을 전적으로 보장해 주지 않는 사상이었기 때문에, 그리하여 어떤 왕조라도 그 이념이 가르치는 바를 순순히 따르지 않을 경우에 발생할 정국의 혼란과 야기될 혁명의 분위기를 항상 유념하고서 올바른 정사를 펼치려고 노력하지 않으면 안 되었기 때문이다.

따라서 고대통치이념을 견지하고 있는 유가의 불멸의 특성은 한편으로는 통치자로 하여금 왕도정치를 실행하여 백성들을 편안하게 하도록 이끌고, 다른 편으로는 왕도정치를 거부하였을 적에는 천명에 의해 교체될 수가 있음을 천명한 양면성에 있다.

그런즉 정권의 전복인 혁명이 덕치주의를 표방한 천명사상에 의거하지 않는 한, 당연히 왕조를 전복한 정변은 역성혁명이 아닌 반란으로 엄격하게 규정된다. 그 정변은 민란이건 군란이건 상관없이 모두다 개인과 집단의 정치적 욕망을 달성하려는 변란에 지나지 않게 된다.

그 점에 대해 서경은 혁(革)과 명(命)의 의미가 어떻게 성립했는지를 분명히 기록해 두었는데, 곧 아래의 글이 그 원인진단에 해당한다.

> "모든 사방의 작고 큰 나라가(凡四方小大邦) 망한 것에는(喪) 그 벌에 이유가 있지 않음이 없다(罔非有辭于罰)."[171]

그리고서 서경은 그 원인발생이 근본에 반하는 무도(無度)한 행동을 한 측에 두고서 책임을 물었다. 곧 중국고대왕조가 수립한 가장 핵심적인 요체인 통치의 책임론에 있어서, 서경은 정확하게 도덕을 문란케 한 당사자에게 난국의 책임을 물었던 것이다.

> "내가 말하였다(予其曰).「너희가 크게 법도가 없으니(惟爾洪無度), 내가 너희를 동요시키려는 것이 아니라(我不爾動), 도리어 동요가 너희 읍으로부터 시작된 것이다(自乃邑)」."[172]

그리하여 서경은 혼란에 대한 책임여부를 판정함에 있어서 행위의 기준을 수록한 나라의 예법을 지키지 않음에 있음을 명백히 하였다. 그리고 더 나아가 그 점은 곧바로 제도와 예법이

---

171) ibid p638
172) ibid p640

없어서 나라가 망하는 것이 아니라 그런 의식이 없기 때문에 나라가 망하는 것임을 확실히 하였다. 그런즉 하나라와 은나라의 멸망이 걸·주가 책임을 져야한다면, 당연히 유가의 이론은 군주책임론을 주장하는 것이 아닐 수 없게 된다. 그리고 그 점은 분서갱유이전의 유가와 분서갱유이후의 유가뿐만 아니라 더 나아가 유가와 도가의 특성을 구분하는 기준이 된다.

> "너희는 은나라 선인들이(惟爾知惟殷先人) 책과 전적을 두었음을 알고 있다(有冊有典). 은나라도 하나라의 명을 개혁하였다(殷革夏命)."[173]

어쨌든 이 점에서 고대왕조에서의 혁명의 의의가 명백해지는데, 그것은 사회혼란에 의해 조성된 새로운 사태에 대해 새로운 법을 제정하여 사회혼란을 수습하는 과정일 뿐, 결코 초월적인 성격의 통치이념과 통치노선을 바꾸는 과정이 아닌 점이다. 왜냐하면 요·순·우임금이래로 하·은 ·주 삼대는 동일한 통치이념하에서 왕조를 교체했고 그리고 새로운 왕조는 요·순 사관의 통치이념을 계승하여 새 왕조의 정통성을 확립하였기 때문이다. 그러므로 만약 이 점이 부정된다면, 모든 인류를 화합시킬 보편적 가치관이 존재할 리 만무하고 그리고 혁명이 혁명일 수 없게 된다. 즉 왕조의 교체는 약육강식의 정치판에서 강자의 승리만을 의미하게 된다. 그리하여 주나라의 정통성을 수호하려는 유가는 당연히 순임금에게 임금 자리를 물려준 요임금을 근본

173) ibid p643

으로 삼고 그리고 반란을 수습한 주공 단을 모범으로 삼는다. 특히 주나라초기의 인물인 주공 단은 주나라 중기의 인물인 공자에게는 춘추시대의 난국 때문에 더없이 각별한 인물이 아닐 수 없게 된다.

하여간 이미 지적한 바대로 천명을 상실하게 되면, 당연히 왕조가 교체될 수밖에 없는데, 이때 그 책임은 당연히 당사자인 왕에게 있고 그리고 하늘은 그 왕에 대해 냉엄할 뿐이다. 곧 하늘이 냉엄한 이유는 이미 허물어진 정국을 원상회복시키는 것에는 너무도 많은 무리가 따르므로, 결국 하늘도 가장 빠르고 적절한 방책으로 일찍이 준비한 새로운 인물을 내세워 난국을 수습하는 방법이 더 효율적일 수밖에 없기 때문이다.

그런즉 맹자는 그 점을 잘 알고서 제대로 지적하였던 것이다. 즉 맹자가 아래 글에서 인간이 극복할 수 있는 자연의 재앙 때문에 왕조가 교체되는 것이 아니라 오로지 인간이 부도덕하여 마침내 비극의 사태를 초래하게 된다는 말한 점이다.

"……, 지금(今) 국가가 한가한데(國家閒暇), 이때에 이르러(及是時) 즐기고 태만하고 오만한 짓을 하니(般樂怠敖), 이것은(是) 스스로 화를 구하는 짓이다(自求禍也).

화와 복(禍福)이 자기로부터 구하지 않는 것이 없다(無不自己求之者).

시경에 이르기를(詩云) '깊은 생각이 천명과 걸 맞는 것은(永

言配命) 스스로 많은 복을 구하는 것이다(自求多福). 태갑에 이르기를(太甲曰) '하늘이 만든 재앙은(天作孽天作孽) 오히려 피할 수가 있으나(猶可違猶可違), 스스로 만든 재앙은(自作孽) 살길이 없다(不可活).'<고 하였는데>, 이것을 말한 것이다(此之謂也)."[174]

따라서 그런 도리를 정확히 파악하였던 맹자는 왕도정치가 지향하는 바의 방향을 세상 사람들에게 분명히 설파하였다. 그리고 그 방법은 고대왕조의 통치이념을 계승한 것으로서 이미 관중의 서책인 관자에서도 비슷하게 예시되어 있다. 또한 그렇게 이어지는 사상의 맥락은 고대통치이념에 정통한 선비들이 제시한 각자의 통치방식이 근본적으로 서로 다를 수가 없음을 입증하는 실마리가 된다. 곧 맹자가 말한 바처럼 위정자가 하늘의 명령(天命)을 수행하여 하늘의 관리(天吏)가 되어야하는 정치의 도리를 어느 누구도 부정할 수 없었기 때문이다.

"맹자께서 말씀하셨다(孟子曰). 「현자를 높이고 재능이 있는 자를 부려서(尊賢使能) 준걸들이 그 지위에 있으면(俊傑在位), 곧 천하의 선비들이(則天下之士) 모두 기뻐하여 능히 그 조정에서 능히 벼슬하기를 원할 것이다(皆悅而願立於其朝矣)」.

시장에 자릿세만 받고 그리고 탈취하지 않으면(市廛而不征),

---

174) 맹자 p100

법대로 처리하기만 하고 그리고 탈취하지 않으면(法而不征) 곧 천하의 장사꾼들이(則天下之商) 모두 기뻐하여 능히 그 시장에 화물을 보관하기를 원할 것이다(皆悅而願藏於其市矣).

관문에 기찰하기만 하고 그리고 탈취하지 않으면(關譏而不征) 곧 천하의 여행자들이(則天下之旅) 모두 기뻐하여 능히 그 길로 나가기를 원할 것이다(皆悅而願出於其路矣).

농사짓는 자들로 하여금 서로 돕게 하고 그리고 세금을 내지 않게 하면(耕者助而不稅), 곧 천하의 농부들이(則天下之農) 모두 기뻐하며 능히 그 들에서 경작하기를 원할 것이다(皆悅而願耕於其野矣).

점포에 <끝이 뾰족하며 가늘고 긴 물건을 세는 단위>부리의 <가늘고 설핀 옷감인>베를 없애면(廛無夫里之布), 곧 천하의 백성들이(則天下之民) 모두 기뻐하며 능히 그의 백성이 되기를 원할 것이다(皆悅而願爲於之氓矣).

진실로 능히 이 다섯 가지를 시행한다면(信能行此五者), 곧 이웃 나라 백성들이(則隣國之民) 그를 우러러 보기를 부모처럼 할 것이며(仰之若父母矣), 그 자제를 거느리면서(率其子弟) 그 부모를 책망함은(攻其父母) 살아있는 백성이 있는 이래로(自生民以

來) 아직까지 능히 유익한 적이 있지 못했으니(未有能濟者也), 이와 같으면(如此則) 천하에 대적할 자가 없을 것이다(無敵於天下).

천하에 대적할 자가 없으면(無敵於天下者), 하늘의 관리이니(天吏也) 이렇게 하고서도(然後) 왕 노릇 못한 자는 있지 않다(不王者未之有也)」."[175)]

그런데 이와 같은 유가의 한결 같은 입장은 앞서 주나라 초기 무왕의 아들인 성왕의 숙부 곧 무왕의 동생인 주공의 시기에 발생한 정변을 혁명과 반란을 구분할 수 있는 중요한 범례로 삼게 된다. 곧 무왕의 동생이면서 주공의 이복형제들이 은나라 태자 무경과 더불어 정변을 도모한 사건이다. 이 경우에 가장 기준이 되는 점이 바로 천명을 받은 명분인데, 성왕의 세 숙부와 망한 은나라의 태자인 무경에게도 통치의 명분이 없었기 때문에 반란이 되었던 것이고 그리고 주공 단이 난국을 수습하여 주나라의 기틀을 확고히 하였기 때문에 유가는 주공단의 역할을 귀감으로 삼게 된 것이다.

따라서 혁명과 반란을 구별하려면 당연히 서경이 보여주는 바대로 민본주의를 바탕으로 한 천명(天命)의 대의명분인데, 그 점이 곧 전국시대에 중국고대역사를 왜곡시키지 않으면 안 되는 결정적인 근본원인인 동시에 필연적 계기이다.

---

175) ibid p101~102

그런즉 혁명론의 요체를 확립한 서경은 왕이 자신의 후계자를 올바르게 선택하지 못하면, 결국 왕을 섬기는 신하 및 백성들이 그 왕을 대신한 새로운 왕이 등장할 수 있음을 당연시 해두었다. 그러므로 천명을 마땅히 성실하게 실행해야 하는 왕은 현명한 신하들의 보필을 받아 백성을 위한 훌륭한 정치를 반드시 펼쳐야 한다. 또한 그렇게 하려면 당연히 왕은 훌륭한 인재들을 발탁하고서 그와 더불어 올바른 정사를 펼쳐야 한다. 따라서 왕은 자신의 부족한 부분을 훌륭한 신하들의 보필을 받아 극복하기 위해 우선적으로 천하의 인재를 수용할 포용력을 갖추어야 하며 그리하여 그들과 더불어 협치정치를 하면서 마지막으로는 분별력과 통찰력을 발휘하여 자신의 후계자를 제대로 간택해야 한다. 그러므로 서경이 밝힌 훌륭한 왕의 으뜸 덕목은 훌륭한 인재를 선발하고 그 간언을 받아들일 수 있는 능력을 갖추는 일인데, 그 점은 나라를 다스림에 있어서 여러 가지의 방법적 의미를 지니게 된다.

그렇기 때문에 서경이 보여 준 바대로, 왕이 신하의 충언을 수용하지 않고 자기 멋대로 하여 정치를 문란하게 만들었을 경우에는 가장 심각한 상황이 도래하게 되는데, 그것은 왕의 교체문제이다. 그리고 그와 동시에 동전의 양면처럼 이런 경우에 처한 신하들의 올바른 처신문제도 아울러 발생하는데, 그 점에 대해서 서경은 왕도정치의 이념에 분명한 기준을 수록해 두었다.

그러므로 왕도정치의 본질을 정확하게 직시하려면, 먼저 요·순·우임금으로 이어진 선양의 관례와 하 왕조를 출범시킨 세습제를 명확히 구분해야 한다. 왜냐하면 하나라가 왕조의 교체문제를 처음으로 초래한 세습제 왕조이기 때문이다. 다시 말해 선양을 한 요·순임금과 선양으로 왕이 된 우임금의 시대에는 훌륭한 임금과 현명한 신하가 어울러 펼친 협치(協治)정치덕분에 결코 그런 문제가 발생할 수 없었기 때문이다.

그럼에도 불구하고 논리적으로는 후대의 왕조가 선양의 관례를 제도화하였다고 하더라도 과연 그 왕조가 요·순임금의 시대처럼 잘 유지되었겠는가? 하는 의문점은 여전히 남는다. 즉 그 런 의문의 여지는 요·순임금의 시대와 그 이후의 정세가 너무도 달라졌기 때문에 선양제도가 상습화되었어도 정국의 문란으로 인한 왕조교체의 혁명은 여하튼 불가피했을 것이라는 가정 때문이다. 그러므로 왕도교체의 혁명의 본질을 제대로 직시하고자 한다면, 우선적으로 미심쩍은 이 문제점을 당연히 논구해야 한다.

그런즉 세습제 하의 왕위계승의 선택과정에서 가장 우려할만한 문제점은 왕위를 계승할 후계자로 선택된 인물에 대해 탈락된 인물의 불복사태이다. 곧 왕권이 안정된 상황에서는 왕위계승에 대한 불만이 불복의 사태로까지 이어지지 않았지만, 그러나 그 불만은 왕권이 흔들릴 때에는 더할 나위도 없이 불복사태로 나아갔기 때문이다. 그리고 불복사태는 급기야 내란으로 치달아 나라를 온통 송두리째 혼란에 빠뜨렸기 때문이다.

그러면 선양의 경우에는 전혀 그렇지 않다고 말할 수 있을까? 하는 의문이 가능해진다. 그런데 요·순임금의 경우가 위정자의 덕목으로 슬기롭게 극복할 수 있음을 충분히 보여 주었기 때문에 반드시 주목해야 한다. 곧 선양방식이 왕도정치의 이념을 실현하는 마지막 단계의 통치행위인 점 때문인데, 그 점은 다음과 같이 요약된다.

왕도정치의 이념은 왕이 겸양한 마음가짐으로 백성들을 다스리고 그리고 그런 마음을 공유하고 있는 신하들과 어울러 올바른 정사를 베풀면 반드시 나라가 안정되고 발전하게 된다는 이치를 담고 있는 통치이념이다. 그 점은 서경이 왕도정치의 근본을 수립한 요·순임금과 여러 신하들의 인격을 통해 잘 보여주었다.

즉 왕이 자신의 왕위를 물려주려고 해도 신하들이 서로 겸손하게 사양하고 더 뛰어난 인재를 후계자로 내세운 점이다. 그리고 선양정치는 다른 무엇보다도 왕과 후계자가 더불어 정사를 펼치면서, 왕이 서거한 이후에야 비로소 정식으로 왕위를 계승한 방식을 채택했다. 즉 꼭두각시의 후계자가 아니라 왕권을 위임받아 실질적인 정사를 펼치면서 동시에 정치의 일선에서 물러난 선왕을 모시는 방식이다. 물론 이 경우에도 양위에 불복한 인물이 반란을 일으켰지만, 그러나 명분도 없는 그와 더불어 반란을 일으킬 현명한 신하도 없었기 때문에 결코 그 난은 성공하지 못하고 실패했다.

그리고 이 방식은 봉건제도에서만 실로 가능한 경우로서, 중앙에 위치한 왕조에서 왕이 이런 과정을 거쳐 자신의 후계자를 임명하고 그리고 훌륭한 신하들이 그런 왕과 더불어 정사를 펼쳐 그리하여 불복과 반란이 결코 성공할 수 없었기 때문에 그 특성이 반드시 고찰되어야 한다. 그리고 더 나아가 중앙의 왕조가 그렇게 후계자를 선발하게 되면 당연히 지방의 제후들도 그렇게 후계자를 선발하여 지위를 물려줄 수밖에 없게 되기 때문에, 그러면 진정한 민본주의의 정치가 위에서부터 아래로까지 시행될 수 있기 때문에 필히 고찰되어야 한다.

그러므로 이런 선양제도를 왕조의 통치영역이 확장되고, 인구가 증가하고, 문물제도가 복잡해졌다는 사실을 논박의 근거로 삼아 심히 부정하고 거부하는 태도는 실로 어불성설이다. 왜냐하면 왕위를 계승하는 후계자를 그런 방식으로 선발하게 되면 당연히 후대의 과거시험제도처럼 지방의 훌륭한 인재들이 중앙으로 몰리게 될 것이고 그리하여 중앙정부는 왕위의 후계자뿐만 아니라 더 나아가 그를 보필할 신하들까지 엄격한 심사를 거쳐 선발할 것이기 때문인데, 그러면 당연히 그런 왕도정치의 통치방식 하에서는 결코 반란을 일으킬 여지가 생길 수 없기 때문이다. 더 나아가 왕의 정사가 문란해져야만 궁중반란이 가능해지고 그리고 더 나아가 왕조를 뒤엎을 신하의 반란이 일어나게 되는 경우와 달리 겸양을 미덕으로 삼아 정치를 하는 훌륭한 왕과 수많은 현명한 신하들로 이루어진 왕조에서는 어느 누구도 장시간이 소요되는 당파가 결성하여 왕위를 찬탈할 엄두를 가질 수 없기 때문인데, 그러면 그런 의문제기는 실로 무의미한 것이 될 뿐이기 때문이다. 다시 말해 비록 요임금의 아들이 왕위계승에 불복하여 난을 일으켰지만 곧바로 훌륭한 후계자와 훌륭한 신하들이 집합하고 있는 조정에 의해 진압되었기 때문인데, 그런즉 그런 반란이 결코 성공할 수 없음을 요·순임금이 행한 선양의 과정이 그 본보기를 통해 일찍이 입증하였다.

그런데 그에 반해 세습제로 전환하여 왕위를 오로지 자신의 혈육에게만 계승하게 되면, 곧바로 세습왕조가 우려하는 정사의 문란이 발생하게 되고 그리하여 왕위계승에 대한 불복과 반란이 발생하게 된다. 즉 무능한 혈육이 왕위를 계승하게 되면 당연히 정사가 문란하게 되고 그리고 그 왕조는 당연히 몰락의 길로 접어들게 된다. 더욱이 봉건제도에서도 이럴 정도이었는데 하물며 절대적인 권력을 쥔 전제군주제도에서는 더 할 나위가 없게 된다.

그러므로 줄 곳 세습의 방식에 대비되는 선양의 방식은 결코 그런 문제로 인해 국정이 혼란스럽게 될 수 없는 타당한 방식임을 논구하였는데, 그 근거는 다음과 같이 요약된다.

첫째, 세습제가 아닌 선양이기 때문에 반드시 자신의 혈육을 왕으로 앉혀야 할 동기가 있을 리 없고 또한 오로지 백성을 위하는 애민정신으로 가득한 겸양한 왕이 자신의 후계자를 선발하는 과정에서 사심으로 인한 잘못된 결정을 해야 할 이유가 있을 리 만무하다. 더욱이 열린 마음으로 협치(協治)정치를 하는 현명한 왕이 설사 오판을 했다고 하더라도, 곧 그 옆에서 보필하는 현명한 신하들이 그 잘못을 지적할 것이고, 곧이어 왕이 그것을 신중히 검토하여 시정할 것이기 때문에 결코 그 선택이 잘못될 리 만무하다.

둘째, 자신보다 뛰어난 능력을 갖춘 인물을 오히려 천거하고 양보하는 겸양의 도덕심과 현명한 지혜를 발휘하는 신하들이 타당한 왕위계승에 대한 불만을 품고 불복하여 난을 일으킬 이유가 결코 있을 리 없다.

셋째, 현명하고 지혜로운 왕과 신하가 어울려 정사를 펼쳐나가는 조정에서 자신의 부귀영달을 위한 권력을 독점하고 유지하려는 당파가 형성될 근거가 없다.

넷째, 설사 왕의 혈육이나 신하 중의 누군가가 불복하여 난을 일으킬지라도, 현명한 왕과 현명한 신하가 반듯하게 어울린 조정을 뒤엎을 만큼의 막강한 세력을 오랜 시간에 걸쳐 형성할 수 없어서 곧바로 진압될 수밖에 없다. 따라서 결코 성공할 수가 없는 그런 반란이 선양제도를 정착시킨 왕도정치에서는 도저히 발생할 수 없을 뿐더러 설사 발생하더라도 결국 일과성 사건으로 끝나게 된다.

다섯째, 왕조가 비극적으로 교체된 경우는 대부분 세습제 하에서 자격미달의 왕이 등극했을 때이다. 즉 그 경우는 왕이 무도한 폭군이 국정을 문란하게 하거나 아니면 무능한 왕을 대신하여 간신들이 정권을 장악하고서 국정을 농단할 때이다. 그리하여 그런 왕을 대신한 새로운 왕을 내세우는 반정이 발생하게 되고, 그럼에도 불구하고 국정이 수습되지 않으면 마침내 왕조를 교체하는 혁명의 사태가 도래한다.

따라서 춘추시대에 이르러 공자와 그의 제자들이 바로 이런 문제점을 바로 잡고서 왕도정치를 수호하려고 했지만, 이미 세습제가 야기한 폐단을 수습하기에는 역부족이었다.

그렇게 되면 당연히 세습제 군주 하에서 신하의 역할이 과연 어느 수준까지 허용될 수 있겠는가? 하는 의문점이 가능해지는데, 그 의문점은 다음과 같이 세분될 수 있다.

첫째는 임금이 성현이 아니라면, 현명한 신하의 역할이 제 몫을 충분히 다할 수 있겠는가? 하는 의문점에 대한 입장이다.

둘째는 성군과 현신으로 이루어져야 하는 왕조정치의 근본을 벗어난 경우로서, 임금이 무능하여 정사를 제대로 돌보지 않고 그런 와중에 현명한 신하의 충언마저 멀리하고 간신을 기용할 적에는 현명한 신하들이 어떻게 처신해야 하는가? 하는 경우이다.

셋째는 임금이 폭군일 적에 현명한 신하는 그를 권좌에서 내몰아야 하는가? 하는 경우이다. 이 경우는 폭군만 몰아내고 같은 혈통의 인물에서 새로운 왕을 옹립하는 경우와 아예 왕조를 바꾸는 혁명과업에 참여해야하는 경우로 구별될 것이다.

이런 구분으로 유가를 살펴보면, 유가의 전반적 내용은 첫 번째의 경우에 집중되어 있다고 말할 수 있다. 그러나 유가의 사상가들은 두 번째와 세 번째의 경우에 대해서도 왕도정치의 본질을 명확히 개진하여 수록해 두었다.

그리고 더 나아가 그 왕에게 비록 성왕의 자질이 다소 미흡할지라도, 그가 힘써 노력하여 성군의 자질을 함양하여 현명한 신하를 등용하고서 그의 도움으로 정사를 잘 하려고 노력하는 인품을 지니고 있다면 별반 문제가 될 소지가 없기 때문에 유가가 수호하려는 왕도정치의 근본에 크게 벗어나지 않아 일단 부합한다고 말할 수 있다. 그리하여 그런 맥락에 맞추어 유가의 선비들은 왕도정치의 이념을 군왕이 시행할 수 있도록 최선을 다하는 신하가 되려고 노력하며 따라서 그렇게 되기 위해 먼저 자신의 인격을 도야하고, 학문을 연마하는 작업을 게을리 하지 않았다.

그런데 유가의 사상과 여타의 다른 유파의 사상도 그 뿌리가 왕도정치의 이념에 있는 만큼 백성을 위하는 마음에서는 모두가 한 결 같았다. 그럼에도 불구하고 사상이 분화되어 극도로 차별된 이유는 춘추·전국시대의 정국이 대단히 복잡해져서 위와 같은 경우로 구분하기가 심히 어렵게 되었기 때문이다.

그렇다면 무엇이 새로운 변수로 등장한 것일까?

곧 하나라에서 상나라로, 상나라에서 주나라로의 교체과정에는 약간의 차이점이 없진 않았더라도 천명을 혁명의 명분으로 내건 행동이 동일하였지만 그러나 주나라의 붕괴과정은 앞선 두 경우와 질적으로 달리 천명을 왕조교체의 명분으로 내세울 수 없었던 점이다. 다시 말해 그 점은 상과 주의 제후국이 하 왕조와 상 왕조를 성실히 섬기다가 하나라와 상나라가 왕의 폭정으로 인해 천명을 상실하였기 때문에 천하의 안정을 바라는 민심에 부응하여 이윽고 여러 제후국들을 규합하고서 마침내 자신이 섬기는 왕조를 타도하게 된 경우와 달리, 주왕실의 권위가 떨어진 틈을 타서 각 제후국들이 천하의 안정을 바라는 민심을 아랑곳 하지 않고 자신의 제후국의 신분을 떨쳐 버리고 스스로 주나라와 동격의 왕이 되려고 한 점이다. 즉 백성들을 위한다는 민본주의적 명분을 포기하고 오로지 자신들의 이익을 위해 타 제후국들과의 전쟁을 일삼았으니, 어느 누구도 천명이란 이념을 내세울 수가 없게 된 점이다. 즉 주나라를 대신해야 할 천명의 명분을 내세우려면, 먼저 자신들이 왕도정치의 근본으로 자신의 제후국을 다스리고 그리고 나서 이웃 제후국들의 전폭적인 지지를 얻었다가 마침내 주나라에서 걸과 주와 같은 폭군이 등장했을 경우에 혁명을 시도해야 하는데, 동주시대의 주나라가 걸·주의 상태에 이르지 않았고 또한 마찬가지로 제후들도 탕왕과 문왕의 인물들이 아니었기 때문에, 따라서 그들에게는 충분하고 타당한 혁명의 명분이 전혀 없었던 것이다.

그럼에도 불구하고 동주왕조에 이르러 춘추시대와 전국시대의 혼란이 발생했는데, 그러면 당연히 왜 그렇게 되었는가? 하는 의문점에 대한 원인과 동기에 대한 객관적이고 엄밀한 논구가 필요해진다.

그런데 주왕조의 붕괴는 바로 공자가 그렇게 강조했던 예의 정치의 붕괴로부터 시작되었기 때문에, 반드시 그 점을 유념해야만 비로소 춘추시대를 지나 전국시대에 이르러 중국고대왕조의 역사왜곡이 왜 가능해졌는지를 제대로 직시할 수 있게 된다.

따라서 주나라가 곧바로 붕괴되지 않은 이유를 주목해야 하는데, 그 점은 비록 주나라가 호경에서 낙양으로 도읍지를 옮김으로서 종주국의 권위가 실추되긴 했지만, 그러나 여전히 주나라가 제후국의 구심점인 종주국의 지위에는 변함이 없었기 때문이다. 그러나 왕도를 천도해야 할 정도로 실추된 권위를 회복하려면, 막강한 재정과 군사력이 뒷받침되어야 하는데, 그런데 제후국들이 권위가 실추된 주왕조의 명령을 순순히 따라 자신의 재물과 군사력을 동원할 리 만무하였다. 즉 제후국들이 주나라가 상나라를 무너뜨릴 때 내세운 천명을 수호할 자발적 복종의 의지가 약해진 것이다.

하지만 춘추시대는 주 왕조의 권위가 실추되었더라도, 제후들이 주나라가 계승한 천명을 전적으로 거부할 상황이 아니었기 때문에 유력한 제후들은 미력하긴 하지만 여전히 효력이 남아있는 주 왕조의 권위를 앞세우고서 국정의 혼란을 수습하려는 중심국가가 되고자했다. 이것이 바로 춘추오패의 시기였다. 그런데 그 과정에서 춘추오패의 제후국들이 주왕조의 권위를 회복시키려는 노력 대신에 자신들의 이익을 도모하는데 치중했기 때문에, 그들이 보여준 이기적인 태도가 춘추시대가 전국시대로 전환된 진원지가 되었다고 말할 수 있게 된다.

왜냐하면 주 왕실을 대신하여 여러 제후국들을 이끄는 패자의 위상을 차지한 제후국들이 주공 단처럼 주 왕조를 보호하고 주 왕조의 권위를 회복시키려고 한 것이 아니었기 때문이다. 즉 주 왕조를 보호하고 주 왕조의 권위를 회복시키려고 춘추오패들이 진력했었다면, 그 이후에 어느 제후국에서 불충한 신하들이 올바른 제후를 몰아내고 정통성의 권위를 지닌 제후의 자리를 넘볼 수 있었겠는가? 하는 의문점 때문이다. 다시 말해 춘추오패를 중심으로 하여 여러 제후국들이 주 왕조가 계승한 천명을 수호하려고 했다면, 어느 누구도 그 명분을 거슬리는 행동을 감히 저지를 수 없었을 것이기 때문이다.

여하간 춘추오패가 주도한 주나라의 정국이 아직까지는 파국의 시점에 이르지 않았기 때문에, 춘추시대의 공자는 여전히 주 왕조가 계승한 천명을 여러 제후들이 수호하여 왕도정치를 복원하도록 설득하였고, 그리고 그 실현가능성의 여지에 대해서는 주공 단의 경우를 본보기로 삼았다.

더 나아가 설사 주 왕조가 교체된다고 하더라도 새로운 왕조의 출현도 왕도정치의 길을 걸어가는 왕조이어야 하는 점인데, 그 점은 공자가 다음과 같은 말한 점에서 확연해진다. 왜냐하면 전국시대의 열 왕들은 실질적으로 주나라의 제후국의 수준이었으므로 당연히 만승의 천자(天子)국이 아닌 천승의 제후(諸侯)국에 관한 말을 고스란히 적용하게 되면, 그와 같은 동일한 결론이 마땅히 나오기 때문이다.

"공자께서 말씀하셨다(子曰). 「천승의 나라를 다스리되(道千乘之國國), 정사를 공경하게 하고(敬事) 그리고 믿게 하며(而信), 쓰기를 절도 있게 하고(節用) 그리고 백성을 사랑하며(而愛人), 백성을 부리기를 때에 맞추어 해야 한다(使民以時)」."[176)]

그런데 전국시대에 이르러 이와 같은 유가의 입장을 근본적으로 부정하는 이론이 등장하였는데, 곧 그 이론은 전통적인 요·순사관과 그 사관을 견지하고 있는 유가에 대항하기 위해 탄생한 황제사관이었다. 다시 말해 그 방법은 다름 아닌 현실적으로 도덕적 군자가 될 수 없는 열 왕들의 책임을 면제해주면서 동시에 그들의 부도덕한 힘을 적극 활용해 천하를 움켜지려는 야심찬 발상의 계획이었다.

여하간 그 이론은 자연을 태동하게 하고 그리고 그 태동된 자연 속에 인간의 삶까지 평화롭게 만들 궁극원리가 있다는 주장을 내세우고서 세상의 이목을 끌었다. 그런즉 그들은 모든 것이 비롯되고 야기되는 곧 모든 생성소멸의 변화를 포괄하는 원천적인 원리인 무위자연설을 내세우고서 그리하여 마침내 인간의 생존방식도 그와 같은 궁극원리와 자연법칙에 따라야 한다고 역설하였다. 그리고 그들은 그것에 순응하는 판단과 행위가 천명을 따르는 길이라고 세상에 전파하였다.

그러면 그들의 이론도 마땅히 구체적인 현상이 없으면 추상

---

176) 논어 p21

적인 본질이 있을 수 없고 역으로 추상적인 원리는 반드시 궁극요소를 구체적인 만물의 양상으로 변화시켜야 하는 이치에 따라 궁극요소에 관한 설명을 갖추고 있어야 한다. 하지만 그들은 사물에 궁극요소로 전환시킨 음양설과 수리학을 그대로 채용했을 뿐 그밖에 다른 무엇이 없었기 때문에 따라서 그들의 이론에는 알려진 바와 달리 구체적인 요소가 달리 있는지가 가장 중대한 의문거리가 아니 될 수 없다. 왜냐하면 구체적인 현상을 수미일관되게 설명할 수 있는 추상적인 작용원리는 역설적으로 오히려 구체적인 것을 명확히 체계화시킨 통일적인 것이어야 하는데. 그러면 구체성이 결여된 추상적인 작용원리는 진정한 원리가 아니게 되며 또한 그런 취약한 이론에서의 추상성은 구체적인 현상을 제대로 설명할 수 없어서 종국에는 이론의 한계를 드러낼 수밖에 없기 때문이다.

그렇게 되면 원점으로 되돌아와 구체성을 결여한 도가의 도는 아무리해도 고대통치이념이 수립한 천명(天命)의 이치를 벗어날 수 없게 된다. 왜냐하면 도가가 만물이 하나(一)로 귀착(歸着)되면 그로부터 다시 거꾸로 만물의 현상으로 되돌아가 그리하여 그 하나(一)가 수많은 현상을 낳게 하는 구체적 방식을 소상히 설명해야 하는데, 도가가 그것을 제대로 설명하고 있지 않았기 때문이다.

그런데 도가가 그것을 오로지 현상의 모든 사물과 양상이 근원적인 일에서 비롯된다고만 하고서 자세한 설명을 신비스러운 용어의 장막 뒤로 숨겨버리면, 당연히 그 태도는 자신들이 내세운 이론이 방법론이 결여된 이론이거나 아니면 다른 흑막의 의도가 있는 이론이라는 것을 보여주는 격이 된다. 다시 말해 도가의 방식은 기존의 음양설과 수리학을 논리전개의 근거와 바탕으로 삼았기 때문에 특별할 것이 있을 수 없는데도 불구하고, 그들이 자신들이 개발한 무위자연의 이론을 무리하게 인간의 생존방식에까지 적용하여 인간의 창조적 삶이 지닌 긍정적 의의를 적극적으로 펼치는 유가의 입장을 극히 잘못된 인위적 발상으로 부정하고 극단적으로 배척하였기 때문이다.

그러면 당연히 도가가 범한 많은 오류 중에서 다음의 두 가지 점이 우선적으로 검토되어야 한다. 물론 그들은 모든 창조적 행위를 부정한 것이 아니라 그 과정에서 잘못된 것만 지적하였을 뿐이라고 변명할 수 있겠지만, 그러나 전혀 그렇지 않기 때문에 그들이 의도적으로 묵과한 명백한 오류는 결코 변함이 있을 수 없게 되고 따라서 그 점은 마땅히 지적되어야 한다.

첫째는 도가사상의 근저에 놓여 잇는 음양론은 이미 주역이 체계적으로 구성하고 있을 뿐더러 더 나아가 공자가 그런 음양론의 변화이치를 도덕적인 차원으로 끌어올려 구체적으로 자세히 설명하고 있기 때문인데, 그러면 당연히 그들은 자신들의 이론과 주역과 그 이전의 음양오행설이 전개한 내용과 무관한 것인지를 명확히 해명해야 한다.

둘째는 도가가 인간의 죽음 이후를 실증할 수 없으면서도, 만물제동설과 무위자연설에 인간영혼의 사후문제를 포함시켰기 때문인데 그러면 도가는 인간영혼의 문제를 논리적으로 제대로 해명해야 한다. 왜냐하면 그들의 이론도 여타의 다른 이론처럼 누구든지 인간의 사후를 실증하지 못하는 약점을 파고든 '무지(無知)의 논법을 적절히 구사하였는데, 그러면 마찬가지로 자신들도 그런 논법이 야기하는 문제점에서 결코 벗어날 수 없기 때문이다. 곧 영혼의 사후가 존재한다는 믿음이 현실을 바탕으로 하여 나온 것이라면 똑같이 만물제동설도 그와 같은 발상과 다름없는 것이 될 뿐이기 때문이다.

그런즉 유가와 도가의 실질적인 차이점은 인간의 창조적 행위에서 발생한 인위적인 도덕의 규범을 정당하게 인정하는 입장과 부정하는 입장으로 귀결되는데, 그러면 그 입장 차이는 곧 바로 인간의 창조적 행위와 도덕적 규범을 없앤 사회가 바람직한 인간의 생존모습인가? 하는 문제로 나아갈 것이다.

제3절 공자의 가르침은 왜 다른 사상가의 공박에도 허물어지지 않았는가?

논구초점 : 공자가 말씀한 「온고이지신(溫古而知新)」의 말뜻은 심대하다. 그런고로 그 의미에는 예법은 시대에 따라 바꿀 수가 있고 또 적절하게 바꾸어야 하지만, 그러나 예법의 근본정신은 결코 바꿀 수도 없고 또 바꾸어서도 안 된다는 대원칙이 담겨있다. 즉 중용과 시중과의 관계이다. 그렇게 되어야만, 위정자는 안정된 정치이념의 노선위에서 변화하는 상황에 알맞게 사회발전을 도모할 수 있게 된다. 이와 같이 보편에 입각한 유가의 상황

논리는 전국시대 말기의 순자가 잘 보여 준다.

지금까지 줄 곳 고대왕조의 정치노선과 그것을 수호하려는 공자의 노력이 지닌 역사적 의의를 규명하였다. 그럼에도 불구하고 더 논구해야할 점은 공자의 사후에 그의 노선을 지극히 부정하고서 심히 공박한 전국시대의 역사가 전개되었기 때문에 공자의 가르침이 그런 상황을 극복할 수 있었던 원천과 그리고 동아시아 정치사상의 정점에 설 수 있게 된 이유와 배경이다.

그런데 우선적으로 주목되는 점은 공자는 고대왕조의 통치이념을 단순한 자신의 주관적 의지만으로 수호하려고 하지 않았다는 점이다. 오히려 그는 고대통치이념이 수립한 진리의 요체를 인(仁)의 용어를 핵으로 삼아 체계적으로 재차 통일시켰기 때문에 진정한 수호자가 될 수 있었던 것이다. 그 이유는 공자가 위정자의 갖추어야할 덕목 중 가장 근본적이면서 으뜸인 것이 단연 백성을 사랑하는 것이고 그리하여 인의 마음이 없이는 그런 민본주의의 정치가 제대로 이루어질 수 없다는 점을 제대로 직시하였기 때문이다. 즉 근본이 형성되지 않고서는 어떤 방책인들 제대로 수립될 수 없고 또한 제대로 실행될 수 없는 이치를 두고서, 공자는 그 이치를 인의 마음으로 통합하여 설명하였기 때문이다. 그러기에 공자는 난국의 시류에 영합하지 않고 주례의 회복에 단연 앞장 설 수 있었던 것이다.

그리고 또 다른 측면에서 공자의 위상이 결코 허물어 질 수 없었던 점을 살펴보면, 그것은 공자와 그의 제자들이 솔직했었다는 점이다. 그리고 그 점은 논어가 공자의 일상적인 모습과 제자들의 부족함 점들을 있는 그대로 여과 없이 그대로 보여주기 때문에 곧바로 확인되어진다. 다시 말해 존경받을 장점도 비난받을 단점도 감추지 않았다는 점이다. 더욱이 논어는 모두다 한결 같지 않은 제자들을 망라하고 그리고서 공자의 노선을 충실히 따라간 인물이건, 그렇지 못한 인물이건 간에, 공자와 나눈 대화를 꾸밈없이 기록하였기 때문에 따라서 여타의 다른 선비집단의 글이 정직하고 솔직하게 유가의 정신을 담은 논어의 필법을 넘어설 수 없었던 점이다. 그리고 더 나아가 공자의 가르침이 시대를 초월하여 모든 위정자가 갖추어야할 참된 근본 도리이기 때문에 결코 무너질 수 없었던 점이다.

그러면 공자의 가르침이 그런 반대편의 공박을 물리치고 오히려 더 우뚝 설 수 있게 한 주된 현실적인 원동력은 도대체 그 많은 가르침 중 어디에서 찾아야 할까? 하는 의문점이 중요해진다. 그런데 그 의문점에 대해 유가가 굳이 말해야 한다면, 그것은 단적으로 모든 구성원들이 현실세계에서 제대로 활동할 수 있도록 지도할 수 있는 방법론의 성격을 지닌 정명론이 아닐 수 없다. 그 이유는 정명론의 요체가 올바른 질서를 수립하고, 그리고 그에 걸 맞는 인재를 제자리에 배치하고, 그리하여 모든 사회조직이 제대로 작동할 수 있게 하는 사상이기 때문이며, 더 나아가 그런 특성의 정명사상만이 가장 확실하게 예법사상의 토대를 구축할 수 있기 때문이다. 즉 아무리 훌륭한 이론을 갖추고 있어도 위정자가 사태를 올바르게 판단하고서 올바르게 실현하지 못하면 결코 올바른 정치, 올바른 인간관계 및 올바른 사회질서를 형성할 수 없기 때문이다. 따라서 논어는 그 점을 논어 안연(顔淵)편에서 제나라 경공과 공자가 나눈 대화를 수록하여 명확히 밝혀 놓았다.

> "제나라 경공이(齊景公) 공자에게 나라를 다스리는 일을 묻자(問政於孔子), 공자가 대답하여 말했다(孔子對曰).「임금은 임금 노릇을 하며(君君), 신하는 신하 노릇을 하며(臣臣), 아버지는 아버지 노릇을 하며(父父), 자식은 자식 노릇을 하는 것입니다(子子)」.
>
> <경>공이 말했다.「좋습니다. 진실로 만일 임금이 임금노릇을 못하고(信如君不君), 신하는 신하 노릇을 못하고(臣不臣), 아버지는 아버지 노릇을 못하고(父不父), 자식은 자식 노릇을 못하면(子不子), 비록 오곡이 있더라도 내가 그것을 손에 넣고서 먹을 수 있겠습니까(雖有粟 吾得而食諸)?」."[177]

그렇기 때문에 정명론은 유가의 가르침에서 선비가 드려난 현실을 두고 위정자의 능력을 올바르게 진단할 수 있게 하고 그리고 잘못된 현상에 대한 올바른 처방을 정확히 내릴 수 있게 하는 방법론으로서 역할을 하였던 것이다. 그러므로 유기적인 사회조직에서 각자가 맡은 책무를 다하도록 만드는 정명론은 춘추전국시대의 난국의 원인을 진단하고 그리고 극복할 수 있는 처방전이 아닐 수 없게 된다. 또한 더 나아가 정명론은 모

177) 논어 p240~241

든 유가의 가르침을 아울릴 수 있었기 때문에 공자이래로 유가들이 세상 사람들에게 정확하게 유가의 가르침을 교육시킬 수 있었던 것이다. 곧 모든 것이 제자리에 놓여 있지 않으면, 그것이 원인이 되어 만사가 비뚤어지게 되는 현실은 너무도 당연한 진실이기 때문이다.

그런즉 논어는 공자가 설파한 정명사상을 아래의 글로서 수록해 두었다.

"자로가 말하였다(子路曰). 「위나라 군주가(衛君) 선생님을 기다려 그리고 정사를 하려고 합니다(待子而爲政). 선생님께서는 장차 무엇을 우선하시렵니까(子將奚先)?」.

공자께서 말씀하셨다(子曰). 「반드시 명분을 바로 잡겠다(必也正名乎)」.

자로가 말하였다(子路曰). 「그렇습니다(有是哉). 선생님의 <사정에 어두워 생각하는 바가 실제와 관련이 먼>우활하심이여(子之迂也)! 어떻게 바로 잡을 수 있겠습니까(奚其正)?」.

공자께서 말씀하셨다(子曰). 「비속하구나(野哉) 유<자로>야(由也)! 군자는 자기가 알지 못하는 것에는(君子於其所不知) 말하지 않고 가만히 있는 것이다(蓋闕如也).

명분이 바르지 못하면(名不正) 곧 말에 조리가 서지 못하고(則

言不順), 말에 조리가 서지 못하면(言不順) 곧 일이 이루어지지 못하고(則事不成), 일이 이루어지 못하면(事不成) 곧 예악이 일어나지 못하고(則禮樂不興興), 예악이 일어나지 못하면(禮樂不興) 곧 형벌이 알맞지 못하고(則刑罰不中), 형벌이 알맞지 못하면(刑罰不中) 곧 백성들이 손발을 둘 곳이 없어진다(則民無所措手足).

그러므로(故) 군자가 이름을 붙이면(君子名之) 반드시 말을 할 수 있으며(必可言也), 말을 할 수 있으면(言之) 반드시 행할 수 있는 것이니(必可行也), 군자는 그 말에 대하여(君子於其言) 구차히 함이 없을 뿐이다(無所苟而已矣)」."[178]

그러므로 이런 점을 종합하면, 공자가 수호하려는 고대왕조의 통치방식과 정치노선은 크게 두 가지 특성으로 요약될 수 있다. 그러면 그로부터 유가의 통치노선을 채택한 동아시아 삼국이 여타의 다른 사상들을 평화롭게 포용한 역사를 형성할 수 있었다는 결론이 가능해지게 된다. 곧 그 점은 다음과 같다.

하나는 왕도사상은 후대에서 말하는 원융회통(圓融回通)의 방식을 가장 잘 구현하고 있는 점이다.

다른 하나는 왕도정치사상이 정치영역 뿐만 아니라 종교영역에까지 확장하여 모든 종교사상을 포용할 수 있는 보편성을 지

178) ibid p254~255

닌 점이다.

전자의 평가는 왕도정치노선이 밑에서부터 위로 올라가 군신이 서로 화합하여 나라를 다스리게 만들고, 반대로 위에서부터 아래로 내려와 그 다스림이 백성을 위한 민본주의노선을 추구하도록 만든 점 때문이다.

후자의 평가는 왕도정치사상이 만물의 근본이 되는 도에 있고 그리고 그 근본의 도의 추구하는 왕도정치의 노선이 천명사상에 근거를 두고 있는 점 때문이다. 그 뿐만 아니라 왕도사상의 그 점이 모든 종교사상을 아우르고 있기 때문에 반드시 주목해야 한다. 곧 고대통치이념은 하늘과 인간과 자연을 분리시키지 않고, 인간이 하늘과 자연을 살펴서 최선을 다해 그 이념을 실현하려는 가치관이기 때문이다. 다시 말해 왕도사상은 신의 명분을 매개로 하여 왕권신수설과 천부인권사상을 동시에 포함하여 조화와 균형을 이룬 유일한 사상이기 때문이다.

그러므로 당연히 인(仁), 의(義), 예(禮), 지(智) 및 신(信)의 사상은 왜 다른 사상가의 공박에도 허물어지지 않았는가? 하는 물음은 그와 같은 왕도정치의 이념 속에서 해명되어야 한다. 곧 춘추전국의 난세에서도 유가의 사상이 한 결 같이 수미일관된 그 이념의 보편성이다.

그러면 공자의 그런 가르침은 논구하는 작업은 역설적으로 오히려 춘추전국시대를 마감하는 시기의 유학자인 순자가 공자의 가르침을 철저히 수용하고 있었는지를 살펴보는 것이 더 효율적일 수 있게 된다. 왜냐하면 지조 있는 유생들이 고대왕조가 수립한 통치이념을 일관되게 계승하고서 수호하려는 자세를 흩

트리지 않았기 때문에 그리하여 결국 한나라가 진나라의 전철을 밟지 않기 위해 유가를 국교로 채택하기에 이른 것이었기 때문이다. 하여간 만약에 유가가 다른 사상에 의해 그 가르침의 본질이 오염되어 퇴색되었다면, 아마도 한(漢)대 이후의 중국의 모든 왕조가 비록 통일왕조를 힘겹게 이룩하였더라도 곧이어 진나라처럼 몰락하고 그리고 뒤이어 전국시대처럼 전국토가 사분오열된 상황에서 수많은 왕조들이 난립하여 흥망의 부침이 심한 대립과 갈등의 전철(前轍)을 되풀이하였을 것이다. 그런즉 유가의 가르침이 한대에 이르러 비록 반쪽자리가 되었더라도, 전제군주제도의 왕조가 진나라처럼 되지 않도록 정국의 탈선을 방지하는 역할을 유일하게 하였던 것이다.

그런데 순자는 유학의 순수한 정신을 그대로 계승하여 제나라 민(閔)왕과 환(桓)공을 비판하면서 왕도에 관한 사상을 설파하였다.

> "……. 왕은 그렇지 않다(彼王者不然). 어짊이 천하에 드높고(仁眇天下), 의로움이 천하에 드높다(義眇天下)."[179]

여하간 이와 같이 전국시대의 순자가 굳게 왕도정치의 이념을 견지하고 있는 입장은 춘추시대의 공자가 왕도정치노선을 수호하려는 자신의 의지를 단호한 어조로 천명한 확고한 태도에 기인하고 있다.

---

179) 순자B p228~229

"공자께서 광 지역에 경계하는 마음을 품고 계셨다(子畏於匡).

<공자께서> 말씀하셨다(曰). 「문왕이 이미 별세하였으니(文王旣沒), 문이 이 몸에 있지 않겠는가(文不在玆乎)? 하늘이 장차 이 문을 없애려 하셨다면(天之將喪斯文也), 뒤에 죽는 사람이 이 문에 참여하지 못했을 것이다(後死者不得與於斯文也). 그러나 이 문을 없애려 하지 않으셨으니(天之未喪斯文也), 광 땅의 사람들이(匡人) 나를 어떻게 하겠는가(其如予何)? 」.[180)]

물론 이미 춘추시대의 혼란이 더욱 심화되어 가는 흐름 속에서 공자는 자신의 그런 노력이 순조롭게 통할 것이라고는 결코 여기지는 않았다. 즉 공자는 자신의 그런 순수한 입장이 춘추시대인 당대에 이르러 이미 거부되고 있음을 익히 잘 알고 있었든 것이다.

"공자께서 말씀하셨다(子曰). 「봉황새가 오지 않으며(鳳凰不至), 황하에서 하도가 나오지 않으니(河不出圖), 내 그만이다(吾已矣夫)」."[181)]

그리하여 그는 이미 왕도정치사상의 도가 시행될 수 없는 시

---

180) 논어 p166 - 광은 지명이다. 사기에 「노나라 대신인 양호(陽虎)가 일찍이 광 땅에서 포악한 짓을 하였는데, 공자의 모습이 양호와 유사하였으므로 광 땅 사람들이 <공자를 양호로 오인하여 >포위했다」 고 하였다.

181) ibid p169

대를 예감하고 있었다. 왜냐하면 황하에서 하도가 나오지 않았다는 말은 주나라가 계승한 홍범구주의 통치이념이 자기생존에는 더 이상 불가능해졌다는 말과 대동이해지기 때문이다. 그런즉 공자는 다음의 말로서 먼 훗날을 기약하였다.

"공자께서 말씀하셨다(子曰).「나를 알아주는 이가 없구나(莫我知也夫)!」.

자공이 말하였다(子貢曰).「어찌하여 선생님을 알아주는 이가 없다는 것입니까(何爲其莫知子也)?」.

공자께서 말씀하셨다(子曰).「<나는> 하늘을 원망하지 않으며(不怨天) 사람을 탓하지 않고(不尤人), 아래로는 <인간의 일을> 배웠고(下學) 그리고 위로는 <천리를> 통달하였으니(上達), 나를 알아주는 이는 하늘일 것이다(其天乎)」."[182)]

그러면 훗날을 기약한 공자의 노선을 살피기 위해서는 반드시 아래의 글을 반드시 짚고 넘어가야 한다. 곧 공자의 그런 생각을 기록한 논어의 글이 겉보기에는 전국시대의 순자의 후왕사상과 다를 수 있기 때문이다. 곧 그 이유는 비록 공자는 자신의 한계를 절감했을지라도 후일을 기약하였는데, 오히려 그 점을 간과하고서 아래의 글을 복고적인 글로 파악하게 되면 후일에 공자의 노선을 철두철미 따랐던 순자의 입장이 오히려 반

182) ibid p297 - 하학은 下學人事, 상달은 上達天理의 줄인 말임.

(反)공자의 노선처럼 오인될 수 있기 때문이다.

"공자께서 말씀하셨다(子曰).「선배들이(先進) 예악에 대해 한 것을(於禮樂) 촌스러운 사람이라 하고(野人也), 후배들이(後進) 예악에 대하여 하는 것을(於禮樂) 군자라고 한다(君子也). <내가> 만일 예악을 쓴다면(如用之) 곧 나는 선배를 따르겠다(則吾從先進)」."[183]

그런데 이 글을 제대로 이해하기 위해서는 특히 유념해야할 점이 있는데, 그것은 공자를 포함한 유가가 중국왕조의 정통성을 수호하려는 유일한 선비들의 집단이라는 점이다. 왜냐하면 공자가 제자에게 가르친 것은 공자 개인에 의한 새로운 발상의 새로운 이론이 아니라, 중국고대왕조가 자신의 백성을 다스린 통치이념과 역사의 본질이기 때문이다. 그러므로 아래의 기록이 중차대한 역사적 의의를 지니게 되는데, 그것은 곧 공자에게 스승이 따로 없었다고 말한 의문을 해소하는 점과 더 나아가 공자시대까지도 여전히 다른 서책이 없었다는 사실을 입증하는 점이다.

"공자께서 평소에 늘 말씀하셨든 것은(子所雅言) 시와 서와 예를 지키는 것이었으니(詩書執禮), 이 모든 것이 평소에 늘 말씀

183) ibid p204

하셨든 것이다(皆雅言也)."[184]

그와 더불어 논어는 공자가 통치이념을 정확히 꿰뚫기 위해 여러 방면에 걸쳐 연구한 점을 제7편 술이(述而) 16, 17장에 자세히 기록하였는데, 이 점도 중차대한 역사적 의의를 지니고 있다. 왜냐하면 요·순임금이래로 나라가 점을 친 방식이 발전하여 마침내 주나라 때에 주역으로 확고하게 수립되어 그리고 그것이 전국시대에 등장한 모든 음양학의 근거가 되었는데, 논어가 바로 그 주역의 존재를 명확히 기록해 놓았기 때문이다.

"공자께서 말씀하셨다(子曰).「하늘이 나에게 수년을 더해 주어서(可我數年), 주역을 공부하는 것을 마치게 한다면(卒以學易) 가히 큰 허물이 없게끔 할 수 있을 것이다(可以無大過矣)」."[185]

그러므로 이런 입장을 견지한 유가가 후대에 처한 상황은 유가를 교묘하게 공박한 도가의 글에서 살펴보면 역설적으로 오히려 더 객관적일 수 있게 된다. 왜냐하면 도가의 입을 통해 유가의 진면목을 드려다 볼 수 있고, 그리고 더 나아가 그들의 비판을 통해 오히려 그들이 범한 논리적 우를 구체적으로 파악할 수 있기 때문이다. 물론 그 점에 대해 이론(異論)이 있을 수 있겠지만, 어쨌든 열자가 양주의 입을 빌어서 말한 대목은 그 점을 확실히 입증하고 있기 때문에 여하간 이와 같은 방식에는

---

184) ibid p137
185) ibid p136

논증과정을 흩뜨릴 잘못된 결론을 내릴 염려가 전혀 없다.

하여간 그런 취지를 담은 다음의 긴 글이 열자(列子) 설부(설부) 편에 기록되어 있는데, 오히려 그곳에 유가의 인(仁)에 관한 열자의 견해가 잘 드러나 있기 때문에 그러하다. 특히 이 글이 유가를 겨냥한 황로학적 사고발상이라는 점은 「제나라와 노나라를 왕래했다(遊齊魯之間)」는 표현에 있기 때문에 그 점을 유의하고서 이 글의 취지를 주목해야 한다.

"……. 심도자가 다음날 맹손양과((心都子他日與孟孫陽) 함께 들어가 그리고 <양주께> 물었다(偕入而問曰). 「옛날에 어느 삼형제가(昔有昆弟三人) 제·노 간을 내왕하면서(遊齊魯之間) 같은 선생 밑에서 능히 학문을 배웠는데(同師而學) 인의의 도에 대한 배움을 다 하고서 그리고 돌아 왔더랍니다(進仁義之道而歸)」.

그 아버지가 물었습니다(其父曰). 「인의의 도는 무엇에 관한 것인가(仁義之道若何)?」.

맏이가 말했습니다(伯曰). 「인의란 제 몸을 사랑하고 그리고 명예 같은 것은 뒤로 미루게 하는 것입니다(仁義使我愛身而後名)」.

둘째가 말했습니다. 「인의란 제 몸을 죽여서 그리고 명예를 얻게 하는 일입니다(仁義使我殺身以成名)」.

셋째가 말했습니다.「인의란 제 몸과 아울러 명예를 함께 보존하게 하는 것입니다(仁義使我身名並全)」.

그들 삼인의 도는 서로 반대되는데(彼三術相反), 그러나 한 유학자에게서 똑같이 나온 것이므로(而同出於儒), 옳은 것을 붙잡고 그릇되지 않은 것을 붙잡을 수 있겠습니까(執是執非邪)?」”[186].

이에 대해 도가인 열자가 이기설을 주장한 양자를 내세워 다음과 같은 입장을 보여 주기 때문에 도가의 정체가 의심쩍지 않을 수 없게 된다. 곧 자신이 직접 유가를 공격하지 않고 양자의 입을 빌려 간접적 공격하는 음흉한 방식이 스스로 자신들의 정체에 대한 의심을 자초한다는 점이다.

“양자가 말했다(楊子曰).「황하 강가에 사는 사람이 있었는데(人有濱河而居者), 물에 익숙하여 헤엄에 과감했다(習於水 勇於泅). 배를 조정하여 돈을 받고 강을 건너도록 해 주었는데(操舟鬻渡), 백 명을 먹어 살릴 수 있을 만큼 이익을 제공했다(利供百口). 양식을 싸가지고 곧바로 헤엄을 배우겠다는 사람들이 무리를 이루었는데(裹糧就學者成徒), 그러나 익사자가 거의 반이 되었다(而溺死者幾半). 본디 배움을 말하자면 헤엄이었고(本學曰

---

186) 열자 p121

泗) 익사를 배우려고 한 것은 아니었는데(不學溺), 그러나 이익과 손해는 이와 같이 되지 않았다(而利害如此). 이것은 옳은 것을 시행하려는 것 때문에 도리어 나쁜 것을 행한 것이 아닌가(若以爲執是執非)?」.

심도자가 아무 말도 하지 않고 그리고 밖으로 나갔다(心都子嘸然而出). 맹손양이 그를 꾸짖으면서 말했다(孟孫陽之曰).「왜냐하면 당신의 질문은 케케묵었고, 선생의 답변은 편벽되었기 때문에(何吾子問之迂, 夫子答之僻), 나의 의혹만 더욱 더 심해졌소(吾惑愈甚)」."[187)]

그런데 이와 같은 비유가 오히려 도가의 사상가의 의도와 달리 과연 학문의 목적에 비추어 도가가 유가와 다른 뿌리에서 나올 수 있었던 것일까? 하는 의문을 떠오르게 한다. 물론 열자는 근본을 제대로 파악하지 못한 인물들에 의해 오히려 학문이 더 큰 피해를 유발한다는 답변을 통해 유가와 다른 근본의 사상이 있는 것처럼 말하였지만, 그러나 자신들도 자신들이 말한 바의 비판의 대상이 된다는 점 때문에 오히려 부메랑의 효과를 유발하는 역설적인 상황에 처할 뿐이다.

"심도자가 말했다(心都子曰).「큰 길에는 갈림길이 많기 때문에 양을 잃게 되듯이(大道以多岐亡羊) 학문도 방법이 많기 때문

187) ibid p121 - 鬻은 죽 죽이 아니라 팔 육으로 읽어야 한다.

에 생명을 잃게 되는 것이라네(學者以多方喪生). 학문은 본래 같지 않는 것이 아니고(學非本不同) 본래 하나가 아닌 것은 아니네(非本不一). 그러나 지엽적인 일에서는 이처럼 다르기 때문에(而末異若是) 오로지 같은 하나로 되돌아가야만(唯歸同反一) 목숨을 잃게 되는 일이 없게 되는 것이네(爲亡得喪). 자네는 선생의 문중에서 연장자로서(子長先生之門) 선생의 도를 배웠건만(習先生之道) 그럼에도 불구하고 선생의 비유를 통달하지 못하다니(而不達先生之況) 참으로 애달프구먼(哀哉)」."[188]

그러므로 공자의 가르침에 내포된 고대통치이념의 역사적 의의를 논하기 전에 당시의 시대상황을 잠시 살펴 볼 필요가 있는데, 그 중 하나는 과거시험이 없는 상황에서의 인재를 등용하는 방식이고, 다른 하나는 공공기관에서의 교육제도이다. 이 점에 대해서는 예기의 왕제에서 간단히 기술하고 있는데, 우선 인재등용의 글부터 인용하겠다.

"무릇 백성 중에서 재능이 있는 자를 벼슬시킬 때에는(凡官民才) 반드시 먼저 그 품행과 재예를 논고한다(必先論之). 논고해서 우열을 분별한 뒤에 일을 시킨다(論辨然後 使之). 일을 맡겨서 책임을 다할 수 있을 때에 벼슬을 주고 벼슬을 정해진 뒤에

188) ibid p258

녹을 준다(任事然後 爵之). 사람에게 벼슬을 줄 것을 논의할 때에는 선비도 함께 참여하게 한다(爵人於朝 與士其之)."[189]

그리고 예기는 주나라의 교육기관에 대해 기술해 두었는데, 주나라의 교육기관이 앞 선 왕조의 전통을 계승한 것이기 때문에 이 기록을 통해 고대왕조가 지닌 교육의 의의를 파악할 수가 있게 된다.

"천자로부터 가르치라는 명령이 있은 뒤라야(天子命之敎 然後) 학교를 개설할 수 있다(爲學). 소학은(小學) 공관의 남쪽 왼편에 있고(在公館南之左) 대학은(大學) 근교에 있다(在郊). 대학은 천자의 나라에서는 벽옹이라고 부르고(天子曰 辟雍) 제후의 나라에서는 반관이라고 일컫는다(諸侯曰頖官)."[190]

그런데 윗글 '선비도 함께 참여하게 한다(爵人於朝 與士其之)'는 글에서의 사(士)는 '학문을 갖춘 이' 혹은 '학문을 닦는 이'로서 '학식은 있으나 벼슬하지 않은 사람'을 의미하는 지식인이기 때문에, 당연히 선비는 공경대부와 서민의 중간에 있는 계층이 된다.

그러면 이로부터 선비의 유래를 어디에서부터 유추해야 할 것인가? 하는 근본적인 의문이 발생한다. 그리고 그 물음은 우

189) 예기 p177
190) ibid p181

선적으로 왕은 자신의 신하를 어떻게 등용했는가? 하는 물음과 같은 성격을 지닌다. 여하간 그에 대한 단초는 서경 우서(虞書)에 기록되어 있다.

"제가 말씀하셨다(帝曰). 「누가 때에 따라 잘 할 수 있는 사람인지를 묻겠노라(疇咨若時). 그런 인재를 선발하라(登用)」.

방제가 말하였다(放齊曰). 「맏아들 주가(胤子朱)" 열려 있고 밝습니다(啓明)」.

제가 말씀하셨다(帝曰). 「아니다(吁)! 말이 미덥지 않고 다투기만 하니(嚚訟), 되겠는가(可乎)?」."[191]

더 나아가 순임금의 치적을 기록한 곳에 교육에 관한 언급도 수록해 두었다. 물론 가르친다는 교(敎)의 의미를 후대의 교육기관을 통한 가르침으로 침소봉대해서는 안 되겠지만, 그러나 그것을 본보기라는 말을 사용하는 대신에 가르침으로서 표현한 점 때문에 주목대상이 되는 바이다. 왜냐하면 가르침을 언급한 점은 교육의 필요성과 그에 따른 도덕교육의 실행을 시사(示唆)하기 때문이다.

"…불변의 보편적인 형벌을 보여주시되(象以典刑), 오형은 귀

---

191) 서경 p15

양을 가는 형으로 용서해 주시고(流宥五刑), 채찍은 관의 형벌로 삼으시고(鞭作官刑), 회초리는 교육의 형벌로 삼으시고(扑作教刑), ….”[192)]

따라서 나라의 체제를 유지하려면 반드시 지식과 그 지식을 전수할 교육이 필요한 만큼 왕조가 마땅히 인재양성의 방식을 갖춘 역사의 기록은 부정할 수 없는 것이기 때문에 이 구절은 주목하지 않을 수 없는 대목이다.

그런데 요·순임금시대의 교육방식은 가장 중요한 역사적 문제점을 부각시키는데, 만약 그 당시의 인재 등용의 방식이 귀족제도에 의한 세습제라면, 요임금과 순임금의 양위가 어떻게 가능했겠는가? 하는 의문점이 곧장 발생한다. 그리고 그 의문점으로부터 요·순임금시대는 사회가 미분화되어 있었기 때문에 선양이 가능할 수 있었지만, 사회가 발전하여 복잡화해진 상황에서는 그런 선양은 도저히 불가능하다는 부정적인 입장이 제기될 수 있다. 다시 말해 정치적으로는 정치권력이 미약했고 그리고 경제적으로는 사적 소유권이 제대로 형성되어있지 않았기 때문에 선양제도가 가능했을 뿐이라는 부정적인 입장이다. 그러나 후대의 주나라의 정치상황을 참조해도 그런 논리는 결코 정당성을 확보할 수 없다. 왜냐하면 그렇게 되려면 곧바로 우임금 때에 세습제가 이루지지 않고 그 대신 하나라, 상나라를 지나서 주나라 때에 와서 비로소 세습제가 실시되어야 하는 주장이 가능하기 때문이다.

---

192) ibid p32

"제가 말씀하셨다(帝曰). 「아(咨)! 사악아(四岳)! 임금인 내가(朕) 자리에 있은 지가 일흔 해이고(在位七十載), 네가 명을 따랐으니(汝能庸命), 나는 임금의 자리에서 물러나겠노라(巽朕位)」.

악이 말하였다(岳曰). 「덕이 없기 때문에(否德), 제위를 욕되게 할 것입니다(忝帝位)」.

제가 말하였다(曰). 「분명하게 드러난 인물도 천거하고(明明), 미천한 인물도 천거하라(揚側陋)」.

여럿이 임금에게 말하였다(師錫帝曰). 「홀아비가 아래에 있는데(有鰥在下), 우순이라고 합니다(曰虞舜)」.

제가 말씀하셨다(帝曰). 「그러하다(兪). 나도 들었는데(予聞), 어떤 인물인가(如何)?」 ………."[193]

그런즉 오늘날의 선거 방식은 아니지만 그러나 인물을 정확히 검정하고 평가하여 후계자를 선정한 선양의 방식과 그리고 그렇게 하여 훌륭한 지도자를 선택하려는 마음가짐은 시대를 초월하여 인류사회가 언제나 본받아야할 귀감이 아닐 수 없다.

그런데 선양에 대해 수록한 서경의 글에는 또 다른 의문을 가능케 한다. 그 점은 선양의 방식에 후대에 황제의 계보가 만들어질 수 있는 여지가 있었는가? 하는 의심 때문이다. 곧 그 의심이 더 나아가 임금의 자리에 어떻게 그런 사람으로 앉힐

---

193) ibid p19

수 있었겠는가? 오히려 순임금도 요임금과 같은 부류이기에 추천될 수 있지 않았겠는가? 하는 의문점을 가능하게 만들 수 있기 때문이다. 그러면 요임금과 순임금이 고귀한 황제의 핏줄이기에 선양 아닌 선양이 이루어졌다는 교묘한 상상이 파고들 여지가 생길 수 있게 된다.

물론 후대의 황제사상이 이런 점을 교묘히 파고 들어서 그럴듯하게 구성하였지만, 그러나 요임금과 순임금을 황제를 매개로 하여 인척관계를 구성하는 것은 전후 맥락으로 볼 때 아예 잘못된 발상일 수밖에 없다. 왜냐하면 서경의 기록이 충분히 그 점을 입증하기 때문이다.

> 제가 말씀하셨다(帝曰).「내가 그를 시험할 것이다(我其試哉). 알맞은 때에 딸을 시집보내어(女于時), 두 딸에게 본보기가 되는지를 보리라(觀厥刑于二女).」
>
> 두 딸을 규수의 북쪽에 내려 보내 주셔서(釐降二女于嬀汭), 우에게 시집가게 하시고(嬪于虞),
>
> 제가 말씀하셨다(帝曰). 「공경하라(欽哉)」."[194]

특히 위의 글에서 주목되는 점은 그 당시의 일반백성인 순이 살고 있었던 지역이 하북성(河北省)의 규수(嬀水)라고 불리는 강(江)인 점이다. 그 점이 매우 중요한 이유는 요임금이 거처하

---

194) 서경 p19

는 궁궐과 조정이 순이 살고 있는 하북성에 있지 않았다면, 어떻게 왕도(王都)와 다른 지역의 하북성의 일반백성이 장차 임금이 될 관료로 천거될 수 있었겠는가? 하는 의문점 때문이다.

물론 그 의문점을 해명하기 위해서는 당시 상황을 고려한 다음의 가설이 가능해야 한다.

1. 당시에는 인구가 대단히 많지 않아서 고대왕조는 자신의 통치영역에서 대다수의 인물의 동향을 자세히 파악할 수 있었다.

2. 요와 순이 같은 이족의 인물이었기에 인재추천에 있어서 걸림돌이 없었다.

그런데 그런 가설을 뒷받침할 전거(典據)가 있는데, 그것은 후대에 이르러 작성된 주서(周書) 태서(泰誓) 속에 기록된 글귀이다. 그 이유는 이 글에 앞선 서경의 다른 기록은 선비에서 관료를 발탁한 사실을 기록해 놓았지만 세습이란 표현을 사용하지 않았는데 비해, 상나라 마지막 왕인 주를 타도하기 위해 주나라 무왕이 내세운 타도명분 속에 세습이란 표현이 수록되어 있기 때문이다. 곧 요가 순에게 선양한 시기는 왕조의 세습제도가 확립된 시기가 아니라는 점이다.

> "술에 빠지고(沈湎) 여색에 빠져 음란하고(冒色), 포학함을 감히 행하고(敢行暴虐), 사람에게 죄를 주되 친족까지 연루시키고(罪人以族), 사람에게 벼슬을 시키되 세습하게 하였다(官人以世).

오로지 궁실과(惟宮室) 누대와(臺榭) 연못과(陂池) 사치한 옷으로(侈服) 너희 만백성에게 잔학하고 해롭게 하며(以殘害于爾萬姓), 충성스럽고 어진 이를 불에 태우고(焚炙忠良) 잉태한 부인의 배를 갈랐다(刳剔孕婦).

황천이 진노하여(皇天震怒) 우리 문덕이 있는 아버지께 명하여(命我文考), 하늘의 위엄을 받들어 실행하게 하였으나(肅將天威), 큰 공을 모으지 못하였다(大勳未集)."[195]

그러면 더 나아가 세습이 아닌 천거로서 등용되는 선비들의 기준은 단지 지식을 지니고 있는 이들을 가리키는 말인가? 하는 문제도 제기될 것이다.

이 점은 오히려 공자가 말한 바를 참고해서 보면, 그로부터 선비는 도대체 어떤 인물들인가? 하는 물음에 대한 답변이 유추될 수 있다.

"공자께서 말씀하셨다(子曰). 「중등인물이상은(中人以上) 높은 것을 말해 줄 수 있으나(可以語上也), 중등인물이하는(中人以下) 높은 것을 말해 줄 수 없다(不可以語上也)」."[196]

그러므로 유가가 선비와 군자의 도리를 임금의 도리와 더불

---

195) ibid p380~381
196) 논어 p118

어 가장 중요시하는 이유는 바로 일반백성들이 모두다 선비가 될 수 없고, 군자가 될 수 없음을 알고 있었기 때문이다. 그리고 이와 같은 구별은 일반백성을 차별하여 무시하는 것이 아니라 도리어 일반백성의 능력이 이에 미치지 못한 점을 고려하여 지식인의 사명감을 고취시키려는 것이므로, 누구든지 그 진의를 분명히 유념하고서 그들을 이해해야 한다. 마찬가지로 아래의 글도 그와 같은 의도로 공자가 말한 글이다.

> "공자께서 말씀하셨다(子曰). 「백성은(民) <도리를> 따르게 할 수 있어도(可使由之), <그 원리를> 알게 할 수는 없는 것이다(不可使知之)」."[197]

따라서 선비로부터 군자는 어떻게 구별되는가? 하는 문제는 제대로 해명되어야 한다. 왜냐하면 선비가 벼슬과 무관한 입장을 견지해야 하는 것으로 설명할 수 있기 때문이다. 그러나 그렇게 되면, 선비가 왜 필요한지의 의문이 발생하게 된다. 그리고 이 모든 의문점의 종착지는 왕조의 예법에 관한 문제가 된다. 왜냐하면 예법을 뒷받침하는 이념적, 정치적, 법률적 의의가 제대로 파악되어야만 비로소 고대왕조의 역사적 실체도 정확히 드러날 것이기 때문이다.

그런데 근대시민사회와 달리 당시에 국가의 모든 제도와 조직 및 개인의 행동양식을 규정한 제도적 방식이 예법이므로 당연히 그 예법을 가르치는 일이 선비의 주된 임무였던 것이다.

---

197) ibid p156

따라서 법률이 예법을 대신하고 있는 오늘날의 시각으로 과거의 예법을 이해해서는 안 된다. 왜냐하면 인재양성을 위한 교육에 있어서는 천문학 및 기술학 등을 포함하여 거의 모든 개별지식의 형식과 내용이 예법이란 큰 틀 속에서 규정되어 있었기 때문이다. 곧 관혼상제 및 향음주례와 상견례와 같은 육례를 비롯하여 정치 및 외교 그리고 경제정책에 관한 모든 규범 즉 법규들이 총망라된 곳이 예법이었기 때문이다.

여하간 인재를 양성하는 일이 당연한 나라의 가장 중대한 본분이었지만 그러나 모든 이들이 다 중용되었던 것이 아니기 때문에 벼슬을 하지 못하는 인재들은 당연히 그대로 남지 않을 수 없게 되었다. 그리고 그들은 각 지역에서 예를 가르치고 예를 실행하는 본보기가 되면서 나라의 체제를 떠받치는 초석과 기둥과 동량이 되었다. 그리하여 그들은 시간이 지남에 따라 벼슬과 상관없이 예법을 수호해야할 사명감을 지니고서 그 일을 충실히 수행하는 것을 자신들의 책무로 간주하는 계층이 되었다. 즉 그들은 왕도정치의 통치이념을 실현하는 중심세력이 되었던 것이다.

그러면 선비가 어떤 존재인가? 하는 의문점에 대해서는 서경에서도 주서, 다사(多士)에 기록된 것을 참조하면 더 확연해진다. 곧 인재등용을 함에 있어서 선비 중에서도 올바른 선비를 등용해야 한다는 간언이다.

"즉 나라에서는 인사를 단행할 때에(國則罔有立政) 소인을 등용하지 말아야 하니(用憸人), 소인은 덕을 따르지 않기 때문입니다(不訓于德). 이들을 등용하면 그 세대에는 덕이 드려나지 않을 것입니다(是罔顯在厥世).

이제부터 인사를 단행함에 있어서(繼自今立政) 소인으로 하지 마시고(其勿憸人其勿以憸人) 길한 선비로 하시어(其惟吉士) 우리 국가를 열심히 돕도록 하십시오(用勱相我國家)."[198]

그런즉 공자가 이와 같은 사고방식에 걸맞게 고대통치이념을 그대로 견지하였기 때문에 따라서 일반백성들은 공자의 문도를 다른 선비와 구별하여 유생이라고 부르고 또한 예를 보존하여 가르치고 또한 실천하는 대표적인 선비집단으로 인정하였던 것이다. 그리고 더 나아가 일반백성들은 당연히 유가들이 가르치는 예를 자신들이 배우고 따라야할 정론으로 수용하였던 것이다. 그러므로 유가가 한 치도 다름없이 고대통치이념과 노선과 방식을 그대로 계승한 사실은 서경의 글이 고스란히 그대로 입증해 준다. 곧 유가의 가르침이 아래의 내용과 전혀 다를 바 없기 때문이다.

"날마다 세 가지 덕을 밝힐 사람은(日宣三德) 새벽부터 밤까지(夙夜夙夜) 집을 다스려 밝힐 것입니다(浚明有家). 날마다 엄히 여섯 가지 덕을 공경히 할 사람은(日嚴祗敬六德) 나라의 일을 밝힐 것입니다(亮采有邦). ---- ."[199]

198) 서경 p754
199) ibid p82

따라서 유가가 기존의 왕조체제의 이념을 가르치고 있었기 때문에 그들을 선비로서 받아들였다는 사실은 역설적으로 세상 사람들이 유구한 왕조가 형성한 예법의 통치이념이 곧 민중의 생활철학이었음을 고스란히 입증하는 올바른 근거가 된다. 그러므로 이 점이 추후에 도가가 유가를 일반 민중들로부터 유리시키려고 애쓴 이유가 되며 중국역사의 왜곡의 시발점이기도 하다. 그리고 이 시발점이 의미하는 바는 유가가 전통을 고수하려는 집단이기 때문에 결국 유가를 공격한 집단이 기존의 주나라의 문물을 부정하는 집단으로서 그리하여 그들이 새로운 왕조의 통치이념과 체제를 추구하려는 목적을 추구하는 또 다른 선비집단이라는 결론이다. 그리고 더 나아가 그들이 기존의 예법을 대신하여 제시한 통치이념이 바로 도가가 내세운 황제사관의 무위자연의 통치이념이고 그리고 법가가 내세운 법치사상이라는 결론이다.

그런즉 그로부터 후대에 이르러 공교육이 아닌 사교육을 통해 공자가 제자들에게 가르친 이유가 해명된다. 그러므로 공자는 자신의 입장에 대해 다음의 말로서 진술하였다.

"공자께서 말씀하셨다(子曰). 「집지<執贄>의 예를 행하기 위한 포육 한 속(포육 열 개)이상을 가지고 스스로 오면(自行束脩以上), 내 일찍이 가르쳐 주지 않은 적이 없었다(吾未嘗無誨焉)」"[200].

---

200) 논어 p130

그러므로 선비와 유생의 관계를 예법을 바탕으로 하여 동일한 성격에서 이해하게 되면, 당연히 군자에 대해서도 동일선상에서 이해할 수 있게 된다. 왜냐하면 관직에 오른 선비가 있으면 반대로 관직에 오르지 못한 선비가 있게 마련이고 그러면 형식적으로는 벼슬을 얻은 인물이 벼슬을 얻지 못한 인물보다 학식과 덕행이 보다 더 높은 훌륭한 인물인가? 하는 의문점 때문이다. 그러므로 문물제도가 더욱 복잡해진 주나라 시대에 이르러서는 학문과 덕행이 높은 선비와 높은 관직에 이른 인물을 함께 묶어 관직에 나아가지 못한 일반선비와 구별하여 공공연하게 군자라고 일컫게 되었던 것이다.

물론 그런 구분이 명백하지 않은 시점에서는 당연히 모든 지식인을 통칭하여 선비로 불렸던 점은 서경 주서(周書)가 명백히 보여 준다.

"왕이 말씀하셨다(王曰). 「많은 선비들이여(多士)! 옛날에 임금인 내가(昔朕) 엄으로부터 올 적에(來自奄) 나는 너희 사방 나라 백성들에 대한 처벌의 명을 크게 낮추어서(予大降爾四國民命) 이에 내가 하늘의 벌을 확실하게 이루어(我乃明致天罰) 너희를 먼 곳으로 옮겨(移爾遐逖) 우리 많이 공손한 종주를 가깝게 하고 섬겨 신하가 되게 하려고 했다(比事臣我宗多遜)」."[201]

201) 서경 p645

그런데 이 문장에서 많은 선비(多士)와 더불어 주목되는 대목은 '너희 사방나라백성(爾四國民)'인데, 그 이유는 주나라 임금이 이 말을 사용했는가? 하는 점 때문이다. 그러나 어쨌든 선비(士)라는 말은 모든 지식인을 아울러서 부르는 용어였던 것이다

> "왕이 말씀하셨다(王曰).「너희 은나라의 많은 선비들에게 고한다(告爾殷多士). 이제 나는 너희를 죽이지 않을 것이니(今予惟不爾殺), 내가 이 명을 거듭한다(予惟時命 有申).
>
> 이제 임금인 내가(今朕) 큰 도읍을 이 낙읍에 만든 것은(作大邑于玆洛) 내가 사방 제후들을 손님으로 맞이할 곳이 없으며(予惟四方罔攸賓), 또한 너희 많은 선비들이 일하여(亦惟爾多士攸服) 분주히 우리 많이 공손한 주나라에 신하노릇하게 하려는 것이다(奔走臣我多遜)」."[202]

그러므로 선비가 준비된 관료인 점을 단적으로 파악할 수 있는 글귀는 다사(多士)를 이어 수록된 무일(無逸)편에 기록되어 있다.

그런즉 정치적으로 왕도정치를 실현하려는 군주와 왕도정치의 통치이념을 구현하기 위해 관직에 나아갈 준비를 하는 선비가 지향하는 바의 목적이 결코 다를 수 없게 된다. 비록 관직과

---

202) ibid p646

인연이 없는 선비일지라도 왕도정치의 이념을 구현하는 예법을 사회규범으로 확립하는 행동의 주역들이기 때문에 그들에게는 관직(官職)은 왕도정치이념을 실현하려는 수단일 뿐이고 오히려 그들의 진정한 목적은 오로지 왕도정치의 이념을 수호하는 것이라고 말할 수 있게 된다. 아래의 서경의 글이 단적으로 그 점을 입증해준다.

"신중히 너의 관료들을 선택하되(愼簡乃僚) 말을 잘하고 얼굴빛을 아름답게 하는 자와 편벽되고 간사한 자를 쓰지 말고(無以巧言令色便辟側媚) 마음이 어진 선비를 기약하라(其惟吉士)."[203]

따라서 이 글은 곧바로 왕조가 관료를 선비에서 선발하는 인제등용의 방식을 여실히 보여주는 증거가 된다. 그리고 후대에 이르러 과거제도로 인제를 등용해야할 토대가 된다.

그리고서 서경은 마침내 선비에 대비되는 군자에 대한 언급을 선비의 언급과 나란히 수록하였는데, 서경 주서의 마지막 장에 남겨져 있다. 그런데 이때의 군자(君子)는 곧 군주(君主)를 일컫고 있는 경우이다.

"나이가 많은 훌륭한 선비는(番番良士) 등골뼈<근육>의 힘이 이미 쇠하여서(旅力旣愆), 나는 오히려 남겨두었고(我尙有之), 씩씩하면서 용감한 대장부는(仡仡勇夫) 활쏘기와 말을 모는 일

203) ibid p855

을 피하지 않으므로(射御不違), 나는 오히려 바라지 않는다(我尙不欲).

오로지 말을 교묘하게 좋게 둘러맞추어(惟截截善諞言), 군자로 하여금(俾君子) 말을 바꾸게 하는 이를(易辭), 내가 어느 겨를에 많이 가지고자 하였겠는가(我皇多有之)?"[204)]

따라서 선비와 군자의 존재를 이와 같이 이해했다면, 결국 신하라는 개념 속에서 왕과 신하의 관계를 정확히 이해해야만 왕도정치의 실체와 그리고 선비의 임무가 역으로 정치의 비판적 입장에 설 수밖에 없었던 이유를 파악할 수 있게 된다.

더욱이 서경에 실린 글은 대부분 왕과 신하의 대화를 수록한 것이기 때문에 당연히 그 곳에서 왕과 신하의 관계를 여실히 살펴야 한다. 그리고 그 점이 그런 전통을 계승한 주대 성왕 때의 기록인 군석(君奭)에 잘 보존되어 있기 때문에 당연히 그 곳의 내용이 대단히 중요해진다.

"<주>공이 말하였다(公曰). 「군석이여(君奭)! 내가 들었다(我聞).

옛날 성탕이(在昔成湯) 천명을 받으셨을 때에는(旣受命) 때마침(時則) 이윤이란 이가 있어(有若伊尹有若伊尹) 황천에까지 이

---

204) ibid p903 - 番는 차례번이 아니라 머리가 센 모양의 파로 읽어야 한다.

르렀으며(格于皇天),

태갑 때에는(在太甲) 때마침(時則) 보형이란 이가 있었으며(有若保衡),

태무 때에는(在太戊) 때마침(時則) 이척과 신호란 이들이 있어(有若伊陟臣扈) 상제에까지 이르렀고(格于上帝), 무함은 왕가를 안정시켰으며(巫咸乂王家),

조을 때에는(在祖乙) 때마침(時則) 무현이란 이가 있었으며(有若巫賢),

무정 때에는(在武丁) 때마침(時則) 감반이란 이가 있었다(有若甘盤)」."[205)]

그리고서 주공이 소공 군석에게 자신들이 다스리는 주나라의 정황을 언급하였다. 곧 아래 글에서처럼 주나라가 어진 임금과 어진 신하의 협동으로 건국되었다는 것인데, 그러므로 이 말을 역으로 되새겨보면, 그 의미는 장차에도 문왕과 같은 어진 임금이 어진 신하들과 더불어 주나라를 다스려야 한다는 뜻이 된다.

"문왕이(有文王) 아마 넓고 넓은 우리 땅을 다스리고 화합하게 할 수 있었던 것은(尙克脩和我有夏) 역시 생각컨대 괵숙(亦惟有若虢叔)과 굉요와(有若閎夭) 산의생과(有若散宜生) 태전과(有若

205) ibid p678

泰顚) 남궁괄과(有若南宮括) 같은 사람이 있었기 때문이다."[206]

물론 이와 같은 인식이 가능한 바탕은 주공 단이 이미 요·순 임금의 왕도정치의 전통을 수립해 놓았기 때문이다. 그러므로 왕도정치에서의 군신간의 관계는 공자가 말한 바처럼[207] 임금은 신하를 예로서 대하고 신하는 충으로 봉사해야만 가능해진다. 그런 점에서 공자는 크게 두 인물을 주목했는데 한 사람은 주공(周公)이고, 또 한 사람은 관중(管仲)이다.

그런데 공자가 관중을 평함에 있어서 특이한 점은 그를 기국이 작은 인물로 평한 점이다. 즉 그릇이 작다는 것이다. 그 이유는 단적으로 주공은 주나라 전체를 위해 노력하였는데 반해 관중은 단지 제후국인 제나라를 위해 노력하였기 때문이다. 그리고 공자의 뜻을 계승한 순자가 춘추오패를 비판한 글 속에도 그 관점이 고스란히 표현되어있다.

> "<공자께서> 말씀하셨다(子曰). 「관중의 기국이 작구나(管仲之器小哉)!」."[208]

그런데 물론 이 말에 담긴 진정한 의미를 이 글만 가지고 정확히 파악할 수 없겠지만, 그럼에도 불구하고 주공 단의 행위와 비교해보면 공자의 의도는 명확해진다. 왜냐하면 기국의 의미는 관중에 대한 다른 평가와는 비교해보면 분명히 드려나기 때문

---

206) ibid p683
207) 논어 p63
208) ibid 65

이다. 그런즉 공자가 관중에 대한 일반적인 평가는 극단적으로 달랐는데, 따라서 앞에 글보다 뒤의 글을 참조하면 관중이 천하의 대의를 위해 행동하지 않음을 두고서 기국이 적다는 평가를 하였음을 단번에 파악할 수 있게 된다. 왜냐하면 앞의 글은 관중의 일상적인 처신에 대한 평가인데, 공자가 나쁘게 평가하였다고 하여 관중의 그런 처신에 대한 평가가 크게 달라질 리가 없을 뿐더러, 더 나아가 그 평가가 관중의 공적에 대한 역사적 평가가 될 수 없기 때문이다.

“혹자가 말했다(或曰).「관중은 검소했습니까(管仲儉乎)?」 <공자께서> 말씀하셨다(曰).「관씨는 삼귀를 두었으며(管氏有三貴), 가신의 일을 겸직시키지 않았으니(官事不攝), 어찌 검소하다고 할 수 있겠는가(焉得儉)?」.

「그러면(然則) 관중은 예를 알았습니까(管仲知禮乎)?」라고 묻자,

<공자께서> 말씀하셨다(曰).「나라의 임금이어야(邦君) 병풍으로 문을 가릴 수 있었는데(樹塞門), 관씨도 역시 병품으로 문을 가렸으며(管氏亦樹塞門), 나라의 임금이어야(邦君) 두 임금이 우호로 만났을 때(爲兩君之好) 술잔을 되돌려 놓는 자리를 둘 수 있었는데(有反坫) 관씨는 술잔을 되돌려 놓은 자리를 두었으니(管氏亦有反坫), 관씨가 능히 예를 안다면(管氏而知禮) 누가 예

를 알지 못하겠는가(孰不知禮)?」."[209]

그런즉 공자는 관자에 대해서 위의 평가 달리 아래 글에서는 대단히 높이 평가했다. 그러면 공자가 관중을 어떤 점을 두고 기국(器局)이 작다고 하였는지가 중요해지지 않을 수 없게 된다. 물론 그 점은 공자가 관중이 충분히 주공 단과 같은 일을 충분히 할 수 있었음에도 불구하고 그렇게 하지 않았다고 보았기 때문이다. 곧 아래에 실린 글은 관중이 연나라를 도와 산융을 물리친 점을 두고 공자가 한 말인데, 바로 그런 능력을 가진 관중이 춘추초기의 난국을 바로 잡지 못한 점을 두고서 공자가 아쉬워하지 않을 수 없었던 것이다. 그러므로 공자이래로 유가는 춘추·전국시대 내내 천하의 난국을 수습한 주공 단의 행동을 본보기로 삼았던 것이다.

"자로가 말하였다(子路曰).「환공이 공자 규를 죽이자(桓公殺孔子糾), 소홀은 죽었고(召忽死之), 관중은 죽지 않았으니(管仲不死), <관중은> 인하지 못하다고 말할 수 있습니다(曰 未仁乎)」.

<공자께서> 말씀하셨다(子曰).「환공이 제후들을 규합하되(桓公九合諸候), 병차<무력>를 사용하지 않은 것은(不以兵車) 관중의 힘이었으니(管仲之力也), 누가 그의 인만 하겠는가(如其仁)? 누가 그의 인만 하겠는가(如其仁)?」."[210]

---

209) ibid p66

"자공이 말하였다(子貢曰).「관중은 인자가 아닐 것입니다(管仲非仁者與). 환공이 공자 규를 죽였는데(桓公殺孔子糾), 죽지 못하고(不能死) 또 환공을 도와주었으니(又相之)…」.

공자께서 말씀하셨다(子曰).「관중이 환공을 도와(管仲相桓公) 제후의 패자가 되어(霸諸侯) 한번 천하를 바로 잡아(一匡天下), 백성들이 지금까지(民到于今) 그 혜택을 받고 있으니(受其賜), 관중이 없었다면(微管仲) 나는 아마도 머리를 풀고(吾其被髮) 옷깃을 왼편으로 하고 있을 것이다(左衽矣).

어찌(豈若豈) 필부들의 조그마한 신의를 위하여(匹夫匹婦之爲諒也) 스스로 도랑에서 목매어 죽어(自經於溝瀆), 그리고서 남이 알아주는 이가 없는 것과 같이 하겠는가(而莫之知也)」."[211]

그러므로 신하 중에서도 임금을 가까이에서 보필하기 때문에 임금과 더불어 정사의 책임을 져야할 지위가 높은 대신(大臣)에 대하여 공자가 말한 내용이 논어에 수록되어 있는데, 곧 그것은 다음과 같다. 그런데 이 글도 특히 주목해야할 점을 지니고 있는데, 그것은 공자가 자기 제자를 일러 '지금(今) 유와 구는(由與求也) 숫자만 채우는 신하라고 말할 만하다(可謂具臣矣)'라고

---

210) p284~285
211) ibid p285

한 말이다. 곧 자신의 제자가 곡학아세하고 있는 모습을 질책하고 있는 점이다.

“계자연이 물었다(季子然問).「중유(仲由), 염구는(冉求) 대신이라고 이를 만합니까(可謂大臣與)?」.

공자께서 말씀하셨다(子曰).「나는 그대가 특이한 질문을 하리라고 생각했었는데(吾以子爲異之問), 이에(曾) 유와 구에 대한 질문이로구나(由與求之問).

이른바(所謂) 대신이란(大臣者) 도로써 군주를 섬기다가(以道事君), 불가능하면 즉각 그만두는 것이다(不可則止).

지금(今) 유와 구는(由與求也) 숫자만 채우는 신하라고 말할 만하다(可謂具臣矣)」.

<계자연이> 말했다(曰).「그렇다면 곧(然則) <시키는 대로 혹은 하는 대로> 따르기만 하는 자들입니까(從之者與)?」.

공자께서 말씀하셨다(子曰). 「아버지와 임금을 시해하는 일은(弑父與君) 또한 따르지 않을 것이다(亦不從也)」.”[212]

그러므로 부득이 하여 더 이상 보필할 수 없는 지경에 이르러 물려서야할 부득이한 경우가 아니면, 아래의 글에서처럼 임금에게 반드시 바른 말을 하여야 함을 분명히 했다. 왜냐하면

212) ibid p219~220

모든 신하가 임금에게 올바르게 간언하면 결코 나라가 잘못될 리가 없기 때문이다. 또한 그런 여건을 충분히 갖춘 나라라면, 결코 현명한 임금이 어리석은 임금을 후계자로 내세울 리 없기 때문이다.

> "자로가 임금 섬기는 것을 묻자(子路問事君),
>
> 공자께서 말씀하셨다(子曰).「속이지 말고(勿斯也), 그리고서 얼굴을 대놓고 간쟁해야 한다(而犯之)」."[213]

따라서 공자는 선비가 먼저 높은 학덕을 쌓으면 바라는 관리가 되고 그 이상의 군자의 칭호를 듣는 높은 관리가 되는 것이므로 먼저 학문을 부지런히 익히는 것이 선비의 도리임을 가르쳤다. 곧 사람이 먼저이고 녹봉이 사람을 따르는 것이지, 녹봉이 먼저이고 사람이 녹봉을 따라가는 것이 아니라는 점이다.

> "공자께서 말씀하셨다(子曰).「군자는 도를 도모하고(君子謀道) 밥을 도모하지 않는다(不謀食).
>
> 밭을 갊에(耕也) 굶주림이 그 가운데에 있고(餒在其中矣), 학문을 함에(學也) 관리의 봉급이 그 한 가운데에 있는 것이니(祿在其中矣),
>
> 군자는(君子) 도를 걱정하고(憂道), 가난함을 걱정하지 않는다

213) ibid p290

(不憂貧)」."[214]

곧 이와 같은 마음으로 관리가 되어야함을 가르친 공자의 말씀에는 관리가 그 지위를 이용하여 부패하는 경우가 전제되어 있는 것이다. 왜냐하면 모든 환란이 군주와 신하의 탐욕에서 비롯된 것이기 때문이다. 그런데 그 점에 대해서는 이미 서경이 부패에 대해 엄중히 경계하는 반경 중(盤庚 中)의 글을 수록해 두었는데, 그 내용이 장차 관리가 되려는 모든 선비들에게 귀감이 아닐 수 없다.

"지금 내가 정사를 다스림에 있어서(玆予有亂政), 다함께 임하여 이에 패물과 옥을 구비하려고 하면(同位 具乃貝玉), 그대의 할아버지와 그대의 아버지가(乃祖乃父) 도리어 처음으로 우리 탕 임금에게 고하여(丕乃告我高后) 임금의 손자에게 큰 형벌을 내리라고 말할 것이다(曰作丕刑于朕孫). 탕 임금을 이끌어(迪高后) 상서롭지 못한 것을 크게 내릴 것이다(丕乃崇降弗祥)."[215]

그러므로 공자는 선비들은 언행이 일치되도록 수양해야 한다고 가르쳤고, 유가는 교언영색(巧言令色)하고 곡학아세(曲學阿世)하는 인물을 기피하고 경계하였던 것이다. 왜냐하면 이런 인

214) ibid p320
215) 서경 p306

물들이 정사를 어지럽히고 환란을 일으킨 원인제공자들이었고, 또한 실제로 어리석은 군주에게 밀착하여 춘추전국시대의 난국을 초래하였기 때문이다. 그런즉 신하 부열(傅說)이 상나라 고종(高宗)에게 고한 "알기는 어려운 것이 아니라(非知之艱), 행하기가 오로지 어려운 것입니다(行之惟艱)."[216]라고 말한 바처럼, 공자도 아래에서 같은 취지의 말을 하였다.

> "공자께서 말씀하셨다(子曰). 「그 말하는 것을 부끄러워하지 않으면(其言之不怍), 그런즉 실천하기 어렵다(則爲之也難)」."[217]

그리하여 공자가 가르친 바대로 유가의 선비들은 언행일치(言行一致) 곧 지행합일(知行合一)의 길을 걸어가려고 하였지만, 그러나 그 길을 이탈한 선비들 때문에 유가는 도리어 세인의 따가운 눈총을 받게 되었고 그리하여 묵가와 도가에게 공격의 빌미를 제공하고 그리고 공박을 받게 되었던 것이다. 그렇지만 그런 점은 역으로 묵가와 도가의 선비들에게도 똑같이 적용되는 것이기 때문에, 하여간 공자의 말은 어느 선비에게도 적용되는 교훈인 것이다.

> "공자께서 말씀하셨다(子曰). 「군자는(君子) 그 말을 완수하지

---

216) ibid p341
217) 논어 p287

못한 것을 부끄러워하고(恥其言), 그리고 행실을 말보다 앞서게 하여야 한다(而過其行)」."[218]

그런데 바로 유가의 이런 가르침이 현대의 민주주의의 맹점을 지적하는 글로서의 의의를 보여주는 것인데, 따라서 유가의 현대성은 다음의 경우를 통해 확인된다.

통상적으로 국가는 인류의 삶이 문명과 문화를 추구하는 한에서는 반드시 도덕규범을 따라야 한다고 가르친다. 그리고 국가의 교육은 만약 인류가 그와 달리 도덕적인 삶을 거부하면 야만적인 상태로 전락하여 동물과 진배없게 되기 때문이라는 이유를 댄다.

그런데 공자가 수호하려는 왕도정치의 통치이념은 일반적인 도덕규범의 정신으로 설명이 되지 않는 차원의 이념이다. 곧 그 이념이 위정자들을 통제하기 위한 이념이기 때문이다. 다시 말해 일반백성을 규율하기 위한 것이 아니라 오히려 왕을 비롯하여 관직에 오른 모든 권력자들을 통제하기 위한 이념이며 또한 앞으로 관직에 나설 지식인들이 갖추어야 할 품성을 지도하는 방법을 담고 있기 때문이다. 그런즉 백성을 다스리는 왕조는 백성을 위한 올바른 사회질서를 형성해야 하고 또한 그렇게 하기 위해서는 반드시 올바른 지식을 백성들이 알도록 해 주어야 한다.

따라서 유가는 왕이 갖추어야할 도덕적 품성(品性)과 예(禮), 군자가 지녀야할 도덕적 품성과 예, 일반선비가 지녀야 할 도덕

218) ibid p292

적 품성과 예, 일반백성들이 지녀야할 도덕적 품성과 예를 가르친 것이다.

그리하여 유가가 계승한 왕도정치의 근본은 효(孝)와 충(忠)을 바탕으로 하여 상하가 하나로 통일되도록 구성되어 있다. 그리고 그 충은 신하가 임금에게 진심으로 봉사한다는 의미만 있는 것이 아니라 왕이 백성들을 진심으로 사랑하고 백성을 위한 정사를 베풀어야 한다는 의미를 함께 지니고 있다. 다시 말해 왕이 백성에 대해 행해야할 충과 왕이 왕조에 대해 행해야할 충이 함께 조화롭게 어울려져 있다.

> "군자는 근본에 힘쓰니(君子務本), 근본이 확립되면 도가 발생한다(本立而道生). 효와 제는(孝弟<悌>也者) 그 인을 행하는 근본이다(其爲仁之本與)." [219)]

그런즉 유가의 이 말이 정치와 학문을 행하고 익히는 과정에 있어서 정곡을 찌르는 이유는 아무리 정사를 잘 하려고 해도, 그렇게 하려고 하는 자의 마음이 바르지 못하면 올바른 길이 나올 수 없다는 점에서 단연 정치이념에서 중요한 요체가 된다.

그런데 유가의 이런 점을 정통하고 있는 도가가 이와 같은 입장을 취하기 위해 마음을 비운 무위자연의 경지를 설파하였지만, 그러나 그 주장은 그런 마음과 몸가짐을 갖추게 할 구체적인 수양방법을 결여하고 있어서 실천을 향해 앞으로 더 나아가지 못하고 오히려 거꾸로 유가가 지적한 근본의 도리로 되돌

---

219) ibid p19

아올 수밖에 없었다. 그래서 무위자연에 의한 다스림의 주장은 현란한 수식어에 지나지 않게 되었을 뿐이다. 왜냐하면 도가가 내세우는 그런 무위자연의 마음가짐이 각고한 수양을 거치지 않고서, 그리하여 유가방식의 엄격한 수양의 방법을 결여하고서, 단지 마음만 그렇게 먹는다고 하여 이루어지는 것이 아니기 때문이다. 만약 무위자연의 마음가짐이 수양의 과정을 거치지 않고 오로지 자신이 마음먹은 바대로 쉽게 이루어질 수 있는 것이라면, 사회의 안정이 진작 그렇게 이루어졌을 것이기 때문이다.

그러므로 그런 말의 성찬과 달리 유가의 이념은 부국강병책을 강조하는 전국시대의 한비자의 법가와 백성을 무지의 상태로 끌고 가는 노자의 이념과는 크게 차별되어진다. 또한 왕도정치를 수호하려는 공자의 인의 사상은 문명사회가 존속하는 한, 결코 허물어질 수 없게 된다.

그럼에도 불구하고 앞 장에서 논구한 바처럼 공자가 여러 다른 사상가들에게 공박 당하게 되는데, 그 이유는 유가에서 이탈한 선비들이 춘추시대의 여러 제후들에게 거부당한 공자를 자신의 시각에서 일방적으로 매도하였기 때문이다.

하지만 공자의 사상을 누구보다도 먼저 공박한 묵자의 사상을 들어다 보면, 공자와 묵자가 결코 근본적인 입장에서는 크게 다를 수 없는데, 그럼에도 불구하고 묵자가 겸애의 사상을 펼치면서 유가를 비난했으니 도대체 두 사상 간에 어떤 면에서 차이가 있는 것일까? 하는 의문점은 대단히 중요한 문제가 된다. 왜냐하면 그 점이 춘추시대를 거쳐 전국시대에 이르러 역사왜곡을 추진한 황로학의 정체를 파악하는 작업에 실마리를 제공하는 단서가 될 수 있기 때문이다.

그러면 먼저 묵자의 겸애설의 애인(愛人)사상에 앞서 논어 제12편 22장에서 공자가 인을 애인(愛人)이라고 설명한 내용을 참조해 보아야 한다.,

> "번지가 인을 묻자(樊遲問仁), 공자께서 말씀하셨다(子曰). 「사람을 사랑하는 것이다(愛人)」. 지를 묻자(問知), 공자께서 말씀하셨다(子曰). 「사람을 아는 것이다(知人)」." [220)]

그리고 더 나아가 공자는 인에 관해 언급한 말씀이 묵자가 겸애설을 주장한 취지와 크게 다를 바가 없음에도 불구하고 묵자가 공자를 공격하였기 때문에, 당연히 묵자가 공자를 비난한 의도가 제대로 규명되지 않으면 안 된다.

그런데 그 점도 역시 공자가 말한 아래의 글을 참조하게 되면, 비로소 공자와 묵자의 차이점이 인(仁)이 예(禮)와 직결되어 있는 점 때문이었음을 파악할 수 있게 된다. 곧 예법을 중시하는 유가의 애인사상과 예법을 무시하는 묵자의 겸애사상이 크게 다를 수 밖에 없음을 파악할 수 있게 된다. 더욱이 이 내용이 도덕론에서 가장 중요한 핵심적인 요인을 설명하고 있는데, 그것은 인을 매개로 하여 예와 즐거움이 합일될 수 있는 점이다. 곧 예는 행동의 구속이 아니라 오히려 행동의 즐거움이라는 점이다.

---

220) ibid p248

"공자께서 말씀하셨다(子曰). 「사람이 능히 인하지 못하면(人而不仁), 예를 어떠한 것을 따르게 할 것이며(如禮何), 사람이 능히 인하지 못하면(人而不仁), 즐거움을 어떠한 것을 따르게 할 것인가(如樂何)?」."[221]

그런즉 공자의 이 말은 자기가 아닌 타인을 자신처럼 여기지 않으면 결코 자신과 타인이 서로 공생공영의 방법을 갖출 수 없기 때문에, 따라서 누구든지 사회가 평화롭고 안정되기를 바란다면 서로가 서로를 사랑하는 마음상태부터 갖추어야함을 가르치고 있는 내용이다. 왜냐하면 너와 내가 결코 하나로 합일할 수 있는 방식은 오로지 인의 정신에서만 가능할 뿐이기 때문이다. 그리하여 공자는 인에 담긴 그런 취지를 다음과 같이 표현했다.

"공자께서 말씀하셨다(子曰). 「오직 인자이어야(惟仁者) 사람을 좋아하며(能好人), 사람을 미워할 수가 있는 것이다(能惡人)」."[222]

그러므로 공자가 말한 바처럼 자신의 마음과 행동을 인하고자 작정하면 곧 그 나아가는 방향이 결코 나쁜 길로 나아갈 수 없듯이, 마찬가지로 위정자가 인의 마음으로 정치를 행하고자 하면 곧 그 정사가 결코 나쁠 수 없기 때문에, 그러면 당연히

---

221) ibid p51
222) ibid p71

임금이 인의 마음을 갖추기만 하면 나라와 백성이 평안하게 될 수 있게 되는 논리가 타당하게 된다.

"공자께서 말씀하셨다(子曰).「진실로 인에 뜻을 두면(苟志於仁矣) 악함이 없다(無惡也)」." 223)

그런데 이 점에는 각별히 유념해야할 조건이 있는데, 그 점은 예법의 정치가 본질적으로 군주가 솔선수범해야 하는 정치체제인 점이다. 그리하여 공자는 위정자가 인의 마음가짐을 갖추어 예로서 나라를 다스려야 한다고 설파하였고, 더 나아가 인의 마음가짐이 진정한 겸양의 근본이기 때문에 공자는 당연히 위정자에게 겸양의 마음가짐으로 예의 정치를 실행할 것을 요구했다.

"<노나라 군주>정공이 물었다(定公問).「임금이 신하를 부림에 있어서(君使臣), 신하가 임금을 섬김에 있어서(臣使君) 어찌해야 합니까(如之何)?」.

공자가 대답하였다(孔子對曰).「임금은 신하를 부림에서 있어서 예로써 하고(君使臣以禮), 신하는 임금을 섬김에 있어서 정성으로서 해야 합니다(臣事君以忠)」."224)

그리하여 공자는 인(仁)을 바탕으로 하여 겸양과 예(禮)가 결

---

223) ibid p71
224) 논어 p63

코 분리될 수 없는 일체의 것임을 다음과 같이 말하였다.

“공자께서 말씀하셨다(子曰).「능히 예와 겸양으로서 나라를 다스릴 수 있으면(能以禮讓爲國乎) 무슨 어려움이 있을 것이며(何有),

예와 겸양으로서 나라를 다스릴 수 없으면(不能以禮讓爲國) 예가 무엇을 어찌 하겠는가(如禮何)?」.[225]

그러므로 인의 사상은 감정이입(感情移入)과 역지사지(易地思之)의 심리적 방식을 전제로 한 평등의식과 애민사상의 발로가 아닐 수 없게 되며, 따라서 공자께서는 그 점을 다음과 같이 말씀하셨다.

“무릇 인자는(夫仁者) 자신이 서고자 함에(己欲立) 그리고 남도 서게 하고(而立人), 자신이 통달하고자 함에(己欲達) 그리고 남도 통달하게 하는 것이다(而達人).

가까운 데에서 취해 비유할 수 있으면(能近取譬), 인을 하는 방법이라고 할 만하다(可謂仁之方也已).”[226]

따라서 공자의 가르침을 따르는 문도인 유가가 인의예지(仁

225) ibid p77
226) ibid p124

義禮智)의 사상을 수호하는 집단이기 때문에, 당연히 법가의 사상과 유가의 사상 즉 유가의 덕치와 법가의 법치의 차이점을 논해야 한다. 왜냐하면 진나라 시황제 때의 분서갱유는 바로 법가를 포함한 황로학에 의해 유가가 핍박당한 경우인데, 그러면 당연히 황로학이 유가를 핍박한 이유가 제대로 드러나야만 전국시대에 유가의 문도들이 가르친 사상의 요체도 제대로 드려날 수 있기 때문이다.

어쨌든 이와 같은 유가가 견지한 왕도사상이 다른 여타의 사상과 지극히 차별되는 이유는 이미 지적한 바대로 고대통치이념이 선비와 군자에 대한 견해를 굳건하게 수립하여 왕과 신하의 관계를 명확히 하였기 때문이다.

그런즉 고대왕조의 통치노선을 그대로 견지하였던 공자는 왕조가 등용하는 인재의 근본토대였던 선비에 대해서 다음과 같이 말하였다.

> "공자께서 말씀하셨다(子曰). 「선비로서 그리고 편안하기를 생각하면(士而懷居), 선비라 할 수 없다(不足以爲士矣)」."[227]

곧 이 말의 취지는 선비가 벼슬을 하여 녹봉을 구하지 말라는 경고가 아니라, 부귀공명을 위해 지식을 이용한 곡학아세를 하지 말라는 교훈의 의미이다. 그러므로 선비가 출사하여 관직을 얻었더라도, 그러나 자신이 봉사해야할 나라의 정사가 예를 상실한 처지라면, 그러면 당연히 선비는 왕도정치의 근본을 되

---

227) ibid p275

찾기 위해 최선을 다해야 한다. 따라서 서경은 그 방법으로 다음의 세 가지 경우를 보여 주었다.

첫째는 죽음을 두려워하지 않고 왕에게 잘못을 간하는 것,

둘째는 기회를 기다렸다가 근본을 회복하는 것,

셋째는 아예 관직에서 물러나는 것이다.

그리고 이 세 가지 경우가 관직에 나선 선비에게 모두 해당하는 이유는 예의 정치를 실현하기 위해 솔선수범을 해야 하는 주체에 대해 공자는 고대통치이념이 보여준 바대로 먼저가 위정자이고 뒤가 신하와 선비임을 분명히 하였기 때문이다.

> "계강자가 공자에게 정사를 묻자(季康子問政於孔子) 공자가 대답해 말했다(孔子對曰).「나라를 다스리는 일은 바로 잡는다는 것이니(政者正也), 당신이 바름으로써 솔선수범한다면(子帥以正) 누가 감히 바르지 않겠습니까(孰敢不正)?」."[228]

이에 대해 공자는 당시의 노나라의 권력자였던 계강자에게 말했듯이 제자인 자로에게도 똑같이 말하였다.

> "자로가 정치를 묻자(子路問政). 공자께서 말씀하셨다(子曰).「솔선할 것이며(先之), 부지런히 해야 한다(勞之)」."[229]

더욱이 위정자의 솔선수범의 의의는 고대통치이념을 수록한

---

228) ibid p243
229) ibid p252

서경이 왕조를 바꾸는 혁명의 정치적 의의를 충분히 밝힌 천명사상과 일맥상통하기 때문에, 그 점에 대해서는 더 이상의 의문이 있을 수 없다. 물론 어지러운 난국에서 임해 각자 선비의 처세가 사뭇 다를 수 있겠지만, 그러나 어쨌든 유가의 입장은 어떤 상황에서도 확고할 뿐이다. 곧 유가의 입장은 신하는 어느 순간 어떤 경우에서도 충심을 다해 군주를 보필해야 하고, 그리고 군주는 성심을 다해 예법에 따라 나라를 다스려야 하고 그리하여 협치정치의 본질에 걸맞게 군주와 신하가 합심하여 나라의 질서를 바로 잡는데 진력을 다해야 한다는 것이다. 그리하여 유가는 어떤 왕조를 맞이하더라도 고대 통치이념을 계승하도록 앞장을 섰고 그리고 더 나아가 그것을 실현하는데 앞장을 섰던 것이다.

그런즉 유가의 예법에 대해 묵가와 도가가 갖가지 사례를 만들어 공박하였지만, 그럼에도 불구하고 고대통치이념을 견지하려는 공자가 결코 하물어지지 않은 까닭은 다음의 서경의 글을 참조하면 쉽게 이해할 수 있게 된다. 왜냐하면 예(禮)는 반드시 있어야 하지만, 그러나 그 필요한 예법이 절도에 맞지 않으면 오히려 혼란을 야기하기 때문인데, 그러므로 예법은 고정되어 불변하는 것이 아니라 오히려 민본주의정신에 따라 상황에 알맞게 유연하게 변화해야만 예법의 근본취지에 부합하게 된다. 곧 서경은 그 점에 대한 글을 아래와 같이 잘 수록해 두었다.

"제사를 함부로 하는 것(黷于祭祀), 이것은 공경하지 않음을 말하니(時謂不欽), 예가 번거롭게 되면 곧 어지러워지고(禮煩則

亂), 신을 섬기는 일이 곧 어려워질 것입니다(事神則亂)."[230]

그리하여 서경의 이 글처럼 나라를 다스리는 통치자는 예를 존중해야 마땅하지만 그러나 그것이 형식에 치우쳐 현실과 동떨어지게 되면 오히려 더 심각한 문제를 야기하게 됨을 유념해야 한다. 그런즉 통치자는 '날로 새롭고 나날이 새롭고 또 날로 새롭다(日新日日新又日新)'의 마음가짐을 하고서 나라의 발전과 백성의 평안을 도모해야한다. 그러면 나라의 예도 똑바로 서게 되고 그리고 나라의 정사도 제대로 이루어지게 된다. 따라서 예법이건 형법이간 간에 인의 마음이 없으면 그것은 백성을 괴롭히는 도구가 될 뿐이므로, 유가의 본질을 밝히는 작업은 반드시 그 점을 주목해야 한다.

230) 서경 339~340

제3장 공자가 수호하려는 예법의 요체는 무엇인가?

논구초점 : 도가의 선비들이 공자를 심히 비난한 근본이유는 사회질서를 형성하고 있는 예법의 근원인 통치이념을 바꾸려는 정치적 발상에서 비롯된 것이다. 그런데 공자가 생존한 춘추시대의 어지러운 정도는 여전히 주나라의 왕통을 바꾸어야할 지경에 이른 것은 아니었다. 왜냐하면 동천한 주 왕실의 무능함이 아직까지는 걸·주의 폭군이 초래한 환란의 수준이 아니었기 때문이다.

물론 따지게 들면, 주나라도 은나라를 무너뜨린 역성혁명을 했기에 자신의 왕조의 정당성을 위한 건국의 명분을 새롭게 내세워야만 했지만, 그럼에도 불구하고, 주나라는 자의적이건 또는 타의적이건 간에 은나라의 홍범구주를 수용하여 고대통치이념의 전통을 거부하지 않고 계승했다.

그런데 그와 달리 전국시대에 이르러서는 주 왕실을 대신하여 통일왕조의 주인이 되려는 각 국의 열 왕들에게는 은나라를 계승한 주나라의 역사적 정통성과 전혀 다른 새로운 역사적 정통성을 내세워야만할 정도로 전통의 덕치주의 이념을 숭상하는 근본정신이 희박해져 버렸다.

그러므로 기존의 전통을 타파하고 새로운 왕조를 내세우려는 그런 세력들이 고안한 방법과 그리고 그 방식의 정치노선은 도대체 무엇인가? 하는 의문점에 대한 논구가 곧 중국역사를 왜곡시킨 진면목울 밝히는 작업이 된다.

그런데 유념해야할 분명한 점은 덕치노선을 거부하고서 새롭게 등장한 통일왕조인 진나라는 유가가 예측한 대로 거의 15년 만에 몰락하였다는 점이다.

공자가 그의 제자들에게 예에 관해 가르친 여러 말 중에서 가장 핵심적인 의의를 담고 있는 문장은 단연 안연에게 할 말이다.

"안연이 인을 묻자(顔淵問仁) 공자께서 말씀하셨다(子曰). 「자기의 사욕을 이겨 예로 복귀함이 인을 하는 것이니(克己復禮爲仁), 하루 동안이라도 사욕을 이겨 예로 복귀하면(一日克己復禮) 천하가 인으로 되돌아가는 것이다(天下歸仁). 인해 지는 것은 자기에게서 비롯될 뿐(爲仁由己而), 남에게서 비롯되는 것이겠는가(由人乎哉)?」.

안연이 말했다(顔淵曰). 「그 조목을 묻겠습니다(請問其目)」.

공자께서 말씀하셨다(子曰). 「예가 아니면 보지 말며(非禮勿視), 예가 아니면 듣지 말며(非禮物聽), 예가 아니면 말하지 말며(非禮物言), 예가 아니면 동하지 아니하는 것이다(非禮物動)」.

안연이 말했다(顔淵曰). 「<연연>회가 비록 불민하오나(回雖不敏) 청컨대 이 말씀을 종사하겠습니다(請事斯語矣) 」."[231]

---

231) 논어 p228~229

곧 이 글은 공자가 제자들에게 가르친 바의 내용 중 단연 압권이다. 그런즉 공자가 수호하려는 예법정치의 본질이 위정자에게 가혹하리만큼 엄격한 것이었음은 이로써 확인된다. 왜냐하면 예법정치는 천명사상과 민본사상을 총망라한 통치이념을 바탕으로 해야만 가능한 정치방식이기 때문에, 따라서 그 이념을 제대로 깨닫지 못한 위정자가 겉 치례의 요식행위에 치중하고서 백성들에게 위선적이고 가식적인 모습만 보여주게 되면 오히려 그런 예법정치는 백성들로부터 혐오감과 거부감만 불러 일으키기 때문이다. 그러므로 순자는 군주와 마찬가지로 선비를 속유(俗儒), 아유(雅儒), 대유(大儒)로 구분하여 유가에 대한 오해를 불식시키려고 하였다.

그러나 순자의 학도들이 자기 스승인 순자를 세상이 알아주지 않았다고 불운을 통탄할 정도로 무도(無道)해진 전국시대는 마침내 주례복귀가 도저히 불가능한 파국으로 치달았다. 그런데 그렇게 된 실상의 연유를 정확히 파헤치려면, 당연히 비(非)예법노선 내지 반(反)예법정치노선이 전통의 예법노선을 도저히 실행될 수 없도록 만든 배경에 주목해야 한다. 그리고서 예법정치의 근본인 협치정치가 사라진 정치의 무대에서 수많은 현인들이 등용되었다가 한 순간에 비참하게 그 생애를 마감하게 된 현실을 똑같은 처지의 선비들이 애써 외면하게 된 이유를 밝혀야 한다. 그리고 더 나아가 협치 정신을 상실한 정치의 실상이 이미 서경에 기록되어 있음에도 불구하고, 그런 점을 굳이 외면한 선비들이 결국 자신들의 말로가 상(商)나라의 주왕에 의해 죽음을 당한 현신 비간이 될 것을 왜 제대로 깨닫지 못했는지의 역설적인 점도 아울러 제대로 조명해야 한다. 여하간 그 점은 순자의 제자이면서 스승과 달리 황로학적인 법가의 길을 걸어간 한비자의 말로가 여실히 증명해 준다. 그리고서 전국시대의 탐욕스러운 열 왕들의 무도한 정치가 배경이 되어 등장한 절대적 권력의 황제의 전제정치가 통일왕조의 백성들을 억압하고 주변민족들을 배타적으로 배척한 실상도 뚜렷이 밝혀야 한다.

따라서 그 점은 다음의 1절에서 춘추시대의 공자의 가르침을 그대로 수용하면서도 전국시대의 맹자와 순자가 왜 성선설과 성악설로 대립되어야만 했는가? 하는 의문점과 그리고 2절과 3절에서 각각 전국시대를 수습하려는 입장에서 유가의 순자와 그의 제자인 법가의 한비자의 정치노선의 차이점이 무엇인가? 하는 의문점을 논구함으로서 밝혀질 수 있을 것이다. 특히 후자의 논구가 대단히 중요해지는 이유는 이로부터 정통 고대왕조의 통치노선을 이탈한 법가노선의 한계점이 명확히 드러날 수 있기 때문이다.

제1절 맹자의 성선설에 대한 순자의 성악설의 등장

논구초점 : 공자가 수호하려 했던 고대왕조의 통치이념을 정확히 파악하려면, 전국시대에 이르러 등장한 맹자의 성선설과 그 이후에 등장한 순자의 성악설의 근본성격을 올바르게 통찰해야

한다. 그 이유는 전국시대의 상황인식에 있어서 여전히 춘추시대의 공자의 인식상황에 머물러 있었던 전국시대 초기의 맹자에 비해, 후기의 순자는 전국시대의 상황이 더 이상 그렇지 않다고 진단하고서 당연히 그에 대한 유가의 대처방식도 사뭇 달라야 한다고 인식했기 때문이다.

그럼에도 불구하고 순자가 맹자와 마찬가지로 철두철미 순수한 유생이었던 점은 순자 왕패(王霸)편에서 전통적 유가의 사고방식으로 전국시대를 수습할 수 있음을 주장한 점에서 확연해진다. 그러면 두 사람의 입장 차이는 공자의 노선을 이탈한 근본적인 차이가 아니라, 한 쌍을 이룬 덕치와 법치의 작동방식에 있어서 운용의 묘를 살리는 과정에 대한 견해 차이에 지나지 않게 된다.

그러므로 유가의 노선이 지향하는 바의 본질을 제대로 직시하려면 당연히 그 차이점을 올바르게 제대로 구별해야 한다. 어쨌든 맹자와 순자의 차이점은 단적으로 순자가 맹자로부터 한 걸음 더 나아가 탕왕, 무왕, 주공 단처럼 고대통치이념에 투철한 성왕이 나서 무력으로 전국시대를 가감하게 수습해야 한다고 파악한 점이다.

전국시대에 처한 유가의 입장을 가장 잘 묘사하고 있는 말은 순자의 다음 글이다. 그리하여 난국의 상황을 수습하려는 방책에 있어서 자사와 맹자로 이어지는 유생의 입장은 순자의 노선을 거부하게 되었던 것이다. 곧 순자가 후왕사상에 의한 대처방식을 주장했기 때문이다.

"왕의 제도에서(王者之制), 그 도는 <하·은·주> 삼대를 지나지 않고(道不過三代), 법은 후세 임금과 다르지 않다(法不貳後王).

도가 삼대를 지나는 것을 방종하다고 하며(道過三代謂之蕩), 법이 후세임금과 다른 것을 바르지 않다고 한다(法貳後王謂之不雅)."[232]

그런즉 후대의 유생들은 시대가 처한 상황을 대처하는 입장에 따라 차이가 난 맹자의 성선설과 순자의 성악설을 서로 대립하는 이론으로 간주하고서, 순자의 주장을 변호하기보다는 비난하고 거부하는 쪽으로 기우려졌다.

그런데 순자의 입장을 두루 살펴보아도 맹자의 입장과 크게 차별되고 대립될 여지는 극히 없기 때문에 맹자와 순자의 두 입장을 대립적인 관계로 설명하게 되면 오히려 유가의 본질을 설명함에 있어서 대단히 궁색하고 곤혹스러워지게 될 뿐이다. 그러므로 순자가 아래의 글이 보여주는 바대로 유가의 노선이 이와 같은 결과를 가져올 수 있음을 설명하여 열 왕이 유가의 가르침을 따라 전국시대를 수습하게 만들려고 했음을 제대로 직시해야 한다. 더욱이 순자의 이 글은 그의 제자 한비자가 유가의 말을 빼고 법가의 노선으로 둔갑시킨 정황을 보여주기 때문에 대단히 중요하다. 곧 순자의 글이 한비자의 법가사상의 뿌리가 유가에 있음을 확인시켜 준 점이다.

"유가가 나라를 다스리면 그렇게 하지 않고(儒者爲之不然) 반드시 빈틈없이 다스린다(必將曲辦). 조정에서는 반드시 예의를

232) 순자 p231

존중하여(朝廷必將隆禮義) 그리하여 신분이 귀하고 천 한 것을 잘 살필 것이다(而審貴賤).

그렇게 되면(若是) 곧 사대부들이 절조를 공경하고 제도를 위해 죽지 않은 이가 없을 것이다(士大夫莫不敬死制者矣). 모든 중신들이 곧 앞으로 나라의 제도를 정비하여(百官則將齊其制度), 관의 질서를 엄중히 하게 될 것이다(重官秩). 그러면(若是) 곧 모든 관리들은 법을 두려워하지 않고 그리고 법도를 지키지 않는 이가 없을 것이다(則百吏莫不畏法而遵繩矣).…………

사대부들이 절조에 힘쓰고 제도를 위하여 죽음을 무릅쓴다면(士大夫務節死制) 군대가 강해 질 것이다(然而兵勁). 모든 관리들이 법을 두려워하고 법도를 따른다면(百吏畏法循繩) 나라는 언제나 어지럽지 않을 것이다(然後國常不亂).……………………

이런 것을 두고 정령이 행해지고(是之謂政令行), 풍속이 아름답게 되었다고 하는 것이다(風俗美). 그런 뒤에 나라를 지키면 견고해지고(以守則固), 다른 나라를 정벌하면 강해지고(以征則彊), 가만히 있어도 명성이 드러나고(居則有名), 움직이면 공적이 이루어진다(動則有功).

이것이 바로 유가가 이른바 나라를 빈틈없이 다스린다는 것이다(此儒之所謂曲辨也)."[233]

그럼에도 불구하고 맹자와 순자가 대립적이라는 견해를 쉽게 불식시킬 수 없었던 이유는 바로 순자가 맹자의 성선설을 자신의 글에서 직접 부정하였기 때문이다. 그리하여 순자는 정통 유학의 길을 벗어난 이단자로 취급당했다. 하지만 전국시대 전체를 관망하면 결코 그런 평가를 할 수 없게 된다. 또한 필히 그렇게 해서는 안 된다. 만약 순자의 입장을 무턱대고 부정하게 되면, 그런 입장은 보편이념의 성격에만 맹목적으로 매달려 각 시대를 이끌고 나가야할 현실적인 상황논리를 거부하면서 그리하여 구체적인 타개책인 생존전략을 제대로 마련할 수 없게끔 만들게 된다.

더욱이 순자가 맹자를 비난한 부분을 두고서 순자가 정통유가노선의 이탈했다고 말할 수 없는 확실한 이유는 그의 주장이 어느 하나도 고대왕조통치노선을 벗어난 것이 없었고 더 나아가 공자의 가르침을 자기 생각대로 비판하고서 공자가 나아간 길과 전혀 다른 성격의 길을 결코 개척한 적이 없었기 때문이다. 그리고 더 나아가 그런 순자이었기에 전국시대의 어려움 속에서도 춘추시대의 공자가 수호하려는 고대왕조의 통치이념과 노선을 굳건히 견지하고서, 그 점에 대한 자신의 이해를 명쾌히 설명하였다. 즉 그는 먼저 성왕의 도리를 아래의 글처럼 설파하였다.

"………서민들이 정치에 안심한(庶人安政) 연후에 군자는 그의 자리를 안정시킬 수 있다(然後君子安位). 「전하는 말에(傳曰) 임

233) 순자B p346~347

금은 배요(君子舟也) 서민은 물이다(庶人者水也). 물은 곧 배를 띄우기도 하지만(水則載舟) 배를 뒤짚어 엎기도 한다(水則覆舟)」고 하였는데, 이것을 뜻하는 말이다(此之謂也).

그런 고로(故) 임금이 안정되려 한다면(君人者欲安), 곧 정치를 공평히 하여 백성들을 사랑하는 것이 가장 좋고(平政 愛民矣), 번영을 바란다면(欲榮) 곧 예를 존중하고 선비를 공경하는 것이 가장 좋고(則莫若隆禮敬士矣), 공영을 세우기 바란다면(欲立功名) 곧 어진 이를 높이고 능력 있는 이를 쓰는 것이 가장 좋다(則莫若上賢士能矣). 이것이 임금이 된 사람의 큰 원칙이다(是君人者之大節也).

이 세 가지 원칙이 합당하면(三節者當) 곧 그 밖의 것은 합당하게 되지 않는 것이 없을 것이다(則其餘莫不當矣). 세 가지 원칙이 합당하지 못하면(三節者不當) 곧 그 나머지 것이 비록 부분적으로 합당하다고 하더라도(則其餘雖曲當) 아무런 이익이 되지 못할 것이다(猶將無益也).

공자가 말하였다(孔子曰).「큰 원칙이 바르고(大節是也) 작은 원칙도 바르면(小節是也), 훌륭한 임금이다(上君也).

큰 원칙이 바르나(大節是也) 작은 원칙들이 한 가지는 옳고(小

節一出焉) 한 가지는 그르다면(一入焉) 보통 임금이다(中君也).

큰 원칙이 옳지 않다면(大節非也) 작은 원칙들이 비록 옳다고 하더라도(小節雖是也) 나는 그 밖의 것은 거들떠보지도 않겠다(吾無觀其餘矣)」."[234]

그리고서 그는 왕도정치가 지향하는 바의 정책의 요체와 그리고 민본주의 정책의 요체를 설명하였는데, 그곳에서 고대통치 이념을 계승하여 부국강병과 이용후생의 모든 정책이 백성을 평안하게 하게 부유하게 하는 것임을 명백히 하였다.

"………그러므로(故) 예의를 닦은 사람은 왕이 되고(修禮者王), 올바른 정치를 하는 사람은 강자가 되고(爲政者彊), 백성들의 마음을 얻는 사람은 안정되고(聚民者安), 세금을 가혹하게 거두는 사람은 멸망할 것이다(聚斂者亡). 그러므로(故) 왕은 백성들을 부유하게 하고(王者富民), 패자는 선비들을 부유하게 하고(覇者富士), 겨우 존속하는 나라는 대부들을 부유하게 하며(僅存之國 富大夫), 망해가는 나라는 임금의 창고를 부유하게 하고 임금의 창고를 가득 차게 한다(亡國富筐篋 實府庫). 임금의 금고가 부유해지고(筐篋已富) 임금의 창고가 가득 차도(府庫已實) 그러나 백성

234) ibid p220

> 들은 가난하기만 하다(而百姓貧).……………
>
> 왕은 사람들의 마음을 얻으려 하고(王奪之人), 패자는 동맹국을 얻으려 하고(覇奪之與) 강자는 땅을 얻으려 한다(彊奪之地).
>
> 사람들의 마음을 얻으려는 사람은(奪之人者) 제후들을 신하로 삼게 될 것이고(臣諸侯), 동맹국을 얻으려는 사람은(奪之與者) 제후들을 벗 삼게 될 것이고(友諸侯), 땅을 얻으려는 사람은(奪之地者) 제후들과 원수가 될 것이다(敵諸侯).
>
> 제후들을 신하로 삼는 자는 왕이 되고(臣諸侯者王), 제후들을 벗 삼는 사람은 패자가 되고(友諸侯者覇), 제후들을 원수로 삼는 자는 위태로워진다(敵諸侯者危).”[235]

그런즉 이 글 뿐만 아니라 곧 아래의 글에서 순자가 은나라 탕왕과 주나라 무왕을 왕도(王道)의 예로 삼고, 춘추의 오패를 패도(覇道)의 예로 삼고, 제나라 민(閔)왕과 설공을 망도(亡道)의 예로 삼아 유가가 수호하려는 고대왕조의 통치이념을 그대로 견지하고 있는 점을 명백히 보여 주고 있기 때문에 순자는 결코 공자의 가르침을 한 치도 벗어나지 않았던 것이다. 즉 순자가 춘추시대의 오패에 대한 유가의 인식을 고스란히 견지하고 있는 입장을 보여 주고 있기 때문에, 전국시대 말기까지도

235) ibid p222~224

순자뿐만 아니라 정통유가의 입장은 추호도 변함이 없었다고 단정지울 수 있다. 그 점은 순자의 글과 맹자의 글을 함께 대조해 보면 단번에 전국시대 말까지 유가의 노선이 결코 흩뜨려지지 않았음을 확인할 수 있다.

전자의 글은 맹자의 글이고 후자의 글은 순자의 글이다.

"맹자께서 말씀하셨다(孟子曰). 「오패는(五霸者) 삼왕의 죄인이요(三王之罪人也), 지금의 제후들은(今之諸侯) 오패의 죄인이요(五霸之罪人也), 지금의 대부들은(今之大夫) 지금의 제후들의 죄인이다(今之諸侯之罪人也)」."[236]

그러므로 맹자이전의 묵자는 오패를 옹호했는데 반해 맹자는 철저히 오패를 부정한 점이 고대왕조사를 왜곡한 전모를 밝히는 작업에 있어서 결정적으로 중요해진다. 그런데 순자도 맹자를 뒤이어 철저히 맹자의 평가를 견지했다.

"공자의 문인들은(仲尼之門人) 어린아이들까지도(五尺之竪子) 오패에 관해 얘기하는 것을 부끄럽게 여긴다(言羞稱乎五伯). 그것은 어째서인가(是何也)? 말하자면 그렇다(曰 然)! 그들은 진실로 그런 애기를 하는 것을 부끄럽게 여긴다(彼誠可羞稱也).

제나라 환공은(齊桓) 오패 중에서 성대했던 사람이다(五伯之盛

236) 맹자 p358

者也). ………그가 한일이나 행실이(其事行也) 이처럼 음험하고 더럽고 지나치고 어지러운데(若是其險汙淫汰也), 그를 어찌 대군자의 문안에 두고 애기할 수가 있겠는가(彼固曷足稱乎大君子之門哉)? 그런데도 망하지 않고(若是而 不亡) 이에 패자가 된 것은 어째서인가(乃覇 何也)?

말인즉(曰) 아아(於乎)! 대체로 보아 제나라 환공은 천하의 위대한 절의를 지니고 있었기 때문이다(夫齊桓公有天下之大節焉). 무릇 누가 그를 망하게 할 수 있겠는가(夫孰能亡之)? 잠깐 만나보고는(倓然見) 관중을 나라 일을 맡길 만한 능력이 있다고 보았으니(管仲之能足以託國也) 이는 천하의 위대한 결정이다(是天下之大知也). 그에 대한 노여움과 원한을 잊고(安忘其怒 出忘其讐) 마침내 그를 중부로 삼았으니(遂立以爲仲父) 이는 천하의 위대한 결정이다(是天下之大決也).…………………………신분이 높은 사람 낮은 사람과 나이 많은 사람 젊은 사람들이(貴賤長少) 질서 있게(秩秩焉) 환공을 따르며 그리고 그를 존귀하게 여기고 공경하지 않은 이가 없었으니(莫不從桓公而貴敬之), 이는 천하의 위대한 절의이다(是天下之大節也).

제후로서 이러한 절의 한 가지만 가지고 있어도(諸侯有一節如

是) 곧 아무도 그를 망하게 할 수가 없을 것이다(則莫之能亡也). 환공은 이러한 몇 가지 술수와 절의를 모두 다 가지고 있었으니(桓公兼此數節者而盡有之) 대저 또 어떻게 망하게 할 수가 있겠는가(夫又何可亡也)? 그가 패자가 된 것은 합당한 일이라 할 수 있다(其覇也 宜哉). 그것은 요행으로 얻어진 것이 아니라 술수로 얻은 것이다(非幸也 數也). 그런데도(然而) 공자의 문인들은(仲尼之門人) 어린아이들까지도(五尺之豎子) 오패에 관한 일을 얘기하는 것을 부끄럽게 여긴다(言羞稱乎五伯). 그것은 어째서인가(是何也)?"[237]

그런즉 순자가 이와 같이 명쾌하게 정리해둔 춘추오패에 대한 평가는 한 치도 다른 유가의 사상가와 차이점이 있지를 않다.

"말하자면 그렇다(曰然)! 그는 근본으로 정치와 교화를 한 것이 아니었으며(彼非本政敎也), 숭고한 이념을 추구한 것도 아니고(非致隆高也), 사회의 형식과 조리를 잘 정리한 것도 아니며(非綦文理也), 사람들의 마음을 따르게 한 것도 아니다(非服人之心也). 오직 방법과 책략을 잘 쓰고(鄕方略), 백성들의 수고로움

237) 순자B p160~161 - 出忘其讐에서 출은 잘못 끼어든 글자로 봄.

과 편안함을 잘 살피면서(審勞佚), 물자를 저축하고 싸울 군비를 잘 갖추어(畜積修鬪) 능히 그의 적을 쓰러뜨린 사람이었다(而能顚倒其敵者也).

마음을 속여 승리한 것이니(詐心以勝矣), 전쟁을 겸양으로 치장하고(彼以讓飾爭) 인을 가장해 능히 이익을 추구한(依乎仁而踏利者也) 소인 중에 뛰어난 자였다(小人之傑也). 그를 어찌 대군자의 문안에 두고 얘기 할 수 있겠는가(彼固曷足稱乎大君子之門哉)?"[238]

그러므로 춘추5패를 예로 삼아 패도를 설명한 곳에서 순자는 맹자가 양 혜왕에게 말한 의(義)와 이(利)의 구별을 그대로 수용하고서 다음의 글로써 망도(亡道)를 설명하였다.

"온 나라 사람들로 하여금 공리를 중시하게 하고(挈國以呼功利), 그의 이로움을 내세워 자신의 신의로써 일하는 데에 힘쓰지 않고(不務張其義 齊其信) 오직 이익만을 추구하고(唯利之求), 안으로는 곧 그의 백성들을 속이는 일을 꺼리지 않으면서 능히 작은 이익을 추구하고(內則不憚詐其民而求小利焉), 밖으로는 곧 그의 동맹국을 속이는 일을 꺼리지 않으면서 능히 큰 이익을 추

238) ibid p161

구하고(外則不憚詐其與而求大利焉), 안으로 그들이 가지고 있는 <땅과 재물>것을 바르게 정돈하지 않고(內不脩正所以有) 항상 남이 가지고 있는 것들에만 욕심을 낸다(然常欲人之有).

이와 같으면(如是), 곧 신하와 백성들도 속이려는 마음으로 그의 <임금>윗사람을 대하지 않는 자가 없게 된다(則臣下百姓莫不以詐心 待其上矣). 윗사람은 그의 아랫사람들을 속이고(上詐其下) 아랫사람들은 윗사람을 속이게 하므로(下詐其上), 곧 이로써 위아래 사람들의 사이가 벌어진다(則是上下析也).

이와 같으면(如是), 곧 적국이 그 나라를 가벼이 보고(敵國輕之) 동맹국은 그 나라를 의심하게 된다(與國疑之). <나라에는> 권모만이 날로 행해지고(權謀日行) 그래서 위태로움과 침략을 면할 수 없게 되어(而國不免危削) 궁극적으로는(綦之) 망하게 될 것이다(而亡). 제나라 민왕과 설공이 그런 사람들이다(齊閔薛公是也)."[239]

따라서 순자는 그가 머물렀던 제나라의 민왕과 설공의 경우를 망도의 예로서 언급하고 그리고서 유가의 입장에서 그들이 몰락한 이유에 대한 준엄한 평가를 아래의 내용으로 명확히 내렸다.

---

239) ibid p312

"그것은 다른 이유에서가 아니다(是無它故焉). 오직 그들이 예의를 따르지 않고(唯其不由禮義) 그리고 권모술수를 행했기 때문이다(而由權謀也). 이상 세 가지 것들은(三者) 명철한 임금이 신중히 선택해야 할 일이며(明主之所以謹擇也), 그리고 인덕이 있는 사람들이 분명히 힘써야 할 일이다(而仁人之所以務白也).

<그것을 잘> 잘 선택하는 사람은 남을 제압하게 되지만(善擇者制人), 잘 선택하지 못하는 사람은 남이 그를 제압하게 된다(不善擇者人制之)."[240]

따라서 전국시대의 막바지에 이른 시기에 순자가 유가의 입장을 대변하여 춘추시대의 오패를 그와 같이 평가하였으니, 춘추오패보다 못한 전국의 뭇 왕들에 대해서는 더 이상 거론할 여지가 없게 된다. 그러므로 그런 수준의 왕들이 권력을 쥐고 있는 상황에서는 당연히 유가가 제대로 된 대접을 결코 받을 수 없었던 것이다.

더 나아가 선왕에 대한 순자의 평가도 수미일관되어 있다. 그런데 이 평가가 대단히 중요한 점은 바로 도적이란 표현 때문이다. 즉 도적의 말은 도가인 장자가 이들 왕들을 도적인 도척의 입을 빌어서 극구 비난한 입장과 극명하게 대립되기 때문이다. 그런즉 전국시대 말기에 황로학에 대한 유가의 입장은 순자를 통해 확연하게 파악될 수 있게 된다.

---

240) ibid p313

"세속에서 유세가로 불리는 이들이 말한다(世俗之謂說者曰). 「걸왕과 주왕이 천하를 가지고 있었는데(桀紂有天下), 탕임금과 무왕이 그것을 찬탈하였다(湯武簒而奪之)」.

그것은 그렇지 않다(是不然). 걸왕과 주왕이 일찍이 천자의 지위를 차지하고 있었다는 것은(以桀紂爲常有天下之籍) 곧 옳다(則然). 몸소 천자의 자리를 차지하고 있었다는 것은(親有天下之籍) 곧 옳지 않다(則不然). 천하가 걸왕과 주왕에 있었다고 말하는 것은(天下謂在桀紂) 곧 옳지 않다(則不然). ······················

탕왕과 무왕은(湯武者) 백성들에게 부모와 같은 분들이었고(民之父母也), 걸왕과 주왕은(桀紂者) 백성들이 원망하는 도적이었다(民之怨賊也). 지금 세상의 논자들 중에는(今世俗之爲說者) 걸왕과 주왕을 임금이라고 하면서(以桀紂爲君) 그리고 탕임금과 무왕이 그들을 시해했다고 한다(而以湯武爲弑). 그렇다면(然則) 그 말은 백성들의 부모와 같은 분들을 죽이고(是誅民之父母), 그리고 백성들을 원망하는 도적을 우두머리로 모셨다는 말이 되니(而師民之怨賊也) 이것보다 더 큰 불상사가 없다(不祥莫大焉)."[241]

곧 위의 순자의 말은 혁명의 본질에 관한 언급인데 당연히

241) ibid 500~503

그 의미가 고대통치이념에 뿌리를 두고 있기 때문에 맹자의 입장과 별반 다를 바 없다. 그 뿐만 아니라 더 근본적으로 성인(聖人)·성왕(聖王)론에 대해서도 맹자와 순자의 입장이 동일하다.

"… 그러므로(故) 천자란 오직 그 자리에 합당한 사람이어야 한다(天子唯其人). 천하란(天下者) 지극히 중대한 것이어서(至重也) 지극히 강력한 사람이 아니면 책임질 수가 없다(非至彊莫之能任). 지극히 큰 것이어서(至大也) 지극히 분별력이 있는 사람이 아니면 그 분수를 따라 질서를 유지할 수가 없다(非至辨莫之能分). 지극히 많은 사람이 있어(至衆也) 지극히 명철한 사람이 아니면 그들을 화합시킬 수가 없다(非至明莫之能和). 이 세 가지 능력은(此三至者) 성인이 아니면 다 갖출 수가 없다(非聖人莫之能盡).

그러므로(故) 성인이 아니면 왕이 될 수 없다(非聖人莫之能王). 성인은 도를 두루 갖추고 완전한 아름다움을 지닌 분이어서(聖人備道全美者也) 천하를 저울질 하듯 평화롭게 다스릴 사람이다(是縣天下之權稱也)."[242]

---

242) ibid p503

그리하여 맹자를 뒤이은 순자는 전국시대 말미에 유가가 수호하려는 고대왕조의 통치이념이 지닌 정통성을 잣대로 삼아 당대의 위정자와 그에게 빌붙어 있는 선비들이 공동으로 야기하고 있는 전국시대의 역사를 단호하게 심판하는 준엄한 글을 남겼다.

"그런고로 나라를 빼앗을 수는 있으나(故可以有奪<人>國), 천하를 빼앗을 수는 없으며(不可以有奪<人>天), 나라를 훔칠 수는 있으나(可以有竊國) 천하를 훔칠 수는 없다(不可以有竊天下也). 나라를 빼앗은 사람은 나라를 차지할 수는 있으나(可以奪之者 可以有國), 그러나 천하를 차지할 수는 없다(而不可以有天下). ………천하는 지극히 큰 것이어서(天下者 至大也), 성인이 아니면 그것을 차지할 수 없다(比聖人莫之能有也)."243)

바로 이런 명쾌한 입장 때문에 전국시대에 처한 선비들 중에서 유가의 선비와 도가·법가의 선비가 걸어가는 길이 확연히 다르게 된다.

그런즉 유가는 처음부터 수미일관되게 왕도노선을 걸어왔었고 마찬가지로 자신들보다 앞선 인물인 태공망이나 관중들이 추구한 정치노선도 근본적으로 왕도노선을 벗어나지 않았다. 그러므로 전국시대에 들어서 사용된 패도, 패왕, 패자의 용어는

---

243)ibid 同

태공망이나 관중이 사용한 동일한 용어와 전혀 다른 내용을 담고 있기에, 따라서 그런 점을 염두에 두고서 군신간의 관계를 비교해 보면 곧 그 차이점을 곧바로 직시할 수 있게 된다.

“문왕이 말했다(文王曰).「바라건대(願) 그 (인재등용의)이치를 들려주십시오(聞其情)」.

태공이 말했다(太公曰).「근원이 깊어야 그래서 강물이 흐르며(源深而水流), 물이 흘러야 그래서 물고기가 생긴다는(水流而魚生之) 이치입니다 (情也). 뿌리가 깊어야 그래서 나무가 잘 자라며(根深而木長), 나무가 자라야 그래서 열매를 맺는다는(木長而實生之) 이치입니다(情也).

군자는 뜻이 같아야 그래서 화합하며(君子情同而親合), 화합해야 그래서 일을 이룩한다는(親合而事生之) 이치입니다(情也). 말로써 응대하는 것은(言語應對者) 진정을 꾸며서 나타내는 것입니다(情之飾對也). 진정을 말하는 것은(言至情者) 일의 지극한 일입니다(事之極也).

지금 신이 진정을 거리낌 없이 말하겠습니다만(今臣言至情不諱), 군주께서 그것을 싫어하시겠습니까(君其惡之乎)?」.[244]”

---

244) 육도 p 29~30

하지만 전국시대의 한비자는 임금을 시해하고 모반을 하는 신하를 염두에 두고서 임금이 신하를 신임하지 말고, 권력도 부여하지 말고, 임금이 지시한 목적을 충실히 달성한 공적에 따라 대우하는 것 이상의 군신관계를 맺어서는 안 된다고 말하였다. 물론 그 이유는 그가 철저히 유가의 인의 노선을 부정하였기 때문이지만, 그러나 정작 그가 안고 있는 근본문제는 그가 사람을 믿을 근거를 도대체 내세울 수 없었던 점이다. 그러므로 그는 단지 중신(重臣)과 귀신(貴臣)을 구별할 정도의 수준일 뿐이지, 현신과 더불어 국정을 이끌고 가는 협치(協治)정치를 아예 논급조차 못하였다.

"현명한 군주의 나라에는(明主之國) 귀한 신하는 있어도(有貴臣) 중한 신하는 없다(無重臣). 귀한 신하는(貴臣者) 작위가 높고 그리고 관직이 무거운 자이며(爵尊而官大也), 중한 신하는(重臣者) 그 언설이 군주에게 채택되어 그래서 세력이 많은 자이다(言聽而力多者也).

현명한 군주의 나라에서는(明主之國) 관직을 옮겨 직급을 이어받을 경우에는(遷官襲級) 관작을 공로에 의해 줌으로(官爵受功), 고로 귀한 신하가 많다(故有貴臣).

<신하의> 언설이 실행을 헤아리지 않고(言不度行) 그리고 거

짓이 있으면(而有僞) 반드시 처벌을 받게 되므로(必誅) 고로 중신이 없다(故無重臣).”[245]

그런데 이런 사고방식을 지닌 한비자가 오히려 순자의 제자로 알려져 있기 때문에, 순자가 맹자의 성선설에 대해 성악설을 주장한 점은 마치 순자가 한비자와 비슷한 생각을 지니고 있었던 인물이 아닌가? 하는 의구심을 유발시킨다.

그러므로 도대체 무슨 이유 때문에 무슨 의도를 가지고서 제자인 한비자가 스승인 순자와 전혀 다른 길로 나아가야만 했는가? 하는 의문의 해명이 곧바로 전국시대의 유가들이 지닌 고뇌를 대변해 줄 수 있게 된다. 그리고 그 해명의 실마리는 사마천의 사기의 기록에서 찾을 수 있다. 왜냐하면 그 작업은 전국시대의 열 왕들이 맹자를 기피한 점을 범례로 삼아, 일반선비 중에서 다수의 인물들이 맹자와 다른 길을 걷기 시작한 정황을 그대로 한비자에게도 적용할 수 있기 때문이다. 그런즉 유가와 법가의 입장 차이점을 단적으로 지적하면, 그것은 맹자와 순자는 열 왕들에게 도덕적 책임을 물었고 한비자는 열 왕들에게 도덕적 책임을 묻지 않았다는 것인데, 그러면 한비자의 패도사상은 당연히 황로학을 매개로 하여 도가의 입장을 간접적으로 보여주는 사상적 의의를 지니게 된다.

그러면 정작 우선적으로 논구되어야 할 과제는 전국시대의 상황에서 맹자의 길과 순자의 길이 달라졌다면, 왜 달라졌는가? 하는 근본이유에 관한 의문점과 또한 그로부터 어떻게 달라졌

245) 한비자 p404, p846~847 - p996

는가? 하는 방법론에 관한 의문점을 수미일관되게 해명하는 일이 아닐 수 없게 된다.

왜냐하면 순자가 맹자와 다른 차이점을 보인 이유가 맹자의 방식이 지극히 소극적인 태도라고 생각할 여지 때문이고 그리고 이 점이 후대의 유생들이 맹자를 선택하고 순자를 기피한 이유를 밝혀줄 수 있기 때문이다. 곧 이 점이 유가가 맹자와 순자를 다 함께 존경할 수 있었는데도 불구하고 유가가 맹자를 선호하고 순자를 기피한 이유를 밝힐 근거를 제공해 줄 수 있기 때문이다. 즉 전제군주 하에서 유가의 가르침이 국학으로 살아남기 위한 유가들의 허약한 입장이 고스란히 엿보이기 때문이다. 따라서 이 문제가 봉건시대에 공자가 나아간 길과 전제군주시대에 유가가 나아간 길의 차이점을 살피는 데에 결정적인 요인이 되므로, 역사왜곡의 진상을 밝히려는 입장은 이 의문점을 각별히 유념하고서 주목해야 한다.

그러므로 아래의 글은 순자가 전국시대를 극복하는 방식에서 유가의 고정관념을 벗어나 강력한 대응책을 주장한 배경을 보여줄 충분한 근거가 된다. 왜냐하면 이 글은 맹자가 자신의 제자인 제나라 사람 공손추(公孫丑)와 더불어 제나라 인물인 관중과 안영을 논한 글 속에 있는 대목인데, 그 말뜻은 맹자가 은나라 탕왕은 제나라보다 적은 나라에서 천하를 통일하여 다스렸는데 하물며 탕왕의 땅보다도 훨씬 큰 제나라의 왕이 탕왕과 같은 인정(仁政)을 베푼다면 천하가 복속하지 않을 수 없다는 내용인데, 그러나 순자가 볼 적에는 지극히 소극적인 입장으로 볼 여지가 충분히 있기 때문이다.

"〈맹자〉말했다(曰).「제나라를 가지고 왕 노릇함은(以齊王) 손을 뒤집는 것과 같이 쉬운 것이다(由反手也)」."[246]

그러므로 전국시대의 정국을 너무 안이하게 말한 맹자의 상황인식에 거부함을 느꼈다면, 당연히 순자가 공자가 그리워한 주공 단을 염두에 두지 않을 수 없었을 것이다. 곧 공자가 관중을 두고 기국(器局)이 작다고 평한 말을 상기하지 않을 수 없었을 것이다. 왜냐하면 덕치노선을 탐탁지 않게 여기는 왕을 붙잡고 주공 단처럼 강력한 무력을 사용하여 적극적으로 문제해결을 시도하도록 설득하지 않고, 오로지 온건한 덕치노선으로 나아가도록 설득한 모양새가 모든 책임을 상대방에게 떠넘기는 모습이 될 수 있었기 때문이다. 그런즉 순자가 맹자를 비판한 이유는 이 관점으로부터 논구되어야 한다.

그러면 두 사람의 견해 차이도 그런 관점에 따라 명쾌하게 정리될 수 있다. 왜냐하면 그것은 두 가지 이유 때문이다. 첫째는 순자가 맹자를 공박했다고 하더라도, 맹자와 순자가 고대통치사상을 수호하려는 공자의 입장을 순순히 따르고 있기 때문이다. 둘째는 맹자가 전국시대의 왕들을 설득하는 작업이 실패로 돌아가 여러 선비들의 귀감이 되지 못한 점을 감안하면, 순자의 강경한 입장이 충분히 이해될 수 있기 때문이다.

그러므로 그런 입장을 취한 순자는 인간의 정신적 기능 중에

---

246) 맹자 p79 . 유(由)자를 유(猶)자로도 표기함

서 가장 낮은 단계의 본성을 작위(作爲)와 구별하고서 맹자의 성선설을 공박하였다. 그리고 그 점은 위에서 아래를 바라보면 성악적인 측면이 주목될 수 있고, 반면에 아래에서 위를 바라보면 성선적인 요소가 주목될 수 있다.

그런데 인간의 본성이 감성과 오성 그리고 이성으로 구성되어 있는 점을 감안하면 당연히 성선설과 성악설의 두 이론은 상호 대립적이기보다는 오히려 서로 상보적인 관계일 수밖에 없게 된다. 물론 그 이유는 위에서 밝힌 바대로 공자의 노선에 충실한 두 이론이 극단적으로 서로 다른 주장이 될 수 없기 때문이다. 또한 전국시대를 타개하려는 목적이 동일하기 때문이다. 그럼에도 불구하고 차이가 발생한 이유는 목적을 달성하기 위한 방법에서 맹자가 먼저 한계를 드러냈기 때문이고 그리하여 순자가 법치노선을 더욱 보강한 덕치노선을 내세웠기 때문이다. 그러나 덕치와 법치의 양축에서 덕치노선을 거부하는 세력에 대해 강력한 물리력을 사용하는 법치노선은 정당하고 적법인 통치방식이기 때문에 후대의 유생들이 순자의 법치노선을 비난하게 되면 그 행동은 고대통치이념과 공자를 부정하는 꼴이 되므로 결코 그렇게 해서는 안 된다. 다시 말해 순자의 법치노선이 한비자의 법가노선이 아니므로, 유가의 유생은 순자의 법치노선을 한비자의 법가노선과 비슷한 것으로 결코 오인해서 안 된다는 것이다. 그런즉 전국시대의 정황으로 보면, 맹자가 성선설에 입각한 덕치노선으로 먼저 전국의 왕들을 설득한 입장도 당연하지만, 그러나 그것이 여의치 않았기 때문에 순자가 성악설에 입각한 법치노선으로 설득하여 어지러운 상황을 정리하려고 한 입장도 당연한 방식이 된다. 그리고 이 수순은 모두 다 민본주의(民本主義)통치이념에 기인한 것이기 때문에 결코 잘못될 이유가 없다.

그러므로 성선설과 성악설이 상보적이란 점은 다음의 경우로서 충분히 설명되어진다. 가령 어떤 개인이 다른 맛을 제치고 단 맛이 있는 것만을 특별히 좋아한다고 해서 마냥 그 개인에게 맛있는 것만 권유할 수 없는 것이 인간의 판단과 행동양식이다. 즉 인간의 사고방식이 단 것이 한계효용의 적정수준을 벗어나 다른 기능에 장애를 일으키게 되는 경우를 예방해야하기 때문이다. 그러므로 미각은 단지 다른 감각적 기능과 차별되는 기능일 뿐이고, 그와 별개로 그 감각을 마냥 탐닉하도록 방관하거나 아니면 적정수준의 한계를 정하고서 엄격히 절제하도록 강제하는 행위는 단지 단맛만 음미하는 미각적 판단이 아니라 모든 사태를 종합하여 문제해결의 결론을 내리는 도덕적 판단의 의지작용이다. 그리하여 어떤 고통이든 그것을 극복하려는 도덕적 의지가 정상적으로 작동해야만 정상적인 정신상태가 된다. 하지만 올바른 제동을 가해야 할 적에 그런 결단을 내리지 못하는 박약한 의지의 소유자가 득실대는 곳이 다름 아닌 인간이 사는 공동체이다. 그러므로 지나친 욕망을 조정하고 조절해야 하는 도덕적 판단기능이 그 목적을 충실히 달성하기 위해 역설적으로 거꾸로 강제적인 물리력을 이용하지 않을 수 없게 된다. 즉 물리력을 사용하여 제동을 가하지 않게 되면, 곧 그 태도는 악을 방치하고 더 나아가 그 악에 의한 피해를 방관하는 행위가 되어 그리하여 악의 사태를 미연에 방지해야하는 책임과 의무를 저버린 입장이 된다.

그런즉 목적이 동일한 것임도 불구하고, 순자가 맹자와 다른 입장을 취하게 된 이유는 순자가 전국시대를 수습하는 과정에서 강제적인 물리력을 적절하게 사용해야 할 당위성을 절실히 인식했기 때문이다. 그리하여 전국시대 초기의 인물인 맹자가 문왕의 경우를 기본입장으로 삼아 활동한 반면에, 전국시대 말기의 인물인 순자는 더 이상 그런 도덕군자의 입장에 미련을 두지 않고 그 대신 주공단과 경우를 대안으로 삼아 활동하게 되었다.

그러므로 그런 상황을 염두에 두고서 순자의 입장을 직시하면, 많은 구절 속에서도 다음의 문장이 관심사가 아닐 수 없게 된다. 곧 아래의 글이 순자의 입장이 맹자의 입장을 근본적으로 부정한 것인지, 아니면 순자가 맹자의 상황대처의 부족함을 정확하게 인식하고서 전국시대의 대응책에 변화를 꾀하려고 한 것인지를 명확히 보여주기 때문이다. 곧 순자가 성선설을 무작정 부정한 것이 아니라는 점이다.

> "이른바 성선설이란(所謂 性善者) 본래의 질박함을 떠나지 않아야 아름답고(不離其朴而美之), 자질이 떠나지 않아야 이로운 것이다(不離其資而利之也). 대체로 자질과 질박함은 아름다움을 따르고, 마음과 뜻은 선함을 따르는 것이(使夫 資朴之於美 心意之於善) 마치 볼 수 있는 시력이 눈을 떠나지 않는 것과 같고(若夫可以見之明不離目), 들을 수 있는 청력이 귀를 떠나지 않는

것과 같다(可以聽之聰不離耳). 그런고로 말하기를(故曰), 눈은 밝게 보고 그리고 귀는 분명히 들을 수 있다고 말하는 것이다(目明而耳聽也)."[247]

곧 순자가 이와 같이 성선설을 설명한 부분은 그가 맹자의 입장을 매우 잘 알고 있었다는 점을 그대로 보여준다. 따라서 순자가 분석한 성선설의 해명에 어떤 하자가 있다면 당연히 그 점은 명백히 밝혀져야 한다. 곧 순자가 바라본 관점과 맹자가 바라본 관점과 사뭇 다른 차이점이다. 그런즉 두 입장은 어느 한쪽이 다른 한 쪽을 전적으로 부정하고 배척하는 그런 주장이 아닐지라도 오해를 불려 일으킨 관점은 분명하게 해명되어야 한다. 그런데 문제가 되는 논구대상은 서로의 견해가 상보적이면서 또한 양립적인 것임에도 불구하고, 순자가 맹자의 견해를 판정할 적에 사용한 위(僞)의 용어이다. 그러므로 그 용어가 불려 일으킨 오해가 도대체 무엇인지는 명확히 밝혀져야 한다. 왜냐하면 그렇게 하지 않을 경우에는 전국시대에 처해 각자 다르게 처신한 유생들의 입장이 명확히 드려날 수 없기 때문이다.

우선 살펴보면, 순자는 맹자의 사양지심(辭讓之心)을 '본성에 반대되고 감정에 어긋나는 것이다(反於性而悖於情也)'라고 규정하였다.

247) 순자B p662

"지금 세상 사람들의 성질은(今人之性) 배고프면 밥을 먹고자 하고(飢而欲飽), 추우면 따뜻이 하고자 하며(寒而欲煖), 수고로우면 쉬려고 하는데(勞而欲休), 이것이 사람의 감정과 본성인 것이다(此人之情性也). 지금 세상 사람들은 배가 고파도(今人飢) 어른을 보고서 감히 먼저 먹지 않는 것은(見長而不敢先食者) 무릇 사양하려는 마음이 있기 때문이다(讓也). 수고로우면서도 감히 쉬려고 들지 않는 것은(勞而不敢求息者) 대신 일하려는 마음이 있기 때문이다(將有所代也). 무릇 자식이 아버지에게 사양하고(夫子之讓乎父) 아우가 형에게 사양하며(弟之讓乎兄) 자식이 아버지를 대신해 일하고(子之代乎父) 아우가 형을 대신해 일하는데(弟之代乎兄), 이 두 가지 행동은(此二行者) 모두 본성에 반대되고 감정에 어긋나는 것이다(皆反於性而悖於情也)."[248]

하지만 위의 이 문장만으로는 순자가 맹자의 학설을 근본적으로 부정한 것이라고 미리 단정지울 수 없다. 그 이유는 맹자가 사람의 본성을 단적으로 성설설이라고만 하게 되면, 미처 설명할 수 없는 미묘한 문제에 직면해서는 성선설이 부적절한 것이 되기 때문이다. 그리하여 순자는 맹자의 사단(四端)을 본성

248) ibid 同

대신 작위(作僞)로서 설명하려고 시도했다. 곧 순자가 그 점을 위(僞)의 용어를 사용하여 설명한 점이다.

"그렇지만 능히 효는 자식의 도리이고(然而孝子之道), 예의의 법도와 이치이다(禮義之文理也). 그러므로 감정과 본성에 따르면 곧 사양하지 않게 되며(故順情性則不辭讓矣), 사양을 하면 곧 감정과 본성에 어긋나게 된다(辭讓則悖於情性矣). 이로써 본다면(用此觀之) 사람의 본성은 악한 것이 분명하며(然則人之性惡明矣) 그 선은 작위이다(其善者僞也)."249)

그러므로 마지막 위(僞)의 용어를 거짓으로 이해하고서 순자의 글 속의 감각기능만 주시하게 되면, 당연히 순자가 맹자의 성선설을 공박하고서 불합리한 성악설을 펼쳤다고 오해할 수밖에 없게 된다.

하지만 그런 맹자의 성성설과 마찬가지로 순자의 설명에도 정반대의 문제점이 발생하는데, 그것은 감각이 그런 문제를 발생하는 기관이 아니라는 점이다. 곧 감각이 뇌에 전달하는 내용에 대해 사고기능이 판정을 하는 것이기 때문에, 감각 자체를 악(惡)하다고 말해서는 안 되는 점이다. 오히려 인간의 감각은 동물의 삶과 질이 전혀 다른 인간만의 삶을 추구하는 방법, 수단, 도구이기 때문에, 당연히 인간의 감각은 인간의 삶을 위해

249) ibid p663

구비된 적절한 기능으로 간주해야 한다. 왜냐하면 인간의 감각이 모두 뛰어났다면, 지성에 의한 창조적 활동을 하지 않았을 것이기 때문이다. 따라서 육체의 기능이 사람에 따라 정도의 차이가 있듯이 마찬가지로 정신의 기능도 사람에 따라 정도의 차이가 있기 때문에 육체와 정신의 기능에 대해 모두가 좋고, 모두가 나쁘다는 식의 일방적인 판정을 내려서는 결코 안 된다. 그런즉 감각과 감정이 도덕적인 통제를 받지 않고 자의적이고 또 이기적으로 작용할 적에는 나쁘다고 말할 수 있게 되고, 반대로 공생공영의 입장에서 애타적으로 작용할 적에는 좋다고 말할 수 있게 된다. 따라서 감각기관의 기능과 그 기능을 조정하고 조절하는 도덕적 판단기능은 서로 별개의 기능으로 구별되어진다. 곧 양 요소가 모두 함께 참여하여 인간의 본성을 구성하고 있는 것이다.

그러면 당연히 맹자에 대한 순자의 비판초점이 어디에 놓여 있는지를 살펴볼 수 있게 된다. 물론 순자의 의도가 어디에 있었던지 간에 어쨌든 앞선 시대의 맹자가 후대의 순자의 공박을 직접 변명할 수 없었던 상황을 전제하면, 당연히 순자가 성악설로서 맹자의 성선설을 공박한 사실은 전국시대에 대응한 상황논리로 이해해야 마땅하다.

따라서 그 점을 유념하고 순자가 맹자를 공박한 이유를 주목한 연후에 양 입장을 살펴보면, 당연히 순자가 제기한 본질적 논쟁은 그대로 유효하게 된다. 왜냐하면 감각적 인간이 도덕적 인간이 되려면, 당연히 감각을 제대로 작동시키는 도덕적 기능이 별도로 작동해야 하는데, 그 점에 있어서는 설사 인간이 선천적으로 그 기능을 갖추고 있을지라도 제대로 작동시킬 방법이 필요하기 때문이다. 그러면 맹자와 순자의 양 입장이 모두 양립하게 된다. 왜냐하면 인간이 태어날 때 도덕적 기능이 절로 작동하는 방식을 선천적으로 가지고 있지 않으면 인간이 도덕적일 수 없으므로 맹자의 성선설이 합당한 것이 되지만, 그러나 그 기능이 제대로 작동하여 나쁘게 작용하지 않도록 하려면 고도의 수양이 필요함으로 당연히 순자의 작위설이 합당한 것이 되기 때문이다.

그런즉 작위(作僞)설을 부정하게 되면, 그 입장은 유가가 스스로 논어의 첫머리에 수록된 「학이시습(學而時習)」이 지닌 수양의 의의를 부정하지 않을 수 없게 된다. 마찬가지로 작위의 측면을 너무 강조하기 위해 인간의 성품을 성악(性惡)이라고 설명하게 되면 마찬가지로 그 점도 크게 잘못된 길로 나아가게 된다. 왜냐하면 성인이 스스로 작위를 할 수 있기 위해서는 반드시 자신의 본성에 성선(性善)적인 요소가 먼저 있어야하기 때문이다. 다시 말해 그런 작위는 아무나 할 수 있는 것이 아니라 성인(聖人)이 선천적 도덕적 품성을 발휘해야만 가능한 일이기 때문이다. 그러면 당연히 성악설은 그런 성인의 작위는 어떻게 가능한 것인가? 하는 의문점으로 되돌아가 성선설과 마찬가지의 순환논법에 빠지게 된다. 그런즉 맹자의 성선설과 순자의 성악설이 각기 단독으로 인간의 품성을 하자 없이 설명할 수 없기 때문에, 당연히 유가는 인간의 정신적 인식구조가 고도의 이

성적인 점을 바탕으로 하여 양자의 주장을 종합한 새로운 체계를 재구성해야 한다.

여하간 순자가 고대통치이념을 부정하려는 것이 아니라 그것을 수호하려는 주장을 펼친 것이었기 때문에 맹자와 순자는 그 목적을 실현하려는 방법론이외의 다른 부분에서는 대동소이(大同小異)하다고 여겨도 무방하게 된다.

그런즉 순자의 작위설이 지향하는 바의 의도가 명확히 해명되어야만 전국시대말미의 유가의 처신이 확연히 드려날 수 있게 되는데, 아래글의 聖人之僞가 그 단초를 제공해 준다. 왜냐하면 작위는 절로 되는 것이 아니라 인간이 도덕적 의지를 가지고서 실행하려고 할 적에 가능한 일이기 때문이다. 곧 은거하여 숨어 있는 유생에게는 작위란 용어가 결코 어울릴 수 없기 때문이다.

> "묻는 자가 말했다(問者曰). 「사람의 본성이 악하다면(人之性惡), 곧 예의는 어떻게 생겨났는가(則禮義惡生)?」.
>
> 그것에 대응하여 말했다(應之曰). 「무릇 예의란 것은(凡禮義者) 이것은 성인의 작위에 의해 생겨나는 것이지(是生於聖人之僞), 본디 사람의 본성에서 생겨나는 것이 아니다(非故生於人之性也)」.[250]"

---

250) ibid p663

따라서 순자는 전국시대의 부도덕한 열 왕들이 결코 성인이 할 수 있는 그런 작위를 할 인물이 아니라고 보았기 때문에, 주공이 될 수 있는 특정한 인물을 선택하여 난국을 수습하려고 하였던 것이다. 곧 아래 글 속의 작위가 그런 그의 의도를 충분히 반영하고 있다.

"그러므로 성인께서는 사람들의 본성을 교화시켜 작위를 일으키고(故聖人化性而起僞) 작위를 일으켜 예의를 만들어 내고(僞起而生禮義), 예의를 만들어 내어 법도를 제정한다(禮義生而制法度). 그러니 예의와 법도는(然則禮義法度者) 성인이 생겨나게 하는 것이다(是聖人之所生也).

그러므로 성인이 소위 여느 사람들과 같고 그것이 여느 사람들과 다름이 없는 것이 (故聖人之所以同於衆其不異於衆者) 본성이고(性也), 여러 사람들과는 다르고 능히 뛰어난 것이(所以異而過衆者) 작위이다(僞也)."[251]

따라서 이런 점만 두고서 맹자의 성선설과 순자의 성악설을 따지게 되면, 곧 그 논구는 순자와 맹자가 서로 동문서답하는 꼴만 바라보게 될 뿐이다. 왜냐하면 앞서 지적한 바대로 작위를 하는 성인은 도대체 그 기능과 능력을 스스로 어떻게 갖추었는가? 하는 점 때문이다. 그런즉 순자가 맹자를 공박해야 했던 이유가 맹자가 취한 방법의 부족함을 지적하지 않으면 안 되었던

251) ibid p664

상황논리 때문이라고 간주되어야 한다면, 따라서 마땅히 순자가 맹자와 마찬가지로 유가가 나아가는 노선에서 하등 이탈된 논리를 펼친 것이 아니라는 점도 인정되어야 한다. 그러면 유가의 진정한 면모를 다른 관점에서 새롭게 볼 수 있게 된다. 왜냐하면 맹자의 아래 내용을 유가가 지향하는 본질적 모습으로 지지하게 되면, 전국시대의 난국을 무력으로 해결하는 강력한 방법이 불가능해져서 순자의 입장을 이해할 수 있게 되기 때문이다.

> "맹자께서 말씀하셨다(孟子曰). 「사람들은 모두(人皆) 사람을 차마 해치지 못하는 마음을 가지고 있다(有不忍人之心)」."[252]

그러므로 후세에 맹자의 이점만 내세워 유생들이 뒷사람인 순자가 앞사람인 맹자를 비난하였다고 평가하고서 순자를 배척한 일은 일방적인 행위에 해당된다. 적어도 진정한 유생이라면 오히려 그런 인식과 평가를 도외시하고 전국시대를 수습할 방법론의 차이점에 주목하고서, 마땅히 맹자와 순자의 입장을 양립시키려했어야 했다.

어쨌든 순자가 자신의 입장을 맹자의 성설설과 구분하여 성악설로 비판하였더라도, 두 사람이 왕도정치를 수호하려는 입장에서는 동일하였기 때문에 당연히 순자가 맹자를 비난한 이유가 전국시대를 진단하고서 대처하는 입장차이라고 평가해야 한다. 그러면 전국시대의 혼란의 원인을 맹자의 성선설로만 파악하게 되면 여하간 모든 제후국들이 그 혼란을 야기한 일차적

---

252) 맹자 p102~104

책임을 져야하는 국면에서 벗어날 길이 없는 반면에, 전국시대의 혼란을 순자의 성악설과 더불어 파악하게 되면 그 혼란의 책임을 따지는 일은 일단 미룰 수 있게 된다. 그리고 그 혼란을 수습하는 과정에서 순자가 말하는 작위의 능력을 발휘하는 인물이 천하의 주인이 될 수 있는 기회를 가질 수 있게 된다.

그런 측면을 염두에 두고서 주공에 대한 순자의 입장을 고찰하게 되면, 그의 입장은 매우 각별할 수 있다. 그 중에 하나가 그가 서경에 대해 매우 해박함에도 불구하고 서경의 내용을 다르게 바꾼 점이다. 즉 다음의 내용은 상나라 탕왕에 대해 서경에 기록된 내용인데, 맹자는 그대로 인용한 것을 순자가 그 내용을 주공의 일로 둔갑시켜 놓은 점이다. 앞글이 맹자의 글이고 뒷글이 순자의 글이다.

"서경에 이르기를(書曰), 「탕왕이 첫 번째 정벌을(湯一征) 갈나라에서부터 시작하자(自葛始) 천하가 믿어서(天下信之) 동쪽을 향하여 정벌을 하면(東面而征) 서이가 원망을 하고(西夷怨) 남쪽으로 원정을 하면(南面而征) 북적이 원망을 하면서(北狄怨) 말했다(曰). 「어찌하여 우리를 나중에 정벌 하는가(奚爲後我)?」.

백성들이 <탕왕이 정벌하기를>그것을 바라되(民望之) 마치 큰 가뭄에 구름과 무지개를 바라듯이 하여(若大旱之望雲霓也), 시장으로 돌아가는 자가 멈추지 않으며(歸市者不止) 밭가는 자가 변동하지 않았다(耕者不變). 포악한 군주를 주벌하고 백성들을 위문하시니(誅其君而弔其民), 마치 단비가 내린 듯이(若時雨降) 백성들이 크게 기뻐했다(民大悅)」

서경은 말하였다(書曰) 「우리임금님을 기다렸더니(徯我后) 임금님이 오시면(后來) 소생하게 되겠지(其蘇)」.”[253)]

이처럼 맹자의 글은 서경 상서 중훼지고(仲虺之誥)의 글을 그대로 옮겨 놓았지만, 순자는 그와 달리 탕왕의 자리에 주공 단을 대신하였다. 그러면 이것이 순자가 서경의 글을 모르고서 그렇게 한 것인지 아니면 실제로 주공 단의 경우에 그런 일이 있었는지가 문제가 될 것이다. 그런데 두 가정은 모두 다 잘못된 것으로서, 아래 글은 순자가 의도적으로 탕왕대신에 주공 단을 대신한 것일 뿐이다. 그러면 당연히 순자가 왜 그랬을까? 하는 의문점이 당연히 논구의 초점으로 부상될 수밖에 없는데, 그 해명은 앞서 지적한 바대로 전국시대에 가능한 상황논리로서 접근해야만 가능해진다.

“<왕>그의 편을 들어주는 사람은(彼其所與至者) 반드시 그의 편일 것이다(必其民也).……… 그런고로(故) 옛날 사람 중에는(古之人) 한 나라로부터 시작하여 천하를 차지한 사람도 있었지만(有以一國取天下者), 그것은 그가 가서 빼앗은 것이 아니라(非往行之也) 정치를 제대로 하여(修政其所) 모두가 이러한 정치를

---

253) 맹자 p67~68

흠모하게 되어(莫不願如是), 그리하여 포악한 자를 처벌하고 흉악한 자를 금할 수 있었기 때문이다(可以誅暴禁悍矣).

그런 고로 주공이 남쪽을 정벌하면 그러면 북쪽 나라들은 원망하면서(故周公南征而北國怨) 이렇게 말하였다(曰). 「어째서 이곳은 정벌하러 오지 않으시는가(何獨不來也)?」.

동쪽을 정벌하면 또 서쪽사람들이 원망하면서(東征而西國怨) 이렇게 말하였다(曰). 「어째서 우리만을 뒤로 미루는가(獨後我也)?」

누가 이와 같은 사람과 싸울 자가 있겠는가(孰能有與是鬪者與)? 그의 나라를 이처럼 다스리는 사람이(安以其國爲是者) 왕이 된다(王)."[254]

그리고 순자는 자신의 이 입장을 이미 같은 책의 유효(儒效)에서 주공을 논하면서 잘 보여 주었다. 그러므로 순자가 유가의 가르침은 그대로 유지하면서 난세를 극복하려는 유생의 마지막 모습을 보여 주는 인물이 아닐 수 없는데, 특히 그 점은 아래의 글이 총체적으로 보여 준다. 또한 이 글은 순자로부터 떨어져나가 황로학의 집단에 가세하여 법가로 불리는 한비자와 이사가 왜 그들의 스승의 노선을 벗어나야 했는지를 여실히 보여준다. 그런즉 이로서 황로학이 고대왕조의 역사를 왜곡해야 했던 이

---

254) 순자B p255

유조차 미루어 추측할 수 있게 된다.

“위대한 유가의 공효란 이런 것이다(大儒之效). <주나라> 무왕이 죽고 아들 성왕이 어리자(武王崩 成王幼) <무왕의 아우> 주공이 성왕을 뒤로 물리고서 무왕을 계승해 천하를 물려받았던 것은(周公屛成王而及武王以屬天下) 천하 사람들이 주나라를 배반할까 두려웠기 때문이다(惡天下之倍周也). 천자의 자리에 올라(履天下之籍) 천하의 정치를 처리하자(聽天下之斷) 평화롭기가 본래부터 그렇게 되어 있었던 듯이 되어(偃然如固有之) 그래서 천하 사람들은 그가 탐욕스럽다고 말하지 않았다(而天下不稱貪焉). ………성왕을 가르쳐 깨우치고 올바르게 이끌어(教誨開導成王) 도에 대해 알게 하여(使諭於道) 그리고 문왕과 무왕의 발자취를 이을 수 있게 하였다(而能揜迹於文武). 주공은 주나라를 되돌려주고(周公歸周), 천자 자리를 성왕에게 되돌려주어(反籍於成王) 그래서 천하 사람들이 주나라를 섬기는 일을 그치지 않았다(而天下不輟事周然). 그리고 주공은 북면하고서 <신하로서> 조정을 섬겼다(而周公北面而朝之).………성왕이 관을 쓰는 성인이 되자(成王冠 成人) 주공은 주나라에게 천하를 되돌려 주고 천자 지위도 되돌려 줌으로서(周公歸周反籍) 임금을 멸망케 하지 않는다는 의리를 밝혔다(明不滅主義也). ………………그러므로 나뭇가지 같은 방계 사람이 본가의 주인을 대신했던 것이지(故以枝代主) 그러나 지나쳤던 것은 아니며(而非越也), 아우이면서도 형을 처형했지만(以弟誅兄) 그러나 포악한 일은 아니었다(而非暴也). 임금과 신하의 자리가 바뀌었지만(君臣易位) 그러나 순리를 거스른 것은 아니었다(而非不順也). 온천하의 평화를 바탕으로(因天下之和) 문왕과 무왕의 왕업을 완수하고(遂文武之業), 방계와 본가의 의리를 밝혔다(明枝主之義). 말할 것도 없이 큰 변화였으나(抑亦變化矣) 천하 사람들은 순순히 모두가 한 결 같이 따랐다(天下厭然猶一也). 성인이 아니라면 이런 일은 이룰 수가 없는 일이다(非聖人莫之能焉). 대저 이것이 위대한 유자의 공효라 한다(夫是之謂大儒之效)."[255)]

제2절 예법체제가 아닌 다른 체제의 정치는 무엇을 의미하는가?

논구초점 : 춘추시대와 전혀 다른 양상의 전국시대는 글자그대로 나라끼리 전쟁을 하는 난국의 시대이다. 그런데 전국시대에도

---

255) ibid p173~175

여전히 맹자와 순자는 고대통치노선을 견지하는 입장을 굽히지 않았다. 이런 유가의 덕치노선을 현실적으로 정면에서 맞부딪힌 노선이 있는데, 바로 그들이 형명학의 법가들이다. 그런데 사마천은 사기열전에서 한비자를 도가의 중심인물인 노자를 기록한 곳에서 황로학에 충실한 법가사상가임을 분명히 하였다. 그리고 한비자가 유가인 순자에게서 학문을 배웠다고 하였다.

그런데 한비자의 법치노선은 스승인 순자의 유가노선과 사뭇 다르다. 그러면 도대체 고대왕조가 수립한 통치이념에 의거한 법치노선과 전국시대의 법가가 주장하는 법치노선과의 차이점이 무엇인가? 하는 의문점이 발생하게 된다. 그 점에 대해서는 순자의 말이 논구의 실마리가 될 수 있다.

"하늘에 있는 중에는 해와 달보다도 더 밝은 것이 없고(,在天者莫明於日月) 땅에 있는 것 중에는 물과 불보다도 더 밝은 것이 없으며(在地者莫明於水火), 물건 중에는 진주와 옥보다도 더 밝은 것이 없으며在物者莫明於珠玉), 사람에게는 예의보다도 더 밝은 것은 없다在人者莫明於禮義). ………그러므로 사람의 목숨은 하늘에 달려 있고(故人之命在天), 나라의 운명은 예의에 달려 있다(國之命在禮). 임금이 예의를 존중하고 현명한 사람을 귀중히 여기면(君人者 隆禮尊賢) 그러면 왕이 되고(而王), 법을 중시하고 백성을 사랑하면(重法愛民) 그러면 패자가 되고(而覇), 이익을 좋아해 속임수를 많이 쓰면(好利多詐) 그러면 위태로워지고

(而危), 권모술수를 쓰고, 남을 무너뜨리며 음험한 일을 하면(權謀傾覆幽險) 그러면 다만 망할 뿐이다(而盡亡矣)."[256]

그런즉 이런 관점에서 유가의 덕치노선과 달리 순자의 제자인 한비자의 법치노선이 무엇을 어떻게 이탈하였는지가 논구되어야 한다.

유가에서의 성왕(聖王)은 인·의·예·지의 덕목을 바탕으로 하여 나라를 다스리되. 예법과 형법으로 드러난 행위의 표준을 삼는다. 따라서 무엇을 함에 있어서 예법으로 인도하지 않고, 형법으로 강요한다면, 정국이 순조롭게 나아갈 수 없게 된다. 그 이유는 누누이 지적한 바대로 위정자가 덕을 갖추지 못하면, 그는 백성들의 존경이 만들어 주는 권위 대신에 자신에게 부여된 물리적 형법을 활용하여 강압적으로 국정을 이끌고 가야만하기 때문이다.

여하간 덕치와 법치의 양축으로 나라를 다스리는 고대왕조의 통치노선은 선 덕치, 후 법치의 순서로서 경영되는 방식이었다. 즉 법치의 뒷받침을 받으면서 덕치로서 나라를 다스리는 방식이었던 것이다. 그런데 근본인 덕치를 전면에 내세우지 않고 법치를 전면에 내세우고서 나라를 다스리겠다는 입장은 결국 왕조가 덕치를 표방할 권위 있는 명분을 제대로 확립하지 못했다는 사정을 의미한다. 왜냐하면 백성들이 진정으로 왕조의 명령을 자발적으로 따를 복종의 의사를 마음에서 우러나오게 하는 권위를 제대로 수립할 수 없었거나 아니면 아예 상실한 경우가 아니고

256) ibid p490

서는 민본주의를 위한 덕치노선을 표방하지 않을 이유가 달리 있을 리 없기 때문이다. 곧 그 점은 다음 글로서 확인된다.

"나라에 예의가 없으면 곧 바르게 다스려지지 않으니(國無禮則不正), 예라는 것은 나라를 바르게 다스리는 근본이다(禮之所以正國也).

비유컨대 마치 저울이 무겁고 가벼운 것을 가늠하는 근본이 되고(譬之猶衡之於輕重也), 먹줄이 곧고 굽은 것을 가늠하는 근본이 되며(猶繩墨之於曲直也), 그림쇠와 굽은 자가 네모와 동그라미를 가늠하는 근본이 되는 것과 같다(猶規矩之於方圓也). 이미 그런 근본이 놓여 있으니(既錯之) 그래서 사람이라면 아무도 그것을 속일 수가 없는 것이다(而人莫之能誣也)."[257]

이로서 순자는 법치주의의 근간이 덕치주의에 있음을 분명히 하였다. 즉 법을 제정하고 집행하는 것이 위정자의 몫인데, 법의 제정과 집행의 근원인 위정자가 덕치에 입각해 있지 않으면 곧 법의 제정과 집행과정이 제대로 될 수 없다고 지적한 점이다. 그리고 이점이 바로 한비자가 그의 스승의 후반부의 학설을 그대로 인용하면서도 전반부의 스승의 진의를 전혀 수용하지 못한 점을 그대로 보여준다. 즉 한비자가 순자의 학설대로 인재등용의 중요성을 강조하였지만, 그러나 그렇게 발탁된 인재가

257) p319

덕치에 충실한 인재가 아니라 오로지 임금의 목적에만 충실한 법치의 인재라면 양자가 결코 같을 수 없기 때문이다. 그러므로 한 무제(漢武帝) 이후의 유가의 선비들이 비록 유가의 사고방식을 가졌다고 하더라도, 그러나 전제군주인 황제에게 충성하는 것이 곧 나라에 충성하는 것으로 가르치는 유생으로 변절하였기 때문에 그들은 스스로 법가식 유가가 되었던 것이다. 여하간 한비자는 순자의 후반부를 그대로 수용하였다.

> "어지럽히는 임금은 있어도(有亂君) 어지러워야할 나라는 없다(無亂國). 다스리는 사람은 있어도(有治人) 다스리게 하는 법은 없다(無治法).……………
>
> 법이란 다스림의 시작이고(法者 治之端也) 군자란 법의 근원이다(君子者 法之原也).
>
> 그러므로(故) 군자가 있으면(有君子) 곧 법이 비록 생략되었다고 하더라도(則法雖省) 충분히 두루 펴질 것이다(足以徧矣). 군자가 없으면(無君子) 곧 법이 비록 갖추어져 있다고 하더라도(則法雖具) 앞뒤를 시행할 순서를 잃고(失先後之施) 일의 변화에 대응하지 못하여(不能應事之變) 충분히 어지러워질 것이다(足以亂矣).
>
> 법의 뜻을 알지 못하면서(不知法之義) 능히 법의 조문만을 바

로 지키는 사람은(而正法之數者) 비록 널리 안다고 하더라도(雖博) 일을 당하면 반드시 혼란을 일으킬 것이다(臨事必亂). 그러므로(故) 지혜로운 임금은 합당한 사람을 얻기를 서두르고(明主急得其人), 그러나 어리석은 임금은 그의 권세를 얻기를 서두른다(而闇主急得其埶)."[258]

그런즉 선왕이 수립한 예법체제가 아닌 다른 체제의 정치가 정당성을 갖출 수 없었기 때문에 유가를 공박한 도가의 입장은 다른 각도에서 면밀히 검토되어야 한다. 즉 예(禮)의 정치가 아니라면 당연히 비례(非禮)의 정치가 되지만 그러나 어떤 선비도 그런 주장을 할 수 없기 때문에, 도가가 유가가 고수하려는 예의 정치를 비판했다면 도대체 그 대안으로서 내세운 그들의 체제가 어떤 것인가? 하는 의문을 품지 않을 수 없게 된다. 그러므로 유가를 배격하려고 집요하게 공박한 극점이 전국시대인 만큼, 주나라를 전복하고 새로운 통일왕조를 열지 않으면 안 되겠다고 의도한 선비들의 정체와 또 그들이 내놓은 대안에 대해 논구초점이 맞추어지지 않을 수 없게 된다.

그러므로 순자의 예법사상이 단적으로 보여 주는 바처럼 전국시대의 유생들이 고대통치사상을 수호하려는 자세가 변함없이 한 결 같았다는 점과, 그리고 이런 굳건한 유생들의 의지가 결국 통일왕조가 건국된 이후에 통치노선의 극한마찰을 유발하

---

258) ibid p352

면서 분서갱유(焚書坑儒)의 된서리를 맞게 된 점과, 비록 우여곡절을 겪었지만 그럼에도 불구하고 한나라 때에 다시 통일왕조의 통치이념으로 어쨌든 자리매김하게 된 점도 다 함께 이 논구의 핵심요인이 된다.

따라서 유가를 정확히 이해하려면, 그 논구는 전국시대가 막바지로 치닫고 있는 시점에 순자가 유가의 노선을 체계적으로 정리하여 통치노선을 왕도(王道)와 패도(覇道)와 망도(亡道)의 세 가지로 구분하고서, 황제사관에 대응하여 설파한 후왕사상을 마땅히 주목해야 한다.

특히 순자가 왕도와 패도를 벗어났을 적에는 어떤 경우에서도 나라가 망하게 된다고 역설한 망도(亡道)의 설명이다.

"그런 고로 임금이란 천하의 이로운 권세이지만(故人主天下之利執也), 스스로 안락하게 지내지 못하기도 한다(然而不能自安也). <임금 자리에서> 안락하게 지내는 사람은 반드시 <올바른> 도를 지킨 사람이다(安之者必將道也).

그러므로 나라를 다스리는 사람이(故用國者) 의로움을 세우면 그러면 왕이 되고(義立而王), 신용을 세우면 그러면 패자가 되고(信立而覇), 권모술수를 세우면 그러면 망자가 된다(權謀立而亡).

이 세 가지는 지혜로운 임금이라면 삼가 가려야 할 길이고(三

者明主之所謹擇也), 인덕 있는 사람이라면 분명히 힘써 해야 할 일이다(仁人之所務白也)."[259]

그런즉 한비자가 말한 패도의 길은 순자가 말한 패도와 전혀 다른 모습이기 때문에 그 점을 각별히 유념해야 한다. 왜냐하면 권모술수가 가득 찬 한비자의 사상은 순자의 관점으로 보면, 결국 나라를 망치는 길을 제시하고 있는 셈이기 때문이다. 더욱이 한비자의 법가노선은 왕과 제후들과의 관계가 엄격한 차별적 서열관계를 명확히 정한 통치방식과 제후들이 결코 왕에게 반란을 획책할 수 없는 안전장치에 치중한 통치방식을 채택하고 있기 때문에, 당연히 그 사상은 군신간의 신의를 바탕으로 한 협치(協治)정치를 도저히 기대할 수 없는 사고방식이 된다.

그러므로 주나라 체제로 되돌아가기를 거부하는 세력들이 공자의 가르침을 극단적으로 부정한 이유가 명확해지려면, 오히려 춘추시대의 공자보다 훨씬 앞선 춘추초기의 정치가인 관중의 글을 살펴보는 것이 더 객관적일 수 있게 된다. 그 이유는 진왕(후일 秦始皇)을 찾아가 죽음을 당한 전국시대 후기인물인 한비자가 내세운 패도적인 입장과 제나라 환공을 위해 활약한 춘추시대 초기의 인물인 관중이 내세운 패도적인 입장 간의 차이점이 두 시대 사이에 놓인 변화의 요인을 적절히 보여주기 때문이다. 그런즉 아래의 관중의 글이 그 점을 명확히 확인해 주는데, 거기에는 전통적인 사상과 전혀 다른 요인이 별달리 눈에

---

259) ibid p308

띄지 않는다.

"환공이 말했다(桓公曰). 「옛 삼왕이(昔三王者) 모두 다 자기 임금을 시해한 사람들이오(其弑其君). 지금 인의에 대해 말하는 사람들은(今言仁義) 꼭 삼왕을 본보기로 삼으니(則必以三王爲法度) 이것은 대체 무슨 까닭이겠는가(不識其故何也)?」.

<관중이> 대답하였다(對曰). 「옛날에(昔者) 우왕은 천하를 평정하여 세상을 잘 다스렸으나(禹平治天下), 걸왕에 이르면서 혼란에 빠졌습니다(及桀而亂之). 탕왕이 나서서 걸을 추방하고(湯放桀) 이로써 우왕의 업적을 안정시켰습니다(以定禹功也).

탕왕은 천하를 평정하여 잘 다스렸으나(湯平治天下), 주왕에 이르면서 혼란에 빠졌습니다(及紂而亂之). 무왕이 주왕을 찔러 죽이고(武王伐紂) 이로써 탕왕의 업적을 안정시켰습니다(以定湯功也).

무릇 선이 불선을 치는 것은(且善之伐不善也) 고금을 통해 불변의 진리입니다(自古至今 未有改之). 군주께서는 무엇을 이상히 여기십니까(君何疑焉)?」."[260]

곧 관자의 글에 고대왕조의 통치노선이 그대로 고스란히 간

260) 관자 p426~427

직되어 있는 점이다

따라서 유가의 예법사상을 부정하는 새로운 정치노선은 주나라를 대신할 새로운 통일왕조를 수립하려는 선비들의 세력이 은밀히 뭉쳐서 만든 황로학적 정치노선, 즉 법가와 도가가 어우러져 형성한 한비자방식의 법치노선이외에 달리 있을 리 만무해진다.

그런데 패도노선을 앞세우는 한비자의 법가사상도 근본 바탕이 스승인 순자의 왕도정치론에서 비롯된 정치사상인 만큼, 겉모습만으로 그 내용을 언뜻 살피게 되면 종전과 별다른 차이가 없어 보인다. 그 이유는 한비자가 유가와 차별되는 다른 노선을 취하려고 해도 임금과 신하, 임금과 백성, 관리와 백성간의 기본 틀을 통째로 바꿀 수 없었기 때문인데, 다시 말해 한비자의 사상도 유가사상의 근원인 고대왕조의 통치이념의 근본을 단한 치도 벗어날 수 없었기 때문이다.

그런즉 한비자의 정치사상과 노선이 고대왕조가 수립한 통치이념의 틀을 결코 벗어날 수 없었던 까닭은 단적으로 순임금이 장차 왕이 될 우임금에게 왕위를 이어받도록 말한 곳에서 잘 집약되어 있다.

이 글은 이미 앞서 인용한 글이지만, 여기에서도 주목할 필요가 있다. 그 이유는 서경의 글이 모든 정치이념이 민본주의를 바탕으로 하지 않으면 안 되는 점을 명확히 수립해 두었기 때문이다.

"사랑할 만한 이는 임금이 아니든가(可愛非君)? 두려워할 만한 이는 백성이 아니든가(可畏非民)?

백성은 임금이 아니면 누구를 떠받들고(衆非元后 何載), 임금은 백성이 아니면 누구와 더불어 나라를 지키겠는가(后非衆 罔與守邦)?

공경하라(欽哉)!

너는 임금의 자리를 신중히 하고(愼乃有位), 그 삼가해야할 바를 공경히 수양해라(敬脩其可願).

사해가 곤궁하면(四海困窮) 하늘의 녹은 영원히 끊길 것이다(天祿永終)

생각건대 입은(惟口) 좋은 것을 내기도 하고(出好) 전쟁을 일으킬 수도 있으니(與戎), 나는 다시 말하지 않으리라(朕不再)."[261]

그런즉 유가가 계승한 민본주의 사상의 본질이 천명사상인 점이 지극히 중요해지는 것이다. 그러므로 천명을 어겼기 때문에 하늘이 혁명을 허용하는 바는 곧 천명을 수호해야할 통치자가 민본주의 정치를 포기하고 있음을 의미하게 된다.

"하늘이 보고 들은 것을 잘 기억하는 일은(天聰明) 우리백성이 보고 들은 것을 잘 기억하는 일로부터 말미암은 것이고(自我民聰

261) 서경 p71

明), 하늘이 밝고 두려운 바는(天明畏) 우리백성이 밝고 두려운 바로부터 말미암은 것입니다(自我民明威).

위와 아래가 통하게 될 것이니(達于上下) 공경하십시오(敬哉)! 땅을 가진 자이시어(有土)!"[262]

그리고 더 나아가 서경은 그 실천방법이 현명한 인물을 등용하여 그들과 더불어 정국을 풀어나가는 협치(協治)정치임을 밝혔는데, 곧 아래의 내용으로 협치정치를 이끌고 가는 위정자의 근본의식이 무엇이어야 하는지를 명확히 보여주었다.

"제<순>이 말씀하셨다(帝曰). 「아니다(吁). 신하는 이웃이며(臣哉鄰哉) 이웃이 신하니라(鄰哉臣哉)」.

우가 말했다(禹曰). 「그렇습니다(兪)」."[263]

여하간 이런 노선을 거역한 임금의 무능과 제후들의 탐심이 겹쳐 발생한 혼란의 정국이 급기야 통제가 불능한 춘추·전국시대를 야기하였기 때문에 종국에 이르러서는 강력한 형법을 구사하는 법치사상의 부각은 필연적인 결과일 수밖에 없었다.

그런데 혼란을 초래하고, 수습을 제대로 하지 못한 원인과 책임의 문제에 있어서는 일차적으로 혼란의 빌미를 제공한 주 왕조가 짊어져야 하는 것은 분명한 사실일지라도 그러나 그 난국

262) ibid p85
263) ibid 91~92

을 제후들이 합심하여 능히 수습할 수 있었음에도 불구하고 그렇게 하지 않았던 점은 또 다른 성격의 별개의 문제로 다루어질 수 있다. 그러므로 고대왕조가 수립한 통치이념과 정치노선을 왜곡시킨 전국시대의 패도적 정치노선은 정치명분에서 심각한 정체성의 문제를 떠안지 않을 수 없게 된다. 그러면 주왕실의 책임과 제후들의 책임 간에는 무슨 차이점이 있는가? 하는 의문점을 해명하는 작업이야말로 왕조정치의 본질을 이해하는데 핵심 사안이 아닐 수 없게 된다. 그리고 그 진상은 고대왕조의 역사를 두루 살펴보면 명확해진다.

여하튼 요순의 통치방식은 임금과 신하가 예로서 화합하고서 더불어 힘써 민본정치를 펼쳤기 때문에 통치과정에서 제후들의 반란을 경계할 이유가 굳이 없었다. 그에 반해 전국시대에는 제후들이 임금을 충심으로 섬기는 것보다 오히려 신하가 임금의 지위를 탐내어 반란을 도모하였기 때문에 당연히 임금과 신하 그리고 신하와 신하 간에 불신의 긴장감이 절로 형성되었다. 그리고 그 점을 분명히 해둔 공자의 지적이 논어에 잘 수록되어 있다. 더 나아가 그 지적은 왕도정치노선의 근본을 명쾌히 보여준다. 물론 그 지적은 왕과 제후 및 신하들에게 공통적으로 적용된다.

> “안연이 인을 묻자(顔淵問仁), 공자께서 말씀하셨다(子曰). 「자기의 사욕을 이겨 예로 돌아감이 인을 하는 것이니(克己復禮爲仁), 하루 동안 사욕을 이겨 예로 돌아가면(一日克己復禮) 천하가 인으로 돌아가는 것이다(天下歸仁焉).

인을 행하는 것은 자신에게서 비롯되는 것일 따름이지(爲仁由己), 남에게서 비롯되는 것이겠는가(而由仁乎哉)?」."[264]

그러므로 한비자의 패도정치의 방식은 외면적으로는 민본정치노선을 따라 백성을 다스리는 것처럼 되어 있었지만, 그러나 내면적으로는 임금과 신하가 불신으로 결합되어 있었기 때문에 도저히 협치(協治)정치를 할 수 없는 형국이었다. 즉 한비자의 패도정치의 방식은 요임금과 그 신하들, 요임금과 순임금, 순임금과 신하들 간에 이루어진 화합을 결코 이룰 수 없었던 통치 방식이었다.

그러므로 난세에는 어쩔 수 없었기 때문에 위정자가 법치노선을 중시할 수밖에 없을지라도, 정국이 정상으로 돌아 왔을 적에는 덕치와 법치가 서로 균형을 잡지 않을 수 없게 된다. 그러지 않으면 정국은 언제든지 다시 혼란에 빠지게 된다.

그런즉 논어는 균형의 본질에 대해 아래에 인용한 바대로 화(和)와 절(節)로서 설명하였다. 그리고 그 까닭은 유가가 가르치는 인·의·예·지·신의 도덕적 덕목이 서로 불가분의 관계로 결합되어 있기 때문이다. 그런즉 근본적인 인의 마음가짐을 갖추면 반드시 예로서 실천방식을 만들어야 하며, 그리하여 구체적인 예를 실행할 적에는 반드시 예의 근원인 인의 마음으로 조절하고 통제해야 한다. 그러므로 예를 실천할 경우에는 그것이 결코 인의 본질에 어긋나서는 안 된다. 그런 까닭에 인의 행위이어야

264) 논어 p228

하는 예에서 기필코 이루어져야할 화(和)가 마찰과 갈등을 어정쩡하게 봉합하게 되면 오히려 후일에 더 큰 화만 불려 일으키게 된다. 그래서 절(節)이 반드시 화(和)를 뒷받침해야 한다. .

> "유자가 말하였다(有子曰).「예(예법)의 사용은(禮之用) 화가 귀함이 되니(和爲貴), 선왕의 도는(先王之道) 이것을 아름답게 여겼다(斯爲美). 그리하여 작은 일과 큰일은 모두 이것을 따른 것이다(小大由之).
>
> 행하지 못할 것이 있으니(有所不行), 화를 알아서 화만 하고(知和以和), 예로서 절제하지 않는다면(不以禮節之) 이 또한 행할 수 없는 것이다(亦不可可行也)」."[265]

즉 예법이 본질을 망각하고서 표면적으로 거저 좋으면 좋다는 식이면 안 된다는 것이다. 왜냐하면 그렇게 되면 진정한 통치목적은 소실되고 오로지 이해당사자들끼리 야합하여 이익을 공유하는 양상이 도래할 수 있기 때문이다. 그래서 공자는 예의 정치가 백성을 다스리는 근본임을 단순명쾌하게 규정하였다.

> "공자께서 말씀하셨다(子曰).「위에서 예를 좋아하면(上好禮), 곧 백성을 따르게 하기 쉽다(則民易使也)」."[266]

265) 논어 p27
266) ibid p302

그리고 더 나아가 공자는 요·순임금이 보여준 바대로 예법을 실행하는 위정자는 항상 겸손해야 한다고 가르쳤는데, 그 이유는 예법은 위정자가 솔선수범하여 본보기가 되지 않으면 제대로 실현될 수 없기 때문이다. 즉 겸손은 예법이 만인평등하다는 점을 보여주는 시금석이기 때문이다.

그런즉 위정자가 겸손하려면 백성을 사랑하는 인의 마음이 없이는 불가능하기 때문에 공자는 예를 뒷받침하고 있는 인을 다음과 같이 설명하였다.

"공자께서 말씀하셨다(子曰).「사람으로서 그리고 인하지 못하면(仁而不仁), 예를 어떻게 사용하며(如禮何), 사람으로서 그리고 인하지 못하면(人而不仁), 예악을 어떻게 사용할 수 있겠는가(如樂何)?」."[267]

그런 맥락에서 공자는 인의 마음이 없이는 도덕적 인물이 결코 될 수 없음을 분명히 하였다. 그리고 또한 공자는 이 말을 통해 민본주의 사상이 어디에서 연유하는지를 확연히 해명하였다.

"공자께서 말씀하셨다(子曰).「오직 인자여야(惟仁者) 사람을 좋아하며(能好人) 사람을 미워할 수 있는 것이다(能惡人)」."[268]

---

267) ibid p51
268) ibid p71

그리하여 공자는 진정한 왕도정치는 위정자의 품성이 인(仁)하지 않고서는 안 된다는 여기고서 인을 바탕으로 고대통치이념을 체계적으로 정리하여 고대통치이념을 견지하는 유가의 학풍을 굳건히 하였다. 그리고 그 입장정리가 춘추의 환란이 그런 마음의 소유자가 아니고서는 도저히 수습될 수 없음을 밝힌 모습이다. 물론 그 점은 주나라의 정통성이 문왕에 있음을 전제하고 있다. 그러면 아래의 글이 뜻하는 바대로, 춘추와 전국의 난국이 전통적인 맥락에서의 왕도정치를 추구하는 인물이나 아니면 전통적인 맥락에서의 패도정치를 추구하는 인물에 의해 수습이 되어야 마땅한데, 그러나 역사의 결과는 엉뚱하게도 중간에 등장한 황로학에 의해 변질된 패도정치의 모습으로 수습되었기 때문에 참으로 역설적이다.

"공자께서 말씀하셨다(子曰). 「진실로 인에 뜻을 두면(苟志於仁矣) 악함이 없다(無惡也)」."[269)]

"군자가 인을 떠나면(君子去仁) 어찌 이름을 이룰 수가 있겠는가(惡乎成名)?"[270)]

그런즉 공자는 다시 본래의 자리로 되돌아와서, 나라는 그런 바탕위에서 제대로 된 예법을 세우고 제대로 시행해야만 제대로 된 정치가 행해질 수 있다는 결론을 내렸다.

---

269) ibid p71
270) ibid p72

"공자께서 말씀하셨다(子曰). 「지혜가 <도>거기에 미치더라도 (知及之), 인이 능히 그것을 지켜내지 못하면(人不能守之), 비록 얻더라도(雖得之) 반드시 잃는다(必失之).

지혜가 거기에 미치며(知及之) 인이 능히 그것을 지키더라도 (人能守之) 장엄함으로서 백성들에게 임하지 않으면(不莊以涖之) 곧 백성들이 그를 공경하지 않는다(則民不敬).

지혜가 미치며(知及之) 인이 능히 지켜내며(人能守之) 장엄함으로서 백성들을 임하더라도(莊以涖之) 백성을 움직이기를 예로서 하지 않는다면(動之不以禮) 선하지 못하다(未善也)」."[271]

그러므로 왕도정치노선을 수호하려는 공자는 무엇보다도 예의 논리를 우선적으로 군주에게 먼저 적용한다. 즉 임금이 신하에게 정성을 다한 충성을 받고자 한다면 마찬가지로 자신도 똑같이 신하에게 예를 갖추어야 한다는 점이다.

"정공이 물었다(定公問). 「임금(제후)이 신하를 부릴 적에는(君使臣), 신하가 임금을 섬길 적에는(臣事君) 어찌 해야 합니까(如之何)?」.

공자께서 대답하였다(孔子對曰). 「임금은 신하를 예로서 일을

---

271) ibid p321

시키고(君使臣以禮), 신하는 임금을 진심에서 우러나오는 정성으로서 섬겨야 합니다(臣使君以忠)」."[272]

따라서 공자의 이런 맥락은 왕도정치사상이 여전히 통치이념으로 작동하는 시기인 춘추시대의 초기의 법가사상가인 관자의 글에서도 그대로 나타나는데, 그와 달리 전국시대후기의 법가사상가인 한비자의 글은 이와 전혀 다른 모습을 보이고 있기 때문에, 따라서 그 중간시기의 공자의 말이 춘추시대와 전국시대의 차이점을 명확히 보여주는 기준점이 된다.

그런즉 춘추시대의 공자의 말을 그대로 수용하고서 고대통치이념을 견지한 전국시대의 순자는 예와 법의 차이를 이해할 수 있는 대단히 중요한 말을 설파했다.

"……잘 갖추어진 예를 세워서 규범으로 삼는다면(立隆以爲極), 그러면 천하에서 아무도 그것에 더하거나 덜지 못한다(而天下莫之能損益也). 근본과 종말이 상호 순리적이며(本末相順), 처음과 끝이 서로 호응하며(終始相應), 지극히 형식적인 수식으로써 분별을 하며(至文以有別) 지극한 관찰을 통하여 옳고 그름을 논리적으로 설명한다(至察以有說).

천하에 이를 따르는 자는 다스려지고(天下從之者治), 이를 따르지 않는 자는 혼란에 빠질 것이며(不從者亂), 이를 따르는 자

272) ibid p63

는 안락해 지고(從之者安), 따르지 않는 자는 위태로워질 것이며(不從者危), 이를 따르는 자는 생존하고(從之者存), 이를 따르지 않는 자는 망할 것이다(不從者亡). 소인으로써는 헤아릴 수도 없는 일일 것이다(小人不能測也)."[273]

따라서 순자의 이와 같은 글은 고대통치이념을 수호하려는 공자의 입장이 전국시대 말엽까지도 여전히 변함없이 지속되고 있었다는 예증이 되는 셈이다. 그리고 더 나아가 전국시대의 진상은 우선적으로 전국시대의 사상가의 진단을 통해 살펴보면 제대로 직시될 수 있기 때문에 순자의 입장은 실로 중차대한 비중을 지니지 않을 수 없게 된다.

더욱이 전국시대에 공자를 배척하려는 극심한 분위기속에서 고대통치이념과 그것을 수호하려는 공자를 꿋꿋하게 방어한 순자의 입장은 황로학의 입장을 밝힐 수 있는 명백한 근거가 되므로, 당연히 역사왜곡의 진상을 밝히는 논구에서는 전국시대의 초기의 인물인 맹자의 말보다는 전국시대의 말미의 인물인 순자의 말이 더 중시되어야 한다.

"그런데, 서경이란 정치에 관한 일을 기록한 것이고(故書者 政事之紀也), 시경이란 음악에 알맞은 것을 모아 놓은 것이고(詩者中聲之所止也), 예기는 법의 근본이며 여러 가지 일을 망라한 규

273) 순자B p190

정인 것이다(禮者 法之大分 類之綱紀也). 그래서 학문은 예기에 이르러 끝맺게 되는 것이다(故學至乎禮而止矣).

대체로 이것을 일컬어 도덕의 준칙이라고 한다(夫是之謂道德之極).

예기의 문식을 중히 여김과(禮之敬文也) 악기의 알맞게 조화됨과(樂之中和也), 시경과 서경의 광범함과(詩書之博也), 춘추의 자세함은(春秋之微也) 하늘과 땅 사이에 있는 것을 모두 포괄하는 것이다(在天地間者畢矣)."[274]

그리하여 유가는 이것을 교육하면서 예를 위정자가 나아가야 할 통치의 목적을 실현할 방법과 수단임을 분명히 하였다. 곧 예가 왕도정치가 자신의 이념을 달성하기 위해 필요로 하는 방법과 수단이라는 것이다. 그리고 그 점은 예기에 분명히 명기되어 있다.

"도덕과 인의(道德仁義)도 예가 아니면 이루어지지 않고(非禮不成), 훈육해서(敎訓) 풍속을 바로 잡아도(正俗) 예가 아니면(非禮) 갖추어지지 않는다(不備).

군신상하(君臣上下) 부모형제(父母兄弟)도 예가 아니면(非禮) 정해질 수 없다(不定).

---

274) ibid p78

벼슬하는 길과 학문을 배우는데 있어서 스승을 섬기는 일이(官學師事) 예가 아니면(非禮) 친해질 수 없다(不親).

조정에 참여하고 군대를 다스리며(班朝治軍) 벼슬에 오르고 법을 행하는 데도(位官行法) 예가 아니며(非禮), 위엄을 세울 수 없다(威嚴不行).

기도하고 제사지내며(禱祠祭祀) 귀신에게 바치는 일도(供給鬼神) 예가 아니면(比禮) 정성스럽지 않고 엄숙하지 않다(不誠不莊).

이런 까닭으로(是以) 군자(君子)는 공경하고(恭敬), 절도를 지키며(撙節), 겸손하여(退讓) 예를 밝히는 것이다(以明禮)."[275]

그런데 전국시대에 등장한 황로학이 이와 같은 왕도정치의 이념을 극단적으로 퇴출시키려했는데, 그러면 그 이유가 모든 논구의 정점에 서지 않을 수 없게 된다. 왜냐하면 왕도정치가 정치무대에서 퇴출되어야할 이유가 도저히 있을 수 없음에도 불구하고 황로학이 극구 퇴출시키려 갖가지 음해의 전략을 구사하였기 때문이다. 따라서 그 이유는 상식적으로 도저히 이해하고 수긍할 수 없는 이유가 아닐 수 없게 되는데, 곧 그 이유는 순수한 통치문제가 아니라 선비로서는 결코 해서는 안 되는 파렴치하고 몰염치한 역사왜곡의 문제였던 것이었다. 곧 중국고대왕조

275) ibid p19

의 역사가 이족의 역사인 점을 부정하고 거부한 것이었다.

그래서 고대통치이념을 견지한 것이 곧 요·순사관을 견지한 것이 되고 그리고 이족이 수립한 문명사를 견지한 것이 되는 역사적 진실 앞에서 공자는 역사를 왜곡하려는 세력에게는 철저히 배척되어야할 인물이 아닐 수 없게 된 것이었다. 그러면 당연히 공자의 가르침을 두고 공자사후에 그가 지향한 역사노선을 견지하려는 집단과 그 노선을 배격하려는 집단이 극명하게 갈린 이유를 명백히 따져 중국역사의 왜곡된 실상을 제대로 밝혀야만 비로소 순수한 왕도정치의 이념이 재대로 드려날 수 있게 될 것이다.

그리고 그 실상이 제대로 밝혀져야만 할 이유는 하나라에서 은나라로 전환되는 시기에 공자가 등장했다면, 그 공자는 은나라 이후의 시기에서는 결코 비난의 대상이 되지 않았을 것이기 때문이다. 그런즉 주 왕조의 시기에 여러 제후들이 주 왕조를 무력화하는 춘추전국시대로 접어드는 시기에 공자가 등장하였기 때문에 고대통치이념을 견지한 공자는 전국시대에 이르러 본격적으로 반(反)유가의 사상가들에게서 비난의 대상이 될 수 밖에 없었던 것이다. 더욱이 그 까닭이 단적으로 주목받아야할 이유는 그들이 주나라까지 전승된 왕조의 통치이념을 거부하고 주나라를 전복하려고 하였기 때문이다. 따라서 공자가 고대통치이념이 존중되는 시기의 인물이었다면 당연히 모든 선비들에게서 존경을 받는 처지였겠지만, 그러나 그의 시대와 그 이후의 시대가 걷잡을 수 없는 난국의 연속이었기 때문에 고대통치이념을 견지하는 그의 입장은 주나라를 전복하고 새로운 왕조를 세우려는 세력의 유일무이한 타도대상이 아니 될 수 없었던 것이다. 그리고 그 점은 더 정확하게 공자가 개인적으로 거부당한 것이 아니라 전래의 통치이념이 거부당한 것이고 그리하여 그 이념을 수호하려는 인물이 공자였기 때문에 공자가 반유가 세력들에게 반드시 배척되어야할 대상이 되었다고 규정되어야 마땅할 것이다.

그런즉 이런 맥락을 밝히기 위해 예기(禮記) 곡례(曲禮) 상 6에 기록된 다음의 구절은 반드시 검토되어야 한다. 만약 이런 구절이 없었다면, 이족의 왕도정치의 노선이 취한 확장정책이 패권주의가 아니라 사해동포정신에 입각한 공생공영주의임을 확실하게 말할 수 없었을 것이다. 곧 그 내용이 구주(九州)를 벗어나 주변의 여러 부족을 포용해 나간 방식으로서, 그 범위가 제한되지 않았기 때문인데, 그래서 진(秦)나라이후의 대외정책에서도 마땅히 적용되어야 했던 대원칙이기도하기 때문이다.

> "예란(禮) 때에 따라 그 마땅한 것을 따르고(從宜), <타국에> 사신으로 가면(使) 그 나라의 풍속을 따른다(從俗)." 276)

물론 이것을 두고 오로지 봉건제도내의 제후국사이에 적용된 원칙으로 해석할 수 있겠지만, 그러나 공자도 아래의 글에서처럼 이·적의 나라에 가서도 예를 지켜야한다는 말했기 때문에 전제군주제도하에서의 중화사상의 관점으로 이와 같은 예의 사상

276) 예기 p16

을 폄하하려고 해서는 안 된다. 왜냐하면 공자가 견지하였던 요·순임금의 통치노선의 천하만민(天下萬民)의 사해동포(四海同胞)사상에 입각해 있기 때문이다.

"반지가 인을 묻자(樊遲問仁), 공자가 말했다(子曰). 「거처할 적에 공손히 하며(居處恭), 일을 집행할 적에 공경하며(執事敬), 사람을 대할 적에 충성되게 하여야한다(與人忠). 비록 이적에 있어서도(雖之夷狄), 그만 두어서는 안 된다(不可棄也)」."

그런데 이와 같은 원칙을 거부하게 되면, 예기가 그 책의 첫머리인 곡례 상의 15장에 '노동자나 장사치라도 반드시 존경해야 한다.'는 글귀마저도 제대로 해석될 수 없게 된다.

"사람에게 예가 있으면 곧 안정되고(人有禮則安) 예가 없으면 곧 위태롭다(無禮則危). 그런 까닭으로 말하자면(故曰), 예는 배우지 않으면 안 된다(禮者不可不學也).

무릇 예라는 것은(夫禮者) 자신을 낮추고 남을 높이는 것이니(自卑而尊), 비록 노동자나 장사치라도(雖負販者) 반드시 존경해야 한다(必有尊也). 하물며 부귀한 사람에게 있어서야(而況富貴乎)!

부귀하면서 능히 예를 좋아하는 것을 안다면(富貴而知好禮), 곧 교만하지 않고 음탕하지 않게 되고(則不驕不淫), 비천하면서도 예를 좋아하면(貧賤而知好禮), 곧 두려워 몸을 움츠리지 않게 되는 바를 알게 된다(則知不懾)."[277]

그런즉 서경의 기록은 왕도정치에 걸 맞는 형법의 시행이 국가안정의 요체가 된다는 점을 '천하가 복종하였다'는 다음의 구절을 통해 명백히 해두었다.

"공공을 유주로 유배 보내며(流共工于幽洲), 환도를 숭산으로 귀양 보내며(放驩兜于崇山), 삼묘를 삼위로 내쫓으며(竄三苗于三危), 곤을 우산을 억류해서(殛鯀于羽山), 네 가지로 죄를 주시자(四罪),

그리하여 천하가 다 복종하였다(而天下咸服)."[278]

그리고서 서경은 왕도정치의 한 축인 법치노선의 수단인 형벌과 아울러 덕치노선의 수단인 도덕의 원형도 잘 기록해 두었다. 그것은 왕도정치의 출발이 열린 마음으로 위정자가 자신의 독선적 가치관과 판단을 버리고서 만민의 이익을 위해 정치의 현장을 개방하는 투명한 마음가짐이라는 점이다.

---

277) ibid p21

278) 서경 p33 - 兜는 투구 두가 아니라 도솔천 도로 읽어야 한다.

"사악과 논의하셔서(詢于四岳), 사방의 문을 여시며(闢四門), 사방의 눈을 밝게 보게 하시며(明四目), 사방의 귀를 밝게 듣게 하셨다(達四聰)."[279)]

또한 서경은 순임금의 그런 열린 정치의 기록을 아래와 같이 수록하여 그 내용을 후대의 임금의 정사(政事)가 백성의 삶에 초점을 맞추고서 그들의 안정된 삶을 보호하려는 방향으로 나아가 왕도정치의 본질을 실현하도록 만들 근본으로 삼았다.

"열두 목민관에게 물어보고 말씀하셨다(咨十有二牧曰). '식량을 마련하는 농사는 때에 맞아야 한다(食哉惟時). 먼 곳에 있는 이를 너그럽게 어루만지며(柔遠), 가까이 있는 이를 친하게 하며(能邇), 덕이 있는 이를 도탑게 하며(惇德), 인후한 사람을 믿고(允元), 그리고 흉악한 사람을 거절하면(而難任人) 만이가 복종할 것이다(蠻夷率服)."[280)]

그리고서 서경은 덕치노선이 민본주의와 하나로 결합되어 있음을 분명히 밝혀두었다.

"우가 말했다(禹曰). 「아(於)! 제여(帝)! 생각하소서(念哉). 덕

---

279) ibid p35~36
280) ibid p36

은 오로지 정사를 훌륭하게 하고(德惟善政), 정사는 백성을 기르는데 있습니다(政在養民). …… 」."[281]

따라서 서경은 그런 왕도정치를 "사랑할 만한 이는 임금이 아닌가(可愛非君)? 두려워할 만한 것은 백성이 아닌가(可畏非民)? 백성은 임금이 아니면(衆非元后) 누구를 받들고(何載), 임금은 백성이 아니면(后非衆) 누구와 더불어 나라를 지키겠는가(罔與守邦)?"[282] 라는 글로서 밝히고, 더 나아가 백성과 임금의 관계와 임금과 신하의 관계가 민본주의의 취지에서 삼위일체가 됨을 분명히 밝혔다.

그리하여 서경은 고요모(皐陶謨)의 첫 장에 수록된 "… 진실로 그 덕을 실천하면(允迪厥德), 꾀하는 것이 밝으면(謨明), 보필하는 신하들이 화합할 것이다(弼諧). …"[283]라는 말로서 군주가 신하와 화합을 이루는 방법까지도 밝혀 두었다. 그리고 그 지적에 대하여 우임금도 똑같이 왕도정치노선으로 화답하였다.

"고요가 말했다(皐陶曰). 「아(都)! 사람을 아는데 달려 있으며(在知人), 백성을 편히 하는데 달려 있습니다(在安民)」

281) ibid p58
282) ibid p69
283) ibid p77 - 陶는 질그릇 도가 아니라 사람이름 요로 읽어야 한다.

우가 말씀하셨다(禹曰). 「아니다(吁)! 모두 이와 같이 하는 것은(咸若時) <요>임금도 어렵게 여기셨다(其難之).

사람을 알면 즉 밝기 때문에(知人則哲) 다른 사람을 벼슬시킬 수 있을 것이다(能官人).

백성을 편하게 하면 곧 은혜롭기 때문에(安民則惠) 백성들이 그리워할 것이다(黎民懷之).

밝고 그리고 은혜로울 수 있으면(能哲而惠), 어찌 환도를 근심하며(何憂乎驩兜), 어찌 유묘를 옮기며(何遷乎有苗), 어찌 말만 잘하고 얼굴빛만 좋으며 크게 흉악한 자들을 두려워하겠는가(何畏乎 巧言令色 孔壬)?」.”[284]

이로써 서경은 임금은 신하와 더불어 정치를 하되, 임금과 신하가 서로 의지하면서 정치를 훌륭하게 하여서 백성을 편안하게 하는 것을 민본주의 요체로 삼았다. 그리하여 임금은 '이것이 너의 공이다(時乃功)[285]'라고 신하를 칭찬하면서 의지하고 반대로 신하는 '임금의 덕은 허물이 없으셔서(帝德罔愆)' [286]라고 임금을 칭송하면서 이루어진 협치(協治)정치의 모습이 가능하게 되었다. 그리고 더 나아가 서경은 아래 글을 통해 진정한

284) ibid p79
285) ibid p59, 62,
286) ibid p63

협치정치의 모습을 자세하게 정확히 보여주었다.

"<순>임금이 말씀하셨다(帝曰). 「아니다(吁)! 신하가 이웃이며(臣哉鄰哉), 이웃이 신하니라(鄰哉臣哉)」

우가 말했다(禹曰). 「그렇습니다(兪)」

<순>임금이 말씀하셨다(帝曰). 「신하는(臣) 나의 다리와 팔과 귀와 눈이 되어야 한다(作朕股肱耳目).

내가 백성을 도우려 하면(予欲左右有民), 네가 도와라(汝翼).

내가 사방에 힘을 베풀고자 하면(予欲宣力四方), 네가 행하라(汝爲).

내가 옛사람의 형상을 보고서(予欲觀古人之象), 해(日)·달(月·별(星)·용(辰)·산용(山龍)·꿩을(華蟲) 그리며(作會), 종묘의 호랑이와 원숭이를 그린 그릇(宗彝)·마름 풀(藻)·불(火)·쌀(粉米)·도끼무늬(黼)·아<亞>자 무늬(黻)을 수놓아(絺繡) 다섯 가지 채색으로(以五采) 오색을 빛나게 베풀어(彰施于五色) 옷을 만들고자 하면(作服), 네가 분명히 밝혀라(汝明).

내가 육률과 오성과 팔음을 듣고서(予欲聞六律五聲八音), 다스리며 그리고 다스리지 못한 것이 있어서(在治忽), 오언을 내거나 들이고자 하면(以出納五言), 네가 분명히 잘 들어라(汝聽)」."[287]

그런즉 이와 같은 서경의 협치사상은 위정자가 나라를 다스림에 있어서 언제나 외적인 타율적인 형법에 앞서 내적인 자율적인 예법을 근본으로 삼아 백성들을 인도해야할 정치도리인 덕치주의를 지향하였다. 그러므로 고대왕조의 위정자들은 강제적 물리력을 수반하는 엄한 형벌로 백성들을 다스리기에 앞서 덕치노선으로 반도덕적, 비법률적 행위를 올바르게 지도해나가려고 노력하지 않으면 안 되었던 것이다. 그리하여 후대에 이르러 그런 성격의 왕도정치의 이념은 논어 위정 3장이 보여주는 바대로 공자의 말로 잘 요약되어 보존되었다.

> "공자께서 말씀하셨다(子曰). 「인도하기를 법으로 하고(道之以政), 가지런히 하기를 형벌로 하면(齊之以刑), 백성들이 형벌을 면할 수는 있으나(民免), 그러나 부끄러워함은 없을 것이다(而無恥).
>
> 인도하기를 덕으로 하고(道之以德), 가지런히 하기를 예로써 하면(齊之以禮), 부끄러워함이 있고(有恥) 또 선에 이르게 될 것이다(且格)」."[288]

따라서 이런 맥락을 유념하고서 이미 전국시대를 종식하는 시점에 등장한 대표적인 법가사상가인 한비자의 사상이 순수한 의미에서의 법가사상 곧 전통적 왕조사상에 뿌리를 두고서 관

287) ibid p93
288) 논어 p33

자가 설파한 패도사상으로서의 법가사상이 아니라, 오히려 유가를 전적으로 배격한 황로학의 도가사상을 기본골격의 토대로 삼아 등장한 법가사상인 점에 대해 각별한 시선으로 주목해야 한다.

왜냐하면 그 까닭은 어떤 법가사상이라도 고대왕조가 수립한 통치방식의 한축인 법치노선에서 비롯된 것이기에, 유가의 법치노선과 크게 다를 수 없음에도 불구하고, 한비자가 도가의 사상을 유가의 사상보다 더 근본적인 원리로 내세운 점 때문인데, 따라서 그 점이 전국시대의 특성을 그대로 입증해주기 때문이다. 곧 한비자가 스승인 순자의 유가의 학설을 그대로 가져다가 도가의 사상으로 덧칠하여 개조하고서 전국시대의 열 왕들의 구미를 맞춘 점 때문이다. 다시 말해 한비자가 스승을 배반한 행동이 다름 아닌 학문을 왜곡하고 더 나아가 역사를 왜곡한 황로학자들의 전형적인 모습과 동일하기 때문이다. 그런즉 유가의 정치노선과 별반 다를 것이 없음에도 불구하고, 유가대신에 도가의 사상을 본질적인 사고방식인양 내세운 근본이유가 바로 그들 모두가 새로운 왕조의 수립을 획책한 황로학의 선비들이었기 때문인데, 그런즉 법가로서 구분되는 한비자와 도가로 구분되는 장자가 다 함께 새로운 왕조의 출현을 추구한 공통점을 지닌 반유가의 선비가 아닐 수 없게 된다.

따라서 그들이 공유한 공통점은 황로학이라는 관점에서 찾아보아야 하며, 또한 전국시대의 패도사상도 도가와 법가를 모두 아울린 황로학의 관점에서 바라보아야만 비로소 제대로 파악할 수 있게 된다. 그리고 그 명확한 증거는 한비자가 그의 서책의 곳곳에 도가사상을 언급하고 있는 점보다는 오히려 전통사상에서는 전혀 보이지 않는 황제(黃帝)의 존재를 당연한 역사적 인물인양 자연스럽게 언급하고 있는 장자의 글에서 확인된다.

곧 아래의 글은 장자가 황제를 언급한 글인데, 바로 이와 같은 글이 도가들이 황제사관의 진원지이고 동시에 중화사상의 진원지임을 확인시켜 주는 객관적인 증거가 된다.

"어떤 것을 음악이 좋다고 하는가(奚謂好音)? ……….

평공이 술잔을 들고 그리고 일어나(<晉>平公提觴而起) 사공의 장수를 빌며(爲師曠壽) <잔을 권하고는> 다시 돌아와 앉으면서 그리고 물어 말했다(反坐而問曰). 「음악 중에서 '청치' 곡보다도 더 슬픈 것은 없소(音莫悲乎淸徵乎)」.

사광이 대답하였다(師曠曰). 「'청각' 곡보다는 슬프지는 않습니다(不如淸角)」.

평공이 말하였다(平公曰). 「'청각' 곡을 능히 들어 볼 수 있겠소(淸角可得而聞乎)?」.

사광이 대답하였다(師曠曰). 「안됩니다(不可). 옛날에(昔者) 황제께서 귀신들을 태산위에 모아 놓고(黃帝合鬼神於泰山之上) 상아로 장식한 수레를 능히 여섯 마리의 교룡으로 하여금 끌게 하고(可象車而六蛟龍), 나무귀신인 필방과 수레를 나란히 달리고

(畢方並鎋), 치우는 앞에 머물고(蚩尤居前), 바람의 신인 풍백은 길의 먼지를 쓸어 보내고(風伯進掃), 비의 신 우사는 길에 물을 뿌리고(雨師새道), 호랑이와 이리는 앞에 있고(虎狼在前), 귀신들은 뒤에 머물고(鬼神在後), 하늘을 나는 등 뱀은 땅에 엎드리고(騰蛇伏地), 봉황새는 위에 엎드리고(鳳凰伏上), 그렇게 귀신들을 크게 모은 다음에(大合鬼神) 청각 곡을 연주하였습니다(作爲淸角).

지금 저의 임금님께서는 덕이 부족하시어(今吾君德薄) 그것을 듣기에는 부족합니다(不足聽之). 그것을 들으시면, 장차 낭패를 당하게 되지 않을까 두렵습니다(聽之將恐有敗)」."[289]

그러므로 이에 대응하여 고대통치노선을 그대로 수호한 순자의 입장은 그의 서책 순자 왕패(王覇)편에서 두드러지게 나타나 있는데, 그 중에서도 특히 고대왕조를 평가한 역사관은 가히 압권이라고 평가해도 무방할 지경이다. 곧 아래의 순자의 글은 장자와 달리 고대통치이념의 정통성과 역사인식을 그대로 보여준다.

"나라는(國者) 천하의 제도로서 이로운 용구이고(天下之制利用也), 임금은(人主者) 천하의 이로운 권세인 것이다(天下之利埶

289) 장자 p287 -徵은 부를 징이 아니라 음율 이름 치로 읽어야 한다.

也).……………….. 고로 임금이란(故人主) 천하의 이로운 권세이지만(天下之制勢也), 스스로 안락하게 지내지 못하기도 하는 것이다(然而不能自安也). <임금 자리에> 안락하게 지낸 사람은(安之者) 반드시 올바른 도를 지닌 사람이다(必將道也).

그러므로 나라를 다스리는 인물은(故用國者) 의로움이 확립되면 그러면 왕이 되고(義立而王), 신용이 확립되면 그러면 패자가 되고(信立而覇), 권모술수가 확립되면 그러면 망하게 된다(權謀立而亡).

이 세 가지는(三者) 밝은 임금이라면 삼가서 가려야 할 길인 것이다(明王之所謹擇也)."290)

"다스려지는 법이 없는 나라도 없지만(無國而不有治法), 어지러워지는 법이 없는 나라도 없다(無國而不有亂法).

현명한 선비가 없는 나라도 없지만(無國而不有賢士), 무능한 선비가 없는 나라도 없다(無國而不有罷士).

성실한 백성이 없는 나라도 없지만(無國而不有愿民), 흉악한 백성이 없는 나라도 없다(無國而不有悍民).

아름다운 풍속이 없는 나라도 없지만(無國而不有美俗), 악한

290) 순자 p152

풍속이 없는 나라도 없다(無國而不有惡俗).

이 두 가지는 함께 존재하고 있는데(兩者竝行), 그래서 나라가 위쪽 것들로 치우쳐지면 능히 나라가 편안하고(而國在上偏而國安), 아래쪽 것들로 치우쳐지면 능히 나라가 위태로워진다(在下偏而國危).

위쪽 것들 한편만 있으면 왕이 되고(上一而 王) 아래 것들 한 편만 있으면 망하고 만다(下一而 亡). 그러므로(故) 그 나라의 법은 다스려지고(其法治), 그 신하는 현명하고(其佐賢), 그 백성은 성실하고(其民愿), 그 풍속은 아름다워서(其俗美), 이 네 가지 것이 갖추어진 것(而四者齊), 이것을 두고서 위쪽 것들 한편만 있는 거라고 말한 것이다(夫是之謂上一).

이렇게 되면(如是) 곧 싸우지 않고도 능히 승리하고(則不戰而勝), 공격하지 않아도 획득하며(不攻而得), 무장한 군사들을 수고롭게 하지 않아도 능히 천하가 복종하게 된다(甲兵不勞而天下服).

그러므로(故) <상나라> 탕왕은 박(湯以亳), 주나라 무왕은 호 땅을 차지하고 있었는데(武王以鄗), 모두 사방 백리밖에 안 되는 땅이었으나(皆百里之地也), 천하가 그들에게 통일되었고(天下爲

一), 제후들은 그들의 신하가 되었으며(諸侯爲臣), 길이 통하는 모든 곳의 사람들은(通達之屬) 복종하지 않는 자가 없었다(莫不從服). 이건 다른 까닭이 아니라(無它故焉) 바로 위의 네 가지를 갖추고 있었기 때문이다(四者齊也).

하나라 걸 임금과 은나라 주 임금은 천하를 지배하는 권세를 지닌 자리에 있었으면서도(桀紂卽序於有天下之埶), 필부가 되고 싶어도 능히 되지 못할 지경에 이르렀었다(索爲匹夫而不可得也). 이건 다른 까닭이 아니라(是無它故焉) 바로 위의 네 가지를 모두 갖추고 있지 않았기 때문이다(四者竝亡也).

그러므로(故) 여러 임금님의 법은 같지 않지만(百王之法不同), 이처럼(若是) 귀결은 하나로 되는 것이다(所歸者一也)."[291]

따라서 순자의 사상이 공자가 지향한 유가의 노선에서 한 치도 어긋남이 없었다고 말할 수 있는 확실한 근거는 바로 이와 같은 글 때문임을 확인할 수 있다.

그런즉 한비자의 법가사상도 그의 스승인 순자의 성악설과 일정부분 공통된 점을 공유하였지만, 그러나 근본에 있어서는 함께 같은 방향으로 나아갈 여지를 전혀 공유하지 못했는데, 역시 그 까닭은 백성을 다스리는 방법에 있어서 덕치를 내세운 순자의 방식과 전혀 달랐기 때문이다. 여하간 한비자는 그의 저

291) 순자B p332~333 - 罷는 마칠 파가 아니라 둔할 피로 읽어야 한다. 鄗는 땅이름 호로 읽어야 한다.

서 한비자의 심도(心度)편에서 그 점을 잘 보여주고 있다. 곧 그 글은 처음부터 법가의 진면목을 있는 그대로 고스란히 보여준다.

"………무릇 백성들의 본성은(夫民之性) 나라의 어지러움을 좋아하고(喜其亂) 능히 나라의 법을 가까이 하려 들지를 않는다(而不親其法).

그러므로(故) 명철한 임금이 나라를 다스림에 있어서는(明主之治國也) 상벌을 밝히어 곧 백성들의 공을 독려하고(明賞則民勸功) 형법을 엄히 하여 곧 법을 가까이 하게 한다(嚴刑則民親法).

공을 독려하면(勸功) 곧 공적인 일이 잘못되어지지 않고(則公事不犯), 법을 가까이 하면(親法) 곧 간사함이 싹트는 곳이 없게 된다(則姦無所萌).

그러므로(故) 백성을 다스리는 인물은(治民者) 간사함을 싹트기 전에 금하는 것이다(禁姦於未萌)."[292]

더 나아가 한비자는 제분(制分)편에서도 그와 같은 취지의 내용을 되풀이하고 있다. 곧 임금이 상벌이란 이해관계로 백성들을 부리는 통치방식이다.

---

292) 한비자B p478

"무릇 나라가 다스려지면 곧 백성이 편안하고(夫國治則民安), 일이 어지러우면 곧 나라가 위태로워진다(事亂則邦危).

법을 중히 여기는 <임금>자는 사람의 감정을 파악하게 되고(法重者得人情), 금령을 가볍게 여기는 <임금>자는 사실을 놓친다(禁輕者失事實).

또한(且) 무릇 죽음을 무릅쓰는 힘은(夫死力者) 백성들이 가지고 있는 것인데(民之所有者也), 그들의 감정으로는 모두가 그들의 죽음을 무릅쓴 힘을 내어서(人情莫不出其死力以) 그들이 바라는 것을 얻으려 한다(致其所欲).

그런데 좋아하고 싫어하는 것은(而好惡者) <임금>윗사람이 제어하고 있는 것인데(上之所制也), 백성이란 이익과 녹을 좋아하고(民者好利祿) 그리고 형벌을 싫어하니(而惡刑罰), <임금>윗사람은 좋아하고 싫어하는 것을 장악하고서(上掌好惡以) 백성들의 힘을 부려야 한다(御民力)."[293]

그러므로 전국시대의 한비자의 법가노선은 춘추시대의 관자의 법가노선과 전혀 다른 것으로서, 다시 말해 그의 법가사상은 황제사관을 바탕으로 하여 주나라를 대신할 새로운 통일왕조를 추진한 선비집단의 또 다른 모습의 사상으로서, 따라서 유가와 확

---

293) ibid 479

연히 차별된다. 그런즉 관자의 노선은 덕치와 법치의 양축에서 상황에 따른 효용의 문제였지만, 한비자의 노선을 그런 문제가 아니라 주나라를 전복하려는 혁명의 문제였기 때문에 그 차이점을 유념해야 한다.

제3절. 유가의 예법과 법가의 형법과의 차이점은 무엇인가?

논구초점 : 전국시대의 법가사상은 순자의 성악설과 일맥상통하는 점도 있다. 그럼에도 불구하고 법가는 자신들이 만들려는 법규가 한 치도 유가가 견지한 고대왕조의 통치이념을 벗어날 수 없음을 깨닫지 못했다. 그 점은 한비자의 스승인 순자가 전국시대의 법가노선을 도외시한 점을 명쾌하게 드려난다. 아래의 글은 순자의 글이다.

"온 나라 사람으로 하여금 예의를 중시하게 한다면(挈國以呼禮義), 그러면 아무도 그를 해칠 수 없다(而無以害之). 한 가지 의롭지 않은 일을 행하고(行一不義), 한 사람의 죄 없는 사람을 죽이고(殺一無罪), 그리고서 천하를 얻을 수 있다고 하더라도(而得天下), 인덕이 있는 사람은 그런 일을 하지 않는다(仁者不爲也). 굳건히 그의 마음과 나라를 견지하는 것이(擽然扶持心國) 그처럼 단단한 것이다(且若是其固也).

그와 더불어 정치를 하는 사람은(之所與爲之者之人) 바로 의로운 선비들이다(則擧義士也). 그들이 나라 안에 반포하는 형법은(之所以爲布陳於國家刑法者) 바로 모두가 의로운 법이다(則擧義法也). 임금이 민첩하게 여러 신하들을 거느리고 향하는 목표는(主之所極然帥君臣) 바로 모두가 의로운 뜻이다(則擧義志也).

이와 같이(如是) 바로 아래의 백성들이 위의 임금을 우러러 보는 것이 의로움 때문이고(則下仰上以義矣), 그래서 기본법도가 확정되는 것이다(是綦定也) 기본법도가 확정되면(綦定) 그러면 나라가 안정되고(而國定), 나라가 안정되면(國定) 그러면 천하가 안정 된다(而天下定)."[294]

그런즉 단적으로 순자의 유가노선이 추구한 인물은 주공 단이었고, 그에 반해 한비자의 법가노선이 추구한 인물은 전제군주인 진시황이었다고 말할 수 있다. 그 이유는 비록 한비자가 진시황을 섬기지는 못했어도 그의 정치노선은 철저히 진시황이 나아간 통치방식과 부합하기 때문이다.

여기 3절에서 논구하려는 주제는 유가로부터 법가가 구분되어야할 이유가 무엇인가? 하는 점이다. 왜냐하면 춘추전국시대 이전에는 굳이 유가와 법가의 노선이 따로 구분되어야할 이유가 전혀 없었기 때문이다. 곧 덕치노선과 법치노선을 양축으로

294) 순자B p309 여기서 擽자는 칠 역(력)이 아니라 굳은 모양을 뜻하는 락(악)이다.

하여 진행된 고대왕조의 통치방식에서는 두 노선이 서로 대립할 여지가 전혀 없었기 때문이다. 그리고 마찬가지로 당시의 선비집단도 전국시대처럼 유가, 묵가, 음양가, 도가, 법가, 병가 등으로 나누어져야할 이유가 전혀 없었기 때문이다. 어쨌든 주나라 왕조가 전국시대까지 여전히 굳건하였다면 당연히 제자백가의 실용적인 지식들은 주나라의 발전을 위해 활용되었을 것이고 반면에 유가를 배척하려는 황로학의 지식은 아예 탄생하지 않았을 것이다. 그러므로 진정한 역사의 기록은 황제사관의 편파적인 시각으로 왜곡된 사실을 원래대로의 자리로 되돌려놓아야 한다. 그런즉 주나라의 몰락이 철기의 보급과 잉여생산물의 증대와 인구와 촌락의 평창 때문이고, 그리하여 주나라의 봉건제도가 더 이상 유용하지 않은 제도였기 때문에 전제군주제도의 등장이 역사발전의 필연적 산물이라는 어처구니없는 발상을 더 이상 기록해서는 안 된다. 왜냐하면 주나라의 몰락이 외부의 원인에 의한 것이 아니고 오로지 주나라 왕실 스스로가 야기한 문제일 뿐이고 따라서 주나라가 건전했다면 별 탈 없이 철기문명이 주나라의 봉건제도에서 순조롭게 발전하였을 것이기 때문이다.

그리고 어쨌든 간에 전국시대의 법가의 한계는 한비자가 진왕 즉 후일의 진시황에게 죽음을 당한 경우 때문에 여실히 드러났으므로 더 이상 옹호될 여지가 결코 없다. 그런즉 진시황이 천하를 통일한 이후에 주나라 주공 단처럼 강력한 덕치노선을 확고히 집행했다면, 결코 그의 왕조가 단명으로 끝나지 않았을 것이라고 진단해도 무방하다.

그런데 통일왕조의 진나라는 순자가 생전에 진나라에 대해 유학자와 유학의 도가 없다고 말한 바대로 여전히 유가 대신에 법가와 도가로 이루어진 황로학의 노선에 충실했다. 그런즉 유가인 순자의 사상이 어떤 연유로 그의 제자인 한비자와 이사의 법가사상이 되어 진나라의 통치와 통일에 공헌하였는지를 따지지 않을 수 없게 된다. 따라서 그들의 스승인 순자의 유가의 주장이 먼저 검토되어야 한다.

"세속에서 유세하는 논자들이 말한다(世俗之爲說者曰)「임금의 통치 방법은 비밀스럽게 하는 것이 좋다(主道利周)」.

그것은 그렇지 않다(是不然). 임금이란 백성들의 선창자이며(主者 民之唱也), 윗사람은 아랫사람의 본보기다(上者 下之儀也). 그들은 대부분 선창하는 것을 듣고서 호응하며(彼將聽唱而應), 본보기를 보고서 움직인다(視儀而動). 선창이 잠잠할 때에는(唱默) 곧 아랫사람들은 호응이 없고(則民無應也), 본보기가 숨겨져 있을 때에는(儀隱) 곧 아랫사람들은 움직임이 없다(則下無動也). 호응하지 않고 움직이지 않는다면(不應不動) 곧 위아래가 의지할 것이 없게 된다(則上下無以相有也). 이렇게 되면(若是) 곧 윗사람이 없는 것과 같을 것이니(則與無上同也), 불행이 이보다 더 클 수가 없을 것이다(不祥莫大焉). 그런 고로(故) 윗사람은 아랫사람이 근본이다(上者下之本也).

"윗사람이 드러내어 밝히면(上宣明) 곧 아랫사람은 잘 다스려질 것이고(則下治辨矣), 윗사람이 바르고 성실하면(上端誠) 곧 아랫사람도 성실해질 것이며(則下愿慤矣), 윗사람이 공정하면(上公正) 곧 아랫사람들도 정직하게 변할 것이다(則下易直矣).…이것이 다스림이 아랫사람을 따르게 하는 방법이다(是治之所由生也).

윗사람이 비밀이 있으면(上周密) 곧 아랫사람은 어두움을 의심할 것이고(則下疑玄矣) 윗사람이 음험하면(上幽險) 곧 아랫사람은 점차로 간사해질 것이며(則下漸詐矣), 윗사람이 한 편으로 치우치면(上偏曲) 곧 아랫사람이 아첨으로 둘려 싸게 될 것이다(下比周矣).…이것이 혼란이 생겨나게 하는 방법이다(是亂之所由作也).……………"[295]

그런데 이 글의 근거가 아래에 인용된 서경 상서(商書) 반경상(盤庚上)에 있기 때문에 당연히 순자의 사상은 고대통치이념과 유가의 가르침을 고스란히 계승하여 제대로 반영하였다고 평가되어야 한다. 그리고 그에 반해 그의 제자 한비자는 고대통

295) ibid p497~498

치이념의 본질을 전면적으로 거부하고서 스승인 순자의 지식을 교묘히 활용하여 패권적 법가노선을 개척했었다고 평가되어야 한다.

그런즉 아래의 글은 언로를 막지 않고 또한 언로가 막히지 않은 상나라의 통치자와 일반백성들의 모습을 그대로 보여준다.

"옛날 우리 선왕은(古我先王) 또한 옛 사람을 도모하여 일을 맡겨 정사를 함께 같이 하셨다(亦惟圖任舊人). 임금이 닦은 일을 널리 펼치기 위해 발표하면(王播告之脩), <신하들이>그 뜻을 숨기지 않으므로(不匿厥指), 임금이 듣고 크게 공경하시며(王用丕欽), 잘못된 말을 하지 않으시니(罔有逸言) 백성이 듣고 크게 변하였다(民用丕變).

지금 너희들이 말을 지껄이고 있으되(今汝聒聒), 믿음을 일으키는 것이 거칠고 얕으니(起信險膚), 나는 너희가 고소한 바를 알지 못하겠다(予不知乃所訟)."[296]

그러므로 순자는 위 글의 말미인 아래 글에서 자신의 이런 생각들이 전통사상에서 연유하고 있음을 명확히 밝혔다. 그리고 더 나아가 순자는 이로부터 모든 정사가 협치(협치)노선으로 나아가야 함을 줄곧 설파하였다. 곧 순자가 고대왕조의 모든 정사가 투명하게 이루어졌음을 밝히고서, 당대의 정사도 그 점을 본

296) 서경 p282~283

보기로 삼아 그렇게 진행되어야 한다고 주장한 점이다.

"전하는 말에(傳曰) 「그를 미워하는 사람이 많으면(惡之者衆) 곧 위태롭다(則危)」고 하였고, 서경이 말하기를(書曰) 「밝은 덕을 능히 밝히셨다(克明明德)」고 하였으며, 시경이 말하기를 (詩曰) 「밝고 밝게 백성을 보살폈다(明明在下)」라고 하였다.

그러므로(故) 옛 임금들께서는 명료하게 드러내시었으므로(先王明之). 어찌하여 특별히 오묘하고 신묘한 것들이 성할 수 있었겠는가(豈特玄之耳哉)?"[297]

그러므로 순자의 이와 같은 입장은 당연히 그 근거를 고대통치이념을 견지한 공자의 가르침에서도 찾을 수 있는데, 곧 그것은 공자와 그의 제자 자공이 서경과 시경에 내재된 의도를 아래글로서 명확히 해명해둔 점이다. 그리고 그 글에서 공자는 임금의 밝은 덕이 모든 정사의 근본임을 북극성에 비유하여 명백히 설명하였고, 그리고 그의 제자인 자공은 스승인 공자의 취지를 북극성대신 일식과 월식으로 비유하여 명백히 설명하였다. 그런즉 훗날 전국시대에 이르러 순자가 같은 맥락에서 동일한 취지를 설파할 수 있었던 것이다. 여하간 논어의 위정(爲政)편과 자장(子張)편에는 공자와 자장의 말을 기록해 두었는데, 아래의 글 중 전자가 공자의 말이고, 후자가 자공의 말이다.

---

297) 순자 p498~499

"공자가 말했다(子曰). 「정사를 덕으로 하는 것은(爲政以德), 비유컨대 북극성이 그 자리에 머물러 있으면(譬如北辰居其所) 능히 뭇별들이 그에게로 향하는 것과 같다(而衆星共之)」."[298)]

그런데 언뜻 보면 자공의 글이 공자의 글과 다르게 보이는데, 곧 그 이유는 공자가 밝은 덕을 언급한 것과 달리 자공이 허물을 언급하고 있는 점 때문이다. 그러나 밝은 덕이건 허물인건 간에 위정자의 태도가 만인의 귀감이 된다는 점에서는 그 취지가 하등 다를 수 없다.

"자공이 말했다(子貢曰). 「군자의 허물은(君子之過也) 일식·월식과 같아서(如日月之食焉), 잘못이 있으면(過也) 사람들이 모두 볼 수가 있고(人皆見之), 허물을 고쳤을 적에는(更也), 사람들이 우러러 본다(人皆仰之)」."[299)]

이에 대한 한비자의 법가노선은 스승인 유가의 순자가 말한 바와는 정반대이다. 그러나 그의 사상의 대부분이 순자의 이론에 바탕을 두고 있기 때문에 두 사람의 차이점을 논구하게 되면, 곧장 전국시대의 선비들이 자신의 영달을 위해 곡학아세(曲學阿世)한 점을 미루어 짐작할 수 있게 된다.

---

298) 논어 p32
299) ibid p380

그러므로 한 편으로는 유가의 선비가 왕도(王道)를 논하면서 왕의 책임문제를 회피하거나, 다른 편으로는 법가의 선비가 패도(覇道)를 논하면서 왕의 책임문제를 회피하게 되면, 그런 선비는 당연히 곡학아세하려는 선비가 아닐 수 없게 된다. 그 점에 대해서는 순자가 모든 유생을 대변하여 명쾌하게 말하였다.

"도란 무엇인가(道者 何也)? 말하자면(曰), 임금의 도이다(君道也). 임금이란 무엇인가(君者 何也)? 말하자면(曰), 많은 사람들을 잘 돌본다는 것이다(能羣也). 많은 사람들을 잘 돌본다는 것은 무엇을 말하는가(能羣也者 何也)? 말하자면(曰), 사람들을 잘 살도록 보양하는 것이며(善生養人者也). 사람들을 잘 다스리는 것이며(善班治人者也), 사람들을 잘 등용하는 것이며(善顯設人者也), 사람들에게 제대로 신분에 맞는 옷을 입게 해 주는 것이다(善藩飾人者也)."[300]

그런즉 전국시대에 유가의 덕치노선을 공박한 법가의 법치노선의 특성은 단적으로 고대왕조가 수립한 통치이념의 한 축을 변형시킨 결과에 지니지 않게 된다. 왜냐하면 서경의 기록이 고대왕조가 수립한 덕치노선과 법치노선의 원형을 보여주고 있기 때문에 그리고 더 나아가 왕조의 정통성이 어디에서 연유하는

300) ibid p366

지를 명백히 해 두었기 때문에, 따라서 곧바로 그 차이점이 명확히 드러날 수 있게 된다.

그러면 전국시대의 막바지에 활약한 순자가 후왕(後王)사상을 내세워 철저히 예법에 의한 덕치노선을 견지하지 않을 수 없었던 까닭도 분명하게 해명될 수 있게 된다. 곧 무력으로 정권을 장악한 무도한 위정자가 마땅한 정치도리인 덕치노선을 포기하게 되면, 그 즉시 그 가혹한 정치의 억울한 피해자가 일반백성이 되는 점이다. 그러므로 진정으로 민본주의 정치를 바라는 선비라면 고대왕조가 구축한 정통성을 훼손하는 무도한 짓을 결코 범해서는 안 되는 것이다. 그리고 그런 무도한 권력의 비참한 최후에 대해서는 중국역사가 여실히 입증해주고 있다. 곧 민본주의의 덕치노선이 사라진 역사의 무대에 어떤 왕조가 들어서더라도 그 말로가 혹독했었던 점이다.

물론 유가를 배척한 입장은 세월의 흐름에 따라 어떤 왕조라도 몰락했었다는 점을 내세워 덕치노선을 거부할 수 있다. 그러나 고대통치이념이 진정한 정치이론일 수밖에 없는 객관적 증거는 역설적으로 현명한 임금이 천명의 왕도로서 다스린 시기의 왕조는 흥했고 어리석은 임금이 무도한 패도로서 다스린 시기의 왕조는 망했다는 점이다. 그러므로 유가는 그 점을 견지하여 어리석은 왕 때문에 왕조가 몰락한 측면과 현명한 왕 때문에 왕조가 융성한 측면을 동시에 내세워 당대의 왕들에게 덕치노선을 추구할 것을 주청(奏請)하였던 것이다.

그런즉 유가를 배척한 반(反)유가의 입장은 다음의 경우에 대한 해명을 명확히 해야 한다. 곧 전제군주제도의 왕조가 내부에서 발생한 권력다툼 때문에 혹은 국경 밖에서 몰려온 외세의 침략 때문에 나라가 혼란스럽게 되었을 때, 그들이 역사전면에 내세운 종래의 대외정책이 진정으로 유효적절한 해결방식이었는지를 해명하는 일이다. 다시 말해 진나라가 철저히 유가를 배척하고 황로학의 법치노선을 따라간 결과에 대한 해명이다.

따라서 고대왕조의 위정자가 민본주의 정신에 입각하여 나라를 다스리면서 갖춘 협치(協治)노선을 전혀 고려하지 않았던 한비자의 법가식 사고방식은 철저히 검토되어야 한다. 곧 "너의 마음을 열어서 임금인 나의 마음에 물을 대라(啓乃心 沃朕心)," 고 하거나, "팔과 다리가 있어야 사람이며, 어진 신하가 있어야 성인이다."[301]라고 하거나, "임금은 현명한 이가 아니면 다스리지 못하고(惟后非賢 不乂), 현명한 이는 임금이 아니면 먹지 못한다(惟賢非后不食)."[302]고 하는 그런 겸손한 마음가짐으로 임금과 신하가 협력하여 나라를 다스렸던 그런 고대왕조의 통치노선은 거부한 점이다. 따라서 임금이 신하에게 신신당부한 내용을 수록한 아래의 글은 법가에서는 도저히 찾아볼 길이 없다. 곧 그 내용은 협치(協治)사상의 근본을 명백히 보여준 서경 상서(商書) 열명 상(說命上)의 글인데, 곧 임금이 직접 자기 자신의 신하에게 자신을 올바르게 만들도록 하라는 진솔한 임무를

---

301) 서경 p350

302) ibid p352

부여한 명령이다. 어쨌든 법가는 바로 그와 같은 핵심내용을 배척하였기 때문에 민본주의사상에 걸 맞는 정치사상이 결코 될 수 없었던 것이다.

> “<부열>네 동료와 함께(惟暨乃僚) 마음을 함께 하지 않음이 없게 하여(罔不同心), 그대의 임금<고종>을 바르게 하여(以匡乃辟) 선왕을 따르게 하라(俾率先王). 우리 탕 임금의 자취를 따라서(迪我高后) 억조의 백성을 편안하게 하라(以康兆民).”[303]

그러므로 이와 같은 왕도를 배척하고 그 대신 일방적으로 강력한 권력을 절대적으로 행사하는 무도한 패도정치를 추구한 반(反)유가의 집단들은 도덕적 덕목보다는 패권적 권력과 금력으로 신하를 이용하려는 노선을 지향하지 않을 수 없었다. 그 점은 한비자가 팔설편(八設篇)에 명쾌하게 나타나 있다.

> “자식과 어머니와의 본성은(子母之性) 사랑이고(愛也), 신하와 임금과의 권력은(臣主之權) 계책이다(筴也).
>
> 어머니가 애정으로서 집안을 보존하지 못하는데(母不能以愛存家), 군주가 어찌 사랑으로서 나라를 지탱할 수 있겠는가(君安能以愛持國?)?……. 그러므로(故) 나라를 보존케 하는 것은(存國者)

303) ibid 329

사랑과 의로움이 아니다(非仁義也)."[304]

그러면 당연히 중국왕조사에서 정통성이 지닌 역사적 의의의 요체는 무엇인가? 하는 의문점이 가장 중요한 논구과제로 급부상하지 않을 수 없게 된다. 곧 하·은·주 삼대의 왕조가 이어온 정통성의 본질이다.

그 이유는 비록 요임금과 순임금이 시행한 선양사상이 우임금에 이르러 단절되었다고 하더라도, 선양의 정신은 훼손되지 않고 고스란히 전승되어 세습제 군주가 본받아야할 올바른 전형이 되었기 때문이다. 곧 위정자가 언제나 겸손하고 공경하는 마음가짐으로 끊임없이 자기반성을 하면서, 민본주의사상을 실현하려는 마음가짐이다. 그런즉 이런 마음가짐과 행동양식이 임금의 통치행위에서 사라지는 순간, 곧바로 정국은 혼란에 휩쓸리게 되었다.

따라서 전국시대에 이르러 황로학자들이 열 왕들에게 영합하기 위해 정통의 통치이념을 변질시킨 것 중에서 가장 잘못된 것은 민본주의사상의 본질을 근본적으로 왜곡시킨 점이다. 즉 정치의 수단이 아닌 목적인 백성이 위정자의 편의적 사고방식에 따라 자의적으로 다루어질 수 있게 된 점이다.

따라서 그 점은 법가인 한비자의 심도(心度)에 여실히 드러나 있다. 그런데 첫 부분만 언뜻 보면, 한비자의 법가노선이 고대왕조의 통치이념 속에 포함된 형벌의 내용과 별반 다를 바가

304) 한비자B 444 - p989 : 위문장에서 ?는 원문에서 글자가 사라졌기 때문에 그렇게 해 놓은 것이다.

없기 때문에 마치 그 내용이 덕치주의의 연장선상에서 더 발전된 이론인 것처럼 오인할 수 있게 된다. 그러나 그의 사상에는 민본주의사상의 덕치노선처럼 군주가 솔선수범하는 도덕적 모범이 전제되어 있지 않기 때문에 전혀 그렇지 않다.

여하간 아래의 한비자 심도(心度)의 글은 형벌을 주된 통치수단으로 삼고 있는 내용이기 때문에 그의 법치노선은 전통적 덕치노선과 차별된다.

"성인이 백성을 다스리는 데는(聖人之治民) <백성을 다스리는> 근본을 생각하며(度于本), 그 욕망을 마음대로 하지 못하도록 하는 것이지만(不從其欲), 그러나 그것은 백성들에게 이익을 주기 위해서이다(期于利民而已). 그러므로(故) <백성들에게> 형벌을 가하는 것은(其與之刑) 백성을 미워하기 때문이 아니라 근본을 사랑하기 때문이다(非所以惡民 愛之本也).

형벌이 뛰어나면 능히 백성은 조용해지고(刑勝而民靜), 포상이 너무 많으면 능히 간사한 자가 나타난다(賞繁而奸生). 그래서(故) 백성을 다스리기 위해서는(治民者) 형벌이 우세하게 하는 것이(刑勝) 정치에 있어서의 첫째 조건이 되며(治之首也), 상이 잦은 것은(賞繁) 문란의 근본이다(亂之本也)."[305]

305) 한비자A p444 - 한비자D p1115~1116

그리하여 윗글 마지막에 연이어 기술된 아래의 글에 한비자의 진면목을 보여주는 법가노선의 진수가 담겨있다. 곧 모든 방책을 법과 형벌로 귀착시킨 점이다.

> "무릇 백성의 본성은(夫民之性) 도가 없는 버릇없는 행동을 좋아하며(喜其亂) 능히 법을 가까이 하려고 하지 않는다(而不親其法). 그런 고로(故) 현명한 군주가 나라를 다스릴 경우에는(明主之治國也) 상을 명시하여(明賞) 곧 백성이 공을 세우도록 권장하고(則民勸功), 형벌을 엄격히 하여(嚴刑) 백성이 법을 따르도록 한다(則民親法).…….
>
> 그런 고로(故) 현명한 군주가 권력을 장악하여 능히 그 지위가 무거워지면(明君操權而上重) 정치가 일관되게 되어 능히 국가가 잘 다스려지게 된다(一政而國治). 그런 고로(故) 법은 왕의 근본이며(法者 王之本也), 형벌은 자애의 시초가 되는 것이다(刑者愛之自也)."[306)]

그런즉 순자와 한비자의 극명한 차이점은 즉 유가와 법가의 차이점은 세상을 이렇게 만든 위정자의 탐욕을 비판하느냐 아니면 비판하지 않느냐의 여부에 놓여있다. 즉 난국의 수습을 위해서는 먼저 위정자부터 도덕성을 회복해야 한다는 유가의 입장에

---

306) ibid p444~445 - ibid p1116

대한 차이점이다. 하지만 법가는 그런 도덕성을 무시하고 오직 드려난 현실의 혼란을 해결하기 위한 유일한 방책으로 형법만을 앞세우기 때문에 유가의 노선과 극명하게 차별된다. 즉 아래 글에서처럼, 세상이 간악해지기 시작했을 적에 위정자가 백성에게 보인 도덕적 본(本)이 도대체 무엇인가? 하는 의문점에 대한 고민이 한비자에게서는 전혀 찾아 볼 길이 없는 점이다.

> "·········그런 고로(故) 백성이 소박했을 때에는(民朴) 능히 도덕의 미명으로 <간악을> 금지시킬 수 있었지만(而禁之以名), 곧 세상에 인지가 발달함에 따라 오로지 형벌로써 다스려 즉 따르게 한 것이다(則治 世知 維之以刑 則從). 시대가 움직이더라도 그러나 다스림이 바뀌지 않으면(時移而治不易者) 혼란스럽고(亂), 능히 많은 땅을 다스릴 수 있어도 그러나 금령이 변하지 않으면(能治衆而禁不變者) <땅을> 빼앗긴다(削). 그러므로 성인이 백성을 다스리는 것은(故聖人之治民也) 법을 시대의 이동과 함께 하고(法與時移) 그리고 금령을 능히 변화와 함께 하는 것이다(而禁與能變)."[307]

따라서 동일한 부국강병책을 추진하더라도, 민본주의 덕치노선을 추구하는 유가가 백성을 생각하는 바는 법가가 생각하는 바와 전혀 다를 수밖에 없게 된다. 그 점은 순자가 설명하는 부

---

307) 한비자C p936 - 한비자 D p1117~1118

국강병책에서 여실히 드러난다.

여하간 순자의 부국강병정책은 고대왕조가 수립한 통치방식으로서 춘추초기의 인물인 관자의 글에서도 그대로 확인된다. 그런즉 전국시대 말기의 인물인 순자를 비롯하여 대다수의 유가들이 아래의 노선을 충실히 견지하였기 때문에 결국 진시황 때에 이르러 유생들은 분서갱유의 변란을 피할 수 없었던 것이다.

어쨌든 순자가 설파한 부국의 요체는 전통의 유가가 추구한 덕치노선에서 한 치도 벗어나 있질 않는데, 아래 글이 그 점을 잘 보여 준다.

> "나라를 풍족하게 하는 도리는(足國之道) 쓰는 것을 절약하고 백성들을 넉넉하게 해 주고(節用裕民) 그리고 그 남는 것을 잘 저장하는 것이다(而善臧其餘).
>
> 예의로써 절약하고(節用以禮) 정치로써 백성들을 넉넉하게 한다(裕民以政). 백성들이 넉넉해지면(彼裕民), 고로 여유가 많아진다(故多餘)."[308]

그런데 순자의 유가노선이 고대통치노선에서 벗어날 수 없음과 마찬가지로 법가도 고대통치노선에서 크게 벗어날 수 결코 없었기 때문에 언뜻 보면 겉으로는 별다른 차이점이 없어 보이는 유의점은 항상 전제되어야 한다. 곧「예의로서 절약한다.」는 구절이 그런 의심을 유발하기 때문에 단연코 순자의 글은

308) 순자B p267

그런 혼동의 소용돌이에 휘말리지 말고 순수하게 해석되어야 한다.

그러면 당연히 임금과 그 신하들은 일반백성과 다른 부류의 특권층인가? 하는 의문이 제기될 수밖에 없다. 그 이유는 일반백성의 본성이 그와 같다면 당연히 군주와 다른 신하들도 그런 본성의 소유자라고 말해야하기 때문이다.

그 점에 대해서는 순자가 명쾌하게 「나라를 다스리는 방법은 무엇인가(請問爲國)? 말하자면(曰), 자기 몸을 닦는 일에 대해서는 들은 일은 있으나(聞脩身) 나라를 다스리는 일에 대해서는 들은 일은 없다(未嘗聞爲國也)」[309]고 말하였다. 즉 정치가 신분사회에서의 귀족과 같은 특권층의 전유물이 아니라는 것이다.

그리고 더 나아가 순자는 「도란 무엇인가(道者 何也)? 말인즉(曰) 임금의 도를 말한다(君道也). 임금이란 무엇인가(君者 何也)? 말인즉(曰) 많은 사람들을 잘 돌본다는 것이다(能羣也). 많은 사람들을 잘 본다는 것은 무엇을 말하는가(能羣也者 何也)? 말하자면(曰) 사람들이 잘 살도록 보양하는 것이며(善生養人者也), 사람들을 잘 다스리는 것이며(善班治人者也), 사람들을 잘 등용하는 것이며(善顯設人者也), 사람들에게 제대로 신분에 맞는 옷을 입게 해 주는 것이다(善藩飾人者也).[310]」라고 말하였다.

309) p360

그리하여 이 관점으로부터 공자, 맹자, 순자는 다 함께 덕을 함양한 성인과 성왕에 의한 통치이론을 줄곧 견지하였다. 곧 전국시대의 난국 속에서도 맹자를 뒤이어 순자도 이 노선을 한결 같이 견지하여 유가의 본질을 그대로 유지하였던 것이다.

그런즉 성인(聖人)성왕(聖王)론을 설파한 순자는 공자가 말한 인의 정신에 입각하여 백성을 위한 민본사상을 일관되게 설명하였다.

> "만 가지 변화를 다스리고(治萬變) 만물을 잘 이용하며(材萬物), 만백성을 먹여 살리고(養萬民), 모두 합쳐서 천하를 이롭게 하려는 자는(兼利天下者) 어진 사람의 훌륭함보다 더 좋은 것이 없다(爲莫若仁人之善也)." [311]

그러므로 성인(聖人)설과 성왕(聖王)론이 지닌 민본주의의 통치노선의 본질은 바로 위정자와 일반백성들이 정서적으로 일심동체가 되어 서로 상부상조하는 것이라고 말할 수 있게 된다. 그래서 위정자와 일반백성이 다 함께 한마음이 되게 하려는 덕치노선은 한비자의 법가가 전면에 내세운 상과 벌에 의한 통치방법과는 근본적으로 구별되어야 한다.

그리하여 순자는 먼저 아래 글에서 임금과 백성이 하나가 되는 이치를 밝혔는데, 곧 그 점이 백성들을 우매하게 만들려는

310) ibid p366
311) ibid p273

도가의 사고방식과 극명하게 다른 경우이다.

“백성들은 진실로 그의 지혜에 힘입고 있기 때문에(百姓誠賴其知也), 그러므로(故) 모두가 서로 이끌어 주면서 그를 위하여 노고를 다하고(相率而爲之勞苦) 그를 안락하게 해주기에(以務佚之) 힘써 그의 지혜를 길러 준다(以養其知也).

진실로 그의 인후함을 아름답게 생각하기 때문에(誠美其厚也) 그런 고로 그를 위하여 죽는 힘을 다하고 목숨을 바쳐(爲之出死斷亡) 그를 보호하고 도와주어(以覆求之) 그의 인후함을 길러 준다(以養其厚也). 진실로 그의 덕을 아름답게 생각하기 때문에(誠美其德也) 그런 고로 그를 위하여 조각을 새기고(爲之雕琢刻鏤) 보불무늬를 그려(黼黻文章) 그를 보호하고 장식에(以藩飾之) 그의 덕을 길러준다(以養其德也).”312)

그리고서 그 다음으로 성왕이 지닌 정치적 의의를 설파하였는데, 곧 그 내용이 고대통치노선이고, 공자의 노선이고, 유가가 견지하는 노선이다. 따라서 이로써 유가가 전국시대 마지막까지 고대왕조가 수립한 전통을 고수하려고 한 점이 순자의 각별한 태도에 의해 명백히 확인된다.

---

312) ibid 同

그런 고로(故) 어진 사람이 <임금>윗자리에 있으면(仁人在上) 백성들은 그들 <임금>하느님처럼 귀하게 여기고(百姓貴之如帝) 부모처럼 친근하게 여기며(親之如父母), 그를 위하여 죽는 힘을 다해 목숨을 바치면서도(爲之出死斷亡) 능히 즐거워하는데(而愉者), 그것은 다름 아니라(無它故焉) 바로 그가 진실로 아름다운 것을 좋아하고(其所是焉誠美), 진실로 큰 것을 얻으며(其所得焉誠美大), 진실로 많은 이로움을 가져오기 때문이다(其所利焉誠多). ………. 그런 고로(故曰) 군자는 덕을 내세우고(君子以德) 소인은 힘을 내세우는데(小人以力), 힘은 덕의 부림을 받는 것이라 하는 것이다(力者德之役也)."[313]

그러므로 전국시대의 책임론에 대해서는 법가인 한비자와 달리 그의 스승인 순자는 유가를 대표하여 명쾌한 결론을 내렸다. 그는 고대왕조의 통치노선의 요체를 분명히 내세워 전국시대의 위정자들을 질타한 것이다. 즉 그는 임금에 대한 역할을 분명히 하여 그들에게서 다른 변명의 여지가 결코 나올 수 없도록 하였다. 왜냐하면 순자가 견지하는 고대통치이념은 법가가 내세운 상과 벌의 제도를 마냥 부정하고 거부만 한 것이 아니었기 때문이다. 곧 고대왕조의 통치이념은 일찍이 선이 덕이고 후가 상과 벌임을 분명히 해 두었기 때문이다. 그런즉 법가의 노선은

313) 순자B p274

유가의 입장에서 보면 소인배의 정치노선이게 된다. 따라서 순자는 다음의 글을 통해 그런 소인배의 위정자에게 준엄한 질책을 하였다.

“지금 임금들에게는 큰 환난이 있다(今人主有六患). 그것은 현명한 사람에게 나라를 다스리게 해놓고도(使賢者爲之) 곧 못난 사람들과 더불어 그가 하는 일을 규제하고(則與不肖者規之), 지혜 있는 사람에게 다스리는 계획을 세우게 해놓고도(使知者慮之) 곧 어리석은 자들과 더불어 그가 하는 일을 비평하고(則與愚者論之), 몸을 잘 닦은 선비에게 다스리는 일을 하도록 해 놓고서(使脩士行之) 곧 간사한 자들과 더불어 그가 하는 일을 의심하는 것이다(則與汙邪之人疑之).

비록 공적을 이루고자 하더라도 될 수가 있겠는가(雖欲成功得乎哉)? 비유하자면 그것은 마치 곧은 나무를 세워 놓고(譬之是猶立直木) 능히 그 그림자가 굽을까 두려워하는 것과 같다(而恐其景之枉也).”[314]

더 나아가 그는 예법사상에 근거한 사회질서에서는 임금과 백성이 하나가 되어야함을 강조하면서 그리하여 임금의 역할이

314) p371 - 육은 대(大)의 잘못된 글자라 함. 肖은 닮을 초가 아니라 꺼질 소로 읽어야 한다.

얼마나 중요한지를 설파하였다.

> "사람의 생활은 무리를 이루어 생활하지 않으면 불가능하다(人之生 不能無羣). 그리고 <무리를 이루어 생활하는데> 사람들 사이에 분계가 없다면 곧 서로 다투게 된다(而無分則爭). 서로 다투면 곧 혼란해지고(爭則亂), 혼란해지면 곤궁해진다(亂則窮矣). 그런 고로(故) 분계가 없다는 것은(無分者) 사람들의 큰 해가 되고(人之大害也), 분계가 있다는 것은(有分者) 천하의 근본과 이익이 된다(天下之本利也).
>
> 그래서 임금이란(而人君者) 소위 이 분계를 관할하는 중추가 되는 사람이다(所以管分之樞要也). 그런 고로(故) <임금을> 찬미하는 것은(美之者) 근본을 찬미하는 것이다(是美天下之本也). <임금을> 안정되게 하는 것은(安之者) 바로 천하의 근본을 안정되게 하는 것이다(是安天下之本也). 임금을 소중히 하는 것은(貴之者) 바로 천하의 근본을 소중히 하는 것이다(是貴天下之本也".[315]

그러므로 임금이 정사를 잘못하면 백성들이 궁핍해지고, 그와 달리 임금이 정사를 잘 하면 백성들이 풍요롭게 될 수 있기 때문에 순자는 임금이 솔선수범하여 덕을 길러 백성의 모범이 되

---

315) ibid p271

어야함을 강조하였다. 그런즉 순자가 상과 형벌로 다스리는 한비자의 법가의 노선과 전혀 다른 유가의 덕치노선의 특성을 명확히 설명해 두었기 때문에 법가를 포함한 황로학의 정치노선이 유가를 배격한 정치적 의도가 결코 은폐될 수 없다.

"백성들의 노력은(百姓之力) 임금의 덕이 있은 뒤에야 능히 효과가 나타나며(待之而後功), 백성들의 무리는(百姓之羣) 임금의 덕이 있는 뒤에야 화합하게 되며(待之而後和), 백성들의 재물은(百姓之財) 임금의 덕이 있는 뒤에야 모이게 되며(待之而後聚), 백성들의 형세는(百姓之埶) 임금의 덕이 있는 뒤에야 안정되며(待之而後安), 백성들의 수명은(百姓之壽) 임금의 덕이 있은 뒤에야 길어지다(待之而後長)."[316]

따라서 위와 같은 입장을 설파한 순자는 맹자처럼 주나라의 복원을 더 이상 주장하지 않을지라도, 전국시대의 열 왕들의 학정에 대해서만은 단호하게 질타하였다.

"…지금 세상은 그렇지 않다(今之世而不然). 세금을 많이 거두어 들여 백성들의 재물을 빼앗고(厚刀布之斂以奪之財), 밭과 들판의 세금을 무겁게 부과하여 백성들의 양식을 빼앗으며(重田野

316) p276 - 대지(待之)에서 지는 임금을 가리킨다고 함. 재주 埶는 형세 埶 세로 읽어야 한다.

之稅以奪之食), 관소와 시장의 세금을 가혹하게 거두어 백성들이 장사를 하기 어렵게 하고 있다(苛關市之征以難其事).

그 뿐 아니라(不然而已矣) 트집을 잡아 허물을 들춰내고(有掎挈) 틈을 엿보아 우롱하며(伺詐), 권세와 계략을 써서 그들을 넘어뜨려(權謀傾覆) 백성들이 서로 해치며(以相顚倒) 지쳐서 망하게 하고 있다(以靡敝).

백성들은 분명히 모두가 알고 있다(百姓曉然皆知) 임금의 행동이 지저분하고 난폭하여(其汙漫暴亂) 따라서 큰 위험이 닥쳐와 망하게 될 것이라는 점이다(而將大危亡也).

이로써 신하가 그의 임금을 죽이기도 하고(是以臣或弑其君), 아랫사람이 그의 윗사람을 죽이기도 하며(下或弑其上), 그의 성을 적군에 팔아넘기기도 하고(粥其城), 그의 절조를 배반하며(倍其節), 그리고 그가 섬겨야할 사람을 위해 목숨을 바치지 아니한다(而不死其事者).

그렇게 되는 이유는 다름 아니라(無它故焉)> 임금 스스로가 그렇게 만든 것이다(人主自取之也)."[317]

---

317) 순자B p276 - 粥자는 <죽 죽>자이고, 또한 <팔 육>자 인데, 여기서는 육자이다. 그리고 鬻자와 같은 자로 적군에게 성을 팔아넘긴다는 의미이다.

하지만 한비자는 그의 스승 순자와 달리 그의 서책 마지막 부분인 제분(制分)에서 정치의 정도(正道)보다는 정치의 술수(術手)를 정당화하여, 그리하여 전국시대이후의 정국이 정치공학(政治工學)적으로 흘러가도록 만들었다.

> "무릇 법으로 다스리는 방법에 지극히 밝은 군주는(夫治法之至明者) 술수에게 맡기지 사람에게 맡기지 않는다(任數不任人). 이 때문에(是以) 술수로 다스리는 나라는(有術之國) 칭송받는 사람을 등용하지 않고(不用譽) 즉 마땅하지도 않아도(則毋適), 나라 안이 반드시 다스려지는 것은(境內必治), 술수에 맡기기 때문이다(任數야).
>
> 망하는 나라는(亡國) 군대를 그 영토에 공공연하게 휘젓고 다니도록 해 놓고(使兵公行乎其地), 말 사육을 금지시키지 못하는 것은(而弗能圉禁者), 사람에게 맡기고서 술수가 없기 때문이다(任人而无數也)."[318)]

그러면 고대왕조가 수립한 통치이념의 정통성은 어떻게 이해되어야 하는가? 하는 판단기준에 관한 문제가 논란대상으로 급부상하게 될 것이다.

---

318) 한비자 ibid p447 - p1125

이미 누차 밝힌 바처럼 고대왕조가 수립한 통치방식의 추진 동력은 덕치와 법치의 양축으로 삼아 균형과 조화를 유지할 적에만 그 기능을 제대로 발휘할 수 있게 된다. 그런즉 덕치가 앞서고 법치가 뒤를 받쳐야 한다. 그렇기 때문에 정국이 혼란스럽고 위태로운 비상한 상황에 직면한 상황이 아니고서는 결코 덕치를 대신한 법치가 정치의 전면에 나서서는 안 된다.

그럼에도 불구하고 춘추전국시대의 법치노선이 정국의 전면에 나서게 되었는데, 당연히 그 까닭은 주나라의 왕조가 난세의 빌미를 제공하여 정국의 혼란을 자초하였기 때문이다. 그리하여 주 왕조는 나라를 다스릴 통치명분의 권위를 상실하게 되었고, 그 결과 주 왕조는 더 이상 덕치를 실행하고 싶어도 실행할 수 없는 상황으로 내 몰리게 되었다. 또한 그런 혼란이 도래하자, 곧 각 제후들이 합심하여 왕조의 어긋난 통치노선을 바로 잡기보다는 자기 자신들의 안위와 이익만을 도모하면서 곧장 강제적인 무력을 동원하여 정국의 혼란을 함께 증폭시켰는데, 역사는 바로 그 상황을 두고 춘추·전국시대라는 명칭을 부여했다.

물론 그런 상황을 초래한 근본원인은 주 왕조에 있었지만, 그러나 봉건제도 하에서 주 왕실을 보필해야할 제후들이 합심만 하였다면 왕조의 권위를 충분히 회복할 수 있었다. 그럼에도 불구하고 그 작업을 사뭇 기피하였기 때문에 마땅히 상하가 공동 책임을 져야만 정당하게 된다. 다시 말해 난세의 정국이 강제적인 물리력에 의존하지 않고서는 수습될 수 없을 지경에 이른 책임은 변명할 여지도 없이 주 왕조와 제후국이 다함께 져야 하는 점이다. 왜냐하면 제후들의 회맹이 주나라의 복원으로 나아갔다면 충분히 주나라는 일어설 수 있었기 때문이다.

그런즉 이와 같은 역사적 평가가 정당한 것으로 인식되려면, 당연히 법치노선이 정치전면에 계속 있을 수 없는 점에 대해 각별한 왕도정치의 의식으로 주목해야 한다. 왜냐하면 덕치주의의 노선은 여전히 어느 시기, 어디에서나 적용되어야 하는 보편적인 사고방식인데 반해, 덕치주의 노선을 받쳐주는 법치주의 노선은 물리력에 의존하여 강제적으로 질서를 유지하려고 하는 비상시국의 사고방식이기 때문이다. 그러므로 일단 왕조가 비상시국의 위기를 극복하고 정상적인 질서를 회복하게 되면, 곧바로 법치노선을 덕치노선으로 전환해야 한다. 그리고 그 점은 어느 시대, 어느 곳에서든 새로운 왕조가 출범하고 나서 왕조가 어느 정도 안정되어지면 곧바로 덕치노선을 추구하는 과정에서 확인된다. 하지만 이 과정에서 역사적으로 문제가 되었던 점은 덕치(德治)를 오로지 문치(文治)로 착각한 점이었다. 곧 고대왕조가 문무겸전의 전통을 확립해 두었는데도 불구하고, 진나라이후 전제군주제도를 채택한 왕조에서는 어느 정도로 정국이 안정되기만 하면, 그 순간 곧바로 문치로 기우려지면서 혼란을 자초하고 그리고 붕괴하는 과정을 되풀이 하였던 점이다. 여하간 덕치가 문치가 아닌 점은 명확히 구분되어야 한다.

그런데 법치노선의 내부에 원초적으로 도사리고 있는 근본적인 한계가 드러나야만 비로소 유가의 덕치주의와 법가의 법치주의 노선의 차이점이 선명하게 구별될 수 있는데, 그 경우에 주목되어야 할 점은 법가가 내세운 덕의 개념과 현인에 대한 경계심이다.

첫째는 한비자가 법가의 덕을 유가의 도덕적 개념과 달리 상을 주는 것(慶賞)으로 규정한 점이다. 곧 법가가 사용하는 술수의 용어는 이런 점에서 위력을 발휘하게 된다.

"현명한 군주가 그 신하를 지도하고 제어하는 방법에는(明主之所導制其臣者) 두 개의 손잡이가 있을 뿐이다(二柄而已矣). 두 개의 손잡이는 형과 덕이다(二柄者刑德也). 무엇을 형덕이라고 일컬어 말하는가(何謂刑德曰)?

죄인을 죽이는 것을 형이라 하고(殺戮之謂刑), 공로가 있는 자에게 상을 주는 것을 덕이라 한다(慶賞之謂德)."[319]

둘째는 법가의 사상에서는 도저히 협치(協治)정치가 불가능한 점이다. 그러므로 소인배의 정치가 될 수밖에 없는 정치를 스스로 만들었기 때문에, 결국 법가의 정치는 일인 독재의 공포정치로 전락하지 않을 수 없게 된다.

"군주에게는 두 가지 고민이 있다(人主有二患). 현명한 자를 임용하면(任賢) 곧 신하는 현명함을 미끼로 기어오르고 군주를 위협한다(則臣將乘于賢以劫其君). 그렇다고 경솔하게 선발하면(妄擧) 곧 능률이 오르지 않는다(則事沮不胜). 그런 고로(故) 군

319) 한비자 p34 - p80

주가 현명한 자를 좋아하면(人主好賢) 곧 뭇 신하는 자기 행적을 꾸며서(群臣飾行以) 군주가 바라는 것에 영합하려고만 하므로(要君欲) 그런즉 뭇 신하의 실정을 밝힐 수 없다(則是群臣之情不效)."[320]

그러므로 법가의 노선이 지닌 너무도 비상식적인 점은 주변에서 경험하는 일상적인 경우를 참조해보면 확연해진다. 가령 전선에서 공을 세우면 반드시 상을 주는 엄격성이 법가사상의 골간이지만. 그러나 애국심으로 무장한 전사들은 법가가 말하는 그런 보상과 상관없이 전선에서 목숨을 걸고 싸우기 때문에 법가가 내세우는 그런 이론이 무색하게 된다. 그리하여 정국의 최악의 경우에 발생하는 전쟁에서 병가(兵家)가 내세운 최상의 통솔방법이 장수가 덕치에 의한 모범된 행동으로 장병들을 감읍시키는 것이었고, 그 다음의 하책으로 내세우는 통솔방법이 법가식의 상벌에 의한 것이었음을 참조하면, 덕치와 법치의 상관관계도 단번에 명료해진다.

그러면 법가사상만으로는 전국시대를 종식시키고 그리하여 주 왕조를 대신할 새로운 왕조를 내세울 수 없는 한계도 강 건너 불 보듯이 명확해지게 된다. 왜냐하면 비록 위정자가 유가노선을 배척하더라도, 그러나 백성을 다스려야 하는 책임감 때문에 유가의 덕치노선을 대신할 이념을 새로 만들어야했기 때문이다. 그리하여 한비자의 법치주의와 나란히 병렬된 유가의 덕

320) ibid p36 - p85. 胜은 버릴 성이 아니라 이길 승으로 읽어야 한다.

치주의를 대신하여 교체된 사상이 바로 황로학의 도가노선이었던 것이다. 즉 무위자연설인 것이다. 다시 말해 새롭게 등장한 도가의 무위자연의 노선을 기존의 법치노선에다가 합쳐 새로운 통일왕조의 통치이념으로 역사의 전면에 전격적으로 내세우려고 의도한 선비들의 책략이 곧 황로학의 노선이었던 것이다.

그러므로 당연히 그로부터 두 가지 점이 명료해진다.

하나는 법가노선의 엄격한 방식은 도덕이 크게 상실된 어지러운 정국에서 단연코 덕치노선의 회복에 적극적으로 활약해야 하는데, 오히려 전국시대의 법가사상가들이 그 역할을 완강히 거부하였기 때문에 그들의 의도가 분명해지는 점이다.

또 다른 하나는 유가사상이 견지한 덕치노선의 대안으로 등장한 무위의 정치노선이 도가사상이었기 때문에 당연히 도가사상은 법가사상이 추구하는 정치이념으로 등장하게 되는데, 따라서 그 점이 새로운 통일왕조를 수립하려는 황로학의 의도를 명확히 보여 주는 점이다.

따라서 한비자의 위상이 대단히 중요해지는데, 그 이유는 그의 스승인 순자가 진나라에서 천하통일의 방식으로 유가의 노선을 내세우고 거부당한데 비해, 그는 훗날 천하통일을 이룩하여 진시황이 된 진왕에게 지나칠 정도로 환영을 받았기 때문이다. 그런즉 한비자의 사상은 진나라 통일왕조가 지향한 정치노선을 파악할 수 있는 결정적 근거가 된다.

여하간 그에 대한 증거는 한비자는 자신의 저서의 첫 부분인 주도편(主道篇)에서 노자의 도가사상을 자기사상의 전면에 내세운 점에서 확인된다.

"도는 만물의 시작이며(道者萬物之始) 시비의 기준인 것이다(是非之紀也).

이로써(是以) 밝은 임금은 시작을 지킴으로서(明君守始) 만물의 근원을 알며(以知萬物之源), 기준을 다스림으로서(治紀) 착함과 잘못됨의 발단을 안다(以知善敗之端).

그런 고로(故) 텅 비고 고요함으로서 능히 명령을 기다리게 되는데(虛靜而待令), 명칭의 명령이(令名) 스스로 내려지게 되고(自命也), 일에 관한 명령이(令事) 스스로 정해지게 된다(自定也).

텅 비면(虛) 곧 실제의 사정을 알게 되며(則知實之情), 고요하면(靜) 곧 움직임의 올바름을 알게 된다(則知動者正).

말은(有言者) 스스로 명칭을 만들게 되며(自爲名) 일은(有事者) 스스로 형식을 만들게 되는데(自爲形), 형식과 명칭이 서로 어울려야만(形名參同), 임금은 곧 일 없이 되고(君乃無事焉) 그 참됨으로 돌아간다(歸之其情).

그런 고로 말하자면(故曰), 임금은 그가 바라는 것을 드러내 보여서는 안 되며(君無見其所欲), 임금이 바라는 것을 드러내 보이면(君見其所欲) 신하들이 곧장 스스로 왜식에 공들어 겉치레로 아첨하게 된다(臣將自雕琢).

임금은 그의 뜻을 드러내 보여서는 안 되니(君無見其意), 임금이 그의 뜻을 드러내 보이면(君見其意), 신하들이 스스로 특이한 재능을 내세워 잘 보이려 들게 된다(臣將自表異)." [321]

그러면 전국시대에 걸 맞는 통치술의 전형은 한비자가 도가와 법가를 결합하여 만든 그의 법가사상에 완비되어 있었다고 평가해도 무방하게 된다. 그 점을 뒷받침할 구체적인 정황은 한비자가 연이어 말한 문장 속에 명확히 드러나 있다. 왜냐하면 그 곳에는 도가의 무위사상이 실질적으로 무엇을 지향하고 있는지를 제대로 보여주고 있기 때문이다. 특히 맨 마지막 구절은 전국시대의 패도적 사상을 여과 없이 보여주는 내용으로서 한비자의 법가사상 중에서도 단연 압권이다.

"명군이 위에 있어 하는 일이 없으면(明君無爲于上), 신하의 무리는 <군주의 의향을 알 수 없고 더구나 자기 쪽은 간파되고 있으므로> 송구스러워 견딜 수가 없게 된다.(群臣竦懼乎下).

임금의 도는(明君之道) 신하 중의 지자에게서 그 지혜를 짜내어야 한다(使智者盡其慮). 그래서 임금은 이로 말미암아 막히는 법이 없다(而君因以斷事).

또한 신하 가운데 현명한 자에게는 그 재능을 발휘시키고(故君不窮于智 賢者勅其材) 그것으로서 임용하므로 임금의 능력은 무

---

321) 한비자 p26 - p50. 懼는 두려워할 구로 읽어야 한다.

한하게 되고(,(君因而任之 故君不窮于能)) 효과가 오르면 임금이 현명했기 때문이라고 일컫게 되고(有功則君有其賢), 과실이 있으면 신하가 그 책임을 지게 된다(有過則臣任其罪). 그러므로 군주의 명예는 영원히 상하지 않게 되는 것이다(故君不窮于名).

이로 말미암아(是故) 군주는 그러한 술책을 사용하면 현명하지는 못해도 훌륭한 지도자가 될 수 있고(不賢而爲賢者師), 무지하더라도 지혜를 갖춘 신하의 모범이 될 수 있다(不智而爲智者正).

수고하는 것은 신하이고(臣有其勞 臣有其成功)) 성공을 독점하는 것은 군주이다(此之謂賢主之經也)."[322]

또한 그런 맥락을 공유한 도가의 진면목도 한비자의 글에 그대로 반영되어 있는데, 그 특성은 무위의 도가 백성을 평안하게 하고 나라를 부강하게 하는 방책이 아니라, 오로지 임금이 신하를 다루는 고도의 술책이라는 점이다. 그 점은 아래의 글에서 고스란히 드러나 있다.

"도는 <본바탕이 무이기 때문에> 볼 수가 없고(道在不可見), <도의> 작용은 <미묘하여> 알 수가 없다(用在不可知). 이 도를 터득한 군주는 허심, 정관, 무위하면서도(虛靜無事) 어둠속에서 밝은 곳을 바라보듯 신하의 결점을 간파한다(以暗見疵).

322) ibid 27 - p51

<그렇지만> 보고도 못 본 체하고(見而不見), 들어도 못 들은 체하고(聞而不聞), 알고도 모른 체하여(知而不知) 신하의 발언의 의향을 알면(知其言以往) <끝내 가슴 속에 간직했다가> 실지의 결과와 합치하는가를 밝혀야 한다(勿變勿更以參合閱焉).

한 사람에게 하나의 일을 시키고(官有一人) 서로 통하지 못하도록 하면(勿令通言), 일체를 모조리 파악할 수 있는 것이다(則万物皆盡).

군주가 자기의 행적을 숨기고 있으면(函掩其迹 匿其端) 신하는 군주의 마음속을 살필 수 없다(下不能原). 군주가 그 지능을 버려 버리면(去其智 絶其能) 신하는 군주의 마음속을 알아내지 못한다(下不能意). 더욱이 군주는 자기 방침을 견지하여(保吾所以往) 능히 신하의 언행을 대조하고(而稽同之) 신중히 상벌을 행하며 움켜잡고 놓지 않고(謹執其柄而固握之) 신하의 야망을 끊으며(絶其能望) 그 의도를 깨뜨려(破其意) 신하로 하여금 권력을 바라지 못하도록 해야 한다(毋使人欲之)."[323]

더 나아가 아래의 글은 진나라가 전제군주국으로 나아가게 된 결정적인 근거를 보여주는데, 그것은 신하를 철저히 의심하

323) ibid 27 - p56)

고서 경계하도록 주장한 점이다. 곧 한비자의 이론에는 전통의 협치(協治)사상이 도저히 용납될 여지가 전혀 없는 점이다.

"문단속을 엄중히 하지 않으면(不謹其閉 不固其門), 호랑이는 침입할 것이다(虎乃將存). 바깥일을 삼가지 않고 안을 숨기지 않으면(不愼其事 不掩其情) 도둑이 일 것이다(賊乃將生).

신하를 호랑이라고 함은 임금을 죽이고(弑其主) 대신 그 지위에 오르게 되고(代其所), 사람들이 두려워하여 이에 복종하게 되기 때문이다(人莫不與).

또 신하를 도둑이라 함은(故謂之虎) 군주 곁에 있으면서(處其主之側) 군주의 과실을 살피기 때문이다(聞其主之忒 爲奸臣).

그러므로(故)<임금이 되는 인물은> 간신도당을 해산시키고(謂之賊 散其黨) 그 잔당을 잡아 근절시킨다면(收其余 閉其門 奪其輔) 나라에서 호랑이 같은 신하는 없어질 것이다(國內无虎).

군주는 수시로 신하의 언행을 대조하여(大不可量 深不可測 同合刑名) 법규·절차를 소상히 조사하고(審驗法式) 그에 위배하여 방종을 하는 자를 엄벌하면(擅爲者誅) 나라에는 도둑이 없어질 것이다(國內无賊)."

"이런 고로(是故) 임금에게는 다섯 가지 둘러싸고서 막는 옹의 재앙이 있다(人主有五壅).

첫째 막음은 신하가 군주의 눈과 귀를 막아 아무 것도 알지 못하게 하는 것이다(臣閉其主曰壅).

둘째 막음은 신하가 국가 재정을 지배하는 것이다(臣制財利曰壅).

셋째 막음은 신하가 방자하게 명령을 내리는 것이다(臣擅行令曰壅).

넷째 막음은 신하가 멋대로 이것이 도의라 하여 행하는 것이다(臣得行義 曰壅)

다섯째 막음은 신하가 자기의 도당을 기르는 것이다(臣得樹人曰壅).

신하가 임금의 눈과 귀를 막으면(臣閉其主) 임금은 그 지위를 잃게 된다(則主失位),

신하가 재정을 지배하면(臣制財利) 임금은 은덕을 베풀지 못하게 될 것이며(則主失德),

신하가 방자하게 명령하면(臣擅行令) 임금은 통치권을 잃게 될 것이며(則主失制),

신하가 멋대로 도의를 행하면(臣得行義) 명분이 서지 못하게

될 것이며(則主失明),

신하가 자기 도당을 기르면(臣得樹人) 군주는 여당을 잃게 될 것이다(則主失黨).

그러므로 이상의 일들은 임금이 독단전행해야할 것이지(此人主之所以獨擅也), 결코 신하가 참견하도록 해서는 안 된다(非人臣之所以得操也)." [324]

그리고 윗글에는 한비자가 제시한 독특한 두 가지 새로운 관점이 내재되어 있는데, 하나는 봉건제도를 전면적으로 부정한 점이고, 그리고 다른 하나는 모든 권력이 한 곳으로 집중된 중앙집권체제를 정당하게 주장한 점이다. 비록 그의 주장은 곧바로 시행될 수 있는 발상은 아니었지만, 그러나 훗날 진나라에 의해 천하가 재통일된 후에 결국 봉건제도가 폐지되고 군현제도가 시행되었고 그리고 더 나아가 왕과 제후의 관계가 황제와 군왕의 관계로 변경되었기 때문에 따라서 그의 주장은 황로학의 영향력이 전국시대 말기에 얼마나 광대하게 확산되어 있었는지를 여실히 확인할 수 있게 해 준다.

그런데 그런 신상필법사상의 원형은 서경(書經) 우서(虞書)의 글에서 발견되는데, 곧 그 점은 한비자의 법가사상이 지닌 사상적 뿌리를 가늠할 수 있게 해 준다.

---

324) ibid p56

"다섯 해에(五載) 한번 순수하시면(一巡守), 여러 제후들은(羣后) 네 번 조회하여(四朝) 말로서 진술하고서 상주하면(敷奏以言),

공적으로 분명하게 시험해서(明試以功), 수레와 옷을 상으로 주셨다(車服以庸)."[325]

그러므로 위의 기록과 다음의 형벌의 기록이 지닌 역사적 의의는 한 편으로는 공공의 업적에 대해서는 순임금의 왕조가 공정하게 평가하고서 그에 상응하는 보상을 해 주었다는 사실과 다른 편으로는 순임금이 상벌의 집행은 반드시 공정해야 한다는 신상필벌의 원칙을 제정한 사실인데, 여하간 그 점은 훗날에 이르러 관중의 법가사상을 비롯하여 한비자의 법가사상의 원형이 되었다.

"불변적이고 보편적인 법전의 모형으로 형상을 보여주시면서(象以典形),

오형을 유형으로 감해 주시고(流宥五刑), 채찍을 관의 형벌로 삼으시고(鞭作官刑), 회초리를 교육의 형벌로 삼으시고(扑作敎刑刑), 돈으로 벌을 감하는 형벌을 삼으시고(金作贖刑), 과실이나 불운함으로 지은 죄는 풀어주어 용서해 주시고(眚災肆赦), 고의

325) 서경 p30

적으로 일부러 저지른 죄는 죽이시되(怙終賊刑),

신중하게 하셔서(欽哉欽哉) 형벌을 불쌍하게 여기는 마음으로

하셨다(惟刑之恤哉)."[326]

그런즉 위의 마지막 구절이 함축하고 있는 취지를 각별히 주목하면, 유가가 이해하고 있는 상벌의 의의로부터 법가의 사상이 어디에서 어떻게 어긋나게 되었는지를 알 수 있게 된다.

곧 법가의 형법노선은 형법이 초래할 결과를 바탕으로 하여 이루어진 방책이기 때문에 여하튼 법규를 제정한 동기와 이유와 목적이 유가의 예법노선과 단연코 구별된다는 점이다. 더 나아가 오늘의 잘못을 바로 잡고 그리고 그와 아울러 앞으로 발생할 여지가 있는 잘못을 미연에 예방하고 그리고서 국정의 안정과 발전을 도모하려는 미래지향적인 사고방식에서 철저히 구별된다는 점이다. 다시 말해 법가는 강제적인 법규로 사회질서를 구축하려고 한 반면에 유가는 자발적인 도덕의식으로 사회질서를 구축하려고 한 점 때문에 양자의 입장이 확연하게 구별된다는 것이다.

그러므로 개인의 수양을 근본으로 삼아 사회질서를 구축하려고 한 유가는 그 의도를 대학(大學)의 서책에 격물치지(格物致知)에서 평천하(平天下)에 이르기까지를 수미일관된 논리로서 잘 압축해 두었다. 곧 먼저라는 선(先)의 용어 속에 백성을 다

326) ibid p32

스리는 국가의 정치목적과 정책의 수립방향을 잘 수립해 둔 점이다.

"…… 예로부터 천하의 밝은 덕을 밝히려는 자는(古之欲明明德於天下者), 먼저 그 나라를 올바르게 다스려야 하고(先治其國),

그 나라를 올바르게 다스리고자 원하는 자는(欲治其國者), 먼저 그 집안을 다스려야 하고(先齊其家),

그 집안을 다스리고자 원하는 자는(欲齊其家者), 먼저 그 자신을 수양해야하고(先修其身),

그 자신을 수양하고자 원하는 자는(欲修其身者), 먼저 그 마음을 바르게 해야 하고(先正其心),

그 마음을 바르게 하고자 하는 자는(欲正其心者), 먼저 그 뜻을 성실해야하고(先誠其意),

그 뜻을 성실하고자 원하는 자는(欲誠其意者), 먼저 그 아는 바를 이루어야 하고(先致其知)

아는 바의 이룸은 사물의 이치에 있다(致知在格物)."[327]

그런즉 이 모든 정신을 계승한 공자의 핵심사상은 가르침의

327) 대학 p359

전면에 내세운 인의 개념에 함축되어 있는데, 공자는 인의 사상에 포괄된 광대한 특성 때문에 인의 개념을 단적으로 한 가지로 규정하지 않았다. 그럼에도 불구하고 그 요체를 단적으로 파악할 수 있는 뚜렷한 설명이 논어에 기록되어 있는데, 그것은 논어 제6 옹야(雍也)편 28장에서 수록된 인에 관한 다음의 글귀이다.

“자공이 말하였다(子貢曰). 「만일 백성에게 은혜를 널리 베풀어(如有博施於民) 능히 많은 사람을 구제할 수 있다면(而能濟衆) 어떻겠습니까(何如)? 인하다고 말할 만합니까(可謂仁乎)?」.

공자께서 말씀하셨다(子曰). 「어찌 인을 일삼는데 그치겠는가(何事於仁). 반드시 성인일 것이다(必也聖乎). 요·순<임금>도(堯舜) 이에 있어서는 오히려 부족하게 여기셨을 것이다(其猶病諸)」.”[328]

그런데 이 말이 지닌 의미도 역시 고대통치이념을 수록한 서경의 글에서 찾아 볼 수 있는데, 곧 아래의 글이 보여주는 바대로 왕도정치의 근본바탕을 수립한 중국고대왕조가 요임금에게서 비롯되었다는 명백한 사실이다.

“<우가> 말하였다(曰). 「임금이 임금의 자리에 있는 것을 어렵게 여길 수 있고(后克艱厥后), 신하가 신하의 자리에 있는 것을

328) 논어 p123~124

어렵게 여길 수 있어야(臣克艱厥臣), 이에 정사가 잘 다스려져(政乃乂) 백성이 덕에 빠르게 감복할 것입니다(黎民敏德)」.

제<순>가 말씀하셨다(帝曰). 「그러하다(兪)! 진실로 이같이 하면(允若玆), 아름다운 말이 숨겨지지 않고(嘉言罔攸伏), 들에는 버려진 어진 이가 없어(野無遺賢), 만방이 다 편할 것이다(萬邦咸寧).

여러 사람을 살펴서(稽于衆), 자신을 버리고 남을 따르며(舍己從人), 무고한 자를 학대하지 않으며(不虐無告), 곤궁한 자를 버리지 않는 것은(不廢困窮),

오로지 제<요>만이 때맞추어 할 수 있는 일이셨다(惟帝時克)」."[329]

그러므로 2권을 마감하면서 결론 맺고자 하는 바는 다름 아닌 덕치주의가 임금과 신하가 얼마나 힘들게 공을 들어야만 가능한 통치노선인지를 밝힌 아래의 서경의 글이다. 그 까닭은 오늘날의 현대인들이 고대통치노선의 시기가 시간적으로 고대이어서 그런 고대통치이념을 낡고 진부한 것으로 치부할 수 있겠지만, 그러나 그런 선입견과 달리 그 이념이 담고 있는 보편적 성격이 너무도 이 시대가 필요로 하는 현대성을 담고 있는 정치이론의 특성이기 때문이다.

329) 서경 p52~53

그런즉 오늘날의 현대인들은 서경 상서 함유일덕(咸有一德)에 수록된 다음의 글이 시사(示唆)하는 바대로, 곧 "천자의 일곱 세대의 종묘제사를 통해서(七世之廟) 그 덕을 볼 수 있으며(可以觀德)"라는 글귀가 시사(示唆)하는 바대로, 정치공학에 함몰된 자신들의 모습을 돌이켜 반성해 보아야할 것이다. 더 나아가 대의민주주의를 표방하는 민주주의제도에서도 여전히 정치지도자가 덕치노선의 정책을 대대로 일관되게 지속해야만 나라를 발전시킬 수 있다는 교훈을 크게 각성해야 할 것이다. 그러므로 비록 이 글이 과거의 언어로서 진술되어 있더라도 천자와 같은 용어를 현대정치의 용어에 알맞게 고쳐서 바라보면, 누구든지 그 함의를 충분히 직시할 수 있게 될 것이다.

"아(嗚呼)! 천자의 일곱 세대의 종묘제사를 통해서(七世之廟) 그 덕을 볼 수 있으며(可以觀德), 만 사람의 우두머리에게서(萬夫之長) 그 정치를 볼 수 있습니다(可以觀政)."330)

§§ 후기 : 현대사회에서의 유가의 역할은 무엇인가?

논구초점 : 이 주제는 현대사회에서 유가의 역할을 긍정적으로

330) ibid p273~274

기대하는 것은 가능한가? 하는 과제이다.

그런데 민주주의제도에 익숙한 현대인은 어느 누구라도 전제군주제도와 중화사상을 연상하는 순간, 곧바로 유가사상을 비민주적인 정치사상으로 간주하고서 더 이상 이와 같은 주제에 관심 있는 눈길을 주면서 주목하려고 하질 않는다.

그러나 공자와 유가가 줄곧 견지한 고대통치이념은 결코 전제군주제도와 중화사상과는 무관한 정치사상이다. 그리고 그 사상은 사해동포(四海同胞)사상으로서 만인을 포용하려고 한 보편적 성격의 정치사상이기 때문에 어떤 시대의 특정한 제도에도 구애받지 않았던 사상이다. 또한 고대통치이념은 이 시대의 분권주의와도 일맥상통하는 점을 지니고 있기 때문에 현대성의 논구가 가능한 사상이다. 더 나아가 선양(禪讓)사상이 지극히 민주적인 선거제도의 의의에 가장 잘 부합하기에 그러하다.

따라서 본서는 2권을 마무리하면서 고대사상이 지닌 현대성을 언급하려고 한다. 그런데 정작 언급한 내용이 고대통치이념이기 때문에 고대사상의 역할이라고 마땅히 해야 하지만, 그러나 제목이 주는 부정적 선입감을 불식시키지 위해 유가의 현대성이라는 제목 하에서 논구하려고 한다.

유가의 현대성을 밝히는 작업에는 당연히 다음과 같은 사안(事案)이 걸림돌이 된다. 그 이유는 너무도 당연하게 3년 상(喪)이 현대인에게 공감을 불러일으킬 수 있는 현대적인 예법이 아니기 때문이다. 그러므로 그 점만 보면 유가는 대중에게 거부되고 배척당할 수밖에 없다. 그러나 삼년상이 지닌 순수한 도덕적 의의를 주목하면, 곧 그 점은 현대인에게 충분히 공감을 일으킬 수 있다. 왜냐하면 자식이 부모를 생각하는 최소한의 도리 때문이다. 그런데 유가는 날로 새로운(日新) 마음가짐으로 판단하고 행동할 것을 가르치는 사상이므로, 유가의 예법사상을 3년이란 고정된 숫자에 얽매여 거부할 것이 아니라 효(孝)의 근본 도리를 주목하고서 주시하면, 그러면 누구든지 그 진정한 의의가 여전히 현대적인 점을 느낄 수 있게 된다.

"재아가 물었다(宰我問). 「3년 상은(三年之喪) 기간이 너무 깁니까(期已久矣)? 군자는 3년 동안 예를 행하지 않으면(君子三年不爲禮) 예가 반드시 무너지고(禮必壞), 3년 동안 음악을 익히지 않으면(三年不爲樂) 음악이 무너질 것입니다(樂必崩). 묵은 곡식이 이미 없어지고(舊穀旣沒) 새 곡식이 그러는 동안에 익었습니다(新穀旣升), 뚫고 들어간 부싯돌이 불을 만들 수 있으니(鑽燧改火) 기간이 그칠만한 것입니다(期可已矣)」.

(子曰). 「저 쌀밥을 먹고(食夫稻) 저 비단 옷을 입는 것이(衣夫錦) 너에게 편안하느냐(於女安乎)?」. 재아가 말했다(曰). 「편안합니다(安)」.

<공자가 말했다>「네가 편안하면 곧 그리하라(女安則 爲之). 대저 군자는 부모의 상을 치룰 적에는(夫君子之居喪) 맛있는 음

식을 먹어도 달지 않으며(食旨不甘), 음악을 들어도 즐겁지 않으며(聞樂不樂), 거처함이 편안하지 않아서(居處不安) 그러므로(故) 하지 않는 것인데(不爲也), 지금 네가 편안하면 그렇게 해라(今女安則爲之).

재아가 밖으로 나가자(宰我出), 공자가 말했다(子曰). 「재아<재여>의 불인함이여(予之不仁也)! 자식이 태어나서 3년이 지나야(子生三年然後) 부모의 품을 벗어나게 된다(免於父母之懷). 대저 3년 상은(夫三年之喪) 온천하의 공통된 상이니(天下之通喪也), 재아는 3년의 사랑이 그 부모에게 있었는가(予也有三年之愛於其父母乎)?」.[331]

그런즉 우리들은 3년이란 기간에 초점을 맞추고서 유가의 사고방식이 낡고 진부한 전근대적이라고 여겼던 선입견으로부터 벗어나야 한다. 왜냐하면 공자가 자신의 입장만 옳다고 고집하는 고정관념의 소유자가 아니었기 때문이다. 곧 공자의 사고방식은 시속(時俗)의 사정을 잘 헤아려 상황에 적절하게 판단하는 유연한 입장이었기 때문이다.

"공자가 말했다(子曰). 「삼과 무명실로 섞어 만든 면류관이 예이지만(麻冕禮也), 지금은 명주실<생사>로 만드니 검소하다(今也

331) 논어 p355~357

純儉). 나는 서민을 따르겠다(吾從衆)」."[332]

그런즉 유가사상에 대한 현대성 논구를 거부하는 입장이 아니라면, 누구든지 지금까지 논구하였던 다음의 고대통치이념을 낡고 진부하다는 편견을 배제하고 그 대신 여전히 이 시대에도 살아 있는 보편성의 의의에 초점을 맞추고서 현대성의 여부를 검토하려는 전향적 자세를 견지해야 한다.

그 이유는 링컨 대통령이 게티즈버그에서 연설한 내용 곧 「국민의(of the people), 국민에 의한(by the people), 국민을 위한(for the people)」이란 연설의 내용이 한 결 같이 고대통치사상에 이미 확립되어 있기 때문이다. 즉 민본주의 사상이 곧 민주주의 사상을 포섭하고 있기 때문이다. 하지만 현대인은 오늘날의 선거제도가 없는 세습왕조의 정치체제에만 시선이 고정적으로 얽매여 고대통치이념에서 「국민에 의한(by the people)」이란 내용의 사상이 아예 빠져있다고 생각하고 곧바로 그것을 낡고 진부한 사상으로 외면해버린다. 그러나 고대통치이념은 대의민주제도(代議民主制度)에 가장 부합하는 협치(協治)사상을 구축해 놓았기 때문에 오히려 가장 이상적인 현대 민주주의 정치이념이다. 그러므로 그 점을 유념하고서 아래 사상의 현대성에 관심을 가지고서 주목해야 한다.

1. 천명사상(겸양, 공경사상)

2. 민본사상

3. 선양사상

---

332) ibid p165

4. 협치사상(정명사상)

5. 예법과 형법이 통합된 통치방식 즉 덕치와 법치노선의 조화와 균형

6. 실용사상 즉 이용후생과 부국사상

여하간 이 노선을 계승한 유가는 이 이념에 깃든 특성을 인·의·예·지·신(仁義禮智信)으로 규정하고서, 그 이념의 요체를 유생들에게 가르쳤던 것이다. 그런즉 고대통치이념과 공자의 가르침의 요체를 현대정치의 시각에 맞추어 정리하면, 다음과 같이 요약될 수 있다.

1. 화합과 통합의 철학사상
2. 만민평등의 정치사상
3. 공생공영의 사회사상
4. 공존의 종교사상

따라서 본서는 아래의 소제목으로 이 논제를 다루었다. 그런데 본서는 현대 민주주의제도의 이념과 제도를 논구하려는 것이 아니고 현대사회가 직면하고 있는 사회문제점에 대해 유가의 현대적 역할을 논구하려고 한 것이기 때문에, 따라서 본서는 여러 갈래의 현대사상이 내놓은 해결방책과 별개로 고대통치이념의 보편성이 지닌 현대성을 논구하였다.

그리고 후기로서 이 장을 마련한 이유는 1권의 시작에서 이미 본서의 주제가 현실적인 문제라는 점을 밝혔기 때문인데, 그래서 본서는 그에 대한 명확한 입장을 밝힐 의무를 다하기 위해 견강부회(牽强附會)하지 않은 마음가짐으로 아래에서 그 점

에 대한 분명한 입장을 간단히 밝히려고 결정한 것이다.

곧 아래의 소제목은 본서가 앞으로 간략하게 언급할 주제들이다.

1. 민주주의는 이대로 좋은가?
2. 고대선양제도와 현대선거제도는 양립할 수 없는가?
3. 민주주의 취약점을 민본사상에 입각한 예법사상이 보완할 수 있는가?
4. 현대 민주제도에서는 고대왕조의 변증적 사고방식이 불가능한 것인가?
5. 유가의 사상이 동아시아 평화와 공영을 도모할 수 있는가?
6. 유가는 동아시아 평화와 공영을 도모할 수 있는가?
7. 유가이념이 세계인의 도덕적 가치관이 될 수 있는가?
8. 서구 자연과학적 사고방식에 유가의 사고방식이 순순히 접목될 수 있는가?

§. 1. 민주주의는 이대로 좋은가?

절대군주제의 왕권신수설과 세습제의 신분제도를 철폐하고서 자유·평등사상에 의한 사회질서를 새롭게 구축한 체제가 근대 민주주의제도이다.

따라서 민주주의이론이 천부인권사상, 주권재민사상, 삼권분립사상, 법치주의 사상으로 구성되어 있음은 일반적인 상식이 되었다. 그리하여 민주주의제도가 헌법을 수립하고 그 속에 개인의 자유권을 비롯하여 참정권 곧 선거권과 피선거권을 보장한 점도 상식이 되었다. 물론 상대적으로 개인의 권리와 대척점에 서있는 개인의 사회적 책임과 의무인 국방, 납세, 교육, 근로의 의무를 규정한 점도 상식이 되었다. 그리고 더 나아가 사회철학분야에서는 평등사상이 더욱 부상하여 그로부터 복지국가론이 확산된 점도 상식이 되었다. 물론 역사의 진행과정에서 평등사상에 입각한 공산주의가 기승을 부렸다가 거의 몰락한 점도 상식이 되었다.

그런데 이 사상은 위정자의 권력남용을 방지하려는 의도를 가지고서 구성된 이론이었기에 민중의 권리에만 너무 치중하여 그리하여 애초부터 모든 인간의 문제를 법에 의한 제도로서 해결해나가려는 취약점을 지니고 있었고 그리고 노출시키지 않을 수 없다. 즉 선과 악의 판단이 민중의 결정에 의해 결정될 수밖에 없는 구조적 모순 때문에 중우정치의 위험을 감수해야 하는 취약점이다.

그런즉 민주주의 토양은 다수결의 원칙에 따라 선거에서 이기면 된다는 사고방식을 더욱 확산시켜 정치 공학적 측면에서 필요한 선동(煽動)술과 선전(宣傳)술의 개발은 촉진시켰지만, 그러나 정작 근본문제인 제도이전에 그 제도를 만들고 운영하는 인간에 대한 도덕의식의 공감대는 제대로 확립하지 못했다. 즉 선거권자와 피선거자도 같은 인간이고 마찬가지로 공무원과 일반국민도 동일한 법적 권리와 책무, 도덕적 책임을 지닌 인간인 점이다. 곧 위정자와 일반시민이 모두 다 동일하고 동등한 권리와 책무, 도덕적 책임을 지닌 인간인 점이다.

그런즉 민주주의이론은 위정자와 일반국민들이 모두 공감해야 할 도덕의식을 전혀 고려하지 않았던 문제점을 시간이 지남에 따라 그대로 노출시켰다. 그 동안에 이 제도를 발전시킨 서유럽과 미국에서는 기독교 교리의 경건한 도덕론이 자유사상과 평등사상의 밑바탕에 굳건히 자리 잡고서 작동하였기 때문에 이 제도가 그런대로 무난하게 시행될 수 있었지만, 그러나 그 밖의 대다수의 나라에서는 이 제도와 이념은 제대로 그 효과를 발휘하지 못하였다. 그 이유는 위정자들의 정치의식과 일반국민들의 정치의식이 다 함께 공동의식으로 공유해야할 근본바탕인 민주시민에 걸 맞는 도덕의식이 그 사회에 제대로 형성되어 있지 않았기 때문이다. 다시 말해 현대인이 민주주의이념을 곧바로 도덕이념인 것으로 착각한 결과 곧 자신이 자의적으로 판단한 민주시민의식이 최상의 도덕의식이라고 혼동한 탓 때문이었다.

여하간 민주주의의 정치체제가 삼권분립의 형태가 된 결정적 이유는 권력을 균형적으로 분산하여 서로를 견제하면서 동시에 조화를 도모하여 한편으로는 인권을 보호하고 다른 편으로는 나라를 발전시키려는 목적 때문이었다. 그런데 이 목적을 이상적으로 달성되려면 우선적으로 제도를 운영하는 인간들이 먼저 제도의 본질을 제대로 이해하고서 운영의 묘를 살리지 않으면 안 되는 것이다. 왜냐하면 형식적인 제도의 틀이 아무리 훌륭하더라도 그 제도를 운용하는 인간은 부실하다면 중우정치가 되거나 아니면 다시 독재정치로 회귀하기 마련이기 때문이다. 그럼에도 불구하고 민주주의 예찬론자는 어떤 사회문제가 발생하더라도 민주체제는 그것을 극복할 수 있다고 주장하면서 자유 아닌 방종의 행위조차 언론, 표현, 사상, 집회의 자유라는 미명하에서 용인하고 또 용납한다.

하지만 후진사회가 민주제도의 틀을 갖춘 겉모습과 달리 그 제도 속에서 발생한 여러 가지 혼란에 함몰되어 그리하여 결국 우려할 만한 상황으로 치닫게 된 상황은 민주주의 예찬론을 무색하게 만들 뿐이었다. 다시 말해 민주제도의 틀 속에서도 여전히 사회는 약육강식의 터전이었고 그리고 그 속의 이익단체들은 이기적인 입장에서 자신들의 이익만 도모할 뿐이었다. 그러므로 아무리 완벽한 민주주의의 체제일지라도 그 체제에 속한 구성원이 민주제도를 제대로 운용하고, 관리하고, 발전시켜 나가기 위해서는 형식적인 민주주의 이론으로는 어림없다는 사실을 현대 민주주의 신봉자들은 가감이 인정해고서 그리고 도덕의식을 함양할 도덕론에 전향적인 자세를 취해야 한다.

그런즉 진정한 민주주의는 역설적으로 개인의 자유를 구속한다고 여기고서 배척한 도덕적 의식의 뒷받침 없이는 제대로 실현될 수 없음은 오히려 시민사회의 구성원들이 야기한 여러 가지 문제점 때문에 더욱 명확해졌다. 물론 그 이유는 너무도 간단한 이치로서 민주주의 예찬론자가 내세우는 민주주의이념도 도덕의식의 하나의 양태로서 따라서 민주주의의 행위에 도덕적 규범의식이 결여되는 순간 그것은 하나의 동물적 동작에 지나지 않게 되는 점 때문이다. 다시 말해 내용의 변화가 전혀 없이 단지 겉 치레만 바꾼 동작에 지나지 않게 될 뿐인 것이다.

§. 2고대선양제도와 현대선거제도는 양립할 수 없는가?

고대통치사상은 선양사상을 바탕으로 하여 민본주의를 지향하였기 때문에 형식적으로는 민주주의의 정신과는 대립하지 않는다. 그러므로 선양제도가 어떻게 민주제도에 기여할 수 있는지를 따져 보아야한다. 즉 견강부회하는 논리로 미화할 것이 아니라 실질적인 방안을 제시할 수 있을 때만 현대성을 갖추었다고 말할 수 있기 때문이다.

그런데 선양제도가 지닌 취약점은 현대 민주주의 관점에서 바라보면 선거에 의해 정치지도자를 뽑아 본 경험이 전혀 없다는 점이다. 그러므로 민주주의가 절대왕정의 정치적 문제점 때문에 등장하여 절대왕정을 붕괴시킨 맥락에서 보면, 당연히 유가의 이념은 부정되고, 거부될 수밖에 없었다. 더욱이 유가가 한(漢) 나라이래로 전제군주제도에 한껏 봉사해온 사상이었기 때문에 더 할 나위 없이 그렇게 될 수밖에 없었던 것이다. 다시 말해 유가는 청나라의 몰락과 더불어 서구사상으로 의식화한 중국민족들에 의해 가장 먼저 타파되어야할 진부한 사상으로 낙인찍히면서부터 현대사상의 계열에서 부활할 여지조차 사라져버린 것이었다. 즉 중국민족이 유가의 현대성을 검토하고서 부활을 추진했어야 하는데, 중국민족이 전혀 그렇게 할 분위기가 아니었기 때문에 당연히 그렇게 될 수밖에 없었던 것이다.

그러나 비록 선양제도가 선거에 의한 것이 아니라 하더라도, 선거의 취지를 가장 잘 수렴한 방식이라는 점과 민주제도의 선거제도가 많은 취약점을 안고 있는 점과 마지막으로 민주제도가 자신의 문제점을 극복하고서 나가야할 방식이 선양제도의 취지와 부합한다는 점이 명백하다면, 당연히 선양제도의 의의는 현대적이고 현재형이 될 수 있다. 따라서 그 점에 대한 본서의 입장은 단연코 긍정적이다. 다만 그렇게 될 것인가의 전망에 대해서는 단정적으로 말할 수 없을 뿐이다.

그런즉 선양제도의 성격은 앞에서 충분히 논구하였기 때문에 여하튼 여기에서는 민주주의의 취약점을 극복할 방법론이 주된 거론대상이 될 것이다. 그리고 논구의 전제는 민주주의 선거제도의 선출직 지도자도 오랜 기간을 걸쳐 국가경영능력을 충분히 쌓은 연후에 임명되어야 한다는 조건이다. 따라서 선양제도의 의의를 현대 민주주의 선거제도에 그대로 적용하면, 그것은 국가의 지도자가 되려는 인물은 먼저 여러 단계의 업무를 통해 당해조직으로부터 인정받아야하고 그리고서 정당에서 또는 그에 준하는 사회단체에서 국가조직의 경영능력을 함양한 연후에 비로소 국민들 심판을 거쳐 지도자가 되어야 한다는 의미가 된다.

더욱이 선양제도가 지닌 제도적 특성은 지도자가 되려는 인물이 교언영색으로 주변인물을 속이는 것을 방지하는 점인데, 곧 그 점이 곧 민주주의의 선동정치의 취약점을 여실히 지적해 준다. 왜냐하면 상대방을 공격하는 일은 그렇게 말하는 인물의 경영능력과 무관한 것으로서, 국민이 그런 선동의 말에 무작정 주목하게 되면 착시현상에 빠질 여지가 충분해지기 때문이다. 그 뿐만 아니라 선양제도가 주목하고 있는 평가는 도덕적 가치관을 바탕으로 하고 있어서 국가의 경영은 민본주의적 사고방식에 투철하지 않은 인물이 제대로 할 수 있는 것이 아니므로 결국 이 검증절차를 소홀히 하는 나라에서의 민주제도는 오히려 선동적이고 부정적인 정치공학적인 선거풍토에 휘말리면서 스스로 혼란된 정국을 초래하게 되기 때문이다. 그러므로 민주주의제도를 올바르게 시행하려면 당연히 그 국가는 정치지도자가 되려는 인물에게 민본주의적 가치관에 의한 경영실적을 쌓도록 엄격한 판단과정을 마련하여 그 능력을 철저히 검증해야 한다.

더욱이 선양제도가 중요시하는 도덕적 책임경영평가방식은 민주제도에서의 포퓰리즘의 적폐를 반성하게 해주기 때문에 당연히 그 의의가 검토되어야 한다. 왜냐하면 포퓰리즘에 의한 선심정책은 지지층을 확보할 수 있게 해주는 정치공학적인 효과는 있어도, 나라와 개인의 실질적인 발전을 도모하는 진정한 방책의 효과는 미지수이기 때문이다.

그러므로 선양제도는 국민들에게 지도자를 선출하는 태도를 요·순임금과 같은 마음가짐을 갖도록 요구하는 것이다.

§. 3 민주주의 취약점을 민본사상에 입각한 예법사상이 보완할 수 있는가?

현대사회에서의 법률은 고대시기의 덕치노선과 법치노선의 양 측면을 모두 포섭하고 있다. 그런데 시민사회의 건전한 도덕의식이 점차 무디어지면서, 오히려 민주시민사회는 시간을 역행하여 과거의 패권적 법가노선으로 줄달음치고 있다. 그리하여 사회구성원들은 권모술수를 당연한 것으로 여기게 되고, 법을 악용하려고 한다. 즉 상대방을 법률로 얽어매려고 하면서 동시에 자신은 법망을 피해나가려는 이중성이다. 그러므로 민주주의 제도는 이런 이율배반적 사고방식과 행동양식을 반성해야 한다. 즉 건전한 시민의식, 행동양식 곧 도덕의식을 회복해야 하는 점이다.

그런데 민주사회의 도덕의식은 자율적인 자발성에 근거를 두고 있다. 즉 능동적으로 그리고 적극적으로 민주주의의 가치관을 실천하고 그리고 민주주의의 사회규범을 지키려하지 않는다면 오히려 민주주의는 법치주의의 원칙에 발목이 잡혀 자율적 자유가 오히려 자의적 방종주의에 함몰될 상황에 봉착하지 않을 수 없게 된다.

더욱이 사상, 언론, 표현, 집회, 결사의 자유권을 무제약적으로 요구하는 유권자들의 참정권의 권력 앞에 의회민주주의가 무기력해짐으로서 그런 양상이 도처에서 발생하고 있다. 곧 이것은 과거에 절대군주의 권력에 영합한 정치세력과 정치집단들이 자신들의 기득권을 유지하기 위해 아부대상을 바꾸어 피선거권을 난폭하게 행사하는 유권자의 권력에 영합한 양상을 의미하게 된다.

특히 시민을 건전하게 이끌고 갈 별다른 능력이 없는 정치세력이 정치권력을 장악하려면 당연히 소외된 불만세력들을 규합해야하고 그리고 더 나아가 계속적으로 그 외연을 확장하기 위해서는 충동적인 선동으로 편 가름을 도모해야만 하는데, 그러면 그런 정쟁의 상황에서는 서로가 협력하여 나라의 발전을 도모하는 것은 결코 기대할 수 없게 된다.

그런즉 현대사회는 이러저러한 여러 가지 민주주의의 문제점을 극복하기 위한 방법으로서 예법사상이 적합한 것인지를 검토해보아야 한다. 그 이유는 모든 도덕적 판단은 모두 다 예법의 형식으로 실행되기 때문이다. 그리고 그 점은 다음의 논법에 의해 검토될 수 있다.

어쨌든 개인의 의식이 판단한 연후에 그것을 실행하는 과정에는 빠짐없이 절차와 과정이 있기 마련이고 그래서 그것의 모든 절차와 과정이 규범대상이 된다면, 당연히 개인의 의식은 심리적으로 구속받는 느낌을 가질 수 있게 된다. 그런데 이 입장을 확대하면, 만일 당사자들 사이에서 누군가가 먼저 절차를 무시하게 되면, 곧바로 그 상대자의 기분은 더할 나위 불쾌하게 될 것이다. 그러면 인간은 누구든지 당연히 그런 불쾌한 일을 스스로 자제해야 하는데, 그러나 인간은 역설적으로 자기 자신은 그런 마땅한 행위는 무시하면서도 반대로 타인에게는 그것을 요구하는 이율배반적인 행동을 한다. 즉 자신은 무례한 행동으로 타인에게 불쾌감을 불려 일으키면서도, 자신은 타인의 불쾌감을 용납하려고 하지 않는 점이다. 그러므로 인간사회에는 이런 모순된 행동양식을 바로 잡기 위해 예법이 필요하게 된다. 그런즉 자연을 다루는 기술적 지식이외의 모든 실천적 행위와 지식은 예법이 지닌 포괄적 범위에 속하는 대상이 된다. 더 나아가 예법은 상호공존과 공영을 도모하는 방법이기 때문에 일방적일 수 없다. 즉 각자는 우선적으로 서로를 존중하고 겸양하는 미덕을 갖추어야 한다. 그리고 그 경우에는 당연히 권리의 반대편에 있는 책임을 함께 고려하지 않으면 안 된다.

그러면 현대사회에 범람하는 자유의식이 진정한 도덕적 자유의식인지가 검토대상이 아닐 수 없게 된다. 왜냐하면 도덕적 자유의식은 스스로 자신과 상대가 서로 공존할 수 있는 조건을 찾아가는 사고방식인데 오히려 그렇지 하지 않고 자신의 이익을 위해 상대와 마찰과 충돌을 일으키게 되면, 역설적으로 그런 자유의식은 진정한 도덕적 자유의식이 될 수 없기 때문이다. 곧 현대사회에 난무하는 이기적이고 방종적인 자유의식은 도덕적 자율의식이 결여된 진정한 자유의식이 아니기 때문이다. 다시 말해 그런 자유의식은 진정한 자유의식이 아니므로 문제해결을 법률적 타율에 의존하기 때문이다.

어쨌든 예법의 성립은 상호존중의 겸양정신에 근거를 두어야 하기 때문에 어느 한쪽이 상대의 입장을 무시하고 자신의 행동양식만을 일방적으로 고수할 수 없다. 그러므로 상대와 자신이 공존할 수 있는 더 상위의 행동양식으로 나아가지 못하면 개인과 개인의 행동양식이 상충하면서 공생을 위한 공영의 여건을 조성할 수 없게 된다. 그리하여 공영의 여건을 조성하지 못하면 곧 그 사회는 국가발전을 기약할 수 없게 된다.

그러므로 정치지도자 곧 사회지도자는 사회구성원의 공영을 도모하려면 당연히 그의 입장은 민본주의적이어야 하고 그리고 그 태도는 자발적이고, 능동적이고, 적극적인 태도로 바람직한 행동양식인 예법을 따라야 한다. 만약 그렇게 하지 않고 그의 정책결정이 자기를 지지하는 세력을 중심으로 이루어져 편파적이고 불공정하게 되면, 곧바로 상대를 무시한 결과는 예의 없는 무례한 정치가 되어 사회 구성원들을 분열시키는 최악의 정치로 전락하지 않을 수 없게 된다.

더욱이 간접민주제도로서의 의회민주주의제도는 정당을 중심으로 구성원들 간의 첨예한 이해갈등을 조정하는 정치제도이기 때문에 따라서 정당들이 서로 간에 서로를 존중하는 예법정치를 하지 않는다면 곧바로 전체국민들이 정당들 상호간의 비협조가 야기하는 엄청난 피해를 고스란히 떠안지 않을 수 없게 된다.

그러므로 개인주의가 팽배한 현대 민주사회에서 정파적 갈등을 극복할 수 있는 유효적절한 교육방법을 찾는다면, 단연 그것은 민본주의를 바탕으로 한 희생, 봉사정신의 예법사상은 아닐 수 없게 된다.

§. 4 현대 민주제도에서는 고대왕조의 변증적 사고방식이 불가능한 것인가?

민주제도가 변증적 사고를 바탕으로 삼지 않으면 결코 성공할 수 없는 정치제도이다. 왜냐하면 다양한 이익집단들 간의 이해관계를 슬기롭게 조정하고 더 나아가 이해당사자들의 자기중심적 입장을 포기하도록 조절해야하기 때문이다. 그런즉 그런 점이 변증적 사고방식을 통해 검토되어야하기 때문이다.

그런데 현대사회에서 변증적 사고방식이 극복해야할 대상은 다수결 원칙이다. 왜냐하면 민주주의가 여러 집단 간의 이해갈등을 조정하기 위해 도입한 현실적 방법이 다수결 원칙이었기 때문이다. 곧 이 방식이 대화를 전제로 하고 있긴 하지만, 그러나 그 속에 다수의 횡포가 도사리고 있기 때문에 그래서 그 점이 변증적 사고의 실질적 장애요인이 된다. 물론 민주주의 제도는 폭력을 피하고 대화를 가능하기 위하여 양심, 사상, 언론, 표현, 집회, 결사의 자유권을 보장하였지만, 그러나 다수결 원칙의 부정적 요인 때문에 오히려 그 정치적 대의가 실종될 수 있다.

따라서 대화는 당연히 상대방과의 충분한 토론을 통해 서로 간의 약점을 보충하여 새로운 형태의 바람직한 발전방식을 도출해야 한다. 그런데 그 결실은 상대와 자신이 공존하겠다는 의지만으로 제대로 산출될 수 있는 것이 아니다. 더 나아가 상대와 자신의 장점만 취한다고 하여 짜깁기식의 내용이 원하는 바대로 효력을 발휘하는 것도 아니다. 즉 두 장점이 제대로 작동될 수 있도록 융합되어야만 가능한데, 곧 그렇게 되려면 발전된 새로운 구조, 조직, 질서가 마련되어야 한다.

그런즉 이것을 어떻게 착안해야 하는가? 하는 의문점을 규명해야 하는데, 그러면 그 과제가 민주주의 발전을 저해하는 최대한의 장애를 해결한 방책이 될 것이다.

그러므로 유가의 현대성은 고대통치이념이 일인군주의 독단적인 결정이 아니라, 임금과 신하의 대화 속에서 이루어지는 점에서 논증되어야 한다. 왜냐하면 이점은 고대왕조가 다민족사회인데도 불구하고 임금과 신하가 협치(協治)정치의 노선을 추구하여 왕조를 발전시켰기 때문인데, 곧 그 사실이 여타의 다른 어떤 지역에서도 전혀 발견되지 않는 기념비적인 사건이기 때문이다. 더 나아가 협치정치에 담긴 정치적 의의, 곧 혼자의 힘만으로는 정치의 목적을 결코 달성할 수 없다는 교훈이 현대의 민주주의가 야기하고 있는 정쟁의 폐단을 극복할 방법론의 지도이념이 될 수 있기 때문이다.

따라서 그 타당한 근거를 찾으려면, 당연히 다음의 사실에서 찾아보아야 한다. 곧 그것은 고대의 협치노선이 첫째 우선 정치의 구성원들이 모두 민본주의의 대원칙을 공유하고 있는 점과, 둘째 임금과 신하가 가감 없는 의견교환을 통해 최적의 방법을 추구한 점과, 셋째 임금과 신하의 신뢰관계가 확실히 형성되어 있는 점과, 넷째 임금은 신하의 건의를 성심껏 청취하고 그에 부응하여 신하는 임금을 적극적으로 보필하고 있는 점이다. 따라서 모든 정치현장이 마땅히 이와 같이 이루어져야 한다면, 그러면 당연히 고대협치정치는 고대의 시간에 구애받지 않는 보편적인 성격을 지닌 통치방식으로서 지극히 민주적이고 따라서 가장 현대적인 정치형태가 아닐 수 없게 된다.

그 뿐만 아니라 고대왕조가 수립한 협치노선은 가장 이상적인 현대적 성격을 갖춘 변증적 원칙을 지니고 있는 것이기 때문에 필히 주목하지 않을 수 없게 된다. 그리고 그 까닭은 화자와 청자가 모두 서로를 존중하고서 발전을 도모하려는 겸손한 자세에 기인하고 있다. 즉 뛰어난 상대로부터 의견을 경청하고 그리고 좋은 점을 수렴하여 발전을 도모하는 점이다. 다시 말해 이런 사고방식이 자기생각만을 주장하면서 상대방의 견해를 거부하는 논쟁적 사고방식과는 전혀 다른 점이다. 그러므로 논쟁술에 의거하여 상대방의 말꼬리를 잡고서 비난에 집중하는 대화방식에서는 상대를 존중해야만 가능한 공동 작업을 추진할 수 없기 때문에, 그런즉 융합적인 더 고차적인 새로운 대안이 아예 불가능해지기 때문에, 그래서 현대정치는 고대인이 수립한 협치정치의 진정한 의의를 주목해야 하는 것이다.

그래서 협치(協治)정치는 당사자 모두가 서로를 존중해야 하고, 또한 존중하기 위해서는 각자 서로 겸손해야 하며, 더 나아가 서로가 마음과 귀를 열고서 상대의 장점을 수용하면서 동시에 자신의 단점을 폐기해야 하는 그런 변증적 입장을 취해야만 비로소 가능해지게 된다. 그러면 마침내 상대를 자신의 사고방식에 수용할 새로운 여지를 만들 수 있게 되어, 협치노선이 정치를 발전시킬 수 있게 된다.

그리하여 이 점에는 크게 주목해야할 중요한 두 가지 점이 있는데, 그것은 첫째 최상위의 보편적 원리가 있어야 하는 점이고, 둘째 날로 변하는 현실을 적절하게 대처할 마음가짐을 갖추어야 하는 점이다.

그런데 고대통치이념은 이 두 가지를 모두 수용하고 있기 때문에 더 없이 현대적일 수밖에 없다. 곧 유가의 통치이념은 천명의 민본사상을 추구하는 것이기 때문에 백성들이 편안하고 부유할 방법을 항상 추구하고 그리고 그 방법은 날로 새로워진 변수를 감안하여 시기적절하게 대응하는 것이므로 현대적이라는 점이다. 그중에서도 후자가 지닌 현대적 의미는 모든 정책이 항상 시기에 적절하게 이루어져야 하고, 또한 그렇게 되기 위해서는 관료들이 현실의 변화요인들을 남달리 주시하고서 그 변화에 적절히 대처할 수 있는 역량을 갖추어야하기 때문에, 결국 그 문제점을 제대로 깨닫고 실천할 수 있는 교육이 필요해진다. 그런즉 유가는 당연히 현대적 정치이념의 성격을 구비하고 있는 이론이 아닐 수 없게 된다.

§. 5 유가의 사상이 동아시아 평화와 공영을 도모할 수 있는가?

고대통치이념과 공자의 가르침의 특성을 앞서 지적한 바대로 이해하면, 우선적으로 동아시아의 평화는 바로 유가의 사상을 바탕으로 하여 공생공영의 길을 추구해야만 진정으로 이룩될 수 있게 된다.

그 이유는 유가이념이 고대시기에 전제군주제도의 독선과 독재성을 극구 반대하였기 때문에 배척된 사고방식이었기 때문이다. 이미 밝혔듯이 통치자가 삼황오제의 명칭을 본받아 황제의 명칭으로 군림하려는 것을 반대하다가 분서갱유의 처참한 상황을 맞이한 사상이었기 때문이다. 그러므로 본서는 지금까지 전제군주시기의 유학을 두고서 비민주적이고 반시대적으로 거부해서는 안 된다는 점을 부단히 주장하였다.

더욱이 고대통치사상은 천명(天命)사상을 바탕으로 하여 구축되었기 때문에 통치자를 천자(天子)라고 한만큼 위정자의 책임을 중히 여기는 사상이었다. 즉 천자의 진정한 권위는 강력한 권력에서 발생하는 것이 아니라 선정을 베풀어 백성의 존경을 받을 적에 발생하는 것이라고 여겼던 사상이다. 그러므로 고대통치사상에서는 천명을 받드는 천자의 지위는 마땅히 책임을 다해 민본정책을 수행해야 하는 의무의 자리였던 것이다. 따라서 천자가 통치권을 행사하여 정책을 집행하는 자리였기 때문에 당연히 천자의 신분에는 자신이 행사한 통치권에 대해 스스로 방어할 필요가 있을 리 만무해진다. 왜냐하면 개인의 권리는 통치자가 행사하는 강제적 권력에 의해 피해를 입게 될 당사자들이 자신을 방어하기 위해 사용할 수 있는 법적 수단이기 때문이다. 따라서 권력을 행사하는 천자는 권력의 횡포를 방어할 권리개념의 적용대상이 아니라 권력을 정당하게 행사해야할 책임과 의무만 부여받는 대상이 될 뿐이다.

그러므로 고대통치사상은 우선적으로 권력을 행사하는 자가 책임과 의무를 저버리고 막강한 권력을 남용하여 사익을 추구하는 일을 방지하기 위해 가장 성스러운 보편적 개념인 천명을 정치의 근본으로 내세웠고 그리고서 그 천명을 수행하는 통치자에게 영광스러운 천자라는 명칭을 부여하였다. 따라서 영광스러운 천자의 명칭을 부여받은 권력자는 성심성의껏 책임을 수행해야만 비로소 백성의 존경을 받는 진정한 영광을 누릴 수 있었다. 이것을 두고서 고대통치이념은 무위(無爲)의 정치라고 말했다.

그런데 전제군주제도를 추진한 진나라의 통치자는 천자의 직분이 지닌 진정한 정치적 의의를 무시하고 천하를 오로지 혼자서 독점하고 군림하려는 의도에서 종래의 왕 대신 황제라는 새로운 지위의 용어를 만들어 사용하면서 그리고서 천자에게 부여된 막중한 천명의 책임과 의무가 지닌 정치적 의의를 무시해 버렸다. 그리고 그로부터 발생한 피해는 오로지 일반 백성의 몫이 되었다. 곧 그가 황제가 지닌 권력의 권리를 누리려고 한 결과이다.

그러므로 유가의 현대성이 지닌 이 과제는 봉건제도의 요·순사관과 전제군주제도의 황제사관을 구분하고 그리고서 전자 쪽의 통치이념에서 그 가능성을 타진해야 한다. 그런 연후에 이 과제는 이와 유사한 사고방식을 당시의 이웃국가가 공유하고 있었는지를 검토해야 한다. 그런데 이 경우에 유념해야할 관점은 오늘날의 일본이 당시의 고조선으로부터 분화하여 나라를 만들고 있었던 상황이 아니라는 점이다. 그러므로 오늘날의 한국과 오늘날의 일본은 똑같이 단일의 고조선의 나라에서 자기 나라의 근본 정체성를 찾아야 한다.

여하튼 진나라가 황제라는 오만한 발상으로 정치의 본질을 왜곡시키기 이전에는 중국고대왕조와 인접한 고조선이 왕조를 다스리는 필수요건인 겸손과 겸양의 정신을 더불어 공유하고 있었다. 그 점은 이족의 나라인 고죽국이 간접적으로 증명하기 때문에 여기서 다시 두말할 필요가 없다. 또한 일본의 고대국가도 고조선의 맥을 이은 고조선 백성이 이주하여 건국한 나라인 만큼 당연히 이 정신을 계승했었다는 사실도 당연한 일이다.

그러면 총괄적으로 이 과제는 동아시아 국민성의 근저에 놓인 이족의 정신을 주목해야 한다. 즉 공자의 사상이 바로 동이족의 사상이고 그리고 중국인의 정치사상이고 더 나아가 동아시아인의 정치사상인 점 때문에 그러하다. 즉 고조선민족의 뿌리도 동이족이고 일본민족의 뿌리도 동이족인 점 때문에 그러하다.

그런데 이 점에 대해, 그런 민족적 관념이 실로 잘못된 것이라고 혹평하고 거부할 수 있는데 그것은 실로 잘못된 인식의 자세일 뿐이다. 더 나아가 고조선 후손의 단일민족사관조차 배척하는데 그것도 실로 잘못된 감성적 수준의 발상일 뿐이다. 그 이유는 하나의 대하(大河)에서 보듯이 수많은 지류의 물이 그 모든 물을 수용할 큰 장소가 없이는 대하를 이룰 수 없는 것처럼, 당연히 대국을 이루려면 당연히 수많은 종족을 수용할 문화의 대하(大河)가 있어야 하는데, 그 거대한 대하의 수용성이 단일민족사관으로 승화한 것에 불과하기 때문이다.

만약 이점을 잘못 곡해하게 되면 마치 부분의 오류인 한 올의 머리카락을 뽑으면 대머리가 되지 않지만 그러나 그런 방식으로 머리칼을 뽑으면 마침내 대머리가 되는 결과와 마찬가지로, 큰 강의 물을 환원하여 지류의 물로 되돌리면 큰 강의 물이 없어지는 것처럼, 이질적인 각각의 이방인들의 삶의 모습을 비단일성의 증거로 내세워 단일민족사관을 부정하는 것은 바로 그와 같은 논리에 어긋나는 일이 된다.

왜냐하면 단일민족사관은 어떤 특정한 인종만을 우월한 종족으로 내세우고 명시하고, 배척하고 군림하려는 역사관이 아니기 때문이다. 그것은 모든 구성원들에게 평등한 일체감을 부여하고 그리하여 소속감을 갖도록 만들기 위한 고차적인 통치방법이기 때문이다. 그러므로 이 맥락은 동이족을 규합한 단군의 자손이란 의미를 모든 구성원들이 지닌 각자의 이질적 가치관을 포용할 홍익인간의 동일한 이념을 모두가 공유하게 하여 그리하여 각자 모두가 일체감으로 결속된 평등한 구성원이 되게 하려는 도덕적 가치관의 취지로 이해할 수 있게끔 해준다. 따라서 단일성이 지닌 획일성의 어감 때문에 서로가 서로를 배척하게 되면, 그것은 전혀 잘못된 해석의 시발점이 된다. 오히려 그런 거부입장은 국가해체론으로 통하게 된다. 왜냐하면 누구라도 외국에 나가 그곳에서 자기나라의 풍습을 유지하는 것을 당연한 일로 여길지라도, 그러나 남의 나라에서 그 나라의 국민이 되고서도 여전히 자신의 풍습만을 고집하게 되면, 그것은 남의 나라를 빼앗는 꼴이 되기 때문이다. 즉 남의 나라를 차지한 정복자가 되는 꼴이 되기 때문이다.

그러므로 본서가 중국고대왕조의 다룸에 있어서 사해동포의 의식으로 구성된 요·순사관이 진정한 단일민족사관인데도 불구하고, 그것을 인종주의로 몰고 가서 황제사관을 만든 억지적인 단일민족관은 오히려 타민족을 멸시하고 배척하고 군림하려는 오만한 역사관이라고 논구하였던 것이다.

그리고 이 사상이 세계 속에서 모든 민족의 정치이념으로서 작용할 수 있는데, 그 이유는 이 사상의 보편성이 민주주의 이념이 방관한 도덕적 잘못을 일신하여 현대사회가 건강한 모습을 회복할 수 있도록 할 교육적 효능을 지니고 있기 때문이다.

§. 6 유가이념이 세계인의 정치적 이념·도덕적 가치관이 될 수 있는가?

유가의 특성은 그 이념이 정치적이기에 당연히 현실적이고 또한 구체적이면서 동시에 도덕적이고 또한 종교적인 점에 있다. 다시 말해 유가는 그 가르침이 현실적인 정치상황의 근본이념의 역할을 지니고 있으면서 동시에 여타의 종교교리와 마찰을 일으키지 않는 점 때문에 독특한 성격을 지닌 학설이라고 말할 수 있다. 곧 과거시기에 신정일치(神政一致)를 추구하였던 특정종교 및 과거뿐만 아니라 현재까지도 유지하고 있는 특정종교의 가르침이 서로 배타적이어서 종교가 다른 지역의 주민들끼리 적대적인데 비해 유가의 가르침은 그런 걸림돌을 지니고 있지 않은 점이다. 왜냐하면 유가가 보전하는 천명(天命)사상의 천은 다른 종교의 유일신과 공존의 연결고리가 될 수 있어도, 타 종교의 신을 부정하고 배척할 소지가 전혀 없기 때문이다. 그리고 선양사상이 다른 종교의 최고지도자가 교체되고 선발되는 과정과 결코 다를 바가 없는 점에서도 그러하다. 더욱이 민본사상은 철저히 종교적이면서도 정치적이기 때문에 신정일치를 추구하는 종교와 마찰될 리가 전혀 없는 점에서도 그러하다. 그 뿐만 아니라 유가가 모든 사람들에게 종교적인 믿음에 해당하는 천명을 가르치면서 동시에 직접적으로 통치자, 관리, 일반선비, 일반백성들을 통틀어 그들의 실제 생활을 풍족하게 하고 사회발전을 도모할 수 있는 학문적 방법을 추구하는 점에서 그러하다.

그러므로 유가의 사상이 현대 민주주의정치의 지도이념이 될 수 있겠는가? 하는 의문을 제대로 논구하려면, 반드시 고대통치이념을 견지하는 순수유가의 가르침과 전제군주제도의 국학으로서의 유가의 가르침을 구분해야 한다. 왜냐하면 그 이유는 지금까지 논구하였듯이 후자의 유가의 특성은 유가이념이 지닌 현대성의 의의를 제대로 부각시킬 수 없기 때문이다. 즉 고대왕조의 통치이념을 수호하려는 공자의 진정한 노선이 전제군주제도의 국학으로 전환하면서 그 가르침의 요체가 변질되었기 때문이다.

따라서 유가의 현대성을 논구하는 작업에서 봉건제도의 통치이념은 포용적인데 비해 전제군주제의 통치이념은 배타적이고, 전자가 겸손한데 비해 후자는 오만하고, 전자는 공영을 추구하는데 비해 후자는 군림하려고 하고, 전자는 선린우호에 입각한 외교적인데 비해 후자는 적대적이고 우월적이고 배타적인 점이 확연히 구별되어야 한다. 그러면 유가사상이 다른 어떤 사상과도 조화할 수 있는 장점이 부각될 수 있다. 곧 유가사상이 고대 통치이념이 지닌 초월적 가치관을 정치현실에서 구현하려고 한 점이다. 다시 말해 유가의 사상이 여타의 종교이론과 달리 현대 정치·경제·사회이론의 근본바탕이 될 수 있는 초월적 이념성을 갖추고 있는 점이다.

물론 일반종교가 개인의 정신적 해탈과 초월적 존재자에게 구복을 하는 수준인 한에서는 일반종교의 교리와 유가의 이념은 그 성격상 서로 비교대상이 될 수 없다. 그러나 유태교와 이슬람교의 나라가 처음부터 신정일치의 나라이었고 동시에 종교의 율법이 곧 나라의 예법이었기 때문에 따라서 그 종교의 율법적 성격과 유가가 견지한 고대통치이념의 성격이 상호 비교될 수 있다. 더욱이 유태교에 뿌리를 두고 있는 기독교도 더 더욱 신정일치의 길로 나아가 서양 중세국가제체를 기독교의 통치시대로 만들었기 때문에 서로 비교대상이 된다.

그런데 유념해야할 점은 성경에서 신을 예찬한 글과 달리 서경에서 요·순임금을 묘사한 글은 각 나라마다 자기나라의 선조들을 존중하고 있기 때문에 어느 나라에서도 별로 문제가 될 일이 없다.

그러면 유가사상이 현대적인지를 판단할 수 있는 척도는 단적으로 고대의 글들을 현대의 상황에 적합하게 해석하려고 시도했을 적에 과연 적절한 문장으로 전환되는지의 가부에 따라 가능해지게 될 것이다.

그런데 고대경전의 문장은 시대의 특성에 제약되어 도저히 현대문장으로 전환될 수 없는 특정한 예법의 경우를 빼고서는 현대정치상황에 걸맞게 현대용어로 구성된 문장으로 전환될 수 있다. 곧 구체적 예법은 시대의 변천에 따라 변해야하기 때문에 절대적인 불변의 예법은 있을 수 없다는 입장을 고대통치이념이 수립해두었기 때문이다. 그러나 그 입장은 구체적인 예법의 내용과 달리 예법을 떠받치는 형식으로서의 근본정신은 불변이라고 여겼다. 즉 천명사상과 민본사상의 본질은 변할 수 없다고 여긴 것이다.

그런즉 아래의 글은 임금과 신하 그리고 백성이 일체가 되어 나라가 발전하면 곧 이웃의 국가도 그 노선에 동참하게 된다는 의미의 문장인데, 곧 그 속에 내재된 뜻은 여전히 가장 현대적인 사고방식으로 해석될 수 있기 때문에 이 방식은 고대경전의 문장을 이해하는데 대체로 적용될 수 있다.

“이윤이 손을 모으고 머리를 조아리며 말하였다(伊尹拜手稽首曰). 「그 몸을 닦으며(脩厥身) 진실한 덕이(允德) 아래에서 화합하는 것이(協于下) 오로지 밝은 임금입니다(惟明后).

선왕께서(先王) 곤궁한 백성을 자식처럼 은혜롭게 대해시니(子惠困窮), 백성들이 그 명에 복종하여(民服厥命) 기뻐하지 않는 자가 없었습니다(罔有不悅).

제후들과 나란히 하니(並其有邦), 이웃 나라의 백성들이 이에 말했습니다(厥鄰乃曰) ‘<우리임금을 기다리니> 임금께서 오시면(后來) 벌이 없겠지(無罰)」.”[333]

333) 서경 p252~253

"각료<혹은 정치인>가 경의를 표하면서 말했다.「인격과 덕망이 국민들과 화합하는 것이 밝은 <대통령 혹은 수상>지도자입니다. 역대 전임의 훌륭한 <대통령 혹은 수상은>지도자는 형편이 어려운 국민들을 가족처럼 은혜롭게 대하시니, 국민들이 그의 대민정책을 기꺼이 따르면서 기뻐하지 않는 자가 없었습니다.

이웃나라 지도자들도 이런 정책에 공감하시니, 이웃나라 국민들이 말했습니다. '<우리나라도 그런 지도자를 기다리고 있으니> 그런 지도자가 등장하면 생활고 때문에 위반한 우리의 허물에 대한 처벌이 구제되겠지」"

그러면 더 나아가서 우연적인 방식으로 고대 경전에서 임의로 문장을 선발하여 현대적인 해석을 시도해 보면 판가름이 날 것이다. 그런 여지를 아래에 인용한 문장에서 검토해 볼 수 있다.

"<순임금>제가 말씀하셨다.「고요야! 이 신하와 무리들 가운데 누구도 나의 정사를 범한 자가 없는 것은 네가 재판관을 맡아 오형을 밝히고 오교를 도와, 내가 잘 다스리도록 기약했기 때문이다. 형벌을 쓸 때 형벌이 사라지는 것을 기약하여 백서이 지나치지도 않고 모자라지도 않는 데 맞게 된 것, 이것이 너의 공이니 힘쓰도록 하라」."[334)]

"대통령<수상>말씀하셨다.「모(某) 장관님들! 관료와 국민들 사이에서 어느 누구도 우리가 행하는 올바른 정치의 정책을 위반하는 자가 없는 것은 여러분이 법무부장관(검찰총장>을 맡아서 국법을 밝히고 도덕교육을 도우면서, 나 대통령이 정치를 잘 할 것을 약속했기 때문입니다. 형법을 관리함에 있어서 형벌이 또

---

334) 서경 p62

다시 사용되지 않도록 국민들이 지나치지도 않고 모자라지도 않은 중도의 길을 걷도록 하였기 때문입니다. 이것이 당신의 공로니 앞으로도 열심히 해주시길 바랍니다」."

이와 같이 현대사회에 걸맞게 해석해 나가면 보편적인 것은 현대적으로 전환하고, 수정할 것은 수정하고, 폐기할 것은 폐기하여 유가의 가르침을 되살릴 수 있게 된다. 이 점에서 유가의 인(仁)의(義)예(禮)지(知)신(信)의 이념은 복지사회의 정신에도 적합하고, 지식사회에도 적합한 지도이념이 되어 현대사회의 지도이념의 역할을 할 수 있다.

그러면 유가는 세계화시대, 개방시대에 부합하는 열린사회의 정치이념으로 거듭날 것이다. 더 나아가 특히 유가이념에서 가장 문제가 되었던 예법의 의의가 반대로 더더욱 현대사회에 필요한 도덕적·정치적 이념임을 세계인에게 부각될 것이다.

이미 앞서 변증성에서 밝혔듯이 교통·통신수단의 발전으로 인해 세계인들이 일일생활권(日日生活圈)으로 전환되는 시점에서 각 나라 민족들이 서로 협력하여 공동번영을 추구하려면, 당연히 서로의 입장을 존중하고 겸손한 마음가짐으로 행동하려는 열린 마음의 참여정신이 필요하게 된다. 그렇다면 당연히 더불어 어울릴 수 있는 행동양식이 필요하게 되고, 따라서 그것은 획일적이 아니라 교호적인 것이 되어야 한다. 또한 그것이 교호적이 되려면, 상대를 포용하는 행동양식으로 전환되어야 하고, 그러면 당연히 사회지도자의 투철한 예법정신이 선행되어야 한다. 즉 구체적 예법은 그 상황에 맞추어 만들어질 수밖에 없지만, 다른 이방인이 그 예법을 존중하고서 공생공존을 할 수적에 비로소 평화를 달성할 수 있게 되기 때문이다.

그러므로 유가의 가르침의 근본이 되는 서경을 글을 고대의 행동지침으로 폐기하지 말고 현대의 열린사회의 행동지침으로 주목해야 한다. 그러면 유가의 현대적 의의를 깨닫게 될 것이다. 아래 글은 순임금에 관한 글인데, 그 내용이 현대사회에서도 능히 부합하는 것이므로, 본문은 그런 관점을 제시한다.

"오전을 참으로 훌륭하게 하시어(愼徽五典), 오전을 능히 따르게 하였다(五典克從).

모든 관직의 책임자를 임명하시어(納于百揆), 모든 관직이 때에 맞게 일을 집행하도록 하였다(百揆時叙).

사방의 문을 열고서 손님을 맞이하시는데(賓于四門) 사방의 문 주변이 지극히 화합하였다(四門穆穆).

큰 산 기슭이 시끌벅적하도록(納于大麓) 빠른 바람과 우뢰를 동반한 비가 몰아쳐도(烈風雷雨) 혼란되지 않았다(弗迷)."[335]

"나라의 위정자는 도덕규범<법규>을 참으로 훌륭하게 하여, 국민들이 도덕<법규>을 능히 지키게 한다.

모든 관직의 책임자를 제대로 임명하여, 모든 기관이 적기에 알맞은 정책을 집행하도록 한다.

---

335) 서경 p22

세계에 모든 문호를 열고 외국손님을 맞이하여 모든 관문<공황과 부두> 주변이 지극히 활기차고 화합하게 한다.

나라의 큰 변고가 일어나고 자연재해가 발생해도 의연하게 대처하여 수습한다."

§. 7 서구 자연과학적 사고방식에 유가의 사고방식이 순순히 접목될 수 있는가?

유가의 현대성에 있어서 걸림돌로 간주한 두 가지 난제 중 하나인 민주주의 정치제도에 대한 역할은 이미 논구하였다. 비록 오늘날의 정치 환경에서 선거권과 피선거권 및 삼권분립의 제도가 당시에는 구체적으로 시행되지 못했다고 하더라도 오히려 천부인권사상, 주권재민사상의 정치적 의의에 가장 잘 부합하는 천명(天命)사상, 선양(禪讓)사상, 민본(民本)사상, 협치(協治)사상, 예법(禮法)사상 등등이 체계적으로 확립되어 있기 때문에 어떠한 경우에서도 민주주의 정치제도 하에서 지도적 이념의 역할을 수행할 수 있다. 오히려 그 점이 민주주의 제도가 지닌 한계점을 극복할 수 있기 때문에 그러하다. 더 나아가 고대왕조의 수립하여 유가가 더욱 더 체계화시킨 선비와 군자의 이론은 현대사회가 과거의 낮은 문맹률을 퇴치하고 고등교육을 널리 시행하고 있는 만큼 그에 걸 맞는 이론이 될 수 있기 때문에 그러하다. 즉 오늘날의 지식사회에 가장 잘 부합한다는 점이다. 다시 말해 오늘날의 교육여건에서 보면, 현대사회는 국민 각자가 선비와 군자를 지향하고 있는 점이다. 그러므로 첫 번째 걸림돌처럼 여길 수 있는 문제점은 더 이상 장애가 될 수 없다.

그러면 두 번째의 걸림돌은 유가가 과연 4차 산업혁명이 도래한 현대산업사회를 주도하고 있는 서구의 자연과학적 지식과의 괴리감을 어떻게 수용할 수 있는가? 하는 난점의 극복이다.

물론 유가에서는 그 여지를 일단 고대전통사상이 이용후생(利用厚生)사상을 바탕으로 하고 있는 점에서도 찾을 수 있겠지만, 보다 더 확연하게 태도를 정립한 곳은 대학(大學)에서 명백히 한 격물치지(格物致知)와 성의(誠意) 사이의 연결점이다.

곧 유가는 고대왕조의 사상 및 자신의 사상에는 서구의 원자론과 같은 사상방식이 없기 때문에, 자신의 이론이 근대자연과학의 발전과 더불어 이룩된 현대지식사회의 흐름과 배치된다는 사고방식의 걸림돌을 그곳에서 제거할 수 있는 점이다. 다시 말해 거시영역의 자연과학에서는 고대사상이 처음부터 천체학의 지식을 기록하였기 때문에 그런대로 접목이 가능하지만, 그러나 DNA구조를 해명하고, 전자현미경으로 미시영역을 관찰하고, 천체망원경으로 우주를 관측하고, 초음속 비행기가 하늘을 날아다니고, 달나라에 우주선을 착륙시키고, 또한 먼 우주에 우주선을 보내고 바다에는 원자력 잠수함이 다니고 이동정보통신시설이 시간과 공간의 제약을 극복하고 있는 지금의 상황을 만든 자연과학의 사고방식에 대한 취약점을 고대사상의 사고방식이 충분히 극복하고서 논리적으로 별다른 무리가 없이 접목될 수 있는 점이다.

물론 현대산업사회에 직접적인 영향을 끼친 것이 아니기 때문에 견강부회(牽强附會)하다고 반박할 수 있겠지만, 그러나 유가의 현대성은 일반적 학문의 성격상 거부되어야할 문제를 전혀 지니고 있지 않다.

그 이유는 사물의 이치를 연구한다는 의미의 격물(格物)은 자연의 본질을 탐구하는 학문적 탐구의 근본자세 때문이다. 그러므로 격물이 자연현상과는 전혀 다른 차원의 자연법칙을 향해 깊이 파고들어 간다는 의미이므로 인간의 모든 행위가 격물을 무시하고서 이루어질 수 없게 된다. 또한 격물은 드러난 자연현상을 관찰하여 그대로 순응하는 것을 의미하는 것은 아니다. 그렇게 되면 편의적이고, 운명적인 기회주의자가 되기 때문이다. 가령 홍수가 범람하면 당연히 낮은 지대의 인간들은 피해를 입게 마련이다. 그러면 누구라도 홍수의 피해를 입지 않는 곳으로 이주하려고 할 것이다. 그러면 모든 인간의 행위가 피동적이고 소극적이게 된다. 그리고 이것은 자연의 이치를 파악한 태도가 아닌 것이다. 그런즉 요와 순 임금이 이룬 황하의 치수는 이런 소극적인 자세에서 이룬 성과가 아니다. 곧 인간이 둑을 막고 수로를 만들어 농지를 개간하고 수확을 올리는 것은 자연의 이치를 파악하여 적극적으로 활용한 결과이다. 다시 말해 물자가 부족하여 어려운 형편을 극복하기 위해 이동 수단을 개발하고서 상업을 발전시키는 것은 자연의 이치를 파악하여 적극적으로 활용한 결과이다. 그러므로 이런 사고방식이 이용후생의 사고방식인 것이고 격물의 사고방식인 것이다. 하여간 고대사상이 자연의 배후를 수리(數理)로서 파악하고서 역(易)을 만들고 점치는 복서(卜筮)를 개발한 점은 이런 정신의 연장선상에 놓인 결실이다. 그리하여 이로부터 음양오행의 사상도 발전했고 더 나아가 도덕규범도 이와 연관해서 해석하여 자연과 인간의 관계를 수미일관되도록 만들었으니 지극히 형이상학적이다. 그러므로 격물의 자세에서 인간의 삶의 양식을 규제했으니 인간의 행위 곧 정치적 행위, 도덕적 행위가 감히 방자해질 수가 없는 것이다. 그런즉 비록 원자론의 사고가 결핍되어 근대에서 아시아인들이 서구의 지식을 수용해야 했지만, 다른 지역의 민족들과 달리 서구를 뒤쫓아 갈 수 있었다.

따라서 그것은 당연히 두 가지 점 때문에 가능하였는데, 하나는 격물치지(格物致知)의 사고방식 때문이고 다른 하나는 교육을 존중하는 사고방식 때문이다. 특히 교육을 존중한 태도는 가장 현대적인 사고방식이다.

그 뿐만 아니라 서구의 자연과학은 기존의 격물(格物)의 사고방식 속에 어떤 마찰도 없이 그야말로 고스란히 자연스럽게 수용될 수 있다. 다시 말해 기존의 모든 사고방식과 행동을 폐기하고 그 자리를 차지한다는 것이 아니라 기존의 사고방식에 막혀 있는 부분을 보완하여 더욱 활력을 주는 역할을 하게 된다는 것이다. 그러면 자연과학의 지식에 의해 사회는 발전하면서 모든 지역이 각자의 특성에 맞추어 다채롭게 발전해 나갈 수 있게 된다.

그러므로 유가는 격물의 다음으로 성의(誠意)와 정심(正心)을 차례로 열거하였다. 즉 유가가 도가와 다른 점은 성의(誠意)라는 말을 적용하여 인간과 자연을 조화롭게 연결시킨 것이다. 다시 말해 성의는 자연의 상태와 다른 인간사회를 연결하는 고리로서 곧 인의예지의 도덕적 사고방식이 적용된 점이다.

따라서 무위에서 말하는 바대로 마음을 비우고서 현상의 근본을 바라보고서 행동을 하는 것은 이미 고대통치노선에 수렴되어 있는 사고방식에 지나지 않게 된다. 곧 그들이 현상의 배후에 궁극원인이 있다는 것을 몰랐다면 역서(易書)와 같은 점치는 방법을 수리적으로 만들 수 없었다. 다시 말해 그들이 현상에 매몰되어 있었다면, 그들이 삶이 원시적인 단계에서 벗어나지 못했을 것이다.

그러므로 고대통치노선 즉 유가의 노선이 가장 인간적이라는 것은 자연의 이치를 파악하고서 인간이 합리적으로 대처해나가려는 도덕적인 자세 때문이라고 말할 수 있다.

가령 서경에서 말한 바처럼 홍수가 나서 인륜이 파괴되었다는 것은 집과 재산, 가족을 잃고서 비참하게 살아가는 모습에서 적극적으로 둑을 쌓고, 하천을 넓히고, 물길을 잡아 인간이 평화롭고 풍요롭게 살아가도록 정치를 행하는 것은 성의에서 나오는 사고방식이다. 즉 진실하고 공경하는 마음이 없이는 불가능하다. 다시 말해 마음이 순수하여 올바르지 못하다면 불가능하다. 만약 모든 이가 홍수를 피해 높은 곳에서만 살려고 하면, 그 사회는 실로 혼란스러울 것이다. 더 나아가 서경에서의 우(禹)임금의 치수작업에 대한 각고의 노고를 비웃는다면, 아무도 그런 희생을 하지 않을 것이기 때문에 정상적인 사회발전은 불가능해진다. 이것을 인위적이라고 비웃는다면 그런 인물은 도대체 자신이 태어나서 자란 인간사회를 누가 건설했는지부터 먼저 명쾌하게 설명해야한다. 곧 선결적으로 자신이 자란 사회가 원시적인 집단이었는지부터 밝혀야 할 것이다.

그러므로 여하튼 2권을 마무리하면서 주목하고 유념해야 할 점을 꼽자면, 그것은 여전히 유가의 정신은 살아있다는 것이다.

인용경전 :

서경. 유교문화연구소 역, 성균관 대학교 출판부

시경. 유교문화연구소 역, 성균관 대학교 출판부

육도<삼략>. 세계병법대전집, 이 상옥 역, 하서출판사

관자·열자. 이 원섭 역, 현암사

논어. 전통문화 연구회, 동양고전국역총서 1. 성 백효 역.

묵자. 김학주 역, 대양서적

맹자. 전통문화 연구회, 동양고전국역총서 2. 성 백효 역

순자. A 김 학주 역, 대양서적

B 김 학주 역, 을유문화사

예기 상·하. 사서오경, 김 영수 역, 한국교육출판 공사

노자. 송 지영 역, 동서문화사

장자. 이 원섭 역, 대양서적

장자. 신동준 역, 인간사랑

한비자 A. 김 학주 역, 대양서적

B. 세계병법대전집, 김 상일 역, 하서출판사

C. 명역고전, 김 원중 역, 휴머니스트 출판그룹

D. 중국역대명저전집총서, 장각 역, 귀주인민출판사

사마천. 사기 본기·열전· 세가, 김 원중 역, 민음사

사마천. 사기 열전, 최 익순 역, 백산서당

자사. 대학(The chinese classics 1권), James legge 역, Clarendon press

지은이 이 현모

1974년 성균관 대학교 철학과에 입학하여 동 대학에서 학사, 석사, 박사를 취득한 후, 1984년 이래로 현재까지 국립 강릉원주(江陵原州) 대학교 철학과 교수로 재직하고 있음.

中華思想의 實體 (II)

초판 1쇄 2017년 8월 30일

지은이 이현모

펴낸이 장석홍

펴낸곳도서출판 장서원

주소 서울 용산구 한강대로 88길 21-5 (201호)

전화 703-5362 팩스 713-7436

등록 제 03-01213호

E-mail shjang1011@hanmail.net

정가 30,000원